Office 2013

Office 2013

Das Praxishandbuch
für Desktop und Tablet

MICHAEL KOLBERG

Markt+Technik

Bibliografische Information der Deutschen Nationalbibliothek

Die Deutsche Nationalbibliothek verzeichnet diese Publikation in der Deutschen Nationalbibliografie; detaillierte bibliografische Daten sind im Internet über < http://dnb.dnb.de > abrufbar.

Die Informationen in diesem Buch werden ohne Rücksicht auf einen eventuellen Patentschutz veröffentlicht. Warennamen werden ohne Gewährleistung der freien Verwendbarkeit benutzt. Bei der Zusammenstellung von Texten und Abbildungen wurde mit größter Sorgfalt vorgegangen. Trotzdem können Fehler nicht vollständig ausgeschlossen werden. Verlag, Herausgeber und Autoren können für fehlerhafte Angaben und deren Folgen weder eine juristische Verantwortung noch irgendeine Haftung übernehmen. Für Verbesserungsvorschläge und Hinweise auf Fehler sind Verlag und Herausgeber dankbar.

Fast alle Hardware- und Softwarebezeichnungen und weitere Stichworte und sonstige Angaben, die in diesem Buch verwendet werden, sind als eingetragene Marken geschützt. Da es nicht möglich ist, in allen Fällen zeitnah zu ermitteln, ob ein Markenschutz besteht, wird das Symbol ® in diesem Buch nicht verwendet.

10 9 8 7 6 5 4 3 2 1

15 14 13

ISBN 978-3-8272-4810-7

© 2013 by Markt + Technik Verlag,
ein Imprint der Pearson Deutschland GmbH,
Martin-Kollar-Straße 10–12, D-81829 München/Germany
Alle Rechte vorbehalten

Lektorat: Birgit Ellissen, bellissen@pearson.de
Korrektorat: Marita Böhm
Herstellung: Elisabeth Prümm, epruemm@pearson.de
Covergestaltung: Marco Lindenbeck, webwo GmbH, m.lindenbeck@webwo.de
Satz: Reemers Publishing Services GmbH, Krefeld
Druck und Verarbeitung: Drukarnia Dimograf, Bielsko-Biala
Printed in Poland

Im Überblick

Inhaltsverzeichnis

Einführung

Willkommen zu Microsoft Office 2013. Wer ein Buch zu diesem Thema aufschlägt, der hat sicherlich eine gewisse Ahnung davon, was man mit den Programmen dieses Pakets machen kann. Ich kann darum diese Einführung kurz halten, Ihnen einen Überblick über den generellen Leistungsumfang von Microsoft Office ersparen und mich hier auf zwei Dinge beschränken: einen Überblick über den Inhalt dieses Buches und eine kurze Beschreibung der wichtigsten Neuerungen bei der Office-Generation 2013.

Zu diesem Buch

Zunächst also ein sehr kurzer Überblick über den Inhalt dieses Buches. Sie finden darin alles, was Sie für die Arbeit mit der Version 2013 von Microsoft Office wissen müssen. Es ist in 17 Kapitel gegliedert:

- Die ersten beiden Kapitel beschäftigen sich mit einigen Dingen, die Sie kennen sollten, bevor Sie sich an die Arbeit mit den einzelnen Programmen des Office-Pakets machen. Sie finden in diesen beiden Kapiteln eine Einführung in die Arbeit mit den Elementen der Programmoberflächen und die Techniken der Verwaltung von Dokumenten – wie das Erstellen neuer leerer Dokumente, das Speichern von Dokumenten, das Schließen von Dokumenten und das Öffnen bereits vorhandener Dokumente.
- In den folgenden elf Kapiteln geht es um die einzelnen Programme des Pakets – also *Word* für die Textverarbeitung, *Excel* für die Tabellenkalkulation, *PowerPoint* zum Erstellen von Präsentationen und *Outlook* für die Kommunikation und Verwaltung von persönlichen Daten. Ich gehe auf alle wichtigen Elemente dieser Programme ein und zeige Ihnen, wie man damit wirkungsvoll umgeht. Besonders herausgestellt werden die jeweiligen Neuheiten, die ich auch auf den folgenden Seiten dieser Einführung zusammengefasst habe.
- In den letzten vier Kapiteln dieses Buches beschäftige ich mich wieder mit Aspekten, die alle Programme der Office 2013-Familie betreffen. Die Bestandteile der einzelnen Programme sind ja so weit modularisiert, dass Sie die wichtigsten Funktionen in allen Einzelprogrammen in derselben Weise verwenden können. Die Kapitel dieses Teils beinhalten beispielsweise die optische Aufbereitung durch grafische Elemente, das Drucken von Dokumenten oder deren Freigabe. Außerdem gehe ich auf die wichtigsten Optionen zur Anpassung des Programms an Ihre persönlichen Wünsche ein.

Die wichtigen Neuheiten bei Office 2013

Wie bei jeder neuen Programmgeneration gibt es natürlich auch bei Office 2013 diverse – wichtige oder weniger wichtige – Neuheiten. Die wichtigen davon fasse ich auf den folgenden Seiten zusammen und sage Ihnen auch, wo im Buch diese Dinge detaillierter angesprochen werden.

Bei allen Programmen

Einige dieser Neuheiten sind bei (fast) allen Programmen der Office-Familie – also Word, Excel, Power-Point und Outlook – zu finden:

Der Startbildschirm

Nach dem Starten zeigen jetzt fast alle Office-Programme – Outlook bildet natürlich eine Ausnahme – zunächst einen Startbildschirm an, auf dem Sie wählen können, mit welcher Datei Sie nach dem Öffnen im Programm arbeiten wollen (*Kapitel 1*). Sie haben dort die Wahl zwischen einem leeren Dokument, einer Vorlage für ein neues Dokument, einem der kürzlich bearbeiteten Dokumente oder einem anderen bereits vorhandenen Dokument. Die gewohnte Programmoberfläche der jeweiligen Programme zeigt sich erst, nachdem Sie diese Wahl durchgeführt haben.

Zusammenarbeit mit anderen Personen

Für die Zusammenarbeit mit anderen Personen und den Austausch stehen neue Techniken zur Verfügung: Ihre Dokumente können standardmäßig auf *SkyDrive* oder in *SharePoint* in der Cloud gespeichert werden (*Kapitel 2*). Sie können damit von jedem beliebigen Ort wieder darauf zugreifen und auch anderen Personen Berechtigungen für die Einsicht oder weitere Bearbeitung erteilen. So stellen Sie sicher, dass bei der Arbeit im Team jeder immer mit der aktuellsten Version des Dokuments arbeitet. Sie können sogar mit Ihren Kollegen gleichzeitig an derselben Datei zusammenarbeiten. Sie können auch ausgewählte Bereiche Ihrer Tabellen in Ihre Seiten in dem von Ihnen bevorzugten sozialen Netzwerk einbetten. Andere Personen können dann die Daten einsehen und damit arbeiten.

Die neue Registerkarte Datei

Die Registerkarte *Datei* verfügt bei allen Office-Programmen über eine Farbe, die das jeweilige Programm kennzeichnet – bei Word ist das Dunkelblau, bei Excel Grün, bei PowerPoint Orange und bei Outlook Hellblau (*Kapitel 1 und 2*). Die über diese Registerkarte verfügbare sogenannte Backstage-Ansicht dient zum Verwalten von dateispezifischen Daten und Einstellungen, verfügt aber jetzt – teilweise – über neue Inhalte. Beispielsweise fasst die neue Kategorie *Konto* Benutzer- und Produktinformationen zu Ihrer Office-Kopie zusammen.

Unterstützung der Eingabe mit Fingern

Da Office 2013 für die Verwendung auf Touchbildschirmen und Tablet-Computern optimiert wurde, gibt es für den komfortablen Einsatz auf solchen Rechnern bei allen Office-Programmen einen separaten Modus für die Befehlseingabe per Fingertipp (*Kapitel 1*). Dieser Modus sorgt dafür, dass die Schaltflächen in der Menüleiste sowie andere Bedienelemente etwas größer und mit mehr Abstand zueinander dargestellt werden, um die Bedienung mit den Fingern zu erleichtern.

2.0.1   Neuheiten bei Word 2013

Bei Microsoft Word 2013 wurde besonders die Navigation in umfangreichen Dokumenten verbessert. Zudem gibt es neue Werkzeuge für den Feinschliff des Erscheinungsbilds der fertigen Dokumente.

Ein neuer Lesemodus

Der Lesemodus ist jetzt übersichtlicher und für Tablet-PCs besonders geeignet. Ihre Dokumente werden in einfach zu lesenden Spalten auf dem Bildschirm angezeigt, und die nicht benötigten Werkzeuge zur Bearbeitung werden ausgeblendet (*Kapitel 3*). Sie können aber weiterhin auf Tools wie beispielsweise *Definieren*, *Übersetzen* oder *Im Web suchen* zugreifen. Eingefügte Tabellen, Diagramme und Bilder können Sie durch einen Doppelklick mit der Maus oder Doppeltippen mit dem Finger so vergrößern, dass sie den Bildschirm ausfüllen und so besser lesbar sind. Anschließend können Sie durch dieselbe Art von Aktion außerhalb des Objekts die Ansicht wieder verkleinern.

Willkommen zurück

Wenn Sie ein Dokument erneut öffnen, können Sie genau an der Stelle weiterarbeiten oder weiterlesen, an der Sie zuvor aufgehört haben (*Kapitel 2*). Word merkt sich diese Stelle auch dann, wenn Sie ein online gespeichertes Dokument auf einem anderen Computer öffnen!

Erweitern und reduzieren

Durch Tippen oder Klicken auf die Überschrift können Sie Teile eines Dokuments erweitern oder reduzieren (*Kapitel 4*). So können Sie Überschriften als Zusammenfassungen benutzen und es dem Leser überlassen, ob er den Abschnitt öffnen und die Details lesen möchte oder nicht.

Einfaches Markup

Die neue Bearbeitungsansicht mit dem Namen *Einfaches Markup* ermöglicht eine übersichtliche, unkomplizierte Ansicht Ihres Dokuments (*Kapitel 14*). Dabei können Sie weiterhin die Stellen sehen, an denen Überarbeitungen vorgenommen wurden.

Neue Kommentarfunktion

Für Kommentare gibt es nun die Schaltfläche *Antworten* (*Kapitel 14*). Sie können Kommentare direkt neben dem entsprechenden Text beantworten, diskutieren oder auch nachverfolgen. Und wenn ein Kommentar berücksichtigt wurde, können Sie ihn als erledigt markieren. Der Kommentar wird dann abgeblendet dargestellt, um Sie nicht zu stören. Die Unterhaltung zum Kommentar wird jedoch nicht gelöscht, damit Sie bei Bedarf später darauf zurückgreifen können.

Öffnen und Bearbeiten von PDF-Dateien

Sie können – in gewissen Grenzen – PDF-Dateien in Word öffnen und bearbeiten (*Kapitel 2*).

Onlinevideo und Onlinebilder

Sie können jetzt in Word Onlinevideos anzeigen, ohne das Dokument verlassen zu müssen, sodass Sie sich auf den Inhalt konzentrieren können (*Kapitel 13*). Auch Bilder von Fotodiensten im Internet können Sie direkt hinzufügen, ohne sie erst auf dem Computer speichern zu müssen.

Ausrichtungslinien

Beim Ändern der Größe und Verschieben von Fotos und Formen in Ihrem Dokument erhalten Sie sofort eine Livevorschau (*Kapitel 13*). Die neuen Ausrichtungslinien erleichtern das Anordnen von Diagrammen und Fotos in Ihrem Text.

Neuheiten bei Excel 2013

Neben den schon oben angesprochenen Neuerungen, die alle Office-Programme betreffen, bietet auch Excel 2013 einige programmspezifische Neuheiten.

Neue Analysemethoden

Mehrere neue Analysemethoden machen es einfach, Informationen und Entwicklungen sichtbar zu machen, die sich hinter Ihren Daten verbergen (*Kapitel 7*). Mit der *Blitzvorschau* werden Ihre Daten automatisch neu formatiert und angeordnet. Excel lernt Ihre Muster und erkennt diese wieder. Ganz ohne Formeln oder Funktionen lassen sich so die restlichen Daten einfach vervollständigen. Bei der Summierung zeigt Ihnen Excel eine Vorschau verschiedener Optionen für *Empfohlene PivotTables* an. Wählen Sie mit nur einem Klick die Option aus, die Ihre Ergebnisse überzeugend präsentieren.

Neue Diagrammfunktionen

Dank der neuen Diagrammwerkzeuge können Sie Daten mit weniger Aufwand noch eindrucksvoller grafisch darstellen (*Kapitel 8*). Die Funktion *Empfohlene Diagramme* schlägt Ihnen die Diagrammtypen vor, die Ihre Datenmuster am besten illustrieren. Auch über die *Schnellanalyse* können Sie Ihre Daten auch grafisch darstellen – ohne dass Sie sich mit den Details der Diagramme beschäftigen müssen. Die neue *Diagrammformatierung* erlaubt es, Ihre Diagramme bis ins Detail einfach und schnell anzupassen.

PowerPoint 2013

PowerPoint 2013 bietet mehr Neuerungen, als man vielleicht nach dem ersten Aufruf des Programms vermutet. Besonders zu erwähnen sind diese:

Die neue Referentenansicht

In der *Referentenansicht* können Sie Ihre Notizen auf Ihrem Monitor anzeigen, während Ihr Publikum nur die Folien sieht (*Kapitel 10*). In früheren Versionen war es schwierig herauszufinden, wer was auf welchem Monitor gesehen hat. In der verbesserten Referentenansicht wurde dieses Problem behoben, sodass Sie einfacher damit arbeiten können. Für Proben der Vorführung der Präsentation ist nur noch ein einziger Monitor erforderlich.

Für Breitbild geeignet

Ein großer Teil der weltweiten TV- und Videoproduktionen wird jetzt in Breitbild- und HD-Formaten wiedergegeben. Das trifft auch für PowerPoint zu. Es gibt ein *16:9*-Layout sowie neue Designs zur Nutzung dieser Breitbildfunktionen (*Kapitel 15*).

Bessere Entwurfswerkzeuge

Bei PowerPoint 2013 müssen Sie die Ausrichtung der Objekte auf Ihren Folien nicht mehr genau kontrollieren – das geschieht automatisch (*Kapitel 10*). Wenn Objekte wie beispielsweise Bilder oder Formen nahezu gleich ausgerichtet sind, werden automatisch intelligente Führungslinien eingeblendet, denen Sie auch entnehmen können, wann Objekte den gleichen Abstand aufweisen.

Outlook 2013

Auch bei Outlook 2013 gibt es einige interessante Neuerungen zu vermelden.

Der neue Navigationsbereich

Der Navigationsbereich – mit dem Sie schnell zwischen den einzelnen Outlook-Bereichen *E-Mail*, *Kalender*, *Personen* (früher als *Kontakte* bezeichnet) und *Aufgaben* wechseln können – ist jetzt größer und kann schneller angesprochen werden (*Kapitel 11*).

Peeks

Im E-Mail-, Kalender- und Personenbereich können nun die wichtigsten Informationen aus den anderen Bereichen auf einen Blick dargestellt werden. Wenn Sie den Mauszeiger auf eine Bereichsbezeichnung bewegen, erscheint ein kleines Fenster, in dem jeweils die wichtigsten Informationen zu diesem Bereich angezeigt werden. Wenn der Mauszeiger beispielsweise auf *Aufgaben* ruht, werden Ihre aktuell anstehenden Aufgaben angezeigt – direkt in Ihrem aktuellen Arbeitsbereich (*Kapitel 11*). Sie müssen kein separates Fenster mehr öffnen und können sich so leichter auf das Wesentliche konzentrieren.

Unterstützung von Exchange ActiveSync

Sie können Outlook jetzt direkt mit einem *Exchange ActiveSync*-Konto verknüpfen, sodass Sie nicht das Hotmail-Connector-Add-In benötigen, um eine Verbindung zu Hotmail herzustellen (*Kapitel 11*). Mit dieser neuen Funktion werden nun auch Kontakte und Kalender synchronisiert.

Umfangreiche Suchen-Funktion

Outlook verfügt über eine kontextbezogene Registerkarte, die umfangreiche *Suchen*-Funktionen beinhaltet (*Kapitel 11*). Diese Registerkarte wird angezeigt, sobald Sie die Suche beginnen, indem Sie mit der Maus in das *Suchen*-Feld klicken. Über die Befehle auf dieser Registerkarte können Sie festlegen, wo gesucht werden soll, die Suche verfeinern oder weitere Optionen dafür festlegen. Mit dieser verbesserten Suche finden Sie E-Mails, Dateianhänge, Kalendereinträge und Kontakte noch leichter.

Verbindung zu sozialen Netzwerken

Die Möglichkeit der Verbindung zu sozialen Netzwerken – wie *Facebook*, *LinkedIn* usw. – ist direkt in das Programm integriert (*Kapitel 12*). Wenn Sie eine solche Verbindung installieren, werden Ihnen automatisch die neuesten Benachrichtigungen und Statusaktualisierungen für die Personen angezeigt, mit denen Sie über Outlook kommunizieren. Wenn Sie beispielsweise eine E-Mail von einem Ihrer Facebook-Freunde erhalten und diese markieren, werden dessen neueste Eingaben bei Facebook im Personenbereich von Outlook angezeigt.

Wetteranzeige

Neu ist auch die Integration eines Wetterbalkens. Im Kalenderbereich wird das Wetter standardmäßig in einer Leiste angezeigt (*Kapitel 12*). Das kann die Planung von Outdoor-Aktivitäten erleichtern.

Zu den Softwarevoraussetzungen

Wenn Sie die in diesem Buch beschriebenen Hinweise selbst am Rechner nachvollziehen wollen, sollten Sie über Microsoft Office in der Version 2013 verfügen. Als Betriebssystem sind Windows 7 oder Windows 8 notwendig. Ich habe für dieses Buch Windows 8 als Betriebssystem verwendet und empfehle dieses Betriebssystem auch Ihnen. Auf einige Unterschiede zum Betrieb unter Windows 7 gehe ich aber an den entsprechenden Stellen ein.

Über den Autor

Michael Kolberg studierte neben seiner Schulzeit Musik am *Städtischen Konservatorium Berlin* und nach seinem Abitur Luft- und Raumfahrttechnik an der *Technischen Universität Berlin*. Nach seinem Abschluss zum Dipl.-Ing. war er für zwei Jahre bei der *NATO* in den Bereichen Operations Research (Unternehmensforschung) und militärische Aufklärung aktiv. Nach einem Aufbaustudium in Betriebswirtschaft an der *Harvard School of Business Administration* arbeitete er sieben Jahre für die Unternehmensberatungsfirma McKinsey & Co., Inc. und war kurze Zeit leitender Controller bei einem großen deutschen Einzelhandelskonzern. Anschließend wechselte er seine Karriereziele und nahm zunächst an einem einjährigen Programm zum Studium der japanischen Sprache und Geschichte an der *Waseda-Universität* in Tokio teil. Dort erlernte er auch die Grundlagen des japanischen Schwertkampfs. Seit vielen Jahren ist er als Berater und Autor selbstständig. Er hat etwa 100 Bücher bei verschiedenen Verlagen – insbesondere zu Themen im Bereich der Microsoft Office-Programme und deren Anwendung im betriebswirtschaftlichen Bereich – geschrieben. Zu seinen Lieblingsspielzeugen gehören – neben dem Computer – das Altsaxophon, der Fotoapparat, das japanische Schwert und die Schrotflinte.

Schreiben Sie uns!

Autor und Verlag sind immer bemüht, Ihnen, unseren Kunden und Lesern, die optimale Information zum Thema zu bieten. Scheuen Sie sich deshalb nicht, uns über Fehler und andere Ärgernisse zu informieren. Nur so können wir laufend an der Verbesserung unserer Bücher arbeiten. Aber auch Lob, Erfolgserlebnisse und Ihre Ergebnisse interessieren uns.

Sie erreichen Autor und Verlag unter `info@pearson.de` und die Website zum Buch unter `www.mut.de/24810`

Michael Kolberg

Kapitel 1

Office 2013: Programmelemente kennenlernen

Bevor Sie mit konkreten Arbeiten an Dokumenten beginnen, sollten Sie sich zunächst einmal mit den wesentlichen Elementen der Oberflächen der Office 2013-Programme vertraut machen. Im Folgenden werden wir Ihnen die wichtigsten Techniken der Arbeit damit vorstellen; sie unterscheiden sich etwas von denen bei der Arbeit mit den Vorversionen von Microsoft Office oder anderen Programmen. Details zu den einzelnen Programmen werden dann in den einzelnen Kapiteln im jeweiligen Funktionszusammenhang erläutert.

- Wir beginnen mit Hinweisen zum Starten eines der Office-Programme. Dazu verwenden Sie dieselben Methoden wie zum Starten anderer Programme (Abschnitt 1.1).
- Dann wollen wir auf die Elemente der Oberflächen der einzelnen Programme eingehen, die Sie bei allen Office 2013-Programmen gemeinsam finden (Abschnitt 1.2). Hier gibt es einiges Neues zu vermelden, beispielsweise die Tastsache, dass sich alle Programme jetzt mit einer Startseite melden.
- Wichtig für Umsteiger von früheren Versionen ist der folgende Abschnitt, in dem wir auf die Methoden zur Steuerung der Programme eingehen (Abschnitt 1.3). Das vielleicht wichtigste Element der Oberfläche ist das Menüband, das (fast) alle Elemente zur Steuerung eines Office-Programms beherbergt. Dieses Menüband ersetzt die aus den noch weit verbreiteten Programmversionen 2003 bekannte Struktur der Menüs und Symbolleisten. Sie finden in diesem Menüband mehrere Registerkarten, die sich auf eine Art von Aktivität beziehen.
- Die Registerkarte *Datei* in diesem Menüband wurde bei der Programmversion 2013 neu organisiert (Abschnitt 1.4). Diese Registerkarte dient zum Verwalten von Dateien und dateispezifischen Daten. Kurz gesagt, führen Sie damit Aufgaben *mit* Dateien, aber *nicht innerhalb* von Dateien aus. Sie beinhaltet jetzt auch eine Kategorie namens *Konto*, die mehrere Informationen zu Ihrem Benutzerkonto, Ihrer Office 2013-Kopie und den Diensten, mit denen Ihre Office 2013-Installation verbunden ist, zusammenfasst.
- Wir wollen dieses Kapitel auch gleich dazu nutzen, Sie mit den weiteren Elementen der Oberflächen bekannt zu machen. Dazu gehören beispielsweise die Verwendung der Programmhilfen (Abschnitt 1.5) und die Verfahren zum Beenden der Programme (Abschnitt 1.6).

1.1 Office 2013-Programme starten

Sie verwenden zum Starten eines Office 2013-Programms zunächst dieselben Methoden wie zum Starten eines anderen Programms. Natürlich gibt es dabei Unterschiede zwischen Windows 7 und Windows 8. Aber auch innerhalb eines Betriebssystems gibt es verschiedene Möglichkeiten zum Aufruf. Sie sollten die wichtigsten davon kennen, um immer die für Sie bequemste nutzen zu können.

Hinweis Nach dem ersten Starten eines Programms müssen Sie noch einige zusätzliche Angaben vornehmen. Dazu gehören die Wahl des Dateiformats, das Aktivieren, das Festlegen der Datenschutzoptionen und die Regelung für das Update.

1.1.1 Starten unter Windows 8

Wenn Sie das neue Betriebssystem Windows 8 einsetzen, werden Sie wahrscheinlich die Startseite mit den Kacheln zum Öffnen eines Office-Programms verwenden. Aber auch Verknüpfungen zum Programm können zum Starten benutzt werden. Eine solche Verknüpfung müssen Sie aber zuerst anlegen.

Aufruf über die Startseite von Windows 8

Um ein Office-Programm über die Startseite von Windows 8 zu öffnen, sorgen Sie zunächst dafür, dass auf der Startseite die Kacheln für Microsoft Office 2013 angezeigt werden (Abbildung 1.1). Dazu müssen Sie eventuell den Bildschirmbereich per Bildlaufleiste am unteren Bildschirmrand oder durch Wischen nach rechts oder links verschieben. Klicken oder tippen Sie dann auf die Kachel für das Office 2013-Programm, das Sie starten wollen. Windows 8 wechselt dann zum Desktop, das Programm wird geöffnet, und der Startbildschirm des Programms wird angezeigt.

Abbildung 1.1: Wählen Sie das gewünschte Office-Programm über die Startseite von Windows 8 aus.

TIPP Bei der Bedienung mit den Fingern lassen Sie die Kacheln mit den Office-Programmen durch waagerechte Wischbewegungen anzeigen. Wenn Sie über keinen touchfähigen Bildschirm verfügen und Windows 8 mit der Maus bedienen, müssen Sie den Mauszeiger an den – meist rechten – Bildschirmrand bewegen, um weitere installierte Programme und Apps sichtbar zu machen. Alternativ können Sie auch das Scrollrad der Maus benutzen.

Eine Verknüpfung in der Taskleiste des Desktops anlegen

Wenn Sie zu den Anwendern gehören, die den Großteil der Arbeit bei Windows 8 mit dem Desktop erledigen, sollten Sie dort eine Verknüpfung zu den Office-Programmen anlegen. Dazu bietet sich die Taskleiste an.

Klicken Sie mit der rechten Maustaste auf der Startseite auf die Kachel des Programms, für das Sie eine Verknüpfung erstellen wollen. Das markiert die Kachel mit einem Häkchen und zeigt unten auf dem

Bildschirm die sogenannte App-Leiste an (Abbildung 1.2). Klicken Sie darin auf *An Taskleiste anheften*. In der – dann momentan nicht sichtbaren – Taskleiste des Desktops wird eine Verknüpfung zum Programm erstellt.

Abbildung 1.2: Legen Sie über die App-Leiste auf der Taskleiste des Windows 8-Desktops Verknüpfungen zu den Office-Programmen an.

Eine Verknüpfung direkt auf dem Desktop anlegen

Manche Anwender ziehen eine Verknüpfung zu den Programmen direkt auf dem Desktop vor, da sonst die Taskleiste durch viele Symbole überfrachtet wird.

1. Wechseln Sie zum Windows 8-Desktop, indem Sie auf der Startseite auf die dazugehörende Kachel klicken. Klicken Sie mit der rechten Maustaste auf eine freie Stelle des Desktops. Wählen Sie im daraufhin geöffneten Kontextmenü den Untermenübefehl *Neu/Verknüpfung*. Daraufhin wird die erste Seite eines Assistenten zum Erstellen einer solchen Verknüpfung angezeigt.
2. Geben Sie den Pfad und den Dateinamen des Office-Programms ein, zu dem Sie die Verknüpfung erstellen möchten, oder benutzen Sie dazu die Schaltfläche *Durchsuchen*, um den Pfad per Suche einzustellen. Verwenden Sie den Pfad *C:\Programme\Microsoft Office\Office15* und dann die Programmnamen *Excel*, *Outlook*, *PowerPoint* oder *WinWord*.
3. Klicken Sie auf *Weiter* und geben Sie der Verknüpfung einen Namen. Dieser Name wird später unterhalb des Verknüpfungssymbols angezeigt. Klicken Sie auf *Fertig stellen*. Das Verknüpfungssymbol erscheint auf dem Desktop.

Eine Verknüpfung zum Starten benutzen

Nachdem Sie bei Windows 8 eine Verknüpfung zum Programm angelegt haben, können Sie darüber das Programm starten:

- Wenn die Startseite von Windows 8 angezeigt wird, wechseln Sie zum Desktop, indem Sie auf der Startseite die dazugehörige Kachel anklicken.
- Wenn Sie das Verknüpfungssymbol in der Taskleiste zum Starten benutzen wollen, klicken Sie darauf. Ein einfacher Klick reicht. Zum Starten über eine direkt auf dem Desktop angelegte Verknüpfung verwenden Sie einen Doppelklick.

1.1.2 Starten unter Windows 7

Nicht alle Anwender sind von dem neuen Betriebssystem Windows 8 begeistert. Wie wollen Ihnen darum noch Hinweise zum Starten von Office-Programmen unter dem Vorgänger Windows 7 liefern.

Starten eines Office-Programms über Windows 7

Bei Windows 7 finden Sie den Zugang zu den auf dem Rechner installierten Programmen über die Schaltfläche *Alle Programme* im Startmenü.

1. Öffnen Sie das Startmenü, indem Sie auf die Schaltfläche *Start* in der Taskleiste klicken. Oder verwenden Sie dazu die üblichen Tasten.
2. Führen Sie den Mauszeiger innerhalb des *Start*-Menüs auf die Schaltfläche *Alle Programme* und klicken Sie mit der linken Maustaste. Die Liste der auf dem Computer installierten Programme wird angezeigt. Sie finden darin auch die Gruppe *Microsoft Office 2013*.

3. Um den Inhalt einer Gruppe anzuzeigen, führen Sie den Mauszeiger auf die entsprechende Zeile und klicken darauf. Der Inhalt der Gruppe wird geöffnet (Abbildung 1.3).

4. Sie finden darin alle von Ihnen installierten Office-Komponenten. Klicken Sie auf das gewünschte Programm.

Abbildung 1.3: Sie starten ein Office-Programm wie jedes andere über das Startmenü von Windows 7.

Programmverknüpfungen bei Windows 7 anlegen

Auch bei Windows 7 gilt, dass Sie die Programme oft schneller starten können, wenn Sie eine Verknüpfung dazu anlegen. Dafür bieten sich drei Orte an: das Startmenü selbst, die Taskleiste und der Desktop.

1. Klicken Sie im Startmenü mit der rechten Maustaste in der Gruppe *Microsoft Office 2013* auf das Office-Programm, zu dem Sie eine Verknüpfung wünschen. Damit öffnen Sie das zugehörige Kontextmenü.

2. Wenn Sie eine feste Verknüpfung im Startmenü erstellen wollen, klicken Sie im Kontextmenü auf *An Startmenü anheften*.

3. Falls Sie eine Verknüpfung in der Taskleiste wünschen, klicken Sie auf *An Taskleiste anheften*.

Hinweis Eine Sache sollten Sie beachten, wenn Sie – wie eben beschrieben – eine Verknüpfung auf der Basis der Eintragungen im Startmenü von Windows 7 vornehmen. Bei den im Startmenü angezeigten Elementen handelt es sich selbst bereits um Verknüpfungen. Eine auf Basis einer Verknüpfung angelegte Verknüpfung erlaubt es nicht, zusätzliche Programmoptionen für den Start festzulegen. Wenn Sie dies vorhaben sollten, sollten Sie als Basis der Verknüpfung das Symbol für das Programm selbst benutzen.

Ein Programm bei Windows 7 über eine Verknüpfung starten

Zum Starten eines Programms über eine Verknüpfung im Startmenü oder in der Taskleiste reicht ein einfacher Klick aus. Wenn Sie eine Verknüpfung auf dem Desktop abgelegt haben, müssen Sie darauf doppelklicken, um das Programm zu starten.

1.2 Die Elemente der Programmoberflächen

Bevor Sie mit konkreten Arbeiten an Dokumenten beginnen, sollten Sie sich zunächst einmal mit den wesentlichen Elementen der Oberflächen der Office 2013-Programme vertraut machen. Im Folgenden werden wir Ihnen die wichtigsten Techniken der Arbeit damit kurz vorstellen; sie unterscheiden sich – mit einigen Ausnahmen – kaum von denen bei der Arbeit mit den Vorversionen von Microsoft Office oder anderen Programmen. Details zu den einzelnen Programmen werden dann in den einzelnen Kapiteln im jeweiligen Funktionszusammenhang erläutert.

1.2.1 Die Startseite

Dieser Punkt ist aber neu: Jetzt verfügt jedes Office 2013-Programm über eine Startseite, die angezeigt wird, bevor die eigentliche Programmoberfläche erscheint (Abbildung 1.4). Die Startseite erfüllt mehrere Aufgaben. Besonders wichtig ist, dass Sie darin wählen können, mit welcher Datei Sie im jeweiligen Office-Programm arbeiten wollen. Sie können über die Startseite aber auch Ihr Konto wechseln – beispielsweise dann, wenn Sie an einem fremden Rechner arbeiten und Zugriff auf Ihre unter SkyDrive gespeicherten Dokumente haben möchten. Diesen Kontowechsel müssen Sie vor der Wahl des Dokuments durchführen.

Abbildung 1.4: Über die Startseite wählen Sie aus, an welchem Dokument Sie zuerst arbeiten wollen – hier bei PowerPoint 2013.

Eine Ausnahme bezüglich Startseite bildet Outlook, und der Grund dafür ist einfach zu verstehen: Der Zweck von Outlook besteht nicht darin, Dokumente zu erstellen und damit zu arbeiten.

 Die Anzeige der Startseite können Sie auch abschalten. Dann wird das jeweilige Programm immer automatisch mit einem leeren Dokument geöffnet.

Das Dokument über die Startseite wählen

Sie müssen also auch bei Word und Excel nach dem Starten des Programms angeben, an welchem Dokument Sie arbeiten wollen:

1. Wenn Sie mit einer leeren Arbeitsmappe arbeiten wollen, klicken Sie auf die zuerst angezeigte Option – diese heißt bei Word *Leeres Dokument*, bei Excel *Leere Arbeitsmappe* und bei PowerPoint *Leere Präsentation*. Das zeigt dann die Oberfläche des Programms mit einem leeren Dokument an.
2. Darunter finden Sie mehrere Vorlagen. Wenn Sie einige davon benutzen wollen, klicken Sie darauf. Klicken Sie darin auf *Erstellen*, um die Vorlage herunterzuladen und zu öffnen.
3. Wenn Sie kein neues Dokument erstellen, sondern an einem bereits vorhandenen weiterarbeiten wollen, benutzen Sie die Optionen auf der linken Seite der Startseite. Hier werden die kürzlich verwendeten Dateien aufgelistet – vorausgesetzt, solche sind vorhanden. Anderenfalls können Sie aber auf *Weitere … öffnen* klicken, um das zu öffnende Dokument selbst auszuwählen.

> **Hinweis** Die Details zur Auswahl eines Dokuments auf der Startseite unterscheiden sich nur geringfügig von den Methoden zum Erstellen oder Öffnen von Dokumenten über die Registerkarte *Datei*. Wir gehen darauf noch im folgenden Kapitel über die Dateiverwaltung speziell ein (*Kapitel 2*).

Das Konto wechseln

Rechts oben auf der Startseite finden Sie einige Angaben zum verwendeten Konto. Standardmäßig wird hier der Name und – wenn vorhanden – ein Foto des Kontoinhabers angezeigt. Wenn Sie an einem fremden Rechner arbeiten und Ihre Daten nur lokal – beispielweise auf einen USB-Stick – speichern, ist es im Prinzip gleichgültig, mit welchem Konto Sie arbeiten. Das eigene Konto wird dann besonders wichtig, wenn Sie mit der Cloud – und speziell mit dem automatisch mit dem Konto verbundenen Speicherplatz auf SkyDrive – arbeiten wollen. Dann empfiehlt es sich, das persönliche Konto gleich auf der Startseite einzustellen.

1. Klicken Sie oben rechts auf der Startseite auf *Konto wechseln*.
2. Wählen Sie aus, ob die Verbindung zu Ihrem persönlichen Konto oder zu dem Konto einer Organisation hergestellt werden soll. Klicken Sie dazu auf die gewünschte Option.

3. Geben Sie im Fenster *Microsoft-Konto* den Namen des Kontos und das Kennwort ein (Abbildung 1.5).
4. Klicken Sie auf *Anmelden*. Die Kontoanzeige oben rechts auf der Startseite zeigt dann die Daten des neuen Benutzers an.

> **Hinweis** Beachten Sie, dass ein eingestelltes Konto erhalten bleibt und – auch nach einem Neustart – weiterhin aktuell ist. Wenn Sie an einem fremden Rechner Ihre Zugangsdaten eingegeben haben, müssen Sie diese vor dem Beenden der Arbeit löschen. Klicken Sie dazu wieder auf die Schaltfläche *Konto wechseln*, klicken Sie auf *Abmelden*, markieren Sie Ihr Konto und klicken Sie auf *Konto entfernen*.

Abbildung 1.5: Melden Sie sich bei einem Microsoft-Konto an.

Abbildung 1.6: Wählen Sie zwischen den vorhandenen Konten das gewünschte aus.

Zwischen mehreren angegebenen Konten wechseln

Wenn Sie auf dem Rechner bereits mehrere Konten eingerichtet haben, können Sie schnell zwischen diesen wechseln.

1. Klicken Sie auf der Startseite auf *Konto wechseln*. Wenn bereits mehrere Konten vermerkt sind, werden diese aufgelistet (Abbildung 1.6).
2. Sie können dann das gewünschte Konto durch einen Klick darauf auswählen.
3. Weitere Konten können Sie hier aber auch anlegen. Klicken Sie dazu auf *Konto hinzufügen*.

Ein weiteres Konto anlegen

Sie können natürlich nur zu einem bereits vorhandenen Microsoft-Konto wechseln. Um ein Konto anzulegen, klicken Sie im Fenster *Microsoft-Konto* auf *Registrieren* und geben Sie Ihre Anmeldedaten ein.

1.2.2 Die Programmoberflächen in der Übersicht

Nachdem Sie über die Startseite die zu bearbeitende Datei gewählt haben, zeigt sich bei den Programmen Excel, PowerPoint und Word die eigentliche Oberfläche (Abbildung 1.7 und Abbildung 1.8). Aufgrund der unterschiedlichen Aufgaben dieser Programme zeigt jedes dieser Programme natürlich unterschiedliche Details. Bestimmte Elemente sind aber bei allen Programmen vorhanden, und mit diesen wollen wir uns jetzt etwas intensiver beschäftigen.

- Die *Titelleiste* des Fensters enthält den Dokument- und den Programmnamen sowie ganz links das Symbol zum Öffnen des Systemmenüs. Ganz rechts befinden sich die Schaltflächen zum Regeln der Fensterdarstellung sowie zum Schließen des Fensters.
- In dieser Titelleiste und in dem Bereich direkt darunter finden Sie praktisch alle Elemente, die zur Steuerung des Programms notwendig sind. Dazu gehören das *Menüband* und die *Symbolleiste für den Schnellzugriff*.
- Rechts in der Zeile der Registerkarten des Menübands finden Sie einige Angaben zum verwendeten Microsoft-Konto. Der Name und – wenn vorhanden – ein Foto des Kontoinhabers werden angezeigt.
- Den Großteil des Bildschirms nimmt der eigentliche *Arbeitsbereich* des Programms ein. Hier geben Sie den Inhalt Ihres Dokuments ein. Bei Word kennzeichnet die blinkende Einfügemarke in Form eines senkrechten Strichs die Stelle, an der die eingegebenen Zeichen auf dem Bildschirm – also auch im Dokument – erscheinen. Bei Excel finden Sie hier ein gitterförmiges Tabellennetz. Ähnlich ist das bei anderen Programmen.

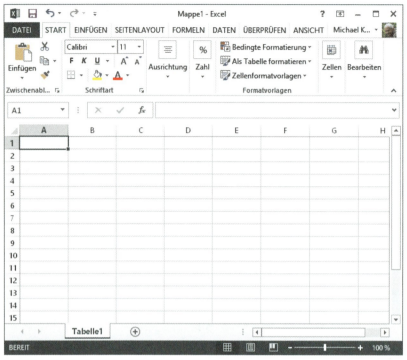

Abbildung 1.7: Die Programmoberfläche eines Office 2013-Programms – hier die von Excel 2013

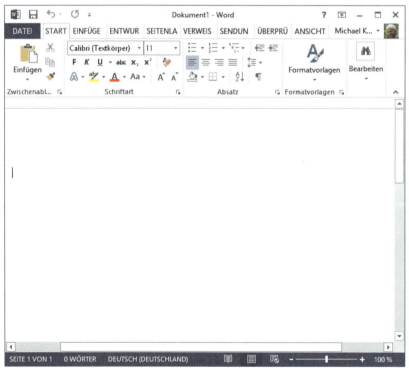

Abbildung 1.8: Die Programmoberfläche eines Office 2013-Programms – hier die von Microsoft Word 2013

- In der *Statusleiste* am unteren Rand des Fensters werden unter anderem Hinweise zum Programmablauf angezeigt. Diese unterscheiden sich zum Teil je nach Programm – einige Elemente finden Sie aber immer.

Einige dieser Elemente können Sie über das Fenster der *Optionen* abschalten, wieder einschalten und auch an Ihre speziellen Arbeitsgewohnheiten anpassen (siehe weiter unten in diesem Kapitel und *Kapitel 16*).

1.2.3 Arbeiten mit dem Programmfenster

Die Techniken zum Arbeiten mit einem solchen Programmfenster entsprechen denen, die Sie wahrscheinlich schon von anderen Anwendungen kennen, die unter Windows laufen. Sie sollten aber die Besonderheiten kennen, auf die wir noch einmal kurz eingehen wollen.

Zwischen den Programmen über die Taskleiste wechseln

Nach dem Starten von Programmen werden Symbole dafür in der Taskleiste von Windows angezeigt (Abbildung 1.9). Sie können diese Symbole benutzen, um zu einem anderen Programm zu wechseln.

Abbildung 1.9: Die Symbole für Office 2013-Programme in der Windows-Taskleiste

- Ein Klick auf das Symbol in der Taskleiste öffnet das Fenster für die Anwendung und zeigt damit auch das darin momentan geöffnete Dokument an.
- Ein mehrfacher Rahmen um ein Symbol in der Taskleiste zeigt an, dass mehrere Fenster der Anwendung geöffnet sind. Bei diesen Fenstern kann es sich um mehrere Dokumente oder auch um Dialogfelder handeln.
- Wenn Sie den Mauszeiger auf ein Programmsymbol in der Taskleiste bewegen, wird eine Miniaturansicht des gerade geöffneten Dokuments angezeigt. Sind mehrere Dokumente geöffnet, finden Sie hier entsprechend mehrere Miniaturen (Abbildung 1.10).

Abbildung 1.10: Bei Excel sind zwei Dokumente geöffnet.

- Wenn Sie den Mauszeiger in eine solche Liste hineinbewegen, haben Sie auch die Möglichkeit, das Fenster über die dann darin auftauchende kleine Schaltfläche zu schließen.

Hinweis Wie diese Darstellung der Miniaturansichten erfolgt, ist auch eine Frage der Leistungsfähigkeit des Computers. Leistungsstärkere Rechner sorgen automatisch dafür, dass diese Elemente in Form von Miniaturansichten angezeigt werden. Die Form der Darstellung können Sie aber auch über die *Einstellungen* zu den *Systemeigenschaften* von Windows regeln.

Maximieren, Minimieren und Verkleinern

Sollte ein zu groß eingestelltes oder maximiertes Fenster die Aussicht auf die anderen Fenster versperren, können Sie sich zum Wechseln einer der anschließend beschriebenen Methoden bedienen. Am rechten Rand der Titelleiste eines Fensters finden Sie drei – für Windows-Anwendungen typische – Schaltflächen, über die Sie durch einen Klick die Fensterdarstellung regeln sowie das Programm schließen können (Tabelle 1.1).

Symbol	Name und Wirkung
–	*Minimieren*: reduziert das Fenster zu einem Symbol in der Taskleiste. Ein Klick auf dieses Symbol zeigt den Inhalt wieder an.
☐	*Maximieren*: schaltet von der Fensterdarstellung auf die volle Bildschirmgröße um. Damit nutzen Sie den zur Verfügung stehenden Platz voll aus.
❐	*Verkleinern*: schaltet von der vollen Bildschirmgröße zur vorher eingestellten Fensterdarstellung um.

Tabelle 1.1: Die Schaltflächen in der Titelleiste

Gleich davor und dahinter finden Sie in dieser Zeile noch zwei weitere Schaltflächen (Tabelle 1.2).

Symbol	Name und Wirkung
?	*Hilfe (F1)*: zeigt das Hilfefenster zum Programm an.
✕	*Schließen*: schließt das Programm. Vorher sollten Sie Ihre Eingaben in diesem Programm speichern.

Tabelle 1.2: Zwei weitere Schaltflächen in der Titelleiste

Lage und Größe der Fenster ändern

Wie üblich können Sie sowohl die Lage als auch die Größe des Programmfensters mit der Maus direkt über den Fensterrahmen verändern.

- Sie können die Lage eines solchen Fensters auf dem Bildschirm verschieben, indem Sie den Mauszeiger auf die Titelleiste setzen, die Maustaste gedrückt halten und das Fenster über die Maus an eine andere Position ziehen. An der gewünschten Stelle lassen Sie die Maustaste los.
- Über die Ecken eines Fensters können Sie die Größe und Breite eines Fensters diagonal verändern. Setzen Sie den Mauszeiger auf eine Ecke und ziehen Sie die neue Größe bei gedrückt gehaltener Maustaste. Die neuen Proportionen werden angezeigt.
- Um die Breite des Programmfensters zu ändern, setzen Sie den Mauszeiger auf den rechten oder linken Fensterrand und ziehen diesen bei gedrückt gehaltener Maustaste in die gewünschte Richtung.
- Entsprechend können Sie die Höhe des Programmfensters ändern, indem Sie den oberen oder unteren Fensterrand über die Maus auf eine neue Größe ziehen.

TIPP Bei Windows 7 und Windows 8 können Sie ein nicht maximiertes Fenster auf volle Bildschirmgröße bringen, indem Sie die Titelleiste an den oberen Bildschirmrand ziehen. Das funktioniert auch umgekehrt: Ist ein Fenster maximiert, können Sie es zur vorher eingestellten Größe zurückbewegen, indem Sie die Titelleiste vom oberen Bildschirmrand auf eine Stelle in der Bildschirmmitte bewegen.

Fenster andocken

Die seit Windows 7 neue Funktion *Aero Snap* vereinfacht das Arbeiten mit Fenstern. Vor allem für Anwender, die mit vielen Fenstern gleichzeitig hantieren, dürfte das interessant sein.

- Wenn Sie die Titelleiste eines Fensters an den linken oder rechten Bildschirmrand verschieben, bis der Mauszeiger den Bildschirmrand berührt, wird die Fenstergröße so angepasst, dass jeweils die eine Hälfte des Bildschirms davon eingenommen wird. Dadurch lassen sich bequem zwei Fenster direkt nebeneinander positionieren. Sobald ein so gesetztes Fenster vom Bildschirmrand entfernt wird, nimmt das Fenster die ursprünglichen Maße wieder an.

- Wenn Sie den unteren Rand eines nicht maximierten Fensters nach unten bis zur Taskleiste ziehen, wird das Fenster nur in seiner Höhe maximiert, die Breite bleibt wie vorher eingestellt. Um wieder zum vorherigen Zustand zurückzukehren, verschieben Sie den unteren Fensterrand wieder nach oben.

TIPP Sie können das aktuell geöffnete Fenster auch über die Tastatur neu positionieren: Die Tastenkombination ⊞ + ← sorgt beispielsweise dafür, dass das Fenster an der linken Seite des Desktops angedockt wird, ⊞ + → dockt es rechts an. Mit ⊞ + ↑ wird das Fenster maximiert, mit ⊞ + ↓ kehren Sie zurück zur vorher eingestellten Fenstergröße.

1.2.4 Die Statusleiste

In der *Statusleiste* am unteren Rand des Fensters werden unter anderem Hinweise zum Programmablauf angezeigt. Diese unterscheiden sich zum Teil je nach Programm – einige Elemente finden Sie hier aber immer. Dazu gehören die Schaltflächen zum Einstellen des Vergrößerungsmaßstabs und zur Wahl der Ansichten.

Den Vergrößerungsmaßstab einstellen

Die Methoden zur Einstellung des Vergrößerungsmaßstabs sind bei allen Office-Programmen fast identisch. Dazu dienen die Werkzeuge im rechten Bereich der Statuszeile (Tabelle 1.3).

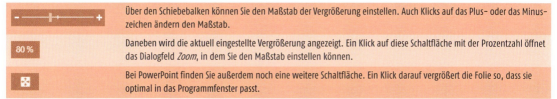

– ⊢⊣ +	Über den Schiebebalken können Sie den Maßstab der Vergrößerung einstellen. Auch Klicks auf das Plus- oder das Minuszeichen ändern den Maßstab.
80 %	Daneben wird die aktuell eingestellte Vergrößerung angezeigt. Ein Klick auf diese Schaltfläche mit der Prozentzahl öffnet das Dialogfeld *Zoom*, in dem Sie den Maßstab einstellen können.
⊞	Bei PowerPoint finden Sie außerdem noch eine weitere Schaltfläche. Ein Klick darauf vergrößert die Folie so, dass sie optimal in das Programmfenster passt.

Tabelle 1.3: Drei Schaltflächen in der Statusleiste dienen dazu, den Vergrößerungsmaßstab einzustellen.

Das Dialogfeld *Zoom*, das Sie durch einen Klick auf die Anzeige des aktuellen Vergrößerungsmaßstabs auf den Bildschirm bringen, hat zwar bei den einzelnen Programmen ein leicht unterschiedliches Aussehen, liefert aber im Prinzip immer dieselbe Funktionalität (Abbildung 1.11): Sie können darin zwischen mehreren fest eingestellten Maßstäben wählen oder den Wert dafür individuell einstellen.

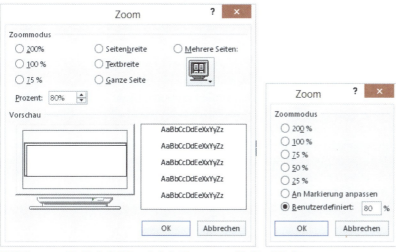

Abbildung 1.11: Das Dialogfeld *Zoom* bei den Programmen Word und Excel

Die sonstigen Anzeigen

In der Statusleiste finden Sie auch Schaltflächen zur Wahl der *Ansicht*. Ansichten liefern die Möglichkeit, die Inhalte einer Datei auf verschiedene Weisen anzuzeigen. Eine dieser Ansichten ist immer aktiv. Diese erkennen Sie an der leicht anderen Farbe der Schaltfläche dafür. Noch programmspezifischer sind die sonstigen Anzeigen in der Statusleiste. Bei Word finden Sie beispielsweise die Anzahl der Seiten im aktuellen Dokument, die Anzahl der Wörter und die Sprache. Excel zeigt beispielsweise statistische Auswertungen der Zahlenwerte in den gerade markierten Zellen an. Wir gehen in den Kapiteln zu den einzelnen Programmen noch näher darauf ein.

1.3   Die Programmsteuerung

Bis zur Version 2003 fanden Sie die wichtigsten Elemente zur Steuerung eines Microsoft Office-Programms in den Menüs und den Symbolleisten. Um eine Aktion auszuführen, mussten Sie oft eine Reihe von Stellen mit der Maus anklicken: Sie mussten zuerst ein Menü öffnen und darin oft noch ein Untermenü anzeigen lassen. Dann mussten Sie einen Befehl wählen. Die gewünschten Einstellungen mussten Sie in einem Dialogfeld festlegen, das oft über mehrere Registerkarten verfügte. Schließlich mussten Sie diese Angaben bestätigen.

1.3.1   Das Menüband

Mit der Programmversion 2007 wurde dieses System durch die sogenannte *Multifunktionsleiste* abgelöst. Diese Technik wurde in der aktuellen Version 2013 konsequent weiterentwickelt. Die Multifunktionsleiste trägt seit Office 2010 den einprägsamen Namen *Menüband*, und Sie werden schnell feststellen, dass Sie bedeutend weniger Mausklicks benötigen, um eine Aktion durchzuführen (Abbildung 1.12). Am oberen Rand des Menübands finden Sie mehrere Registerkarten vor. Jede Registerkarte bezieht sich auf eine Art von Aktivität.

Abbildung 1.12: Das Menüband ersetzt die Menüs und die Symbolleisten – hier bei Excel 2013.

- Der Hauptvorteil der Arbeit mit dem Menüband besteht wohl darin, dass es die Aufgaben und Einstiegspunkte vereint, die früher über verschiedene Menüs, Symbolleisten, Aufgabenbereiche und andere Komponenten der Benutzeroberfläche angezeigt werden mussten. Diese werden jetzt in Registerkarten und Gruppen darin zusammengefasst. Nun müssen Sie nur noch an einer einzigen Stelle nach Befehlen suchen und nicht mehr an verschiedenen Orten.
- Der wesentliche Nachteil dieser neuen Idee von Microsoft besteht darin, dass wohl jeder Anwender einige Zeit brauchen wird, bis er sich in dieser neuen Struktur so gut zurechtfindet, dass er keine Zeit mehr mit dem Suchen nach bestimmten Befehlen und Funktionen verbringen muss. Nach einiger Zeit der Arbeit mit den Programmen der Office 2013-Generation stellt sich aber ein intuitives Verständnis ein.

Die Standardregisterkarten

Am oberen Rand des Menübands finden Sie die Registerreiter für mehrere Registerkarten. Jede Registerkarte bezieht sich auf eine Art von Aktivität – beispielsweise liefert in Excel, Word oder PowerPoint die Registerkarte *Einfügen* alle Werkzeuge, die Sie zum Einfügen von Elementen in ein Dokument benötigen. Von Vorteil für den Anwender ist, dass er bei allen Office-Programmen oft dieselben Befehle findet (Abbildung 1.13 bis Abbildung 1.15).

■ Beim Öffnen eines Office-Programms wird immer zuerst die Registerkarte *Start* angezeigt.

Abbildung 1.13: Die Registerkarte *Start* bei Excel beinhaltet alle Befehle, die Sie standardmäßig benötigen.

■ Klicken Sie auf den Registerreiter *Einfügen*, um die jeweiligen Inhalte anzuzeigen.

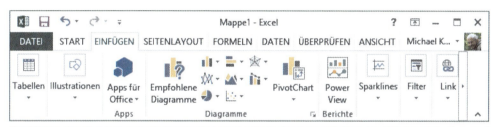

Abbildung 1.14: Die Registerkarte *Einfügen* bei Excel liefert die Werkzeuge zum Einfügen von Objekten in das Dokument.

■ Bei anderen Programmen finden Sie auf der Registerkarte *Einfügen* – zumindest teilweise – identische Inhalte.

Abbildung 1.15: Bei Word beinhaltet die Registerkarte *Einfügen* ähnliche Elemente.

Die Gruppen in den Registerkarten

Innerhalb einer Registerkarte sind die einzelnen Elemente in *Gruppen* zusammengefasst. Das sind die Bereiche innerhalb des Menübands, die durch senkrechte Trennstriche voneinander abgesetzt sind. Diese verfügen über eine Gruppenbezeichnung – beispielsweise *Kopf- und Fußzeile* auf der Registerkarte *Einfügen* von Word. Microsoft ist der Meinung, dass diese Gruppenbildung das Auffinden der einzelnen Werkzeuge erleichtert, da diese Gruppen immer bestimmte Aufgabentypen zusammenfassen. Das stimmt unserer Meinung nach nur bedingt: Oft gibt es auch Gruppen, die Elemente zusammenfassen, die nirgendwo sonst hineingepasst haben.

Die Befehle

Was sich innerhalb einer Gruppe befindet, wird von Microsoft als *Befehle* oder *Befehlsschaltflächen* bezeichnet (Abbildung 1.16). Viele dieser Elemente verfügen über dieselbe Funktionsweise wie die von den Vorversionen bekannten Schaltflächen der Symbolleisten bzw. die Menübefehle.

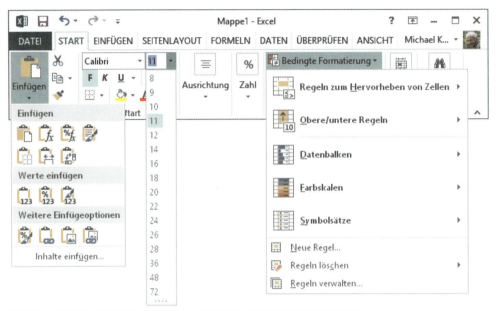

Abbildung 1.16: Die Befehle im Menüband verfügen über unterschiedliche Funktionen.

- Bei einigen dieser Befehle handelt es sich um Umschalter, die durch einen Klick darauf ein- und ausgeschaltet werden können. Beispielsweise finden Sie in der Gruppe *Schriftart* der Registerkarte *Start* bei fast allen Programmen die Schaltfläche *Fett*, mit der Sie eine Darstellung des gerade markierten Bereichs in Fettdruck bewirken oder diese wieder abschalten können. Eine unterschiedliche Farbgebung kennzeichnet den jeweiligen Zustand.
- Andere Befehlsschaltflächen bewirken die Durchführung einer Aktion oder leiten diese zumindest ein. Beispielsweise können Sie durch einen Klick auf die Schaltfläche *Kopieren* in der Gruppe *Zwischenablage* auf der Registerkarte *Start* bewirken, dass ein vorher im Dokument markierter Bereich in die Windows-Zwischenablage kopiert wird.
- Andere Befehlsschaltflächen erlauben es, eine Liste mit weiteren Optionen aufzuklappen. Sie erkennen diese Typen daran, dass sie mit einer meist nach unten zeigenden kleinen Pfeilspitze ausgestattet sind. Ein Beispiel dafür finden Sie in der Gruppe *Zwischenablage* der Registerkarte *Start* in der Schaltfläche *Einfügen*. Sie lassen diese Liste anzeigen, indem Sie auf die Pfeilspitze klicken. Anschließend können Sie eine der in der Liste angezeigten Optionen auswählen, indem Sie darauf klicken.
- Beachten Sie aber, dass einige der Befehlsschaltflächen mit Pfeilspitzen auch über eine einfache Einschalt- oder Umschaltfunktion verfügen, die Sie auswählen können, indem Sie auf eine Stelle in der Schaltfläche außerhalb der Pfeilspitze klicken. Eine unterschiedliche Farbgebung weist Sie darauf hin, ob Sie die Liste der Optionen aufklappen oder die Schaltfläche direkt ansprechen sollen.

Die Kataloge

Einige Befehlsschaltflächen verfügen über eine Katalogfunktion. Sie ermöglichen eine Auswahl aus mehreren Alternativen. Es gibt mehrere Typen von Katalogen:

■ Allgemein bekannt dürften die Schaltflächen sein, bei denen Sie durch einen Klick auf eine nach unten weisende Pfeilspitze eine Liste von Alternativen anzeigen lassen können. Typische Beispiele dafür sind bei der Mehrzahl der Programme die Listen zu den Schaltflächen *Schriftart* und *Schriftgrad* der Gruppe *Schriftart* (Abbildung 1.16).

■ Andere Kataloge sind bereits in die Gruppen einer Registerkarte integriert. Bei Word finden Sie beispielsweise in der Gruppe *Formatvorlagen* der Registerkarte *Start* einen Katalog mit Formatvorlagen. Von diesen Vorlagen sind im Menüband aber zunächst nur wenige Alternativen sichtbar.

■ Sie können einen solchen Katalog aufklappen, indem Sie auf die Schaltfläche *Weitere* klicken – das ist die Schaltfläche mit der kleinen nach unten weisenden Pfeilspitze mit dem darüber liegenden Strich. Dann werden Ihnen weitere Alternativen angezeigt, aus denen Sie die jeweils gewünschte durch einen Klick auswählen können.

Der Zugang zu den Dialogfeldern

Aber auch die aus früheren Versionen her bekannten Dialogfelder sind nicht völlig von den Oberflächen der Programme verbannt worden. Viele Gruppen verfügen rechts neben der Gruppenbezeichnung über eine kleine Schaltfläche mit einem nach rechts unten weisenden Pfeil. Wenn Sie darauf klicken, wird ein Dialogfeld angezeigt, in dem Sie meist alle Befehle finden, die Sie auch über die Befehlsschaltflächen der Gruppe finden. In vielen Fällen finden Sie darin noch zusätzliche Optionen. Bei Word zeigen Sie beispielsweise über die Schaltfläche zur Gruppe *Schriftart* das gleichnamige Dialogfeld an, in dem Sie einige weitere zusätzliche Schriftparameter für den vorher markierten Bereich einstellen können. Manche dieser Dialogfelder verfügen – wie auch bei den früheren Programmversionen – über mehrere Registerkarten.

Die kontextbezogenen Registerkarten

Zusätzlich zu den eben erwähnten standardmäßigen Befehlsregisterkarten verwendet Office 2013 noch ein weiteres Element – die kontextbezogenen Befehlsregisterkarten. Diese werden je nach Kontext – also je nachdem, an welchem Objekt Sie arbeiten oder welche Aufgabe Sie gerade ausführen –neben den standardmäßigen Registerkarten angezeigt. Wenn Sie beispielsweise in Word eine Tabelle erstellt haben, werden zusätzlich die kontextbezogenen Befehlsregisterkarten *Tabellentools/Entwurf* und *Tabellentools/Layout* angezeigt. Diese Registerkarten stehen nur zur Verfügung, solange das jeweilige Objekt – beispielsweise die Tabelle – markiert ist.

1.3.2   Das Arbeiten mit dem Menüband

Um sich schnell an die Arbeit mit dem neuen Menüband zu gewöhnen, sollten Sie auch die folgenden Punkte im Gedächtnis behalten:

■ Standardmäßig wird beim Öffnen eines Dokuments meist die Registerkarte *Start* angezeigt. Sie können zu einer anderen Registerkarte wechseln, indem Sie auf den zugehörigen Registerreiter klicken. Auch Tastenkombinationen stehen Ihnen dafür zur Verfügung (siehe weiter unten in diesem Kapitel).

■ Wenn Schaltflächen im Menüband in abgeblendeter Form angezeigt werden, bedeutet dies, dass dieser Befehl in der aktuellen Situation nicht ausgeführt werden kann.

■ Bei einer geringeren Breite des Programmfensters werden die Befehlsschaltflächen in den weniger wichtigen Gruppen ausgeblendet und nur noch die Gruppennamen selbst angezeigt. Wenn Sie in einem solchen Zustand einen Befehl aus einer solchen Gruppe auswählen wollen, müssen Sie die Gruppe erst aufklappen, indem Sie auf die dann angezeigte Pfeilspitze unter der Gruppenbezeichnung klicken (Abbildung 1.17).

■ Manche der Steuerelemente im Menüband sind beschriftet, andere nicht. Welche Elemente beschriftet sind, hängt auch von der Breite des Programmfensters ab. Wenn Sie diese verringern, verschwinden einige der Beschriftungen.

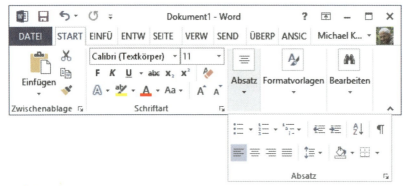

Abbildung 1.17: Bei einer geringeren Breite des Programmfensters müssen Sie Gruppen erst aufklappen.

Das Minimieren des Menübands

Wenn Sie mehr Platz auf dem Bildschirm benötigen, können Sie das Menüband minimieren.

- Klicken Sie dazu mit der rechten Maustaste auf einen der Registerreiter und wählen Sie im Kontextmenü den Befehl *Menüband reduzieren* aus. Das hat den Erfolg, dass nur noch die Namen der Registerkarten angezeigt werden, nicht mehr ihre Inhalte (Abbildung 1.18).

Abbildung 1.18: Im minimierten Zustand sind nur die Namen der Registerkarten sichtbar.

- Aus dem minimierten Zustand heraus können Sie die Befehle des Menübands verwenden, indem Sie auf den Reiter der gewünschten Registerkarte klicken. Die Inhalte werden dann angezeigt, und Sie können den gewünschten Befehl wählen. Nach dieser Wahl wird das Menüband wieder minimiert.
- Wenn Sie zur normalen Darstellung zurückkehren wollen, klicken Sie erneut im Kontextmenü eines Registerreiters den aktuell mit einem Häkchen versehenen Befehl *Menüband reduzieren* an. Das Menüband wird dann wieder vollständig angezeigt.

TIPP Sie können auch die Tastenkombination ⎡Strg⎤+⎡F1⎤ benutzen, um das Menüband zu reduzieren oder wiederherzustellen.

Sie können die Form der Anzeige des Menübands auch über die Optionen zur Schaltfläche *Menüband-Anzeigeoptionen* rechts neben dem Fragezeichensymbol einstellen (Abbildung 1.19).

Abbildung 1.19: Das Verhalten des Menübands können Sie einstellen.

Das Verwenden der Tastatur zur Steuerung

Für den Fall, dass Sie lieber die Tastatur als die Maus verwenden, bieten die Programme mit Menüband eine Reihe von Tastenkombinationen an, mit denen Sie Aufgaben schnell auch ohne die Maus erledigen können. Dabei spielt es keine Rolle, an welcher Stelle im Programm Sie sich befinden. Sie können diese Tastenkombinationen immer verwenden, auch wenn das Menüband minimiert ist.

1. Drücken Sie die ⌈Alt⌉-Taste und lassen Sie sie wieder los. Die Information zu den Zugriffstasten der obersten Ebene wird angezeigt (Abbildung 1.20). Kleine Indikatoren zeigen an, durch welche Tasten Sie Zugriff zu den einzelnen Elementen erhalten.

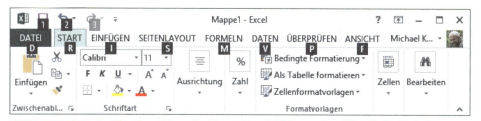

Abbildung 1.20: Die Zugriffstasten auf der ersten Ebene zeigen die Codes zum Auswählen der Registerkarten.

2. Drücken Sie die Taste, die als Zugriffstasteninfo neben, unter oder über dem gewünschten Element angezeigt wird. Je nach der gedrückten Taste können weitere Zugriffstasteninfos angezeigt werden. Wenn beispielsweise die Registerkarte *Start* aktiv ist, werden die Zugriffstasteninfos für die Gruppen und Befehle dieser Registerkarte angezeigt (Abbildung 1.21). Kombinationen aus mehreren Zeichen müssen hier nacheinander über die Tastatur eingegeben werden, nicht zusammen.

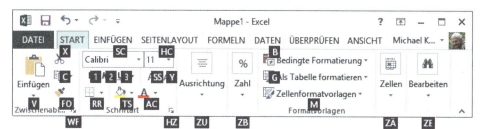

Abbildung 1.21: Die Zugriffstasten für die zweite Ebene beziehen sich auf die einzelnen Befehle innerhalb einer Registerkarte.

3. Drücken Sie so lange die entsprechenden Tasten, bis Sie den Buchstaben des gewünschten Befehls oder der gewünschten Option drücken können.
4. Wenn Sie die Auswahlaktion abbrechen wollen, drücken Sie nochmals die ⌈Alt⌉-Taste. Die Zugriffstasteninfos werden dann wieder ausgeblendet.

1.3.3 Die Symbolleiste für den Schnellzugriff

Links oben in bzw. über dem Menüband befindet sich noch eine kleine Symbolleiste, die mit *Symbolleiste für den Schnellzugriff* bezeichnet wird (Abbildung 1.22). Das ist die einzige übrig gebliebene Symbolleiste.

Abbildung 1.22: Die Symbolleiste für den Schnellzugriff beinhaltet Schaltflächen für einige wichtige Befehle – hier bei Excel.

Diese Symbolleiste beinhaltet bei den meisten Programmen standardmäßig vier Schaltflächen (Tabelle 1.4). Sie finden darin die Möglichkeit für den sofortigen Zugriff auf die am häufigsten verwendeten Befehle – wie beispielsweise *Speichern* und *Rückgängig*. Einige davon können aber nur angewählt werden, wenn bereits Eingaben oder Änderungen im Dokument vorgenommen wurden.

Symbol	Name und Wirkung
🖫	*Speichern*: speichert das aktuell geöffnete Dokument. Wenn es bisher noch nicht gespeichert wurde, wird das Dialogfeld *Speichern unter* angezeigt, in dem Sie dem Dokument einen Namen geben und den Speicherort und das Dateiformat festlegen können.
↶ ▾	*Rückgängig*: macht einen gerade gewählten Befehl oder eine Eingabe wieder rückgängig.
↷	*Wiederherstellen*: Ein rückgängig gemachter Befehl oder eine Eingabe wird wiederhergestellt (nur Excel).
↻	*Wiederholen*: wiederholt – beispielsweise bei Word oder PowerPoint – die gerade vorgenommene Eingabe oder den Befehl.
▼	*Symbolleiste für den Schnellzugriff anpassen*: erlaubt es, weitere Befehle in der Symbolleiste anzeigen zu lassen oder wieder daraus zu entfernen.

Tabelle 1.4: Die Schaltflächen in der Symbolleiste für den Schnellzugriff erlauben einen schnellen Zugriff auf die wichtigsten Befehle.

Hinweis Weitere Hinweise zum Speichern und damit zusammenhängenden Befehlen finden Sie im nachfolgenden Kapitel über die Dateiverwaltung (*Kapitel 2*).

Abbildung 1.23: Die Symbolleiste für den Schnellzugriff kann angepasst werden.

Das schnelle Anpassen der Symbolleiste für den Schnellzugriff

Sie können die *Symbolleiste für den Schnellzugriff* auch anpassen, damit Sie Befehle aufnehmen, die Sie persönlich häufig verwenden. Sie können auch die Position ändern, an der die Symbolleiste angezeigt wird.

1. Dazu klicken Sie auf die Schaltfläche *Symbolleiste für den Schnellzugriff anpassen*. Eine Liste mit Optionen wird geöffnet (Abbildung 1.23).
2. Die mit einem Häkchen versehenen Optionen in der Liste werden bereits in der Symbolleiste angezeigt. Klicken Sie auf eine Option, um sie anzuzeigen oder aus der Symbolleiste zu entfernen.

Hinweis Auf weitere Möglichkeiten zur Anpassung dieser Symbolleiste werden wir noch zu sprechen kommen, wenn wir uns mit den Programmoptionen beschäftigen (*Kapitel 16*). Sie können damit jeden beliebigen Befehl in dieser Symbolleiste ansiedeln.

Die Symbolleiste verschieben

Die Symbolleiste für den Schnellzugriff kann sich an zwei Positionen befinden: Die Standardposition ist oben links; außerdem kann sie unterhalb des Menübands angezeigt werden. Sie ist damit näher am eigentlichen Arbeitsbereich. Zum Einstellen der Position benutzen Sie die Option *Unter dem Menüband anzeigen*. Zurück zur ursprünglichen Position geht's mit dem Befehl *Über dem Menüband anzeigen*.

1.3.4   Die Kontextmenüs und die Minisymbolleiste

Als Element der Programmsteuerung beibehalten wurden die Kontextmenüs. Dies sind Listen der wichtigsten Befehle für eine bestimmte Stelle auf der Oberfläche. Auch die mit der Programmversion 2007 eingeführte Minisymbolleiste ist noch vorhanden.

Die Kontextmenüs

Sie lassen ein Kontextmenü anzeigen, indem Sie auf eine bestimmte Stelle mit der rechten Maustaste klicken. Welche Befehle darin dann aufgelistet werden, ist eine Frage der Stelle, auf die Sie geklickt haben, und abhängig von der jeweiligen Situation (Kontext). Wenn Sie beispielsweise im Programm Word auf eine Stelle im Hauptbereich des Programmfensters klicken, liefert Ihnen das Kontextmenü vordringlich Befehle zum Formatieren und zum Einfügen von Elementen. Das sind ja genau die Dinge, die Sie wahrscheinlich am häufigsten an einer solchen Stelle tun werden.

Die Minisymbolleiste

Außerdem wird bei einem Rechtsklick im Hauptbereich eines Programmfensters ein als *Minisymbolleiste* benanntes Element eingeblendet (Abbildung 1.24). Darin finden Sie Schaltflächen für die wichtigsten Formatierungsoptionen – beispielsweise solche für *Fett*, *Kursiv* oder die Auswahlmöglichkeiten für die *Schriftart* oder den *Schriftgrad*.

Abbildung 1.24: Die Minisymbolleiste – hier bei Word – beinhaltet die wichtigsten Schaltflächen zum Formatieren.

 TIPP Die Minisymbolleiste wird bei einigen Programmen auch angezeigt, wenn Sie im Dokument einen Bereich markieren – beispielsweise mehrere Zeichen oder Wörter.

1.3.5   Die Eingabe mit den Fingern

Wenn Sie ein Office 2013-Programm unter Windows 8 mit einem Touchscreen betreiben, stehen Ihnen die Möglichkeiten zur Interaktion durch *Tippen* und *Streifen* zur Verfügung. Da Office 2013 für die Verwendung auf Touch-PCs und Tablet-Computern optimiert wurde, gibt es bei allen Office-Programmen einen separaten Touch-Modus. Dieser Modus sorgt dafür, dass die Schaltflächen in der Menüleiste sowie andere Bedienelemente etwas größer und mit ein bisschen mehr Abstand dargestellt werden, um die Bedienung mit den Fingern zu erleichtern. Er kann ganz einfach durch einen Klick auf das entsprechende Symbol ein- und ausgeschaltet werden. Dieses Symbol müssen Sie gegebenenfalls erst anzeigen lassen.

Hinweis Die Grundprinzipien der Touch-Bedienung entsprechen aber denen der Arbeit mit der Maus. In diesem Buch gehen wir darum nur an einigen Stellen besonders auf die Steuerung mit den Fingern ein.

Die Grundbegriffe der Touch-Bedienung bei Windows 8

Die grundlegenden Gesten, mit denen Sie Windows 8 steuern können, sind recht einfach zu erlernen (Tabelle 1.5). Sie unterscheiden sich auch kaum von den Techniken, mit denen Sie Ihr Smartphone steuern.

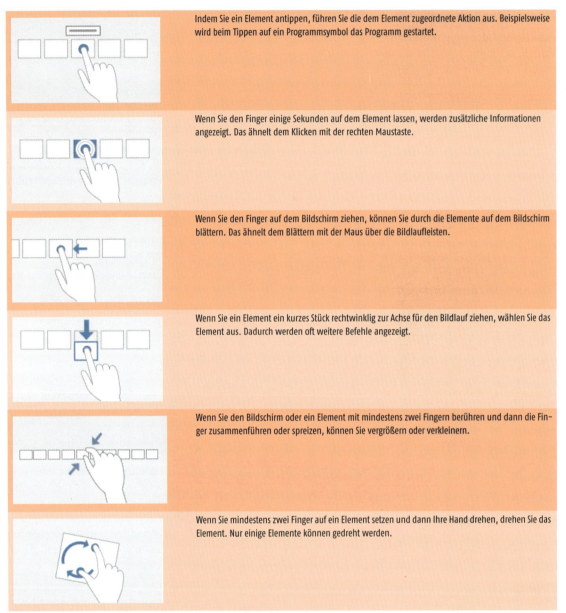

	Indem Sie ein Element antippen, führen Sie die dem Element zugeordnete Aktion aus. Beispielsweise wird beim Tippen auf ein Programmsymbol das Programm gestartet.
	Wenn Sie den Finger einige Sekunden auf dem Element lassen, werden zusätzliche Informationen angezeigt. Das ähnelt dem Klicken mit der rechten Maustaste.
	Wenn Sie den Finger auf dem Bildschirm ziehen, können Sie durch die Elemente auf dem Bildschirm blättern. Das ähnelt dem Blättern mit der Maus über die Bildlaufleisten.
	Wenn Sie ein Element ein kurzes Stück rechtwinklig zur Achse für den Bildlauf ziehen, wählen Sie das Element aus. Dadurch werden oft weitere Befehle angezeigt.
	Wenn Sie den Bildschirm oder ein Element mit mindestens zwei Fingern berühren und dann die Finger zusammenführen oder spreizen, können Sie vergrößern oder verkleinern.
	Wenn Sie mindestens zwei Finger auf ein Element setzen und dann Ihre Hand drehen, drehen Sie das Element. Nur einige Elemente können gedreht werden.

Tabelle 1.5: Die Gesten zur Steuerung von Windows 8 sind einfach zu verstehen.

Die Bildschirmtastatur anzeigen lassen

Wenn Sie bei der Arbeit mit dem Touch-PC über keine separate Tastatur verfügen, müssen Sie zur Eingabe von Zeichen die Bildschirmtastatur verwenden.

1. Klicken Sie mit der rechten Maustaste auf die Taskleiste des Windows 8-Desktops, um das Kontextmenü anzuzeigen.
2. Wählen Sie im Kontextmenü *Symbolleisten* und dann *Bildschirmtastatur* (Abbildung 1.25).

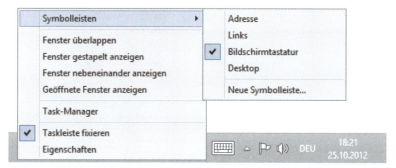

Abbildung 1.25: Das Symbol für die Bildschirmtastatur muss oft erst in der Taskleiste eingerichtet werden.

3. In der Taskleiste wird das Symbol zum Aufruf der Bildschirmtastatur angezeigt. Um die Tastatur anzuzeigen, klicken Sie darauf (Abbildung 1.25). Standardmäßig erscheinen in der Bildschirmtastatur zunächst die Tasten für die Buchstaben (Abbildung 1.26).

Abbildung 1.26: Standardmäßig werden zunächst die Tasten für die Buchstaben angezeigt.

4. Um weitere Zeichen – Zahlen und Sonderzeichen – anzuzeigen, tippen Sie auf die Schaltfläche *&123*. Um zurück zu den Buchstaben zu gelangen, klicken Sie nochmals auf die Schaltfläche *&123*.

Die Schaltfläche für Touch-Unterstützung anzeigen lassen

Da Office 2013 für die Verwendung auf Touch-PCs und Tablet-Computern optimiert wurde, gibt es bei allen Office-Programmen auch einen separaten Touch-Modus. Das Symbol zum Ein- und Ausschalten dieses Modus müssen Sie gegebenenfalls erst anzeigen lassen.

1. Klicken Sie auf die Schaltfläche *Symbolleiste für den Schnellzugriff anpassen*. Eine Liste mit Optionen wird geöffnet. Die mit einem Häkchen versehenen Optionen in der Liste werden in der Symbolleiste angezeigt.
2. Sorgen Sie dafür, dass die Option *Fingereingabe-/Mausmodus* eingeschaltet (mit einem Häkchen versehen) ist. Ist sie nicht eingeschaltet, klicken Sie auf die Option.
3. Ist die Funktion aktiviert, erscheint in der Symbolleiste für den Schnellzugriff ein zusätzlicher Schalter mit der Bezeichnung *Fingereingabe-/Mausmodus*.

Die Fingereingabe ein- und ausschalten

Der Touch-Modus sorgt dafür, dass die Schaltflächen in der Menüleiste sowie andere Bedienelemente etwas größer dargestellt werden, um die Bedienung mit den Fingern zu erleichtern. Er kann ganz einfach durch einen Klick auf das entsprechende Symbol ein- und ausgeschaltet werden.

1. Klicken Sie auf den Schalter, um die Optionen für den Eingabemodus anzuzeigen (Abbildung 1.27).

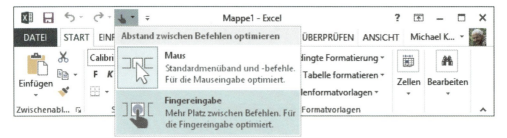

Abbildung 1.27: Den Modus für die Fingereingabe müssen Sie zuerst einschalten.

2. Wenn Sie Ihr Gerät über die Finger bedienen wollen, wählen Sie die Option *Fingereingabe*.
3. Ist der Modus *Fingereingabe* aktiv, werden die Bedienelemente etwas größer und mit größeren Abständen zueinander angezeigt (Abbildung 1.28).

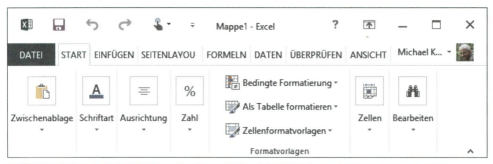

Abbildung 1.28: Im Modus für die Fingereingabe erscheinen die Schaltflächen zur Programmsteuerung größer.

4. Klicken Sie auf den Schalter und wählen Sie *Maus*, wenn Sie diesen Modus wieder beenden wollen.

1.4 Die Registerkarte Datei

Eine Sonderrolle unter den Registerkarten des Menübands nimmt die Registerkarte *Datei* ein. Diese löst die Schaltfläche *Office* der Programmversion 2007 ab. Die unterschiedlichen Farben, die die Programme der neuen Office-Generation für diese Schaltfläche verwenden, liefern Ihnen einen zusätzlichen Hinweis dazu, in welchem Programm Sie sich gerade befinden. Das ist für den erfahrenen Anwender vielleicht etwas trivial, aber auch wieder nett. Wenn Sie darauf klicken, wird bei allen Programmen der Microsoft Office-Familie die sogenannte *Backstage-Ansicht* angezeigt (Abbildung 1.29).

Diese Ansicht dient zum Verwalten von Dateien und dateispezifischen Daten. Kurz gesagt, führen Sie in dieser Ansicht Aufgaben *mit* Dateien, aber *nicht innerhalb* von Dateien aus. Natürlich finden Sie darin alle Befehle, die Sie zum Speichern, Öffnen, Schließen und Anlegen von neuen Office-Dateien benötigen.

- Standardmäßig wird beim ersten Aufruf immer der Bereich *Informationen* angezeigt. Dieser bietet beispielsweise einige neue Funktionen, die das gemeinsame Bearbeiten von Dateien vereinfachen. Sie können darüber Dokumente schützen oder für eine Freigabe vorbereiten.
- Ein Klick auf *Speichern* speichert die von Ihnen vorgenommenen Änderungen mit den bereits festgelegten Einstellungen. Hatten Sie das Dokument vorher noch nicht gespeichert, wird das Dialogfeld *Speichern unter* angezeigt, in dem Sie dem Dokument einen Namen geben und den Speicherort und das Dateiformat festlegen können.

Abbildung 1.29: Die Registerkarte *Datei* bei Microsoft Word 2013 – hier wurde darin der Bereich *Informationen* markiert.

- Auch ein Klick auf *Speichern unter* zeigt das gleichnamige Dialogfeld an, über das Sie beispielsweise das Dokument unter einem anderen Namen, an einem anderen Ort oder in einem anderen Dateiformat speichern können.

- *Öffnen* zeigt das gleichnamige Dialogfeld an, über das Sie ein bereits gespeichertes Dokument auswählen und öffnen können.

- *Schließen* schließt das aktuell geöffnete Dokument. Hatten Sie vorher Änderungen durchgeführt und noch nicht gespeichert, werden Sie gefragt, ob Sie diese jetzt speichern wollen.

- Unter *Zuletzt verwendet* haben Sie einen schnellen Zugriff auf die Dokumente, die Sie kürzlich im Programm geöffnet hatten. Damit müssen Sie nicht mehr das Dokument suchen oder den entsprechenden Speicherort einstellen.

- Über *Neu* können Sie ein neues Dokument für das aktuelle Programm erstellen. Bei allen Programmen wird ein Fenster angezeigt, über das Sie eine Vorlage oder ein vollständig leeres Dokument auswählen können.

- Der Bereich *Drucken* auf der Registerkarte *Datei* erlaubt es, alle Druckaufgaben – inklusive der für den Ausdruck wichtigen Seiteneinstellungen – von einer zentralen Stelle her anzusprechen.

- Über den Bereich *Freigeben* haben Sie Zugang auf alle Befehle, die Sie zum gemeinsamen Bearbeiten Ihrer Dateien mit anderen Personen benötigen.

- Auch die *Optionen*, mit denen Sie das Programm an Ihre Vorlieben anpassen können, können Sie über diese Backstage-Ansicht ansprechen.

- Wenn Sie die Registerkarte *Datei* wieder verlassen wollen, klicken Sie auf die Schaltfläche mit dem Pfeil oben links im Fenster.

Hinweis Auf alle Bereiche der Registerkarte *Datei* gehen wir an anderen Stellen in diesem Buch noch intensiv ein: Hinweise zum Bereich *Informationen* sowie zum *Speichern*, *Öffnen*, *Schließen* und zum Anlegen neuer Dateien über *Neu* und den damit zusammenhängenden Optionen finden Sie in *Kapitel 2*. Über das *Drucken* reden wir in *Kapitel 15*, über die *Freigabe* in *Kapitel 14*. Auf den Bereich *Optionen* kommen wir in *Kapitel 16* noch zu sprechen.

1.4.1 Die Kategorie Konto

In der Kategorie *Konto* auf der Registerkarte *Datei* finden Sie eine Zusammenfassung mehrerer Informationen zu Ihrem Benutzerkonto, Ihrer Office 2013-Kopie und den Diensten, mit denen Ihr Office 2013 verbunden ist (Abbildung 1.30). Zu diesen Diensten zählen Ihre Konten für den Speicherplatz in der Cloud und bei sozialen Netzwerken. Sie können über diese Kategorie Daten zu Ihrem Konto ändern oder ergänzen und auch weitere Dienste hinzufügen.

Abbildung 1.30: Die Kategorie *Konto* – hier bei Excel – fasst Informationen zum Benutzerkonto und zur Office 2013-Kopie zusammen.

Hinweis Sie sollten beachten, dass alle in diesem Fenster vorhandenen Einstellungen Ihnen auch dann zur Verfügung stehen, wenn Sie Ihr Konto von einem anderen Rechner aus benutzen.

Die Angaben zum Konto ändern

Die Möglichkeiten zum Ändern der Einstellungen für Ihr Konto finden Sie in den Links unter der Überschrift *Benutzerinformationen*.

1. Wählen Sie auf der Registerkarte *Datei* die Kategorie *Konto*.
2. Benutzen Sie die Links unterhalb von *Benutzerinformationen*, um die Angaben zu Ihrem Konto zu ändern oder zu ergänzen.
3. Sie werden über das Internet mit der Profilseite Ihres Kontos verbunden, auf der Sie die Änderungen durchführen können.

Den Hintergrund und das Design für die Oberfläche festlegen

Standardmäßig wird Office 2013 mit einem hellen Hintergrund ohne weitere Verzierung angezeigt. Wenn Sie es wünschen, können Sie das ändern.

1. Wählen Sie auf der Registerkarte *Datei* die Kategorie *Konto*.
2. Öffnen Sie das Listenfeld *Office-Hintergrund* und wählen Sie einen Hintergrund aus (Abbildung 1.31 links). Die Namen der Optionen werden Ihnen nicht viel sagen, Sie müssen die Wirkung ausprobieren.
3. Öffnen Sie das Listenfeld *Office-Design* und wählen Sie ein Design aus (Abbildung 1.31 rechts).

Abbildung 1.31: Die Optionen für den Office-Hintergrund und das Office-Design

Vielleicht finden Sie unter diesen Optionen eine Variante, die Ihnen zusagt. Probieren Sie einige davon aus.

Einen Dienst hinzufügen

Auch diverse Dienste können Sie über die Kategorie *Konto* hinzufügen:

1. Wählen Sie auf der Registerkarte *Datei* die Kategorie *Konto* und öffnen Sie das Dropdown-Menü zur Schaltfläche *Dienst hinzufügen* (Abbildung 1.32).

Abbildung 1.32: Sie können mehrere Dienste für unterschiedliche Zwecke hinzufügen.

2. Wählen Sie die Art des Dienstes – *Bilder und Videos*, *Speicher* oder *Freigeben*. Die Bedeutung dieser Alternativen wird in der Liste geliefert.

3. Klicken Sie auf den Namen des Dienstes und geben Sie die erforderlichen Angaben zu Ihrem Konto bei diesem Dienst ein.

 Hinweis Die Liste der installierten Dienste wird über das Internet an alle Rechner übertragen, die dasselbe Konto benutzen. Sie können von allen Rechnern mit Ihrem Konto auf diese Dienste zugreifen.

Facebook als Dienst hinzufügen

Wenn Sie Facebook als Dienst aufnehmen, können Sie Office-Dokumente – beispielsweise Excel-Arbeitsblätter oder PowerPoint-Präsentationen – auf Ihrer Facebook-Seite anzeigen lassen.

1. Öffnen Sie in der Kategorie *Konto* der Registerkarte *Datei* die Liste *Dienst hinzufügen*. Wählen Sie *Freigeben* als Art des Dienstes und klicken Sie auf *Facebook*.

2. Bestätigen Sie die Nachfrage, indem Sie im Fenster *Teilen auf Facebook* auf *Verbinden* klicken. Geben Sie Ihre Zugangsdaten für Ihr Facebook-Konto ein (Abbildung 1.33).

Abbildung 1.33: Geben Sie Ihre Zugangsdaten für Ihr Facebook-Konto ein.

3. Klicken Sie auf *Anmelden* und dann auf *Fertig*. Nach kurzer Zeit wird der neue Dienst zusätzlich unter *Verbundene Dienste* aufgelistet.

 Hinweis Wenn Sie die Verbindung zwischen den Office-Programmen und Facebook wieder entfernen möchten, klicken Sie unter *Verbundene Dienste* auf den Link *Verwalten*. Sie werden dann mit der Profilseite Ihres Kontos verbunden, auf der Sie – unter anderem – die Verbindung zu Facebook entfernen können.

1.4.2   Die Kategorie Optionen

Im Rahmen der Neugestaltung der Benutzeroberfläche finden Sie den Befehl zur Einstellung der Programmeinstellungen unter *Optionen* innerhalb der Registerkarte *Datei*. Ein Klick auf diese Schaltfläche zeigt ein Fenster mit mehreren Bereichen an, zwischen denen Sie über die Schaltflächen im linken Teil des Fensters wählen können (Abbildung 1.34).

Bei praktisch allen Programmen der Office-Familie finden Sie in dieser Navigationsspalte auf der linken Seite mehrere Bereiche: Einige dieser Bereiche sind im Prinzip bei allen Office-Programmen identisch. Die Änderungen, die Sie in einem der Programme vornehmen, werden auch teilweise für die anderen Programme übernommen. Der Bereich *Dokumentprüfung* erlaubt beispielsweise das Festlegen diverser Optionen für die *Rechtschreibprüfung* und die automatische Fehlerkorrektur für das aktuelle Programm einerseits und Office allgemein andererseits.

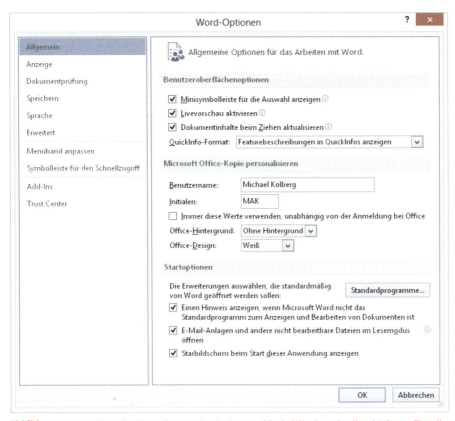

Abbildung 1.34: Der Bereich *Allgemein* unter den Optionen – hier bei Word – zeigt die wichtigsten Einstellungen an.

Hinweis Die Mehrzahl der Optionen werden wir in *Kapitel 16* zusammenfassend ansprechen. Anschließend wollen wir aber auf einige wichtige Optionen im Bereich *Allgemein* eingehen.

Benutzeroberflächenoptionen

Unter der Überschrift *Benutzeroberflächenoptionen* finden Sie einige Einstellungen, die für Sie interessant sein können:

- Über das Kontrollkästchen *Minisymbolleiste für die Auswahl anzeigen* können Sie festlegen, ob diese Symbolleiste automatisch angezeigt werden soll, wenn Sie einen Bereich im Dokument markieren – beispielsweise bei Word mehrere Zeichen oder Wörter.
- Bei Excel finden Sie hier auch eine Option mit dem Namen *Optionen für Schnellanalyse anzeigen*. Diese bewirkt, dass die Schaltfläche für die Schnellanalyse angezeigt wird, mit deren Optionen Sie Ihre Daten mit bedingter Formatierung, Sparklines oder Diagrammen analysieren können.
- Ein Einschalten von *Livevorschau aktivieren* bewirkt, dass die Auswirkungen eines Befehls direkt im Dokument angezeigt werden, wenn Sie den Mauszeiger auf die entsprechende Befehlsschaltfläche im Menüband bewegen. Haben Sie beispielsweise im Programm Word einen Textbereich markiert und bewegen Sie den Mauszeiger auf eine Option in einem Katalog im Menüband, wird die Auswirkung dieser Auswahl direkt im Text angezeigt. Damit haben Sie die Möglichkeit, die möglichen Auswirkungen zu kontrollieren, bevor Sie wirklich auf die Befehlsschaltfläche klicken.
- Über das Listenfeld *QuickInfo-Format* regeln Sie, ob bzw. wie kleine Programmhilfen zu den Befehlsschaltflächen im Menüband angezeigt werden sollen, wenn Sie den Mauszeiger darauf bewegen. Die Grundeinstellung für diese Option lautet *Featurebeschreibungen in QuickInfos anzeigen*. Wenn Sie

den Mauszeiger auf eine Befehlsschaltfläche bewegen, bewirkt dies, dass sowohl der Name der Befehlsschaltfläche – gegebenenfalls mit dem dazugehörenden Tastaturkürzel – als auch eine weitere Beschreibung zu diesem Befehl eingeblendet wird. Wenn Sie stattdessen die Einstellung *Feature-beschreibungen in QuickInfos nicht anzeigen* benutzen, wird die zusätzliche Beschreibung der Auswirkung des Befehls nicht mit angezeigt. Die dritte Alternative – *QuickInfos nicht anzeigen* – blendet alle diese Anzeigen aus.

Beim Erstellen neuer Arbeitsmappen

Nur bei Excel finden Sie hier einen mit *Beim Erstellen neuer Arbeitsmappen* überschriebenen Abschnitt:

- Mit *Diese Schriftart als Standardschriftart verwenden* legen Sie die Standardschriftart für neue Tabellenblätter und Arbeitsmappen fest. Eine neue Schriftart wird erst nach dem nächsten Öffnen von Microsoft Excel wirksam.
- Über *Schriftgrad* stellen Sie hier die Standardgröße für die Schrift ein. Eine neue Schriftgröße wird erst nach dem nächsten Öffnen von Microsoft Excel wirksam.
- Wählen Sie unter *Standardansicht für neue Blätter* die Ansicht aus, die beim Starten von Excel standardmäßig angezeigt werden soll. Sie können *Normale Ansicht*, *Umbruchvorschau* oder *Seitenlayoutansicht* auswählen.
- Mit *So viel Arbeitsblätter einfügen* können Sie die vorgegebene Anzahl von Tabellenblättern in einer neuen Arbeitsmappe festlegen (maximal 255). Standardmäßig wird in einer neuen Arbeitsmappe ein Tabellenblatt automatisch geöffnet.

Microsoft Office-Kopie personalisieren

Im Bereich *Microsoft Office-Kopie personalisieren* können Sie im Feld *Benutzername* Ihren Namen eintragen und ändern. Die Angaben in den Feldern darunter werden bei der Installation festgelegt. Sie personalisieren damit Ihre Kopie von Microsoft Office insgesamt. Über die dazugehörende Option können Sie einstellen, dass dieser Name auch verwendet werden soll, wenn ein anderes Konto benutzt wird.

Außerdem finden Sie hier wieder die Möglichkeit zur Farbgebung der Oberfläche. Im Gegensatz zu den Einstellungen, die Sie in der Kategorie *Konto* der Registerkarte *Datei* vornehmen konnten, gelten diese aber für den aktuellen Rechner. Ihre Einstellungen werden also nicht auf andere Rechner mit demselben Konto übertragen.

 Auch die anderen Einstellungen unterhalb der Überschrift *Microsoft Office-Kopie personalisieren* werden über das Internet an alle Rechner übertragen, die dasselbe Konto benutzen.

Startoptionen

Über die Optionen unter der Überschrift *Startoptionen* können Sie einstellen, ob beim Starten des Programms der Startbildschirm angezeigt wird, in dem Sie die zu bearbeitende Datei auswählen und Ihr Konto wechseln können. Bei Outlook können Sie hierüber festlegen, dass das Programm als Standardprogramm für E-Mail, Kontakte und Kalender benutzt werden soll.

1.5   Die Programmhilfen

Denken Sie bei Problemen während Ihrer Arbeit mit einem Office-Programm immer daran, dass das Programm über ein umfangreiches Hilfesystem verfügt, das Sie jederzeit aufrufen können. Dieses Hilfesystem wurde in der Version 2013 weiterhin verbessert.

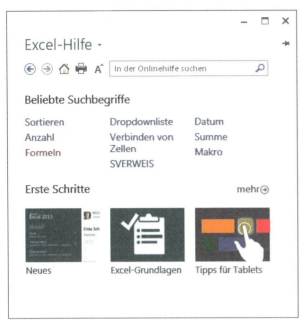

Abbildung 1.35: Die Startseite zur Hilfe – hier für Microsoft Excel

Der Zugang zur Hilfe

Um schnell zu den gewünschten Informationen zu gelangen, sollten Sie die folgenden Methoden zum Aufruf der Hilfe kennen:

- Den Zugang zur Hilfe erhalten Sie, indem Sie auf die Schaltfläche *Hilfe* mit dem Fragezeichen in der rechten oberen Ecke des Menübands klicken.
- Denselben Effekt erreichen Sie, indem Sie F1 drücken.
- Die Mehrzahl der Dialogfelder in den Office-Programmen verfügt über eine eigene Schaltfläche für den Aufruf der Hilfe. Wenn Sie darauf klicken, sollte automatisch eine Hilfeseite zu den Optionen im aktuell geöffneten Dialogfeld angezeigt werden. Wenn für das Dialogfeld kein Hilfethema verfügbar ist, wird die Startseite der Hilfe angezeigt.

In der Mehrzahl der Fälle wird daraufhin die Startseite der Hilfe angezeigt (Abbildung 1.35). Jedes Programm in Microsoft Office weist eine eigene Startseite auf, auf der Sie sich eine Übersicht über das Programm verschaffen können.

Mit der Hilfe-Startseite arbeiten

Das Hilfesystem ist hierarchisch geordnet. Sie können auf eine der in der Startseite angezeigten Überschriften klicken und gelangen damit um eine Ebene tiefer. Auf diese Weise können Sie fortfahren, bis Sie zur Ebene mit den einzelnen Hilfeseiten kommen.

1. Klicken Sie auf ein Thema darin – beispielsweise in der Excel-Hilfe auf den Link *Formeln*. Das zeigt eine Liste mit den verfügbaren Artikeln zum Thema *Formeln* an.
2. Klicken Sie auf eine Artikelüberschrift – beispielsweise in der Excel-Hilfe auf *Übersicht über Formeln*. Der Artikel wird angezeigt.
3. Um das Hilfefenster wieder auszublenden, klicken Sie darin auf seine *Schließen*-Schaltfläche.

Gezielt nach Informationen in der Hilfe suchen

Statt sich durch die einzelnen Hierarchieebenen des Hilfesystems zu hangeln, können Sie auch gezielt nach Informationen suchen:

1. Klicken Sie im Hilfefenster in das Feld für die Suche und tippen Sie darin Stichwörter oder eine Frage ein, z. B. *Wie kann ich speichern?* Natürlich reicht auch eine Kurzform wie *Speichern*.
2. Starten Sie die Suche über die ⏎-Taste oder klicken Sie auf das Lupensymbol.
3. Das Programm blendet eine Liste von Themen ein, die zu Ihrer Frage passen könnte. Klicken Sie auf das Thema, das zu Ihrer Frage passt – beispielsweise das Thema *Speichern einer Datei*.
4. Die entsprechende Hilfeseite wird angezeigt.
5. Um das Hilfefenster wieder auszublenden, klicken Sie darin auf seine *Schließen*-Schaltfläche.

Die Symbolleiste im Hilfefenster

Beachten Sie auch die Schaltflächen in der Symbolleiste des Hilfefensters. Die helfen Ihnen bei der Navigation und bei anderen Aufgaben (Tabelle 1.6).

Symbol	Name und Wirkung
⊖	*Zurück*: zeigt die vorher angezeigte Seite der Hilfe wieder an. Ist nur verfügbar, wenn die Seite vorher gewechselt wurde.
⊕	*Weiter*: schaltet nach der Wahl von *Zurück* wieder zur vorher angezeigten Seite.
⌂	*Start*: zeigt die Startseite des Hilfesystems wieder an.
🖶	*Drucken*: druckt den Inhalt der aktuellen Hilfeseite.
A	*Schriftgrad ändern*: wechselt zwischen zwei verschiedenen Schriftgrößen.

Tabelle 1.6: Die Schaltflächen der Symbolleiste im Hilfefenster

Die Hilfeseiten im Vordergrund halten – oder nicht

Manchmal ist es sinnvoll, wenn das Hilfefenster andauernd im Vordergrund bleibt, während Sie die Angaben in der Hilfe auf dem Bildschirm nachvollziehen. Um das zu regeln, dient die Schaltfläche mit der Pinnnadel (Tabelle 1.7). Diese Einstellung hat keine Auswirkung auf andere Anwendungen, die nicht Bestandteil von Microsoft Office 2013 sind.

Symbol	Name und Wirkung
📌	*Nicht im Vordergrund halten*: Das Hilfefenster wechselt in den Hintergrund, wenn Sie eine Stelle außerhalb dieses Fensters anklicken.
📌	*Im Vordergrund halten*: Das Hilfefenster befindet sich immer im Vordergrund.

Tabelle 1.7: Die Lage der Pinnnadel ändert das Verhalten des Hilfefensters.

1.6 Ein Office-Programm beenden

Um ein Office-Programm zu beenden, stehen die unter Windows üblichen Verfahren zur Verfügung: Klicken Sie auf die *Schließen*-Schaltfläche ganz rechts in der Titelleiste des Programmfensters. Die bei den früheren Office-Versionen noch vorhandene Option *Beenden* auf der Registerkarte *Datei* gibt es übrigens nicht mehr. Beachten Sie aber die folgenden Besonderheiten:

■ Falls das vorher geöffnete Dokument Elemente enthält, die geändert und noch nicht gespeichert wurden, wird nachgefragt, ob diese Änderungen vor dem Schließen gespeichert werden sollen (Abbildung 1.36).

Abbildung 1.36: Wollen Sie speichern? Wenn Sie es nicht tun, gehen die Daten verloren.

■ Aber auch wenn Sie sich dazu entschließen sollten, die Eingaben oder Änderungen in der Datei nicht zu speichern, können Sie bei der Office-Version 2013 in vielen Fällen auf diese Daten später noch zugreifen. Das Warnfeld hat dann eine etwas andere Form (Abbildung 1.37).

Abbildung 1.37: Bei dieser Form des Dialogfelds können Sie nicht gespeicherte Daten zurückholen.

Hinweis Welche Bedingungen vorhanden sein müssen, damit diese Situation eintritt, beschreiben wir zusammen mit den weiteren Informationen zu den Themen der Dateiverwaltung im nachfolgenden Kapitel (*Kapitel 2*).

Kapitel 2

Office 2013: Dokumente verwalten

Die von Ihnen in einem Office-Programm eingegebenen Daten werden in Dateien verwaltet, die meist als Dokumente bezeichnet werden. Die grundlegenden Techniken zum Verwalten dieser Dokumente sollten Sie kennen, bevor Sie sich an die eigentliche Arbeit der Dateneingabe machen.

- Im vorherigen Kapitel hatten wir erwähnt, dass alle Programme der Office-Version 2013 über eine Startseite verfügen, die nach dem Starten und vor der Anzeige der eigentlichen Programmoberfläche auf dem Bildschirm erscheint. Über diese Startseite kann der Benutzer wählen, mit welchem Dokument er arbeiten will. Auf diese Arbeit wollen wir zuerst eingehen (Abschnitt 2.1).
- Zu den Aufgaben der Dokumentverwaltung gehört das Erstellen neuer leerer Dokumente für weitere Aufgaben (Abschnitt 2.2). Sie können bei den meisten anderen Office-Programmen dabei von einem vollständig leeren Dokument ausgehen oder eine der mitgelieferten Vorlagen benutzen.
- Das Speichern von Dokumenten – zusammen mit den von Ihnen eingegebenen Daten – ist natürlich besonders wichtig (Abschnitt 2.3). Office 2013 benutzt hier standardmäßig die seit der Version 2007 neu eingeführten Formate, ältere Formate können aber – mit einigen Einschränkungen – nach wie vor benutzt werden. Außerdem gibt es auch neue Formate.
- Hinsichtlich der Techniken zum Öffnen bereits vorhandener Dokumente haben sich bei der Version 2013 einige Neuheiten ergeben (Abschnitt 2.4). Interessant ist besonders, dass Sie auch nicht gespeicherte Dokumente unter gewissen Voraussetzungen wieder auf dem Bildschirm bringen können.
- Im letzten Abschnitt dieses Kapitels wollen wir Ihnen noch zeigen, wie Sie die Eigenschaften für Dokumente anzeigen und zuordnen (Abschnitt 2.5).

Wenn Sie die Office-Programme aus den Vorversionen her kennen, werden Sie schnell merken: Das Prinzip der Arbeit ist wie von früher her gewohnt, der Zugang zu diesen Tätigkeiten hat sich aber aufgrund der geänderten Benutzeroberfläche leicht geändert, und die Möglichkeiten sind durch das Speichern in der Cloud noch zahlreicher geworden.

> **TIPP** Der Begriff *Dokument* wird manchmal auch etwas enger gefasst – als Ergebnis der Arbeit im Programm Word. Neben *Word-Dokumenten* finden Sie dann noch *Excel-Arbeitsmappen* und *Power-Point-Präsentationen*.

2.1 Die Startseite des Programms

Im vorherigen Kapitel hatten wir bereits angedeutet, dass alle Programme der Version 2013 über eine Startseite verfügen, die nach dem Starten und vor der Anzeige der eigentlichen Programmoberfläche auf dem Bildschirm erscheint. Über diese Startseite kann der Benutzer wählen, mit welchem Dokument er arbeiten will (Abbildung 2.1). Eine Ausnahme hinsichtlich der Startseite bildet natürlich Outlook 2013. Bei diesem Programm geht es ja nicht vordringlich um das Arbeiten mit Dokumenten.

Im Prinzip hat der Anwender hier zwei Möglichkeiten: Er kann dafür sorgen, dass eine neue Datei – eine leere Datei oder eine Vorlage mit bestimmten Inhalten – erstellt wird, oder er kann eine Datei wieder öffnen, an der schon einmal gearbeitet wurde.

Abbildung 2.1: Die Startseite eines Programms – hier bei Word – dient auch zur Wahl des gewünschten Dokuments.

2.1.1 Arbeiten mit neuen Dokumenten

Wollen Sie mit einer neuen Datei arbeiten, haben Sie die Wahl zwischen einem vollständig leeren Dokument oder einer Vorlage, in der bereits bestimmte Dinge vorhanden sind.

Mit einem leeren Dokument starten

Wahrscheinlich ist der Standardfall der, dass Sie zunächst mit einem leeren Dokument starten möchten. Klicken Sie auf der Startseite des Programms bei Word auf *Leeres Dokument*, bei Excel auf *Leere Arbeitsmappe* oder bei PowerPoint auf *Leere Präsentation*. Die Oberfläche des Programms wird zusammen mit einem leeren Dokument angezeigt.

TIPP Wenn Sie die Startseite bereits hinter sich gelassen haben und die normale Oberfläche des Programms angezeigt wird, müssen Sie auf der Registerkarte *Datei* die Kategorie *Neu* verwenden, wenn Sie an einer weiteren leeren Datei arbeiten wollen.

Mit einer Vorlage starten

Die Verwendung von Vorlagen hat den Vorteil, dass Sie nicht immer alle Daten neu eingeben müssen, sondern Dokumente nutzen können, die – zumindest zum Teil – bereits vorgefertigt sind. Ein typisches Beispiel dafür wäre der Fall, dass Sie eine Rechnung schreiben wollen. Hier werden Sie wohl eine Vorlage verwenden wollen, in die Sie nur noch die aktuellen Daten wie den Empfänger, das Datum, den Betrag usw. eintragen müssen.

1. Benutzen Sie auf der Startseite die senkrechte Bildlaufleiste, um durch die Vorlagen zu blättern.
2. Wenn Sie mehr zu einer Vorlage erfahren wollen, klicken Sie auf das zugehörige Symbol. Dadurch wird ein Informationsfenster für die Vorlage geöffnet (Abbildung 2.2). Durch einen Klick auf die *Schließen*-Schaltfläche können Sie dieses Fenster wieder ausblenden.

Abbildung 2.2: Ein Fenster liefert zusätzliche Informationen zu den einzelnen Vorlagen.

3. Wenn Ihnen die Vorlage nicht gefällt, klicken Sie auf eine der rechts und links von diesem Fenster angezeigten Pfeilspitzen, um zu einer anderen Vorlage zu wechseln.
4. Nachdem Sie eine geeignete Vorlage gefunden haben, klicken Sie auf das Symbol dafür und dann auf die Schaltfläche *Erstellen* im Informationsfenster zur Vorlage.
5. Die Vorlage wird heruntergeladen und die Oberfläche des Programms zusammen mit der Vorlage geöffnet.

Besonderheiten bei PowerPoint

Bei PowerPoint 2013 ist die Wahl einer Vorlage etwas unterschiedlich. Eine solche Präsentationsvorlage besteht meist aus mehreren Folien, und Sie werden – im Gegensatz zur Arbeit mit den anderen Programmen – wahrscheinlich nicht nur die Titelfolie, sondern auch die anderen Folien der Präsentation vor der Entscheidung für die Vorlage einsehen wollen. Darum können Sie im Informationsfenster zur Power-Point-Vorlage diese Folien kontrollieren (Abbildung 2.3).

 Wenn Sie unter den standardmäßig angezeigten Vorlagen keine geeignete für einen bestimmten Zweck finden, können Sie die Startseite dazu benutzen, nach einer solchen im Netz zu suchen.

2.1.2 Arbeiten mit bereits vorhandenen Dateien

Sie können sich nach dem Starten eines Office-Programms auch dazu entscheiden, mit einer bereits vorhandenen Datei weiterzuarbeiten. Die Startseite ermöglicht die Wahl dieser Datei. Hier wird unterschieden zwischen den kürzlich verwendeten und anderen Dateien.

Abbildung 2.3: PowerPoint liefert die Möglichkeit, alle Folien vor der Entscheidung für eine Vorlage zu kontrollieren.

Eine kürzlich verwendete Datei wieder öffnen

Besonders bequem ist es, eine der kürzlich auf dem Computer verwendeten Dateien wieder zu öffnen: Links im Fenster der Startseite werden die kürzlich verwendeten Dateien – zusammen mit dem Pfad zum Speicherort – angezeigt (Abbildung 2.1). Wenn Sie an einer davon weiterarbeiten wollen, klicken Sie darauf. Die Oberfläche des Programms wird dann zusammen mit der gewählten Datei angezeigt.

TIPP Wenn Sie die Startseite bereits hinter sich gelassen haben und die normale Oberfläche des Programms angezeigt wird, müssen Sie auf der Registerkarte *Datei* die Kategorie *Öffnen* verwenden, wenn Sie eine Datei wieder anzeigen lassen wollen.

Die Pinnsymbole verstehen

Beachten Sie auch die kleinen Symbole mit den Pinnnadeln rechts neben den Namen der Dokumente. Diese werden aber erst sichtbar, wenn Sie den Mauszeiger auf eine der unterhalb von *Zuletzt verwendete Dokumente/Arbeitsmappen/Präsentationen* angezeigten Dateien setzen. Diese Pinnsymbole verfügen über zwei Zustände, und Sie können durch einen Klick auf das Symbol dazwischen wechseln (Tabelle 2.1).

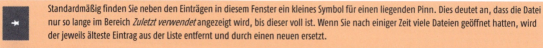

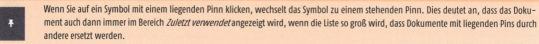

Tabelle 2.1: Die Lage des Pinns zeigt an, ob die Dokumente oder Ordner immer angezeigt werden.

TIPP Wenn Sie also auf bestimmte Dokumente immer wieder schnell zugreifen wollen, sorgen Sie dafür, dass diese mit einem Symbol für einen eingesteckten Pinn ausgestattet sind.

Eine andere Datei wieder öffnen

Wenn Sie eine Datei nicht im Bereich unterhalb von *Kürzlich verwendet* finden, müssen Sie etwas anders vorgehen:

1. Klicken Sie auf der Registerkarte *Datei* auf die Kategorie *Öffnen*.
2. Wählen Sie, von welchem Medium Sie die Datei öffnen wollen. Standardmäßig haben Sie die Wahl zwischen dem lokalen *Computer* und Ihrem Speicherplatz auf *SkyDrive*. Klicken Sie auf die gewünschte Option.
3. Klicken Sie auf die Schaltfläche *Durchsuchen* und navigieren Sie zum Speicherort, an dem die zu öffnende Datei abgelegt ist.
4. Markieren Sie die Datei und klicken Sie auf *Öffnen*. Die Oberfläche des Programms wird zusammen mit der gewählten Datei angezeigt.

Hinweis Auf welche Besonderheiten Sie bei der Wahl zwischen den Speicherorten – also dem lokalen Computer und der Cloud – achten müssen, erfahren Sie im Abschnitt über das Speichern.

2.2 Ein neues Dokument erstellen

Wenn Sie während derselben Sitzung mit dem Programm ein weiteres leeres Dokument benötigen, müssen Sie dieses zuerst erstellen. Dazu klicken Sie zunächst auf die Registerkarte *Datei* und dann auf *Neu* (Abbildung 2.4). Dann legen Sie wieder fest, was Sie als Nächstes tun wollen: Sie können mit einem leeren Dokument oder mit einer Vorlage starten.

Abbildung 2.4: Der Bereich *Neu* der Registerkarte *Datei* – hier bei Excel – dient zum Erstellen neuer Dokumente.

2.2.1 Leeres Dokument verwenden

Oben im Bereich *Neu* finden Sie eine Option, die Sie als Grundlage für das neue Dokument benutzen können. Diese heißt bei Word *Leeres Dokument*, bei Excel *Leere Arbeitsmappe* und bei PowerPoint *Leere Präsentation*. Wenn Sie darauf klicken, erstellt das Programm eine neue leere Datei. Diese erhält standardmäßig zunächst den Standardnamen für Dokumente dieses Programms – bei Word heißt dieser einfach *Dokument* – mit einer angehängten Zahl. Diese Zahl wird bei jedem neu erstellten Dokument während der Sitzung mit Word jeweils um *1* erhöht – auf *Dokument1* folgt *Dokument2* usw. Bei Excel finden Sie als Namen die Bezeichnung *Mappe* – wiederum mit einer angehängten Zahl. Bei PowerPoint heißt es *Präsentation*.

2.2.2 Vorlagen verwenden

Wenn Sie häufig ein Dokument mit derselben Grundstruktur erstellen müssen – beispielsweise bei monatlichen Abrechnungen –, sollten Sie für diesen Zweck *Vorlagen* verwenden, in denen die konstant bleibenden Elemente – wie beispielsweise die Absenderadresse bei einem Brief – bereits eingegeben sind. Auf diese Weise brauchen Sie solche Elemente nicht immer vollständig neu zu erstellen.

Die Verwendung einer Vorlage bietet zwei Vorteile: Erst einmal werden Vorlagen in einem separaten Ordner verwaltet, also nicht mit normalen Dateien gemischt, und sind damit leichter zu finden. Nachdem Sie eine solche Vorlage geöffnet und darin die speziellen Daten eingegeben haben, wird beim Aufruf des Befehls *Speichern* oder nach einem Klick auf die gleichnamige Schaltfläche automatisch das Dialogfeld *Speichern unter* angezeigt, in dem Sie einen Dateinamen für die Datei mit den speziellen Daten eingeben müssen. Auf diese Weise wird verhindert, dass Sie die später noch zu verwendende leere Vorlage mit konkreten Daten überschreiben.

Hinweis Man kann es nicht oft genug erwähnen: Auch die Option *Leeres Dokument* bei Word benutzt eine Vorlage. Diese beinhaltet zwar keine Textinhalte, aber Einstellungen für den Standard von Parametern wie Schriftart, Schriftgröße usw.

Die empfohlenen Vorlagen

Einige empfohlene Vorlagen werden im Fenster aufgelistet. Benutzen Sie die Bildlaufleiste, um durch diese zu blättern. Beispielsweise finden Sie bei Word diverse Vorlagen für Briefe oder Berichte. Wir empfehlen Ihnen, die vorhandenen Beispielvorlagen bei allen Programmen einmal durchzublättern, um das Angebot zu überprüfen.

Wenn Sie im Fenster das Symbol für eine Vorlage markiert haben, wird rechts eine Ansicht der Vorlage skizziert. Das gilt aber nur, wenn Sie die Vorlage bereits auf Ihrer Festplatte installiert haben. Wenn Sie eine solche Vorlage für Ihr Dokument benutzen wollen, markieren Sie sie und klicken Sie auf die Schaltfläche *Erstellen*.

Nach Vorlagen suchen

Oberhalb der im Fenster aufgelisteten Miniaturansichten für die Vorlagen finden Sie einen Bereich, der Ihnen die Suche nach Vorlagen für bestimmte Zwecke erlaubt. Sie haben zwei Möglichkeiten, diesen zu nutzen:

- Sie können einen Begriff in das *Suchen*-Feld eingeben – beispielsweise das Wort *Rechnung*. Bestätigen Sie anschließend mit der ⏎-Taste oder durch einen Klick auf das Lupensymbol. Ist die Suche erfolgreich, Erfolg werden im linken Teil des Fensterbereichs Vorlagen aufgelistet, die etwas mit dem Suchbegriff zu tun haben. Sie können über die Bildlaufleiste durch diese blättern und wie gewohnt auswählen. Rechts davon finden Sie eine Liste, in der weitere Vorlagen zusammengefasst werden.
- Oder Sie klicken einfach auf einen der rechts neben *Empfohlene Suchbegriffe* angegebenen Links – bei Word beispielsweise auf *Briefe*, *Lebensläufe*, *Faxe*, bei Excel auf *Budgets*, *Rechnungen*, *Kalender* oder einen anderen Eintrag. Dadurch übertragen Sie den Link in das *Suchen*-Feld. Anschließend wird die Suche automatisch gestartet und führt zu einem ähnlichen Ergebnis.

TIPP Wenn Sie mit der rechten Maustaste auf eine der Miniaturansichten klicken, wird ein Kontextmenü angezeigt, in dem Sie auch den Befehl *An Liste anheften* vorfinden. Wenn Sie diesen benutzen, sorgen Sie dafür, dass diese Vorlage beim Aufruf der Kategorie *Neu* in der Liste der Vorlagen immer mit angezeigt wird – also schnell wieder zugänglich ist.

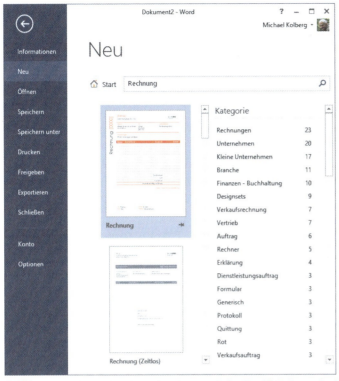

Abbildung 2.5: Hier wurden die Word-Vorlagen nach dem Begriff *Rechnung* durchsucht.

2.3 Dokumente speichern

Um mit den in einem Dokument vorgenommenen Eingaben zu einem späteren Zeitpunkt weiterarbeiten zu können, müssen Sie sie vor dem Schließen oder dem Beenden des Programms speichern. Dabei müssen Sie – wie üblich – zwischen dem ersten und den weiteren Speichervorgängen unterscheiden:

- Beim ersten Speichern weisen Sie dem Dokument einen Namen zu und legen fest, auf welchem Laufwerk und in welchem Ordner die Datei abgelegt werden soll.
- Beim wiederholten Speichern sorgen Sie im Allgemeinen nur dafür, dass Erweiterungen oder Änderungen des Dokuments erhalten bleiben. Angaben zum Speicherort oder Dateinamen müssen Sie nicht mehr vornehmen, es sein denn, Sie wollen diese oder andere Speicherparameter ändern.

2.3.1 Zum ersten Mal speichern

Zum ersten Speichern wählen Sie die Kategorie *Speichern unter* auf der Registerkarte *Datei* (Abbildung 2.6). Sie können auch auf die Schaltfläche *Speichern* in der *Symbolleiste für den Schnellzugriff* klicken. Wenn Sie die aktuelle Datei noch nicht gespeichert hatten, wird dann automatisch die Registerkarte *Datei* angezeigt, in der die Kategorie *Speichern unter* ausgewählt ist.

Beachten Sie gleich, dass Sie beim ersten Speichern zunächst entscheiden müssen, ob Sie das Dokument auf dem *Computer* – also lokal – oder in der Cloud – beispielsweise auf Ihrem Speicherort bei *SkyDrive* – ablegen wollen. Standardmäßig ist zunächst *SkyDrive* eingestellt.

Abbildung 2.6: Über die Registerkarte *Datei* haben Sie Zugriff zu den einzelnen Speicherorten – hier bei Word.

Zu einem schon einmal benutzten Ordner navigieren

Rechts im Fenster der Kategorie *Speichern unter* werden die von Ihnen zuletzt zum Speichern verwendeten Ordner aufgelistet. Wenn Sie auf einen Eintrag darin klicken, navigieren Sie schnell zu diesem Speicherort.

TIPP Beachten Sie, dass auch diese Ordner über Pinnsymbole verfügen, über die Sie regeln können, ob der Eintrag dauerhaft angezeigt werden soll. Dies funktioniert genauso wie bei den kürzlich verwendeten Dateien (Tabelle 2.1). Die Symbole werden erst angezeigt, wenn Sie den Mauszeiger auf einen Eintrag bewegen.

Auf dem Computer speichern

Wenn Sie das gerade geöffnete Dokument lokal auf dem aktuellen Rechner speichern wollen, klicken Sie im Fenster der Kategorie *Speichern unter* auf *Computer*. Klicken Sie dann auf *Durchsuchen*. Sie können stattdessen auch auf *Computer* doppelklicken. Beide Aktionen zeigen das – wahrscheinlich altbekannte – Dialogfeld *Speichern unter* an (Abbildung 2.7). Standardmäßig ist darin die Bibliothek *Dokumente* als Speicherort eingestellt.

1. Legen Sie im Dialogfeld *Speichern unter* die Parameter – den Speicherort, also Laufwerk und Ordner, den Dateinamen und gegebenenfalls das Dateiformat – fest (hierzu gleich mehr).
2. Nachdem Sie das getan haben, führen Sie die Speicherung durch, indem Sie auf die Schaltfläche *Speichern* klicken.

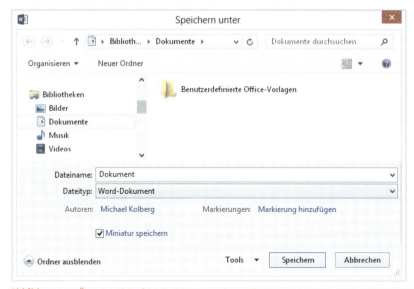

Abbildung 2.7: Über das Dialogfeld *Speichern unter* legen Sie den Dateinamen, das Dateiformat und den Speicherort fest.

Auf SkyDrive speichern

Wenn Sie das gerade geöffnete Dokument in der Cloud auf Ihrem Speicherplatz bei SkyDrive speichern wollen, klicken Sie im Fenster der Kategorie *Speichern unter* auf die Option *… SkyDrive* und dann auf *Durchsuchen*. Sie können stattdessen auch auf *… SkyDrive* doppelklicken. Beide Aktionen zeigen wiederum das Dialogfeld *Speichern unter* an (Abbildung 2.7). Hier ist standardmäßig beim ersten Aufruf die oberste Ebene dieses Speicherorts eingestellt. Darunter finden Sie mehrere Ordner.

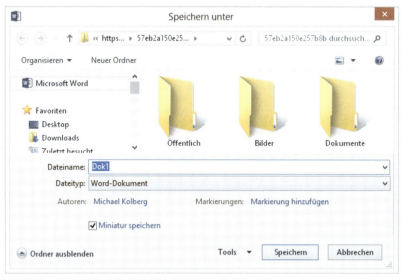

Abbildung 2.8: Auch SkyDrive liefert bereits mehrere Speicherorte.

1. Legen Sie darin die Parameter – den Speicherort, also Laufwerk und Ordner, den Dateinamen und gegebenenfalls das Dateiformat – fest (hierzu gleich mehr).
2. Nachdem Sie das getan haben, führen Sie die Speicherung durch, indem Sie auf die Schaltfläche *Speichern* klicken.

2.3.2 Einen neuen Speicherort hinzufügen

Wenn Sie das Dokument weder auf dem lokalen Rechner noch auf Ihrem Speicherplatz auf SkyDrive, sondern an einem anderen Ort ablegen wollen, klicken Sie im Fenster der Kategorie *Speichern unter* auf *Ort hinzufügen*. Sie können anschließend einen weiteren Speicherort in der Cloud hinzufügen. Rechts im Fenster haben Sie dann die Möglichkeit, zwischen den beiden Alternativen *Office 365 SharePoint* und *SkyDrive* zu wählen. Als Ergebnis finden Sie nach einer Anmeldung in der Kategorie *Speichern unter* der Registerkarte *Datei* weitere Optionen.

 Hinweis Wenn Sie in einem Office-Programm einen neuen Speicherort anlegen, steht Ihnen dieser auch in allen anderen Programmen der Office-Familie zur Verfügung.

Office 365 SharePoint

Wenn Sie über einen Zugang zu Office 365 verfügen, können Sie Ihre Dokumente auf dem dazugehörenden SharePoint-Server ablegen. Nach einem Klick auf *Office 365 SharePoint* werden Sie aufgefordert, sich anzumelden. Nach einer Bestätigung müssen Sie die Zugangsdaten für das Konto eingeben und die Anmeldung durchführen (Abbildung 2.9 links). Geben Sie dann Ihre Benutzer-ID und Ihr Kennwort ein und klicken Sie auf *Anmelden*.

SkyDrive

Mit der Alternative *SkyDrive* können Sie sich beispielsweise Zugang zum Speicherplatz eines weiteren Microsoft-Kontos verschaffen. Nach einem Klick auf *SkyDrive* werden Sie aufgefordert, sich anzumelden. Nach einer Bestätigung müssen Sie die Zugangsdaten für das Konto eingeben und die Anmeldung durchführen (Abbildung 2.9 rechts).

Abbildung 2.9: Zum Zugriff auf einen neuen Speicherort müssen Sie sich anmelden.

2.3.3   Die Navigation zwischen den Speicherorten

Beim Speichern – und später beim Öffnen – von Dokumenten arbeiten Sie wie bei den Vorversionen mit den Dialogfeldern *Speichern unter* und *Öffnen*. Wie man mit diesen oder damit verwandten Dialogfeldern in Windows im Detail umgeht, ist eigentlich eine Frage zu einem Buch über dieses Betriebssystem.

Über den Navigationsbereich navigieren

Standardmäßig wird links im Dialogfeld *Speichern unter* ein Navigationsbereich angezeigt (Abbildung 2.10). Sollte er ausgeblendet sein, können Sie ihn über *Organisieren/Layout/Navigationsbereich* wieder sichtbar machen. Über diese Liste können Sie die Speicherorte in einer hierarchischen Struktur anzeigen lassen. Beachten Sie dabei für die Arbeit die folgenden Punkte:

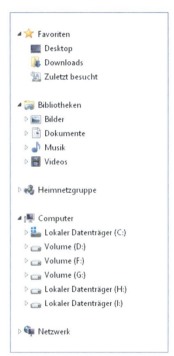

- Der Behälter, dessen Inhalt gerade im Hauptbereich des Dialogfelds angezeigt wird, ist im Navigationsbereich unterlegt. Wollen Sie den Inhalt eines anderen Behälters anzeigen lassen, sorgen Sie über die Pfeilspitzen links neben der Bezeichnung dafür, dass die gewünschte Ebene angezeigt wird, und klicken Sie diese an. Der Inhalt wird dann im Hauptbereich des Dialogfelds wiedergegeben.
- Wenn Sie den Mauszeiger in den Bereich des Navigationsfensters bewegen, werden darin Symbole mit kleinen Pfeilspitzen angezeigt. Die Eintragungen mit einer nach rechts zeigenden weiß eingefärbten Pfeilspitze verfügen über Unterordner. Sie können diesen Hauptordner öffnen, indem Sie auf die entsprechende Zeile klicken. Eine so geöffnete Ebene wird durch eine nach rechts unten weisende schwarze Pfeilspitze gekennzeichnet. Durch einen Klick darauf können Sie die Unterelemente wieder ausblenden.
- Wenn in dem gerade angezeigten Ordner weitere Unterordner angezeigt werden, können Sie diese anzeigen, indem Sie darauf doppelklicken. Dasselbe gilt für die einzelnen Laufwerkssymbole auf der Ebene *Computer*.

Abbildung 2.10: Der Navigationsbereich links im Dialogfeld
Speichern unter erlaubt einen schnellen Wechsel zu anderen Speicherorten.

> **Hinweis** Eine Schaltfläche für den gerade übergeordneten Ordner – wie etwa bei Windows XP – finden Sie bei Windows 7 wie schon bei Windows Vista nicht mehr. Bei Windows 8 dient dazu der nach oben zeigende kleine Pfeil links vom Adressfeld.

Zurück und wieder vorwärts

Nachdem Sie im Dialogfeld die Ebene gewechselt haben, können Sie mithilfe der beiden Pfeilsymbole in der linken oberen Fensterecke vor- und zurückschalten. Der nach links zeigende Pfeil zeigt die vorher gewählte Ebene wieder an. Danach können Sie durch einen Klick auf den nach rechts zeigenden Pfeil wieder zurückspringen. Ein Klick auf das Symbol rechts von den beiden Pfeilen öffnet eine Liste mit den Ebenen der Hierarchie, innerhalb derer Sie sich gerade bewegen.

TIPP Eine einfache Möglichkeit zum Wechseln des Laufwerks besteht im Eintippen der Laufwerkkennung (Buchstabe und Doppelpunkt – beispielsweise *F:*) in das Textfeld für den Dateinamen und einer anschließenden Bestätigung mit der ⏎-Taste. Das Dialogfeld *Speichern unter* bleibt geöffnet und zeigt die Ordnerstruktur des gewählten Laufwerks an.

2.3.4 Dateiname

Beim Aufruf des Dialogfelds *Speichern unter* wird automatisch das Feld *Dateiname* markiert. Hier wird bei einem noch leeren Dokument eine Kurzform des automatisch vergebenen Namens angezeigt – wenn Sie beispielsweise bei Word das Dokument *Dokument1* zum ersten Mal speichern wollen, heißt dieser Name *Dok1*, bei Excel *Mappe1*. Hatten Sie bei Word bereits Text eingegeben, wird der Anfang des Textes als Dateiname vorgeschlagen. Sie können es zwar bei diesem Namensvorschlag belassen, sollten aber der Datei besser einen anderen Namen geben. Wählen Sie hierfür eine Bezeichnung, die Auskunft über den Inhalt gibt – also statt *Dok1* besser *Brief Finanzamt 2013-12-13*.

TIPP Beachten Sie auch, dass Sie eine spätere Suche nach einem bestimmten Dokument einfacher gestalten, wenn Sie bei der Namenswahl immer dieselbe Struktur verwenden. Beispielsweise könnten Sie bei allen Briefen den Namen immer mit *Brief* beginnen, bei Berichten immer mit *Bericht*. Alternativ können Sie bei Briefen aber auch immer mit dem Namen des Empfängers beginnen.

Bei der Namensvergabe für eine neue Datei müssen Sie sich an verschiedene Regeln halten, damit Windows den neuen Namen akzeptiert:

- Der komplette Dateiname – inklusive des dazugehörenden Pfads – darf bis zu 260 Zeichen lang sein.
- Die folgenden Zeichen sind in Dateinamen nicht erlaubt: /, \, >, <, *, ?, „, :, ; und |.
- Im Namen sind alle Buchstaben und Zahlen sowie die folgenden Zeichen erlaubt: _, $, !, –, &, #, %, ~, ^ und @. Auch Leerzeichen im Dateinamen sind erlaubt.
- Folgende Ausdrücke dürfen für Dateinamen nicht verwendet werden: *CON, AUX, COM1, COM2, COM3, COM4, LPT1, LPT2, LPT3, PRN* und *NUL*.

TIPP Sie können eine Datei direkt in einem bestimmten Ordner auf einem bestimmten Laufwerk speichern, indem Sie zusätzlich den Pfad angeben. Wollen Sie beispielsweise die Datei *Bilanz* auf einem Wechseldatenträger im Laufwerk *F:* speichern, geben Sie *F:Bilanz* ein und bestätigen Sie dann.

2.3.5 Dateiformate

Bevor wir fortfahren, sollten wir einige Worte über die bei den Office-Programmen zur Verfügung stehenden Dateiformate verlieren. In der Voreinstellung werden die Dateien im Standardformat des jeweiligen Programms gespeichert. Bei Word lautet dieses Format beispielsweise *Word-Dokument*. Sollten Sie Ihre Word-Dateien ausschließlich mit Word 2013 – oder 2010 – weiterbearbeiten wollen, besteht kein Grund, von dieser Grundeinstellung abzuweichen. Wollen Sie Ihre Dateien aber später auch in ein anderes Programm einlesen, müssen Sie gegebenenfalls ein entsprechendes Dateiformat wählen. Dazu bedienen Sie sich der Einträge im Listenfeld *Dateityp* im Dialogfeld *Speichern unter*. Wählen Sie hier das gewünschte Dateiformat aus.

Hinweis Zum Umwandeln in ein anderes Dateiformat können Sie auch die Kategorie *Exportieren* auf der Registerkarte *Datei* verwenden (*Kapitel 14*).

TIPP Wenn Sie ein bestimmtes Dateiformat als Standarddateiformat verwenden möchten, öffnen Sie die Registerkarte *Datei* und klicken Sie auf *Optionen*. Klicken Sie dann auf *Speichern* und unter *Dokumente speichern* im Feld *Dateien in diesem Format speichern* auf das Dateiformat, das standardmäßig verwendet werden soll.

Das Office Open XML-Format

Seit der Version 2007 verfügen praktisch alle Office-Programme über neue Dateiformate, die den Namen *Office Open XML-Format* tragen. Dabei handelt es sich um einen offenen Standard für Bürodokumente, der den Datenaustausch zwischen verschiedenen Anwendungen ermöglicht bzw. vereinfacht. Die bis zur Version 2003 verwendeten Formate – beispielsweise *.doc* für Word, *.xls* für Excel oder *.ppt* für PowerPoint – waren zwar weltweit etabliert, aber nicht offen dokumentiert und mussten bei Microsoft lizenziert werden. Die neuen Formate wurden eingeführt, da von vielen Stellen gefordert wurde, dass nur noch offen dokumentierte, herstellerunabhängige, standardisierte Dateiformate benutzt werden sollen.

Dass eine Datei in einem dieser neuen Formate vorliegt, erkennen Sie an der aus vier Buchstaben bestehenden Namenserweiterung; die ersten drei Buchstaben darin geben Aufschluss über das zuständige Office-Programm, der letzte Buchstabe liefert zusätzliche Informationen (Tabelle 2.2).

Dateityp	Office 2003	Office 2007/2013
Word-Dokument	.doc	.docx
Word-Dokument mit Makros	.doc	.docm
Word-Vorlage	.dot	.dotx
Word-Vorlage mit Makros	.dot	.dotm
Excel-Arbeitsmappe	.xls	.xlsx
Excel-Arbeitsmappe mit Makros	.xls	.xlsm
Excel-Vorlage	.xlt	.xltx
Excel-Vorlage mit Makros	.xlt	.xltm
PowerPoint-Präsentation	.ppt	.pptx
PowerPoint-Präsentation mit Makros	.ppt	.pptm
PowerPoint-Vorlage	.pot	.potx
PowerPoint-Vorlage mit Makros	.pot	.potm

Tabelle 2.2: Einige Dateinamenserweiterungen

Als Grundlage der seit der Version 2007 verwendeten Dateiformate wird XML benutzt. XML ist eine Abkürzung für *Extensible Markup Language* – englisch für *Erweiterbare Auszeichnungssprache*. Der Name deutet schon die Funktion an: Sie können damit in Dateien einzelne wichtige Daten kennzeichnen, auf die andere Werkzeuge zugreifen können – etwa so, als würden Sie in Ihren Akten wichtige Stellen mit einem Marker kennzeichnen. Der Vorgang der Kennzeichnung wird als *Markup* – also Markieren – bezeichnet. Dabei werden als *Tags* oder *Token* bezeichnete Codeelemente in den Datenbestand eingefügt, die die Bedeutung einzelner Elemente definieren. Der Einsatz von XML bringt beispielsweise einfachere Möglichkeiten zur Informationswiederherstellung und damit mehr Sicherheit. Da XML visuell lesbar ist, können Sie eine beschädigte Datei notfalls im Editor öffnen und zumindest einen Teil der Informationen wiederherstellen.

Das OpenDocument-Format

Neu seit 2010 ist außerdem die Unterstützung des freien Dokumentformats *OpenDocument* in der Version 1.1, das sonst vor allem bei OpenOffice.org genutzt wird. Sie erkennen eine Datei dieses Formats an einer Namenserweiterung, die mit *.od* – für Dokumente – und mit *.ot* – für Vorlagen – beginnt. Beispiele wären *.odt* für ein Textdokument, *.ods* für eine Kalkulationstabelle oder *.ott* für eine Textvorlage. Die Vorteile der Verwendung dieses Dateiformats sind offensichtlich: Sie können das Dokument problemlos in den meisten anderen Büroanwendungen öffnen und weiterverarbeiten.

Hinweis Allerdings gehen viele Details, die Sie mit einem Office 2013-Programm Ihrem hinzufügen, beim Speichern in diesem Programm verloren. Wenn Sie dieses Format verwenden wollen, sollten Sie immer vorher eine Sicherungsdatei im Standardformat des jeweiligen Office-Programms anlegen.

Kompatibilität

Wir erwähnten es schon am Anfang dieses Abschnitts und auch gerade vorher: Wenn Sie Ihre mit einem Office 2013-Programm erstellten Daten nur in dieser Programmversion weiterverarbeiten wollen, besteht kein Grund, von dem automatisch eingestellten *Office Open XML*-Format abzuweichen. Nur damit wird garantiert, dass die im Office 2013-Programm für das Dokument eingestellten Details erhalten bleiben.

Beachten Sie aber die folgenden Bemerkungen zur Kompatibilität:

- In Office 2013 können Sie Dateien in den Formaten früherer Office-Versionen speichern. Auch dabei gehen einige Details verloren. Wenn Sie eine Weiterverarbeitung in einer früheren Office-Version mit Sicherheit anstreben, sollten Sie das erste Speichern gleich vornehmen, bevor Sie mit den Eingaben im Dokument beginnen. Das Office 2013-Programm wechselt dann in den Kompatibilitätsmodus, in dem Sie nur noch Funktionen benutzen können, die verlustfrei übernommen werden können.
- Auch wenn Sie in Office 2013 eine Datei öffnen, die mit einer Vorversion dieses Programms erstellt wurde, wechselt des Office 2013-Programm in den Kompatibilitätsmodus. Dies hat den Vorteil, dass Änderungen im Dokument ohne zusätzliche Angaben im ursprünglichen Dateiformat abgelegt werden und dass Sie keine Office 2013-Funktionen benutzen, die mit diesem nicht kompatibel sind. Wenn Sie die volle Funktionalität von Office 2013 benutzen wollen, müssen Sie die Datei erst über das Dialogfeld *Speichern unter* im Standardformat des jeweiligen Programms speichern.
- Besonderheiten treten auf, wenn Sie in einer mit einer Vorversion erstellten Datei individuelle Anpassungen an der Oberfläche vorgenommen haben – beispielsweise wenn Sie in einem Word 2003-Dokument zusätzliche Menüs, Menübefehle oder Symbolleisten eingefügt haben. Diese werden nach dem Öffnen in Office 2013 auf der speziellen Registerkarte *Add-Ins* angezeigt.
- Wenn Sie eine in einem Office 2013-Format gespeicherte Datei in früheren Office-Versionen weiterverarbeiten wollen, können Sie auch die erforderlichen Dateikonverter herunterladen. Damit diese Konverter funktionieren, muss die ältere Microsoft Office-Version zuerst mit einem Service Pack aktualisiert werden.
- Es gibt auch einige wenige Details, in denen sich Office 2007 und Office 2010/2013 unterscheiden – beispielsweise verfügt Word 2013 für Aufzählungen über zusätzliche Nummerierungsformate, die in Word 2007 weder angezeigt noch bearbeitet werden können.

Hinweis Wie Sie sehen können, ist der Wechsel des Formats relativ unproblematisch, es können aber Probleme auftauchen. Wir empfehlen, über den Bereich *Informationen* auf der Registerkarte *Datei* unter *Auf Probleme überprüfen* vorher eine Kompatibilitätsprüfung durchzuführen und dann das Speichern über *Dateityp ändern* im Bereich *Exportieren* der Registerkarte *Datei* vorzunehmen (*Kapitel 14*).

2.3.6 Datei erneut speichern

Wichtig ist ein häufiges Speichern der Datei während der Arbeit am Dokument. Ist die Datei schon einmal gespeichert worden, führt ein Aufruf von *Speichern* auf der Registerkarte *Datei* oder ein Klick auf die Schaltfläche *Speichern* in der Symbolleiste für den Schnellzugriff zu einer kommentarlosen weiteren Speicherung. Gespeichert wird dabei immer nur das gerade aktuelle Dokument.

Wenn Sie eine bereits gespeicherte Datei noch einmal unter einem anderen Namen oder an einem anderen Ort speichern wollen, wählen Sie erneut den Befehl *Speichern unter* und geben Sie dann den gewünschten Namen beziehungsweise das gewünschte Laufwerk und den Ordner für die Datei an.

2.3.7 Dokument umbenennen

Wenn Ihnen der Name eines Dokuments nicht mehr gefällt, können Sie es umbenennen. Dabei gehen Sie genau so vor, wie Sie es vom Umbenennen anderer Dateien unter Windows her kennen: Sorgen Sie dafür, dass das Dokument geschlossen ist, und öffnen Sie den Explorer von Windows. Wechseln Sie in den Ordner, der das gewünschte Dokument enthält. Klicken Sie die Datei, die Sie umbenennen wollen, mit der rechten Maustaste an. Wählen Sie im Kontextmenü den Befehl *Umbenennen*. Der Bearbeitungsmodus für den Namen wird aktiviert. Tippen Sie den neuen Namen ein oder editieren Sie den vorhandenen. Bestätigen Sie den neuen Namen mit der ⏎-Taste. Schließen Sie den vorher geöffneten Ordner wieder. Sie können für diese Tätigkeiten aber auch eines der Dialogfelder *Öffnen* oder *Speichern unter* verwenden. Auch hier darf die entsprechende Datei jedoch nicht geöffnet sein.

2.3.8 Einige Optionen zum Speichern

Im Dialogfeld *Speichern unter* können Sie beim Speichern eine Reihe weiterer Optionen einstellen, die für Sie interessant sein können. Dazu gehören beispielsweise Einstellungen zu Sicherheit durch ein Kennwort und andere Dinge. Den Zugriff zu diesen Optionen haben Sie über das kleine Menü zur Schaltfläche *Tools*. Welche Optionen hier verfügbar sind, unterscheidet sich etwas je nach Office-Programm.

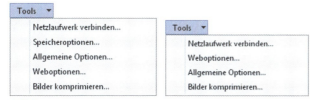

Abbildung 2.11: Weitere Optionen zum Speichern können über die Schaltfläche *Tools* eingestellt werden – hier für Word (links) und Excel (rechts).

> **Hinweis** Über den Befehl *Speicheroptionen* in der Liste der Befehle zu *Tools* im Dialogfeld *Speichern unter* lassen Sie den Bereich *Speichern* im Fenster zu den Programmoptionen anzeigen (*Kapitel 16*). Alternativ können Sie auch darauf zugreifen, indem Sie die Registerkarte *Datei* anzeigen lassen, darin die Kategorie *Optionen* und dann *Speichern* wählen. Hier können Sie beispielsweise festlegen, in welcher Form Ihre Dokumente gespeichert und wie oft die Wiederherstellungsinformationen für Ihre Dokumente gesichert werden sollen.

Dateisicherheit

Durch diverse Maßnahmen können Sie beispielsweise ein Dokument vor der Anzeige oder der Änderung durch Unbefugte schützen: Zum einen können Sie beim Speichern einer Datei als zusätzliche Option ein *Kennwort* festlegen, das zum erfolgreichen Öffnen dieser Datei eingegeben werden muss. Darüber hinaus ist es möglich, ein *Schreibschutzkennwort* festzulegen, das zum Speichern von Änderungen in der Datei benötigt wird.

Öffnen Sie dazu im Dialogfeld *Speichern unter* das Menü zur Schaltfläche *Tools* und wählen Sie dort den Befehl *Allgemeine Optionen*. Daraufhin wird ein Dialogfeld angezeigt, in dem Sie – unter anderem – Kennwörter zum Öffnen und/oder zum Ändern des Dokuments vergeben können. Die Optik ist bei Word, Excel und PowerPoint leicht unterschiedlich, die Inhalte sind jedoch fast identisch (Abbildung 2.12).

Bei Kennwörtern wird zwischen Groß- und Kleinschreibung unterschieden. Um das Ablesen durch andere Personen zu verhindern, erfolgt die Anzeige bei der Kennworteingabe in Form von Sternchen. Das Kennwort muss beim Festlegen aus Sicherheitsgründen noch einmal wiederholt werden.

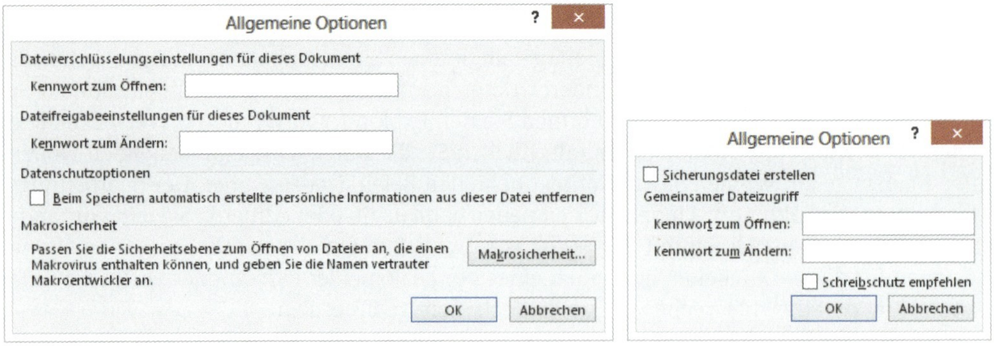

Abbildung 2.12: Bei PowerPoint (links) und Excel (rechts) können Sie den Dokumentinhalt durch die Zuweisung von Kennwörtern schützen.

Sowohl bei Word als auch bei Excel und auch bei PowerPoint können Sie hier zwei verschiedene Typen von Kennwörtern festlegen:

- Wenn Sie im Feld *Kennwort zum Öffnen* ein Kennwort angeben, kann das Dokument nur von Personen geöffnet werden, denen das korrekte Kennwort bekannt ist.
- Unter *Kennwort zum Ändern* können Sie ein Kennwort angeben, damit andere Benutzer das Dokument nur schreibgeschützt öffnen und keine Bearbeitungen speichern können. Sie können zwar Änderungen in der Datei durchführen, diese aber nicht unter demselben Namen und im selben Ordner speichern. Ein Speichern unter einem anderen Namen oder in einem anderen Ordner ist aber möglich.
- Unabhängig von der Kennwortvergabe können Sie bei Word über die Option *Schreibschutz empfehlen* festlegen, dass der Benutzer beim Öffnen des Dokuments die Option *Schreibgeschützt* aktivieren soll. Das heißt, beim Öffnen kann der Benutzer entscheiden, ob das Dokument mit oder ohne Schreibschutz geöffnet wird. Ohne zusätzliche Kennwortvergabe bringt diese Option natürlich keinen Schutz.

Beim Öffnen einer kennwortgeschützten Datei wird zunächst das Kennwort abgefragt. Wurde ein Kennwort zum Öffnen der Datei vergeben, müssen Benutzer dieses Dokuments das Kennwort eingeben, wenn sie die Datei öffnen wollen. Wurde ein Kennwort für den Schreibschutz vergeben, muss der Benutzer dieses eingeben, um das Dokument öffnen zu können. Der Schreibschutz ist dann abgeschaltet. Alternativ kann er das Dokument aber durch einen Klick auf die Schaltfläche *Schreibgeschützt* im entsprechenden Modus öffnen. Ein Speichern des Dokuments – mit oder ohne Änderungen – ist dann nur unter einem anderen Namen oder an einem anderen Ort möglich.

TIPP Sie können einige Office-Programme so einstellen, dass eine Sicherungskopie jedes Mal gespeichert wird, wenn Sie ein Dokument speichern. Das kann Ihre Arbeit schützen, wenn das Originaldokument beschädigt ist oder gelöscht wird. Bei der Sicherungskopie handelt es sich um die Version des Dokuments, die vor dem letzten Speichern gespeichert wurde. Das heißt, dass die letzten Änderungen nicht in die Sicherungskopie übernommen wurden. Mit der Sicherungskopie wird jedoch verhindert, dass das Dokument vollständig verloren geht. Hinweise dazu finden Sie im Abschnitt zu den programmspezifischen Optionen (*Kapitel 16*).

2.3.9 Vorlagen speichern

Auch wenn Sie Ihre Daten in einem Dokument eingegeben haben, das Sie auf der Basis einer Vorlage erstellt haben, gehen Sie im Prinzip genauso vor. Beachten Sie aber hier einige Besonderheiten:

Auf Basis von Vorlagen erstellte Dokumente speichern

Wenn Sie Ihre Daten – also die Struktur der Vorlage zusammen mit den von Ihnen eingegebenen Informationen – speichern wollen, wählen Sie *Speichern* in der Symbolleiste für den Schnellzugriff oder *Speichern unter* auf der Registerkarte *Datei*. Weisen Sie dieser speziellen Rechnung einen geeigneten Namen zu, beispielsweise *Rechnung 01-02-2013*. Als Speicherort wird automatisch der Standardordner eingestellt und als Dateityp *Word-Dokument*. Die – leere – Vorlage selbst wird damit also nicht überschrieben und kann später erneut benutzt werden.

Personalisierte Vorlagen selbst speichern

Wenn Sie eine dieser Vorlagen häufiger benutzen wollen, sollten Sie sie personalisieren, beispielsweise nicht gewünschte Elemente entfernen und/oder zusätzliche Daten, Ihren Namen, bestimmte Formate oder andere Dinge hinzufügen. Zum Personalisieren müssen Sie die Vorlage öffnen, die Änderungen vornehmen und dann die geänderte Vorlage wiederum als Vorlage speichern. Auch dazu wählen Sie *Speichern* in der Symbolleiste für den Schnellzugriff oder *Speichern unter* und weisen der Vorlage einen eigenen Namen zu. Wählen Sie aber als Dateityp beispielsweise die Option *Word-Vorlage*.

Eigene Vorlagen speichern

Neben den mitgelieferten Vorlagen können Sie auch mit eigenen Vorlagen arbeiten. Zunächst müssen Sie die Vorlage aus einem ganz normalen Dokument erstellen. Geben Sie in einem solchen Dokument die konstant bleibenden Elemente ein und lassen Sie alle speziellen Daten weg. Speichern Sie dieses Dokument dann unter einem geeigneten Namen mit dem Dateityp *Word-Vorlage*. Der Ordner *Benutzerdefinierte Office-Vorlagen* in der Dokumente-Bibliothek wird dabei automatisch als Speicherort verwendet. Anschließend können Sie diese selbst erstellte Vorlage genauso benutzen wie die standardmäßig mitgelieferten.

Eigene Vorlagen benutzen

Nachdem Sie eine eigene Vorlage erstellt haben, können Sie sie zum Erstellen weiterer Dokumente nutzen. Sowohl bei Word als auch bei Excel finden Sie sowohl auf der Startseite als auch im Fenster der Kategorie *Neu* der Registerkarte *Datei* die beiden Register *Empfohlen* und *Persönlich*. Der Eintrag *Empfohlen* zeigt die Standardvorlagen. Wenn Sie eine der selbst erstellten Vorlagen nutzen wollen, klicken Sie auf *Persönlich*. Die von Ihnen selbst erstellten Vorlagen werden dann aufgelistet (Abbildung 2.13).

Abbildung 2.13: Die Registerkarte *Persönlich* liefert den Zugriff auf die selbst erstellten Vorlagen.

2.3.10 Ein Dokument schließen

Auf dem Bildschirm nicht mehr benötigte Dokumente können Sie schließen. Das verbessert den Überblick. Sie entfernen das Dokument damit aus dem Arbeitsspeicher, beenden das Programm selbst aber nicht. Wählen Sie dazu *Schließen* auf der Registerkarte *Datei*.

Falls keine Änderungen im Dokument durchgeführt wurden, wird das Dokument sofort geschlossen. Wurden Änderungen vorgenommen, die bislang nicht gesichert wurden, werden Sie gefragt, ob Sie diese speichern möchten (Abbildung 2.14).

Abbildung 2.14: Wollen Sie speichern?

Aber auch wenn Sie sich dazu entschließen sollten, die Eingaben oder Änderungen in der Datei nicht zu speichern, können Sie seit der Office-Version 2010 in vielen Fällen auf diese Daten später noch zugreifen. Auf die Frage, welche Bedingungen vorhanden sein müssen, damit diese Situation eintritt, gehen wir gleich noch ein.

Hinweis Im Gegensatz zu den Programmen der Vorversionen finden Sie auf den Oberflächen der Version 2013 keine *Schließen*-Schaltfläche mehr zum Schließen der aktuellen Datei. Sie können aber die *Schließen*-Schaltfläche ganz rechts in der Titelleiste des Programmfensters benutzen, um die Datei zu schließen und gleichzeitig das Programm zu beenden.

2.4 Dokumente öffnen

Um ein vorher gespeichertes Dokument in einer späteren Arbeitssitzung weiterzubearbeiten, müssen Sie es wieder in dem entsprechenden Programm öffnen. Nach dem Öffnen erscheint das Dokument wieder in derselben Form auf dem Bildschirm, die es vor dem letzten Speichern hatte. Zum Öffnen stehen mehrere Möglichkeiten zur Verfügung.

Den Zugriff zum Öffnen von gespeicherten Dokumenten erhalten Sie über die Kategorie *Öffnen* auf der Registerkarte *Datei* (Abbildung 2.15). Sie können darüber zwischen dem lokalen Speicherort und denen in der Cloud wählen und haben zusätzlich noch die Möglichkeit, schnell auf die kürzlich gespeicherten Dokumente zuzugreifen. Letzteres ist wohl zunächst die bequemste Methode.

2.4.1 Die zuletzt verwendeten Dokumente

Auf der Registerkarte *Datei* finden Sie bei fast allen Office-Programmen einen Bereich mit dem Namen *Zuletzt verwendete …* (Abbildung 2.15). Dieser wird beim Öffnen der Registerkarte auch immer gleich automatisch angezeigt, nachdem Sie einmal eine Datei mit dem jeweiligen Programm gespeichert hatten.

Zuletzt verwendete Dokumente öffnen

Auf der rechten Seite des Fensters werden die zuletzt von Ihnen geöffneten Dateien aufgelistet. Dabei wird nicht unterschieden zwischen lokal und in der Cloud gespeicherten Dokumenten. Um eines der hier gezeigten Dokumente wieder zu öffnen, klicken Sie auf das Symbol mit seinem Namen.

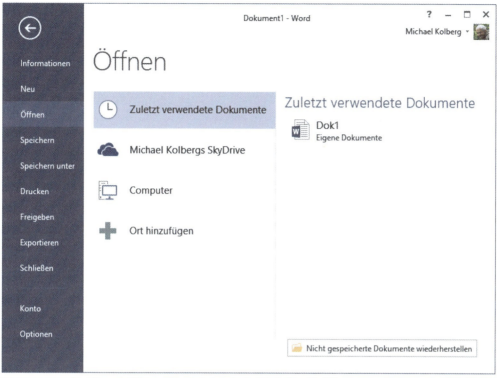

Abbildung 2.15: Die Kategorie *Öffnen* auf der Registerkarte *Datei* liefert den Zugriff auf alle Speicherorte. Über *Zuletzt verwendet* haben Sie einen schnellen Zugriff auf die kürzlich verwendeten Dokumente.

TIPP Beachten Sie auch wieder die kleinen Symbole mit den Pinnnadeln rechts neben den Namen der Dokumente. Diese Pinnsymbole verfügen über zwei Zustände, und Sie können durch einen Klick auf das Symbol dazwischen wechseln (Tabelle 2.1). Diese werden erst angezeigt, nachdem Sie den Mauszeiger auf ein Symbol für ein Dokument bewegt haben. Wenn Sie also auf bestimmte Dokumente immer wieder schnell zugreifen wollen, sorgen Sie dafür, dass diese mit einem Symbol für einen eingesteckten Pinn ausgestattet sind.

Öffnen vom Desktop her

Sie können die kürzlich verwendeten Dokumente auch vom Windows-Desktop her öffnen, ohne zuerst das zugehörige Programm öffnen zu müssen.

- Wenn Sie in der Taskleiste des Windows-Desktops eine Verknüpfung zu einem Programm abgelegt hatten, werden bei einem Rechtsklick auf dieses Verknüpfungssymbol die Namen der kürzlich mit diesem Programm geöffneten Dateien angezeigt (Abbildung 2.16). Dies ermöglicht Ihnen, komfortabel auf die Dateien zuzugreifen, die Sie kürzlich benutzt haben.

- Andere Dokumente können Sie öffnen, indem Sie zu dem Ordner navigieren, in dem diese abgelegt sind – beispielsweise der Ordner *Eigene Dokumente* –, und auf dem betreffenden Dateisymbol einen Doppelklick ausführen. Sie können auch die Verknüpfungen zu Ihren wichtigen Arbeitsdateien auf dem Desktop anzeigen lassen. Durch einen Doppelklick starten Sie dann das Programm und öffnen gleichzeitig die Arbeitsdatei.

Abbildung 2.16: Die Sprungliste zum Programmsymbol in der Taskleiste erlaubt auch das Öffnen von Dokumenten.

Der Zugriff auf die nicht gespeicherten Dokumente

In der Kategorie *Zuletzt verwendet* der Registerkarte *Datei* finden Sie unten noch eine unscheinbar kleine, aber wichtige Option: Durch einen Klick auf *Nicht gespeicherte Dokumente wiederherstellen* rufen Sie das Dialogfeld *Öffnen* auf. Darin ist ein mit *UnsavedFiles* bezeichneter Ordner eingestellt, in dem Sie die Dateien finden, die Sie nicht gespeichert hatten. Sie können diese Dokumente aus diesem Ordner wie gewohnt öffnen.

Hinweis Ob Sie Zugriff auf eine nicht gespeicherte Datei haben, ist abhängig von der Frage, ob das Programm genügend Zeit hatte, die *AutoWiederherstellen-Informationen* für die Datei zu speichern. Die Häufigkeit dieses Speichervorgangs legen Sie über die Kategorie *Speichern* im Fenster zu den Programmoptionen fest.

2.4.2 Das Dialogfeld Öffnen

Wenn Sie nicht die Option *Zuletzt verwendet* nutzen wollen oder können, verwenden Sie das klassische Dialogfeld *Öffnen*, um ein lokal gespeichertes Dokument wieder zu öffnen.

Ein lokal gespeichertes Dokument öffnen

Dazu sorgen Sie dafür, dass die Kategorie *Öffnen* auf der Registerkarte *Datei* angezeigt wird (Abbildung 2.17). Wählen Sie die Option *Computer* und klicken Sie auf *Durchsuchen*. Sie können stattdessen auch auf *Computer* doppelklicken. Wenn Sie gleich zu einem bestimmten Speicherort gelangen wollen, können Sie auch auf einen Eintrag unterhalb von *Zuletzt verwendete Ordner* klicken.

Alle diese Aktionen zeigen das – wahrscheinlich wiederum bekannte – Dialogfeld *Öffnen* an (Abbildung 2.18). Hinsichtlich Speicherort und Dateityp finden Sie hier viele Ähnlichkeiten zu den Möglichkeiten im Dialogfeld *Speichern unter*.

- Wenn Sie durch einen Klick auf *Durchsuchen* zu diesem Dialogfeld gelangt sind, wird beim ersten Aufruf des Dialogfelds – wie beim Speichern – der Inhalt des Standardordners für das Programm angezeigt. Bei Windows 7 und Windows 8 wird die Bibliothek *Dokumente* benutzt. Wünschen Sie einen anderen Ordner, müssen Sie ihn zuerst auswählen. Auch die übrigen Schaltflächen in diesem Dialogfeld dienen zum großen Teil der Navigation zwischen den einzelnen Ordnern und haben meist dieselbe Funktion wie im Dialogfeld *Speichern unter*.

- Haben Sie das Dialogfeld anzeigen lassen, indem Sie auf einen *Zuletzt verwendeten Ordner* geklickt haben, wird gleich dieser Ordner aktuell. Es loht sich also, vor dem Aufruf die Liste der zuletzt verwendeten Ordner zu kontrollieren.

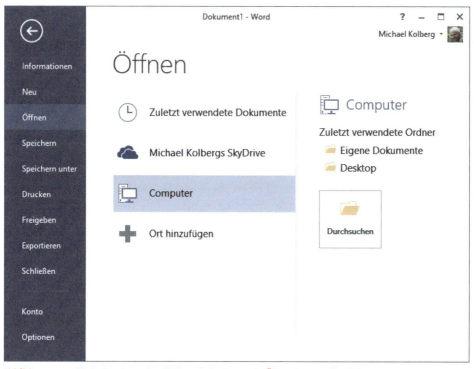

Abbildung 2.17: Die Registerkarte *Datei* liefert mit der Kategorie *Öffnen* den Zugriff auf die gespeicherten Dokumente.

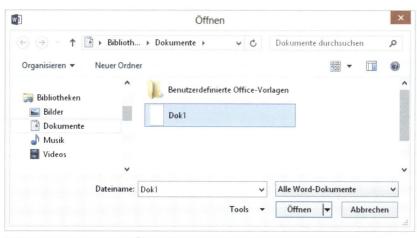

Abbildung 2.18: Im Dialogfeld *Öffnen* wird standardmäßig der Ordner *Dokumente* eingestellt.

- Im Hauptbereich des Dialogfelds werden die im aktuell eingestellten Ordner vorhandenen Unterordner und solche Dateien angezeigt, die der Angabe im Feld *Dateityp* entsprechen. Der Standarddateityp des jeweiligen Programms ist hier die Voreinstellung für den Dateityp. Damit werden alle Typen von Dateien angezeigt, die mit Microsoft Word geöffnet werden können – mit Ausnahme der als Datei- export erstellten Fremdformate (Abbildung 2.21 links). Letztere können Sie durch Wahl eines anderen Dateityps anzeigen lassen. Das brauchen Sie aber nur zu tun, wenn Sie eine Datei aus einer anderen Anwendung importieren oder die unterschiedlichen Typen von Dateien einschränken wollen.

■ Um eine Datei zu öffnen, markieren Sie sie und führen Sie dann einen Doppelklick auf die Markierung aus oder klicken Sie nach dem Markieren auf die Schaltfläche *Öffnen*. Alternativ können Sie auch in das Feld *Dateiname* den gewünschten Dateinamen eingeben und dann auf die Schaltfläche *Öffnen* klicken. Sobald Sie in dieses Feld die ersten Buchstaben eingeben, wird der Rest des Namens vom Programm ergänzt, wenn sich eine Datei mit diesen Anfangsbuchstaben im aktuellen Ordner befindet.

Hinweis Standardmäßig ist die Bibliothek *Dokumente* als Speicherort eingestellt. Über die Kategorie *Speichern* unter den *Optionen* des jeweiligen Office-Programms können Sie aber auch einen anderen Speicherort wählen (*Kapitel 16*).

In der Cloud gespeicherte Dokument wieder öffnen

Wenn Sie nicht die Option *Zuletzt verwendet* nutzen wollen oder können, verwenden Sie das klassische Dialogfeld *Öffnen*, um ein in der Cloud gespeichertes Dokument wieder zu öffnen. Im Prinzip gehen Sie dabei genauso vor wie beim Öffnen von einem lokalen Speicherort her:

■ Sorgen Sie dafür, dass die Kategorie *Öffnen* auf der Registerkarte *Datei* angezeigt wird. Wählen Sie die Option *… SkyDrive* und klicken Sie auf *Durchsuchen*. Sie können stattdessen auch auf *… SkyDrive* doppelklicken. Wenn der gewünschte SkyDrive-Ordner unter *Zuletzt verwendete Ordner* angezeigt wird, können Sie auch einen einfachen Klick auf diesen Eintrag durchführen.

Abbildung 2.19: Die Registerkarte *Datei* liefert mit der Kategorie *Öffnen* den Zugriff auf die gespeicherten Dokumente.

■ Alle diese Aktionen zeigen wiederum das Dialogfeld *Öffnen* an (Abbildung 2.20). Beim Zugang über *Durchsuchen* ist die oberste Ebene Ihres Speicherplatzes eingestellt, wenn Sie einen unter *Zuletzt verwendete Ordner* genannten Ordner angeklickt hatten, ist dieser Ordner bereits aktuell.

Öffnen Sie das Dokument in diesem Dialogfeld wie gewohnt.

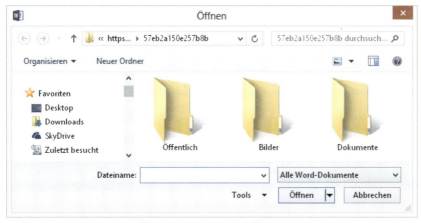

Abbildung 2.20: Das Dialogfeld *Öffnen* finden Sie auch beim Öffnen von Dokumenten, die in der Cloud gespeichert sind.

Optionen zum Öffnen

Die Schaltfläche *Öffnen* im gleichnamigen Dialogfeld verfügt über ein Dropdown-Menü. Mithilfe der Befehle in diesem Menü können Sie ein Dokument auf unterschiedliche Arten öffnen (Abbildung 2.21 rechts).

Abbildung 2.21: Die Schaltfläche *Öffnen* verfügt über verschiedene Optionen.

- *Öffnen* öffnet die markierte Datei regulär.
- *Schreibgeschützt öffnen* öffnet die Datei so, dass Änderungen nicht in derselben Datei gespeichert werden können.
- *Als Kopie öffnen* erlaubt es, mit einer Kopie der markierten Datei zu arbeiten. Sie können dann diese Datei speichern, ohne damit das Original zu verändern.
- *Im Browser öffnen* zeigt die Datei im Webbrowser an. Diese Option ist nur für Webdokumente verfügbar.
- Mit *In geschützter Ansicht öffnen* können Dateien ohne allzu großes Risiko gelesen und ihre Inhalte untersucht werden, wenn die Datei aus dem Internet und von anderen potenziell unsicheren Speicherorten stammt.
- *Öffnen und Reparieren* sollten Sie verwenden, wenn das Programm feststellt, dass die Datei beschädigt ist. Damit wird versucht, die unbeschädigten Teile der Datei zu öffnen. Fehler werden anschließend angezeigt.

Mehrere Dokumente öffnen

Sie können bei den meisten Office-Programmen auch mehrere Dokumente in einem Arbeitsgang öffnen. Dazu halten Sie die `Strg`-Taste gedrückt und markieren die Namen der zu öffnenden Dokumente, indem Sie sie mit der Maus anklicken. Ein weiterer Klick auf einen bereits markierten Namen deaktiviert die Markierung wieder, solange Sie die `Strg`-Taste gedrückt halten. Um eine gemeinsame Markierung mehrerer Dateinamen aufzuheben, lassen Sie die `Strg`-Taste los und klicken Sie dann auf einen beliebigen Dateinamen.

Offlinekopien

Wenn Sie Ihre Dateien in der Cloud speichern, können Sie von überall aus darauf zugreifen – vorausgesetzt, Sie verfügen dort über einen Internetzugang. Haben Sie keinen Zugriff auf das Internet, wird standardmäßig eine Offlinekopie des Dokuments vom lokalen Rechner her geöffnet (Abbildung 2.22).

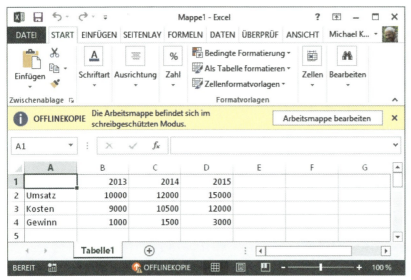

Abbildung 2.22: Eine Offlinekopie wurde geöffnet – hier bei Excel.

2.4.3 Dokumente aus älteren Programmversionen

Beim Öffnen einer Datei, die in einer Version vor der Generation 2007 von Office erstellt wurde, wird diese zunächst im sogenannten Kompatibilitätsmodus angezeigt. Damit werden einige Werkzeuge des Office 2013-Programms zunächst deaktiviert, um sicherzustellen, dass die gerade geöffnete Datei später noch in der älteren Programmversion weiterbearbeitet werden kann.

Dokumente älterer Programmversionen öffnen

Sie können anhand des Dateisymbols zwischen den Office-Generationen unterscheiden, mit denen das jeweilige Dokument erstellt wurde. Allerdings sind die optischen Unterschiede recht gering. Wenn Sie im Dialogfeld *Öffnen* nach Dateien aus älteren Programmversionen suchen wollen, sollten Sie im Feld *Dateityp* die entsprechende Option einstellen. Bei Word können Sie beispielsweise über die Liste zu diesem Feld den Dateityp *Word 97-2003-Dokumente* auswählen, um nur noch Dateien dieses Typs anzuzeigen (Abbildung 2.23). Notwendig ist das aber nicht. Markieren Sie dann die gewünschte Datei und klicken Sie auf *Öffnen*.

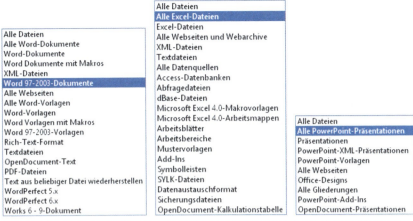

Abbildung 2.23: Bei Word können Sie für ältere Dokumente ein separates Dateiformat auswählen.

Der Kompatibilitätsmodus

Diese so geöffnete Datei wird zunächst im sogenannten Kompatibilitätsmodus angezeigt. Damit werden einige Werkzeuge des Office 2013-Programms zunächst deaktiviert, um sicherzustellen, dass die gerade geöffnete Datei später noch in der älteren Programmversion weiterbearbeitet werden kann. Dieser Modus wird in der Titelleiste angezeigt (Abbildung 2.24).

Abbildung 2.24: Die Anzeige in der Titelleiste zeigt an, dass einige Werkzeuge zur Bearbeitung nicht zur Verfügung stehen.

Abbildung 2.25: Warnhinweis beim Konvertieren

Dokumente aus älteren Programmversionen speichern

Wenn Sie an einer so im Kompatibilitätsmodus geöffneten Datei Änderungen durchführen und diese speichern, sollten Sie einige Besonderheiten beachten.

- Standardmäßig – also beispielsweise beim Klicken auf die Schaltfläche *Speichern* – wird automatisch das ursprüngliche – alte – Dateiformat benutzt.
- Wenn Sie das für die Programmversionen 2007 bis 2013 eigene – neue – Dateiformat zum Speichern benutzen wollen, können Sie das über das Dialogfeld *Speichern unter* erreichen. Wählen Sie über das Listenfeld *Dateityp* eine Option wie *Word-Dokument*, *Excel-Arbeitsmappe* oder *PowerPoint-Präsentation* und klicken Sie anschließend auf *Speichern*. Die Originaldatei wird dabei nicht überschrieben und steht für die Bearbeitung mit der Vorversion weiter zur Verfügung.

Datei nach dem Öffnen konvertieren

Um nach dem Öffnen einer Datei im Kompatibilitätsmodus wieder den vollen Zugriff auf alle Werkzeuge der aktuellen Programmversion zu haben, müssen Sie sie konvertieren. Dazu öffnen Sie die Register-karte *Datei* und wählen den Bereich *Informationen*. Klicken Sie dort auf die Schaltfläche *Konvertieren*. Eine Warnung wird angezeigt, in der Sie über die Konsequenzen informiert werden (Abbildung 2.16). Nach der Bestätigung über *OK* wird die Datei in das neue Format umgewandelt. Gespeichert wird noch nicht, allerdings ist im Dialogfeld *Speichern unter* jetzt im Feld *Dateityp* das Format für die aktuelle Office-Version eingestellt.

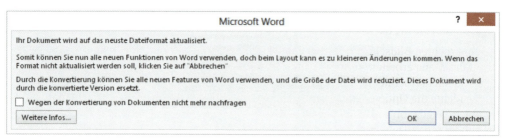

Abbildung 2.26: Ein Dokument wird in einem neuen Format gespeichert.

2.4.4 Besonderheiten bei Word 2013

Zum Thema *Öffnen* von Dateien gibt es bei Word 2013 noch zwei interessante Neuigkeiten zu vermelden.

Öffnen von PDF-Dateien

Sie können mit Word 2013 auch PDF-Dateien öffnen und anschließend bearbeiten. Dazu öffnen Sie die PDF-Datei wie jedes andere Word-Dokument. Word wandelt den Inhalt um und öffnet ihn in einer neuen Datei. Das konvertierte Dokument sieht möglicherweise nicht genau seitengleich zu der ursprünglichen PDF-Datei aus. Beispielsweise kann es sein, dass Seiten an unterschiedlichen Stellen umbrochen werden.

Hinweis Das Ganze ist aber mit Vorsicht zu genießen. Die Umwandlung funktioniert am besten mit Dokumenten, die hauptsächlich Text enthalten. Problemlos klappt es nur, wenn Sie eine PDF-Datei aus Word 2013 heraus erstellt haben (*Kapitel 14*). Für andere Dateien sollten Sie ein besser geeignetes Instrument – beispielsweise Adobe Acrobat – verwenden.

Willkommen zurück

Bei Word 2013 finden Sie im Zusammenhang mit dem Öffnen noch eine sehr interessante neue Funktion: Wenn Sie ein Dokument öffnen, an dem Sie kürzlich gearbeitet haben, wird ein kleines Fenster eingeblendet, in dem auch die Überschrift des Teils im Dokument angezeigt wird, an dem Sie kürzlich gearbeitet haben (Abbildung 2.27).

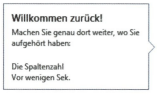

Wenn Sie darauf klicken, können Sie genau an der Stelle weiterarbeiten oder weiterlesen, an der Sie zuvor aufgehört haben. Das Programm merkt sich diese Stelle auch dann, wenn Sie ein online gespeichertes Dokument auf einem anderen Computer öffnen.

Abbildung 2.27: Nach dem Öffnen können Sie schnell zu der Stelle im Dokument zurückkehren, an der Sie gearbeitet haben.

2.4.5   Nach Dokumenten suchen

Wenn Sie ein Dokument, an dem Sie früher gearbeitet haben, nicht mehr finden können, sollten Sie sich der *Suchen*-Funktion des Betriebssystems bedienen. Bei Windows 7 und Windows 8 haben Sie zum Suchen nach Dateien mehrere Möglichkeiten. Sorgen Sie dabei dafür, dass auch alle externen Speicher – inklusive der früher verwendeten Netzlaufwerke – in den Suchvorgang eingeschlossen werden. Prüfen Sie auch CD-Laufwerke und sonstige Wechselspeicher. Ein Ausfüllen der Felder auf den Registerkarten des Dialogfelds *Eigenschaften* kann bei einer späteren Suche hilfreich sein.

Suchen bei Windows 8

Bei Windows 8 können Sie die *Suchen*-Leiste verwenden, um nach Dateien auf Ihrem PC zu suchen.

- Führen Sie vom rechten Bildschirmrand aus eine Wischbewegung aus und tippen Sie dann auf *Suche*. Wenn Sie mit der Maus arbeiten, führen Sie den Mauszeiger in die obere oder untere rechte Ecke des Bildschirms und klicken schließlich auf *Suche*.
- Markieren Sie rechts die Option *Dateien* und geben Sie im Bereich darüber einen Dateinamen – oder zumindest einen Teil davon – als Suchbegriff ein.
- Klicken Sie auf die Schaltfläche mit der Lupe. Links werden die Fundstellen angezeigt (Abbildung 2.28). Klicken Sie auf eine dieser Fundstellen. Die Datei wird in dem zu ihr gehörenden Programm geöffnet.

Abbildung 2.28: Bei Windows 8 benutzen Sie die *Suchen*-Leiste.

TIPP Wenn Sie eine Tastatur benutzen und sich auf der Windows 8-Startseite befinden, können Sie auch einfach eine Eingabe beginnen, um eine Suche zu starten. Auch wenn Sie die Tastenkombination ⊞ + F drücken, können Sie nach einer Datei suchen.

Suchen über den Explorer oder über ein Dialogfeld

Sie können den Start einer solchen Suche auch anstoßen, indem Sie die Eingabe des Suchbegriffs in einem beliebigen Ordnerfenster des Explorers im Feld oben rechts vornehmen. Diese Möglichkeit haben Sie auch innerhalb eines Office-Programms oben rechts in den Dialogfeldern *Speichern unter* oder *Öffnen* (Abbildung 2.29). Beachten Sie aber, dass in diesem Fall die Suche nur innerhalb des vorher aktuellen Ordners und der darin enthaltenen Unterordner durchgeführt wird. Wenn Sie also den gesamten Rechner durchsuchen wollen, sollten Sie vorher das Fenster zur Ebene *Computer* wählen.

- Die Suche beginnt wieder sofort nach der Eingabe der ersten Zeichen. Sie können hier auch mit Platzhaltern arbeiten: *?* steht für ein beliebiges Zeichen, * steht für eine beliebige Zeichenkette. Nachdem Sie eine Suche durch Eingabe eines Suchbegriffs in einem beliebigen Ordnerfenster gestartet haben, wechselt der Ordner zum Suchordner. Das merken Sie zunächst einmal daran, dass oben in der Adressleiste nicht mehr der ursprünglich gewählte Speicherort allein, sondern mit der Bezeichnung *Suchergebnisse in* davor angezeigt wird.

■ In Hauptbereich des Ordnerfensters werden Dateien oder Ordner als Suchergebnisse angezeigt, wenn der Suchbegriff mit dem Namen der Datei oder gewissen Dateieigenschaften übereinstimmt. Textdokumente werden auch dann angezeigt, wenn der Suchbegriff im Text des Dokuments enthalten ist. Sie können eine der in den Suchergebnissen angezeigten Dateien durch einen Doppelklick auf ihre Zeile oder ihr Symbol öffnen.

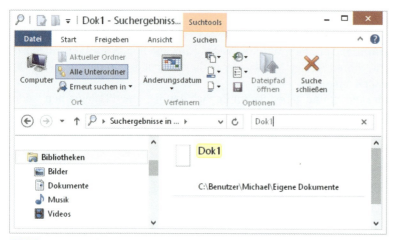

Abbildung 2.29: Auch das *Suchen*-Feld in einem Explorer-Fenster ermöglicht die Suche.

Meist werden Sie von der Vielzahl der Suchergebnisse fast erschlagen. Beachten Sie die folgenden Hinweise zu effektiven Durchführung:

■ In dieser Liste finden Sie auch die Möglichkeit, die Ergebnisse über einen Suchfilter hinsichtlich *Änderungsdatum* und *Größe* einzuschränken.

■ Die schon einmal verwendeten Suchbegriffe werden in einer Liste angezeigt, wenn Sie in das *Suchen*-Feld klicken. Sie können diese dann erneut verwenden.

■ Um die Suchergebnisse wieder auszublenden und den Inhalt des vorher gewählten Ordners wieder vollständig anzeigen zu lassen, klicken Sie auf die Schaltfläche mit dem Kreuz im Feld zur Eingabe das Suchbegriffs.

2.4.6 Frühere Versionen eines Dokuments

Wir hatten es oben bereits erwähnt. Während der Arbeit an einem Dokument werden automatisch *Auto-Wiederherstellen-Informationen* gespeichert. Bei den früheren Versionen der Office-Programme dienten diese eigentlich nur dazu, im Falle eines Absturzes ein Wiederherstellen zu ermöglichen. In der Office-Version 2013 können Sie auf diese auch bequem zugreifen und so eine frühere Version des Dokuments wieder anzeigen lassen. Im Bereich *Informationen* der Registerkarte *Datei* finden Sie unter *Versionen* eine Liste der verfügbaren Versionen (Abbildung 2.30). Beachten Sie aber, dass es sich hier nur um Versionen handelt, die während der aktuellen Sitzung mit dem Programm als *AutoWiederherstellen-Informationen* zwischengespeichert wurden. Die meisten davon gehen verloren, wenn Sie die Datei schließen – auch nach einem vorherigen Speichern.

Abbildung 2.30: Den Zugriff auf frühere Versionen haben Sie über den Bereich *Informationen* der Registerkarte *Datei*.

Ein Klick auf die Schaltfläche *Versionen verwalten* zeigt die Optionen *Nicht gespeicherte Dokumente wiederherstellen* an. Sie können zum Öffnen einer dieser Versionen auch auf einen der weiter rechts angezeigten Symbole für die Versionen klicken. Wenn Sie eine dieser Versionen auf diese Weise öffnen, zeigt eine Warnung an, dass es sich nicht um die zuletzt gespeicherte Version handelt (Abbildung 2.31). Beachten Sie, dass diese Datei schreibgeschützt ist.

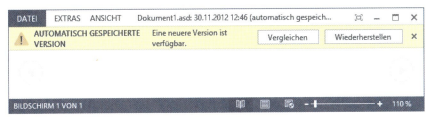

Abbildung 2.31: Eine Warnung zeigt an, dass es sich nicht um die zuletzt gespeicherte Version handelt.

- Wenn Sie darin auf *Wiederherstellen* klicken, überschreiben Sie die zuletzt gespeicherte Version mit der gerade geöffneten Vorversion.
- Es empfiehlt sich auf jeden Fall, vorher auf *Vergleichen* zu klicken. Die Versionen können dann kontrolliert werden.

2.4.7 Die Dokumentwiederherstellung

Auch bei der aktuellen Version kann es vorkommen, dass ein Microsoft Office-Programm unerwartet geschlossen wird, bevor Sie Änderungen speichern können. In diesem Fall wird nach einem erneuten Starten des Office-Programms links auf der Startseite angezeigt, dass Dateien wiederhergestellt worden sind (Abbildung 2.32).

Abbildung 2.32: Dateien wurden wiederhergestellt.

Sie können auf *Wiederhergestellte Dateien anzeigen* klicken. Daraufhin öffnet sich links im Programmfenster der Aufgabenbereich *Dokumentwiederherstellung* (Abbildung 2.33). Hier können Sie bestimmen,
welche Version Sie behalten möchten.

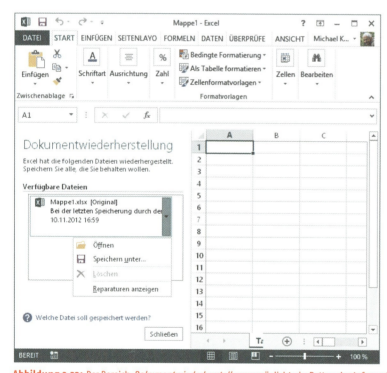

Abbildung 2.33: Der Bereich *Dokumentwiederherstellung* ermöglicht ein Retten der Informationen.

Für jede im Bereich *Dokumentwiederherstellung* angezeigte Datei stehen die Befehle *Öffnen*, *Speichern
unter* und *Löschen* zur Auswahl. Diese Optionen finden Sie in der Liste zur Datei, wenn Sie in der Liste
Verfügbare Dateien auf den Pfeil neben der wiederhergestellten Datei klicken.

- Wenn Sie die wiederhergestellte Version der Datei überprüfen möchten, klicken Sie auf *Öffnen*.
- Um die Datei umzubenennen und als neue Version zu speichern, klicken Sie auf *Speichern unter*.
- Möchten Sie diese wiederhergestellte Version der Datei löschen, klicken Sie auf *Löschen*.

2.5 Die Eigenschaften eines Dokuments

Sie können für ein Dokument diverse Eigenschaften definieren, die es Ihnen unter anderem erleichtern, dieses Dokument später schneller wiederzufinden. Ein Teil dieser Dateieigenschaften wird vom Programm automatisch ermittelt und festgelegt – beispielsweise der Speicherort, die Größe oder das Datum der Erstellung und des letzten Zugriffs. Sie können aber auch eigene Eigenschaften definieren. Dazu gehören der Name des Autors, eine Beschreibung des Inhalts und mehrere Stichwörter.

Hinweis Die Eigenschaften können für das Verwalten von Dokumenten sehr dienlich sein. Wenn Sie das Dokument aber später an andere Benutzer freigeben wollen, verraten die Angaben darin vielleicht mehr, als Ihnen lieb ist. Microsoft Office stellt Ihnen deswegen eine Möglichkeit zur Verfügung, ein Dokument vor der Freigabe auf das Vorhandensein solcher Informationen zu prüfen und diese gegebenenfalls automatisch entfernen zu lassen (*Kapitel 14*).

2.5.1 Die Übersicht zu den Eigenschaften

Eine Übersicht zu den wichtigsten Eigenschaften wird Ihnen rechts im Bereich *Informationen* der Registerkarte *Datei* angezeigt (Abbildung 2.34). Sie finden dort beispielsweise Angaben zu der Größe der Datei, dem Datum der letzten Änderung oder zum Autor des Dokuments. Viele Informationen davon sind erst verfügbar, nachdem die Datei zum ersten Mal gespeichert wurde.

Abbildung 2.34: Die wichtigsten Eigenschaften werden in der Kategorie *Informationen* der Registerkarte *Datei* aufgelistet.

Abbildung 2.35: Sie können wählen, welche Eigenschaften wo angezeigt werden sollen.

Wenn Sie darin auf die Pfeilspitze (das kleine Dreieck) neben der Überschrift *Eigenschaften* klicken, wird eine Liste von weiterer Befehlen angezeigt, über die Sie die Eigenschaften der Datei bearbeiten können (Abbildung 2.35). Beachten Sie in diesem Zusammenhang auch den Link *Alle Eigenschaften anzeigen* weiter unten in diesem Bereich.

2.5.2 Die Eigenschaften im Dokument anzeigen

Wenn Sie in dieser Liste die Option *Dokumentbereich anzeigen* wählen, wird über dem Dokument ein zusätzlicher Bereich angezeigt, in dem Sie bereits einige Angaben zu den Eigenschaften vornehmen oder editieren können (Abbildung 2.36).

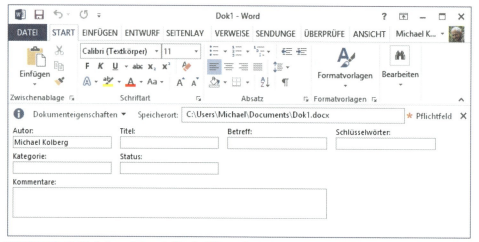

Abbildung 2.36: Die Dokumenteigenschaften im Dokument

Wenn Sie die Option *Erweiterte Eigenschaften* aus der Liste zur Schaltfläche *Dokumenteigenschaften* wählen, wird ein Dialogfeld mit fünf Registerkarten angezeigt, auf denen die Eigenschaften des Dokuments angezeigt oder eingegeben werden können.

- Auf der Registerkarte *Allgemein* finden Sie generelle Angaben zum Namen, zur Größe und zum Speicherort der Datei etc. Diese Angaben werden erst angezeigt, nachdem die Datei einmal gespeichert wurde.
- Die Registerkarte *Zusammenfassung* ermöglicht die Angabe zusätzlicher Informationen zum Dokument. Diese Angaben können Ihnen helfen, die Datei später wiederzufinden, da Sie beim Suchen nach dem Dokument darauf zugreifen können. Sie können einen Titel und ein Thema eingeben. Eine Kategorie erlaubt eine einfachere Einordnung. Mit Stichwörtern vereinfachen Sie eine eventuelle Suche nach der Datei. Durch Aktivieren des Kontrollkästchens *Miniaturen ... speichern* bewirken Sie, dass eine entsprechende Abbildung für die Vorschau – beispielsweise im Dialogfeld *Öffnen* – erstellt wird.
- Die Registerkarte *Statistik* liefert eine Zusammenfassung der Datums- und Benutzerangaben für die Erstellung und Änderung des Dokuments.

- Auf der Registerkarte *Inhalt* finden Sie eine Liste der Inhalte des Dokuments, bei Word beispielsweise die Anzahl der Seiten, Absätze, Zeilen usw., bei Excel werden hier die Namen der Blätter in der Arbeitsmappe angezeigt.
- Die Registerkarte *Anpassen* erlaubt das Festlegen benutzerdefinierter Eigenschaften und das Verknüpfen dieser Eigenschaften mit bestimmten Inhalten der Datei. Über eine Kombination von Einstellungen in den Feldern *Name*, *Typ* und *Wert* können Sie eine Eigenschaft definieren. Klicken Sie anschließend auf *Hinzufügen*, um die Eigenschaft zu übernehmen. Im unteren Bereich werden die bereits festgelegten Eigenschaften angezeigt.

2.5.3 Alle Eigenschaften anzeigen

Wir hatten es schon erwähnt: Die Liste zu den Eigenschaften wird im Bereich *Informationen* der Registerkarte *Datei* angezeigt. Hier lassen sich auch einige Eigenschaften – wie Autor, Kommentar, Titel usw. – eingeben und ändern. Wenn Sie die Eigenschaften vor einem Speichervorgang kontrollieren und vielleicht noch abändern wollen, verringern Sie die Höhe des Dialogfelds *Speichern unter*, indem Sie seinen unteren Rand mithilfe der Maus nach oben verschieben. Die Anzeige von Navigationsbereich und Speicherort wird dann ausgeblendet, und die wichtigsten Eigenschaften zum Dokument werden eingeblendet (Abbildung 2.37). Sie können hier auch geändert werden.

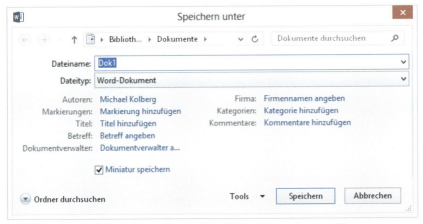

Abbildung 2.37: Die Eigenschaften werden im Dialogfeld *Speichern unter* angezeigt.

Kapitel 3

Word 2013: Texte eingeben und bearbeiten

In den ersten beiden Kapiteln haben wir uns mit einigen Dingen beschäftigt, die Sie kennen sollten, bevor Sie sich an die Arbeit mit den einzelnen Programmen des Office-Pakets machen. Mit diesem Kapitel kommen wir endlich zu den Programmen selbst – und wir beginnen mit Word. Nachdem Sie Word gestartet und eine entsprechende Vorlage ausgewählt haben, können Sie sofort mit dem Schreiben beginnen. Dabei helfen Ihnen verschiedene Werkzeuge – die für die Eingabe und Bearbeitung wichtigsten werden in diesem Kapitel zusammengefasst.

- Wir wollen Ihnen zuerst die Elemente der Oberfläche des Programms Word 2013 vorstellen (Abschnitt 3.1).
- Die Methoden zur Texteingabe entsprechen denen für ein solches Programm üblichen (Abschnitt 3.2). Einige Besonderheiten sollten Sie aber beachten, beispielsweise die nicht druckbaren Sonderzeichen.
- Dann wollen wir die Methoden zur Korrektur ansprechen (Abschnitt 3.3). Falls Ihnen bei der Eingabe ein Fehler unterlaufen ist, können Sie ganz einfach die Einfügemarke zurück zu der betreffenden Stelle bewegen und den Fehler korrigieren. Außerdem stellt Ihnen Microsoft Word mit der Rechtschreib- und Grammatikprüfung und der AutoKorrektur Werkzeuge zur Erleichterung der Eingabe zur Verfügung.
- Einer der wesentlichen Vorteile der Arbeit mit dem Computer gegenüber der mit der Schreibmaschine besteht darin, dass Sie Ihren Text jederzeit bearbeiten – also verändern oder erweitern – können. Sie können beispielsweise Textelemente – also Zeichen, Wörter, Sätze, Absätze usw. – an andere Stellen kopieren, verschieben, löschen oder durch andere Elemente ersetzen (Abschnitt 3.4).
- Mit der aktuellen Version von Word wurde die Navigation in umfangreichen Dokumenten vereinfacht. Im Vergleich zu dem von den Vorversionen unter *Dokumentstruktur* her bekannten Werkzeug leistet der Navigationsbereich seit Word 2010 aber ungleich mehr (Abschnitt Abbildung 3.16).
- Nachdem Sie mit den Grundtechniken der Eingabe und Bearbeitung vertraut sind, sollten Sie auch gleich noch wissen, dass Microsoft Word Ihnen mehrere Ansichten für die Darstellung von Dokumenten auf dem Bildschirm zur Verfügung stellt, die Sie in verschiedenen Stadien der Bearbeitung eines Dokuments gezielt einsetzen können (Abschnitt 3.6).

3.1 Das Programmfenster von Word 2013

Nach der Dateiauswahl über die Startseite wird bei Word die Oberfläche des Programms zusammen mit einem Dokument angezeigt (Abbildung 3.1). Machen Sie sich vor der weiteren Arbeit an einem solchen Dokument zunächst einmal mit den typischen Elementen der Oberfläche dieses Programms vertraut. Im Folgenden werden diese Elemente kurz vorgestellt, Details werden dann später im jeweiligen Zusammenhang erläutert.

- Die *Titelleiste* des Fensters enthält den Dokument- und den Programmnamen sowie ganz links das Symbol zum Öffnen des Systemmenüs und ganz rechts die Schaltflächen zum Regeln der Fensterdarstellung sowie zum Schließen des Fensters.
- Hier und in dem Bereich direkt darunter finden Sie auch praktisch alle Elemente, die zur Steuerung des Programms notwendig sind. Dazu gehören die *Symbolleiste für den Schnellzugriff* und das *Menüband* (*Kapitel 1*).

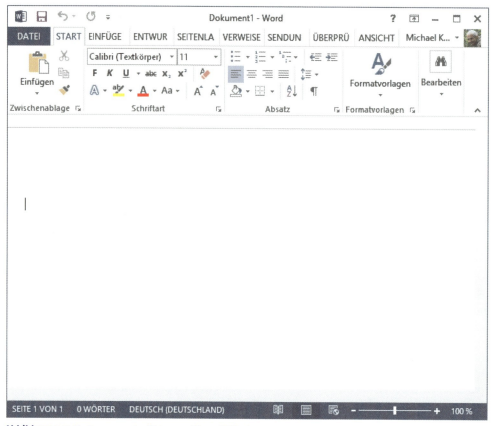

Abbildung 3.1: Die Programmoberfläche von Microsoft Word 2013

- Den Großteil des Bildschirms nimmt der eigentliche *Arbeitsbereich* des Programms ein. Hier geben Sie den Inhalt Ihres Dokuments ein. Der Mauszeiger hat die Form eines senkrechten Strichs, sofern er sich innerhalb des eigentlichen Textbereichs befindet. Er kann aber auch andere Formen – beispielsweise im Rahmen der Funktion *Klicken und Eingeben* – annehmen (unten). Die blinkende *Einfügemarke* in Form eines senkrechten Strichs kennzeichnet die Stelle, an der die eingegebenen Zeichen auf dem Bildschirm – also auch im Dokument – erscheinen.

- In der *Statusleiste* am unteren Rand des Fensters werden unter anderem Hinweise zum Programmablauf angezeigt (Tabelle 3.1).

Anzeige	Beschreibung
SEITE 1 VON 1	Die Einfügemarke befindet sich auf Seite *1* in einem Dokument, das insgesamt *1* Seite umfasst. Ein Klick auf die Schaltfläche zeigt den Aufgabenbereich *Navigation* an, über den Sie zu anderen Stellen im Dokument navigieren können.
0 WÖRTER	Im Dokument sind *0* Wörter eingegeben worden. Ein Klick zeigt das Dialogfeld *Wörter zählen* an.
	Wenn im Dokument keine Rechtschreib- oder Grammatikfehler erkannt wurden, finden Sie das Symbol eines aufgeschlagenen Buches mit einem Häkchen. Sind Fehler vorhanden, wird das durch eine andere Form der Schaltfläche angezeigt. Ein Klick darauf startet dann die Rechtschreibprüfung.
DEUTSCH (DEUTSCHLAND)	Die Standardsprache für die Dokumentprüfung im Dokument ist *Deutsch*. Ein Klick darauf erlaubt die Wahl einer anderen Sprache.

Tabelle 3.1: Wichtige Anzeigen in der Statusleiste

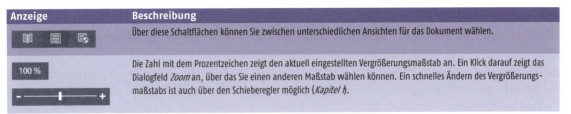

Anzeige	Beschreibung
	Über diese Schaltflächen können Sie zwischen unterschiedlichen Ansichten für das Dokument wählen.
100 %	Die Zahl mit dem Prozentzeichen zeigt den aktuell eingestellten Vergrößerungsmaßstab an. Ein Klick darauf zeigt das Dialogfeld *Zoom* an, über das Sie einen anderen Maßstab wählen können. Ein schnelles Ändern des Vergrößerungsmaßstabs ist auch über den Schieberegler möglich (*Kapitel 7*).

Tabelle 3.1: Wichtige Anzeigen in der Statusleiste (Forts.)

Hinweis Diese Elemente können Sie über das Kontextmenü zur Statusleiste abschalten, wieder einschalten und auch an Ihre speziellen Arbeitsgewohnheiten anpassen (Abbildung 3.2). Die nachfolgenden Ausführungen in diesem Buch beschreiben das Verhalten des Programms mit den automatisch gewählten Standardeinstellungen.

Abbildung 3.2: Über das Kontextmenü zur Statusleiste können Sie weitere Elemente darin anzeigen lassen – die momentan aktivierten sind mit einem Häkchen versehen.

3.2 Text eingeben

Nachdem Sie Microsoft Word gestartet und die gewünschte Vorlage ausgewählt haben (beispielsweise *Leeres Dokument*), können Sie sofort mit dem Schreiben beginnen, indem Sie die Tastatur wie die einer Schreibmaschine benutzen.

3.2.1 Zeichen eingeben

Wenn Sie die Arbeit des Eintippens von Text in einem Programm für Textverarbeitung noch nicht gewohnt sind, sollten Sie grundsätzlich einige Besonderheiten beachten:

- Das zu einer gedrückten Taste gehörende Zeichen wird auf dem Bildschirm an der durch die Einfügemarke gekennzeichneten Stelle eingefügt. Durch die fortlaufende Eingabe von Zeichen werden die Einfügemarke und damit das Ende des Dokuments automatisch nach hinten verschoben. Die Einfügemarke kann nicht hinter das Ende des Dokuments bewegt werden. Beachten Sie, dass sich die Einfügemarke unter Umständen in einem anderen als dem gerade auf dem Bildschirm angezeigten Teil des Dokuments befindet. Verwenden Sie die Bildlaufleiste, um den angezeigten Bereich zu verschieben.
- Kleinbuchstaben und Zahlen erzeugen Sie durch Drücken der entsprechenden Taste. Um Großbuchstaben oder die oben auf einer Taste angezeigten Zeichen zu erzeugen, halten Sie gleichzeitig die ⇧ -Taste gedrückt.
- Wenn Sie die ⇩ -Taste drücken, werden alle Buchstaben als Großbuchstaben dargestellt. Zum Abschalten dieses Modus drücken Sie noch einmal ⇩ .
- Für einen Zwischenraum zwischen Wörtern benutzen Sie beispielsweise die ⬚ -Taste.
- Wird ein Wort am Ende einer Zeile zu lang, sodass es nicht mehr in die Zeile passt, wird es automatisch in die nächste Zeile gesetzt. An einen Zeilenvorschub – wie bei der Schreibmaschine – brauchen Sie also nicht zu denken.
- Um einen neuen Absatz zu beginnen, drücken Sie die ↵ -Taste.
- Eine zusätzliche Leerzeile können Sie durch ein zweites Drücken der ↵ -Taste erreichen.

Hinweis In der Textverarbeitung mit dem Computer gilt aber: Wollen Sie zwischen zwei Absätzen einen Leerraum schaffen, erreichen Sie das besser über das Setzen eines entsprechenden Absatzabstands – also einen Formatierungsbefehl (*Kapitel 4*).

3.2.2 Nicht druckbare Zeichen

Wenn Sie die Schaltfläche *Alle anzeigen* in der Gruppe *Absatz* der Registerkarte *Start* aktiviert haben, werden neben Ihren Eingaben auch noch andere Zeichen auf dem Bildschirm angezeigt (Tabelle 3.2). Diese Zeichen werden nicht ausgedruckt, sie dienen lediglich der Information. Beispielsweise können Sie am Vorhandensein des Zeichens ¶ erkennen, dass Sie am Ende einer Zeile mit der ↵ -Taste eine Absatzmarke gesetzt haben. Ein hochgestellter, auf der Zeilenhöhe zentrierter Punkt symbolisiert ein Leerzeichen. Nachdem dieses Zeichen auch noch etwas größer als das Interpunktionszeichen Punkt ist, ist es nicht mit dem Punkt am Satzende zu verwechseln.

Zeichen	Bedeutung
¶	Absatzmarke
■ (ein auf Zeilenhöhe zentrierter Punkt)	Leerzeichen
⇥	Tabulatorsprung
↵	Manueller Zeilenwechsel

Tabelle 3.2: Die Anzeige von nicht druckbaren Zeichen kann die Interpretation des Bildschirminhalts erleichtern.

Die Anzeige der nicht druckbaren Zeichen mag anfangs etwas störend wirken, sie ist aber in gewissen Arbeitssituationen sehr hilfreich, beispielsweise wenn es darum geht, herauszufinden, warum eine bestimmte Textanordnung nicht wie beabsichtigt ausfällt. Wenn Sie sich beispielsweise darüber wundern, warum ein Abstand zwischen zwei Wörtern etwas größer ist als üblich, kann das daran liegen, dass Sie zwischen diesen beiden versehentlich ein Tabulatorzeichen gesetzt haben. Dies erkennen Sie auf dem Bildschirm, wenn Sie *Alle anzeigen* eingeschaltet haben.

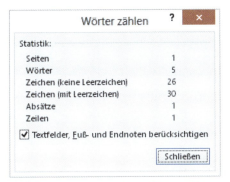

Abbildung 3.3: Die eingegebenen Zeichen, Wörter, Zeilen und Absätze können Sie zählen lassen.

3.2.3 Wörter zählen

Für Autoren oder Texter, die nach Anzahl der Wörter entlohnt werden, ist vielleicht gleich hier der Befehl *Wörter zählen* in der Gruppe *Dokumentprüfung* der Registerkarte *Überprüfen* interessant, mit dem auf die Schnelle die Anzahl der Wörter im gesamten Dokument oder im zuvor markierten Bereich festgestellt werden kann (Abbildung 3.3).

Achten Sie darauf, dass in der Grundeinstellung des Dialogfelds nicht nur die Zeichen und Wörter im eigentlichen Text selbst, sondern auch die in Textfeldern, Fuß- und Endnoten mitgezählt werden. Sie können das ändern, indem Sie das entsprechende Kontrollkästchen im Dialogfeld abschalten.

3.2.4 Zeilen- und Absatzabstand

Bereits mit Microsoft Office Word 2007 wurde eine neu konzipierte Standardvorlage zum Erstellen von Dokumenten eingeführt, die – unter anderem – auch über einen größeren Standardwert für den Zeilenabstand und größere Anstände zwischen den Absätzen verfügt.

- Der Zeilenabstand ist jetzt um 15 % größer als bei Word in der Version 2003. Dies dient dazu, mehr Leerraum zwischen Textblöcken zu schaffen, um den Text lesbarer zu gestalten.
- Der Abstand zwischen den Absätzen wurde erweitert, damit der Anwender nicht mehr zweimal die ⏎-Taste drücken muss, um zusätzlichen Leerraum zu schaffen.

3.3 Text korrigieren

Fehler bei der Texteingabe passieren natürlich (fast) immer. Sie sollten also wissen, wie man solche korrigiert. Das geht sehr einfach.

3.3.1 Die Korrekturfunktionen bei Word

Mit der Rechtschreibprüfung können Sie das gesamte Dokument oder einen markierten Bereich auf Fehler hinsichtlich der Rechtschreibung untersuchen und gegebenenfalls korrigieren lassen. Für die Rechtschreibprüfung stellt Microsoft Office interne Wörterbücher zur Verfügung. Diese Wörterbücher sind bei allen Programmen der Familie dieselben.

Für die Rechtschreibprüfung gibt es eine ganze Reihe von Einstellungen, die Sie über die Kategorie *Dokumentprüfung* unter den *Optionen* festlegen können (*Kapitel 16*).

Die Prüfung im Hintergrund

Bei Word ist die Rechtschreib- und Grammatikprüfung im Hintergrund standardmäßig automatisch eingeschaltet. Das bedeutet, dass beim Schreiben von Text das Rechtschreib- und Grammatikprogramm aktiv ist.

- Rechtschreibfehler werden mit einer roten Wellenlinie auf dem Bildschirm gekennzeichnet (Abbildung 3.4). Zur Korrektur eines so gekennzeichneten Rechtschreibfehlers klicken Sie mit der rechten Maustaste auf das betreffende Wort und entscheiden dann über das Kontextmenü, ob und wie zu korrigieren ist.

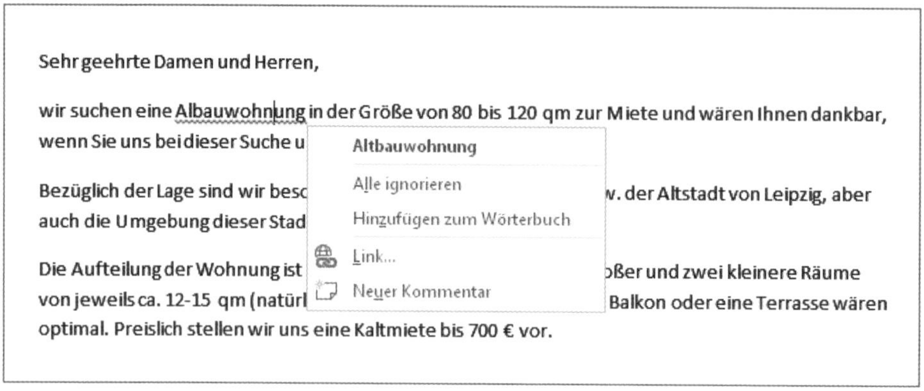

Sehr geehrte Damen und Herren,

wir suchen eine Albauwohnung in der Größe von 80 bis 120 qm zur Miete und wären Ihnen dankbar, wenn Sie uns bei dieser Suche u

Altbauwohnung

Alle ignorieren

Bezüglich der Lage sind wir besc   Hinzufügen zum Wörterbuch   w. der Altstadt von Leipzig, aber
auch die Umgebung dieser Stad

Link...

Die Aufteilung der Wohnung ist   Neuer Kommentar   ßer und zwei kleinere Räume
von jeweils ca. 12-15 qm (natürl   Balkon oder eine Terrasse wären
optimal. Preislich stellen wir uns eine Kaltmiete bis 700 € vor.

Abbildung 3.4: Die Prüfung der Rechtschreibung im Hintergrund bewirkt, dass Rechtschreibfehler mit roten Schlangenlinien unterstrichen werden.

- Die Grammatikprüfung funktioniert ähnlich wie die Rechtschreibprüfung. Zur Kennzeichnung von Grammatikfehlern wird eine grüne Wellenlinie benutzt. Auch hier können Sie über das Kontextmenü die Optionen für die Korrektur festlegen.

TIPP Auch in der Statusleiste wird bei Word das Vorhandensein von Fehlern vermerkt. Durch einen Klick auf die Schaltfläche können Sie bewirken, dass die Stellen mit Schreibfehlern markiert und Vorschläge zur Korrektur eingeblendet werden.

Die nachträgliche Prüfung

Wenn Sie bei Word durch einen Klick auf *Rechtschreibung und Grammatik* in der Gruppe *Dokumentprüfung* der Registerkarte *Überprüfen* die Prüfung erst nachträglich vornehmen, werden Rechtschreib- und auch Grammatikfehler im Arbeitsbereich *Rechtschreibung* gemeldet (Abbildung 3.5). Wenn Sie nur einen bestimmten Bereich im Dokument prüfen wollen, markieren Sie diesen zuerst.

- Ein Klick auf *Ignorieren* behält die Schreibweise bei diesem Wort bei, meldet aber bei einem weiteren Auftreten die Schreibweise erneut als Fehler.
- Mit *Alle ignorieren* legen Sie fest, dass die Schreibweise des Wortes innerhalb des gesamten Bereichs beibehalten und in diesem Dokument nicht mehr als Fehler gemeldet wird.
- Falls das Wort tatsächlich korrekt geschrieben wurde, es dem Programm aber unbekannt ist, können Sie es über die Schaltfläche *Hinzufügen* in das aktuelle Wörterbuch aufnehmen.
- In der Mitte des Arbeitsbereichs wird ein Vorschlag oder eine Liste mit Vorschlägen für die Korrektur angezeigt. Wählen Sie hier die korrekte Schreibweise des Worts aus.
- *Ändern* korrigiert das Wort entsprechend Ihrer Auswahl im Feld darüber.
- Bei einer Bestätigung über *Alle ändern* wird sowohl das aktuell hervorgehobene als auch jedes weitere Auftreten dieses Worts entsprechend Ihrer Auswahl geändert.
- Unter *Vorschläge* werden Vorschläge zum Beheben des Grammatikfehlers angezeigt.

Abbildung 3.5: Vermeintliche Rechtschreibfehler werden in roter Schrift angezeigt.

Die AutoKorrektur verstehen

Über die *AutoKorrektur* können Sie beispielsweise typische Tippfehler, die Ihnen häufiger unterlaufen, automatisch bei der Eingabe korrigieren lassen. Aber auch andere Eingaben können umgewandelt werden: Wenn Sie beispielsweise die drei Zeichen *(r)* eingeben, wird das automatisch in das Symbol ® geändert, die drei Zeichen *(c)* erzeugen das Zeichen © (Abbildung 3.6). Das Programm führt diese Korrekturen unmittelbar durch, nachdem Sie die ⬜-Taste gedrückt haben, um ein neues Wort zu beginnen.

Abbildung 3.6: Mit der Schaltfläche für die AutoKorrektur arbeiten

Hinweis Wie dieses Werkzeug arbeiten soll, können Sie im Fenster für die *Optionen* nach einem Klick auf die Schaltfläche *AutoKorrektur-Optionen* in der Kategorie *Dokumentprüfung* regeln (*Kapitel 16*). Es öffnet sich ein Dialogfeld, das – je nach Programm – über eine unterschiedliche Zahl von Registerkarten verfügt.

3.3.2 Einfache manuelle Korrekturen

Falls Ihnen bei der Eingabe ein Fehler unterlaufen ist, müssen Sie zur Korrektur die Einfügemarke zurück zu der betreffenden Stelle bewegen. Setzen Sie dann dort die gewünschten Zeichen ein und/oder entfernen Sie die nicht gewünschten.

Die Einfügemarke bewegen

Die Einfügemarke können Sie nur innerhalb des bereits eingegebenen Textes bewegen. Bei der Arbeit mit der Maus setzen Sie den Mauszeiger auf die gewünschte Stelle und klicken dann. Zum Bewegen der Einfügemarke mit der Tastatur dienen die Pfeiltasten beziehungsweise Kombinationen aus Strg und einer Taste (Tabelle 3.3).

Bewegungsrichtung	Tastenkombination
Ein Zeichen nach links	`←`
Ein Zeichen nach rechts	`→`
Ein Wort nach links	`Strg` + `←`
Ein Wort nach rechts	`Strg` + `→`
Ein Absatz nach oben	`Strg` + `↑`
Ein Absatz nach unten	`Strg` + `↓`
Eine Zelle nach links (in einer Tabelle)	`↑` + `⇆`
Eine Zelle nach rechts (in einer Tabelle)	`⇆`
Eine Zeile nach oben	`↑`
Eine Zeile nach unten	`↓`
An das Zeilenende	`Ende`
An den Zeilenanfang	`Pos1`
An den oberen Rand des Fensters	`Alt` + `Strg` + `Bild ↑`
An den unteren Rand des Fensters	`Alt` + `Strg` + `Bild ↓`
Eine Bildschirmseite aufwärts (Bildlauf)	`Bild ↑`
Eine Bildschirmseite abwärts (Bildlauf)	`Bild ↓`
An den Anfang der nächsten Seite	`Strg` + `Bild ↑`
An den Anfang der vorherigen Seite	`Strg` + `Bild ↓`
An das Ende des Dokuments	`Strg` + `Ende`
An den Anfang des Dokuments	`Strg` + `Pos1`
Zur letzten Bearbeitungsstelle	`↑` + `F5`
Nach dem Öffnen eines Dokuments zu der Stelle im Dokument, an der Sie vor dem letzten Schließen gearbeitet haben	`↑` + `F5`

Tabelle 3.3: Tasten zum Bewegen der Schreibmarke durch das Dokument

Zeichen löschen

Einzelne Zeichen können Sie mit den Tasten `Entf` oder `←` löschen, nachdem Sie die Einfügemarke an die entsprechende Stelle im Text gesetzt haben (Tabelle 3.4).

Taste(n)	Beschreibung
`Entf`	löscht das Zeichen nach der Einfügemarke
`←`	löscht das Zeichen vor der Einfügemarke
`Strg` + `←`	löscht das Wort links von der Einfügemarke
`Strg` + `Entf`	löscht das Wort rechts von der Einfügemarke

Tabelle 3.4: Tastenkürzel zum Löschen von Zeichen oder Wörtern

Wollen Sie mehrere zusammenhängende Buchstaben löschen, können Sie das natürlich Buchstabe für Buchstabe erledigen. Sinnvoller ist es aber, den zu löschenden Textabschnitt zuerst als Ganzes zu markieren und dann in einem Zug zu löschen.

Zeichen einfügen

Um ein zusätzliches Zeichen in den Text einzufügen, setzen Sie die Einfügemarke einfach an die Stelle, an der es erscheinen soll, und geben Sie es dann ein.

Zeichen überschreiben

Microsoft Word verfügt zusätzlich – beziehungsweise alternativ – zum standardmäßig eingeschalteten Einfügemodus über einen Überschreibmodus. Dieser bewirkt, dass beim Eintippen weiterer Zeichen innerhalb eines vorhandenen Textes die nach der Position der Einfügemarke stehenden Zeichen überschrieben werden. Sie schalten den Überschreibmodus durch Drücken der ⌊Einfg⌋-Taste ein und durch erneutes Drücken dieser Taste wieder aus.

 Diese Möglichkeit ist aber standardmäßig zunächst ausgeschaltet und muss erst über die Kategorie *Erweitert* unter den *Word-Optionen* aktiviert werden (*Kapitel 16*).

3.3.3 Automatisierte Eingaben

Mit der Funktion *Klicken und Eingeben* können Sie einfach per Doppelklick auf die gewünschte Stelle im Dokument präzise an dieser Position Text, Grafiken etc. einfügen, ohne zuerst einen Einzug, eine links- oder rechtsbündige Ausrichtung oder Ähnliches festlegen zu müssen – seien Sie also vorsichtig mit einem unkontrollierten Klicken auf leere Stellen im Dokument. Welche Art von Formatierung vom Programm für den Absatz gewählt wird, können Sie an der Marke ablesen.

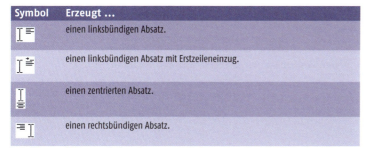

Symbol	Erzeugt ...
⊺☰	einen linksbündigen Absatz.
⊺☰	einen linksbündigen Absatz mit Erstzeileneinzug.
⊺	einen zentrierten Absatz.
☰⊺	einen rechtsbündigen Absatz.

Tabelle 3.5: Klicken und Eingeben erzeugt Absätze mit unterschiedlicher Ausrichtung

Word füllt beim *Klicken und Eingeben* die Lücke zwischen dem vorhandenen Text und dem neuen Absatz automatisch mit Standardabsätzen auf. Diese Funktion steht Ihnen nur in den Ansichten *Seitenlayout*, *Weblayout* und *Lesemodus* zur Verfügung. Außerdem muss die entsprechende Option auf der Registerkarte *Erweitert* im Fenster *Word-Optionen* aktiviert sein (*Kapitel 16*).

3.4 Text bearbeiten

Einer der wesentlichen Vorteile der Arbeit mit dem Computer gegenüber der mit der Schreibmaschine besteht darin, dass Sie Ihren Text jederzeit verändern oder erweitern können. Sie können beispielsweise Textelemente – also Zeichen, Wörter, Sätze, Absätze usw. – an andere Stellen kopieren oder verschieben. Die wesentlichsten Befehle für ein solches Editieren von Text finden Sie in der Gruppe *Zwischenablage* auf der Registerkarte *Start*. Bei Word können Sie aber auch mit einfacheren Methoden – wie beispielsweise Drag&Drop – arbeiten.

3.4.1 Markieren

Das Verschieben und Kopieren von Textelementen verlangt – wie auch viele andere Befehle zum Bearbeiten – ein vorheriges Markieren des betreffenden Textbereichs. Eine Markierung erkennen Sie an der unterlegten Darstellung auf dem Bildschirm. Markieren können Sie mit der Tastatur oder mit der Maus.

Um eine Markierung wieder aufzuheben, klicken Sie auf eine beliebige Stelle außerhalb der Markierung.

Markieren mit der Maus

Um einen Bereich mit der Maus zu markieren, überstreichen Sie diesen mit gedrückt gehaltener Maustaste. Mithilfe eines Doppelklicks können Sie schnell Wörter oder mit einem dreifachen Mausklick ganze Absätze markieren.

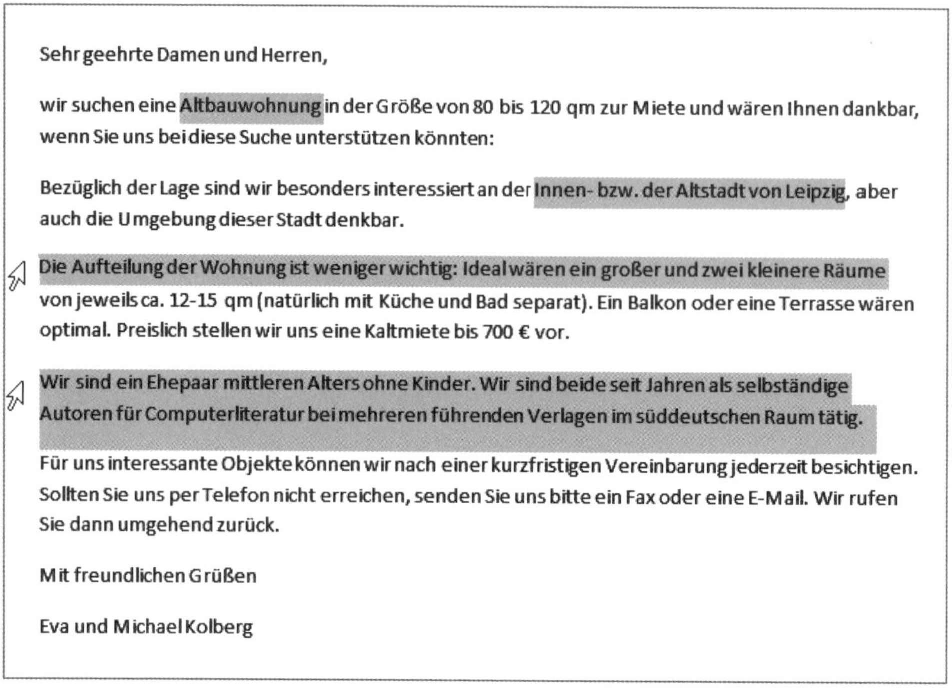

Sehr geehrte Damen und Herren,

wir suchen eine Altbauwohnung in der Größe von 80 bis 120 qm zur Miete und wären Ihnen dankbar, wenn Sie uns bei diese Suche unterstützen könnten:

Bezüglich der Lage sind wir besonders interessiert an der Innen- bzw. der Altstadt von Leipzig, aber auch die Umgebung dieser Stadt denkbar.

 Die Aufteilung der Wohnung ist weniger wichtig: Ideal wären ein großer und zwei kleinere Räume von jeweils ca. 12-15 qm (natürlich mit Küche und Bad separat). Ein Balkon oder eine Terrasse wären optimal. Preislich stellen wir uns eine Kaltmiete bis 700 € vor.

Wir sind ein Ehepaar mittleren Alters ohne Kinder. Wir sind beide seit Jahren als selbständige Autoren für Computerliteratur bei mehreren führenden Verlagen im süddeutschen Raum tätig.

Für uns interessante Objekte können wir nach einer kurzfristigen Vereinbarung jederzeit besichtigen. Sollten Sie uns per Telefon nicht erreichen, senden Sie uns bitte ein Fax oder eine E-Mail. Wir rufen Sie dann umgehend zurück.

Mit freundlichen Grüßen

Eva und Michael Kolberg

Abbildung 3.7: Zum Markieren von Textabschnitten können Sie bequem mit der Maus arbeiten.

- Um einen Bereich zusammenhängender Zeichen zu markieren, bewegen Sie den Zeiger auf den Anfang des zu markierenden Bereichs, drücken die Maustaste und halten sie gedrückt, während Sie den Mauszeiger zum anderen Ende des Bereichs bewegen. Lassen Sie abschließend die Maustaste los.
- Wollen Sie mehrere zusammenhängende Wörter markieren, halten Sie die Maustaste nach dem Doppelklick zum Markieren eines Wortes gedrückt und erweitern dann die Markierung in die gewünschte Richtung.
- Zum Markieren einer Zeile klicken Sie an den linken Rand – in die sogenannte Markierungsspalte – auf der Höhe der gewünschten Zeile. Wollen Sie mehrere aufeinanderfolgende Zeilen markieren, markieren Sie die erste Zeile und halten die Maustaste gedrückt. Bewegen Sie dann die Maus in die entsprechende Richtung abwärts oder aufwärts, bis alle gewünschten Zeilen markiert sind.
- Doppelklicken Sie an den linken Rand in der Markierungsspalte auf der Höhe des Absatzes, um diesen zu markieren. Wollen Sie mehrere aufeinanderfolgende Absätze markieren, halten Sie anschließend die Maustaste gedrückt und bewegen den Mauszeiger entsprechend abwärts beziehungsweise aufwärts.
- Um das gesamte Dokument zu markieren, klicken Sie dreimal an den linken Rand in der Markierungsspalte.

TIPP Sie können auch mehrere, nicht zusammenhängende Textpassagen in einem Dokument markieren. Dazu halten Sie die $\boxed{\text{Strg}}$-Taste gedrückt und markieren nacheinander die gewünschten Stellen. Lassen Sie dann die Taste los, bleiben diese Stellen markiert. Wenn Sie anschließend eine andere Stelle auf dem Bildschirm anklicken, wird die vorher eingestellte Markierung wieder aufgehoben.

Markieren mit der Tastatur

Zum Markieren mit der Tastatur stehen unterschiedliche Verfahren zur Verfügung:

- Sie können die `↑`-Taste gedrückt halten und die Markierung mit den Tasten zum Positionieren der Einfügemarke erweitern (Tabelle 3.3).
- Außerdem können Sie mit dem Erweiterungsmodus arbeiten. Dabei können Sie die Markierung allein mit den Tasten zum Positionieren der Einfügemarke definieren, ohne die `↑`-Taste gedrückt zu halten. Diesen Modus schalten Sie durch Drücken der Taste `F8` an. Mit `F8` schalten Sie den Erweiterungsmodus auch wieder aus.
- Um das gesamte Dokument zu markieren, können Sie auch auf der Registerkarte *Start* in der Gruppe *Bearbeiten* in der Liste zur Schaltfläche *Markieren* den Befehl *Alles markieren* wählen. Alternativ können Sie auch die Tastenkombination `Strg` + `A` verwenden.

Um eine bestehende Markierung wieder aufzuheben, klicken Sie auf eine beliebige Stelle außerhalb des markierten Bereichs.

3.4.2 Verschieben oder Kopieren

Bei der Eingabe kommt es häufig vor, dass Textpassagen oder Zahlenwerte von einer Stelle an eine andere verschoben oder dorthin kopiert werden müssen. Hierbei können Sie mit der Maus mit Drag&Drop, mit den entsprechenden Befehlen oder mit der Zwischenablage arbeiten. Wie üblich gelten diese Aktionen nur für den markierten Bereich.

Mit der Maus – Drag&Drop

Zum Verschieben eines Bereichs mit der Maus markieren Sie zunächst den gewünschten Bereich. Bewegen Sie dann den Mauszeiger in die Markierung, drücken Sie die Maustaste und halten Sie sie gedrückt. Verschieben Sie anschließend den Mauszeiger – zusammen mit dem am Mauszeiger angezeigten gestrichelten Rechteck – zur gewünschten Stelle. Lassen Sie abschließend die Maustaste los, um den Bereich hierher zu verschieben. Wenn Sie den markierten Bereich kopieren wollen, gehen Sie wie beim Verschieben vor, halten aber zusätzlich die `Strg`-Taste gedrückt, woraufhin am Mauszeiger ein zusätzliches Pluszeichen angezeigt wird, um zu kennzeichnen, dass eine Kopie angelegt wird.

Mit Elementen der Gruppe Zwischenablage

Wenn Sie das Verschieben oder Kopieren über Elemente des Menübands abwickeln wollen, müssen Sie die Wirkung von drei Funktionen kennen, mit denen Sie diese Aktionen durchführen können: Ausschneiden, Kopieren und Einfügen (Tabelle 3.6). Sie finden diese bei Word – wie bei praktisch allen Programmen – in der Gruppe *Zwischenablage* auf der Registerkarte *Start*.

Symbol	Bedeutung
✂	Wenn Sie einen markierten Bereich ausschneiden, wird dieser aus dem Dokument entfernt und in der Zwischenablage abgelegt.
🗐	Auch beim Kopieren wird der markierte Bereich in die Zwischenablage verschoben, verbleibt aber auch – im Gegensatz zum Ausschneiden – an seiner ursprünglichen Stelle im Dokument.
Einfügen	Wenn sich durch ein vorheriges Ausschneiden oder Kopieren ein Element in der Zwischenablage befindet, können Sie es an eine beliebige Stelle im selben oder in einem anderen Dokument wieder einfügen. *Einfügen* steht nur zur Verfügung, wenn sich ein Element in der Zwischenablage befindet.
🖌	Über die letzte Schaltfläche in dieser Gruppe können Sie vorhandene Formate an andere Stellen des Textes übertragen. Darüber reden wir im folgenden *Kapitel 4*.

Tabelle 3.6: Über die Schaltflächen der Gruppe *Zwischenablage* können Sie kopieren, ausschneiden und einfügen.

Durch Einsatz einer Kombination dieser Funktionen können Sie Bereiche verschieben oder kopieren. In jedem Fall müssen Sie den Bereich vor einer Aktion markieren. Wenn Sie an der Zielstelle vor dem Einfügen einen Bereich markieren, wird der im Bereich markierte Text durch den kopierten/verschobenen Text ersetzt.

- Um ein Element zu verschieben, wählen Sie nach dem Markieren den Befehl *Ausschneiden*. Das Element verschwindet daraufhin vom Bildschirm. Setzen Sie dann die Einfügemarke an die Stelle, an die das Element verschoben werden soll. Wählen Sie nun den Befehl *Einfügen*. Das Element erscheint daraufhin an der gewählten Stelle.

- Um ein Element zu kopieren, markieren Sie es und wählen Sie den Befehl *Kopieren*. Klicken Sie dann auf die Stelle, an der das kopierte Element erscheinen soll, und wählen Sie *Einfügen*. Daraufhin wird eine Kopie des markierten Bereichs an die aktuelle Cursorposition eingefügt.

TIPP Sie können auch die üblichen Tastenkürzel zum Kopieren, Ausschneiden und Einfügen verwenden. Diese lauten `Strg`+`C` zum Kopieren, `Strg`+`X` zum Ausschneiden und `Strg`+`V` zum Einfügen. Bei Word können Sie auch mit `F2` einen vorher markierten Text ausschneiden beziehungsweise mit `↑`+`F2` kopieren. Wenn Sie dann die Einfügemarke an die gewünschte Stelle bewegen und die `↵`-Taste drücken, wird der ausgeschnittene oder kopierte Bereich an die aktuelle Cursorposition eingefügt.

Die Einfügeoptionen

Nach dem Einfügen wird neben dem eingefügten Element die Schaltfläche *Einfügeoptionen* angezeigt, über deren Liste Sie zusätzliche Einstellungen vornehmen können (Abbildung 3.8). Klicken Sie auf die Schaltfläche, um die verfügbaren Optionen anzuzeigen. Die Mehrzahl der Optionen bezieht sich im Allgemeinen auf das Format des einzufügenden Bereichs. Je nach Art des Objekts können hier aber auch andere Einstellmöglichkeiten angeboten werden.

Abbildung 3.8: Nach dem Einfügen können Sie wählen, in welcher Form der Inhalt der Zwischenablage eingefügt werden soll.

Wenn sich Text in der Zwischenablage befindet und Sie diesen einfügen, stehen Ihnen beispielsweise drei Optionen zur Verfügung (Tabelle 3.7).

Symbol	Bedeutung
	Ursprüngliche Formatierung beibehalten: zeigt den Text nach dem Einfügen mit derselben Formatierung an, über die er beim vorherigen Ausschneiden oder Kopieren verfügte.
	Formatierung zusammenführen: übernimmt die an der Zielstelle vorhandene Formatierung. Das ist beispielsweise bei der Verwendung von Formatvorlagen wichtig.
	Nur den Text übernehmen: ignoriert die Formatierung des vorher ausgeschnittenen oder kopierten Textes und übernimmt die Formatangabe an der Zielstelle.

Tabelle 3.7: Über die Einfügeoptionen können Sie die Form der Formatierung nach dem Einfügen bestimmen.

Bei anderen Programmen finden Sie hier übrigens andere – aber ähnliche – Optionen.

Hinweis Mit dem Befehl *Standardeinstellungen für das Einfügen festlegen* der *Einfügen*-Schaltfläche wechseln Sie zu den Programmoptionen (*Kapitel 16*). Sie können hier bestimmen, welche Verfahrensweise benutzt werden soll, wenn Sie nur einfach auf die Schaltfläche *Einfügen* in der Gruppe *Zwischenablage* klicken.

Die Optionen vor dem Einfügen auswählen

Neu seit der Version 2010 ist, dass Sie zwischen diesen Optionen bereits beim Einfügen selbst wählen können. Klicken Sie dazu nicht direkt auf die Schaltfläche *Einfügen*, sondern auf die darunter angezeigte Pfeilspitze (Abbildung 3.9). Sie können dann wählen, wie eingefügt werden soll.

TIPP Die Anzeige der Schaltfläche *Einfügeoptionen* kann im Bereich *Erweitert* im Fenster zu den Programmoptionen deaktiviert werden. Soll die Schaltfläche nur für den Moment ausgeblendet werden, drücken Sie [Esc].

Abbildung 3.9: Die Optionen zum Einfügen können auch direkt beim Einfügen angezeigt und ausgewählt werden – hier bei Word und Excel.

Inhalte einfügen

Wenn Sie unter den *Einfügeoptionen* den Befehl *Inhalte einfügen* wählen, haben Sie noch mehr Möglichkeiten (Abbildung 3.10). Was Ihnen im Dialogfeld angeboten wird, hängt davon ab, welche Art von Element sich momentan in der Zwischenablage befindet. Bei Text in der Ablage finden Sie beispielsweise andere Optionen als bei einer Grafik.

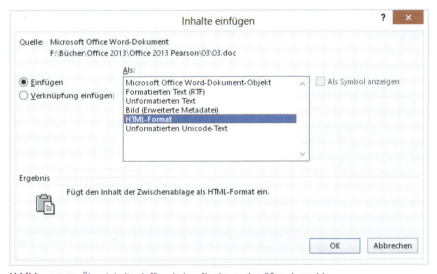

Abbildung 3.10: Über *Inhalte einfügen* haben Sie eine noch größere Auswahl.

Die Office-Zwischenablage

Wie schon vorher erwähnt, wird das zuletzt kopierte oder ausgeschnittene Element immer in der Systemzwischenablage von Microsoft Windows abgelegt. Zusätzlich verfügen die Programme der Office-Familie auch über eine eigene Zwischenablage. Diese *Office-Zwischenablage* verfügt über eine Funktion, die es ermöglicht, bis zu 24 unterschiedliche Inhalte abzulegen.

Zur Arbeit mit diesen Inhalten dient der Aufgabenbereich *Zwischenablage*. Dieser kann – je nach Konfiguration – automatisch angezeigt werden, sobald Sie mehr als ein Element kopiert oder ausgeschnitten haben. Auf jeden Fall können Sie ihn aber auf den Bildschirm bringen, nachdem Sie auf die kleine Schaltfläche mit dem nach unten rechts weisenden Pfeil neben der Gruppenbezeichnung *Zwischenablage* geklickt haben (Abbildung 3.11).

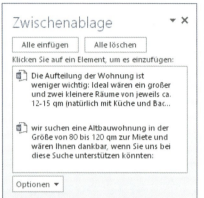 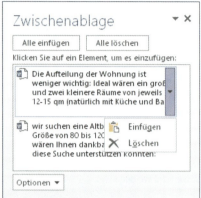

Abbildung 3.11: Über die Office-Zwischenablage können Sie mehrere Elemente ablegen und diese bei Bedarf wieder einfügen.

- Sind in dieser Zwischenablage bereits 24 Elemente vorhanden, wird bei einem weiteren Kopieren oder Ausschneiden das Element, das als Erstes dort eingefügt wurde, wieder daraus entfernt.
- Nachdem Sie eines der im Listenfeld angezeigten Elemente markiert und auf den nach unten zeigenden Pfeil geklickt haben, können Sie über ein kleines Menü wählen, ob Sie dieses Element an die aktuell markierte Stelle einfügen wollen oder ob es aus der Zwischenablage entfernt werden soll.
- Über die Schaltflächen oberhalb des Listenfelds können Sie außerdem alle Elemente der Zwischenablage an die aktuelle Cursorposition einfügen oder die Zwischenablage leeren.
- Über die Schaltfläche *Optionen* ganz unten im Aufgabenbereich öffnen Sie ein Menü, mit dessen Befehlen Sie das Verhalten der Zwischenablage steuern können (Abbildung 3.12).

Abbildung 3.12: Das Verhalten der Office-Zwischenablage können Sie individuell steuern.

Befehl	Beschreibung
Office-Zwischenablage automatisch anzeigen	Die Zwischenablage wird automatisch angezeigt, wenn zwei Ausschneide-/Kopierbefehle ohne eine Eingabe dazwischen aufeinanderfolgen.
Office-Zwischenablage anzeigen wenn Strg+C zweimal betätigt wurde	Die Zwischenablage wird über die entsprechende Tastenkombination auf den Bildschirm gebracht.
Sammeln ohne Anzeige der Office-Zwischenablage	Alle ausgeschnittenen oder kopierten Elemente werden in der Zwischenablage gesammelt, ohne dass diese angezeigt wird.
Office-Zwischenablagensymbol auf Taskleiste anzeigen	Ein Symbol für die Zwischenablage wird in der Taskleiste angezeigt. Die Steuerung kann dann über das Kontextmenü zu diesem Symbol erfolgen. Das funktioniert auch bei Nicht-Office-Programmen.
Beim Kopieren Status bei Aufgabenbereich anzeigen	Beim Kopieren wird eine QuickInfo zum Symbol in der Taskleiste angezeigt, in der die Anzahl der Elemente in der Zwischenablage angegeben wird.

Tabelle 3.8: Die Optionen der Zwischenablage

Verschieben oder Kopieren mit Drag&Drop

Zum Verschieben eines Bereichs mit der Maus mit Drag&Drop markieren Sie zunächst den gewünschten Bereich (Abbildung 3.13). Bewegen Sie dann den Mauszeiger in die Markierung, drücken Sie die Maustaste und halten Sie sie gedrückt. Verschieben Sie anschließend den Mauszeiger – zusammen mit dem am Mauszeiger angezeigten gestrichelten Rechteck – zur gewünschten Stelle (Abbildung 3.14). Lassen Sie abschließend die Maustaste los, um den Bereich hierher zu verschieben (Abbildung 3.15).

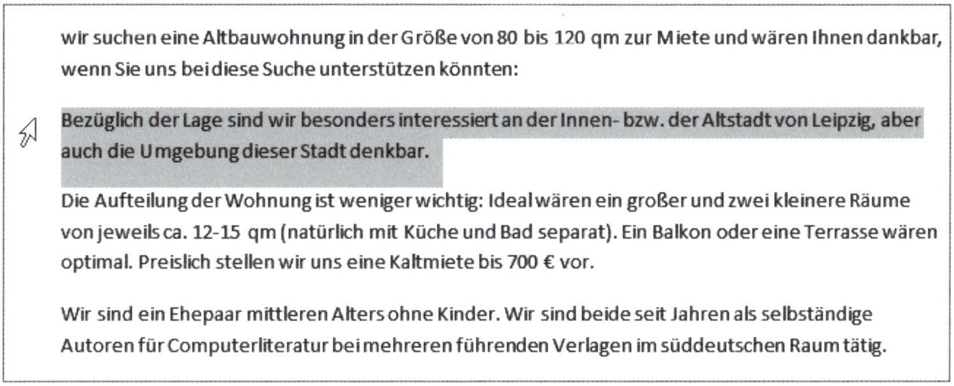

wir suchen eine Altbauwohnung in der Größe von 80 bis 120 qm zur Miete und wären Ihnen dankbar, wenn Sie uns bei diese Suche unterstützen könnten:

Bezüglich der Lage sind wir besonders interessiert an der Innen- bzw. der Altstadt von Leipzig, aber auch die Umgebung dieser Stadt denkbar.

Die Aufteilung der Wohnung ist weniger wichtig: Ideal wären ein großer und zwei kleinere Räume von jeweils ca. 12-15 qm (natürlich mit Küche und Bad separat). Ein Balkon oder eine Terrasse wären optimal. Preislich stellen wir uns eine Kaltmiete bis 700 € vor.

Wir sind ein Ehepaar mittleren Alters ohne Kinder. Wir sind beide seit Jahren als selbständige Autoren für Computerliteratur bei mehreren führenden Verlagen im süddeutschen Raum tätig.

Abbildung 3.13: Zum Verschieben eines Textbereichs müssen Sie diesen erst markieren.

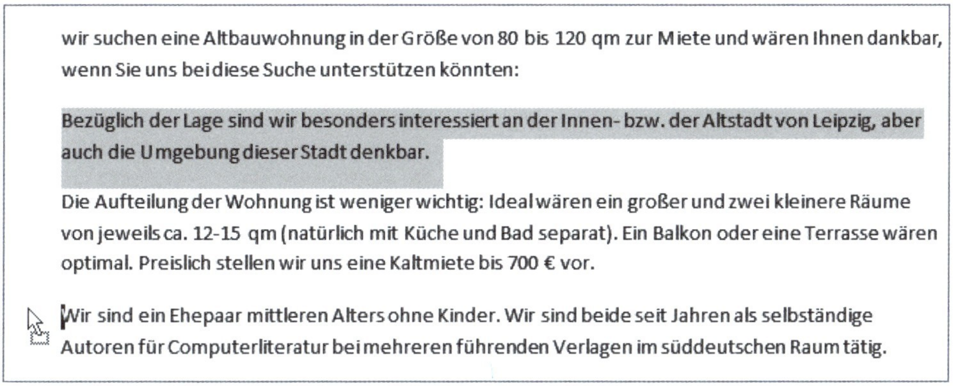

wir suchen eine Altbauwohnung in der Größe von 80 bis 120 qm zur Miete und wären Ihnen dankbar, wenn Sie uns bei diese Suche unterstützen könnten:

Bezüglich der Lage sind wir besonders interessiert an der Innen- bzw. der Altstadt von Leipzig, aber auch die Umgebung dieser Stadt denkbar.

Die Aufteilung der Wohnung ist weniger wichtig: Ideal wären ein großer und zwei kleinere Räume von jeweils ca. 12-15 qm (natürlich mit Küche und Bad separat). Ein Balkon oder eine Terrasse wären optimal. Preislich stellen wir uns eine Kaltmiete bis 700 € vor.

Wir sind ein Ehepaar mittleren Alters ohne Kinder. Wir sind beide seit Jahren als selbständige Autoren für Computerliteratur bei mehreren führenden Verlagen im süddeutschen Raum tätig.

Abbildung 3.14: Verschieben Sie dann den Bereich. Ein kleines Symbol zeigt die aktuelle Position an.

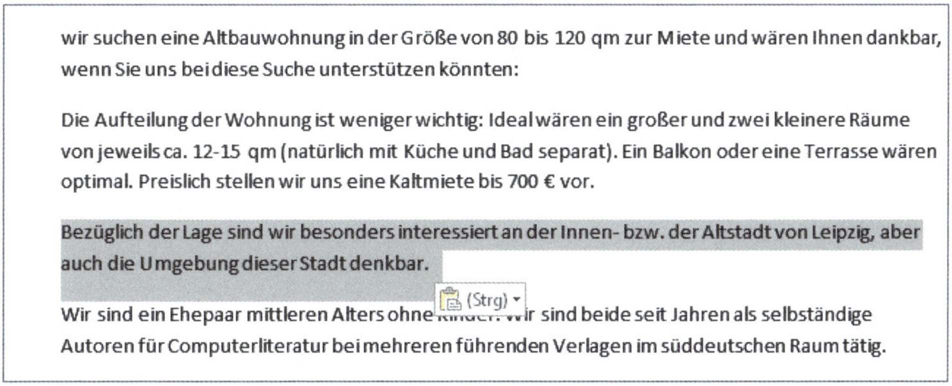

wir suchen eine Altbauwohnung in der Größe von 80 bis 120 qm zur Miete und wären Ihnen dankbar, wenn Sie uns bei diese Suche unterstützen könnten:

Die Aufteilung der Wohnung ist weniger wichtig: Ideal wären ein großer und zwei kleinere Räume von jeweils ca. 12-15 qm (natürlich mit Küche und Bad separat). Ein Balkon oder eine Terrasse wären optimal. Preislich stellen wir uns eine Kaltmiete bis 700 € vor.

Bezüglich der Lage sind wir besonders interessiert an der Innen- bzw. der Altstadt von Leipzig, aber auch die Umgebung dieser Stadt denkbar.

(Strg) ▼

Wir sind ein Ehepaar mittleren Alters ohne Kinder. Wir sind beide seit Jahren als selbständige Autoren für Computerliteratur bei mehreren führenden Verlagen im süddeutschen Raum tätig.

Abbildung 3.15: Lassen Sie an der gewünschten Stelle die Maustaste los. Der Bereich wird verschoben.

TIPP Wenn Sie den markierten Bereich kopieren wollen, gehen Sie wie beim Verschieben vor, halten aber zusätzlich die ⎡Strg⎤-Taste gedrückt, woraufhin am Mauszeiger ein zusätzliches Pluszeichen angezeigt wird, um zu kennzeichnen, dass eine Kopie angelegt wird.

3.5   Die Navigation im Dokument

Zur Navigation – besonders in umfangreichen Dokumenten – steht Ihnen der neue Navigationsbereich zur Verfügung. Dieser arbeitet nicht nur einfacher als bei früheren Versionen, er leistet auch mehr. Daneben stehen Ihnen aber immer noch die klassischen Methoden für *Gehe zu*, *Suchen* und *Ersetzen* bereit.

3.5.1   Die Grundaufgaben des Navigationsbereichs

Die Aufgabe des Navigationsbereichs besteht zunächst einmal darin, die Struktur des Dokuments in verkürzter Form darzustellen. Sie können darin die Logik Ihrer Argumentation überprüfen. Im Vergleich zu der von den Vorversionen her bekannten Dokumentstruktur leistet der Navigationsbereich seit Word 2010 aber mehr: Beispielsweise können Dokumente durch Ziehen und Ablegen von Abschnitten auf einfache Weise neu organisiert werden. Voraussetzung dafür ist, dass Sie das Dokument mit Formatvorlagen für Überschriften versehen haben. Darüber hinaus kann jetzt durch inkrementelles Suchen nach Inhalten gesucht werden.

Den Navigationsbereich anzeigen lassen

Zur Anzeige des Navigationsbereichs schalten Sie auf der Registerkarte *Ansicht* in der Gruppe *Anzeigen* die Option *Navigationsbereich* ein. Daraufhin wird im linken Bereich des Bildschirms eine Spalte angezeigt, in der die Überschriftenebenen im Dokument vermerkt werden (Abbildung 3.16). Die Breite dieser Spalte können Sie – wie gewohnt – mithilfe der Maus verändern.

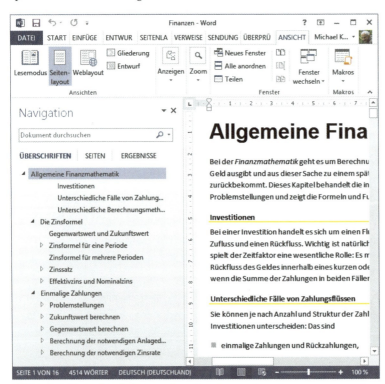

Abbildung 3.16: Der Navigationsbereich wird links angezeigt.

Der Bereich verfügt über drei Register, die Sie je nach Aufgabenstellung einsetzen können:

- Standardmäßig ist der Bereich *Überschriften* aktiviert. Dann wird die Struktur der Überschriftenebenen im Dokument angezeigt, und Sie können damit zwischen den einzelnen Abschnitten wechseln.
- Die beiden anderen Register *Seiten* und *Ergebnisse* eignen sich hauptsächlich für die Suche im Dokument.

Die Navigation

Durch einen Klick auf eine der darin angezeigten Überschriftenebenen können Sie schnell zu der entsprechenden Stelle im Dokument wechseln. Sie können zum Wechseln auch die beiden Schaltflächen mit den Pfeilspitzen rechts oben im Navigationsbereich benutzen.

Neu ist, dass Sie die Ebenen in der Dokumentgliederung reduzieren können, um geschachtelte Überschriften auszublenden, sodass Sie selbst bei tief strukturierten, komplexen, umfangreichen Dokumenten problemlos mit der Gliederung arbeiten können. Zum Ausblenden der Unterebenen klicken Sie auf die nach rechts unten weisende Pfeilspitze links neben einer Ebene. Dass unterhalb einer Überschriftenebene noch weitere Ebenen im Dokument vorhanden sind, erkennen Sie an der weißen nach rechts weisenden Pfeilspitze.

Die Suche über den Navigationsbereich

Über das *Suchen*-Feld oben im Navigationsbereich haben Sie die Möglichkeit, direkt nach Zeichenfolgen im Dokument suchen zu lassen. Sobald Sie damit beginnen, darin Text einzugeben, werden die Fundstellen im Dokument farbig hervorgehoben (Abbildung 3.17). Je mehr Zeichen Sie eingeben, desto präziser wird die Suche. Damit wird auch meist die Anzahl der Fundstellen geringer. Außerdem werden die Abschnitte, in denen die Zeichenfolge gefunden wurde, markiert. Die Anzahl der Fundstellen wird ebenfalls angezeigt.

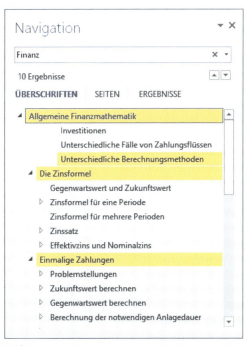

- Oben wird auch die Anzahl der Fundstellen aufgelistet. Sie können dann auf die beiden Schaltflächen mit den nach oben und nach unten weisenden Pfeilspitzen im Navigationsbereich klicken und damit die einzelnen Fundstellen markieren. Die jeweils markierte Stelle wird im Dokument unterlegt und die im Navigationsbereich angezeigte Textpassage jeweils angezeigt.
- Über das Menü zum Feld *Suchen* können Sie die weiteren wesentlichen Befehle zum Suchen bzw. Ersetzen ansteuern.
- Durch einen Klick auf die *Schließen*-Schaltfläche im Feld *Suchen* schalten Sie die Suchfunktion wieder ab.

Abbildung 3.17: Eine Suche im Navigationsbereich markiert auch die Abschnitte, in denen der Suchbegriff auftaucht.

Die Register Seiten und Ergebnisse im Navigationsbereich

Wenn Sie im Navigationsbereich das Register *Seiten* anzeigen lassen, werden darin Miniaturansichten der Seiten angezeigt, in denen die Fundstellen auftauchen (Abbildung 3.18 links). Wenn Sie scharfe Augen haben, finden Sie darin bereits die gewünschte Seite und können diese durch einen Mausklick im Hauptfenster anzeigen lassen.

Nach Wahl des Registers *Ergebnisse* werden die Fundstellen im Zusammenhang aufgelistet (Abbildung 3.18 rechts). Auch hier können Sie durch einen Klick auf ein Element in der Liste zum jeweiligen Bereich im Dokument navigieren.

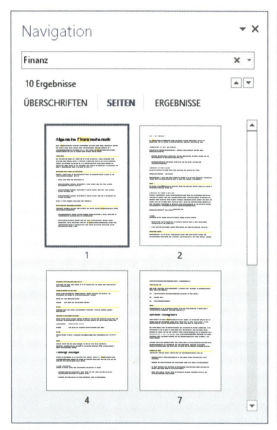
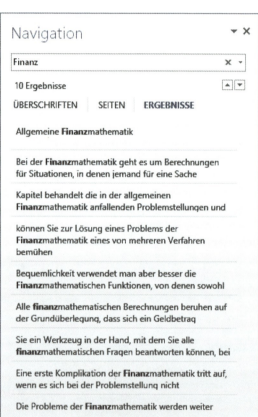

Abbildung 3.18: Die beiden anderen Register im Navigationsbereich liefern weitere Möglichkeiten zur Navigation.

Die Optionen zur Suche

Wenn Sie im Navigationsbereich auf die kleine Schaltfläche *Nach weiteren Elementen suchen* klicken, wird ein Menü mit zusätzlichen Befehlen geöffnet.

Durch einen Klick auf *Optionen* darin zeigen Sie das Dialogfeld *Suchoptionen* an (Abbildung 3.20).

- Sie können festlegen, ob bei der Suche zwischen Groß- und Kleinschreibung unterschieden werden soll oder nicht. Wenn Sie beispielsweise nach „Meier" suchen und *Groß-/Kleinschreibung beachten* aktiviert haben, wird der Eintrag „MEIER" nicht als Fundstelle gemeldet.
- Mit *Nur ganzes Wort suchen* legen Sie fest, ob der eingegebene Begriff nur als ganzes Wort oder auch dann gemeldet werden soll, wenn er als Teil eines Worts auftritt. Ist diese Option aktiviert, wird beispielsweise „Meierling" bei der Suche nach „Meier" nicht angezeigt.

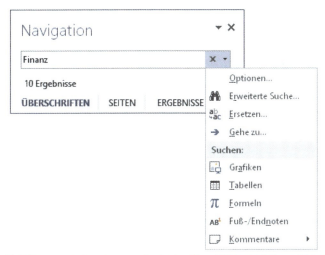

Abbildung 3.19: Den Zugang zu den Suchoptionen liefert ein Klick auf die kleine Schaltfläche mit der Pfeilspitze.

Abbildung 3.20: Zum Suchen können Sie Optionen einstellen.

- Sie können im Suchtext auch *Platzhalterzeichen* benutzen – aktivieren Sie hierzu das entsprechende Kontrollkästchen (Tabelle 3.9). Wollen Sie beispielsweise nach den Namen „Meier", „Maier", „Mayer" usw. suchen, geben Sie „M??er" ein.

3.5.2 Die Struktur des Dokuments ändern

Sie können den Navigationsbereich auch dazu benutzen, die Struktur des Dokuments zu ändern oder das Dokument durch die Eingabe weiterer Überschriftenebenen zu erweitern. Außerdem können Überschriften und deren Inhalt gelöscht, ausgeschnitten und kopiert werden.

Ebenen verschieben

Zum Ändern der Dokumentgliederung können Sie Überschriften innerhalb eines Dokuments ziehen und ablegen. Klicken Sie zunächst im Register *Überschriften* auf die Überschriftenebene, die Sie zu einer anderen Stelle im Dokument verlagern wollen. Halten Sie die Maustaste gedrückt und verschieben Sie den Zeiger in senkrechte Richtung (Abbildung 3.21 links). Lassen Sie die Maustaste an der gewünschten Stelle los. Der vorher markierte Bereich wird verschoben (Abbildung 3.21 rechts).

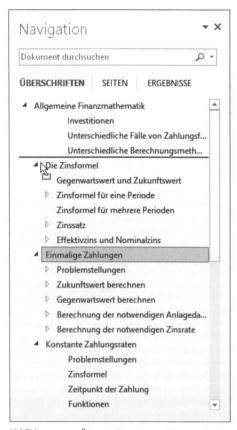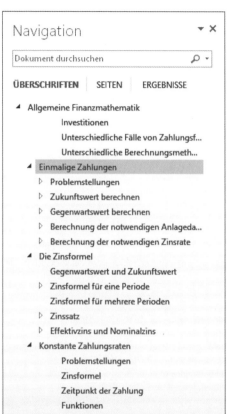

Abbildung 3.21: Überschriftenebenen können mit der Maus verschoben werden.

Hinweis Beachten Sie, dass mit einer Ebene immer auch die dazugehörenden Unterebenen mit verschoben werden.

Weitere Aktionen im Navigationsbereich

Für weitere Aktionen können Sie das Kontextmenü zum Navigationsbereich benutzen (Abbildung 3.22). Markieren Sie immer zuerst die Überschriftenebene, an der Sie Änderungen durchführen wollen.

- Die Ebene der markierten Überschrift innerhalb des Dokuments lässt sich einfach ändern. Verwenden Sie die Befehle *Höher stufen* bzw. *Tiefer stufen.* Damit ändern Sie auch immer die Ebenen der zu der markierten Überschrift gehörenden Unterebenen.
- Sie können auch einfach neue Überschriften zum Dokument hinzufügen – beispielsweise um vergessene Abschnitte hinzuzufügen. Markieren Sie dazu die gewünschte Stelle und verwenden Sie *Neue Überschrift vor* bzw. *Neue Überschrift nach.* Damit erstellen Sie im Dokument zunächst einen leeren Absatz, der mit der Formatvorlage der vorher markierten Überschrift formatiert ist. Den dazugehörenden Text können Sie gleich in das Hauptfenster eintragen.
- Der Befehl *Neue Unterüberschrift* fügt nach den bereits vorhandenen Unterebenen eine weitere Überschrift der tieferen Ebene ein. Auch damit erstellen Sie im Dokument zunächst einen leeren Absatz, der mit der Formatvorlage der vorher markierten Überschrift formatiert ist. Den dazugehörenden Text müssen Sie gleich in das Hauptfenster eintragen.
- Über *Löschen* können Sie die markierte Überschrift samt den gegebenenfalls vorhandenen Unterebenen aus dem Dokument entfernen.

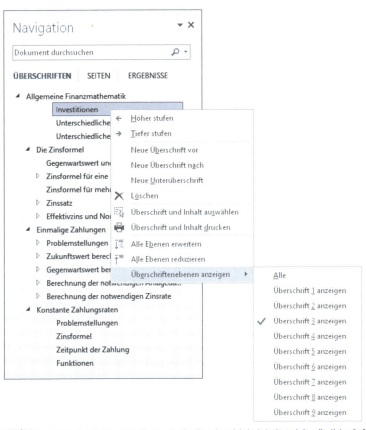

Abbildung 3.22: Das Kontextmenü zum Navigationsbereich beinhaltet viele nützliche Befehle.

■ Der Befehl *Überschrift und Inhalt auswählen* markiert den entsprechenden Bereich im Dokument selbst und *Überschrift und Inhalt drucken* führt zur Ausgabe des Bereichs auf dem Drucker.

■ Die drei letzten Befehle im Kontextmenü arbeiten unabhängig von der gerade in Navigationsbereich vorgenommenen Markierung: Mit *Alle Ebenen erweitern* und *Alle Ebenen reduzieren* können Sie die einzelnen Unterebenen ausblenden oder wieder anzeigen lassen. Über die Optionen im Untermenü zu *Überschriftenebenen anzeigen* können Sie regeln, bis zu welcher Gliederungsebene die Überschriften im Navigationsbereich angezeigt werden sollen.

3.5.3 Gehe zu

Über die Gruppe *Bearbeiten* der Registerkarte *Start* im Menüband können Sie mehrere Werkzeuge einsetzen, die zum gezielten Navigieren und zum Ersetzen von Textelementen benutzt werden können. Anstatt durch ein Dokument mithilfe der Bildlaufleisten oder der Tastatur zu blättern, können Sie auch zu bestimmten Elementen springen und damit direkt die Einfügemarke zu dieser Stelle verschieben. Dazu lassen Sie die Registerkarte *Start* anzeigen, öffnen in der Gruppe *Bearbeiten* das Dropdown-Menü zur Schaltfläche *Suchen* und wählen den Befehl *Gehe zu*. Geben Sie dann an, welche Stelle angesteuert werden soll (Abbildung 3.23).

■ Wählen Sie zuerst im Listenfeld *Gehe zu Element* die Art des Elements aus, zu dem Sie springen wollen – beispielsweise *Seite* oder *Abschnitt*.

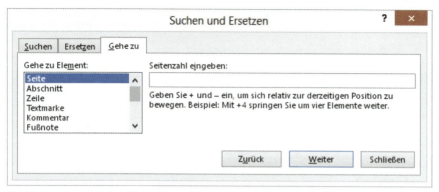

Abbildung 3.23: Mit *Gehe zu* können Sie gezielt zu einem Textelement in dem Dokument wechseln.

■ Geben Sie dann auf der rechten Seite des Dialogfelds die entsprechende Nummer des Elements – beispielsweise die Nummer der Seite, der Fuß-/Endnote, der Tabelle – oder den Namen des Felds ein. Für einige Elemente – beispielsweise *Textmarke*, *Feld*, *Kommentar* oder *Objekt* – wird anstelle des Textfelds ein Dropdown-Listenfeld angezeigt, aus dem Sie einen Eintrag wählen können. Beispielsweise können Sie hier die Textmarke festlegen, zu der gesprungen werden soll. Bei der Wahl von *Seite* können Sie auch mithilfe von zusätzlichen Vorzeichen relative Sprünge bewirken: Eine Eingabe von +6 bewegt die Einfügemarke um sechs Seiten nach vorn, –6 um sechs Seiten zurück. Die Eingabe *8* ohne Vorzeichen positioniert die Einfügemarke auf Seite 8.

■ Solange Sie in das Feld *Seitenzahl eingeben* – oder bei anderen Elementen im entsprechend benannten Feld – noch nichts eingegeben haben, können Sie durch einen Klick auf die Schaltfläche *Weiter* einen Sprung zur nächsten Seite – beziehungsweise zum nächsten gewählten Element – durchführen.

■ Sobald Sie in das Feld *Seitenzahl eingeben* etwas angeben, wird die Schaltfläche *Weiter* in *Gehe zu* umbenannt. Klicken Sie darauf, um die Einfügemarke entsprechend Ihren Eingaben zu verschieben.

■ Über *Zurück* können Sie, wenn in das Feld *Seitenzahl eingeben* – oder bei anderen Elementen im entsprechend benannten Feld – noch nichts eingegeben wurde, zur vorherigen Seite – beziehungsweise zum vorherigen gewählten Element – springen.

TIPP Durch Drücken von [↑] + [F5] können Sie zu den letzten drei Stellen zurückspringen, an denen Sie Text eingegeben oder geändert haben.

Hinweis Hinweise zum Einfügen von Textmarken finden Sie in *Kapitel 13*.

3.5.4 Suchen

Sie können in Ihrem Dokument nach Textpassagen, speziellen Elementen und/oder Formatierungen suchen lassen. Positionieren Sie dazu die Einfügemarke an beliebiger Stelle des Dokuments oder markieren Sie einen Bereich, wenn nur dieser durchsucht werden soll. Dazu lassen Sie die Registerkarte *Start* anzeigen und wählen in der Gruppe *Bearbeiten* erst *Suchen* und dann den Befehl *Suchen*.

Die Suche über den Dokumentnavigationsbereich

Wenn Sie im Katalog der Befehle zu *Suchen* auf *Suchen* klicken, wird links im Programmfenster der bereits bekannte Aufgabenbereich *Navigation* angezeigt. Wenn Sie vorher einen Text markiert hatten, wird dieser als Voreinstellung für die Suche übernommen.

Die klassische Form der Suche

Wenn Sie sich mit dieser neuen Form des Suchens nicht anfreunden können, klicken Sie in der Liste der Befehle zur Schaltfläche *Suchen* in der Gruppe *Bearbeiten* auf *Erweiterte Suche*. Dann wird Ihnen das aus den Vorversionen her bekannte Dialogfeld *Suchen und Ersetzen* mit aktivierter Registerkarte *Suchen* angezeigt (Abbildung 3.24). Geben Sie in das Feld *Suchen nach* den Begriff ein und klicken Sie auf *Weitersuchen*. Standardmäßig wird das nächste Auftreten des Suchbegriffs im Dokument markiert. Ist das nicht der Fall, sollten Sie die erweiterten Suchoptionen kontrollieren (unten).

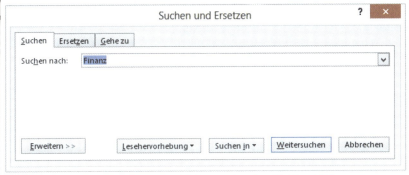

Abbildung 3.24: Auch das klassische Dialogfeld zum Suchen ist weiterhin verfügbar.

Die erweiterte Suche

Wenn Sie im Dialogfeld *Suchen und Ersetzen* auf der Registerkarte *Suchen* auf die Schaltfläche *Erweitern* klicken, können Sie zusätzliche Optionen definieren (Abbildung 3.25). Der Name der Schaltfläche *Erweitern* ändert sich daraufhin in *Reduzieren*, womit die zusätzlichen Suchoptionen wieder ausgeblendet werden.

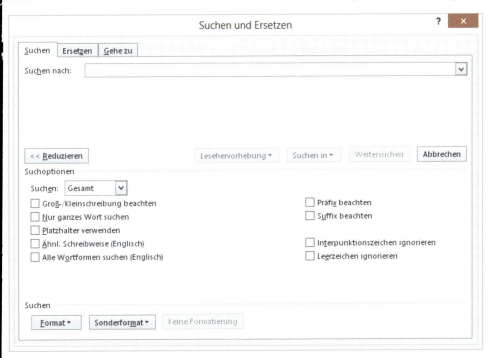

Abbildung 3.25: Weitere Suchoptionen stehen zur Verfügung.

- Begonnen wird die Suche an der aktuellen Position der Einfügemarke. Über das Dropdown-Listenfeld *Suchen* können Sie bestimmen, in welcher Richtung gesucht werden soll. Mit *Gesamt* können Sie das vollständige Dokument durchsuchen lassen. Andernfalls werden Sie gefragt, ob die Suche fortgesetzt werden soll, wenn das Ende oder der Anfang des Dokuments erreicht ist.
- Sie können festlegen, ob bei der Suche zwischen Groß- und Kleinschreibung unterschieden werden soll oder nicht. Wenn Sie beispielsweise nach „Meier" suchen und *Groß-/Kleinschreibung beachten* aktiviert haben, wird der Eintrag „MEIER" nicht als Fundstelle gemeldet.
- Mit *Nur ganzes Wort suchen* legen Sie fest, ob der eingegebene Begriff nur als ganzes Wort oder auch dann gemeldet werden soll, wenn er als Teil eines Wortes auftritt. Ist diese Option aktiviert, wird beispielsweise „Meierling" bei der Suche nach „Meier" nicht angezeigt.
- Sie können im Suchtext auch *Platzhalterzeichen* benutzen – aktivieren Sie hierzu das entsprechende Kontrollkästchen (Tabelle 3.9). Wollen Sie beispielsweise nach den Namen „Meier", „Maier", „Mayer" usw. suchen, geben Sie „M??er" ein.

Zeichen	Sucht ...
*	nach einer beliebigen Anzahl von Zeichen.
?	nach einem beliebigen Zeichen.
/*	nach dem Zeichen *.
/?	nach dem Zeichen ?.

Tabelle 3.9: Gängige Platzhalterzeichen für die Suche

TIPP Wenn als Sprache *Englisch* gewählt ist, können Sie nach ähnlich geschriebenen Wörtern oder nach zusammengehörigen Wortformen suchen lassen. Gemeint sind hier beispielsweise unterschiedliche Deklinationsformen eines Verbs.

Weitere Optionen

Wenn Sie die Option *Alle hervorheben* in der Liste zur Schaltfläche *Lesehervorhebung* auf der Registerkarte *Suchen* aktivieren, können Sie in einem Arbeitsgang alle Vorkommen des Suchtextes im Dokument markieren lassen. Durch Wahl von *Hervorhebung löschen* blenden Sie diese Markierung wieder aus.

Legen Sie im Listenfeld zur Schaltfläche *Suchen in* fest, welcher Bereich des Dokuments durchsucht werden soll. Sie haben hier die Wahl zwischen *Hauptdokument, Kopf- und Fußzeilen* sowie *Fußnoten*. Es werden aber nur die bereits eingerichteten Bereiche angeboten. Ein Klick auf die Schaltfläche *Alle suchen* – diese Bezeichnung ersetzt *Weitersuchen* – markiert die Stellen im gewählten Bereich.

Formate und sonstige Elemente einbeziehen

Über die Liste zur Schaltfläche *Format* können Sie sowohl nach Formatierungen als auch nach formatierten Zeichenfolgen im Dokument suchen lassen (Abbildung 3.26 links). Suchen Sie nach einem Begriff, der in bestimmter Weise formatiert ist, geben Sie diesen im Feld *Suchen nach* an und legen die betreffende Formatierung über die Schaltfläche *Format* fest. Wenn Sie lediglich eine bestimmte Formatierung suchen, geben Sie nur die betreffende Formatierung über die Schaltfläche *Format* an und lassen das Feld *Suchen nach* leer. Das ausgewählte Format wird unterhalb des Felds *Suchen nach* angezeigt. Um ein Format wieder aus den Suchkriterien zu entfernen, klicken Sie auf die Schaltfläche *Keine Formatierung*.

TIPP Sie können über die Liste zur Schaltfläche *Format* nacheinander mehrere Formateigenschaften auswählen und nach dem gemeinsamen Auftreten suchen lassen – beispielsweise können Sie so Stellen mit dem Absatzformat *Zentriert* und dem Zeichenformat *Fett* ausfindig machen lassen.

Über die Schaltfläche *Sonderformat* öffnen Sie eine Liste, mit deren Einträgen Sie nach Steuerzeichen suchen lassen können (Abbildung 3.26 rechts). Die Wahl eines solchen Elements fügt einen Code in das

Feld *Suchen nach* ein – beispielsweise ^t für einen Tabstopp oder ^p für eine Absatzmarke. Wenn Sie den betreffenden Code auswendig wissen, können Sie ihn auch direkt in das Feld *Suchen nach* eingeben.

Abbildung 3.26: Sie können auch Formatierungen und Steuerzeichen suchen lassen.

3.5.5 Ersetzen

Als Erweiterung zum Suchen können Sie einen gefundenen Text durch einen anderen ersetzen lassen. Dazu lassen Sie die Registerkarte *Start* anzeigen und wählen in der Gruppe *Bearbeiten* den Befehl *Ersetzen*.

Einfaches ersetzen

Die Registerkarte *Ersetzen* im Dialogfeld *Suchen und Ersetzen* wird angezeigt. Geben Sie dann den Such- und den Ersatzbegriff dafür ein (Abbildung 3.26). Diese sonstigen Optionen entsprechen denen auf der Registerkarte *Suchen* (siehe vorherige Abschnitte). Wiederum können Sie Formate oder sonstige Elemente mit in den Ersetzungsvorgang einschließen – Sie können also beispielsweise ein Format durch ein anderes ersetzen lassen.

Wie anschließend ersetzt wird, hängt von der Art Ihrer Bestätigung ab:

- Wenn Sie mit *Ersetzen* bestätigen, werden Sie bei der nächsten Fundstelle erneut gefragt, ob ersetzt werden soll oder nicht.
- Wenn Sie *Weitersuchen* verwenden, wird der markierte Begriff an der aktuellen Stelle nicht ersetzt.
- Bestätigen Sie mit *Alle ersetzen*, wird der im Feld *Suchen nach* eingegebene Begriff im gesamten Text automatisch durch den im Feld *Ersetzen durch* eingegebenen Begriff ersetzt.

Abbildung 3.27: Bestimmte Zeichenfolgen durch andere ersetzen lassen – hier nur die Grundfunktionen

> **TIPP** Sie können über die Liste zur Schaltfläche *Format* nacheinander mehrere Formateigenschaften auswählen und nach dem gemeinsamen Auftreten suchen lassen – beispielsweise können Sie so Stellen mit dem Absatzformat *Zentriert* und dem Zeichenformat *Fett* ausfindig machen lassen.

Ersetzen mit Optionen

Auch auf der Registerkarte *Ersetzen* stehen Ihnen die erweiterten Optionen zur Verfügung, die Sie schon vom Suchen her kennen.

3.6 Die Gestaltung des Arbeitsbereichs

Sie sollten auch gleich wissen, dass Microsoft Word Ihnen mehrere Ansichten für die Darstellung von Dokumenten auf dem Bildschirm zur Verfügung stellt, die Sie in verschiedenen Stadien der Bearbeitung eines Dokuments gezielt einsetzen können. Zur Kontrolle dieser Eigenschaften benutzen Sie die Befehle der Gruppen auf der Registerkarte *Ansicht* im Menüband (Abbildung 3.28). Beachten Sie beim Betrachten dieser Registerkarte auch, dass Sie darüber diverse Elemente ein- und ausblenden können, die Ihnen bei der Bearbeitung des Dokuments hilfreich sind.

Abbildung 3.28: Die Befehle der Registerkarte *Ansicht* beeinflussen die Darstellung auf dem Bildschirm – nicht beim Ausdruck.

3.6.1 Ansichten

Wichtig sind aber zunächst die grundsätzlichen Formen der Ansicht, mit denen ein Textdokument auf dem Bildschirm angezeigt werden kann. Die Form wählen Sie über die Befehlsschaltflächen in der Gruppe *Dokumentansichten* der Registerkarte *Ansicht*. Zwischen den jeweiligen Ansichten können Sie auch mithilfe der Schaltflächen unten in der Statusleiste wechseln.

Einen schnellen Wechsel zwischen den Ansichten können Sie auch über drei Schaltflächen in der Statusleiste bewirken (Tabelle 3.10). Sie finden darin aber nicht alle in Word möglichen Ansichten.

Symbol	Bedeutung
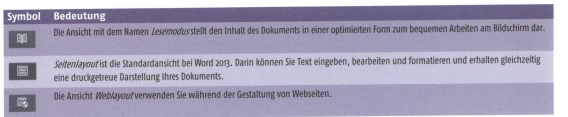	Die Ansicht mit dem Namen *Lesemodus* stellt den Inhalt des Dokuments in einer optimierten Form zum bequemen Arbeiten am Bildschirm dar.
	Seitenlayout ist die Standardansicht bei Word 2013. Darin können Sie Text eingeben, bearbeiten und formatieren und erhalten gleichzeitig eine druckgetreue Darstellung Ihres Dokuments.
	Die Ansicht *Weblayout* verwenden Sie während der Gestaltung von Webseiten.

Tabelle 3.10: Drei Schaltflächen in der Statusleiste erlauben einen schnellen Wechsel der Ansicht.

Seitenlayout

Standardansicht ist seit der Version 2010 die Ansicht *Seitenlayout*. Darin können Sie Text eingeben, bearbeiten und formatieren und erhalten gleichzeitig eine druckgetreue Darstellung Ihres Dokuments. Sie können hier Kopf- und Fußzeilen bearbeiten sowie Seitenränder und Spalten definieren (Abbildung 3.29). Die zusätzlich einblendbaren horizontalen und vertikalen Lineale helfen Ihnen bei der Positionierung.

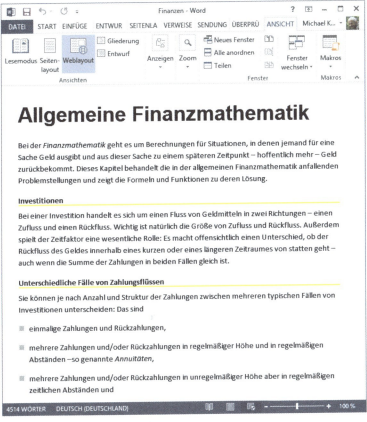

Abbildung 3.29: Die Ansicht *Seitenlayout*

Zwischen den Seiten des Dokuments wird standardmäßig ein Zwischenraum angezeigt. Durch einen Klick auf diesen Leerraum können Sie ihn aus- und wieder einblenden.

Lesemodus

Die Ansicht mit dem Namen *Lesemodus* stellt den Inhalt des Dokuments in einer optimierten Form zum bequemen Arbeiten am Bildschirm dar. Bei Word 2013 ist dieser Lesemodus jetzt übersichtlicher und für Tablet-PCs besonders geeignet. Ihre Dokumente werden in einfach zu lesenden Spalten auf dem Bildschirm angezeigt, und die nicht benötigten Werkzeuge zur Bearbeitung werden ausgeblendet. Sie können aber weiterhin auf wichtige Werkzeuge – wie die Suche im Internet – zugreifen.

Sie können hierin aber auch Korrekturen vornehmen. Eine Kontrolle des Zeilen- und Seitenumbruchs ist in der Standardeinstellung dieser Ansicht jedoch nicht möglich, da die Texte zur besseren Lesbarkeit optisch vergrößert werden (Abbildung 3.30).

Abbildung 3.30: Der *Lesemodus* ist gut geeignet zum Korrekturlesen.

In diesem Modus wird das Menüband entfernt. Stattdessen verfügt dieser Modus über eine eigene kleine Symbolleiste, mit deren Schaltflächen Sie die Feinheiten dieser Ansicht steuern können. Interessant sind hier die Optionen der Schaltflächen *Extras* und *Ansicht* (Abbildung 3.31). Sie finden hierin sowohl die Möglichkeiten zum Recherchieren oder zur Eingabe von Kommentaren als auch diverse Optionen für die Darstellung.

TIPP Eingefügte Tabellen, Diagramme und Bilder können Sie durch einen Doppelklick mit der Maus oder Doppeltippen mit dem Finger so vergrößern, dass sie den Bildschirm ausfüllen. Anschließend können Sie durch dieselbe Art von Aktion außerhalb des Objekts die Ansicht wieder verkleinern.

Abbildung 3.31: Tools und Ansichtsoptionen

Weblayout

Die Ansicht *Weblayout* verwenden Sie während der Gestaltung von Webseiten. In dieser Ansicht wird Ihr Dokument wie bei der Anzeige in einem Webbrowser dargestellt – also als fortlaufende Seite ohne Seitenumbrüche. Außerdem wird der Zeilenumbruch automatisch an die Fensterbreite angepasst.

Gliederung

Die Ansicht *Gliederung* eignet sich besonders zum Überarbeiten der Struktur umfangreicher Dokumente. Sie ermöglicht das Ein- und Ausblenden verschiedener Gliederungsebenen sowie das Höher- oder Tieferstufen dieser Ebenen. Kapitelüberschriften müssen hierzu mit einer einheitlichen und nummerierten Formatvorlage formatiert sein (Abbildung 3.32).

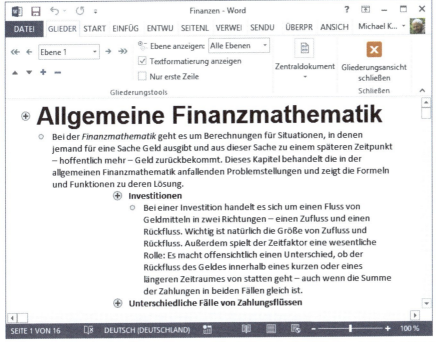

Abbildung 3.32: Die Ansicht *Gliederung* – beachten Sie die Einzüge, anhand derer Sie die Struktur des Dokuments erkennen können.

Hinweis Mehr zur Arbeit mit dieser Ansicht finden Sie im Kapitel über die weiteren Word-Funktionen (*Kapitel 5*).

Entwurf

Zum Eingeben, Bearbeiten und Formatieren von Text können Sie auch in der Ansicht *Entwurf* arbeiten. In dieser Ansicht sind zwar alle Zeichen- und Absatzformate sichtbar, das Layout einer Seite wird jedoch vereinfacht dargestellt, um eine schnelle Texteingabe und -bearbeitung zu ermöglichen. Beispielsweise werden Seitenränder, Kopf- und Fußzeilen, Hintergründe, Zeichnungsobjekte und Bilder sowie einige andere Elemente nicht angezeigt. Diese Ansicht eignet sich vor allem für das fortlaufende Eingeben und auch für das Formatieren von Text – wenn Sie über einen einigermaßen leistungsfähigen Rechner verfügen, können Sie aber auf diese Ansicht verzichten und stattdessen standardmäßig in der Ansicht *Seitenlayout* arbeiten.

3.6.2 Zusätzliche Elemente ein- und ausblenden

Über die Optionen in der Gruppe *Anzeigen* der Registerkarte *Ansicht* können Sie bei der Mehrzahl der eben beschriebenen Ansichten zusätzliche Elemente ein- und ausschalten.

Lineal

Ein Aktivieren der Option *Lineal* zeigt ein waagerechtes und ein senkrechtes Zeilenlineal an (Abbildung 3.33). Sie können dieses verwenden, wenn Sie Elemente genauer positionieren müssen. Auch ein Klick auf die Schaltfläche *Lineal* oberhalb der senkrechten Bildlaufleiste erfüllt diese Funktion.

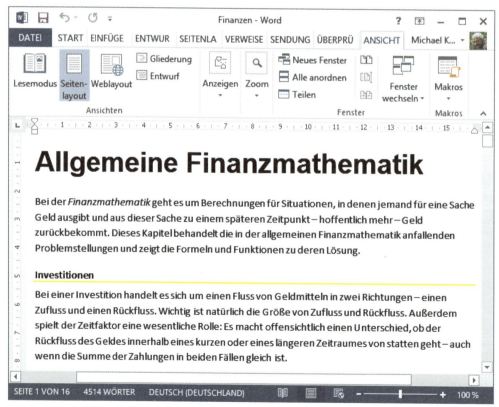

Abbildung 3.33: Zwei Lineale werden angezeigt.

Gitternetzlinien

Die Befehlsschaltfläche *Gitternetzlinien* auf der Registerkarte *Ansicht* sorgt dafür, dass auf der Arbeitsfläche ein Raster eingeblendet wird (Abbildung 3.34). Sie können dieses als Hilfsinstrument für die genauere Positionierung – beispielsweise von eingefügten grafischen Elementen – benutzen.

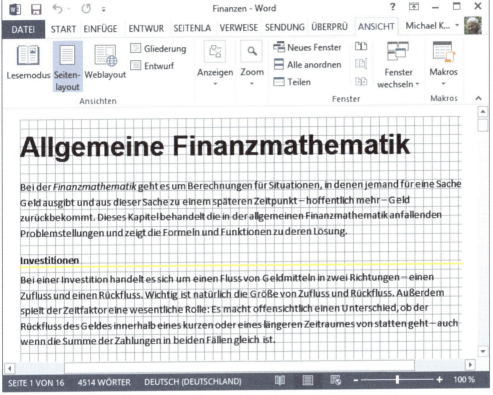

Abbildung 3.34: Ein Gitternetz auf der Arbeitsfläche kann das Positionieren von Objekten vereinfachen.

3.6.3 Arbeiten mit Dokumentfenstern

Wenn Sie mit unterschiedlichen Programmen des Pakets Microsoft Office 2013 arbeiten, werden Sie feststellen, dass nicht alle Programme dieselben Stile hinsichtlich der Dokumentfenster bei ihren Benutzeroberflächen benutzen. Die Office-Programme erlauben es beispielsweise, gleichzeitig mehrere Dokumente geöffnet zu halten. Diese werden in separaten Fenstern angezeigt, die aber standardmäßig immer den gesamten Arbeitsbereich vollständig ausfüllen. Die Befehle zum Arbeiten mit diesen Fenstern sind in der Gruppe *Fenster* der Registerkarte *Ansicht* zusammengefasst (Abbildung 3.35). Sie können über die Befehle dieser Gruppe beispielsweise ein neues Fenster für das aktive Dokument erstellen oder durch Teilen des Fensters gleichzeitig verschiedene Bereiche des Dokuments anzeigen lassen.

Wechsel zwischen den Fenstern

Haben Sie mehrere Dokumente geöffnet, wird jedes einzelne in einem separaten Fenster geöffnet, deren Namen als separate Schaltflächen in der Taskleiste angezeigt werden. Klicken Sie auf eine dieser Schaltflächen, um zum gewünschten Dokument zu wechseln. Sie können auch über die Liste zur Schaltfläche *Fenster wechseln* zwischen diesen umschalten. Das gerade aktive Dokument ist dort mit einem Häkchen gekennzeichnet.

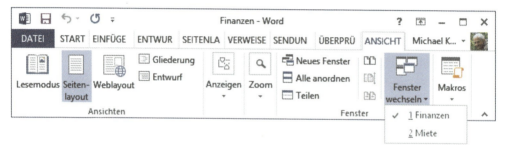

Abbildung 3.35: Auf der Registerkarte *Ansicht* finden Sie auch die Befehle zum Arbeiten mit Fenstern.

Mehrere Fenster eines Dokuments

Wenn Sie unterschiedliche Teile eines bestimmten Dokuments in verschiedenen Fenstern anzeigen lassen wollen, wählen Sie in der Gruppe *Fenster* den Befehl *Neues Fenster*. Microsoft Word öffnet dann ein neues Fenster, das die gleichen Informationen wie das aktive Dokument enthält. Der Name des ursprünglichen Fensters wird durch eine Zahl erweitert. Einen Wechsel zwischen den beiden Fenstern bewirken Sie über die Taskleiste oder über die entsprechenden Einträge in der Liste zur Schaltfläche *Fenster wechseln*. In den verschiedenen Fenstern können Sie unterschiedliche Bereiche des Dokuments anzeigen lassen. Sie arbeiten in dieser Darstellung immer nur mit einem Dokument, das heißt, Änderungen, die in einem Fenster vorgenommen werden, sind automatisch auch im anderen ausgeführt.

Fenster teilen

Einen ähnlichen Effekt erreichen Sie über den Befehl *Teilen* in der Gruppe *Fenster*. Damit können Sie mehrere Bereiche eines Dokuments zusammen auf dem Bildschirm anzeigen. Nach dem Wählen des Befehls wird ein Teilungsmarkierer eingeblendet, den Sie mit der Maus auf die gewünschte Höhe bringen können; klicken Sie zum Abschluss mit der Maus. Sie können stattdessen auch den Mauszeiger auf das Teilungsfeld oberhalb der vertikalen Bildlaufleiste setzen und – sobald der Mauszeiger die Form eines Doppelpfeils annimmt – die Teilungsmarkierung nach unten an die gewünschte Position ziehen. In beiden Fällen wird der Bildschirm in zwei untereinander angeordnete Ausschnitte geteilt, die über eigene Bildlaufleisten verfügen. In jedem dieser Ausschnitte können unterschiedliche Bereiche des Dokuments angezeigt werden.

Die Aufteilung auf dem Bildschirm können Sie regeln, indem Sie den Mauszeiger auf die Teilungslinie setzen und dann den Balken mit gedrückt gehaltener Maustaste nach oben oder unten verschieben. Um das Dokument wieder in einem einzigen Fenster anzuzeigen, doppelklicken Sie auf die Teilungslinie oder verschieben Sie sie ganz nach oben oder ganz nach unten. Alternativ können Sie auch den Befehl *Teilung aufheben* in der Gruppe *Fenster* wählen.

Fenster anordnen

Wenn Sie mehrere Dokumente geöffnet oder mehrere Fenster eines Dokuments erstellt haben, können Sie diese Fenster über den Befehl *Alle anordnen* in der Gruppe *Fenster* gleichzeitig auf dem Bildschirm platzieren lassen. Um zur Ansicht mit nur einem Fenster zurückzuschalten, klicken Sie im gewünschten Fenster rechts oben in der Titelleiste auf das Symbol *Maximieren*.

Nebeneinander anzeigen

Mit dem Befehl *Nebeneinander anzeigen* in der Gruppe *Fenster* können Sie die Inhalte zweier geöffneter Dokumente schnell vergleichen. Das empfiehlt sich beispielsweise, wenn Sie verschiedene Versionen einer Datei aufeinander abstimmen wollen. Außerdem ist in einem solchen Fall die Schaltfläche *Synchroner Bildlauf* bereits aktiviert. Das bewirkt, dass bei einer Änderung des angezeigten Bereichs in einem der beiden

Fenster der Bereich im anderen Fenster synchron geändert wird. Durch Abschalten können Sie dafür sorgen, dass in beiden Fenstern wieder eine voneinander unabhängige Navigation möglich wird.

Wechsel zwischen Dokumenten über die Taskleiste

Dass zu einem Office-Programm mehrere Dateien geöffnet sind, erkennen Sie daran, dass das Symbol für die Anwendung in der Windows-Taskleiste als Gruppe mehrerer Symbole angezeigt wird. Damit wird der Eindruck vermittelt, mehrere Symbole liegen direkt hintereinander. Wenn Sie den Mauszeiger auf diese Symbolgruppe bewegen, werden die Namen der dazugehörenden Fenster eingeblendet (Abbildung 3.36). Wir sagten es schon weiter oben: Wie diese Darstellung der Elemente erfolgt, ist auch eine Frage der Leistungsfähigkeit des Computers. Leistungsstärkere Rechner sorgen automatisch dafür, dass diese Elemente in Form von Miniaturansichten angezeigt werden. Die Form der Darstellung können Sie aber auch über die *Einstellungen* zu den *Systemeigenschaften* von Windows regeln.

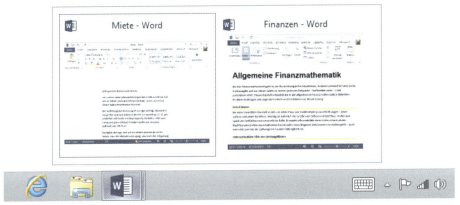

Abbildung 3.36: Die Darstellung von Miniaturansichten bei Windows können Sie zum Wechsel zwischen den Dokumenten benutzen.

- Sie wechseln zur Anzeige eines Fensters, indem Sie auf die entsprechende Miniaturansicht bzw. das Symbol klicken.
- Wenn Sie den Mauszeiger in eine solche Liste hineinbewegen, haben Sie auch die Möglichkeit, das Fenster über die kleine Schaltfläche darin zu schließen.

Kapitel 4

Word 2013: Texte formatieren

Neben der Eingabe und Bearbeitung von Text gehört zu den wichtigsten Aufgaben der Textverarbeitung die optische Gestaltung der Elemente eines Dokuments. Diesen Arbeitsschritt bezeichnet man als *Formatieren*. Microsoft Word stellt dazu eine Vielzahl von Möglichkeiten zur Verfügung und unterscheidet dabei zwischen Dokument-, Absatz- und Zeichenformaten:

- Dokumentformate liefern die Randbedingungen für die weitere Formatierung. Dazu gehören beispielsweise die Größe der Seiten und der Satzspiegel – also der zu bedruckende Bereich der Seite (Abschnitt 4.1). Diese Formate gelten im einfachsten Fall für das gesamte Dokument. Wenn einzelne Bereiche des Dokuments anders als der Rest dargestellt werden sollen – beispielsweise mit einer anderen Spaltenzahl oder mit verschiedenen Kopf- und Fußzeilen –, müssen Sie das Dokument in mehrere Abschnitte unterteilen und diese entsprechend formatieren.
- Für einen Absatz können Sie die Ausrichtung, die Einzüge, die Abstände zwischen den Absätzen und zwischen den Zeilen innerhalb eines Absatzes, die Position der Tabulatorstopps, Nummerierung und Aufzählungszeichen, Rahmen und Schattierungen sowie andere Parameter definieren (Abschnitt 4.2).
- Für die Darstellung einzelner Zeichen oder Wörter können Sie verschiedene Zeichenformate wie beispielsweise Schriftart, Schriftgröße, Schriftstil (normal, fett, unterstrichen usw.) und Schriftfarbe sowie weitere Effekte einstellen. Diese dritte Gruppe von Befehlen wird Ihnen in fast allen Programmen der Office 2013-Familie begegnen (Abschnitt 4.3). Bei Word finden Sie die Werkzeuge dazu in der Gruppe *Schriftart* der Registerkarte *Start*.
- Erst nachdem die Formatierung des Dokuments vorgenommen ist, sollten Sie eine Silbentrennung und einen manuellen Seitenumbruch durchführen lassen, um den Flattersatz an den Rändern beziehungsweise bei Blocksatz die Lücken zwischen den Wörtern zu reduzieren und die endgültige Seitentrennung festzulegen (Abschnitt 4.4).
- Der längerfristig einfachste Weg, einem Dokument ein durchgängiges Format zuzuweisen, besteht in der Anwendung einer Formatvorlage (Abschnitt 4.5). Dieser Themenkreis ist für den damit unerfahrenen Anwender etwas kompliziert, Sie sollten sich aber zumindest mit den Grundbegriffen dieses Themas auseinandersetzen.

4.1 Dokumentformate

Zunächst wollen wir uns den Formaten zuwenden, die sich auf das gesamte Dokument oder zumindest auf einen Teil davon beziehen. Dazu gehören beispielsweise das zu verwendende Papierformat, die Randeinstellungen und die Papierausrichtung. Diese Formatierungsoptionen sind auf der Registerkarte *Seitenlayout* zusammengefasst (Abbildung 4.1).

Abbildung 4.1: Die Registerkarte *Seitenlayout* fasst die Optionen für die Dokumentenformatierung zusammen.

REF Beachten Sie auch, dass Sie einige dieser Einstellungen seit der Version 2010 bei Word auch über den Bereich *Drucken* auf der Registerkarte *Datei* festlegen können (*Kapitel 15*).

4.1.1 Abschnitte erstellen

Gerade haben wir es schon angedeutet: In Microsoft Word lassen sich innerhalb eines Dokuments verschiedene Abschnitte festlegen, für die unterschiedliche Einstellungen für Dokumentformate angegeben werden können. Beispielsweise könnten Sie einen Teil des Dokuments im Hochformat und einen anderen Teil im Querformat gestalten oder Sie könnten auf bestimmten Seiten des Dokuments einen zusätzlichen Rand für Notizen vorsehen. Ein Abschnitt ist also ein Teil eines Dokuments, für den bestimmte Einstellungen hinsichtlich des Dokumentenformats gelten. Zu den für jeden Abschnitt einzeln einstellbaren Optionen gehören unterschiedliche Layouts innerhalb einer Seite, aber auch andere Eigenschaften wie beispielsweise die Form der Zeilennummerierung, die Spaltenanzahl oder die Inhalte der Kopf- und Fußzeilen. Die Trennung zwischen zwei aufeinanderfolgenden Abschnitten wird als Abschnittsumbruch bezeichnet.

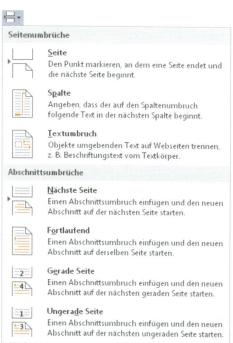

Manueller Abschnittswechsel

Zum Einfügen von Abschnitten dienen die Optionen im unteren Bereich der Liste zur Schaltfläche *Umbrüche* in der Gruppe *Seite einrichten* der Registerkarte *Seitenlayout* (Abbildung 4.2). Der obere Teil der Befehle darin fasst die Optionen zum *Seitenumbruch* zusammen. Darauf werden wir später eingehen.

Setzen Sie die Einfügemarke vorher an die Stelle im Dokument, an der ein Abschnittswechsel durchgeführt werden soll, öffnen Sie die Liste zur Schaltfläche *Umbrüche* und wählen Sie die gewünschte Option aus.

Abbildung 4.2: Abschnittswechsel können manuell eingefügt werden.

- Mit *Nächste Seite* fügt Word einen Abschnittsumbruch ein und beginnt den neuen Abschnitt auf der nächsten Seite (Abbildung 4.3 links). Damit wird also automatisch ein Seitenwechsel durchgeführt. Benutzen Sie diese Form des Abschnittsumbruchs beispielsweise, um ein neues Kapitel im Dokument zu beginnen. Sie können dann die Kapitel mit unterschiedlichen Kopf- und/oder Fußzeilen versehen.
- Mit *Fortlaufend* fügt Word einen Abschnittsumbruch ein und beginnt den neuen Abschnitt auf derselben Seite (Abbildung 4.3 Mitte). Das ist beispielsweise dann sinnvoll, wenn Sie beispielsweise den Text im oberen Teil einer Seite einspaltig, den im unteren Teil aber mehrspaltig anzeigen lassen wollen. Da die Spaltenzahl immer für einen Abschnitt gilt, benötigen Sie hier einen Abschnittsumbruch.

- Mit *Ungerade Seite* oder *Gerade Seite* fügt Word einen Abschnittsumbruch ein und beginnt den neuen Abschnitt auf der nächsten ungeraden oder geraden Seite (Abbildung 4.3 rechts). Wenn ein Kapitel im Dokument beispielsweise immer mit einer ungeraden bzw. einer geraden Seite beginnen soll, verwenden Sie eine dieser Abschnittsumbruchoptionen. Ist der Text vor dem Abschnittsumbruch nicht lang genug, wird automatisch eine leere Seite eingefügt.

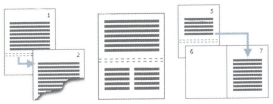

Abbildung 4.3: Mehrere Alternativen für den Abschnittswechsel

Ist die Schaltfläche *Alle anzeigen* in der Gruppe *Absatz* der Registerkarte *Start* aktiviert, wird ein solcher Abschnittsumbruch durch eine Doppellinie mit dem zentrierten Begriff *Abschnittswechsel* auf dem Bildschirm angezeigt. Ein solches Doppelliniensymbol markiert das Ende des vorherigen Abschnitts und speichert bestimmte Formatierungselemente des Bereichs. Dazu gehören die oben erwähnten Randeinstellungen, Papierformat und -ausrichtung, Papierzufuhr für einen Drucker, vertikale Ausrichtung, Kopf- und Fußzeilen, Spalten, Seitennummerierung, Zeilennummern sowie Fuß- und Endnoten. Wenn Sie einen solchen Abschnittsumbruch löschen, wird der vorhergehende Text in den folgenden Abschnitt übernommen, wobei ihm auch die Abschnittsformatierung dieses Abschnitts zugewiesen wird. Beachten Sie auch, dass mit der letzten Absatzmarke im Dokument die Abschnittsformatierung für den letzten Abschnitt im Dokument festgelegt wird – oder für das ganze Dokument, falls es keine Abschnitte enthält.

Automatischer Abschnittswechsel

Der wohl typischste Fall von Dokumenten mit mehreren Abschnitten besteht darin, dass Sie einem mehrseitigen Dokument unterschiedliche Abschnittsformate für die geraden und die ungeraden Seiten zuweisen. So können Sie – beispielsweise in einem Buch – die Seitenzahlen auf den geraden Seiten links oben, auf den ungeraden Seiten rechts oben anzeigen lassen. Sie können über die Registerkarte *Layout* des Dialogfelds *Seite einrichten* unterschiedliche Seitenlayoutparameter festlegen und so dafür sorgen, dass Seiten mit geraden und ungeraden Seitenzahlen oder auch die erste Seite eines Dokuments als unterschiedliche Abschnitte behandelt werden (Abbildung 4.4). Sie können auch dafür sorgen, dass die erste Seite eines Dokuments als unterschiedlicher Abschnitt behandelt wird. Beispielsweise fügt man auf der ersten Seite oft keine Seitenzahl ein.

Dieses Dialogfeld bringen Sie auf den Bildschirm, indem Sie auf die kleine Schaltfläche rechts neben der Gruppenbezeichnung *Seite einrichten* auf der Registerkarte *Seitenlayout* klicken.

- Über das Listenfeld zu *Abschnittsbeginn* geben Sie an, wo der neue Abschnitt anfangen soll. Um beispielsweise nur zwischen geraden und ungeraden Seiten zu unterscheiden, belassen Sie es bei der Grundeinstellung *Neue Seite*.
- Im Bereich *Kopf- und Fußzeilen* legen Sie die Optionen für diese Bereiche fest. *Gerade/ungerade anders* erstellt für Seiten mit gerader Seitenzahl andere Kopf- beziehungsweise Fußzeilen als für Seiten mit ungerader Seitenzahl. *Erste Seite anders* erstellt für die erste Seite des gewählten Dokumentbereichs eine andere Kopf- beziehungsweise Fußzeile als für die folgenden Seiten. Unter *Abstand vom Seitenrand* legen Sie die Abstände der Kopf-/Fußzeile zum Rand des Papiers fest.
- Wählen Sie im Listenfeld *Vertikale Ausrichtung* die gewünschte Option für die Ausrichtung des Textes zwischen dem oberen und dem unteren Seitenrand. Die Einstellung *Blocksatz* wirkt sich nur auf volle Seiten aus; nur zum Teil beschriebene Seiten werden hierbei am oberen Seitenrand ausgerichtet.

Abbildung 4.4: Legen Sie das Seitenlayout fest.

- Über die Schaltfläche *Ränder* können Sie den gewünschten Bereich mit einem Rahmen versehen.
- Über die Schaltfläche *Zeilennummern* können Sie eine fortlaufende Zeilennummerierung am linken Rand des festgelegten Bereichs einfügen.

4.1.2 Die Seitenformate festlegen

Nachdem Sie – gegebenenfalls – die einzelnen Abschnitte festgelegt haben, können Sie die Seitenformate dafür festlegen. Haben Sie keine Unterteilung in Abschnitte vorgenommen, gelten diese Seitenformate für das gesamte Dokument. Dabei bildet das Format des zu verwendenden Papiers die erste wichtige Randbedingung. Dieses können Sie entweder im Hochformat oder Querformat benutzen. Außerdem definieren die Seitenränder dann den Bereich der Seite, den Sie für den Inhalt Ihres Dokuments nutzen können. Um diese Parameter festzulegen, benutzen Sie die Befehle der Gruppe *Seite einrichten* auf der Registerkarte *Seitenlayout*.

 Nach einer Unterteilung des Dokuments in Abschnitte sollten Sie vor dem Festlegen eines Formats immer die Einfügemarke zuerst in den Abschnitt setzen, für den die Angaben gelten sollen.

Das Papierformat

Im Allgemeinen empfiehlt es sich, zunächst das Papierformat – also die Größe des zum Ausdruck zu verwendenden Papiers und dessen Ausrichtung – festzulegen. Öffnen Sie dazu den Katalog zur Schaltfläche *Format* in der Gruppe *Seite einrichten*. Diese Liste beinhaltet die gängigsten Formate (Abbildung 4.5 links). Wählen Sie die gewünschte Papiergröße aus.

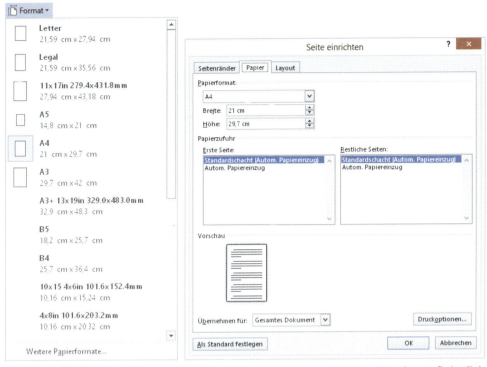

Abbildung 4.5: Der Katalog zur Schaltfläche *Format* beinhaltet bereits viele Papierformate; weitere Formate finden Sie im Dialogfeld *Seite einrichten*.

Nach Wahl der Option *Weitere Papierformate* wird ein Dialogfeld angezeigt, in dem Sie die verschiedenen Parameter auf drei Registerkarten einstellen können. Sie können zur Anzeige auch auf die kleine Schaltfläche rechts neben der Gruppenbezeichnung klicken. Über die Registerkarte *Papier* können Sie das zu verwendende Papierformat entweder aus einer Liste der international gängigen Formate auswählen oder es über die Felder *Breite* und *Höhe* selbst definieren (Abbildung 4.5 rechts). Die Standardwerte für diese Parameter werden über die Einstellungen im Betriebssystem festgelegt. Die beiden Listenfelder unter *Papierzufuhr* haben für Sie nur dann Bedeutung, wenn Sie über einen Drucker mit mehreren Einzugschächten verfügen.

Auf allen Registerkarten finden Sie das Listenfeld *Übernehmen für*, über das Sie angeben, für welchen Teil des Dokuments die gewählten Einstellungen gelten sollen.

- Mit *Gesamtes Dokument* werden die Einstellungen für das Dokument insgesamt gesetzt. Das ist auch die Grundeinstellung.
- Bei Wahl von *Dokument ab hier* gelten die im Dialogfeld festgelegten Einstellungen ab der aktuellen Position der Einfügemarke. An der aktuellen Cursorposition wird hierbei ein Abschnittswechsel eingefügt.
- Die Option *Markierten Text* bewirkt, dass die Einstellungen nur für den vorher markierten Bereich gelten. Davor und dahinter wird ein Abschnittswechsel eingefügt.
- Die Option *Markierte Abschnitte* bezieht die Einstellungen auf vorher markierte Abschnitte.
- Mit *Aktuellen Abschnitt* wird nur der Abschnitt von den Einstellungen betroffen, in dem sich die Einfügemarke gerade befindet.

Ein Klick auf die Schaltfläche *Orientierung* zeigt zwei Optionen dafür an: *Hochformat* und *Querformat*. Die Bedeutung dieser Alternativen dürfte klar sein.

Die Seitenränder

Nach der Wahl des Papierformats können Sie die Seitenränder festlegen. Gemeint sind die nicht bedruckten Bereiche oben, unten, rechts und links. Benutzen Sie die Schaltfläche *Seitenränder* in der Gruppe *Seite einrichten*. Der zugehörige Katalog erlaubt eine schnelle Auswahl zwischen mehreren Alternativen (Abbildung 4.6 links). Die Option *Gespiegelt* in der Liste zu *Seitenränder* tut, was ihr Name andeutet: Bei einem gebundenen mehrseitigen Dokument bildet das Layout der linken Seite ein Spiegelbild des Layouts des rechten Seite. Sie haben es dann beispielsweise nicht mehr mit einem rechten und linken Rand einer Seite zu tun, sondern mit einem äußeren und einem inneren Rand.

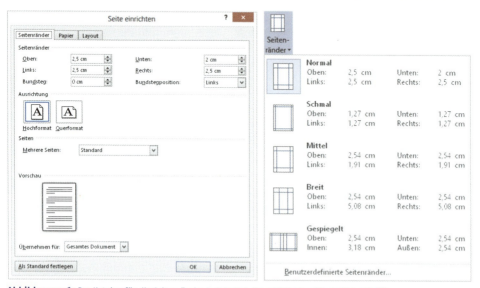

Abbildung 4.6: Der Katalog für die Seitenränder beinhaltet die wichtigsten Alternativen dafür.

Nach Wahl der Option *Benutzerdefinierte Seitenränder* wird das schon erwähnte Dialogfeld *Seite einrichten* angezeigt. Sie können zur Anzeige auch auf die kleine Schaltfläche rechts neben der Gruppenbezeichnung *Seite einrichten* klicken. Auf der Registerkarte *Seitenränder* legen Sie im gleichnamigen Bereich die Randeinstellungen für die Seite fest (Abbildung 4.6 rechts). Dabei empfiehlt sich eine bestimmte Reihenfolge bei der Eingabe:

- Legen Sie zuerst unter *Ausrichtung* fest, ob Sie ein Layout im *Hochformat* oder im *Querformat* wünschen.
- Wenn Sie mit einem mehrseitigen Dokument arbeiten, sollten Sie über das Listenfeld *Mehrere Seiten* festlegen, wie das Druckergebnis aussehen soll (Tabelle 4.1).

Option	Beschreibung	Beispiel
Standard	Benutzen Sie diese Option, wenn die Seitenränder immer gleich bleiben.	
Gegenüberliegende Seiten	Wenn Sie an einem Dokument arbeiten, das in einer buchähnlichen Form publiziert werden soll, können Sie durch Wahl dieser Option dafür sorgen, dass die Innen- und Außenränder entsprechend vertauscht, das heißt spiegelverkehrt, dargestellt werden.	

Tabelle 4.1: Mehrseitige Dokumente können unterschiedlich gestaltet werden.

Option	Beschreibung	Beispiel
2 Seiten pro Blatt	Die Seite wird sozusagen halbiert, sodass zwei kleine Seiten auf ein Blatt Papier passen. Die Ränder werden dann spiegelverkehrt dargestellt, damit Innen- und Außenrand jeweils identisch sind.	
Buch	Hiermit werden Buchseiten definiert; anschließend steht eine weitere Option zur Verfügung: *Seiten pro Broschüre*. Damit können Sie die Anzahl der Seiten festlegen.	

Tabelle 4.1: Mehrseitige Dokumente können unterschiedlich gestaltet werden.

- Legen Sie dann im oberen Bereich der Registerkarte im Bereich *Seitenränder* die Randeinstellungen fest. Die Bezeichnungen für die Ränder ändern sich je nach Wahl der Einstellungen im Listenfeld *Mehrere Seiten*. Bei der Einstellung *Standard* finden Sie hier die Bezeichnungen *Oben*, *Unten*, *Links* und *Rechts*. *Gegenüberliegende Seiten* zeigt *Oben*, *Unten*, *Innen* und *Außen* an. Entsprechendes gilt für die anderen Optionen im Listenfeld *Mehrere Seiten*.
- Im Feld *Bundsteg* geben Sie an, wie viel Weißraum zum Binden des Dokuments zugegeben werden soll. Ist im Listenfeld *Mehrere Seiten* die Option *Gegenüberliegende Seiten* oder *2 Seiten pro Blatt* aktiviert, wird der Bundsteg den Innenrändern hinzugefügt, ansonsten dem linken oder dem oberen Rand.
- Die *Bundstegposition* kann nur für Standardseiten (Hoch- oder Querformat) angegeben werden, für alle anderen Optionen im Listenfeld *Mehrere Seiten* ist die Position festgelegt und kann nicht geändert werden.

Hinweis Denken Sie daran: Auf allen Registerkarten finden Sie das Listenfeld *Übernehmen für*, über das Sie angeben, für welchen Teil des Dokuments die gewählten Einstellungen gelten sollen.

Die Spaltenzahl

Nachdem Sie über das Dialogfeld zum Befehl *Seite einrichten* zumindest das Papierformat und die Randeinstellungen festgelegt haben, können Sie bei Bedarf die Anzahl der fortlaufenden Spalten ändern. Auch diese Spalteneinstellungen werden auf das gesamte Dokument oder auf einzelne Abschnitte innerhalb des Dokuments angewendet. Positionieren Sie zunächst die Einfügemarke entsprechend.

Mit Word können – je nach Papierformat und Randeinstellungen – bis zu 45 Spalten auf einer Seite dargestellt werden. Kleinere Formate oder breitere Ränder erlauben weniger Spalten. Den Abstand zwischen den Spalten können Sie festlegen. Auf Wunsch können Sie zwischen den Spalten vertikale Linien ziehen lassen. Auch hier haben Sie über die Liste zur Schaltfläche *Spalten* in der Gruppe *Seite einrichten* die Möglichkeit zur schnellen Wahl zwischen den am häufigsten verwendeten Alternativen (Abbildung 4.7 links). Beachten Sie in diesem Katalog auch die beiden Optionen *Links* und *Rechts*. Diese ermöglichen es, eine schmale Spalte – eine sogenannte Marginalspalte – am Rand einzurichten.

Über die Option *Weitere Spalten* der Liste können Sie die Spalten mit einem höheren Detailgrad einstellen (Abbildung 4.7 rechts). Legen Sie in dem dann angezeigten Dialogfeld zunächst einmal fest, wie viele Spalten definiert werden sollen:

- Wenn Sie mehrere Spalten gleicher Breite benötigen, können Sie deren Anzahl unter *Voreinstellungen* durch einen Klick auf eine der beiden Optionen *Zwei* oder *Drei* oder über das Feld *Spaltenanzahl* einstellen. Durch einen Klick auf *Eine* können Sie auch wieder zu einer einspaltigen Darstellung zurückkehren.
- Alternativ können Sie unter *Voreinstellungen* mit *Links* oder *Rechts* zwei Spalten definieren, bei denen – in der Grundeinstellung – die eine halb so breit ist wie die andere.

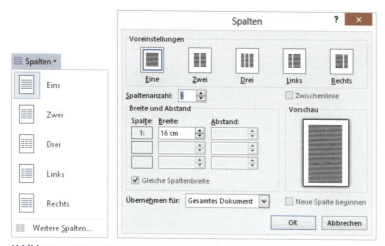

Abbildung 4.7: Die wichtigsten Einstellungen für die Spalten finden Sie im Katalog, das Dialogfeld *Spalten* erlaubt eine Feineinstellung.

Anschließend können Sie die Einstellungen für die Spalten verfeinern. Die Felder im Bereich *Breite und Abstand* ermöglichen eine individuelle Anpassung der einzelnen Spalten.

- Wenn das Kontrollkästchen *Gleiche Spaltenbreite* aktiviert ist, können im Bereich *Breite und Abstand* nur die Daten in der ersten Zeile geändert werden. Alle anderen Spalten werden automatisch auf Satzspiegelbreite angepasst. Bei mehr als drei Spalten lässt sich mittels der dann angezeigten Bildlaufleiste durch die Liste blättern.

- Ist das Kontrollkästchen *Gleiche Spaltenbreite* deaktiviert, können alle Spalten individuell eingestellt werden. Word berechnet den jeweils noch zur Verfügung stehenden Platz und schlägt die entsprechenden Werte vor.

- Durch Aktivieren von *Zwischenlinie* wird zwischen den Spalten eine vertikale Linie eingefügt, die so lang ist wie die längste Spalte.

- Legen Sie über das Listenfeld *Übernehmen für* fest, für welchen Bereich im Dokument die Spaltendefinition gelten soll. Die hier angezeigten Alternativen unterscheiden sich je nachdem, ob bereits Abschnitte im Dokument existieren und ob Sie vor dem Aufruf des Dialogfelds einen Bereich markiert hatten.

- Wenn Sie unter *Übernehmen für* die Option *Dokument ab hier* gewählt haben, können Sie durch Aktivieren von *Neue Spalte beginnen* dafür sorgen, dass an der aktuellen Cursorposition eine neue Spalte anfängt.

Die Breite der Spalten können Sie nach dem Erstellen auch über das horizontale Lineal verändern. Verschieben Sie dazu die entsprechenden Spaltenmarken. Ein Doppelklick auf eine Spaltenmarke öffnet das Dialogfeld *Spalten*.

4.1.3 Seitenzahlen, Kopf- und Fußzeilen

Zur Eingabe von Kopf- und Fußzeilen sowie Seitenzahlen dienen die Befehle in der Gruppe *Kopf- und Fußzeile* der Registerkarte *Einfügen*. Kopf- und Fußzeilen werden – zumindest bei einfachen Dokumenten – auf allen Seiten des Dokuments in der gleichen Form angezeigt und müssen auch nur einmal für das gesamte Dokument eingegeben werden. Ausnahmen bilden hier die Fälle, in denen Sie im Dokument mehrere Bereiche definiert haben oder in denen Sie Unterschiede zwischen geraden und ungeraden Seiten wünschen (oben). In diesen Fällen müssen Sie die Kopf- und Fußzeilen für jeden Bereich – beziehungsweise für alle geraden und für alle ungeraden Seiten – separat festlegen.

Kopf- und Fußzeilen anzeigen

Um diese Zeilen zu definieren, wählen Sie auf der Registerkarte *Einfügen* entweder *Kopfzeile* oder *Fußzeile* in der Gruppe *Kopf- und Fußzeile*. Wenn Sie die Listenfelder zu diesen Befehlsschaltflächen benutzen, haben Sie darin die Auswahl zwischen verschiedenen Formen des Layouts (Abbildung 4.8).

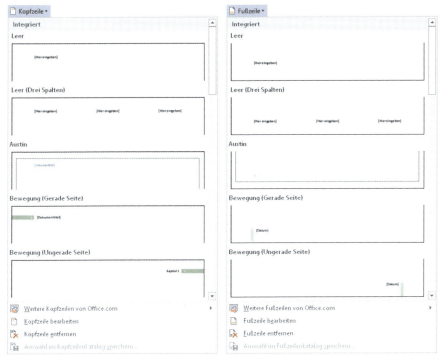

Abbildung 4.8: Die Alternativen für die Layouts von Kopf- und Fußzeilen

Nach der Wahl werden die entsprechenden Bereiche in das Dokument eingefügt. Bei einigen der für die Kopf- und Fußzeilen bereitgestellten Alternativen sind ein zentrierter Tabstopp für die Mitte der Seite und ein rechtsbündiger Tabstopp am rechten Rand bereits vordefiniert. Sie können diese Tabulatorstopps als Haltepunkte für linksbündige, zentrierte und rechtsbündige Eintragungen benutzen, aber auch eigene Einstellungen – wie beispielsweise andere Tabulatoreinstellungen, mehrere Absätze usw. – definieren.

Kopf- und Fußzeilen bearbeiten

Zusätzlich wird eine kontextbezogene Registerkarte mit dem Namen *Kopf- und Fußzeilentools* im Menüband angezeigt (Abbildung 4.9). Diese beinhaltet Schaltflächen zum Einfügen der in den Kopf- und Fußzeilen am häufigsten benutzten Elemente sowie solche für einen schnellen Wechsel zwischen diesen Zeilen. Wenn Sie die Schaltflächen zum Einfügen benutzen, markieren Sie vorher die Stelle in der Kopf-/Fußzeile, an die Sie das Element einfügen wollen.

Abbildung 4.9: Die Werkzeuge für die Feinheiten der Arbeit mit Kopf- und Fußzeile liefert eine eigene Registerkarte.

- Über die Listen zu den beiden Schaltflächen *Kopfzeile* oder *Fußzeile* in der Gruppe *Kopf- und Fußzeile* können Sie das gewählte Layout für die bereits angezeigten Elemente ändern. Ein vorheriges Markieren ist nicht notwendig. Sie ersetzen damit das bereits vorhandene Layout. Bereits vorgenommene Eingaben werden ersetzt.
- Wenn Sie feste Texte in ein Element dieser Zeilen eingeben wollen, markieren Sie es und geben Sie den Text ein. Sie können hierüber auch Grafiken einfügen oder Schnellbausteine benutzen (folgende Abschnitte).
- Wenn Sie ein Datum oder eine Uhrzeitangabe in einen Bereich dieser Zeilen einfügen wollen, markieren Sie den Bereich und wählen Sie die entsprechende Befehlsschaltfläche.
- Die Schaltflächen in der Gruppe *Navigation* dienen zum Bewegen zwischen Kopf- und Fußzeilen (Tabelle 4.2).

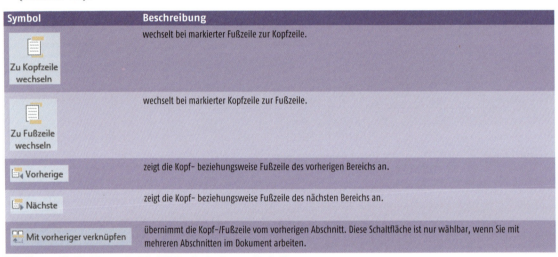

Symbol	Beschreibung
Zu Kopfzeile wechseln	wechselt bei markierter Fußzeile zur Kopfzeile.
Zu Fußzeile wechseln	wechselt bei markierter Kopfzeile zur Fußzeile.
Vorherige	zeigt die Kopf- beziehungsweise Fußzeile des vorherigen Bereichs an.
Nächste	zeigt die Kopf- beziehungsweise Fußzeile des nächsten Bereichs an.
Mit vorheriger verknüpfen	übernimmt die Kopf-/Fußzeile vom vorherigen Abschnitt. Diese Schaltfläche ist nur wählbar, wenn Sie mit mehreren Abschnitten im Dokument arbeiten.

Tabelle 4.2: Die Funktionen der Schaltflächen in der Gruppe *Navigation*

- Über die ersten beiden Optionsschaltflächen in der Gruppe *Optionen* können Sie festlegen, wie die Kopf- und Fußzeilen bei mehrseitigen Dokumenten gestaltet werden sollen. *Gerade & ungerade Seiten untersch.* erstellt für Seiten mit gerader Seitenzahl andere Kopf- beziehungsweise Fußzeilen als für Seiten mit ungerader Seitenzahl. *Erste Seite anders* erstellt für die erste Seite des gewählten Dokumentbereichs eine andere Kopf- beziehungsweise Fußzeile als für die folgenden Seiten. Sie können diese Einstellungen auch über die Registerkarte *Layout* im Dialogfeld *Seite einrichten* vornehmen.
- *Dokumenttext anzeigen* blendet den Text im eigentlichen Dokument zwischen Kopf- und Fußzeile ein oder aus.

Abbildung 4.10: Das Dialogfeld *Ausrichtungstabstopp*

Position

Über die Elemente der Gruppe *Position* können Sie die Abstände der Kopf- und Fußzeilen vom oberen und unteren Rand der Seite einstellen. Benutzen Sie die beiden Drehfelder oder geben Sie die gewünschten Zahlenwerte direkt ein.

Nach einem Klick auf die Schaltfläche *Ausrichtungstabstopp einfügen* wird das Dialogfeld *Ausrichtungstabstopp* angezeigt, über das Sie die Feinheiten der Ausrichtung der Elemente in der Zeile steuern können (Abbildung 4.10).

Den Bereich der Kopf- und Fußzeilen verlassen

Wenn Sie die Arbeit an den Kopf- und Fußzeilen abschließen wollen, klicken Sie auf die Schaltfläche *Kopf- und Fußzeile schließen* in der Gruppe *Schließen*. Nach der Eingabe der Daten für die Kopf-/Fußzeile und dem Schließen der Ansicht werden die eingefügten Informationen in der Seitenlayoutansicht in einer leichteren Schriftfarbe – beispielsweise in einem hellen Grau – auf allen Seiten des Dokuments angezeigt. Das symbolisiert, dass diese Elemente unabhängig vom Fließtext sind. Wenn Sie Änderungen daran vornehmen möchten, müssen Sie einen Doppelklick auf das Element ausführen.

Seitenzahlen

Mit der Befehlsschaltfläche *Seitenzahl* in der Gruppe *Kopf- und Fußzeile* der Registerkarte *Einfügen* werden im Dokument Platzhalter für die automatische Seitennummerierung eingesetzt. Die Liste zu dieser Schaltfläche enthält Alternativen für die Position der Seitenzahlen. Nach Auswahl einer solchen können Sie das Format der Seitenzahlen festlegen (Abbildung 4.11).

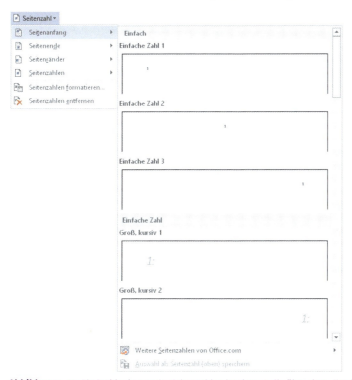

Abbildung 4.11: Die Positionierung der Seitenzahlen bestimmen Sie über einen Katalog.

Über die Option *Seitenzahlen formatieren* im Dropdown-Menü zu *Seitenzahl* rufen Sie ein zusätzliches Dialogfeld auf den Bildschirm, über das Sie das für die Nummerierung zu verwendende Zahlenformat festlegen (Abbildung 4.12).

- Es stehen im entsprechenden Listenfeld mehrere *Zahlenformate* zur Verfügung. In der Grundeinstellung werden arabische Zahlen verwendet. In den einzelnen Abschnitten des Dokuments können Sie unterschiedliche Formate benutzen.
- Wenn Sie das Kontrollkästchen *Kapitelnummer einbeziehen* aktivieren, erhalten Sie Zugriff auf die darunter gezeigten Listenfelder. Mit diesen können Sie der Seitenzahl die Nummerierung der gewählten Überschriftenebene hinzufügen – beispielsweise in der Form *II-10* für Seite *10* in Kapitel *II*. Kapitelüberschriften müssen hierzu mit einer einheitlichen und nummerierten Formatvorlage formatiert sein (unten).

Abbildung 4.12: Seitenzahlenformat und Farben für den Hintergrund festlegen

- Im Abschnitt *Seitennummerierung* können Sie festlegen, mit welcher Zahl die Nummerierung beginnen soll. Das ist wichtig, wenn Sie beispielsweise die einzelnen Kapitel eines Buches auf verschiedene Dokumente aufgeteilt haben.

> **TIPP** Wenn Sie ein aus mehreren Dateien bestehendes Gesamtdokument mit fortlaufenden Seitenzahlen versehen wollen, können Sie dieses auch in ein *Masterdokument* eingliedern.

4.1.4 Der Seitenhintergrund

Wenn Sie nicht gerade mit fertig bedrucktem Papier arbeiten, könnten die Optionen der Gruppe *Seitenhintergrund* auf der Registerkarte *Seitenlayout* für Sie interessant sein. Sie können darüber eine Hintergrundfarbe festlegen, die Seiten mit Rahmenlinien an den Rändern versehen oder ein Wasserzeichen auf den Seiten simulieren.

> **TIPP** Um ein solches Element nur zu ausgewählten Seiten hinzuzufügen, müssen Sie das Dokument in Abschnitte unterteilen (siehe weiter vorne). Wenn Sie ein Wasserzeichen beispielsweise nur auf das Inhaltsverzeichnis in einem Dokument anwenden möchten, müssen Sie drei Abschnitte erstellen: einen Abschnitt mit dem Deckblatt, einen Abschnitt mit dem Inhaltsverzeichnis und einen Abschnitt mit dem restlichen Dokumenttext.

Farben und Muster

Um die gesamte Seite mit einem Hintergrund – beispielsweise einer Farbe oder einem Muster oder Bild – zu versehen, benutzen Sie die Liste zur Schaltfläche *Seitenfarbe* im Bereich *Seitenhintergrund*. Nach dem Öffnen des Katalogs zu dieser Schaltfläche können Sie eine Farbe auswählen. Es stehen Ihnen mehrere *Designfarben* und einige *Standardfarben* zur Verfügung. Beachten Sie, dass sich die gewählte Hintergrundfarbe von der verwendeten Schriftfarbe deutlich unterscheiden sollte, um die Schrift lesbar zu halten. Wenn Ihnen die zur Verfügung gestellten Designfarben nicht genügen, können Sie auch eigene Farben zusammenstellen. Klicken Sie dazu in der Liste auf *Weitere Farben*. Im daraufhin angezeigten Dialogfeld können Sie eine andere Farbe auswählen.

Fülleffekte

Nach einem Klick auf *Fülleffekte* in dieser Liste wird das gleichnamige Dialogfeld geöffnet, mit dessen Hilfe Sie Ihre Seiten mit speziellen Hintergrundeffekten versehen können. Auf vier Registerkarten können Sie zwischen verschiedenen Verläufen, Strukturen, Mustern und Grafiken die gewünschte Hintergrundgestaltung auswählen.

Wasserzeichen

Unter einem Wasserzeichen versteht man traditionell schwächere Hintergrundbilder auf dem Papier. Bei Word handelt es sich um hinter dem Dokumenttext angezeigten Text bzw. angezeigte Bilder. Wasserzeichen gestalten ein Dokument interessanter oder geben den Status des Dokuments an, indem Sie es beispielsweise als „Entwurf" kennzeichnen. Wasserzeichen werden in der *Drucklayoutansicht* und in der Ansicht *Vollbild-Lesemodus* oder auf einem gedruckten Dokument angezeigt. Sie können ein vordefiniertes Wasserzeichen aus einem Katalog mit Wasserzeichentexten oder ein Wasserzeichen mit einem benutzerdefinierten Text einfügen.

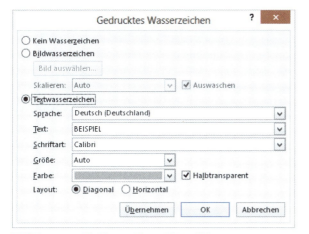

Mit dem Befehl *Wasserzeichen* in der Gruppe *Seitenhintergrund* können Sie solche Effekte auf Ihren Druckseiten nachahmen. Klicken Sie im angezeigten Katalog auf ein vordefiniertes Wasserzeichen – beispielsweise *Eilt* oder *Nicht kopieren*.

Wenn Sie ein eigenes Wasserzeichen erstellen wollen, klicken Sie auf *Benutzerdefiniertes Wasserzeichen*. Im Dialogfeld *Gedrucktes Wasserzeichen* haben Sie dann die Wahl zwischen mehreren Alternativen (Abbildung 4.13).

Abbildung 4.13: Ein Wasserzeichen selbst erstellen

- Wenn Sie die Option *Textwasserzeichen* einschalten, können Sie in das Feld *Text* den Inhalt für den Wasserzeichentext eingeben. Sie können den Text dann auch über die Felder *Schriftart*, *Größe*, *Farbe* und über die Optionen zu *Layout* formatieren.
- Wenn Sie ein Bild als Wasserzeichen verwenden möchten, aktivieren Sie *Bildwasserzeichen* und klicken Sie dann auf *Bild auswählen*. Wählen Sie das gewünschte Bild aus und klicken Sie dann auf *Einfügen*. Wählen Sie unter *Skalieren* eine Prozentzahl aus, um das Bild in einer bestimmten Größe einzufügen. Aktivieren Sie das Kontrollkästchen *Auswaschen*, um das Bild aufzuhellen, sodass die Textanzeige nicht gestört wird.

 Um ein Wasserzeichen so anzuzeigen, wie es auf der gedruckten Seite aussehen wird, verwenden Sie die *Drucklayoutansicht*.

4.1.5 Rahmen und Schattierung für die Seite

Sie können die Seiten eines Dokuments mit Rahmenlinien an den Rändern versehen. Außerdem können Sie den Seiten eine Schattierung unterlegen. Um Linien an die Ränder der Seite zu setzen, benutzen Sie die Schaltfläche *Seitenränder* in der Gruppe *Seitenhintergrund*. Daraufhin wird das Dialogfeld *Rahmen und Schattierung* mit der Registerkarte *Seitenrand* geöffnet (Abbildung 4.25).

- Es empfiehlt sich, zuerst die *Formatvorlage*, die *Farbe* und die *Breite* (oder, besser gesagt, die *Stärke*) der Linien beziehungsweise des Rahmens festzulegen.
- Anschließend können Sie sich für eine der Optionen im Bereich *Einstellung* entscheiden. Das Ergebnis wird in der *Vorschau* angezeigt.
- Über die Schaltflächen im Feld *Vorschau* oder durch den Klick auf eine entsprechende Stelle in der *Vorschau* können Sie einzelne Linien der eingestellten Linienart, -farbe und -stärke definieren.

- Durch einen Klick auf ein bereits vorhandenes Element in der *Vorschau* blenden Sie es aus. Um alle Rahmen oder Linien wieder zu entfernen, wählen Sie unter *Einstellungen* die Option *Ohne*.
- Um die Art und/oder die Farbe einer Rahmenlinie nachträglich zu ändern, wählen Sie zuerst die neue *Art* und/oder *Farbe* aus und klicken dann in der Vorschau auf das zu ändernde Linienelement.
- Hatten Sie einen Textbereich markiert, können Sie mit den Optionen im Listenfeld *Übernehmen für* festlegen, wofür der Rahmen gelten soll. Die Grundeinstellung im Listenfeld *Übernehmen für* ist die Option *Gesamtes Dokument*. Alternativ können Sie nur die Seiten des aktuellen Abschnitts, die erste Seite des aktuellen Abschnitts oder alle Abschnittsseiten bis auf die erste Seite mit dem Rahmen verzieren.
- Zusätzlich finden Sie hier das Listenfeld *Effekte*, über das Sie grafische Elemente anstelle von Linien für den Seitenrahmen verwenden können.

Über die Schaltfläche *Optionen* können Sie die Abstände des Rahmens beziehungsweise der Linie zum Seitenrand einstellen (Abbildung 4.14). Die Werte für *Oben*, *Unten*, *Links* und *Rechts* können individuell eingestellt werden. Die Wirkung wird in der *Vorschau* skizziert.

- Das Listenfeld *Gemessen von* verfügt über zwei Optionen: *Seitenrand* und *Text*. Legen Sie hier fest, von wo aus die darüber angegebenen Abstände gemessen werden sollen. Nur wenn *Text* ausgewählt wird, stehen die Kontrollkästchen *Absatzrahmen und Tabellenränder am Seitenrand ausrichten*, *Kopfzeile umgeben* und *Fußzeile umgeben* zur Verfügung.
- Mit *Absatzrahmen und Tabellenränder am Seitenrand ausrichten* bewirken Sie, dass zusätzliche Rahmen um Absätze und Tabellen rechts, links, oben beziehungsweise unten mit dem Seitenrahmen abschließen.
- Wenn Sie *Immer im Vordergrund anzeigen* aktivieren, überlagert der Rahmen alle Objekte, die sich mit ihm überschneiden.

Abbildung 4.14: Der Abstand zum Seitenrand ist einstellbar.

4.2 Absatz- und Zeichenformatierung

Ein Absatz wird in Microsoft Word – wie in praktisch allen Textverarbeitungsprogrammen – als der Bereich vor einer *Absatzmarke* definiert, die Sie durch Drücken der ⏎-Taste erzeugen. Ist die Option *Alle anzeigen* in der Gruppe *Absatz* der Registerkarte *Start* aktiviert, wird die Absatzmarke auf dem Bildschirm durch das Zeichen ¶ angezeigt. In diesem Zeichen sind alle definierten Absatzformate enthalten.

Hinweis Wenn Sie in einem mit Absatzformaten versehenen Absatz die ⏎-Taste betätigen, übernimmt der damit erstellte neue Absatz die Formatierungsmerkmale des vorherigen. Wird das Zeichen ¶ gelöscht, gehen diese Formate verloren, der Absatz wird mit dem darauf folgenden Absatz verbunden und übernimmt dessen Formateinstellungen.

4.2.1 Die Gruppe Absatz auf der Registerkarte Start

Der Standardabsatz eines Dokuments ist linksbündig ausgerichtet und enthält weder Einzüge noch Anfangs- oder Endabstände. Der Zeilenabstand passt sich automatisch an die maximal vorhandene Zeichengröße an. Um diese Einstellungen zu ändern, setzen Sie die Einfügemarke an eine beliebigen Stelle in dem gewünschten Absatz und benutzen die Werkzeuge der Gruppe *Absatz* auf der Registerkarte *Start*.

 Sie können auch mehrere Absätze markieren, die dieselben Absatzformate aufweisen sollen, und diesen dann die gewünschten Formate in einem Arbeitsgang zuweisen (siehe *Kapitel 3* zum Markieren).

Die Ausrichtung

Für die Einstellung der Ausrichtung und der Einzüge eines Absatzes stehen Ihnen in der Gruppe *Absatz* vier Schaltflächen zur Verfügung: Damit kann ein Absatz neben der standardmäßigen linksbündigen Ausrichtung auch zentriert, rechtsbündig oder im Blocksatz ausgerichtet sein (Tabelle 4.3).

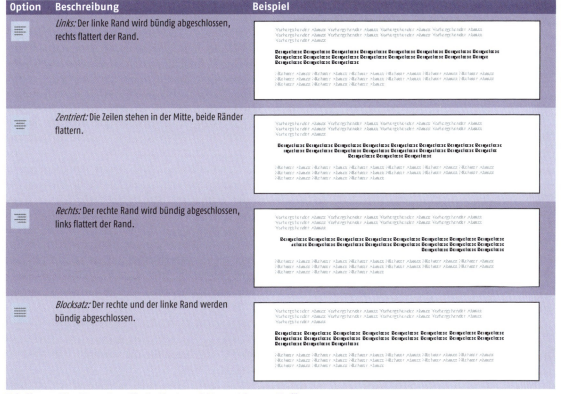

Option	Beschreibung	Beispiel
	Links: Der linke Rand wird bündig abgeschlossen, rechts flattert der Rand.	
	Zentriert: Die Zeilen stehen in der Mitte, beide Ränder flattern.	
	Rechts: Der rechte Rand wird bündig abgeschlossen, links flattert der Rand.	
	Blocksatz: Der rechte und der linke Rand werden bündig abgeschlossen.	

Tabelle 4.3: Vier Alternativen für die Absatzausrichtung stehen zur Verfügung.

Die Einzüge

Ein Absatz kann mit einem rechten und/oder einem linken *Einzug* versehen werden. Über zwei Schaltflächen im Bereich *Absatz* der Registerkarte *Start* können Sie den Einzug vergrößern und verkleinern.

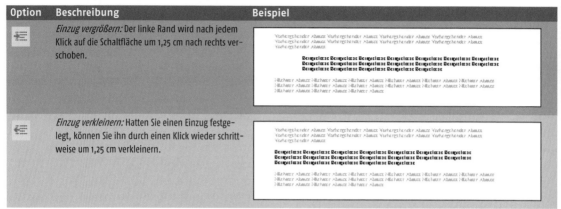

Option	Beschreibung	Beispiel
	Einzug vergrößern: Der linke Rand wird nach jedem Klick auf die Schaltfläche um 1,25 cm nach rechts verschoben.	
	Einzug verkleinern: Hatten Sie einen Einzug festgelegt, können Sie ihn durch einen Klick wieder schrittweise um 1,25 cm verkleinern.	

Tabelle 4.4: Der Abstand des linken Einzugs kann eingestellt werden.

Der Zeilenabstand

Auch den gewünschten Zeilenabstand können Sie über ein Listenfeld zu einer Schaltfläche regeln (Abbildung 4.15). Oben im Katalog stehen Ihnen sechs Alternativen mit Zahlenwerten zur Verfügung; die Standardeinstellung ist *1,15*, was das Bild eines einfachen Zeilenabstandes vermittelt. Über die beiden letzten Optionen im Katalog können Sie jeweils einen Zeilenabstand von oder nach dem aktuellen Absatz hinzufügen. Der Befehl *Zeilenabstandsoptionen* zeigt das Dialogfeld *Absatz* an, auf das wir gleich näher eingehen werden.

1,0
1,15
1,5
2,0
2,5
3,0
Zeilenabstandsoptionen...
Abstand vor Absatz hinzufügen
Abstand nach Absatz entfernen

Abbildung 4.15: Die Optionen zum Zeilenabstand

4.2.2 Das Dialogfeld Absatz

Eine zusammenfassende Darstellung der Parameter für die Formatierung eines Absatzes können Sie einblenden lassen, indem Sie im Bereich *Absatz* auf das kleine Pfeilsymbol unten rechts klicken (Abbildung 4.16). Mithilfe der Optionen im daraufhin angezeigten Dialogfeld *Absatz* können Sie sämtliche Änderungen am vorher markierten Absatz in einem Schritt vornehmen. Die gewählten Optionen werden in der *Vorschau* skizziert.

Einzüge und Abstände

Über die Registerkarte *Einzüge und Abstände* im Dialogfeld *Absatz* legen Sie die wesentlichen Absatzparameter fest (Abbildung 4.16).

- Über das Listenfeld *Ausrichtung* können Sie den Absatz linksbündig, zentriert, rechtsbündig oder im Blocksatz ausrichten.
- Ein Absatz kann mit einem rechten und/oder einem linken *Einzug* versehen werden. Gemessen wird von dem durch das Dokument- oder Abschnittsformat definierten linken beziehungsweise rechten Rand. Durch Eingabe einer negativen Zahl wird ein negativer Einzug – also eigentlich ein „Auszug" – erzeugt; der Absatz ragt dann über den Rand hinaus. Über zwei Schaltflächen in der Gruppe *Absatz* der Registerkarte *Start* können Sie den Einzug vergrößern und verkleinern.

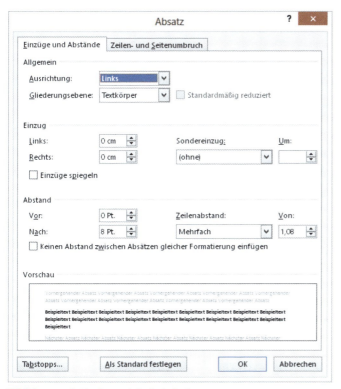

Abbildung 4.16: Einzüge und Abstände festlegen

■ Für die erste Zeile des Absatzes ist über das Listenfeld *Sondereinzug* ein separater Einzug einstellbar (Tabelle 4.5). Damit können Sie den linken Einzug so gestalten, dass sich die erste Zeile des Absatzes anders verhält als die folgenden. Gemessen wird hierbei von dem durch den linken Einzug bestimmten Nullpunkt. Wählen Sie zuerst eine Option aus dem Listenfeld und geben Sie dann in das Feld *Um* einen Wert ein.

Option	Beispiel
Einzug/Links: verschiebt den linken Rand des Absatzes nach rechts.	
Einzug/Rechts: verschiebt den rechten Rand des Absatzes nach links.	

Tabelle 4.5: Die für Einzüge verfügbaren Optionen

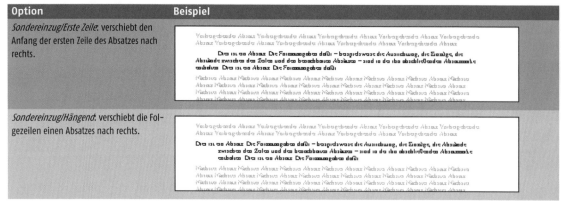

Option	Beispiel
Sondereinzug/Erste Zeile: verschiebt den Anfang der ersten Zeile des Absatzes nach rechts.	
Sondereinzug/Hängend: verschiebt die Folgezeilen eines Absatzes nach rechts.	

Tabelle 4.5: Die für Einzüge verfügbaren Optionen (Forts.)

■ Vor und hinter einem Absatz können Sie einen *Abstand* festlegen. Beispielsweise sollte der Abstand oberhalb und unterhalb einer Überschrift ausreichend groß und jeweils so gewählt sein, dass klar ist, zu welchem Bereich die Überschrift gehört. Das erübrigt das Einfügen von Leerzeilen, wenn Sie Absätze optisch voneinander absetzen wollen. Benutzen Sie dazu die Felder *Vor* und *Nach* im Bereich *Abstand.* Diese Werte werden in der Einheit *Punkt* angegeben. *1 Punkt* entspricht *0,351 mm* oder *1/72 Zoll.* Verwenden Sie zur Eingabe die Drehfelder oder tippen Sie den gewünschten Wert direkt in das Feld ein. Verbreitet ist ein Abstand von 0,5 Zeilen zur Erhöhung der Lesbarkeit – bei einer Schriftgröße von 10 Punkt mit einem Zeilenabstand von 12 Punkt also ein Abstand von 6 Punkt.

■ Die Abstände zwischen den Zeilen können Sie separat regeln. Der *Zeilenabstand* lässt sich als Vielfaches des Standardwerts angeben – beispielsweise *Einfach* oder *Doppelt.* Der Standardwert wird durch das größte in der Zeile verwendete Zeichen bestimmt. Sie können aber auch ein Mindestmaß oder mit *Genau* einen exakten Zeilenabstand angeben. Diesen müssen Sie dann im Feld *Von* präzisieren. Nach Angabe eines exakten Zeilenabstands wird dieser nicht mehr an die Zeichengröße angepasst. Bei einem zu großen Schriftgrad überschneiden sich daher die Zeilen.

Wenn Sie die Lineale anzeigen lassen, werden im horizontalen Lineal die Einzüge für den Absatz angezeigt, in dem sich die Einfügemarke befindet (Abbildung 4.17 und Tabelle 4.6). Gegebenenfalls müssen Sie zuerst dafür sorgen, dass das Lineal angezeigt wird. Das tun Sie durch Aktivieren des Kontrollkästchens *Lineal* in der Gruppe *Anzeigen* auf der Registerkarte *Ansicht.*

Abbildung 4.17: Die Einzüge werden im horizontalen Lineal angezeigt.

Mithilfe der Maus können Sie die Einzüge verändern. Setzen Sie den Mauszeiger auf das Symbol und verschieben Sie es mit gedrückt gehaltener Maustaste.

Symbol	Beschreibung
	rechter oder linker Einzug
	Erstzeileneinzug
	erlaubt ein gemeinsames Verschieben von linkem Einzug und Erstzeileneinzug

Tabelle 4.6: Im Lineal werden die festgelegten Einzüge durch entsprechende Symbole repräsentiert.

Zeilen- und Seitenumbruch

Sie können für den Absatz festlegen, wie er bei einem Seitenwechsel umbrochen werden soll. Darüber hinaus ist es möglich, die automatische Silbentrennung sowie die Zeilennummerierung zu steuern. Verwenden Sie dazu die Registerkarte *Zeilen- und Seitenumbruch* im Dialogfeld *Absatz* (Abbildung 4.18).

Abbildung 4.18: Ein Absatz kann Zeilen- und Seitenumbruch automatisch steuern.

- Durch den programmeigenen Seitenumbruch kann es passieren, dass die erste Zeile eines Absatzes am Ende einer Seite beginnt und der Rest davon erst auf der folgenden Seite angezeigt wird. So etwas bezeichnet man in der Typografie als Schusterjungen. Genauso wäre es möglich, dass die letzte Zeile eines Absatzes auf der Folgeseite erscheint. Die typografische Bezeichnung dafür ist Hurenkind. Beides wird als schwerer handwerklicher Fehler angesehen, da die Ästhetik des Satzspiegels damit stark beeinträchtigt wird. Ein Aktivieren der Option *Absatzkontrolle* bewirkt, dass keine einzelne Zeile eines Absatzes am Ende oder am Anfang einer Seite angezeigt wird. Wenn ein Absatz auf zwei Seiten verteilt wird, erscheinen also immer mindestens zwei Zeilen davon auf jeder dieser Seite. Besteht der Absatz nur aus drei Zeilen, wird er in diesem Fall insgesamt auf der Folgeseite gezeigt.

- *Diesen Absatz zusammenhalten* verhindert generell ein Aufteilen des Absatzes auf zwei Seiten. Das kann manchmal sinnvoll sein, führt aber bei längeren Absätzen zu vielen leeren Stellen auf den Seiten.

- *Nicht vom nächsten Absatz trennen* garantiert, dass der aktuelle zusammen mit dem folgenden Absatz auf derselben Seite erscheint. Das ist beispielsweise wichtig für Überschriften, die nicht als letzter Absatz auf einer Seite stehen dürfen.

- *Seitenumbruch oberhalb* bewirkt, dass mit dem Absatz automatisch eine neue Seite begonnen wird. Bei einem Dokument mit mehreren Kapiteln können Sie die Kapitelüberschrift mit dieser Option ausstatten und so dafür sorgen, dass jedes Kapitel mit einer neuen Seite beginnt.

- Im Abschnitt *Formatierungsausnahmen* können Sie außerdem regeln, dass für den Absatz keine Zeilennummern angezeigt werden und keine Silbentrennung durchgeführt wird.

4.2.3 Tabulatorstopps

Tabulatoren dienen als Haltepunkte innerhalb einer Zeile. Durch Drücken der ⇥-Taste springt die Einfügemarke zum nächsten Tabulatorstopp. Standardmäßig sind linksbündige Tabulatorstopps alle *1,25 cm* gesetzt. Individuell gesetzte Stopps können unterschiedlich ausgerichtet und mit Füllzeichen versehen werden. Beim manuellen Setzen eines neuen Tabulatorstopps werden alle standardmäßig gesetzten Stopps links davon für diesen Absatz unwirksam.

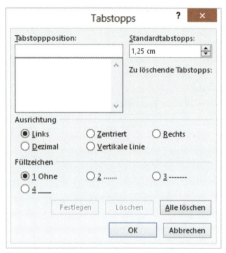

Tabulatorstopps über das Dialogfeld setzen

Tabulatorstopps können absatzspezifisch definiert werden. Um eigene Stopps festzulegen, setzen Sie die Einfügemarke in den betreffenden Absatz, öffnen Sie das Dialogfeld *Absatz* und klicken Sie auf die Schaltfläche *Tabstopps*. Legen Sie anschließend im Dialogfeld die gewünschten Einstellungen fest. Diese gelten nur für den markierten Absatz (Abbildung 4.19).

Abbildung 4.19: Tabulatorstopps können individuell gesetzt und mit Füllzeichen versehen werden.

- Geben Sie in das Feld *Tabstoppposition* die gewünschte Position für den neuen Tabstopp ein. Gemessen wird hier vom linken Satzspiegelrand aus.
- Wählen Sie die Form der *Ausrichtung* und gegebenenfalls das *Füllzeichen*. Letztere werden in den nicht durch andere Zeichen belegten Raum vor einem Tabstopp gesetzt.
- Bestätigen Sie über die Schaltfläche *Festlegen*, um den neuen Tabstopp zu setzen und das Dialogfeld geöffnet zu halten. Sie können dann weitere Tabulatorstopps hinzufügen.
- Die manuell eingegebenen Tabulatorstopps werden im Listenfeld unterhalb von *Tabstoppposition* aufgelistet. Um einen gesetzten Tabstopp zu entfernen, markieren Sie ihn in der Liste und klicken Sie dann auf die Schaltfläche *Löschen*. Über *Alle löschen* entfernen Sie alle manuell festgelegten Tabstopps. Die standardmäßig gesetzten linksbündigen Tabstopps werden dann wieder gültig.

Tabulatorstopps über das Lineal setzen

Im horizontalen Lineal werden die manuell gesetzten Tabulatorstopps durch kleine Markierungen angezeigt. Die Standardstopps werden hier nicht vermerkt! Sie müssen zuerst dafür sorgen, dass das Lineal angezeigt wird. Dazu aktivieren Sie das Kontrollkästchen *Lineal* in der Gruppe *Anzeigen* der Registerkarte *Ansicht*. Das Lineal wird oben und links im Textbereich des Dokuments angezeigt (Abbildung 4.20).

Abbildung 4.20: Die Tabulatoren werden im Lineal angezeigt – beachten Sie die kleinen Marken darin.

Sie können die Stopps hier auch direkt setzen beziehungsweise ändern:

- Sie können einen Tabstopp und sein Füllzeichen setzen, indem Sie im Lineal auf die gewünschte Stelle doppelklicken. Dadurch öffnen Sie das Dialogfeld *Tabstopps*, in dem die Stelle, an der Sie auf das Lineal geklickt hatten, bereits als Position für den neuen Tabstopp vermerkt ist.
- Auch wenn Sie einen einfachen Klick in das Lineal durchführen, setzen Sie an dieser Stelle einen Tabstopp. Welche Ausrichtung der Tabstopp hat, müssen Sie vorher regeln. Klicken Sie dazu so lange in das kleine Feld mit dem Rahmen am linken Rand des Lineals, bis die gewünschte Ausrichtung eingestellt ist (Tabelle 4.7). Die jeweils aktive Art der Ausrichtung wird durch ein Symbol gekennzeichnet.

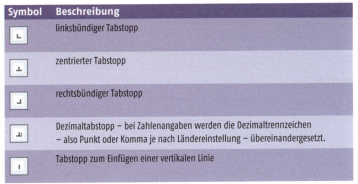

Symbol	Beschreibung
L	linksbündiger Tabstopp
⊥	zentrierter Tabstopp
⅃	rechtsbündiger Tabstopp
⊥.	Dezimaltabstopp – bei Zahlenangaben werden die Dezimaltrennzeichen – also Punkt oder Komma je nach Ländereinstellung – übereinandergesetzt.
I	Tabstopp zum Einfügen einer vertikalen Linie

Tabelle 4.7: Symbole für unterschiedliche Formen von Tabstopps

- Um einen Tabstopp zu löschen, setzen Sie den Mauszeiger auf sein Symbol im Lineal und ziehen Sie es dann mit gedrückt gehaltener Maustaste aus dem Lineal heraus.
- Zum Ändern der Position setzen Sie den Mauszeiger auf das betreffende Symbol im Lineal und verschieben es mit gedrückter Maustaste an die gewünschte Stelle.

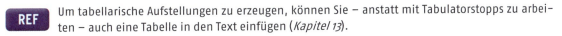

REF Um tabellarische Aufstellungen zu erzeugen, können Sie – anstatt mit Tabulatorstopps zu arbeiten – auch eine Tabelle in den Text einfügen (*Kapitel 13*).

4.2.4 Nummerierung und Aufzählungszeichen

Aufeinanderfolgende Absätze können nummeriert oder mit Aufzählungszeichen versehen werden. Aufzählungszeichen oder Nummern werden vor den Absatz gesetzt, und der Absatz selbst wird um ein bestimmtes Maß eingezogen. Markieren Sie dazu die gewünschten Absätze und wählen Sie dann den entsprechenden Befehl.

Aufzählungslisten

Unter einer Aufzählungsliste versteht man eine Folge von Absätzen, die sich mit einem Blickfangzeichen am Zeilenanfang vom Fließtext abhebt.

Durch einen Klick auf die Schaltfläche *Aufzählungszeichen* in der Gruppe *Absatz* der Registerkarte *Start* können Sie dafür sorgen, dass die anschließend durch Drücken der ⏎-Taste erzeugten Absätze mit einem Aufzählungszeichen versehen werden. Wenn Sie die Liste zur Schaltfläche öffnen, können Sie ein grafisches Symbol als Aufzählungszeichen festlegen, indem Sie dort einfach eine der sieben angebotenen Varianten markieren (Abbildung 4.21 links). Nach dem Bestätigen werden die Absätze in der gewählten Form formatiert. Durch Wahl der Option *Ohne* heben Sie die Formatierung als Aufzählungsliste wieder auf.

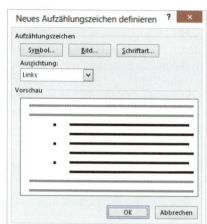

Abbildung 4.21: Legen Sie die Form der Aufzählungszeichen fest.

Um für ein Aufzählungszeichen eine andere Form zu wählen oder die Abstände zwischen Aufzählungszeichen und Text zu ändern, wählen Sie in dieser Liste zuerst eine der dort angebotenen Varianten und klicken Sie dann auf *Neues Aufzählungszeichen definieren*. Nehmen Sie anschließend die Einstellungen im daraufhin angezeigten Dialogfeld vor (Abbildung 4.21 rechts).

- Im Bereich *Aufzählungszeichen* können Sie die Gestaltung des gewünschten Zeichens festlegen. Zugriff auf die Parameter zur Zeichenformatierung erhalten Sie durch einen Klick auf die Schaltfläche *Schriftart*. Daraufhin wird das Dialogfeld *Schriftart* angezeigt, in dem Ihnen alle üblichen Zeichenformate – beispielsweise auch Größe und Farbe – zur Verfügung stehen.
- Über die Schaltfläche *Symbol* öffnen Sie das Dialogfeld *Symbol*, in dem Sie ein anderes Sonderzeichen festlegen können.
- Die Schaltfläche *Bild* öffnet das Fenster *Bilder einfügen*, in dem Sie an verschiedenen Stellen nach einem grafischen Symbol suchen können. Hier können Sie über die Schaltfläche *Durchsuchen* auch eigene Grafiksymbole für den Einsatz als Aufzählungszeichen hinzufügen.
- Über die Einträge des Listenfelds *Ausrichtung* regeln Sie die Ausrichtung des Zeichens vom für den Absatz festgelegten linken Einzug.

TIPP Wenn Sie zu Beginn einer Zeile ein Sternchen (oder ein anderes Aufzählungszeichen) eingeben und dann die ⬚-Taste oder die ⇥-Taste drücken, wird dieser Absatz automatisch als Beginn einer Aufzählungsliste interpretiert. Ein zweimaliges Drücken der ↵-Taste beendet die Aufzählungsliste wieder. Das funktioniert jedoch nur, wenn die entsprechende Option in den *Word-Optionen* aktiviert ist (siehe weiter unten in diesem Kapitel).

Nummerierte Listen

Eine nummerierte Liste besteht aus aufeinanderfolgenden Absätzen, die mit einer fortlaufenden Nummerierung versehen sind. Beim Löschen, Einfügen oder Umstellen von Absätzen in dieser Folge wird die Nummerierung automatisch angepasst.

Um einen oder mehrere Absätze mit einer solchen Formatierung zu versehen, markieren Sie den gewünschten Bereich und klicken Sie auf die Schaltfläche *Nummerierung* in der Gruppe *Absatz* der Registerkarte *Start*. Ein weiterer Klick auf diese Schaltfläche entfernt die Formatierung als nummerierte Liste wieder. Wenn Sie die Liste zur Schaltfläche öffnen, können Sie eine bestimmte Form der Formatierung wählen (Abbildung 4.22 links). Hier haben Sie die Wahl zwischen unterschiedlichen Nummerierungsarten. Nach dem Bestätigen werden die Absätze in der gewählten Form formatiert. Durch Wählen der Option *Ohne* können Sie eine vorher eingestellte Nummerierung wieder abschalten.

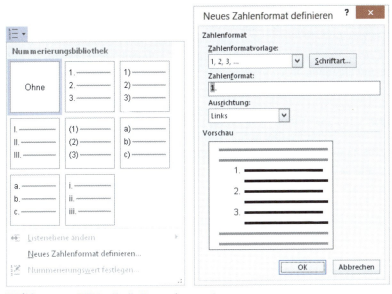

Abbildung 4.22: Wählen Sie die Nummerierungsart aus.

Um für die Nummerierung eine andere Form zu wählen, mit einer bestimmten Nummer zu beginnen oder die Abstände zwischen Nummer und Text zu ändern, markieren Sie in der Liste zu *Nummerierung* zunächst eine der sieben dort angebotenen Nummerierungsarten. Klicken Sie dann auf *Neues Zahlenformat definieren* und nehmen Sie die Einstellungen im daraufhin angezeigten Dialogfeld vor (Abbildung 4.22 rechts).

- Beginnen Sie mit der Einstellung im Feld *Zahlenformatvorlage*. Hier können Sie zwischen unterschiedlichen integrierten Formen des eigentlichen Nummerierungszeichens wählen. Wenn Sie den Eintrag *(ohne)* wählen, wird die vorhandene Nummerierung entfernt, alle anderen Einstellungen, zum Beispiel Abstände, bleiben aber erhalten. Beachten Sie gegebenenfalls, dass Word seit der Version 2010 neue Nummerierungsformate mit fester Stellenzahl bereitstellt, etwa *001, 002, 003 ...* oder *0001, 0002, 0003 ...*

- Das gewählte Nummerierungsformat wird anschließend im Feld *Zahlenformat* angezeigt. Hier können Sie dem gewählten Format weitere Zeichen – Klammer, Punkt, Leerzeichen usw. oder anderen Text vor oder hinter dem hellgrau unterlegten Nummerierungsformat – hinzufügen. Hiermit können Sie beispielsweise aus dem Format *1.* das Format *Zum 1. Punkt* machen.

- Mit der Angabe unter *Ausrichtung* regeln Sie die Position des Nummerierungszeichens relativ zum Text des Absatzes.

Die Option *Nummerierungswert festlegen* unten in der Liste zur Schaltfläche *Nummerierung* ist erst dann verfügbar, wenn vor den aktuell zu formatierenden Absätzen bereits Absätze mit einem Nummerierungsformat versehen sind. Durch Wahl dieser Option können Sie den Anfangswert der Nummerierung festlegen.

- Standardmäßig ist die Option *Neue Liste beginnen* gewählt. Das bedeutet, dass beim Formatieren der Absätze mit der Nummerierung neu begonnen wird.

- Wenn Sie eine nummerierte Liste durch ein anderes Absatzformat unterbrechen und anschließend mit der nummerierten Liste fortfahren möchten, müssen Sie für den zweiten Teil der Liste die Option *Vorherige Liste fortsetzen* wählen. Damit sorgen Sie dafür, dass die Nummerierung des zweiten Teils an die des ersten anschließt.

TIPP Wenn Sie zu Beginn einer Zeile eine Zahl eingeben und dann die ⬚-Taste oder die ⬚-Taste drücken, wird dieser Absatz automatisch als Beginn einer nummerierten Liste interpretiert. Ein zweimaliges Drücken der ⏎-Taste beendet die Liste wieder. Das funktioniert nur, wenn die Option *Automatische Aufzählung* auf der Registerkarte *AutoFormat* im Dialogfeld zum Befehl *AutoKorrektur* in den *Word-Optionen* aktiviert ist (siehe die folgenden Abschnitte).

Gegliederte Listen

Eine gegliederte Liste zeichnet sich – im Gegensatz zu einer nummerierten Liste – durch eine hierarchische Struktur aus. Die einzelnen Ebenen können dabei durch Nummerierungen und/oder Aufzählungszeichen gekennzeichnet werden. Bis zu neun Ebenen können auf diese Weise erstellt werden.

Zum Erstellen einer solchen Liste gibt es mehrere Möglichkeiten. Am einfachsten geht es, wenn Sie die Formatierung während der Texteingabe vornehmen. Markieren Sie dazu zunächst den ersten Absatz der obersten Ebene, klicken Sie auf die Schaltfläche *Liste mit mehreren Ebenen* im Bereich *Absatz* der Registerkarte *Start*. Legen Sie dann den gewünschten Gliederungstyp in der Liste fest (Abbildung 4.23 links).

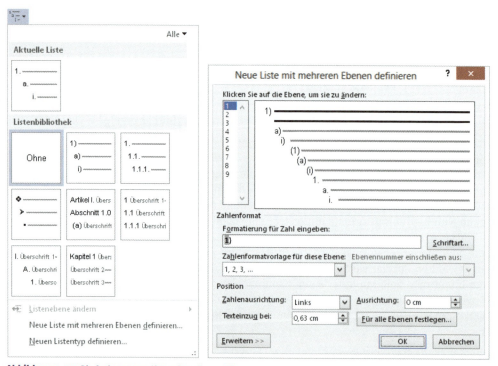

Abbildung 4.23: Die Optionen zur *Liste mit mehreren Ebenen*

Nach dem Bestätigen wird der Absatz mit dem gewählten Hierarchiekennzeichen – einer Zahl, einem Symbol, dem Wort „Artikel" oder Ähnlichem – versehen. Geben Sie dann – wenn nicht schon geschehen – den Text zu dieser Ebene ein.

Nach Drücken der ⏎-Taste erstellen Sie einen neuen Absatz derselben Hierarchieebene. Sie müssen dann festlegen, ob dieser Absatz diese Ebene behalten, eine andere Ebene der Gliederung erhalten oder Bestandteil des eigentlichen Texts werden soll:

- Um den Absatz auf der aktuellen Ebene zu belassen, geben Sie den Text zu dieser Ebene ein.
- Um einen Absatz eine Ebene tiefer – oder später höher – zu stufen, benutzen Sie die Schaltflächen zum Steuern des Einzugs im Bereich *Absatz* der Registerkarte *Start* (Tabelle 4.8).

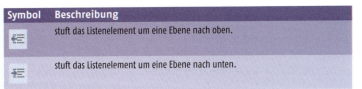

Symbol	Beschreibung
⬅️	stuft das Listenelement um eine Ebene nach oben.
➡️	stuft das Listenelement um eine Ebene nach unten.

Tabelle 4.8: Abkürzungen zum Steuern der zu verwendenden Ebene

- Um den Absatz zum Bestandteil des Fließtextes zu machen, drücken Sie nochmals die ⏎-Taste.

Um für die Gliederung eine andere Form festzulegen, wählen Sie in der Liste zur Schaltfläche *Liste mit mehreren Ebenen* zunächst eine der sieben dort angegebenen Varianten aus. Klicken Sie dann auf *Neue Liste mit mehreren Ebenen definieren* und nehmen Sie die Einstellungen im daraufhin angezeigten Dialogfeld vor (Abbildung 4.23 rechts). Sie können darin durch einen Klick auf *Erweitern* zusätzliche Optionen anzeigen lassen.

- Wählen Sie dann zuerst über das Listenfeld *Klicken Sie auf die Ebene ...* die Gliederungsebene aus, die Sie ändern wollen. Die gewählte Ebene wird in der *Vorschau* markiert.
- Nehmen Sie dann die Einstellung für diese Ebene im Listenfeld *Formatierung für Zahl eingeben* vor. Hier können Sie zwischen unterschiedlichen Formen von Nummerierungen wählen.
- Das gewählte Format wird im Feld *Zahlenformatvorlage ...* angezeigt. Hier können Sie – wie zuvor für die Nummerierung beschrieben – dem vorher gewählten Format weitere Zeichen – Klammer, Punkt, Leerzeichen usw. – hinzufügen.
- *Beginnen mit* erlaubt das Setzen eines Startwerts.
- Über die Felder *Zahlenausrichtung* und *Ausrichtung* regeln Sie die Position des Nummerierungszeichens relativ zum Text des Absatzes.
- Über die Schaltfläche *Erweitern* lassen sich im unteren Teil des Dialogfelds weitere Optionen zum Anpassen des Gliederungsformats einblenden.
- Bei Bedarf können Sie der ausgewählten Ebene über das Feld *Verbinden mit Formatvorlage* eine vorhandene Formatvorlage zuweisen.
- Ein Tabstopp, ein Leerzeichen oder nichts kann im Anschluss an das Gliederungssymbol über das Feld *Text danach* eingefügt werden.
- Durch Aktivieren des Kontrollkästchens *Nummerieren nach Norm* lässt sich die Auswahl der zur Verfügung stehenden Zahlenformate auf deutsche Normen beschränken.
- Durch Aktivieren von *Liste neu beginnen nach* beginnt die Nummerierung der aktuellen Ebene von vorne, wenn es sich bei der vorhergehenden Ebene um eine höhere Ebene handelt; die Nummerierung wird fortgesetzt, wenn die vorhergehende Ebene eine niedrigere Ebene ist.

Um für die Gliederung eine generell neue Form festzulegen, wählen Sie in der Liste zur Schaltfläche *Liste mit mehreren Ebenen* die Option *Neuen Listentyp definieren* und nehmen Sie die Einstellungen im daraufhin angezeigten Dialogfeld vor. Im Feld *Name* können Sie der neu zu definierenden Liste einen Namen geben.

4.2.5 Rahmen und Schattierung

Absätze, Tabellen, Grafiken, Textfelder oder ganze Seiten können mit Rahmenlinien versehen werden. Außerdem können Sie eine Schattierung unterlegen.

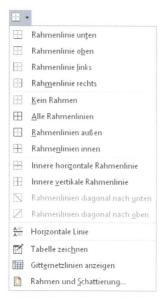

Absatzrahmen

Um einen Absatz mit Linien an bestimmten Seiten oder mit einem vollständigen Rahmen zu versehen, benutzen Sie nach dem Markieren des Absatzes die Schaltfläche *Rahmenlinie* in der Gruppe *Absatz* der Registerkarte *Start*. Für diese Schaltfläche gibt es eine Voreinstellung. Standardmäßig heißt sie *Rahmenlinie unten*. Ein Klick auf die Schaltfläche sorgt also für eine Linie unter dem Absatz. Durch Aufklappen der Liste zu dieser Schaltfläche können Sie aber andere Formen der Linienbildung wählen (Abbildung 4.24). Nachdem Sie eine dieser Optionen gewählt haben, wird diese als neue Voreinstellung für die Schaltfläche benutzt.

TIPP Wollen Sie einen gemeinsamen Rahmen um mehrere aufeinanderfolgende Absätze ziehen, müssen Sie diese vorher auch gemeinsam markieren.

Sollte Ihnen die Auswahl in der Liste zur Schaltfläche *Rahmenlinie …* nicht genügen, klicken Sie darin auf die Option *Rahmen und Schattierung*. Im gleichnamigen Dialogfeld können Sie auf der Registerkarte *Rahmen* zusätzliche Optionen einstellen (Abbildung 4.25).

Abbildung 4.24: Um einen Absatz kann ein Rahmen gezeichnet werden.

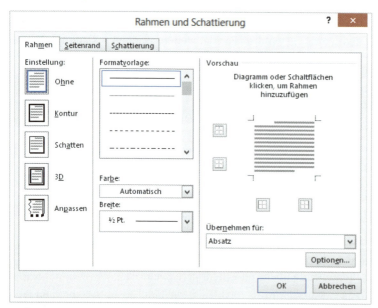

Abbildung 4.25: Das Dialogfeld erlaubt zusätzliche Einstellungen für einen Rahmen.

Schattierung

Absätze, einzelne Textabschnitte, Tabellen und Textfelder können über die Schaltfläche *Schattierung* in der Gruppe *Absatz* der Registerkarte *Start* mit einer Schattierung versehen werden. Beachten Sie, dass sich die gewählte Hintergrundfarbe von der verwendeten Schriftfarbe deutlich unterscheiden sollte, um die Schrift lesbar zu halten. Nach dem Öffnen der Liste zu dieser Schaltfläche können Sie eine Farbe auswählen. Es stehen Ihnen 60 *Designfarben* und 10 *Standardfarben* zur Verfügung.

Wenn Ihnen die zur Verfügung gestellten Designfarben nicht genügen, können Sie auch eigene Farben zusammenstellen. Klicken Sie dazu in der Liste auf *Weitere Farben*. Im daraufhin angezeigten Dialogfeld können Sie eine andere Farbe auswählen.

Muster

Wirkliche Schraffuren – also Muster – können Sie über die Registerkarte *Schattierung* im Dialogfeld *Rahmen und Schattierung* erzeugen. Sie rufen es über die Option *Rahmen und Schattierung* in der Liste zur Schaltfläche *Rahmenlinie* in der Gruppe *Absatz* der Registerkarte *Start* auf den Bildschirm.

- Bestimmen Sie unter *Füllung* die Grundfarbe für den markierten Bereich. Über den Listeneintrag *Weitere Farben* können Sie unter zusätzlichen Farben die gewünschte auswählen und auch eigene Farben mischen.
- Wenn Sie diese Grundfarbe mit einem zusätzlichen Muster versehen wollen, können Sie dies im Bereich *Muster* durch Definieren von *Linienart* und *Farbe* erledigen. Wenn Sie hier eine andere Option als *Transparent* wählen, können Sie über das darunter liegende Listenfeld *Farbe* eine Farbe für die Schraffur festlegen. Die Option *Automatisch* entspricht der Standardtextfarbe von Windows.
- Im Feld *Vorschau* wird die gewählte Kombination von Farbe und Muster zur Kontrolle angezeigt.

4.3 Die Zeichenformatierung

Eine weitere Funktionsgruppe, die Ihnen in fast allen Programmen der Office 2013-Familie begegnen wird, ist die Zeichenformatierung. Sie finden die Werkzeuge dazu einerseits in der Gruppe *Schriftart* der Registerkarte *Start*. Nicht alle Befehle darin sind bei allen Programmen vorhanden, wohl aber die Mehrzahl. Außerdem stehen Ihnen die wichtigsten Befehle dafür auch immer über die Minisymbolleiste zur Verfügung, die automatisch angezeigt wird, sobald Sie einen Datenbereich markieren (Abbildung 4.26).

Für die Darstellung einzelner oder mehrerer Zeichen (Buchstaben, Ziffern usw.) können Sie die Schriftart, deren Größe, den Schriftstil (normal, fett, unterstrichen usw.), die Position (normal, tiefgestellt oder hochgestellt) sowie die Farbe und einige weitere Effekte festlegen.

Abbildung 4.26: Auch die Minisymbolleiste hält Werkzeuge zur Formatierung bereit.

4.3.1 Vorgehensweisen

Hinsichtlich der Vorgehensweise beim Formatieren gibt es einige allgemeine Grundregeln, die Sie beachten sollten, um den Aufwand für diesen Arbeitsschritt möglichst gering zu halten.

- Zunächst sollten Sie immer erst die Formate festlegen, mit denen der größte Teil des Dokuments dargestellt werden soll – beispielsweise bei Word die Grundschrift für den Fließtext. Anschließend können Sie einzelne Teile des Textes – also einzelne Zeichen, Wörter, Sätze oder Absätze – in einer von diesem Standard abweichenden Form formatieren.
- Von diesen Grundformaten abweichende Formatierungen können Sie parallel zur Eingabe des Textes oder aber auch nach dessen Fertigstellung festlegen. Im ersten Fall schalten Sie vor jedem Textteil, der abweichend vom gewählten Standard dargestellt werden soll, auf das neue Format um, geben den Textteil ein und schalten anschließend wieder zurück. Der Vorteil dieses Vorgehens liegt darin, dass der auf dem Bildschirm dargestellte Zeilenumbruch bereits dem Druckbild entspricht. Wollen Sie den Text erst nach Abschluss der Eingabe formatieren, müssen Sie die Stellen, die vom Standardformat abweichen, zuerst markieren und dann die betreffenden Formatierungsanweisungen ausführen.

Bevor Sie einen Formatbefehl für die Schrift auswählen, müssen Sie zunächst den zu formatierenden Textbereich markieren. Wollen Sie das Zeichenformat für ein ganzes Wort festlegen, genügt es, die Einfügemarke an eine beliebige Stelle im Wort zu setzen. In allen anderen Fällen müssen Sie zum Zuweisen eines Zeichenformats den gesamten zu formatierenden Bereich markieren.

4.3.2 Schriftart, Schriftgrad und Schriftschnitt

Die wichtigsten Parameter einer Schrift sind deren Art und Größe:

- Die beiden wesentlichen Arten von Schriften sind die *Serifenschriften*, auch *Antiqua* – englisch *Roman* – genannt, und die serifenlosen, auch *Grotesk* – oder englisch *Modern* – genannt. *Serifen* sind bei einer Schrift die geschwungenen oder rechteckigen Enden der Striche, auch Endstriche genannt. *Serifenlose* Schriften werden vielfach als modern empfunden und zunehmend auch in umfangreichen Texten eingesetzt. Man sollte jedoch beachten, dass bei größeren Texten Serifenschriften für die meisten Menschen eine bessere Lesbarkeit mit sich bringen. Eine Schrift, bei der die Zeichen verschiedene Zeichenbreiten (diese werden als Dickten bezeichnet) haben, nennt man *Proportionalschrift*. Dies ist für die meisten Druckschriften heute der Standard. Schriften, die im Gegensatz dazu für jedes Zeichen die gleiche Breite aufweisen, werden als *dicktengleiche* – oder auf Englisch *monospaced* – Schriften bezeichnet. Kennzeichnend für *Schreibschriften* ist, dass die Zeichen in einem Wort fast oder konkret aneinander anschließen, sodass das Bild einer handgeschriebenen Schrift entsteht. *Symbolschriften* ermöglichen die Darstellung von grafischen Symbolen.
- Schriftgrößen werden in Punkt gemessen. *1 Punkt* entspricht *0,351 mm* oder *1/72 Zoll*. Eine Serifenschrift zwischen 8 und 10 Punkt ist gut lesbar. Bei Dokumenten, die mit normalem Abstand zwischen Augen und Papier gelesen werden, sollte die Grundschrift einen Schriftgrad zwischen 8 und 12 Punkt aufweisen. Für Informationen, die aus größerer Entfernung gelesen werden, gelten natürlich andere Regeln. Für Anmerkungen, Hinweise und Fußnoten empfehlen sich Schriftgrade von 6 bis 10 Punkt. Sie sollten jedenfalls ein bis zwei Punkt kleiner als der Schriftgrad der Grundschrift sein. Überschriften müssen Texte gliedern und eine schnelle Suche im Text erleichtern, deshalb sollten sie sich vom Grundtext abheben. Die hierfür zu verwendende Schriftgröße ist sehr stark von der Art des Dokuments abhängig.

Um die Schriftart und -größe für einen bestimmten Textbereich festzulegen, markieren Sie diesen und wählen die gewünschten Parameter aus den Listenfeldern *Schriftart* und *Schriftgrad* aus.

- Die Einstellung der *Schriftart* nehmen Sie über das entsprechende Listenfeld vor (Abbildung 4.27 links). Die Mehrzahl der Schriften in diesem Katalog sind *OpenType*-Schriften, die mit einem *O*-Symbol gekennzeichnet sind. Diese werden mit Windows mitgeliefert und können auf jedem grafikfähigen Drucker gedruckt werden. Mit diesen Schrifttypen können auch spezielle Varianten abgebildet werden. Bei den Schriften mit dem vorangestellten doppelten *T* handelt es sich um sogenannte *TrueType*-Schriften. Schriften mit dem vorangestellten Druckersymbol sind Schriften, die Ihnen der festgelegte Drucker zur Verfügung stellt; sie ändern sich also je nach verwendetem Drucker.
- Über das Listenfeld *Schriftgrad* in diesem Bereich legen Sie die Größe der Schrift fest (Abbildung 4.27 rechts). Schriftgrößen werden in Punkt gemessen.

Mithilfe von zwei Schaltflächen können Sie die Größe der Schrift des markierten Bereichs stufenweise an Ihre Vorstellungen anpassen. Die Pfeilspitzen darin dienen nicht zum Aufklappen von Listen, sie beschreiben nur die Richtung der Änderung der Größe (Tabelle 4.9).

Abbildung 4.27: Zum Einstellen von Schriftart und Schriftgrad verwenden Sie die Kataloge.

Symbol	Bedeutung
A▲	*Schriftart vergrößern* wechselt zur nächstgrößeren Schriftart.
A▼	*Schriftart verkleinern* wechselt zur nächstkleineren Schriftart.

Tabelle 4.9: Sie können die Schriftgröße schrittweise verändern.

Wählen Sie einen *Schriftschnitt*, um den vorher markierten Teil des Textes hervorzuheben (Tabelle 4.10).

Symbol	Bedeutung
F	Eine **fette** Darstellung benutzt man häufig zum Hervorheben von Begriffen etc., die nicht übersehen werden sollen. Gehen Sie bei der Anwendung im Textkörper besser sparsam damit um.
K	Die *kursive* Darstellung ist dezenter und eignet sich besser für die Hervorhebung längerer Passagen.
U ▾	Zum Unterstreichen können Sie zwischen mehreren Optionen wählen: Sie können zwischen mehreren Linienarten und der zu verwendenden Farbe wählen.
a̶b̶c̶	Auch ein Durchstreichen ist möglich. Sie sollten aber dieses Format nur in Ausnahmefällen für Korrekturen benutzen.

Tabelle 4.10: Mit den Alternativen für den Schriftschnitt können Sie Textteile hervorheben.

4.3.3 Weitere Optionen

Beachten Sie auch die Schaltflächen für zusätzliche Aufgaben bei der Formatierung (Tabelle 4.11):

Symbol	Bedeutung
x_2	*Tiefgestellt* erzeugt tiefer gestellten Text in kleinerer Schriftgröße. Verwenden Sie diese Option beispielsweise für Indizes.
x^2	*Hochgestellt* erzeugt hochgestellten Text in kleinerer Schriftgröße. Verwenden Sie diese Option beispielsweise für Exponenten.
Aa ▾	*Groß-/Kleinschreibung* liefert diverse Alternativen, den markierten Text in großen oder kleinen Buchstaben anzuzeigen. Es ist vermutlich überflüssig zu erwähnen: Sie ändern damit nicht die Buchstaben selbst, nur die Art der Formatierung.

Tabelle 4.11: Beachten Sie auch die zusätzlichen Alternativen.

4.3.4 Farbgebung und Effekte

Alle Programme verfügen über unterschiedliche Möglichkeiten, Farben für bestimmte Zwecke im Dokument einzusetzen. Bei Word können Sie beispielsweise Farben für Texte und Hintergründe wählen.

Die Standardfarben

Befehlsschaltflächen zur Wahl einer Farbe zeigen in fast allen Fällen eine kleine Liste an, in der die verfügbaren Farben dargestellt sind Zur Farbgebung der Schrift stehen Ihnen zwei weitere Parameter zur Verfügung.

- Im Listenfeld *Schriftfarbe* wählen Sie die Farbe der Schrift aus (Abbildung 4.28 links). Mit *Automatisch* wird die Standardtextfarbe unter Windows verwendet. Darunter stehen Ihnen mehrere *Designfarben* und noch weiter unten einige *Standardfarben* zur Verfügung.
- Wenn Sie innerhalb eines Textbereichs einen Abschnitt farblich besonders hervorheben wollen, benutzen Sie das Werkzeug *Texthervorhebungsfarbe* (Abbildung 4.28 rechts). Damit wird der Hintergrund hinter dem vorher markierten Textbereich eingefärbt.

Abbildung 4.28: Schriftfarbe und Texthervorhebungsfarbe

Zusätzliche Farben

Wenn Ihnen die in der Liste angezeigten Farben nicht ausreichen, können Sie neue Farben mischen. Das erreichen Sie über das Dialogfeld *Farben*, das Sie über die Schaltfläche *Weitere Farben* in der Liste zur Farbwahl anzeigen lassen. Sie können hier entweder die Auswahl über die verfügbaren Basisfarben vornehmen oder die Farben vollkommen frei mischen (Abbildung 4.29). Dafür stehen Ihnen mehrere Farbmodelle zur Verfügung.

- Über die Registerkarte *Standard* können Sie eine weitere Standardfarbe auswählen (Abbildung 4.29 links). Klicken Sie in dem Farbsechseck auf eine solche Basisfarbe. Rechts unten im Dialogfeld finden Sie dann die Felder *Neu* und *Aktuell*, über die Sie die bisherige und die neue Farbe vergleichen können. Zum Vergleich reicht es aus, dass Sie den Mauszeiger auf einer Farbe ruhen lassen.
- Über die Registerkarte *Benutzerdefiniert* können Sie eine Farbe aus den Basisfarben selbst mischen (Abbildung 4.29 rechts). Durch Verschieben der Marke im Feld können Sie die Farbe ändern. Durch Verschieben in der Horizontalen ändern Sie den Farbton, durch Verschieben in der Vertikalen die Sättigung.

Abbildung 4.29: Eine neue Farbe erstellen

■ Alternativ zum Verschieben der Marke über die Maus können Sie die Farbe auch durch Eingabe von Zahlenwerten festlegen. Wählen Sie dazu zuerst ein Farbmodell aus. Wenn Sie das Farbmodell *HSL* gewählt haben, können Sie die Farbparameter *Farbton*, *Sättigung* und *Intensität* auch durch Eingabe der Werte oder über die Drehfelder regeln. Haben Sie das Farbmodell *RGB* gewählt, können Sie die Farbparameter auch über die Intensitäten der drei Elementarfarben *Rot*, *Grün* und *Blau* regeln.

Nach der Bestätigung wird die von Ihnen definierte Farbe in der Liste unter *Zuletzt verwendete Farben* angezeigt und kann wie die anderen Farben verwendet werden.

Effekte

Neu seit Word 2010 ist die Integration der Schaltfläche *Texteffekte und Typographie* (Abbildung 4.30). Über die Optionen darin können Sie Ihren Text mit Konturen, Schatten, Spiegelungen, Leuchteffekten und mehr ausstatten. Die Vielfalt ist groß – Sie sollten einfach einige Varianten ausprobieren.

4.3.5 Formatierung ändern

Microsoft Office stellt verschiedene Verfahren zur Verfügung, um die im markierten Bereich verwendeten Formate zu ändern. Zur Korrektur können Sie entweder die einzelnen Formatierungen individuell ändern oder bestimmte Formatierungen durch andere ersetzen.

Um eine zugewiesene Formatierung zu ändern, können Sie genauso wie beim ursprünglichen Formatieren vorgehen: Markieren Sie das zu formatierende Element und legen Sie die Parameter des Formats über die entsprechenden Werkzeuge neu fest – beispielsweise über die Gruppe *Schriftart* der Registerkarte *Start*. Denken Sie daran, dass einige der Schaltflächen in der Gruppe *Schriftart* als Umschalter wirken. Um beispielsweise ein fett formatiertes Wort wieder normal darzustellen, markieren Sie das Wort und klicken Sie dann auf die aktiviert dargestellte Schaltfläche *Fett*.

Sie können auch ein für ein Textelement festgelegtes Format auf ein anderes übertragen:

1. Dazu markieren Sie zunächst das Element, dessen Format Sie übertragen wollen. Bei einem Zeichenformat reicht es aus, wenn Sie die Einfügemarke an eine beliebige Stelle in den so formatierten Textbereich setzen.
2. Klicken Sie dann auf die Schaltfläche *Format übertragen* in der Gruppe *Zwischenablage* der Registerkarte *Start*.
3. Markieren Sie abschließend das Element, auf das das Format übertragen werden soll.

Abbildung 4.30: Konturen, Schatten, Spiegelungen, Leuchteffekte und mehr können dem Text hinzugefügt werden.

Wenn Sie auf die Schaltfläche *Format übertragen* einen Doppelklick ausführen, bleibt die Funktion nach dem Übertragen auf das Zielelement aktiviert. Sie können dann anschließend weitere Elemente anklicken, um auch diesen das Format zuzuweisen. Ein Drücken der Esc -Taste oder ein erneuter Klick auf die Schaltfläche schaltet die Funktion wieder aus.

Formatierung löschen entfernt bei Word die gesamte Zeichenformatierung aus dem vorher markierten Bereich.

4.3.6 Feineinstellungen zur Zeichenformatierung

Die häufig verwendeten Parameter zur Zeichenformatierung – beispielsweise Schriftart, -größe und -farbe sowie die Attribute *Fett*, *Kursiv* und *Unterstrichen* – können Sie auch über die entsprechenden Schaltflächen in der Gruppe *Schriftart* einstellen. Im Programm Word gibt es zu diesem Thema aber noch einige Besonderheiten zu erwähnen – dabei geht es um die speziellen Einstellungen, die Sie über das Dialogfeld *Schriftart* vornehmen können.

Dieses Dialogfeld können Sie einblenden lassen, indem Sie in der Gruppe *Schriftart* der Registerkarte *Start* auf das kleine Pfeilsymbol unten rechts neben der Gruppenbezeichnung klicken.

Die Registerkarte Schriftart

Mithilfe der Optionen im daraufhin angezeigten Dialogfeld können Sie sämtliche Änderungen an den markierten Zeichen in einem Schritt vornehmen (Abbildung 4.31). Die gewählten Optionen werden in der *Vorschau* skizziert.

Abbildung 4.31: Schrifteinstellungen können auf vielfältige Weise abgewandelt werden.

- Im oberen Bereich des Dialogfelds finden Sie die schon vom Menüband und der Minisymbolleiste her bekannten Möglichkeiten zur Einstellung – wie *Schriftart*, *Schriftschnitt*, *Größe* usw.
- Im unteren Bereich des Dialogfelds können Sie zusätzliche Effekte auswählen. Einige dieser Effekte können gemeinsam aktiviert werden, andere schließen sich aus, wie beispielsweise *Hochgestellt* und *Tiefgestellt*.

Die Registerkarte Erweitert

Über die Registerkarte *Erweitert* im Dialogfeld *Schriftart* können Sie Zeichen sperren, unterschneiden sowie hoch- oder tiefstellen (Abbildung 4.32).

- *Skalieren* streckt oder komprimiert die Zeichen horizontal um einen bestimmten Prozentsatz. Eingaben von 1 bis 600 sind möglich.
- Über den *Abstand* vergrößern oder verkleinern Sie den Abstand zwischen den Zeichen entsprechend dem im Feld *Von* angegebenen Maß. Die Option *Erweitert* bewirkt ein Sperren des Textes: Der Abstand zwischen den Zeichen wird vergrößert. *Schmal* bewirkt ein Unterschneiden – auch als *Kerning* bezeichnet: Die Abstände zwischen den Zeichen werden verkleinert. Das wird häufig für große Schriftgrade verwendet, um zu groß wirkende Abstände auszugleichen.
- Über das Listenfeld *Position* können Sie den Text in Bezug auf eine gedachte Grundlinie um exakte Werte hoch- oder tiefstellen. Im Gegensatz zu den Optionen *Hochgestellt* oder *Tiefgestellt* auf der Registerkarte *Schriftart* wird hiermit die Schriftgröße nicht automatisch reduziert. Achten Sie aber darauf, dass der Zeilenabstand dadurch beeinflusst werden kann.
- Wenn Sie eine automatische Unterschneidung wünschen, aktivieren Sie das Kontrollkästchen *Unterschneidung ab* und geben in das Feld daneben den Schriftgrad ein, ab dem Sie das Kerning anpassen möchten.

Abbildung 4.32: Texte können gesperrt oder unterschnitten werden.

OpenType-Features

Neu seit Word 2010 auf der Registerkarte *Erweitert* im Dialogfeld *Schriftart* ist der untere Bereich. Er dient zur Feinabstimmung von Text mit OpenType-Schriften. Diese neuen Elemente können mit jeder OpenType-Schriftart verwendet werden.

■ Unter dem Begriff *Ligatur* versteht man die Verschmelzung zweier oder mehrerer Buchstaben zu einer gemeinsamen Einheit. Typischerweise verwendet man Ligaturen, wenn zwei Buchstaben mit Oberlängen – wie *t* oder *f* –– aufeinanderfolgen. Ohne Ligatur würde eine Lücke zwischen den Buchstaben entstehen. Solche optischen Lücken, auch bedingt durch den normalen Zeichenabstand, stören beim flüssigen Lesen (Abbildung 4.33).

ttt fff   ttt fff

Abbildung 4.33: Ein Text ohne und mit Standardligatur. Beachten Sie den Abstand zwischen den Buchstaben.

■ Über die Optionen darunter liefert Word erweiterte Funktionen – beispielsweise zur Darstellung von Zahlenzeichen –, um einen typografischen Feinschliff zu erzielen (Abbildung 4.34).

123456   123456

Abbildung 4.34: Zwei Optionen zur Darstellung von Zahlen. Beachten Sie hier die Unterschiede bei der Zahl 1.

■ Im Listenfeld zu *Stil-Sets* finden Sie eine Reihe von Optionen, mit denen Sie die Ausprägung für die meisten Schriftarten beeinflussen können. Diese sind einfach nur von 1 bis 20 durchnummeriert (Abbildung 4.35).

Abbildung 4.35: Zwei verschiedene Stil-Sets bei der Schrift *Gabriola*

Die eben angesprochenen Möglichkeiten werden aber nicht von allen Schriften unterstützt. Prüfen Sie auch, ob die Möglichkeit zur Nutzung dieser erweiterten Formatierungselemente nicht deaktiviert wurde: Im Bereich *Erweitert* unter den *Word-Optionen* finden Sie unter den *Layoutoptionen* die Option *Formatierungsfeatures für OpenType-Schriftarten deaktivieren*. Diese *Layoutoptionen* müssen Sie erst durch einen Klick auf den gleichnamigen Link ganz unten im Fenster unterhalb von *Kompatibilitätsoptionen für* anzeigen lassen. Schalten Sie gegebenenfalls dieses Kontrollkästchen ab.

4.4 Zeilen- und Seitenumbruch

Erst nachdem die Formatierung des Dokuments vorgenommen ist, sollten Sie eine Silbentrennung und einen manuellen Seitenumbruch durchführen lassen, um den Flattersatz an den Rändern beziehungsweise bei Blocksatz die Lücken zwischen den Wörtern zu reduzieren und die endgültige Seitentrennung festzulegen.

4.4.1 Die Silbentrennung

Bei der Silbentrennung werden Wörter, die nicht mehr in eine Zeile passen, automatisch getrennt. Der dabei eingefügte Trennstrich ist ein bedingter Trennstrich. Er wirkt nur dann als Trennstrich, wenn sich die entsprechende Silbe am Ende der Zeile befindet. Passt das getrennte Wort aufgrund von Textverschiebungen wieder in eine Zeile, ist der Trennstrich nicht mehr sichtbar.

Wählen Sie die Registerkarte *Seitenlayout* und klicken Sie in der Gruppe *Seite einrichten* auf *Silbentrennung*. Wählen Sie dann die gewünschte Option aus (Abbildung 4.36). Standardmäßig ist die Silbentrennung bei jedem neuen Dokument abgeschaltet. Wenn Sie nur den Text in einem bestimmten Bereich trennen lassen möchten, markieren Sie diesen vorher.

Abbildung 4.36: Die Silbentrennung ist bei neuen Dokumenten abgeschaltet.

Automatische Silbentrennung

Um festzulegen, wie getrennt wird, klicken Sie in der Befehlsliste zur Schaltfläche *Silbentrennung* auf *Silbentrennungsoptionen*. Im Dialogfeld *Silbentrennung* können Sie die Einstellungen vornehmen (Abbildung 4.37).

Abbildung 4.37: Die Parameter für die automatische Silbentrennung können Sie festlegen.

Bei aktiviertem Kontrollkästchen *Automatische Silbentrennung* führt Microsoft Word während der Texteingabe automatisch die Silbentrennung durch. Wenn Sie nachträglich Text einfügen oder löschen, passt sich die Silbentrennung entsprechend an.

- Wenn Sie das Kontrollkästchen *Automatische Silbentrennung* einschalten, wird im Dokument immer eine solche vorgenommen.

- Standardmäßig werden auch Wörter in Großbuchstaben getrennt. Falls dies nicht erwünscht sein sollte, können Sie dies durch Abschalten des Kontrollkästchens *Wörter in Großbuchstaben trennen* unterbinden.
- Im Feld *Silbentrennzone* geben Sie die Position zum rechten Rand an, bis zu der Microsoft Word versuchen soll zu trennen. Je breiter die Silbentrennzone, umso weniger Silben werden getrennt – je kleiner die Silbentrennzone, desto mehr wird der rechte Rand ausgeglichen.
- Über *Aufeinanderfolgende Trennstriche* können Sie regeln, wie viele untereinander stehende Zeilen mit einem Trennstrich enden dürfen.

Kontrolle

In manchen Fällen führt die automatische Silbentrennung zu unerwünschten Ergebnissen. Sie sollten also immer eine nachträgliche Kontrolle durchführen. Durch Verwenden von geschützten Leerzeichen, geschützten Trennstrichen und bedingten Trennstrichen können Sie die automatische Silbentrennung so gestalten, dass typische Fehler reduziert werden.

- Wenn Sie bei einer Kopplung von mehreren Wörtern mittels eines Bindestrichs – beispielsweise bei *MS-DOS* – vermeiden möchten, dass nach dem Bindestrich getrennt wird, benutzen Sie statt des normalen Minuszeichens auf der Tastatur einen *geschützten Trennstrich*. Diesen fügen Sie mit Strg + ↑ + - oder über die Registerkarte *Sonderzeichen* des Dialogfelds *Symbol* ein.
- Wenn zwei durch ein Leerzeichen verbundene Wörter – wie beispielsweise Wilhelm II. – nicht getrennt werden dürfen, verwenden Sie statt des normalen Leerzeichens ein *geschütztes Leerzeichen*. Dazu benutzen Sie die Tastenkombination Strg + ↑ + ⎵ oder die Registerkarte *Sonderzeichen*.

Soll ein Wort im Bedarfsfall an einer bestimmten Stelle getrennt werden, fügen Sie an die entsprechende Stelle durch Drücken von Strg + - einen *bedingten Trennstrich* ein – beispielsweise bei Wörtern wie *Modem¬auswahl* oder *Autoren¬nennung*. Andernfalls könnte die automatische Silbentrennung zu nicht gewünschten Ergebnissen führen – zum Beispiel *Mode-mauswahl* oder *Autorennen-nung*.

Manuelle Silbentrennung

Sollten dem Programm beim Trennen Fehler unterlaufen, können Sie im Dialogfeld *Silbentrennung* durch Klicken auf die Schaltfläche *Manuell* die Silbentrennung auch von Hand erledigen. Positionieren Sie vorher die Einfügemarke am Anfang des Dokuments oder markieren Sie den Bereich, in dem manuell getrennt werden soll. Für Wörter, die getrennt werden könnten, wird ein Dialogfeld eingeblendet (Abbildung 4.38).

Abbildung 4.38: Die Silbentrennung kann auch manuell gesteuert werden.

- Der dünne senkrechte Strich im Feld *Trennvorschlag* kennzeichnet, bis zu welchem Zeichen das Wort noch in die Zeile passen würde.
- Der blinkende Cursor zeigt die Stelle, an der vom Programm die Silbentrennung vorgenommen würde. Wenn Sie damit einverstanden sind, klicken Sie auf *Ja*. Das Wort wird dann an dieser Stelle getrennt und das nächste zu trennende Wort wird gesucht.
- Wollen Sie das Wort an einer Stelle trennen, die vor dem Trennvorschlag liegt, positionieren Sie zuerst den Cursor an der gewünschten Stelle im Feld *Trennvorschlag* und klicken Sie dann auf die Schaltfläche *Ja*.

- Bei einem Klick auf *Nein* wird das Wort nicht getrennt. Anschließend wird das nächste zu trennende Wort im Text angezeigt.
- Da sich die Position der Wörter in einer Zeile meist ändert, wenn Sie Korrekturen im Dokument durchführen, sollten Sie die manuelle Silbentrennung erst dann durchführen, wenn Sie alle Korrekturen eingegeben haben. Falls Sie Ihr Dokument formatieren wollen, sollten Sie die Silbentrennung erst anschließend durchführen, da sich die Proportionen der Elemente im Dokument durch das Formatieren ändern.

4.4.2 Seitenumbruch

Microsoft Word umbricht die Seiten Ihres Dokuments standardmäßig automatisch im Hintergrund. Jede die Länge einer Seite beeinflussende Änderung im Text führt zu einer Verschiebung aller nachfolgenden Seitenumbrüche. Um an einer bestimmten Stelle im Dokument – sinnvollerweise am Anfang eines Absatzes oder einer Zeile – einen gezielten Seiten- oder Spaltenumbruch durchzuführen, markieren Sie die gewünschte Stelle im Dokument.

Sie können aber auch an einer beliebigen Stelle im Dokument – nicht nur am Beginn einer Seite – einen neuen Abschnitt beginnen. Dann fügen Sie einfach an die gewünschte Stelle einen Seitenumbruch ein. Verwenden Sie hierfür auf der Registerkarte *Seitenlayout* in der Gruppe *Seite einrichten* die Befehlsschaltfläche *Umbrüche* (Abbildung 4.2). Über die Optionen im oberen Bereich der Liste zu dieser Schaltfläche können Sie mehrere Arten von Umbrüchen einfügen.

- Die Option *Seite* unterbricht den automatisch durchgeführten Umbruch an der markierten Stelle. Alle darauf folgenden – automatischen – Seitenumbrüche werden an diesen manuell gesetzten angepasst. Ein manueller Seitenumbruch wird im Dokument als gepunktete Linie angezeigt, wenn über die Schaltfläche *Alle anzeigen* in der Gruppe *Absatz* der Registerkarte *Start* die Anzeige der nicht druckbaren Zeichen aktiviert ist.
- Um bei mehrspaltigen Dokumenten mit einer neuen Spalte zu beginnen, benutzen Sie die Option *Spalte*.
- Ein *Textumbruch* beendet die aktuelle Zeile und veranlasst, dass der Text erst unterhalb eines Bildes, einer Tabelle oder eines anderen Objekts fortgesetzt wird.

Um einen manuell eingefügten Umbruch zu entfernen, markieren Sie ihn per Doppelklick und löschen Sie ihn dann – wie auch jedes andere Zeichen – durch Drücken der ⌷Entf⌷-Taste.

4.5 Format- und Dokumentvorlagen

Der längerfristig einfachste Weg, einem Dokument ein durchgängiges Format zuzuweisen, besteht in der Anwendung einer *Formatvorlage*. Dieser Themenkreis ist für den damit unerfahrenen Anwender etwas kompliziert. Der Grund dafür liegt einerseits in der Vielfalt der damit vorhandenen Möglichkeiten, aber auch darin, dass man mit den dabei verwendeten Begriffen leicht durcheinandergerät. Darum wollen wir gleich mit einer kurzen Begriffsdefinition beginnen:

- Eine *Formatvorlage* oder *Vorlage* ist eine Zusammenfassung von Formatangaben – beispielsweise hinsichtlich Schriftart, -größe oder Absatzabstand. Sie können eine solche Vorlage auf einzelne Elemente im Text anwenden.
- Ein *Formatvorlagensatz* oder *Vorlagensatz* ist die Bezeichnung für alle in einem Dokument verwendeten Formatvorlagen.
- *Schnellformatvorlagen* sind ein Teil des Formatvorlagensatzes. Darin sind im Allgemeinen diejenigen Formatvorlagen enthalten, die Sie wahrscheinlich am häufigsten verwenden werden.
- *Designs* bilden seit der Office-Version 2007 eine zusätzliche Ebene, mit deren Hilfe Sie dem Dokument schnell andere Farben und Schriftarten zuweisen können.

■ Eine *Dokumentvorlage* beinhaltet nicht nur einen Satz von Formatvorlagen, sondern noch mehr: Sie können darüber beispielsweise alle Parameter für den Bereich *Seite einrichten* vorgeben. Wenn Sie auf Basis einer Dokumentvorlage ein neues Dokument erstellen, sind diese Einstellungen bereits vorhanden.

4.5.1 Grundlegende Arbeiten mit Formatvorlagen

Wie eben erwähnt, ist eine Formatvorlage eine Definition für die Darstellung von Absätzen und Zeichen. Ein neues Word-Dokument verfügt bereits über eine Reihe von Vorlagen, mit deren Hilfe Sie den einzelnen Elementen eines Textes mehr oder minder automatisch bestimmte Formatierungsparameter zuweisen können. Zum Arbeiten damit benutzen Sie die Befehlsschaltflächen in der Gruppe *Formatvorlagen* auf der Registerkarte *Start*.

Beispielsweise können Sie im Dokument jeden Absatz für die zweite Überschriftenebene markieren und diesem dann ein Format mit dem Namen *Überschrift 2* zuweisen. Damit wird dieser Absatz mit den in der Vorlage festgelegten Parametern angezeigt. Wenn Sie das Format dieser Überschriftenebene später für das Dokument ändern wollen, brauchen Sie diese Änderung nur in der Formatvorlage durchzuführen. Alle mit dieser Vorlage verbundenen Bereiche ändern ihr Format dann automatisch.

Hinweis Die in diesem Abschnitt beschriebenen Techniken beziehen Sie zunächst einmal immer nur auf das aktuell geöffnete Dokument. Wenn Sie sie auf andere oder viele Dokumente anwenden wollen, werden Sie im Allgemeinen mit einer Dokumentvorlage arbeiten.

4.5.2 Elemente im Dokument kennzeichnen

Die erste Aufgabe beim Arbeiten mit Formatvorlagen besteht also darin, einzelne Elemente im Text mit einem Vorlagennamen zu kennzeichnen. Bevor Sie solche Kennzeichnungen vornehmen, ist der gesamte Text zunächst mit der Formatvorlage *Standard* gekennzeichnet. Sie müssen also nur noch die Elemente separat kennzeichnen, die eine andere Vorlage benutzen sollen – beispielsweise Überschriften oder Hervorhebungen im Text.

Abbildung 4.39: Die *Formatvorlagen*

Formatvorlagen verwenden

Dazu markieren Sie das entsprechende Element – beispielsweise eine Überschrift – und öffnen die Liste zum Befehl *Formatvorlagen* im Bereich *Formatvorlagen* (Abbildung 4.39).

Wählen Sie dann in der Liste den Vorlagentyp aus, mit dem das vorher markierte Element gekennzeichnet werden soll. Die einzelnen Typen darin sind immer mit der Überschrift *AaBbCcDd* gekennzeichnet. Diese Buchstabenfolge soll aber nur das Format anzeigen, das Sie damit zuweisen. Bedeutsam sind die Angaben in der Zeile darunter – beispielsweise *Standard*, *Überschrift 1*, *Überschrift 2* usw.

Wenn Sie den zugewiesenen Typ wieder entfernen wollen, markieren Sie das Element und wählen Sie die Option *Formatierung löschen* unten in der Liste der Schnellformatvorlagen oder drücken Sie die Tastenkombination ⌜Strg⌝ + ⌜ ⌝.

Liste der Formatvorlagen verwenden

Manche Anwender finden die Arbeit mit dem Bereich *Schnellformatvorlagen* unbequem, da die Anzeige der einzelnen Vorlagen etwas unübersichtlich ist. Sie arbeiten lieber mit einer einfacheren Liste der Formatvorlagen. Diese bringen Sie durch einen Klick auf das kleine Pfeilsymbol rechts neben der Gruppenbeschriftung *Formatvorlagen* auf den Bildschirm. Ein Fenster mit dem Namen *Formatvorlagen* wird angezeigt (Abbildung 4.40). Durch Aktivieren der Option *Vorschau anzeigen* können Sie die Grundeinstellungen für die Formatierung in der Liste sichtbar machen.

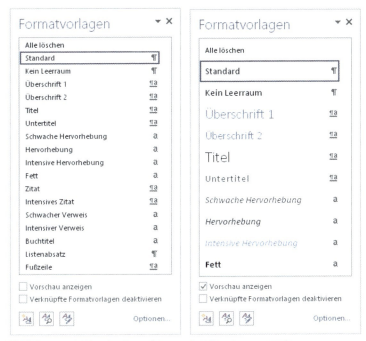

Abbildung 4.40: Formatvorlagen (ohne und mit *Vorschau anzeigen*)

Hier erkennen Sie auch gleich, dass diese Liste drei Typen von Vorlagen beinhaltet (Tabelle 4.12).

Symbol	Bedeutung
a	Diejenigen mit dem Buchstaben *a* dahinter sind solche, für die ein Zeichenformat festgelegt ist.
¶	Die Vorlagen, die mit dem Zeichen ¶ gekennzeichnet sind, verfügen über ein Absatzformat.
¶a	Sind beide Kennzeichnungen vorhanden, bedeutet das, dass sowohl Zeichen- als auch Absatzformate in der Vorlage vorhanden sind.

Tabelle 4.12: Drei Typen von Vorlagen sind vorhanden.

Auch hier weisen Sie eine Vorlage einem Element im Text zu, indem Sie zuerst das Element markieren und dann auf die gewünschte Vorlage in der Liste klicken.

Erweitern und Reduzieren

Wenn Sie die Überschriften in Ihren Dokumenten mit den dafür gedachten Formatvorlagen kennzeichnen, erzielen Sie damit einen zusätzlichen interessanten Effekt. Durch Tippen oder Klicken auf eine so gekennzeichnete Überschrift können Sie Teile eines Dokuments erweitern oder reduzieren. Die kleine Pfeilspitze vor der Überschrift zeigt an, ob darunter liegende Elemente eingeblendet werden können (Abbildung 4.41). Sie können es damit den Lesern überlassen, ob sie einen Abschnitt öffnen und die Details lesen möchten oder nicht.

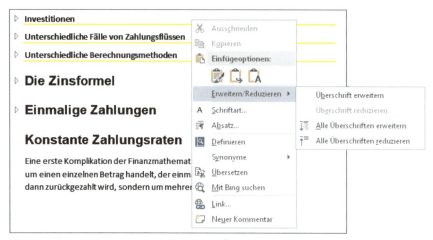

Abbildung 4.41: Das Erweitern und Reduzieren von Überschriften

Beachten Sie in diesem Zusammenhang auch den Befehl *Erweitern/Reduzieren* im Kontextmenü zu einer so erstellten Überschrift und darin besonders die Unterbefehle *Alle Überschriften erweitern* und *Alle Überschriften reduzieren*. Diese wirken sich auf alle Überschriften im Dokument aus.

4.5.3 Erscheinungsbild ändern

Als Ergebnis der Kennzeichnung der Elemente mit einer Formatvorlage sind diese Elemente mit den Formaten ausgezeichnet, die der aktuelle Vorlagensatz des Dokuments verwendet. Word verfügt standardmäßig über eine Reihe von bereits definierten Vorlagensätzen, die Sie nun dem Dokument als Ganzes zuweisen können. Indem Sie den zu verwendenden Vorlagensatz wechseln, können Sie schnell das Erscheinungsbild des gesamten Dokuments ändern.

Vorlagensatz zuweisen

Dazu wählen Sie auf der Registerkarte *Entwurf* in der Gruppe *Dokumentformatierung* einen Vorlagensatz aus (Abbildung 4.42). Die einzelnen Elemente des Dokuments, die Sie vorher unterschiedlich gekennzeichnet hatten, werden je nach dem gewählten Vorlagensatz in unterschiedlicher Form dargestellt.

Designelemente zuweisen

Diese Wahl eines Formatvorlagensatzes ist aber nur ein Schritt. Bei Word 2003 war das noch die einzige Möglichkeit, das Aussehen des Dokuments zu ändern. Seit Word 2007 ist noch eine zusätzliche Dimension hinzugekommen. Hier sind zumindest die Farben und Schriftarten noch offen und können separat eingestellt werden.

Ein *Design* ist eine Kombination aus einem Farbdesign, einem Schriftartendesign und einem Effektdesign und kann mit einer einzigen Auswahl auf das ganze Dokument angewendet werden. Ein Dokumentdesign besteht aus mehreren Formatierungsoptionen mit jeweils einem Satz von Designfarben, einem Satz von Designschriftarten und einem Satz von Designeffekten – das ist eine Gruppe von visuellen Attributen, die auf Elemente in einer Datei angewendet werden. Jedes Dokument, das Sie in Microsoft Word erstellen, verfügt über ein Design – selbst leere neue Dokumente. Das Standarddesign ist das *Office*-Design mit einem weißen Hintergrund und dunklen, sanften Farben.

Nachdem Sie also einen Vorlagensatz eingestellt haben, können Sie über die Wahl von *Farben* oder *Schriftarten* in der Gruppe *Dokumentformatierung* der Registerkarte *Entwurf* diese Parameter noch zusätzlich ändern (Abbildung 4.43).

Abbildung 4.42: Hier wählen Sie einen Satz von Formatvorlagen aus.

- Über *Farben* steht Ihnen eine Vielzahl von einzelnen Farbpaletten zur Verfügung. Zusätzliche können Sie nach einem Klick auf *Farben anpassen* selbst definieren (Abbildung 4.43 links).
- In der Liste zu *Schriftarten* finden Sie mehrere Sätze von Kombinationen zweier Schriftarten. Beispielsweise sorgt die Kombination *Larissa* dafür, dass für Überschriften die Schriftart *Cambria* verwendet wird, für den normalen Fließtext die Schriftart *Calibri* (Abbildung 4.43 rechts).
- Neu seit Word 2010 ist, dass Sie auch die Möglichkeit haben, über die Formatvorlagen schnell die Absatzabstände zu ändern (Abbildung 4.44).

Über das Seitenlayout

Über die Schaltfläche *Designs* der Registerkarte *Entwurf* öffnen Sie eine Liste mit Alternativen, die jeweils Kombinationen von Designschriftarten, Designfarben und Designeffekten zusammenfassen. Markieren Sie darin die gewünschte Gestaltungsvorlage. Die Wirkung einer Alternative können Sie direkt im Dokument kontrollieren, indem Sie den Mauszeiger auf einer der Optionen ruhen lassen.

- Über die Schaltfläche *Design* können Sie eine der Voreinstellungen für die Kombination dieser Elemente wählen (Abbildung 4.45 links). Diese setzen aber meist voraus, dass Sie zum Formatieren des Dokuments die standardmäßigen Überschrift-Formatvorlagen – wie *Überschrift 1*, *Überschrift 2* etc. – benutzt haben (oben). Eine besondere Markierung einzelner Textelemente müssen Sie aber dann nicht mehr vornehmen.
- Sie können auch die einzelnen Elemente eines solchen integrierten Designs separat ansprechen. Dazu benutzen Sie die Schaltflächen *Farben*, *Schriftarten* und *Effekte* in der Gruppe *Dokumentformatierung* auf der Registerkarte *Entwurf*. Sie öffnen darüber jeweils eine Liste, über die Sie den entsprechenden Parameter einstellen können (Abbildung 4.45 rechts). Auch hier ist keine spezielle Markierung im Text notwendig. Die Optionen betreffen das gesamte Dokument.

Abbildung 4.43: Farben und Schriftarten

Abbildung 4.44: Die Absatzabstände ändern

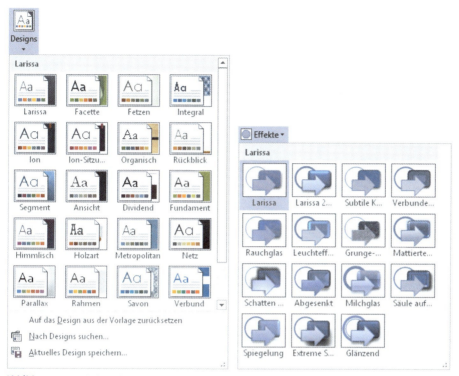

Abbildung 4.45: Die integrierten Designs und die Designeffekte

Standard festlegen

Wenn Sie mit einer Kombination von Formatvorlagensatz, Farben und Schriftarten immer wieder arbeiten, können Sie auch dafür sorgen, dass diese beim Erstellen eines neuen Dokuments immer automatisch eingestellt ist. Dazu nehmen Sie bei einem beliebigen Dokument zuerst die gewünschten Einstellungen vor und klicken dann auf *Als neuen Formatvorlagensatz speichern* in der Liste der Dokumentformate.

Kapitel 5

Word 2013: Erweiterte Aufgaben der Textverarbeitung

Wenn Sie Microsoft Word nicht nur zum Schreiben von Briefen oder anderen kurzen Dokumenten verwenden wollen, sondern auch zum Verfassen von längeren und gegebenenfalls komplexeren Arbeiten, dürften die Techniken, die in diesem Kapitel vorgestellt werden, interessant für Sie sein. Word bietet nämlich eine ganze Reihe von Werkzeugen, die Ihnen das Organisieren Ihrer Dokumente beziehungsweise der Dokumentinhalte erleichtert.

- Wir wollen uns zunächst einmal mit einigen typischen Textelementen beschäftigen, die Sie oft in das eigentliche Dokument selbst einfügen werden (Abschnitt 5.1). Dazu gehören beispielsweise Schnellbausteine oder die Angaben für Datum und Uhrzeit, aber auch anderes.
- Damit sich Leser besser in Ihrem Dokument zurechtfinden, stehen unter dem Begriff *Referenzen* folgende Funktionen zur Verfügung (Abschnitt 5.2): *Fuß*- und *Endnoten* können in gedruckten Texten für Erläuterungen, Kommentare, Verweise und Quellenangaben verwendet werden. Tabellen, Abbildungen und verschiedene andere Elemente im Dokument lassen sich mit einer fortlaufenden automatischen *Beschriftung* versehen. Damit ist es beispielsweise auch möglich, in das Dokument *Querverweise* auf Abbildungen, Tabellen und andere Elemente einzufügen.
- Sie können Indizes und Verzeichnisse in das Dokument einfügen (Abschnitt 5.3): Der Index enthält Stichwörter mit den entsprechenden Seitenverweisen darauf, wo im Dokument Informationen zum jeweiligen Stichwort zu finden sind. Bei einem Verzeichnis handelt es sich beispielsweise um das klassische Inhaltsverzeichnis, das automatisch anhand der Überschriften im Dokument generiert wird. Es können aber auch verschiedene andere Arten von Verzeichnissen erstellt werden, beispielsweise Literatur-, Rechtsgrundlagen-, Abbildungs- oder Tabellenverzeichnisse.
- Das Arbeiten in der Gliederungsansicht ermöglicht es Ihnen, auf schnelle Weise den logischen Fluss der Argumentation im Dokument festzulegen oder zu korrigieren (Abschnitt 5.4). Beispielsweise können Sie darin angeben, in welcher Reihenfolge Sie Ihre Aussagen zu Papier bringen wollen und ob eine Aussage als selbstständiges Element in der Argumentationskette oder als Unterpunkt zu einer anderen Aussage dargestellt werden soll.
- Mithilfe eines Zentraldokuments – auch Masterdokument genannt – kann ein aus mehreren Teilen bestehendes Werk, beispielsweise ein aus mehreren Kapiteln bestehendes Buch, in einem Dokument zusammengefasst und verwaltet werden (Abschnitt 5.5). Ein solches Zentraldokument enthält meist nur Verknüpfungen zu den einzelnen Filial- beziehungsweise Unterdokumenten.

5.1 Textelemente einfügen

Zu den typischen Textelementen, die Sie in ein Textdokument einfügen werden, gehören Symbole und Sonderzeichen, Schnellbausteine oder eine Signaturzeile zum Signieren von Dokumenten oder eine Initiale.

5.1.1 Symbole, Sonderzeichen und Formeln

Für die Eingabe von Zeichen, auf die Sie über die Tastatur nicht direkt zugreifen können, stellt Word den Befehl *Symbol* in der Gruppe *Symbole* auf der Registerkarte *Einfügen* zur Verfügung. Sie haben darüber Zugriff auf einen großen Vorrat an Zeichen, die Sie über die Tastatur nur mithilfe von ANSI-Zeichen eingeben könnten. Beispielsweise lässt sich das Zeichen ½ mithilfe des Codes $\boxed{\text{Alt}}$ + $\boxed{0}$ $\boxed{1}$ $\boxed{8}$ $\boxed{9}$ (auf der Zehnertastatur – die Taste $\boxed{\text{Num}}$ muss gedrückt sein) eingeben.

Symbole

Setzen Sie die Einfügemarke an die betreffende Stelle im Dokument und öffnen Sie die Liste zur Schaltfläche *Symbol*. Bei Word können Sie zunächst eine Liste mit den am häufigsten verwendeten Symbolen öffnen. Vielleicht finden Sie darin bereits das gewünschte Symbol. Die Wahl von *Weitere Symbole* zeigt das Dialogfeld *Symbol* an (Abbildung 5.1).

Abbildung 5.1: Hierüber können Sie auf einfache Weise Symbole in Ihr Dokument einfügen.

- Der verfügbare Zeichenvorrat lässt sich durch Wahl einer anderen Schriftart beeinflussen. Währungskennzeichen wie beispielsweise €, £, ¥, Brüche wie ¼, ½, ¾, sprachenabhängige Umlaute und andere Zeichen wie à, á, â, ã, å, æ oder Ähnliches können Sie in allen gängigen Schriftarten einfügen. Einen Satz häufig verwendeter mathematischer Zeichen finden Sie in der Schriftart *Symbol*. Grafische Elemente finden Sie unter anderem in der Schriftart *Wingdings*.
- Die meisten Schriftarten verfügen über verschiedene *Subsets*, in denen Zeichen für unterschiedliche Einsatzzwecke zusammengefasst sind – Sie finden im Listenfeld *Subset* meist die Gruppen *Lateinisch*, *Griechisch*, *Kyrillisch*, *Hebräisch*, aber auch geometrische Formen oder Linienzeichen.

Im Listenfeld in der Mitte des Dialogfelds werden die verfügbaren Symbole angezeigt. Fügen Sie das gewünschte Zeichen durch einen Doppelklick oder durch Markieren und anschließendes Bestätigen über die Schaltfläche *Einfügen* an die aktuelle Cursorposition in das Dokument ein.

> **TIPP** Das Dialogfeld bleibt nach dem Einfügen eines Zeichens geöffnet, um die Eingabe weiterer Symbole zu ermöglichen. Wenn Sie ein weiteres Zeichen einfügen wollen, klicken Sie zunächst auf eine beliebige Stelle im Dokument und setzen Sie dann die Einfügemarke an die gewünschte Stelle. Klicken Sie anschließend wieder das Dialogfeld an und fügen Sie dann das Symbol wie beschrieben ein.

Tastenkürzel definieren

Für häufig verwendete Sonderzeichen können Sie über die Schaltfläche *Tastenkombination* für das gerade im Dialogfeld markierte Zeichen ein Tastenkürzel definieren. Im Dialogfeld *Tastatur anpassen* ist das Symbol im Feld *Befehle* dargestellt. Setzen Sie die Einfügemarke in das Feld *Neue Tastenkombination* und drücken Sie die gewünschte Kombination. Sie können eine oder mehrere der Tasten $\boxed{\uparrow}$, $\boxed{\text{Alt}}$ und

Strg mit einer anderen Taste kombinieren. Die gewählte Kombination wird angezeigt. Durch Drücken einer weiteren Kombination kann auch diese dem Symbol zugeordnet werden. Wenn Sie eine eingegebene Kombination vor der Bestätigung ändern wollen, müssen Sie sie zuerst löschen.

TIPP Wenn die von Ihnen eingegebene Kombination bereits einer bestimmten Aufgabe zugeordnet ist, wird dies im Dialogfeld angezeigt. Wenn Sie dann die gerade festgelegte Tastenkombination bestätigen, wird sie der neuen Aufgabe zugeordnet. Das gilt auch für die in Microsoft Word standardmäßig vorhandenen Tastenkürzel – beispielsweise ↑ + F12 für den Befehl *Speichern*. Durch einen Klick auf die Schaltfläche *Alle zurücksetzen* können Sie alle benutzerdefinierten Tastenkombinationen aus der Vorlage entfernen und die in Word standardmäßig vorhandenen Tastenkombinationen wieder wirksam machen.

Durch einen Klick auf die Schaltfläche *Zuordnen* übernehmen Sie die eingegebene(n) Kombination(en). Nach dem Bestätigen werden die für das vorher markierte Zeichen eingegebene(n) Kombination(en) im Feld *Aktuelle Tasten* aufgelistet. Sie können eine solche Tastenfolge wieder löschen, indem Sie sie dort markieren und dann auf *Entfernen* klicken.

TIPP Standardmäßig wird eine solche Tastenkombination in der Vorlage *Normal* gespeichert. Das heißt, dass sie in allen Dokumenten zur Verfügung steht, die auf dieser Vorlage basieren. Wenn die neue Tastenkombination für eine andere Vorlage verwendet werden soll, müssen Sie sie über das Listenfeld *Speichern in* auswählen, bevor Sie auf die Schaltfläche *Zuordnen* klicken.

Sonderzeichen

Die Registerkarte *Sonderzeichen* ermöglicht das Einfügen von Steuerzeichen und häufig verwendeten Symbolen (Abbildung 5.2). Am Anfang der Liste *Zeichen* finden Sie eine Reihe von Elementen, die auch den automatischen Zeilenumbruch in einer Zelle beeinflusst.

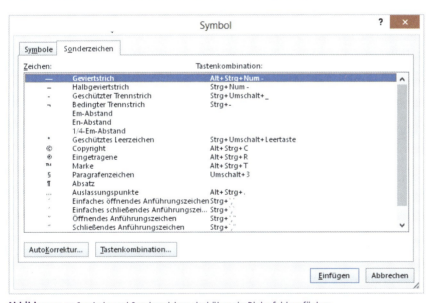

Abbildung 5.2: Symbole und Sonderzeichen sind über ein Dialogfeld verfügbar.

- Den *Halbgeviertstrich* kennen Sie wahrscheinlich eher unter dem Begriff Gedankenstrich. Sie benutzen ihn zur optischen Trennung von in einem Satz eingefügten Nebenbemerkungen – wie etwa auch in diesem Satz.
- Ein *bedingter Trennstrich* trennt ein Wort dann, wenn es sich am Ende einer Zeile befindet. Befindet sich das Wort in der Mitte einer Zeile, erscheint das Trennzeichen nicht im Ausdruck. Sie können die-

ses Zeichen benutzen, wenn die automatische Silbentrennung von Microsoft Word Wörter immer an einer falschen oder einer ungünstigen Stelle trennt. Beispielsweise kann die Automatik dazu führen, dass Word das Wort *Autorennennung* zwischen *Autorennen* und *nung* trennt. Sinnvoller ist hier sicherlich eine Trennung zwischen *Autoren* und *nennung*. Das erreichen Sie durch die Eingabe eines bedingten Trennstrichs an der betreffenden Stelle.

- Der *geschützte Trennstrich* ist ein Bindestrich, mit dem verhindert wird, dass eine Wortkopplung mit Bindestrich am Zeilenende getrennt wird. Beim Verwenden eines normalen Minuszeichens als Bindestrich zwischen zwei Wörtern wird dieses Zeichen als Trennzeichen verwendet, wenn das erste der beiden Wörter am Zeilenende steht. Wollen Sie beispielsweise vermeiden, dass ein Ausdruck wie *LH2-LOX-Triebwerk* am Bindestrich zwischen *LH2* und *LOX* getrennt wird, benutzen Sie einen geschützten Trennstrich statt des normalen Bindestrichs.

- Das *geschützte Leerzeichen* zwischen zwei Wörtern vermeidet, dass diese Wörter durch einen Zeilenumbruch getrennt werden. Typische Beispiele dafür finden Sie bei Namen von Königen – etwa *Ludwig XIV. –*, bei denen der Name und die nachfolgende römische Zahl nicht in verschiedenen Zeilen stehen sollten.

Sie können zum Einfügen solcher Steuer- und Sonderzeichen auch Tastenkürzel verwenden (Abbildung 5.2).

5.1.2 Schnellbausteine

Sie können häufig verwendete Textpassagen als *Schnellbausteine* speichern und so immer wieder schnell an die gewünschte Position im Text einfügen. Auf diese Weise müssen Sie immer wiederkehrende Texte nicht jedes Mal neu schreiben, sondern können sie aus dem Speicher zurückrufen. Das funktioniert übrigens auch mit Grafiken.

 Hinweis Bereits vor einer Definition eigener Bausteine verfügt der Katalog zu dieser Schaltfläche bereits über einige Eintragungen, die allerdings auf Ihren Namen und Ihre Initialen beschränkt sind.

Einen Schnellbaustein erstellen

Um einen neuen Schnellbaustein zu erstellen, geben Sie den dafür gewünschten Text zunächst in ein Dokument ein. Falls gewünscht, können Sie den Text auch formatieren und/oder zusätzliche Elemente – wie Grafiken oder Ähnliches – mit eingeben. Markieren Sie dann den gesamten Bereich, den Sie als Schnellbaustein verwenden wollen, öffnen Sie die Liste zur Schaltfläche *Schnellbausteine* in der Gruppe *Text* der Registerkarte *Einfügen* und klicken Sie auf *Auswahl im Schnellbaustein-Katalog speichern*. Weisen Sie anschließend im Dialogfeld *Neuen Baustein erstellen* dem Textbaustein einen Namen zu (Abbildung 5.3). Die ersten Zeichen des markierten Bereichs werden als Voreinstellung für den Namen des Eintrags angezeigt. Sie sollten diese Voreinstellung durch eine einprägsame, kurze und eindeutige Bezeichnung ersetzen.

Abbildung 5.3: Ein neuer Schnellbaustein wird hinzugefügt.

Beachten Sie auch die restlichen Felder im Dialogfeld *Neuen Baustein erstellen*:

- Im Feld *Katalog* werden Sie wahrscheinlich keine Änderungen durchführen wollen. Die Grundeinstellung *Schnellbausteine* sorgt dafür, dass der Baustein in diesem Katalog gespeichert wird.
- Wenn Sie häufig mit vielen Schnellbausteinen arbeiten, sollten Sie sich überlegen, ob Sie diese nicht in verschiedenen Kategorien organisieren sollten. Standardmäßig werden Schnellbausteine in der Kategorie *Allgemein* abgelegt. Durch Öffnen der Liste zum Feld *Kategorie* können Sie nach Wahl von *Neue Kategorie erstellen* weitere Kategorien definieren. Geben Sie der Kategorie einen Namen und bestätigen Sie diesen. Die Kategorie steht anschließend in der Liste zur Verfügung.
- Wichtig im Dialogfeld *Neuen Baustein erstellen* ist das Feld *Speichern in*. Darüber legen Sie mit *Building Blocks* fest, dass der Baustein allgemein für alle Dokumente nutzbar sein soll. Alternativ können Sie den Baustein aber auch in der aktuell benutzten Dokumentvorlage ablegen.
- Über das Feld *Optionen* können Sie regeln, ob genau der vorher markierte Inhalt als Schnellbaustein benutzt oder ob ihm eine Absatzmarke hinzugefügt werden soll. Sie können für den Baustein auch eine eigene Seite verwenden.

Bestätigen Sie das Anlegen des Schnellbausteins abschließend durch einen Klick auf *OK*.

Einen definierten Schnellbaustein in den Text einfügen

Um einen definierten Schnellbaustein in ein Dokument einzufügen, setzen Sie die Einfügemarke an die gewünschte Stelle und wählen Sie dann auf der Registerkarte *Einfügen* in der Gruppe *Text* den betreffenden Eintrag über die Liste zur Schaltfläche *Schnellbausteine* aus (Abbildung 5.4). Alternativ können Sie den entsprechenden Namen des Bausteins in das Dokument eintippen und dann – ohne ein zusätzliches Leerzeichen eingefügt zu haben – F3 drücken.

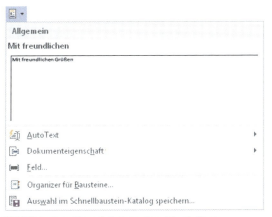

Oder Sie geben die ersten Buchstaben vom Namen des Elements ein und drücken – sofern in der eingeblendeten QuickInfo der korrekte Text angezeigt wird – die ↵-Taste. Damit Letzteres funktioniert, muss die Option *Schaltfläche für AutoKorrektur-Optionen anzeigen* im Dialogfeld *Word-Optionen* aktiviert sein (*Kapitel 16*).

Abbildung 5.4: Einen definierten Baustein einfügen

Einen Schnellbaustein bearbeiten

Um die so definierten Bausteine zu editieren, wählen Sie *Organizer für Bausteine* im Katalog zu den Schnellbausteinen. Im gleichnamigen Dialogfeld wird eine Liste der vorhandenen Bausteine angezeigt. Nachdem Sie darin den gewünschten markiert haben, können Sie ihn über die gleichnamige Schaltfläche *löschen* oder seine *Eigenschaften bearbeiten*. Das Dialogfeld zur Schaltfläche *Eigenschaften bearbeiten* entspricht dem Dialogfeld *Neuen Baustein erstellen*.

5.1.3 Datum und Uhrzeit

Über die Schaltfläche *Datum und Uhrzeit* auf der Registerkarte *Einfügen* in der Gruppe *Text* können Sie das aktuelle Datum, die aktuelle Uhrzeit oder beide Angaben zusammen in Ihr Dokument einfügen. Setzen Sie vorher die Einfügemarke an die gewünschte Stelle im Dokument. Im Dialogfeld *Datum und Uhrzeit* können Sie entscheiden, in welcher Form die Daten eingefügt werden sollen (Abbildung 5.5).

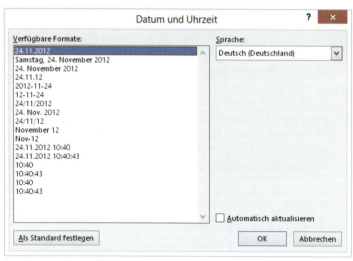

Abbildung 5.5: Legen Sie das Format für die Datums- und Uhrzeitangaben fest.

■ Über das Listenfeld *Sprache* bewirken Sie, dass die sprachtypischen Formate für Datums- und Uhrzeitangaben angezeigt werden. Im Feld *Verfügbare Formate* können Sie dann zwischen unterschiedlichen Formaten wählen.

■ Sie haben außerdem die Möglichkeit, die Datums- und/oder Uhrzeitangabe entweder zum Zeitpunkt des Einfügens oder zum jeweils aktuellen Zeitpunkt anzeigen zu lassen. Wenn Sie das Kontrollkästchen *Automatisch aktualisieren* deaktiviert lassen, werden Datum und Uhrzeit zum Zeitpunkt des Einfügens angezeigt, d. h., die Angaben ändern sich später nicht. Aktivieren Sie das Kontrollkästchen, wird später der aktuelle Zeitpunkt angezeigt.

5.1.4 Signaturzeile

Eine digitale Signaturzeile kann als eine Unterschrift mit einem papierlosen Signierprozess für Dokumente wie Verträge oder andere Abkommen eingesetzt werden.

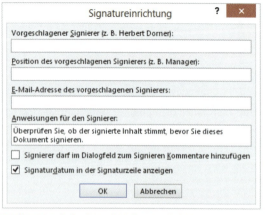

Abbildung 5.6: Das Dialogfeld *Signatureinrichtung*

Eine Signaturzeile erstellen

Wählen Sie *Microsoft Office-Signaturzeile* aus der Liste zur Schaltfläche *Signaturzeile* in der Gruppe *Text* auf der Registerkarte *Einfügen*. Über das dann angezeigte Informationsfenster haben Sie auch Zugriff auf kommerzielle Dienste, mit deren Hilfe Sie digitale Signaturen hinzufügen können. Anschließend wird das Dialogfeld *Signatureinrichtung* angezeigt (Abbildung 5.6). Geben Sie hier die Informationen zu der Person ein, die in dieser Signaturzeile signieren wird. Wenn Sie dem Signierer Anweisungen bereitstellen möchten, geben Sie diese in das entsprechende Feld ein.

Klicken Sie auf *OK*. Diese Informationen werden direkt neben der Signaturzeile im Dokument angezeigt (Abbildung 5.7). Eine solche Signaturzeile sieht wie ein typischer Signaturplatzhalter in einem gedruckten Dokument aus, unterscheidet sich aber bezüglich der Funktionsweise (unten).

Abbildung 5.7: Eine Signaturzeile wurde dem Dokument hinzugefügt.

Ein Dokument signieren

Sie können natürlich das Dokument ganz normal auf Papier ausdrucken und unterschreiben. Wenn Sie oder Ihre Organisation aber zusätzlich über ein digitales Zertifikat verfügen, können Sie die Vorteile einer papierlosen Signatur nutzen. Der Autor des Dokuments kann im Dialogfeld *Signatureinrichtung* Informationen über den vorgesehenen Signierer sowie Anweisungen für den Signierer angeben. Wenn eine elektronische Kopie des Dokuments an den vorgesehenen Signierer gesendet wird, sieht diese Person die Signaturzeile und eine Benachrichtigung, dass ihre Signatur erforderlich ist.

Wenn Sie die Funktionsweise einmal austesten wollen, doppelklicken Sie auf die Signaturzeile. Wenn Sie noch über kein Zertifikat verfügen, haben Sie über das Dialogfeld *Digitale ID anfordern* nochmals die Möglichkeit, ein solches zu erwerben. Dann wird das Dialogfeld *Signieren* angezeigt (Abbildung 5.8).

Abbildung 5.8: Das Dialogfeld *Signieren*

- Geben Sie Ihren Namen in das Feld neben dem *X* ein, um eine gedruckte Version Ihrer Signatur hinzuzufügen.
- Klicken Sie auf den Link *Bild auswählen*, um ein Bild Ihrer schriftlichen Signatur auszuwählen. Suchen Sie im Dialogfeld *Signaturbild auswählen* den Speicherort der Signaturbilddatei, wählen Sie die gewünschte Datei aus und klicken Sie dann auf *Auswählen*.
- Ein Tablet PC-Benutzer kann mithilfe der Freihandfunktion mit seinem Namen in dem Feld neben dem X unterschreiben.

Klicken Sie auf die Schaltfläche *Signieren*. Wenn ein Dokument digital signiert wurde, ist es schreibgeschützt, um Änderungen am Inhalt des Dokuments zu verhindern. Wenn dem Dokument eine sichtbare Darstellung einer Signatur hinzugefügt wird, wird gleichzeitig eine digitale Signatur hinzugefügt, um die Identität des Signierers zu authentifizieren.

Abbildung 5.9: Mit einer Initiale wird der erste Buchstabe im Absatz vergrößert angezeigt.

5.1.5 Initiale

Der Befehl *Initiale* zählt, technisch gesehen, wohl eher zu den Absatzformaten, da Sie damit den jeweils ersten Buchstaben eines Absatzes in eine spezielle – vergrößerte – Form bringen (Abbildung 5.9).

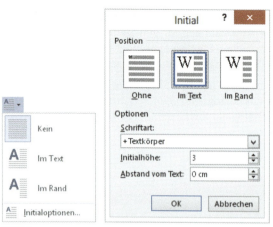

Setzen Sie hierfür die Einfügemarke in den gewünschten Absatz und rufen Sie dann im Menüband auf der Registerkarte *Einfügen* in der Gruppe *Text* den Befehl *Initiale* auf. Wählen Sie im Dialogfeld die gewünschte Form aus und legen Sie gegebenenfalls über den Befehl *Initialoptionen* weitere Optionen fest (Abbildung 5.10).

- Über die Varianten *Im Text* und *Im Rand* im Bereich *Position* legen Sie die Grundform des Initials fest.
- In den darunter liegenden Feldern können Sie die *Schriftart*, die *Initialhöhe* und den *Abstand vom Text* angeben.

Abbildung 5.10: Das Einfügen einer Initiale und die Initialoptionen

5.2 Referenzen

Sie können Ihre Dokumente mit Fußnoten, Beschriftungen, Querverweisen, Indizes und Verzeichnissen versehen. Microsoft Word stellt für die Arbeit mit derartigen Elementen auf der Registerkarte *Verweise* die betreffenden Werkzeuge bereit (Abbildung 5.11).

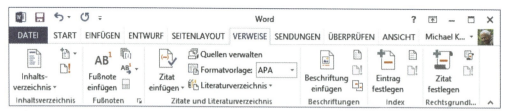

Abbildung 5.11: Die Registerkarte *Verweise* liefert Werkzeuge für die Arbeit mit Fußnoten, Beschriftungen, Querverweisen, Indizes und Verzeichnissen.

5.2.1 Fuß- und Endnoten

Fuß- oder Endnoten benutzt man im Allgemeinen dazu, dem Leser zu einem bestimmten Begriff oder einer Aussage im Fließtext zusätzliche Erläuterungen zu liefern, die im Fließtext selbst von der beabsichtigten Argumentation ablenken würden. Solche erläuternde Ergänzungen werden in Microsoft Word entweder als Fußnoten am Ende der aktuellen Seite oder als Endnoten am Ende des Dokuments angezeigt. Die Befehlsschaltflächen dafür finden Sie in der Gruppe *Fußnoten* der Registerkarte *Verweise*.

Fußnoten einfügen

Eine Fußnote oder eine Endnote besteht aus zwei miteinander verknüpften Teilen: dem Fußnotenzeichen im eigentlichen Fließtext und dem Fuß- beziehungsweise Endnotentext am Ende der Seite. Sie können in eine Fußnote Text von beliebiger Länge eingeben und diesen Text wie normalen Text formatieren.

Setzen Sie die Einfügemarke an die Stelle im Dokument, an der das Fußnotenzeichen erscheinen soll. Wählen Sie dann den Befehl *Fußnote einfügen* in der Gruppe *Fußnoten* der Registerkarte *Verweise*. Die Fußnote wird erzeugt, und die Schreibmarke springt in den Fußnotenbereich (Abbildung 5.12).

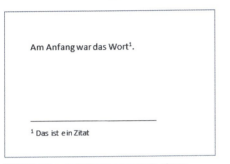

Abbildung 5.12: Fußnoten werden in einem eigenen Bereich angesiedelt.

Geben Sie hier den gewünschten Text ein. Sie können praktisch alle Befehle zur Bearbeitung und Formatierung nutzen, die Ihnen auch im normalen Fließtext zur Verfügung stehen. Durch einen Doppelklick auf das Symbol für die Fußnote können Sie zwischen der Fußnote und dem eigentlichen Text wechseln. Sie können für eine erweiterte Navigation auch die Optionen zur Befehlsschaltfläche *Nächste Fußnote* in der Gruppe *Fußnoten* benutzen.

Endnote einfügen

Zum Einfügen einer Endnote gehen Sie entsprechend vor. Setzen Sie die Einfügemarke an die Stelle im Dokument, an der das Endnotenzeichen erscheinen soll. Wählen Sie dann den Befehl *Endnote einfügen* in der Gruppe *Fußnoten* der Registerkarte *Verweise*.

Abbildung 5.13: Legen Sie die Einstellungen für Fußnoten und/oder Endnoten fest.

Zusätzliche Optionen

Wo und wie die Fuß- und/oder Endnoten im Dokument gehandhabt werden sollen, können Sie über ein Dialogfeld steuern, das Sie durch einen Klick auf die kleine Schaltfläche neben der Gruppenbezeichnung auf den Bildschirm bringen (Abbildung 5.13).

- Legen Sie als Erstes fest, ob Sie die Fußnoten oder die Endnoten steuern wollen, indem Sie die entsprechende Option wählen, und bestimmen Sie gegebenenfalls im zugehörigen Listenfeld den Ort, an dem der Fuß-/Endnotentext erscheinen soll.

- Wenn Sie eine der Optionen im Listenfeld *Zahlenformat* wählen, hat das den Vorteil, dass die Fuß-/Endnotenzeichen zusammen mit den dazugehörigen Texten automatisch verwaltet werden. Wird beispielsweise zwischen zwei vorhandenen Fußnoten eine neue eingefügt oder ein Textbereich mit Fußnoten verschoben, sorgt das Programm automatisch für eine Aktualisierung der Nummerierung.

- Mit der Option *Benutzerdefiniert* können Sie ein beliebiges Zeichen zur Kennzeichnung der Fuß-/Endnote angeben. In diesem Fall wird aber keine automatische Aktualisierung der Fuß-/Endnoten durchgeführt. Über die Schaltfläche *Symbol* können Sie ein geeignetes Zeichen auswählen.

- Über *Beginnen bei* können Sie die Anfangsziffer für die automatische Nummerierung festlegen. So können Sie bei einem aus mehreren Dateien bestehenden Dokument für eine fortlaufende Nummerierung der Fuß-/Endnoten sorgen.

- In den Listenfeldern *Nummerierung* und *Änderungen übernehmen für* können Sie die festgelegten Einstellungen gegebenenfalls auch nur auf Abschnitte im Dokument oder markierte Bereiche anwenden lassen.

TIPP Wenn Sie die Optionen für die erste Fußnote oder Endnote festgelegt haben, können Sie alle weiteren Fußnoten durch Drücken von ⎄Alt⎄+⎄Strg⎄+⎄F⎄ und alle weiteren Endnoten durch Drücken von ⎄Alt⎄+⎄Strg⎄+⎄D⎄ definieren.

5.2.2 Beschriftungen

Sie können die unterschiedlichsten Dokumentelemente – beispielsweise Abbildungen, Tabellen, Formeln usw. – mit einer fortlaufenden automatischen Beschriftung versehen, um beispielsweise an anderen Stellen im Dokument auf diese Elemente verweisen zu können. Wenn Sie eine weitere Beschriftung zwischen vorhandene Beschriftungen einfügen oder Beschriftungen aus dem Dokument entfernen, wird die Nummerierung sowohl der beschrifteten Elemente als auch die der Verweisstelle(n) automatisch angepasst. Mit der Beschriftungsfunktion ist es beispielsweise auch möglich, Abbildungs- oder Tabellenverzeichnisse in einem Dokument zu erstellen. Zum Einsatz solcher Funktionen benutzen Sie die Befehlsschaltfläche in der Gruppe *Beschriftungen* der Registerkarte *Verweise*.

Beschriftung einfügen

Markieren Sie die Stelle im Dokument, der Sie eine Beschriftung zuweisen wollen, beispielsweise unterhalb einer Tabelle oder einer Abbildung. Wählen Sie dann *Beschriftung einfügen* in der Gruppe *Beschriftungen* auf der Registerkarte *Verweise* und legen Sie im daraufhin angezeigten Dialogfeld die Art und Position der Beschriftung fest (Abbildung 5.14).

Abbildung 5.14: Bestimmen Sie die Art der Beschriftung und deren Position.

- Den Eintrag im Feld *Beschriftung* können Sie erweitern oder auch komplett neu schreiben. Definieren Sie hier aber nur den Typ der Bezeichnung – beispielsweise *Abbildung* oder *Bild* –, lassen Sie den eigentlichen Inhalt noch weg.

- Wenn Sie mehrere unterschiedliche Arten von Elementen in Ihrem Dokument beschriften wollen, beispielsweise sowohl Abbildungen als auch Tabellen, müssen Sie im Feld *Bezeichnung* die aktuell gewünschte auswählen. Standardmäßig haben Sie hier die Wahl zwischen den Kategorien *Abbildung*, *Formel* und *Tabelle*.

Nach dem Bestätigen über *OK* wird an die aktuelle Cursorposition die festgelegte Beschriftung zusammen mit einer Nummer eingefügt (Abbildung 5.17). Geben Sie nun den dazugehörenden Text – beispielsweise die Beschreibung der Abbildung – ein.

Zusätzliche Optionen

Im Dialogfeld *Beschriftung* stehen Ihnen noch zusätzliche Optionen zur Verfügung:

- Wenn Sie ein Element im Text – beispielsweise eine Abbildung – vor dem Aufrufen des Dialogfelds markiert haben, lässt sich über das Listenfeld *Position* festlegen, wo die Beschriftung hinzugefügt werden soll.
- Nach einem Klick auf die Schaltfläche *Neue Bezeichnung* können Sie eigene Beschriftungsbezeichnungen definieren (Abbildung 5.15 links).

Abbildung 5.15: Sie können eigene Beschriftungen definieren.

- Wie die aktuell gewählte Beschriftung nummeriert werden soll, legen Sie nach einem Klick auf die Schaltfläche *Nummerierung* fest (Abbildung 5.15 rechts). Sie können im daraufhin angezeigten Dialogfeld das Format der Nummerierung wählen und die Kapitelnummer mit in die Beschriftung einbeziehen.
- Das Dialogfeld, das Sie über die Schaltfläche *AutoBeschriftung* aufrufen, erlaubt die Zuordnung von automatischen Bezeichnungen zu Elementen, die Sie aus anderen Anwendungen einfügen. Im Listenfeld *Beschriftung beim Einfügen hinzufügen* werden die Anwendungen angezeigt, die vom Programm unterstützt werden. Aktivieren Sie das Kontrollkästchen links neben dem Element, dem automatisch eine Beschriftung hinzugefügt werden soll. Wählen Sie im Listenfeld *Bezeichnung* einen Kategorienamen für die Beschriftung aus. Möchten Sie eine weitere Kategorie für das markierte Element erstellen, klicken Sie auf *Neue Beschriftung* und geben Sie dann die gewünschte Bezeichnung ein.

Abbildung 5.16: Fügen Sie über das Dialogfeld Querverweise ein.

5.2.3 Querverweise

Mithilfe von *Querverweisen* können Sie in Ihrem Dokument Verweise auf bestimmte andere Stellen oder Elemente in diesem Dokument angeben. Ein Querverweis bezieht sich beispielsweise auf eine Abbildung, eine Tabelle oder eine Überschrift. Solche Verweise werden automatisch aktualisiert, wenn Sie im Dokument Änderungen durchführen, die beispielsweise die Reihenfolge der Elemente, auf die verwiesen wird, betreffen.

Positionieren Sie die Einfügemarke an der Stelle im Dokument, an die der Verweis eingetragen werden soll, und wählen Sie dann *Querverweis* in der Gruppe *Beschriftungen* auf der Registerkarte *Verweise*. Legen Sie im daraufhin angezeigten Dialogfeld den Querverweis fest (Abbildung 5.16).

- Wählen Sie im Listenfeld *Verweistyp* den Elementtyp aus, für den Sie einen Querverweis erstellen möchten. Aufgelistet werden hier alle definierten Kategorien wie beispielsweise mit der Standardformatvorlage formatierte Überschriften, Textmarken, Abbildungen, Tabellen etc.
- Im Listenfeld *Verweisen auf* legen Sie fest, was Sie in den Text des Querverweises einbeziehen möchten – beispielsweise das Wort *Abbildung* und die zugehörige Nummer. Die Elemente in dieser Liste beziehen sich auf die Auswahl im Listenfeld *Verweistyp*.
- Markieren Sie im Feld *Für welche Beschriftung* das Element, auf das der Verweis Bezug nehmen soll, und klicken Sie dann auf *Einfügen*, um den Querverweis in den Dokumenttext eintragen zu lassen (Abbildung 5.17).

Fast jeden Tag sind wir den langen Weg nach Anidri gewandert (Abbildung 1).

Abbildung 1: Der Weg nach Anidri ist weit

Abbildung 5.17: Ein Verweis auf eine Abbildung

5.3   Indizes und Verzeichnisse

Mithilfe von Indizes und Verzeichnissen – beispielsweise einem Inhalts- oder einem Abbildungsverzeichnis – können Sie den Lesern längerer Dokumente die Möglichkeit bieten, sich darin schneller zurechtzufinden.

5.3.1   Indizes

Ein Index enthält Stichwörter mit den entsprechenden Seitenverweisen darauf, wo im Dokument Informationen zu dem entsprechenden Stichwort zu finden sind. Zur Steuerung der dafür notwendigen Eingaben benutzen Sie die Gruppe *Index* der Registerkarte *Verweise*.

Abbildung 5.18: Definieren Sie über dieses Dialogfeld die Indexeinträge.

Einen Indexeintrag erstellen

Bevor Sie ein Stichwortverzeichnis generieren können, müssen Sie die entsprechenden Stellen in Ihrem Dokument als Indexeinträge kennzeichnen. Setzen Sie dazu die Einfügemarke an die Stelle im Dokument, an die ein Indexeintrag eingefügt werden soll, oder markieren Sie den Text im Dokument, der an dieser Stelle als Indexeintrag verwendet werden soll. Wählen Sie dann *Eintrag festlegen* in der Gruppe *Index* auf der Registerkarte *Verweise*. Im nun angezeigten Dialogfeld *Indexeintrag festlegen* können Sie den Eintrag spezifizieren sowie weitere Einträge definieren (Abbildung 5.18).

- Falls Sie vor dem Aufruf des Dialogfelds Text markiert haben, wird dieser im Feld *Haupteintrag* angezeigt. Sie können den gewünschten Eintrag hier aber auch direkt eingeben oder bearbeiten.
- Im Feld *Untereintrag* können Sie einen Unterpunkt zum Haupteintrag definieren. Wollen Sie mit mehr als zwei Ebenen arbeiten, geben Sie diese auch hier ein – jeweils getrennt durch einen Doppelpunkt.
- Im Bereich *Optionen* wird standardmäßig auf die aktuelle Seite des Eintrags verwiesen. Über die Option *Querverweis* kann aber auch ein Verweis auf einen anderen Indexeintrag festgelegt werden. Den Vorgabetext *Siehe* können Sie ändern. Mit *Seitenbereich* lässt sich auf eine bereits definierte Textmarke verweisen.
- Für das *Seitenzahlenformat* können Sie zwischen *Fett* und *Kursiv* wählen oder beide Formate kombinieren, wenn Sie bei mehreren Seitenangaben zu einem Indexeintrag den Haupteintrag besonders kennzeichnen möchten.
- Über die Schaltfläche *Alle festlegen* werden alle Stellen im Dokument als Indexeintrag gekennzeichnet, bei denen die Schreibweise exakt mit dem *Haupteintrag* übereinstimmt.

Mit *Festlegen* schließen Sie die Definition des aktuellen Eintrags ab. Das Dialogfeld bleibt danach für die Kennzeichnung weiterer Indexeinträge im Dokument geöffnet. Sie können also zwischen dem Dialogfeld und dem Text beliebig hin- und herwechseln. Schließen Sie das Dialogfeld mit *Schließen*, nachdem Sie alle Einträge im Dokument gekennzeichnet haben.

Indexeinträge werden als verborgen formatierte Feldfunktion in das Dokument eingefügt. Sie können sie sichtbar machen, wenn Sie die Option *Alle anzeigen* in der Gruppe *Absatz* der Registerkarte *Start* eingeschaltet haben (Abbildung 5.19). Sie können den Eintrag dann auch direkt im Dokument editieren, passen Sie aber auf, dass Sie dabei nur den in Anführungszeichen gesetzten Bereich ändern, nicht die Elemente der Feldfunktion {XE „… "}.

Fast·jeden·Tag·sind·wir·den·langen·Weg·nach·Anidri{·XE·"Anidri"·}·gewandert (Abbildung·1).¶

Abbildung 5.19: Ein Indexeintrag im Dokument – die Option *Alle anzeigen* wurde eingeschaltet.

Den Index erstellen

Nachdem Sie die zu erfassenden Einträge im Dokument gekennzeichnet haben, können Sie diese im eigentlichen Index zusammenfassen. Setzen Sie hierfür die Einfügemarke an die Stelle im Dokument, an der der Index erstellt werden soll – in der Regel am Ende des Dokuments –, und klicken Sie dann auf *Index einfügen* in der Gruppe *Index* auf der Registerkarte *Verweise*. Im Dialogfeld legen Sie die gewünschte Formatierung fest (Abbildung 5.20). Die Einträge im Feld *Seitenansicht* dienen nur als Vorschau mit einem Beispieltext.

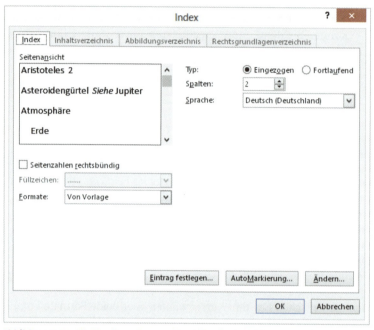

Abbildung 5.20: Hierüber formatieren und erstellen Sie das Stichwortverzeichnis.

- Wählen Sie unter *Typ*, ob die Untereinträge in separaten Zeilen mit Einzug oder nacheinander, durch Semikolon getrennt, in einer Zeile angeordnet werden sollen.
- In wie vielen *Spalten* der Index gesetzt werden soll, können Sie im entsprechenden Feld festlegen.
- Sie können die *Seitenzahlen rechtsbündig* – statt direkt hinter dem Eintrag – anzeigen lassen. Diese Option ist nicht für *Fortlaufend* wählbar. Wenn Sie unter *Typ* die Option *Eingezogen* und außerdem *Seitenzahlen rechtsbündig* gewählt haben, können Sie ein *Füllzeichen* zwischen Indexeintrag und Seitenzahl einfügen lassen.
- Im Dropdown-Listenfeld *Formate* stehen Ihnen mehrere integrierte Darstellungsmöglichkeiten für Indizes zur Verfügung. Am flexibelsten bleiben Sie, wenn Sie die Option *Von Vorlage* wählen und das Format der einzelnen Ebenen gegebenenfalls über *Ändern* anhand der Index-Formatvorlagen bestimmen.

Nach dem Bestätigen über die Schaltfläche *OK* wird der Index an der aktuellen Cursorposition im Dokument generiert.

5.3.2 Inhaltsverzeichnis

Zum Erstellen eines Inhaltsverzeichnisses verwenden Sie die Befehle in der Gruppe *Inhaltsverzeichnis* der Registerkarte *Verweise*. Standardmäßig erstellt Word ein Inhaltsverzeichnis auf der Basis der integrierten Überschrift-Formatvorlagen (*Kapitel 4*). Damit wird die Gliederung des Textes erkannt und im Inhaltsverzeichnis wiedergegeben.

Abbildung 5.21: Der Katalog für die Inhaltsverzeichnisse

Inhaltsverzeichnis erstellen

Um ein Inhaltsverzeichnis an eine bestimmte Stelle im Dokument einfügen zu lassen, setzen Sie die Einfügemarke an die betreffende Stelle und öffnen dann die Liste zur Schaltfläche *Inhaltsverzeichnis* in der gleichnamigen Gruppe. Darin können Sie zwischen unterschiedlichen Formen wählen (Abbildung 5.21). Nach der Wahl einer Option wird das Inhaltsverzeichnis erstellt.

Über die Option *Benutzerdefiniertes Inhaltsverzeichnis* in diesem Katalog können Sie vorher die Form der Einträge im Verzeichnis festlegen (Abbildung 5.22).

- Die *Seitenzahlen* können Sie anzeigen lassen oder ausblenden. Außerdem können *Seitenzahlen rechtsbündig* angeordnet werden oder direkt auf die entsprechende Überschrift folgen. Wenn Sie sie rechtsbündig setzen lassen, können Sie ein *Füllzeichen* zwischen Eintrag und Seitenzahl definieren.

- Über das Listenfeld *Formate* stehen Ihnen mehrere integrierte Darstellungsmöglichkeiten für ein Inhaltsverzeichnis zur Verfügung. Am flexibelsten bleiben Sie, wenn Sie die Option *Von Vorlage* wählen und das Format der einzelnen Ebenen gegebenenfalls über *Ändern* anhand der Verzeichnis-Formatvorlagen bestimmen.

Nach dem Bestätigen über die Schaltfläche *OK* wird das Inhaltsverzeichnis an der aktuellen Cursorposition im Dokument generiert.

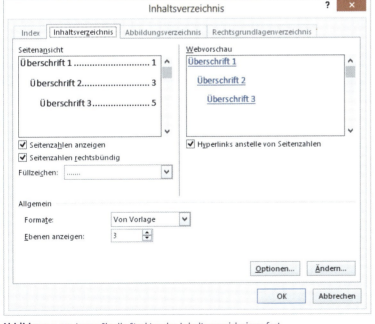

Abbildung 5.22: Legen Sie die Struktur des Inhaltsverzeichnisses fest.

Weitere Optionen

Über die Schaltfläche *Optionen* lassen Sie das Dialogfeld *Optionen für Inhaltsverzeichnis* anzeigen, in dem Sie die zu berücksichtigenden Ebenen festlegen können (Abbildung 5.23).

Abbildung 5.23: Sie können bestimmen, aus welchen Vorlageelementen das Inhaltsverzeichnis generiert wird.

Wenn Sie das Kontrollkästchen *Formatvorlagen* aktivieren, wird das Verzeichnis anhand der Formatvorlagen erstellt, ansonsten auf Basis der *Verzeichniseintragsfelder*. In der Liste unter *Verfügbare Formatvorlagen* werden die für das Dokument definierten Vorlagen angezeigt. Standardmäßig werden zunächst die Überschriften im Dokument für das Inhaltsverzeichnis verwendet. Diese sind mit einem Häkchen versehen. Sie können aber auch jede andere Formatvorlage als Eintrag für das Inhaltsverzeichnis verwenden. Geben Sie dazu neben der Bezeichnung für die Vorlage in der Spalte *Inhaltsverzeichnisebene* die entsprechende Zahl für die gewünschte Ebene ein, also beispielsweise *4* für Ebene 4.

5.3.3   Literaturverzeichnis

Ein Literaturverzeichnis steht in der Regel am Ende eines Dokuments und bezeichnet die aufgeführten Quellenangaben, die beim Erstellen des Dokuments benutzt wurden. In Word 2013 können Sie anhand der Quellenangaben für das Dokument ein Literaturverzeichnis automatisch erstellen lassen. Wenn Sie eine neue Quelle erstellen, werden die Quellenangaben auf dem Computer gespeichert, damit Sie jede erstellte Quelle finden und verwenden können.

Hinzufügen einer neuen Quelle

Öffnen Sie die Liste zur Schaltfläche *Formatvorlage* auf der Registerkarte *Verweise* in der Gruppe *Zitate und Literaturverzeichnis*. Wählen Sie die Formatvorlage aus, die für das Zitat und die Quelle verwendet werden soll. Beispielsweise werden in Dokumenten aus dem Bereich Sozialwissenschaften häufig die Formatvorlagen *MLA* oder *APA* für Zitate und Quellen verwendet.

Setzen Sie die Einfügemarke hinter das Satzende oder den Ausdruck, der als Zitat gekennzeichnet werden soll, und öffnen Sie dann das Dropdown-Menü zu *Zitat einfügen* in der Gruppe *Zitate und Literaturverzeichnis*. Sie finden darin zwei Optionen:

- Klicken Sie auf *Neue Quelle hinzufügen*, um die Quellenangaben hinzuzufügen. Im Dialogfeld können Sie dann die Quelle spezifizieren (Abbildung 5.24). Bei der Quelle kann es sich beispielsweise um ein Buch, einen Bericht oder eine Website handeln. Die einzelnen Felder der Literaturverzeichnisangaben können Sie gleich oder erst später ausfüllen. Wenn Sie das Kontrollkästchen *Alle Literaturverzeichnisfelder anzeigen* aktivieren, werden Ihnen weitere Felder für Informationen zu einer Quelle angezeigt.

Abbildung 5.24: Eine Quelle erstellen

Abbildung 5.25: Einen Platzhalter hinzufügen

■ Wenn Sie beispielsweise ein Zitat verwenden, dessen genauer Ursprung Ihnen gerade entfallen ist, können Sie in der Liste zur Schaltfläche *Zitat einfügen* auf *Neuen Platzhalter hinzufügen* klicken (Abbildung 5.25). Sie können dann die Details zur Quellenangabe später einfügen. Im Quellen-Manager wird neben der Platzhalterquelle ein Fragezeichen angezeigt.

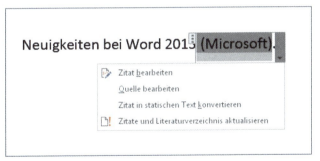

Nach der Bestätigung wird im Dokument hinter dem Zitat automatisch ein Quellverweis angezeigt (Abbildung 5.26). Seine Form haben Sie durch die gewählte *Formatvorlage* bestimmt.

Abbildung 5.26: Ein Quellverweis

Wenn Sie diesen markieren, können Sie nach einem Klick auf den kleinen Pfeil weitere Aktionen zu dieser Marke ausführen:

■ *Zitat bearbeiten* zeigt ein kleines Dialogfeld an, über das Sie über das Feld *Seiten* einen Seitenverweis zum Original angeben können. Dieser wird nach der Bestätigung mit im Dokument angezeigt. Über die Optionen unter *Unterdrücken* können Sie dafür sorgen, dass *Autor*, *Jahr* und/oder *Titel* nicht angezeigt werden.

■ *Quelle bearbeiten* öffnet ein Dialogfeld, das dem vorher verwendeten Dialogfeld *Quelle erstellen* ähnelt (Abbildung 5.24). Die aktuellen Quelldaten sind hier bereits eingetragen und können editiert werden.

■ Seien Sie vorsichtig mit *Zitat in statischen Text konvertieren*. Das belässt zwar den Quellverweis im Text, entfernt ihn aber aus dem Verzeichnis.

Nachdem Sie über das Dialogfeld *Quelle erstellen* eine Quelle definiert haben, wird diese auch in der Liste zur Schaltfläche *Zitat einfügen* mit aufgeführt und kann für weitere Verweise zu dieser Quelle benutzt werden.

Suchen nach einer Quelle

Die Liste der Quellen kann recht umfangreich werden. Für solche Fälle stellt Word einen Quellen-Manager zur Verfügung, den Sie durch einen Klick auf *Quellen verwalten* auf den Bildschirm bringen (Abbildung 5.27). Wenn Sie ein neues Dokument öffnen, das noch keine Zitate enthält, werden alle Quellen, die Sie in früheren Dokumenten verwendet haben, links im Dialogfeld unter *Masterliste* angezeigt. Beim Öffnen eines Dokuments, das bereits Zitate enthält, werden die Quellen dieser Zitate rechts unter *Aktuelle Liste* angezeigt. Alle Quellen, die Sie entweder in früheren Dokumenten oder im aktuellen Dokument zitiert haben, werden unter *Masterliste* aufgelistet.

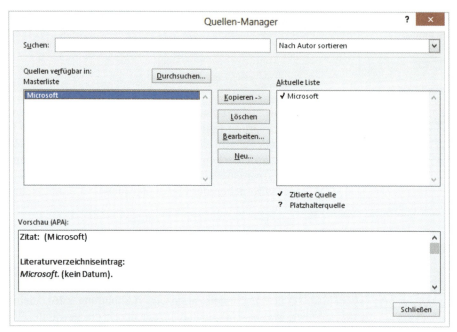

Abbildung 5.27: Der Quellen-Manager

- Um nach einer *bestimmten* Quelle zu suchen, können Sie rechts oben im Feld für das Sortieren nach *Autor*, *Titel*, *Tag des Zitats* oder *Jahr* sortieren lassen. Durchsuchen Sie anschließend die Ergebnisliste nach der gesuchten Quelle.
- Oder Sie geben in das Feld *Suchen* den Titel oder den Autor der gesuchten Quelle ein. Die *Liste* wird in Übereinstimmung mit Ihrem Suchbegriff dynamisch angepasst.

TIPP Wenn Sie im Quellen-Manager auf die Schaltfläche *Durchsuchen* klicken, können Sie eine andere Masterliste auswählen, aus der Sie neue Quellen in Ihr Dokument importieren können. So können Sie beispielsweise eine Verbindung mit einer Datei auf einer Freigabe auf dem Computer oder Server eines Forschungskollegen oder der Website einer Universität oder Forschungseinrichtung herstellen.

Bearbeiten eines Zitatplatzhalters

Manchmal ist es sinnvoll, beim Hinzufügen einer Quelle zunächst ein Platzhalterzitat zu erstellen (oben). Im Quellen-Manager wird neben dem Namen des Platzhalters ein Fragezeichen angezeigt. Später können Sie dann die ausführlichen Literaturverzeichnisangaben eintragen. Beachten Sie, dass Platzhalterzitate im Literaturverzeichnis nicht angezeigt werden.

Dazu öffnen Sie den Quellen-Manager, wählen unter *Aktuelle Liste* den gewünschten Platzhalter aus und klicken dann auf *Bearbeiten*. Das öffnet das Dialogfeld *Quelle bearbeiten*, in dem Sie die Literaturverzeichnisangaben für die Quelle eintragen können (Abbildung 5.24). Nach der Bestätigung werden alle Änderungen, die Sie an einer Quelle vornehmen, auch in das Literaturverzeichnis übernommen, sofern Sie dieses bereits erstellt haben.

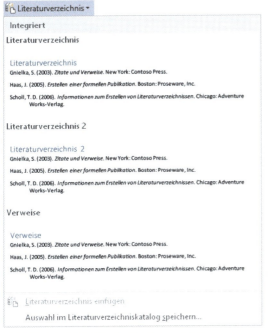

Erstellen eines Literaturverzeichnisses

Ein Literaturverzeichnis kann zu jedem beliebigen Zeitpunkt nach dem Einfügen von Quellen in einem Dokument erstellt werden. Wenn Ihnen noch nicht alle erforderlichen Informationen zu einer Quelle zur Verfügung stehen, um ein Zitat vollständig zu erstellen, können Sie ein Platzhalterzitat erstellen und die Quellenangaben zu einem späteren Zeitpunkt vervollständigen.

Setzen Sie die Einfügemarke an die Stelle im Dokument, an die das Literaturverzeichnis eingefügt werden soll – meist fügt man ein solches Verzeichnis an das Ende eines Dokuments ein. Klicken Sie dann in der Gruppe *Zitate und Literaturverzeichnis* auf *Literaturverzeichnis* und wählen Sie ein vordefiniertes Literaturverzeichnisformat (Abbildung 5.28).

Abbildung 5.28: Ein Literaturverzeichnis erstellen

5.3.4 Rechtsgrundlagenverzeichnis

Ein Rechtsgrundlagenverzeichnis ist eine Liste von Querverweisen in einem juristischen Dokument. Darin kann beispielsweise auf Fälle, Statuten und Regelungen und die entsprechenden Seitenzahlen Bezug genommen werden. Benutzen Sie zum Arbeiten die Befehle in der Gruppe *Rechtsgrundlagenverzeichnis* auf der Registerkarte *Verweise*.

Das Prinzip ist das folgende: Um im Text des Dokuments nicht mit andauernd wiederkehrenden Hinweisen wie beispielsweise *Kolberg gg. Microsoft, 158 Wn. 2d 243 (2013)* gelangweilt zu werden, setzt man dort nur eine Kurzform dafür in Form eines Zitats ein – beispielsweise *Kolberg gg. Microsoft*. Anschließend kann man dann ein Rechtsgrundlagenverzeichnis erstellen lassen, in dem die Kurzform erklärt wird.

TIPP Sie können das Rechtsgrundlagenverzeichnis aber auch für andere Zwecke einsetzen: Es ergibt immer dann Sinn, wenn Sie im Haupttext des Dokuments immer nur eine Kurzform verwenden und die Erklärung dazu im Verzeichnis geben wollen.

Einträge festlegen

Voraussetzung ist, dass Sie alle gewünschten Stellen im Dokument mit der Kurzform des Zitats versehen haben. Der erste Schritt besteht im Festlegen dieser Einträge im Dokument, die dem Rechtsgrundlagenverzeichnis hinzugefügt werden sollen.

Markieren Sie den ersten Eintrag in dem Dokument – beispielsweise *Kolberg gg. Microsoft* – und klicken Sie auf *Zitat festlegen* in der Gruppe *Rechtsgrundlagenverzeichnis* oder drücken Sie [Alt] + [Umschalt] + [I]. Darauf wird das Dialogfeld *Zitat markieren* angezeigt (Abbildung 5.29 links).

Abbildung 5.29: Das Zitat markieren und Kategorien bearbeiten

- Oben im Dialogfeld finden Sie ein Feld mit dem Namen *Ausgewählter Text*. Darin wird zunächst der vorher markierte Text angezeigt. Bearbeiten Sie diesen Eintrag so, wie er später im Rechtsgrundlagen-verzeichnis angezeigt werden soll – erweitern Sie also beispielsweise den Text *Kolberg gg. Microsoft* zu *Kolberg gg. Microsoft, 158 Wn. 2d 243 (2013)*.
- Wenn Sie den Text oder einen Teil davon formatieren möchten, klicken Sie mit der rechten Maustaste auf den Text und dann auf *Schriftart*. Wählen Sie die gewünschten Formatierungsoptionen aus.
- Wählen Sie im Feld *Kategorie* die Kategorie für den Eintrag. Sie können weitere Kategorien selbst defi-nieren, nachdem Sie auf die Schaltfläche *Kategorie* geklickt haben (Abbildung 5.29 rechts).
- Den Text im Feld *Kurzes Zitat* werden Sie im Allgemeinen nicht verändern. Damit wird dann im Word-Dokument nach weiteren Stellen gesucht.
- Wenn Sie einen einzelnen Eintrag festlegen möchten, klicken Sie auf *Markieren*. Um alle Einträge im Dokument festzulegen, die denen im Dialogfeld *Eintrag festlegen* entsprechen, klicken Sie auf *Alle markieren*.
- Um den nächsten Eintrag im Dokument zu suchen, klicken Sie auf *Weitersuchen*.

Word fügt nach jedem festgelegten Eintrag in versteckter Formatierung ein sogenanntes *TA*-Feld hinzu. Für das eben benutzte Beispiel erscheint { *TA \1 „Kolberg gg. Microsoft, 158 Wn. 2d 243 (2013)" \s „Kol-berg gg. Microsoft" \c 1 \b* }. Wenn dieses *TA*-Feld nicht angezeigt wird, klicken Sie auf der Registerkarte *Start* im Bereich *Absatz* auf die Schaltfläche *Alle anzeigen*.

Verzeichnis erstellen

Klicken Sie im Dokument auf die Stelle, an die Sie das Rechtsgrundlagenverzeichnis einfügen möchten. Klicken Sie dann auf die Schaltfläche *Rechtsgrundlagenverzeichnis einfügen*. Ein Dialogfeld wird ange-zeigt, in dem Sie das Format wählen und weitere Optionen einstellen können (Abbildung 5.30).

- Wählen Sie im Feld *Kategorie* die Kategorie, die in Ihrem Rechtsgrundlagenverzeichnis enthalten sein soll. Zum Einbeziehen aller Kategorien wählen Sie *Alle*.
- Um eines der vorgegebenen Formate zu verwenden, klicken Sie im Feld *Formate* auf eine Option.
- Die Einstellungen entsprechen zum Großteil denen der Registerkarten *Inhaltsverzeichnis* und *Abbil-dungsverzeichnis*. Die Option *Passim verwenden* ersetzt bei fünf oder mehr identischen Einträgen die Seitenzahlen durch das Wort *passim* und sollte in der Regel deaktiviert werden. *Passim* ist Lateinisch und steht für *überall*. Das wird in wissenschaftlichen Texten anstelle von konkreten Seitenangaben gebraucht, wenn keine konkrete Zeile oder kein bestimmter Absatz zum Sachverhalt angegeben wer-den kann, sondern der Sachverhalt sich durch den gesamten Text oder ein großes Textstück zieht.

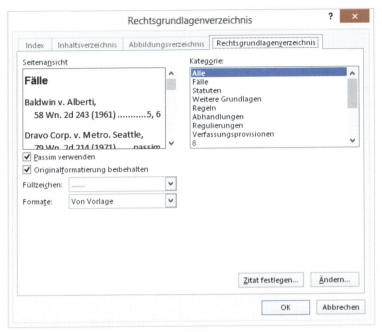

Abbildung 5.30: Ein Rechtsgrundlagenverzeichnis einfügen

Nach der Bestätigung über *OK* wird das Verzeichnis erstellt. Beim Erstellen eines Rechtsgrundlagenverzeichnisses sucht Word nach markierten Einträgen, ordnet diese nach Kategorien, verweist auf die jeweiligen Seitenzahlen und zeigt das Verzeichnis im Dokument an.

Aktualisieren

Nach dem Einfügen, Löschen, Verschieben oder Überarbeiten von Einträgen oder anderem Text im Dokument sollten Sie das Rechtsgrundlagenverzeichnis aktualisieren. Wenn Sie beispielsweise einen Eintrag überarbeiten und auf eine andere Seite verschieben, sollten Sie sicherstellen, dass das Rechtsgrundlagenverzeichnis den überarbeiteten Eintrag und die neue Seitenzahl enthält. Um das Rechtsgrundlagenverzeichnis zu aktualisieren, klicken Sie auf eine Stelle links vom Verzeichnis und drücken Sie F9 .

Um sicherzustellen, dass die Seitenzählung im Dokument korrekt ist, müssen Feldfunktionen und verborgener Text bei einer Aktualisierung ausgeblendet werden. Wenn die *TA*-Felder sichtbar sein sollten, klicken Sie auf der Registerkarte *Start* im Bereich *Absatz* auf die Schaltfläche *Alle anzeigen*.

> **TIPP** Wenn Sie einen Eintrag im Rechtsgrundlagenverzeichnis entfernen wollen, markieren Sie den vollständigen Eintrag im Hauptteil des Dokuments einschließlich der geschweiften Klammern und drücken Sie Entf . Führen Sie dann mit F9 eine Aktualisierung durch.

5.3.5   Abbildungsverzeichnis

Die Schaltfläche heißt zwar *Abbildungsverzeichnis*, Sie können damit aber neben Abbildungen auch alle anderen beschrifteten Elemente – wie Tabellen oder Formeln – in einem Verzeichnis zusammenfassend aufnehmen. Wenn Sie Beschriftungen für diese Elemente im Dokument bereits eingesetzt haben, sind dazu keine weiteren Vorarbeiten notwendig (oben). Klicken Sie einfach auf *Abbildungsverzeichnis einfügen* in der Gruppe *Beschriftungen*. Die Registerkarte *Abbildungsverzeichnis* des gleichnamigen Dialogfelds wird angezeigt (Abbildung 5.31).

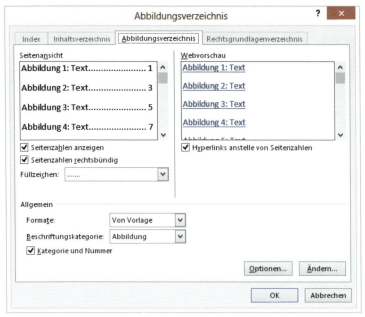

Abbildung 5.31: Ein Abbildungsverzeichnis einfügen

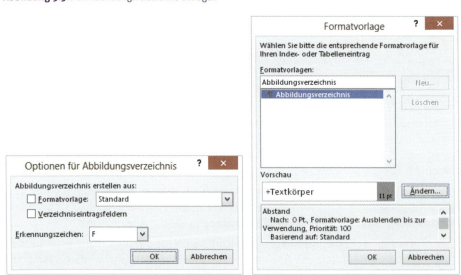

Abbildung 5.32: Optionen und Ändern

- Wählen Sie zuerst unten im Dialogfeld die *Beschriftungskategorie*, für die Sie das Verzeichnis erstellen wollen. Benutzen Sie *Abbildung* für ein Abbildungsverzeichnis. Wenn Sie ein Verzeichnis der Tabellen wünschen, wählen Sie hier *Tabelle*.

- Danach können Sie über das Listenfeld *Formate* einen Stil für das Verzeichnis einstellen. Die Wirkung wird in den Bereichen *Seitenansicht* und *Webvorschau* des Dialogfelds skizziert.

- Wenn Sie den Abbildungsbeschriftungen bereits andere benutzerdefinierte Formatvorlagen zugewiesen haben, können Sie die Formateinstellungen angeben, die beim Erstellen des Abbildungsverzeichnisses verwendet werden sollen. Beachten Sie, dass alle Abbildungsbeschriftungen mit derselben Formatvorlage formatiert sein müssen und dass diese Formatvorlage nur für Beschriftungen verwendet werden darf. Klicken Sie dazu im Dialogfeld auf *Optionen*, aktivieren Sie das Kontrollkästchen *Formatvorlage*, klicken Sie auf den Namen der Formatvorlage, die Sie für die Abbildungsbeschriftungen verwendet haben, und bestätigen Sie mit *OK* (Abbildung 5.32 links).

- Über *Ändern* haben Sie die Möglichkeit, Änderungen an der verwendeten Formatvorlage vorzunehmen, die für die Elmente des Verzeichnisses benutzt wird (Abbildung 5.32 rechts).

Nach einer Bestätigung über *OK* wird das Verzeichnis an der vorher markierten Stelle erzeugt. Wie immer können Sie es über die Funktionstaste ⌨F9⌨ aktualisieren lassen.

5.4 Arbeiten in der Gliederungsansicht

Auch das Arbeiten in der *Gliederungsansicht* ermöglicht es Ihnen, auf schnelle Weise den logischen Aufbau Ihres Dokuments überblicken und gegebenenfalls korrigieren zu können. Sie können darin festlegen, in welcher Reihenfolge Ihre Aussagen im Dokument erscheinen sollen und ob eine Aussage als selbstständiges Element in der Argumentationskette oder als Unterpunkt zu einer anderen Aussage angeordnet werden soll.

Um zur Gliederungsansicht zu wechseln, wechseln Sie im Menüband zur Registerkarte *Ansicht* und klicken Sie auf die Schaltfläche *Gliederung* in der Gruppe *Ansichten* oder benutzen Sie die gleichbedeutende kleine Schaltfläche *Gliederung* rechts unten im Programmfenster in der Statusleiste (Abbildung 5.33). Beachten Sie in der dann angezeigten Ansicht gleich die Registerkarte *Gliederung*. Wichtig sind für uns zunächst nur die Schaltflächen in der Gruppe *Gliederungstools*.

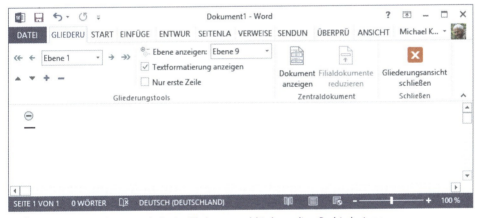

Abbildung 5.33: Ein Dokument zeigt in der Gliederungsansicht eine weitere Registerkarte an.

Hatten Sie ein noch leeres Dokument geöffnet, finden Sie im Hauptbereich des Fensters lediglich ein Kreissymbol mit einem Minuszeichen (Abbildung 5.33). Enthält das aktuelle Dokument bereits Inhalte, hängt die Darstellung davon ab, ob Sie bereits zuvor Textelemente mit den integrierten Formatvorlagen *Überschrift 1*, *Überschrift 2* etc. entsprechend gekennzeichnet haben (*Kapitel 4*). Ist das der Fall, werden diese als Gliederungsebenen angezeigt.

5.4.1 Eingaben in der Gliederungsansicht

Im Allgemeinen arbeitet man in dieser Ansicht vorzugsweise auf der Ebene von Überschriften. Sie können hierin aber auch Eingaben bis hinunter zum eigentlichen Textkörper vornehmen und Bearbeitungen durchführen. Da die Gliederungsansicht jedoch über eine auf Ihre speziellen Zwecke der Organisation ausgerichtete Darstellungsform verfügt, sollten Sie für ausführlichere Arbeiten am Textkörper besser zur Seitenlayoutansicht wechseln.

Die oberste Ebene

Wenn Sie in einem noch leeren Dokument in der Gliederung eine Eingabe durchführen, wird dem Absatz damit automatisch die Formatvorlage *Überschrift 1* zugewiesen. Das erkennen Sie in der Gliederungsansicht daran, dass im Feld *Gliederungsebene* der Ausdruck *Ebene 1* steht, solange der Absatz markiert ist. Wenn Sie von der Gliederungsansicht zur Ansicht *Seitenlayout* wechseln, ist im Bereich der Schnellformatvorlagen die Option *Überschrift 1* eingestellt. Auch weitere Absätze, die Sie dann nach Drücken der ⏎-Taste eingeben, tragen diese Kennzeichnung. Word nimmt in der Gliederungsansicht also an, dass Sie zunächst einmal die Überschriften der obersten Ebene eingeben wollen – beispielsweise die Überschriften der Kapitel (Abbildung 5.34).

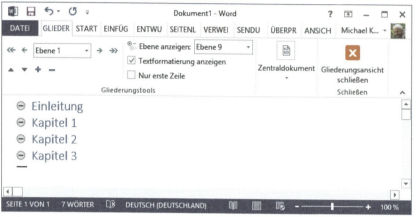

Abbildung 5.34: Vier Elemente der obersten Gliederungsebene werden angezeigt.

Untere Ebenen

Um unterhalb einer mit *Ebene 1* markierten Ebene arbeiten zu können, gehen Sie wie folgt vor:

- Setzen Sie die Einfügemarke an das Ende des bereits eingegebenen Textes für eine Überschrift der *Ebene 1* – beispielsweise an das Ende der Überschrift *Kapitel 1*.
- Drücken Sie die ⏎-Taste. Word nimmt zunächst an, dass Sie eine weitere *Ebene 1* einfügen wollen, und weist dem Absatz eine entsprechende Markierung zu.

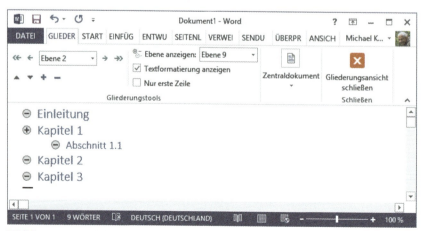

Abbildung 5.35: Zwei Gliederungsebenen – die Unterebene ist eingezogen.

- Wechseln Sie dann die Ebene. Das können Sie auf zwei Arten tun: Entweder Sie stellen über das Feld *Gliederungsebene* die Ebene *Ebene 2* ein. Die Liste zum Feld *Gliederungsebene* enthält neun Überschriftenebenen. Sie könnten auch jede andere Ebene einstellen, im Allgemeinen wird man nach der *Ebene 1* die Ebene *Ebene 2* verwenden. Anschließend können Sie den Text für die Überschrift dieser Ebene eingeben (Abbildung 5.35).

Sie können zum Wechsel auf die nächste Ebene nach der Eingabe eines neuen Absatzes aber auch einfach die Schaltfläche *Tiefer stufen* oder die Tastenkombination (Alt) + (↑) + (→) benutzen. Dadurch weisen Sie dem Absatz automatisch die nächsttiefere Ebene zu. Auch die anderen Schaltflächen erlauben einen Wechsel der Ebene (Tabelle 5.1).

Symbol	Bedeutung
⇐	Höher stufen zur Überschrift 1
←	Höher stufen ((Alt) + (↑) + (←))
→	Tiefer stufen ((Alt) + (↑) + (→))
⇒	Tiefer stufen zu Textkörper

Tabelle 5.1: Über vier Schaltflächen können Sie die Ebene festlegen.

Fahren Sie auf diese Weise mit dem Aufbau der Überschriftenebenen des Dokuments fort. Wenn Sie beispielsweise unterhalb von *Ebene 2* eine *Ebene 3* einrichten wollen, setzen Sie die Einfügemarke an das Ende der Überschrift von *Ebene 2*, drücken die ↵-Taste und ändern die Ebene des neuen Absatzes zu *Ebene 3*.

Die Ebene des Textkörpers

Natürlich besteht ein Dokument nicht nur aus Überschriften, sondern üblicherweise auch aus normalem Text. Um irgendwo zwischen den Überschriften einen solchen Fließtext einzufügen, setzen Sie die Einfügemarke an das Ende der davor stehenden Überschriftenebene, drücken Sie die ↵-Taste und wechseln Sie die Ebene des neuen Absatzes zu *Textkörper*. Geben Sie dann den Text auf dieser Ebene ein (Abbildung 5.36). Sie können zum Zuweisen dieser Ebene auch einfach auf die Schaltfläche *Tieferstufen zu Textkörper* klicken.

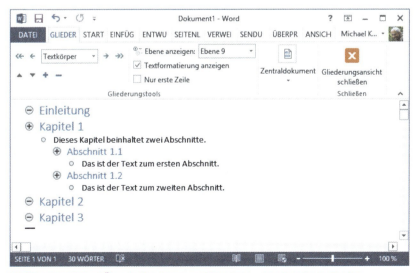

Abbildung 5.36: Zwei Überschriftenebenen und Textkörper – beachten Sie die Einzüge.

5.4.2   Die Gliederung bearbeiten

Zum Bearbeiten einer Gliederung sind meist zwei verschiedene Aufgaben zu bewerkstelligen: Zum einen muss die Reihenfolge einzelner Abschnitte – Überschriftenebenen mit den dazugehörigen Unterpunkten und Texten – geändert werden, ohne dass sich dabei deren Gliederungsebene ändert. Zum anderen ergibt sich manchmal auch die Notwendigkeit, die Gliederungsebene oder Einzugsebene bestimmter Abschnitte zu ändern, diese also höher oder tiefer zu stufen. Details dazu finden Sie in den nachfolgenden Ausführungen.

Ebenen anzeigen und ausblenden

In der Grundeinstellung werden nach dem Wechseln zur Gliederungsansicht alle Ebenen im Dokument inklusive der Bestandteile des Textkörpers vollständig angezeigt. Sie können aber die Dokumentstruktur in der Regel besser überblicken und sich leichter durch das Dokument bewegen und größere Textabschnitte neu anordnen, wenn Sie die Anzeige so reduzieren, dass nur die von Ihnen gewünschten Überschriftenebenen und Teile des Textkörpers angezeigt werden. Beachten Sie, dass nur mit den integrierten Überschrift-Formatvorlagen oder Absatzgliederungsebenen formatierte Elemente ein- und ausgeblendet werden können.

- Sie können zum einen die Anzahl der in der Ansicht anzuzeigenden Ebenen generell festlegen. Dazu wählen Sie im Dropdown-Listenfeld zur Schaltfläche *Ebene anzeigen* in der Gruppe *Gliederungstools* die gewünschte Anzahl aus. Beispielsweise können Sie durch Wahl von *Ebene 1* bestimmen, dass nur die Überschriften der ersten Ebene angezeigt werden. Wollen Sie wieder sämtliche Ebenen inklusive Textkörper anzeigen, wählen Sie im Listenfeld die Option *Alle Ebenen*. Beachten Sie, dass die Ebenen, zu denen ausgeblendete Unterebenen – dazu gehört auch Textkörper – existieren, durch einen grauen Strich besonders gekennzeichnet sind (Abbildung 5.37).

Abbildung 5.37: *Ebene 1* anzeigen und *Ebene 2* anzeigen

- Manchmal geht es schneller, wenn Sie stattdessen die Schaltfläche *Gliederung erweitern* und *Gliederung reduzieren* benutzen. Damit können Sie die Anzeige schrittweise – also Ebene für Ebene – erweitern oder reduzieren (Tabelle 5.2).

Symbol	Bedeutung
▲	Gliederungspunkt nach oben verschieben
▼	Gliederungspunkt nach unten verschieben
✚	Gliederung erweitern
➖	Gliederung reduzieren

Tabelle 5.2: Die Gliederung kann über Schaltflächen reduziert oder erweitert werden.

- Sie können auch nur die Gliederung innerhalb eines bestimmten Bereichs reduzieren, indem Sie auf das Symbol mit dem Pluszeichen links neben der betreffenden Überschrift doppelklicken. Ein zweiter Doppelklick blendet die Unterebenen wieder ein.
- Auch ein zu langer Textkörper erschwert die Übersicht in der Gliederungsansicht. Um den Textkörper im gesamten Dokument bis auf die erste Zeile in jedem Abschnitt auszublenden, aktivieren Sie die Option *Nur erste Zeile* in der Gruppe *Gliederungstools*. Die auf die Zeile folgenden Auslassungspunkte weisen anschließend darauf hin, dass weitere Textzeilen reduziert sind. Um den Text wieder vollständig anzuzeigen, deaktivieren Sie diese Option.
- Formatierungen können Sie in der Gliederungsansicht nicht vornehmen. Dazu wechseln Sie zu einer anderen Ansicht. Wenn Sie später die Zeichenformatierung in dieser Ansicht – beispielsweise große Schriftarten oder Kursivschrift – irritiert, können Sie die Gliederung als einfachen Text anzeigen. Deaktivieren Sie dazu die Option *Textformatierung anzeigen*. Durch Aktivieren schalten Sie die Formatierung wieder an.

Elemente markieren

Bevor Sie beginnen, Elemente in der Gliederungsansicht zu verschieben oder auf andere Art zu bearbeiten, müssen Sie zunächst das, was Sie bearbeiten wollen, markieren. Das geht am einfachsten mit der Maus: Um einen Bereich – also eine Überschrift samt den in den Ebenen darunter vorhandenen Überschriften und dem dazugehörigen Textkörper – zu markieren, klicken Sie auf das kleine Symbol links von der betreffenden Überschrift. Um nur den Textkörper einer Ebene zu markieren, klicken Sie auf den Punkt links vom betreffenden Text (Abbildung 5.38).

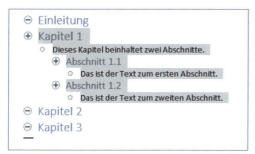 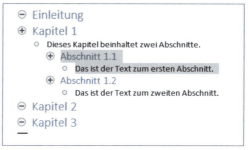

Abbildung 5.38: Bereiche können insgesamt mit den dazugehörenden Überschriften markiert werden.

Hinweis Beachten Sie dabei zwei wichtige Punkte: Die unter der markierten Ebene vorhandenen Ebenen werden – inklusive des Textkörpers – mit markiert! Und wenn Sie eine Überschrift mit reduziertem untergeordnetem Text markieren, wird auch der reduzierte Text markiert, obwohl er in der Anzeige nicht zu sehen ist.

Die Reihenfolge ändern

Ein häufig durchgeführter Arbeitsschritt bei der Bearbeitung eines Dokuments besteht darin, die Reihenfolge bestimmter Abschnitte zu ändern. In der Normalansicht und der Seitenlayoutansicht können Sie für diese Aufgaben die Befehle der Gruppe *Zwischenablage* auf der Registerkarte *Start* zum Ausschneiden und Einfügen von Text benutzen. Einfacher arbeiten Sie aber in diesen Fällen in der Gliederungsansicht mit den entsprechenden Schaltflächen oder durch Verschieben mit der Maus.

- Zum Verschieben eines Dokumentabschnitts samt seinen Unterelementen markieren Sie ihn zunächst, indem Sie auf das Symbol links neben der betreffenden Überschrift klicken. Um diesen Bereich dann im Dokument nach hinten zu verschieben, klicken Sie anschließend – falls notwendig mehrmals – auf die Schaltfläche *Nach unten*. Um einen Abschnitt nach oben zu verschieben, benutzen Sie die Schaltfläche *Nach oben*. Beachten Sie, dass dabei die zugewiesene Gliederungsebene nicht verändert wird. Auch die zur markierten Ebene gehörigen Unterüberschriften und der Textkörper werden damit ebenfalls verschoben.

- Sie können Text auch neu anordnen, indem Sie das betreffende Gliederungssymbol – das Pluszeichen links neben der Überschrift – mit der Maus nach oben oder unten verschieben. Beim Ziehen mit der Maus zeigt Microsoft Word für jede mögliche Einfügeposition eine horizontale Linie an. Lassen Sie an der gewünschten Stelle die Maustaste los, um dem Abschnitt die neue Position zuzuweisen. Der Abschnitt wird vor die durch die Markierung gekennzeichnete Stelle eingefügt und behält seine ursprüngliche Gliederungsebene bei. Auch in diesem Fall werden die dazugehörigen Unterüberschriften und der Textkörper ebenfalls mit verschoben.

Die Einzugsebenen ändern

In der Gliederungsansicht lassen sich Überschriften auch höher oder tiefer stufen. Beispielsweise können Sie damit eine Überschrift samt Textkörper und eventuellen Unterüberschriften eine Ebene tiefer setzen und so zu einem Unterpunkt der vorherigen Ebene machen.

Markieren Sie zunächst den Abschnitt, den Sie neu einordnen wollen. Benutzen Sie dann die entsprechenden Schaltflächen auf der Registerkarte *Gliederung* des Menübands.

- Klicken Sie auf die Schaltfläche *Tiefer stufen*, um den Abschnitt eine Ebene zurückzustufen. Klicken Sie auf die Schaltfläche *Höher stufen*, um den Abschnitt eine Ebene höher zu setzen. Klicken Sie so oft auf die entsprechende Schaltfläche, bis die gewünschte Ebene erreicht ist.
- Um schnell einer Überschrift oder einem Textkörper die erste Gliederungsebene zuzuweisen, klicken Sie nach dem Markieren auf die Schaltfläche *Höher stufen zu Überschrift 1*. Um umgekehrt eine Überschrift in Textkörper umzuwandeln, klicken Sie auf *Tieferstufen zu Textkörper*.

Sie können Text auch neu anordnen, indem Sie die betreffenden Gliederungssymbole für die Überschriften und Textkörper nach dem Markieren des entsprechenden Bereichs mit der Maus nach links beziehungsweise nach rechts ziehen. Auch hierbei werden die dazugehörigen Unterüberschriften und der Textkörper ihre Gliederungsebene entsprechend angepasst.

5.5   Zentral- und Filialdokumente

Der zweite große Aufgabenbereich für die Ansicht *Gliederung* ist das Arbeiten mit *Zentral- und Filialdokumenten*. Ein Zentraldokument – auch Masterdokument genannt – ist ein Behälter für eine bestimmte Anzahl von separaten Unterdokumenten, die auch als Filialdokumente bezeichnet werden. Mithilfe eines Masterdokuments kann ein aus mehreren Teilen bestehendes Werk – beispielsweise ein aus mehreren Kapiteln bestehendes Buch – auf einfache Weise organisiert und verwaltet werden. Dazu erstellen Sie die einzelnen Teile in separaten Dateien, den Filialdokumenten, und fassen diese im Zentraldokument zusammen. Das Zentraldokument enthält dann meist nur Verknüpfungen zu den einzelnen Filialdokumenten, die dazu verwendet werden, Kopien der Filialdokumente in das Zentraldokument einzufügen. Sie können diese Technik verwenden, um ein umfangreiches Dokument in einzelne Teile aufzuspalten, zu organisieren und zu verwalten.

Hinweis Bevor Sie einen Satz von Zentral- und Filialdokumenten erstellen, sollten Sie zunächst einen gemeinsamen Speicherort für diese Dateien festlegen. Legen Sie dazu beispielsweise über den Windows-Explorer einen entsprechenden Ordner an. Wenn Sie bereits vorhandene Word-Dokumente als Filialdokumente verwenden möchten, verschieben oder kopieren Sie die betreffenden Dokumente in diesen Ordner.

Zur Arbeit mit Zentral- und Filialdokumenten arbeiten Sie mit der Gruppe *Zentraldokument* auf der Registerkarte *Gliederung*. Wenn diese lediglich zwei Schaltflächen aufweist, müssen Sie zuerst auf die Schaltfläche *Dokument anzeigen* klicken.

5.5.1 Zentraldokument in Filialdokumente aufteilen

Im Allgemeinen werden Sie ein Zentraldokument mit bereits vorhandenen Filialdokumenten füllen wollen. Wir wollen trotzdem zunächst einmal von dem Fall ausgehen, in dem Sie die Filialdokumente direkt im Zentraldokument erstellen, da dabei einige wichtige Punkte klarer werden.

Ein Zentraldokument erstellen

Wenn Sie ein Zentraldokument später in Filialdokumente aufteilen wollen, müssen Sie zunächst das Zentraldokument anlegen:

- Dazu erstellen Sie innerhalb von Microsoft Word ein neues Dokument. Aktivieren Sie dann gleich zu Anfang die Gliederungsansicht, indem Sie auf die Schaltfläche *Gliederung* im Bereich *Ansichten* der Registerkarte *Ansicht* klicken, oder Sie benutzen die gleichbedeutende kleine Schaltfläche *Gliederung* rechts unten im Programmfenster in der Statusleiste.
- Geben Sie die Überschrift für den Gesamttitel des Dokuments und darunter die Überschriften für jeden Abschnitt ein, den Sie später als Filialdokument benutzen wollen. Wenn Sie nach der Eingabe einer Überschriftenzeile die ⏎-Taste drücken, wird jede dieser Ebenen automatisch mit der integrierten Überschrift-Formatvorlage *Ebene 1 –* bzw. *Überschrift 1 –* formatiert.
- Weisen Sie den Überschriften für die Filialdokumente eine geeignete Überschrift-Formatvorlage zu. Sie können mit einer von mehreren Alternativen arbeiten: Wenn Sie nur auf einer Ebene arbeiten wollen, verwenden Sie *Ebene 1* für jedes Filialdokument. Sie können aber das Zentraldokument auch mit einem übergeordneten Titel versehen. In diesem Fall können Sie die darunter liegenden Überschriften eine Ebene tiefer stufen. Dazu können Sie die Schaltflächen des Bereichs *Gliederungstools* benutzen.
- Im weiteren Vorgehen können Sie dann unterhalb der Ebenen der Überschriften für die einzelnen Filialdokumente weitere Eingaben vornehmen. Sie können beispielsweise weitere Unterebenen und auch Eingaben für den Textkörper festlegen. Gehen Sie dazu genauso vor wie bei einem normalen Dokument in der Gliederungsansicht.

> **TIPP** Alternativ können Sie auch ein bestehendes Dokument in ein Zentraldokument umwandeln: Öffnen Sie das Dokument, das Sie als Zentraldokument verwenden möchten, und weisen Sie jeder Überschrift eine geeignete Überschrift-Formatvorlage zu. Wechseln Sie dann in die Gliederungsansicht.

Filialdokumente aus dem Zentraldokument heraus erstellen

Nachdem das Zentraldokument damit über eine Gliederung verfügt, können Sie die Filialdokumente anhand der vorhandenen Gliederungsüberschriften erstellen. Dabei werden im Prinzip die Überschriften und deren Unterebenen durch die vorher separat gespeicherten Dateien ersetzt.

- Dazu markieren Sie in der Gliederungsansicht im Zentraldokument die Überschriften, die Sie als Filialdokumente verwenden möchten (Abbildung 5.39). Wenn Sie mehrere Überschriften der obersten dafür verwendeten Ebene markieren, werden nachfolgend mehrere Filialdokumente erstellt – für jede Überschrift der Ebene eines.
- Klicken Sie nach dem Markieren in der Gruppe *Zentraldokument* auf die Schaltfläche *Erstellen*. Die vorher markierte Überschrift wird dann als Überschrift eines Filialdokuments umfunktioniert (Abbildung 5.40).
- Word fügt übrigens einen fortlaufenden Abschnittswechsel vor und hinter jedes Filialdokument ein. Das erkennen Sie aber erst dann, wenn Sie auf der Registerkarte *Start* im Bereich *Absatz* die Schaltfläche *Alle anzeigen* aktiviert haben. Ein solcher Abschnittsumbruch speichert die Formatierungselemente des Bereichs, beispielsweise Randeinstellungen, Seitenausrichtung, Kopf- und Fußzeilen sowie fortlaufende Seitenzahlen (*Kapitel 4*).

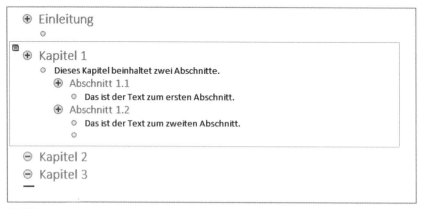

Abbildung 5.39: Der Abschnitt *Kapitel 1* ist insgesamt markiert.

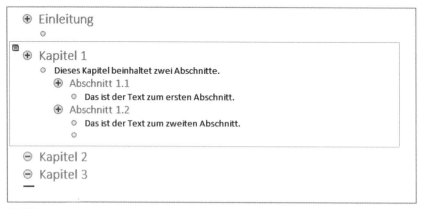

Abbildung 5.40: Ein Filialdokument in einem Zentraldokument

Auf diese Weise können Sie weitere Filialdokumente im Zentraldokument erstellen und diese danach auch bereits mit weiteren Inhalten versehen.

Sie sollten gleich wissen, dass die erste Überschrift der Markierung mit der Formatvorlage – oder mit der Gliederungsebene – formatiert ist, die für den Beginn des jeweiligen Filialdokuments verwendet wird. Haben Sie beispielsweise das Zentraldokument mit der Überschrift *Ebene 1* versehen und darunter mehrere Überschriften der *Ebene 2* eingegeben, müssen Sie mindestens eine dieser Überschriften der *Ebene 2* markieren, um diese Überschrift in ein Filialdokument umzuwandeln.

Speichern

Geben Sie dann den Befehl zum Speichern des Zentraldokuments. Dazu gehen Sie wie üblich bei Word vor. Der Unterschied zum Speichern eines normalen Word-Dokuments besteht darin, dass dabei auch automatisch die gerade erstellten Filialdokumente gespeichert werden. Darum empfiehlt es sich, zum Speichern einen separaten Ordner zu verwenden.

Word verwendet beim automatischen Speichern der Filialdokumente jeweils die ersten Zeichen der Überschrift, die Sie in der Gliederungsansicht den einzelnen Dokumenten zugewiesen haben. So wird ein Filialdokument, das mit der Gliederungsüberschrift *Kapitel 1* beginnt, *Kapitel 1.docx* genannt. Dies können Sie über das Dialogfeld *Speichern unter* oder das Dialogfeld *Öffnen* bzw. den Explorer kontrollieren.

Filialdokument reduzieren

Die Wirkung der bisher durchgeführten Tätigkeiten wird klarer, wenn Sie in der Gruppe *Zentraldokument* auf die Schaltfläche *Filialdokumente reduzieren* klicken. Dann erkennen Sie auf dem Bildschirm, dass der Inhalt des als Filialdokument definierten Bereichs eigentlich nicht mehr Bestandteil des Zentraldokuments ist. Stattdessen finden Sie im Zentraldokument einen Hyperlink zum Speicherort des Filialdokuments (Abbildung 5.41).

Abbildung 5.41: Das Filialdokument wurde reduziert.

Wollen Sie zur vorherigen – vollständigen – Darstellung zurückkehren, klicken Sie auf die Schaltfläche *Filialdokumente erweitern* in der Gruppe *Zentraldokument*. Der Hyperlink wird dann wieder durch den Inhalt des Filialdokuments ersetzt (Abbildung 5.40).

Filialdokument öffnen

Nachdem Sie das Speichern durchgeführt haben, können Sie die damit erzeugten Filialdokumente aber auch separat öffnen (Abbildung 5.42). Gehen Sie dazu wie üblich vor (*Kapitel 2*). Sie können dann an diesem Dokument wie gewohnt weiterarbeiten und es mit weiteren Inhalten füllen.

> ## Kapitel 1
> Dieses Kapitel beinhaltet zwei Abschnitte.
>
> ### Abschnitt 1.1
> Das ist der Text zum ersten Abschnitt.
>
> ### Abschnitt 1.2
> Das ist der Text zum zweiten Abschnitt.

Abbildung 5.42: Ein Filialdokument verfügt am Ende über einen Abschnittswechsel.

Nachdem Sie das Filialdokument erneut gespeichert haben, können Sie zum Zentraldokument zurückkehren. Die am Filialdokument durchgeführten Erweiterungen werden dann auch im Zentraldokument angezeigt. Standardmäßig werden die Inhalte nach dem Öffnen zunächst in reduzierter Form dargestellt. Zur vollständigen Anzeige müssen Sie wieder auf die Schaltfläche *Filialdokumente erweitern* in der Gruppe *Zentraldokument* klicken.

Verknüpfung aufheben

Seien Sie vorsichtig mit der Schaltfläche *Verknüpfung aufheben*. Wenn Sie den Bereich eines bereits ausgegliederten Filialdokuments im Zentraldokument markieren und dann auf diese Schaltfläche in der Gruppe *Zentraldokument* klicken, wird die Verknüpfung zwischen den beiden separaten Dateien aufgehoben, und der Inhalt des Filialdokuments wird wieder als fester Bestanteil in das Zentraldokument übernommen. Die Datei des Filialdokuments wird dabei aber nicht gelöscht.

Filialdokument weiter aufteilen

Manchmal wollen Sie ein Filialdokument weiter aufteilen – beispielsweise dann, wenn Sie den zweiten Teil eines Kapitels in einer separaten Datei ablegen wollen. Setzen Sie dazu die Einfügemarke im Zentraldokument innerhalb des aufzuteilenden Filialdokuments an die Stelle, nach der die Teilung vorgenommen werden soll, und klicken Sie auf *Teilen* in der Gruppe *Zentraldokument*. Als Erfolg wird der Bereich nach der Einfügemarke in ein neues Filialdokument übernommen (Abbildung 5.43). Nach dem Speichern wird auch eine neue Datei dafür erstellt.

Abbildung 5.43: Ein Filialdokument wurde geteilt.

5.5.2 Filialdokumente zusammenführen

Das Grundprinzip der Arbeit mit Zentral- und Filialdokumenten dürfte damit klar geworden sein. Meist werden Sie aber in der Praxis insofern anders vorgehen, als Sie bereits bestehende Dokumente als Filialdokumente in einem Zentraldokument zusammenstellen.

- Dazu erstellen Sie ein neues Dokument, das Sie anschließend als Zentraldokument nutzen wollen. Sie können dafür auch ein bereits vorhandenes Word-Dokument öffnen. Wechseln Sie zur Ansicht *Gliederung* und markieren Sie dort die Stelle, an die ein bestehendes Dokument eingefügt werden soll.
- Klicken Sie dann im Bereich *Zentraldokument* der Registerkarte *Gliederung* auf *Einfügen*, navigieren Sie zum Speicherort des einzufügenden Dokuments, markieren Sie dieses und bestätigen Sie über *Öffnen*. Daraufhin wird der Inhalt des Dokuments als Filialdokument angezeigt (Abbildung 5.44).

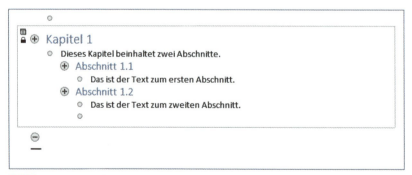

Abbildung 5.44: Ein Filialdokument wurde eingefügt.

Fahren Sie auf diese Weise mit dem Einfügen weiterer Dokumente fort. Wenn Sie ein Dokument zwischen zwei bereits eingefügte Filialdokumente setzen wollen, stellen Sie sicher, dass Sie vorher in eine Leerzeile zwischen den bereits vorhandenen Filialdokumenten klicken.

Nachdem Sie auf diese Weise das Zentraldokument definiert haben, können Sie die einzelnen Filialdokumente gemeinsam bearbeiten.

Automatische Anpassungen

Wenn Sie innerhalb der Filialdokumente bereits Fußnoten oder Beschriftungen verwendet haben, werden die Fußnoten nach dem Zusammenfügen der Filialdokumente zu einem Gesamtwerk automatisch neu nummeriert; die Nummerierung der Beschriftung muss mithilfe der Option *Felder aktualisieren* auf den aktuellen Stand gebracht werden. Dies gilt in beiden Fällen allerdings nur dann, wenn die automatischen Standards für die Fußnoten- bzw. die Beschriftungsnummerierung verwendet wurden. Auch eine bereits vergebene Seitennummerierung wird nur dann automatisch aktualisiert, wenn Sie diese nicht händisch eingegeben bzw. nicht die Funktion *Beginnen mit* im Filialdokument verwendet haben!

Eingaben und Änderungen

Eingaben und Änderungen in bereits vorhandenen Inhalten können Sie innerhalb des Zentraldokuments – zum Teil aber auch in den Filialdokumenten – durchführen. Direkt zum Zentraldokument gehörende Inhalte können Sie natürlich nur direkt in diesem bearbeiten.

- Die Reihenfolge der Filialdokumente im Zentraldokument können Sie über die Schaltflächen im Bereich *Gliederungstools* (oben) oder per Drag&Drop mit der Maus verändern. Nummerierte Inhalte in den Filialdokumenten werden dabei automatisch angepasst.
- Um den Inhalt eines Filialdokuments zu bearbeiten, können Sie zum einen dieses Dokument separat öffnen und dann darin arbeiten. Zum Öffnen können Sie entweder wie gewohnt das Dialogfeld *Öffnen* benutzen oder auf den in der reduzierten Ansicht des Masterdokuments angezeigten Hyperlink mit gedrückter Strg -Taste klicken. Auch nach dem Klicken auf den Hyperlink zeigt Microsoft Word das Filialdokument in einem separaten Dokumentfenster an. Zum anderen können Sie die Eingaben oder Änderungen in einem Filialdokument auch direkt im Zentraldokument in der nicht reduzierten Ansicht vornehmen.

Zur Anzeige von Details können Sie das Masterdokument auch in einer anderen Ansicht als der Gliederungsansicht anzeigen lassen – beispielsweise in der Ansicht *Seitenlayout*. Wenn Sie in einer solchen Ansicht Änderungen direkt im Zentraldokument vornehmen, sei es im Zentraldokument selbst oder in einem darin integrierten Filialdokument, sollten Sie sich davon überzeugen, dass Sie diese Änderungen an der richtigen Stelle vornehmen. Die Abschnittswechselmarkierungen liefern die entsprechenden Hinweise. Diese werden aber nur angezeigt, wenn Sie auf der Registerkarte *Start* im Bereich *Absatz* die Schaltfläche *Alle anzeigen* aktiviert haben.

Filialdokument sperren

Wenn Sie Änderungen und Ergänzungen am Inhalt der Filialdokumente nur in der Datei des Filialdokuments selbst durchführen wollen, können Sie im Zentraldokument auf die Schaltfläche *Dokument sperren* klicken. Das Symbol eines Vorhängeschlosses links im Bereich der Filialdokumente zeigt an, dass diese im Zentraldokument nicht bearbeitet werden können. Ist diese Option abgeschaltet, werden Änderungen beim Speichern automatisch auch in die separate Datei des Filialdokuments übernommen.

Kapitel 6

Excel 2013: Daten eingeben und bearbeiten

In diesem Kapitel wollen wir uns mit den Grundlagen der Arbeit mit Excel beschäftigen – der Eingabe von Daten und deren Bearbeitung. Das darauf folgende Kapitel zeigt Ihnen dann, wie Sie auf Basis dieser Daten Berechnungen und Analysen durchführen können.

- Wir wollen Sie zunächst mit den Besonderheiten der Arbeit mit der Oberfläche des Programms vertraut machen (Abschnitt 6.1). Excel verfügt hier über einige Besonderheiten, die Sie kennen sollten.
- In der aktuellen Programmversion verfügt eine Arbeitsmappe zunächst einmal über ein Tabellenblatt. Sie können aber weitere Blätter darin anlegen, auf denen Sie Ihre Eingaben vornehmen können. Diese Unterteilung erlaubt es Ihnen, verschiedene – zusammengehörende – Tabellen in einer gemeinsamen Arbeitsmappe abzulegen. Auf die Arbeit mit den Blättern wollen wir im zweiten Abschnitt eingehen (Abschnitt 6.2).
- Dann geht es um die eigentlich wichtigste Aufgabe – die Eingabe und Bearbeitung von Daten in der Tabelle (Abschnitt 6.3). Sie können Texte und Zahlenwerte eingeben. Texteingaben dienen meist als Titel für Bereiche, Zeilen oder Spalten. Zahlen können als einzelne Daten eingegeben werden und ermöglichen – und darin liegt die wesentlichste Aufgabe von Excel – das Durchführen von Berechnungen.
- Der letzte Abschnitt dieses Kapitels beschäftigt sich mit dem Editieren von bereits vorhandenen Eingaben in Tabellen. Wir wollen beispielsweise zeigen, wie man Zellen oder Zellbereiche kopiert oder verlagert, einfügt und löscht (Abschnitt 6.4).

6.1   Die Elemente der Oberfläche

Nachdem Sie die Auswahl über die Startseite durchgeführt haben, wird nach einem Start von Excel das Programmfenster angezeigt (Abbildung 6.1). Sie sollten sich zunächst mit den Elementen der Oberfläche dieses Fensters und ihren Namen vertraut machen.

- Im Fenster finden Sie ein mit *Mappe* bezeichnetes Dokument. Die erste Arbeitsmappe hat zunächst den allgemeinen Namen *Mappe1*, der in der Titelleiste des Fensters angezeigt wird.
- Eine solche Arbeitsmappe beinhaltet zunächst ein einzelnes Arbeitsblatt mit dem Namen *Tabelle1*. Dieser Name wird in dem Register unten im Fenster angezeigt. Wenn Sie mehr als ein Blatt benötigen, können Sie es aber schnell erstellen.
- Das Tabellenblatt selbst besteht aus einem rechteckigen Gitternetz mit 16.384 Spalten und bis zu 1.048.576 Zeilen.
- Die Spalten sind von links nach rechts mit den Buchstaben *A* bis *Z* beschriftet. Nach *Z* wird die Beschriftung mit *AA* bis *AZ* fortgeführt, dann *BA* bis *BZ* usw. bis *XFD*.
- Die Zeilen sind von *1* bis *1048576* nummeriert. Damit stehen beispielsweise 1500 % mehr Zeilen und 6300 % mehr Spalten als bei Excel 2003 zur Verfügung.
- Die Schnittflächen der Spalten und Zeilen werden als Zellen bezeichnet. Darin werden die einzelnen Daten eingegeben. Mindestens eine der Zellen ist immer markiert. Diese erkennen Sie an der stärkeren Umrandung.
- Zellen werden mit den Bezeichnungen der dazugehörenden Spalte und Zeile benannt. Beispielsweise trägt die Zelle in der oberen linken Ecke – also die in der ersten Zeile der ersten Spalte – den Namen *A1*. Diese Angabe wird auch als Zelladresse bezeichnet.

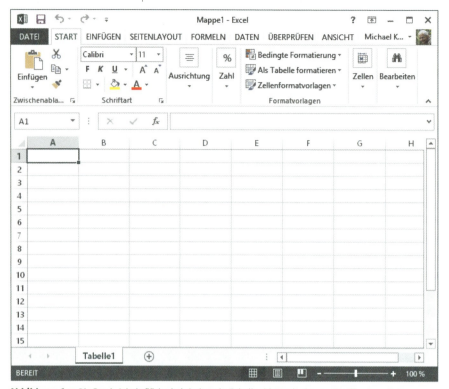

Abbildung 6.1: Die Excel-Arbeitsfläche beinhaltet ein Tabellenblatt mit einem gitterförmigen Netz.

- Der Mauszeiger hat die Form eines Kreuzes, solange er sich innerhalb der Tabelle befindet. Wenn Sie diesen Mauszeiger auf eine Zelle bewegen und dann die linke Maustaste drücken, wird diese Zelle aktiviert. Den Erfolg erkennen Sie an der stärkeren Umrandung der Zelle.
- Am unteren Rand des Excel-Fensters befindet sich die Statusleiste, die nützliche Informationen und zusätzliche Elemente zur Steuerung bereithält.
- Über die Bildlaufleisten können Sie den im Fenster angezeigten Bereich der Tabelle mit den üblichen Methoden verschieben: Klicken Sie auf die entsprechende Pfeilschaltfläche, um eine weitere Zeile oder Spalte anzuzeigen; verschieben Sie das Bildlauffeld, um größere Bereiche zu überspringen. Durch Klicken auf den Bereich zwischen Bildlauffeld und Pfeilschaltflächen erreichen Sie eine Bewegung um die Breite beziehungsweise Höhe des Bildschirms.

6.2 Blätter und Fenster

Bevor wir uns der wichtigen Aufgabe der Eingabe von Daten zuwenden, wollen wir uns etwas mit den Ebenen der Oberfläche beschäftigen, auf der Sie diese Eingaben vornehmen – den einzelnen *Arbeitsblättern* und den dazugehörenden Fenstern.

6.2.1 Blätter organisieren

Den Begriff *Blatt* hatten wir anfangs schon angesprochen. Eine neue Arbeitsmappe beinhaltet bei Excel 2013 zunächst immer ein einzelnes Arbeitsblatt mit dem Namen *Tabelle1*. Dieser Name wird in dem Register unten im Fenster angezeigt.

Bezüglich der Anzahl der Blätter in einer Arbeitsmappe sind Sie nicht auf dieses eine vorgegebene Arbeitsblatt beschränkt. Pro Arbeitsmappe lassen sich bis zu 255 Arbeitsblätter hinzufügen und später dann auch nicht benötigte löschen. Außerdem können Sie Blätter kopieren und durch Verschieben in eine andere Reihenfolge bringen. Zum Arbeiten benutzen Sie beispielsweise die Befehle in den Listen zu den Schaltflächen *Einfügen*, *Löschen* und *Format* der Gruppe *Zellen* auf der Registerkarte *Start* (Abbildung 6.2).

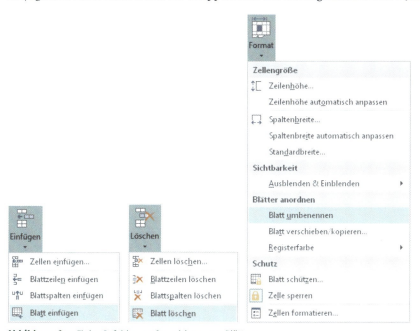

Abbildung 6.2: Einige Befehle zum Organisieren von Blättern

TIPP Die wichtigsten Befehle zum Bearbeiten eines Blatts sind im Kontextmenü für das Blattregister zusammengefasst. Klicken Sie mit der rechten Maustaste auf ein Blattregister, um dieses Menü anzuzeigen. Sie können darüber die Blätter benennen, kopieren und verschieben, zusätzliche Blätter einfügen oder nicht benötigte löschen.

Ein Blatt einfügen

Wenn Sie ein neues Blatt in die Mappe einfügen und dieses neue Blatt an das Ende der Liste der bereits vorhandenen Blätter stellen wollen, klicken Sie auf *Neues Blatt* – das ist die Schaltfläche mit dem Pluszeichen – rechts neben dem Blattregister oberhalb der Statusleiste. Wenn Sie bereits mehrere Blätter erstellt haben, können Sie das neue Blatt aber auch an eine beliebige Stelle innerhalb des Blattregisters einfügen. Aktivieren Sie dazu zunächst das Blatt, vor das Sie das neue einfügen wollen. Wollen Sie beispielsweise zwischen *Tabelle1* und *Tabelle2* eine neue Tabelle einfügen, markieren Sie *Tabelle2*. Wählen Sie dann den Befehl *Blatt einfügen* in der Liste zur Schaltfläche *Einfügen* der Gruppe *Zellen*. Das neue Tabellenblatt wird daraufhin links vom markierten eingefügt.

Für den Namen des neuen Blatts wird die anfängliche Nummerierung fortgesetzt. Hatten Sie bisher die Blätter mit den Namen *Tabelle1*, *Tabelle2* und *Tabelle3* in Ihrer Mappe, trägt das neue den Namen *Tabelle4*. Das gilt auch, wenn Sie vorher ein Blatt gelöscht haben. Hatten Sie beispielsweise vorher *Tabelle2* gelöscht – sind also nur *Tabelle1* und *Tabelle3* in der Mappe –, wird dem neuen Blatt der Name *Tabelle4* gegeben. Wenn aber die Arbeitsmappe nach dem Löschen eines Blatts gespeichert, geschlossen und erneut geöffnet wird, wird der Name des gelöschten Tabellenblatts erneut vergeben – ein neu eingefügtes Blatt hat dann in diesem Beispiel den Namen *Tabelle2*.

Abbildung 6.3: Eine Arbeitsmappe mit zwei Blättern

TIPP Wenn beim Hinzufügen eines neuen Tabellenblatts dieses an der falschen Stelle im Blattregister erscheint, markieren Sie es zunächst und verschieben Sie es dann.

Blatt löschen

Um ein Blatt aus der Arbeitsmappe zu entfernen, aktivieren Sie dieses Blatt und wählen Sie dann *Blatt löschen* in der Liste zur Schaltfläche *Löschen* der Gruppe *Zellen* der Registerkarte *Start*. Beachten Sie den anschließend angezeigten Warnhinweis, der Sie darauf aufmerksam macht, dass mit dem Blatt auch alle darin enthaltenen Daten – sofern in dem Blatt tatsächlich Daten vorhanden sind – für immer verschwinden. Mehrere Blätter können Sie in einem Arbeitsgang löschen, indem Sie sie vorher gemeinsam markieren.

Das Blatt wechseln

Von den Blättern einer Arbeitsmappe ist immer nur eines aktiv. Wenn eine Arbeitsmappe mehrere Blätter enthält, erkennen Sie das gerade aktive Blatt an der hervorgehobenen Darstellung der Registerlasche am unteren Rand des Fensters. Wenn Sie ein anderes Blatt aktivieren wollen – beispielsweise um darin Daten einzugeben –, müssen Sie das gewünschte Blatt über das Blattregister aktivieren, indem Sie auf die entsprechende Registerlasche klicken. Klicken Sie beispielsweise auf die Lasche *Tabelle2*, um dieses Blatt zu aktivieren und anzuzeigen.

Aus Platzgründen sind aber am unteren Fensterrand immer nur die Registerlaschen von einigen Blättern sichtbar. Wie viele das sind, hängt auch von den Namen ab, die Sie den Blättern gegeben haben (siehe die folgenden Abschnitte). Bei der Standardanzahl von drei Blättern pro Mappe sind alle drei Registerlaschen sichtbar. Wenn Sie später der Mappe weitere Blätter hinzufügen, sind meist einige Blattregister verdeckt. Sie können dann den Registerteiler – der kleine senkrechte Balken vor der horizontalen Bildlaufleiste – weiter nach rechts ziehen, um mehr Blattregister anzuzeigen (Abbildung 6.4). Das empfiehlt sich, wenn Sie beispielsweise mit vier Blättern arbeiten und oft zwischen dem ersten und dem vierten wechseln müssen.

Abbildung 6.4: Der Registerteiler ist verschiebbar. Beachten Sie das Mauszeigersymbol mit dem Doppelpfeil rechts neben den Blattregistern.

Die Registerlaufpfeile

Wenn Sie aber die Registerlaschen aller Blätter in der Mappe nicht gleichzeitig anzeigen wollen, können Sie die Registerlaufpfeile benutzen, um nicht angezeigte Blattregister sichtbar zu machen (Tabelle 6.1). Ein Klick auf einen der Registerlaufpfeile verschiebt nur die gerade angezeigten Registerlaschen, wechselt aber nicht die aktive Tabelle. Zum endgültigen Wechseln müssen Sie anschließend noch auf die Lasche des Blatts klicken.

▶	Ein Mausklick verschiebt das Blattregister nach rechts, Strg +Mausklick verschiebt zum letzten Blatt der Tabelle.
◀	Ein Mausklick darauf verschiebt das Blattregister nach links, Strg +Mausklick verschiebt zum ersten Blatt der Tabelle.

Tabelle 6.1: Die Registerlaufpfeile dienen zum Verschieben der Anzeige.

Einen schnellen Wechsel zwischen benachbarten Blättern können Sie auch mit Tastenkombinationen erreichen (Tabelle 6.2).

Taste(n)	Beschreibung
Strg + Bild ↓	wechselt zum nächsten Blatt.
Strg + Bild ↑	wechselt zum vorherigen Blatt.
↑ + F11	fügt ein neues Tabellenblatt ein.

Tabelle 6.2: Zum Wechseln des Tabellenblatts oder zum Einfügen können Sie auch Tasten einsetzen.

Gemeinsames Bearbeiten von Blättern

Sie können mehrere Blätter einer Mappe gemeinsam markieren, um sie anschließend in einem Arbeitsgang zu bearbeiten – beispielsweise löschen, ausblenden oder jeweils danach ein weiteres Blatt einfügen. Markieren Sie dazu die Blätter gemeinsam, indem Sie die Strg -Taste gedrückt halten und dann die Registerlaschen der zu bearbeitenden Tabellen anklicken. Alle markierten Registerlaschen werden dann in weißer Farbe angezeigt. Solange Sie Blätter gemeinsam markiert haben, gelten die Befehle für alle Blätter: Auch eine Eingabe in eine Zelle eines Blatts wird beispielsweise in allen markierten Blättern vorgenommen.

Um eine gemeinsame Markierung mehrerer Blätter wieder aufzuheben und nur ein Blatt auszuwählen, klicken Sie auf die Registerlasche des gewünschten Blatts. Wollen Sie nur ein Blatt aus der gemeinsamen Markierung ausschließen, halten Sie die Strg -Taste gedrückt und klicken Sie dann auf die betreffende Registerlasche.

Hinweis Wenn Sie mehrere Arbeitsblätter gemeinsam markiert haben, sind viele Befehlsschaltflächen abgeblendet und können nicht angesprochen werden.

Blatt verschieben oder kopieren

Das Verschieben oder das Kopieren von Blättern innerhalb einer Arbeitsmappe und zwischen verschiedenen Arbeitsmappen hat meist organisatorische Gründe.

- Durch Verschieben können Sie die Blätter einer Mappe in die gewünschte Reihenfolge bringen – beispielsweise wichtige an den Anfang und weniger wichtige an das Ende stellen.
- Das Kopieren eines Blatts bietet sich an, wenn Sie bestimmte Daten in einem Blatt – beispielsweise Tabellenüberschriften – in derselben Form in weiteren Blättern verwenden wollen.

Verschieben und kopieren können Sie sowohl innerhalb einer Mappe als auch zwischen verschiedenen Mappen. In beiden Fällen können Sie sowohl direkt mit der Maus als auch über ein Dialogfeld arbeiten: Zum Verschieben mit der Maus aktivieren Sie das gewünschte Blatt und verschieben es dann mittels der Maus an die gewünschte Stelle in der Blattregisterleiste. Sie können es zwischen zwei Blättern derselben oder in einer anderen geöffneten Arbeitsmappe ablegen. Der zwischen den Registerlaschen angezeigte Pfeil kennzeichnet die Stelle, an die das Blatt eingefügt wird. Wollen Sie das Blatt kopieren, halten Sie während des gesamten Vorgangs die Strg -Taste gedrückt. Dabei wird ein zusätzliches Pluszeichen neben dem Mauszeiger angezeigt.

Abbildung 6.5: Über dieses Dialogfeld lassen sich Tabellenblätter verschieben oder kopieren.

Oder Sie markieren zuerst das zu verschiebende oder zu kopierende Blatt und wählen dann den Befehl *Blatt verschieben/kopieren* aus dem Kontextmenü zum Blattregister oder in der Liste zur Schaltfläche *Format* in der Gruppe *Zellen* der Registerkarte *Start*. Im Dialogfeld (fast) gleichen Namens können Sie angeben, wohin das gerade aktive Blatt kopiert oder verschoben werden soll (Abbildung 6.5).

- Über das Feld *Zur Mappe* können Sie angeben, welche Mappe das Blatt aufnehmen soll. Hier werden alle geöffneten Mappen angezeigt. Die zusätzliche Option *(neue Arbeitsmappe)* bedeutet genau das, was Sie vermuten: Sie können darüber das Blatt in eine Arbeitsmappe verschieben oder kopieren, die dabei erst erstellt wird.
- Nachdem Sie die gewünschte Mappe als Ziel ausgewählt haben, werden im Feld *Einfügen vor* die in dieser Mappe vorhandenen Blätter angezeigt. Markieren Sie in dieser Liste die Tabelle, vor die das Blatt eingefügt werden soll.
- Ob kopiert oder verschoben werden soll, regeln Sie über das Kontrollkästchen *Kopie erstellen*. Ist es aktiviert, wird kopiert, andernfalls verschoben.

Nach dem Bestätigen über *OK* wird das Blatt entweder an die gewählte Stelle kopiert oder verschoben.

6.2.2 Darstellungsoptionen für Blätter

Mithilfe von mehreren zusätzlichen Optionen können Sie die Anzeige eines Blatts auf dem Bildschirm so verändern, dass die Eingabe und Bearbeitung von Daten in den Zellen erleichtert wird: Sie können bestimmte Zellbereiche fixieren oder das Blatt in mehrere Bereiche aufgeteilt anzeigen lassen.

Bereiche fixieren

Wenn Sie die Zeilen- und Spaltenüberschriften auf dem Bildschirm sehen wollen, während Sie durch eine umfangreichere Tabelle blättern, können Sie einen Ausschnitt mit den ersten Zeilen und Spalten eines Fensters auf dem Bildschirm fixieren. Dazu markieren Sie in dem Fenster, in dem Sie Ausschnitte fixieren wollen, die Zelle, die unterhalb und/oder rechts der zu fixierenden Zeilen und/oder Spalten liegt. Dann öffnen Sie die Liste zum Befehl *Fenster fixieren* in der Gruppe *Fenster* auf der Registerkarte *Ansicht* des Menübands und wählen die gewünschte Option aus (Abbildung 6.6).

Als Ergebnis sehen Sie zunächst nur zwei etwas stärker gezeichnete Linien in der Tabelle (Abbildung 6.7). Die eigentliche Wirkung erkennen Sie erst, wenn Sie zu weiter rechts und weiter unten liegenden Zellen navigieren: Die Zeilen oberhalb der Linie bleiben auf dem Bildschirm angezeigt, auch dann, wenn tiefer liegende Teile der Tabelle angezeigt werden. Ebenso bleiben die Spalten links der Linie auch dann auf dem Bildschirm angezeigt, wenn weiter rechts liegende Teile der Tabelle angezeigt werden (Abbildung 6.7).

Um eine solche Fixierung wieder aufzuheben, wählen Sie in der Liste zum Befehl *Fenster einfrieren* den Eintrag *Fixierung aufheben*. Das Einfrieren von Ausschnitten hat übrigens keinen Einfluss auf den Ausdruck. Sie können beim Drucken aber eine ähnliche Funktion einschalten (*Kapitel 15*).

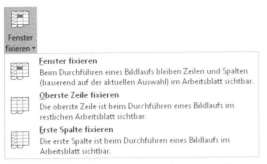

Abbildung 6.6: Die Optionen zum Befehl *Fenster einfrieren*

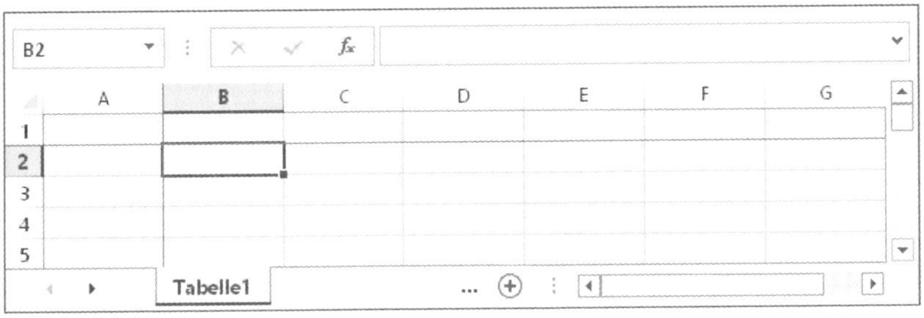

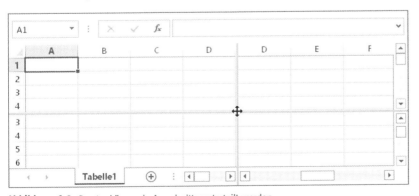

Abbildung 6.7: Fixierte Bereiche bleiben immer auf dem Bildschirm angezeigt.

Blatt teilen

Sie können ein Fenster in mehrere Ausschnitte teilen und in diesen Ausschnitten unterschiedliche Bereiche des Fensters anzeigen. Zum Teilen dienen die beiden Teilungsmarken oberhalb der senkrechten und rechts von der waagerechten Bildlaufleiste. Wenn Sie den Mauszeiger auf eine dieser Teilungsmarken setzen, ändert sich der Zeiger in einen Doppelpfeil (Abbildung 6.8). Ziehen Sie dann den Fensterteiler an die gewünschte Stelle. Um die geteilten Ausschnitte anschließend zu verändern, ziehen Sie den Fensterteiler oder die Teilungsmarke an die gewünschte Stelle. Beachten Sie auch, dass mehrere Bildlaufleisten eingeblendet werden, über die Sie die in den einzelnen Ausschnitten anzuzeigenden Bereiche individuell regeln können.

Alternativ können Sie die Teilung eines Fensters auch über den Befehl *Teilen* in der Gruppe *Fenster* auf der Registerkarte *Ansicht* des Menübands bewirken. In diesem Fall müssen Sie vorher die Spalte oder Zeile beziehungsweise die Zelle markieren, an der die Teilung durchgeführt werden soll.

Abbildung 6.8: Fenster können in Ausschnitte unterteilt werden.

Wenn Sie sowohl die senkrechten als auch die waagerechten Teilungsmarken verwenden, können Sie vier verschiedene Ausschnitte erstellen. Im Gegensatz zu verschiedenen Fenstern einer Arbeitsmappe zeigen hier zwei übereinanderliegende Ausschnitte dieselben Spalten, zwei nebeneinanderliegende Ausschnitte dieselben Zeilen an.

Um die Teilung in einem Fenster aufzuheben, doppelklicken Sie auf einen beliebigen Teil des Fensterteilers oder klicken Sie nochmals auf *Teilen*.

Ein Blatt umbenennen

Sie können jedem Blatt einen eigenen Namen geben. Aktivieren Sie dazu das entsprechende Blatt und wählen Sie dann den Befehl *Umbenennen* in der Liste zur Schaltfläche *Format* der Gruppe *Zellen* oder doppelklicken Sie in der Blattregisterleiste auf den Namen des betreffenden Blatts. Als Ergebnis wird zunächst der bisher verwendete Name des Blatts – beispielsweise *Tabelle1* – markiert. Geben Sie dann den neuen Namen ein oder editieren Sie den alten, indem Sie die Einfügemarke per Maus oder Pfeiltasten an die gewünschte Stelle im Namen setzen und die entsprechenden Zeichen löschen oder hinzufügen.

 Zwei Blätter in einer Arbeitsmappe dürfen nicht denselben Namen tragen.

Farbiges Blattregister

Über den Befehl *Registerfarbe* in der Liste zur Schaltfläche *Format* der Gruppe *Zellen* können Sie die Laschen der Blattregisterleiste einfärben. Das erleichtert das Organisieren: Sie können beispielsweise Blättern mit ähnlichen Inhalten die gleiche Farbe zuweisen. Nachdem Sie das Blattregister eingefärbt haben, erkennen Sie das gerade aktive Blatt am weißen Hintergrund der Registerlasche mit einer zusätzlichen Markierung in der gewählten Farbe.

Blatt aus- und einblenden

Sie können Blätter aus der Arbeitsmappe vorübergehend ausblenden, ohne sie dadurch zu löschen. Auf die auf ein solches Blatt eingegebenen Daten kann auch im ausgeblendeten Zustand – beispielsweise über Formeln – zugegriffen werden. Der Sinn eines solchen Ausblendens liegt darin, dass man damit Blätter, deren Inhalte selten oder nie geändert werden müssen, in der Blattregisterleiste nicht anzeigt und so die Navigation zwischen den häufiger benutzten Blättern erleichtert. Zum Ausblenden aktivieren Sie zunächst das betreffende Blatt und wählen dann den Befehl *Blatt ausblenden* im Untermenü *Ausblenden & Einblenden* in der Liste zur Schaltfläche *Format* der Gruppe *Zellen*.

Ausgeblendete Blätter können Sie selektiv über den Befehl *Einblenden* im Untermenü *Ausblenden & Einblenden* in der Liste zur Schaltfläche *Format* der Gruppe *Zellen* wieder anzeigen. Im Dialogfeld werden die ausgeblendeten Blätter der Arbeitsmappe aufgelistet. Markieren Sie das Blatt, das Sie wieder einblenden wollen, und bestätigen Sie dann.

 Ein Ausblenden kann nur dann durchgeführt werden, wenn mehr als eine Tabelle in der Arbeitsmappe vorhanden ist. Die letzte Tabelle kann also nicht ausgeblendet werden.

Hintergrundbild

Um eine Grafik als Hintergrundbild zu einer Tabelle einzusetzen, wählen Sie den Befehl *Hintergrund* in der Gruppe *Seite einrichten* der Registerkarte *Seitenlayout* und legen Sie anschließend die gewünschte Datei fest. Es empfiehlt sich, bei einem Hintergrundbild vorab die Helligkeit zu erhöhen und den Kontrast zu verringern. Sonst heben sich die eingegebenen Daten nicht genügend ab. Auf diese Weise eingefügte Hintergründe können nicht mit ausgedruckt werden.

6.2.3 Fenster

Wenn Sie Excel in einer Vorversion kennen, sollten Sie beachten, dass dieses Programm nicht mehr über ein eigenes Dokumentfenster verfügt, dessen Einstellungen Sie separat – also als Fenster im Fenster – regeln können. Bei allen Office-Programmen gilt jetzt, dass jedes Dokument immer in einem eigenen Programmfenster angezeigt wird.

Die Befehle zum Arbeiten mit Fenstern sind in der Gruppe *Fenster* auf der Registerkarte *Ansicht* des Menübands zusammengefasst (Abbildung 6.9).

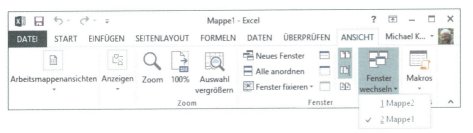

Abbildung 6.9: Beachten Sie die Befehle in der Gruppe *Fenster*.

Sie können über die Befehle dieser Gruppe *Fenster* auch ein neues Fenster für die aktive Arbeitsmappe erstellen, die Fenster anordnen und ein- beziehungsweise ausblenden oder durch geeignete Teilung eines Fensters gleichzeitig verschiedene Bereiche anzeigen lassen. Durch eine geeignete Anordnung der Fenster auf der Arbeitsfläche können Sie sich viel Arbeit sparen.

Fenster wechseln

Dort ist die gerade aktive Mappe in der Liste zur Schaltfläche *Fenster wechseln* mit einem Häkchen gekennzeichnet. Um das aktive Fenster zu wechseln, klicken Sie auf eine Stelle im gewünschten Fenster oder auf das betreffende Symbol in der Taskleiste oder wählen Sie es über den entsprechenden Eintrag in der Liste zur Schaltfläche *Fenster wechseln* aus. Zum Wechseln können Sie auch die Tastatur verwenden (Tabelle 6.3).

Taste(n)	Beschreibung
F6	zum nächsten Fenster in einer geteilten Mappe
↑ + F6	zum vorhergehenden Fenster in einer geteilten Mappe
Strg + F6	zum nächsten Arbeitsmappenfenster
Strg + ↑ + F6	zum vorhergehenden Arbeitsmappenfenster

Tabelle 6.3: Tasten zum Wechseln zwischen Fenstern

Fenster anordnen

Wenn Sie unterschiedliche Teile einer Arbeitsmappe gleichzeitig auf dem Bildschirm anzeigen lassen wollen, wählen Sie in der Gruppe *Fenster* den Befehl *Neues Fenster*. Microsoft Excel öffnet dann ein neues Fenster, das die gleichen Informationen wie die aktive Tabelle enthält. Der Name des ursprünglichen Fensters wird durch eine Zahl erweitert. In den verschiedenen Fenstern können Sie – beispielsweise durch Wechseln der aktiven Tabelle – unterschiedliche Bereiche der Arbeitsmappe anzeigen lassen.

REF Der Maßstab der Anzeige der verschiedenen Fenster einer Arbeitsmappe kann über den Befehl *Zoom* auf der Registerkarte *Ansicht* separat für jedes einzelne Fenster geändert werden (*Kapitel 1*). Auf diese Weise können Sie ein Fenster für den groben Überblick und eines für Feinarbeiten verwenden.

Abbildung 6.10: Fenster können automatisch angeordnet werden.

Automatisch anordnen

Wenn Sie mehrere Excel-Fenster geöffnet haben, können Sie diese auf dem Bildschirm automatisch übersichtlich anordnen lassen. Dazu wählen Sie den Befehl *Alle anordnen* in der Gruppe *Fenster* der Registerkarte *Ansicht* und dann im Dialogfeld die gewünschte Option (Abbildung 6.10). Wenn Sie mehrere Arbeitsmappen geöffnet haben, können Sie durch Aktivieren des Kontrollkästchens *Fenster der aktiven Arbeitsmappe* erreichen, dass nur diese entsprechend angeordnet werden.

Die Option *Überlappend* ist besonders gut für Fälle geeignet, in denen Sie größere Bereiche eines Fensters benutzen, aber auch schnell zwischen einzelnen Fenstern wechseln wollen.

Ganzer Bildschirm

In einigen Fällen empfiehlt es sich, den Bereich des Menübands auszublenden und die gesamte Bildschirmfläche für die Tabelle zu nutzen. Das erreichen Sie über den Befehl *Ganze Bildschirmansicht ein/aus* in der Gruppe *Arbeitsmappenansicht* der Registerkarte *Ansicht*. Ein Doppelklick auf die Titelleiste oder das Drücken der [Esc]-Taste zeigt wieder die normale Ansicht an.

Fenster aus- und einblenden

Wenn Sie ein Fenster momentan nicht benötigen, können Sie es ausblenden lassen. Es ist dann weiterhin geöffnet, aber nicht mehr auf dem Bildschirm sichtbar. Dazu aktivieren Sie das Fenster und wählen in der Gruppe *Fenster* den Befehl *Ausblenden*. Ein ausgeblendetes Fenster wird beim Wechseln zwischen den Fenstern oder beim Wählen des Befehls *Alle anordnen* in der Gruppe *Fenster* nicht mehr berücksichtigt.

Ausgeblendete Fenster können Sie individuell wieder anzeigen lassen. Wählen Sie dazu den Befehl *Einblenden* in der Gruppe *Fenster*. Im Dialogfeld markieren Sie zunächst das gewünschte Fenster und klicken dann auf *OK*.

Nebeneinander vergleichen

Über den Befehl *Nebeneinander anzeigen* in der Gruppe *Fenster* können Sie die Inhalte zweier geöffneter Mappen schnell vergleichen. Dies empfiehlt sich beispielsweise, wenn Sie verschiedene Versionen einer Tabelle aufeinander abstimmen wollen. Das aktive und das mit diesem zu vergleichende Fenster werden nach Wahl des Befehls übereinander eingeblendet.

- Außerdem wird die Schaltfläche *Synchroner Bildlauf* wählbar. Hiermit lässt sich bewirken, dass bei einer Änderung des angezeigten Bereichs in einem Fenster derselbe Bereich im anderen Fenster angezeigt wird.
- Wenn Sie nach einem Verschieben eines der Fenster in dieser vergleichenden Darstellung wieder zur Standardanordnung der Fenster zurückkehren wollen, brauchen Sie nur auf die Schaltfläche *Fensterposition zurücksetzen* zu klicken.

6.3 Daten eingeben und bearbeiten

In die Zellen einer Tabelle können Sie Texte und Zahlenwerte eingeben. Texteingaben dienen meist als Titel für Bereiche, Zeilen oder Spalten. Zahlen können als einzelne Daten eingegeben werden und ermöglichen – und darin liegt die wesentlichste Aufgabe von Excel – das Durchführen von Berechnungen.

6.3.1 Das Grundprinzip der Eingabe

Beschäftigen wir uns zunächst kurz mit dem Grundprinzip der Eingaben in Excel: In der Regel – aber nicht immer – wird jede Eingabe in einer anderen Zelle der Tabelle vorgenommen. Das gilt auch umgekehrt: Jede Zelle kann – im Prinzip – nur eine Eingabe aufnehmen.

Eingaben

Markieren Sie vor einer Eingabe also immer zuerst die Zelle, in der Sie die Eingabe vornehmen wollen. Der einfachste Weg dazu besteht darin, die gewünschte Zelle anzuklicken; Sie können aber auch andere Techniken benutzen. Die gerade markierte Zelle erkennen Sie an einem Rahmen um die Zelle. Geben Sie dann die Daten über die Tastatur ein. Die aktuellen Eingaben werden während der Eingabe sowohl in der Bearbeitungsleiste unterhalb des Menübands als auch in der gerade aktiven Zelle angezeigt.

> **Hinweis** Wenn eine Eingabe nicht in der gewünschten Zelle der Tabelle erscheint, haben Sie wahrscheinlich vergessen, die Zelle vor der Eingabe zu markieren. Ihre Eingaben werden immer in der aktuell markierten Zelle der Tabelle dargestellt!

Bestätigen

Jede Eingabe müssen Sie durch eine Bestätigung abschließen. Dazu können Sie sowohl die Schaltflächen in der Bearbeitungsleiste als auch die Tastatur verwenden (Tabelle 6.4 und Tabelle 6.5). Nach dem Bestätigen werden in der Grundeinstellung Texteingaben linksbündig und Zahlenwerte rechtsbündig angezeigt. Logische Konstanten werden zentriert.

Symbol	Beschreibung
✔	Zum Bestätigen klicken Sie auf dieses Symbol in der Bearbeitungsleiste oder Sie bestätigen über die Tastatur.
✘	Wenn Sie sich vor dem Bestätigen dazu entschließen sollten, die Eingabe doch nicht vorzunehmen, drücken Sie Esc oder klicken Sie auf dieses Symbol.

Tabelle 6.4: Die Schaltflächen zum Bestätigen und Verwerfen von Eingaben

Taste(n)	Wirkung
↵	bestätigen und die Zelle darunter markieren
⇥	bestätigen und die Zelle rechts daneben markieren
↑ + ⇥	bestätigen und die Zelle links daneben markieren
Pfeiltasten (↑ , ↓ , ← , →)	bestätigen und die Zelle in der Richtung der verwendeten Pfeiltaste markieren

Abbildung 6.11: Verschiedene Tasten dienen zum Bestätigen von Eingaben.

> **TIPP** Sie können die automatische Bewegung bei Verwendung der ↵-Taste über die *Excel-Optionen* auf der Registerkarte *Datei* ändern (*Kapitel 16*).

Korrigieren

Fehler bei der Text- oder Zahleneingabe können Sie während der Eingabe oder auch erst nachträglich korrigieren.

- Während der Eingabe – also vor dem Bestätigen – können Sie die links vom Cursor stehenden Zeichen durch Drücken der ←-Taste löschen.
- Wenn Sie schon bestätigt haben, müssen Sie die Zelle mit den zu korrigierenden Daten zunächst erneut markieren. Klicken Sie dann in der Bearbeitungsleiste die zu bearbeitende Stelle an. Die Einfügemarke erscheint in Form eines senkrechten Strichs. Korrigieren Sie dann den Zellinhalt und bestätigen Sie abermals. Statt in der Bearbeitungsleiste können Sie Eingaben auch in der Zelle selbst korrigieren. Dazu doppelklicken Sie in die Zelle, führen die Korrektur durch und bestätigen.

Die Korrektur in der Zelle selbst ist nur möglich, wenn das Kontrollkästchen *Direkte Zellbearbeitung zulassen* in den *Excel-Optionen* aktiviert ist (*Kapitel 16*).

6.3.2 Zellen und Bereiche markieren

Nicht nur die eben beschriebenen Eingaben, sondern auch viele Befehle beziehen sich immer auf die gerade aktive Zelle oder einen Bereich von Zellen. Durch das vorherige Markieren stellen Sie sicher, dass Sie genau die gewünschte Stelle in der Tabelle bearbeiten. Zum Markieren können Sie sich verschiedener Methoden bedienen.

Mit der Maus

Am schnellsten markieren Sie eine Zelle oder einen Zellbereich mithilfe der Maus. Das gilt jedenfalls dann, wenn die zu markierenden Zellen bereits in dem auf dem Bildschirm angezeigten Ausschnitt der Tabelle sichtbar sind oder sich in unmittelbarer Nachbarschaft befinden (Abbildung 6.12).

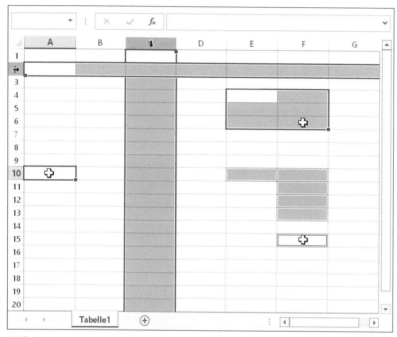

Abbildung 6.12: Sie können einzelne Zellen oder aber auch Zellbereiche markieren.

- Um eine einzelne Zelle zu markieren, bewegen Sie den Mauszeiger auf die Zelle und klicken Sie sie dann mit der linken Maustaste an.
- Wenn Sie mehrere Zellen, die in Form eines rechteckigen Bereichs zusammenhängen, gemeinsam markieren wollen, setzen Sie den Mauszeiger auf eine Ecke des zu markierenden Zellbereichs und überstreichen Sie bei gedrückt gehaltener Maustaste den Bereich.
- Zum Markieren einer ganzen Zeile klicken Sie auf den Zeilenkopf – das ist das Feld, in dem die Zeilennummer angezeigt wird. Wollen Sie mehrere aufeinanderfolgende Zeilen markieren, halten Sie die Maustaste gedrückt und verschieben Sie dann den Mauszeiger über die Köpfe der zu markierenden Zeilen.
- Zum Markieren von Spalten gehen Sie entsprechend vor: Klicken Sie auf den Spaltenkopf – also das Feld, in dem der oder die Buchstaben zur Spaltenkennung angezeigt werden. Mehrere nebeneinanderliegende Spalten markieren Sie, indem Sie die Maustaste gedrückt halten und den Mauszeiger über die Köpfe der zu markierenden Spalten verschieben.

- Sie können auch Zellen, die nicht in Form eines rechteckigen Blocks zusammenhängen, gemeinsam markieren. Markieren Sie dazu die erste Zelle oder den ersten Bereich und drücken Sie dann die `Strg`-Taste. Halten Sie diese gedrückt und wählen Sie die nächste Zelle oder den nächsten Bereich.

Die Verwendung der Bildlaufleisten verschiebt zunächst nur den im Fenster angezeigten Ausschnitt der Tabelle. Um eine Zelle zu aktivieren, müssen Sie sie danach noch markieren.

Über die Tastatur

Mithilfe der Pfeiltasten und zusätzlicher Tastenkombinationen können Sie die Zellen ebenfalls markieren (Tabelle 6.5). Wenn Sie mehrere zusammenhängende Zellen gemeinsam markieren wollen, halten Sie die `↑`-Taste gedrückt und verwenden Sie dieselben Tastenkombinationen wie beim Markieren einzelner Zellen.

Taste(n)	Wirkung
`←`, `→`, `↑`, `↓`	um eine Zelle nach oben, unten, links oder rechts bewegen
`Strg`+Pfeiltaste	an den Rand des aktuellen Datenblocks bewegen
`Pos1`	an den Anfang der Zeile bewegen
`Strg`+`Pos1`	an den Anfang des Tabellenblatts bewegen
`Strg`+`Ende`	zur letzten verwendeten Zelle im Tabellenblatt bewegen
`Bild ↓`	um eine Bildschirmseite nach unten bewegen
`Bild ↑`	um eine Bildschirmseite nach oben bewegen
`Alt`+`Bild ↓`	um eine Bildschirmseite nach rechts bewegen
`Alt`+`Bild ↑`	um eine Bildschirmseite nach links bewegen

Tabelle 6.5: Tasten und Tastenkombinationen zum Markieren von Zellen

TIPP In Tabellen mit gesperrten und nicht gesperrten Zellen können Sie mithilfe von `↹` beziehungsweise `↑`+`↹` zwischen den nicht gesperrten Zellen springen. Voraussetzung dafür ist, dass der Schutz für das Dokument aktiviert ist.

Über das Namenfeld

Welche Zelle oder welcher Bereich gerade markiert ist, wird im Namenfeld im linken Teil der Bearbeitungsleiste angezeigt. Einfache Adressangaben – wie beispielsweise *A1* oder *Z120* – zeigen die Adresse einer einfachen Zelle an. Eine längere Adressangabe mit einem Doppelpunkt oder einem Semikolon darin bedeutet, dass mehrere Zellen markiert sind.

Sie können dieses Feld auch dazu benutzen, einzelne oder mehrere Zellen zu markieren, indem Sie ihre Adresse(n) darin eingeben und anschließend mit der Taste `↵` bestätigen (Tabelle 6.6). Die betreffende Zelle wird daraufhin markiert. Diese Technik eignet sich besonders dann, wenn Sie zwischen Zellen wechseln wollen, die weit voneinander entfernt liegen.

Beispiel	Beschreibung
Z120	Um eine Zelle zu markieren, geben Sie deren Adresse ein. Das empfiehlt sich besonders für größere Sprünge.
B2:F4	Um einen Bereich mehrerer Zellen zu markieren, geben Sie die Adressen zweier Eckzellen – getrennt durch einen Doppelpunkt – ein.
C:C	Zum Markieren einer Spalte geben Sie den Kennbuchstaben der Spalte zweimal – getrennt durch einen Doppelpunkt – ein.
6:6	Wenn Sie eine ganze Zeile markieren wollen, verfahren Sie genauso mit der Kennnummer der Zeile.
H2;I3;J4;J5	Um mehrere nicht zusammenhängende Zellen oder Zellbereiche zu markieren, geben Sie die Adressen – getrennt durch Semikola – ein.

Tabelle 6.6: Das Namenfeld zeigt die Markierung an. Sie können darin auch Eingaben vornehmen, um Bereiche zu markieren.

TIPP Haben Sie bereits Namen für Zellen oder Zellbereiche definiert, können Sie im Namenfeld auch einen solchen Namen eingeben oder aus dem Listenfeld auswählen, um den benannten Bereich zu markieren.

Über das Dialogfeld Gehe zu

Ebenfalls für weitere Sprünge – oder nachdem Namen in der Tabelle definiert wurden – eignet sich das Dialogfeld zum Befehl *Gehe zu*, den Sie in der Liste zur Befehlsschaltfläche *Suchen und Auswählen* in der Gruppe *Bearbeiten* der Registerkarte *Start* finden (Abbildung 6.13). Geben Sie in das Feld *Verweis* die Adresse der Zelle oder des Bereichs ein, die oder der markiert werden soll. Nach dem Bestätigen über *OK* wird die Markierung durchgeführt.

Abbildung 6.13: Über *Gehe zu* können Sie schnell zu anderen Stellen springen.

- Nach mehrfacher Anwendung von *Gehe zu* werden die letzten vier Ziele des Befehls im Feld *Gehe zu* aufgelistet, und zwar beginnend mit dem letzten angesteuerten Ziel. Sie können unter den hier aufgelisteten Adressen und Namen das Ziel der Markierung auswählen. Haben Sie bereits Namen in der Tabelle definiert, werden diese ebenfalls als mögliche Sprungadressen mit aufgelistet.
- Ein Klick auf die Schaltfläche *Inhalte* im Dialogfeld *Gehe zu* zeigt ein weiteres Dialogfeld an, über das Sie zu Zellen mit bestimmten Formen von Inhalten springen können (folgende Abschnitte).

6.3.3 Zahlenwerte eingeben

Sie können in eine Tabelle Zahlen in unterschiedlichen Formaten eingeben, ohne dass Sie spezielle Formatanweisungen geben müssen. Dazu gehören sowohl normale Zahlenwerte als auch Datums- und Uhrzeitangaben und logische Konstanten. Sollten Sie das Format nachträglich ändern wollen, benutzen Sie die entsprechenden Formatierungsbefehle (*Kapitel 8*).

Normale Zahlenwerte

Im Prinzip geben Sie einen Zahlenwert so über die Tastatur ein, wie er in der Tabelle dargestellt werden soll (Abbildung 6.14). Einige Dinge sollten Sie aber zusätzlich beachten.

- Positive Zahlen geben Sie direkt ein. Bei negativen Zahlen setzen Sie ein Minuszeichen davor.
- Dezimalzahlen können mit maximal 15 Stellen hinter dem Dezimalzeichen eingegeben werden. Als Dezimalzeichen wird in der Grundeinstellung das in den Ländereinstellungen des Betriebssystems gewählte Zeichen akzeptiert. Die deutschsprachigen Installationen von Windows benutzen dafür das Komma. Wenn Sie einen Punkt verwenden, wird die Eingabe als Datumswert interpretiert.

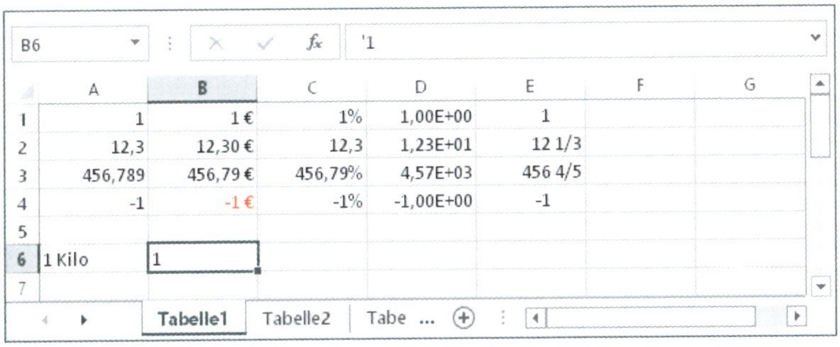

	A	B	C	D	E	F	G
1	1	1 €	1%	1,00E+00	1		
2	12,3	12,30 €	12,3	1,23E+01	12 1/3		
3	456,789	456,79 €	456,79%	4,57E+03	456 4/5		
4	-1	-1 €	-1%	-1,00E+00	-1		
5							
6	1 Kilo	1					
7							

Abbildung 6.14: Zahlenwerte können in unterschiedlicher Form eingegeben werden.

Excel zeigt im Format *Standard* die Stellen hinter dem Komma nur so weit wie notwendig an. Wenn Sie beispielsweise eine Dezimalzahl mit einer 0 als letzter Ziffer hinter dem Dezimalkomma eingeben, wird diese nach dem Bestätigen nicht angezeigt. Die Anzeige der Stellen hinter dem Komma regeln Sie über die Registerkarte *Zahlen* im Dialogfeld *Zellen formatieren* (*Kapitel 8*). Die Anzeige in der Tabelle ist dann unabhängig davon, wie viele Ziffern Sie hinter das Komma eingeben.

- Durch Anfügen oder Voranstellen des Währungszeichens € schalten Sie das Währungsformat ein. Die Leerstelle zwischen der Zahl und dem Währungszeichen können Sie bei der Eingabe weglassen. Automatisch werden bei mehr als dreistelligen Zahlenwerten Tausendertrennzeichen eingefügt. Eine Eingabe von *1000* € führt also zur Anzeige von *1.000* €. Die Form dieses Trennzeichens ist aber abhängig von der Ländereinstellung – so wird beispielsweise in der Schweiz ein Hochkomma als Tausendertrennzeichen verwendet. Auch hier ist eine beliebige Anzahl von Dezimalstellen möglich. Negative Werte im Währungsformat werden in der Grundeinstellung automatisch rot dargestellt.
- Brüche können ebenfalls direkt eingegeben werden. Wichtig ist, dass Sie die Eingabe mit einer ganzen Zahl beginnen und zwischen dieser und dem Bruch ein Leerzeichen einfügen. Für den Wert *2/3* verwenden Sie also die Eingabe *0 2/3*. Wenn bei Eingabe eines Bruchs dieser in eine Datumsangabe umgewandelt wird, haben Sie wahrscheinlich vergessen, zuerst eine führende *0* einzugeben. Setzen Sie nach der *0* eine Leerstelle und anschließend den gewünschten Bruchausdruck.
- Durch Anfügen des Prozentzeichens schalten Sie das Prozentformat für diese Eingabe ein. Ein Wert von *100 %* entspricht dem Zahlenwert *1,00*.
- Auch das Format für die wissenschaftliche Darstellung – das die Eingabe von Zehnerpotenzen benutzt – können Sie direkt zur Eingabe verwenden. Um beispielsweise den Wert *1234* in diesem Format einzugeben, schreiben Sie *1,234E3* – für $1{,}234 * 10^3$. Auch kleine Zahlen können Sie in diesem Format eingeben. Um den Wert *0,001234* in diesem Format einzugeben, schreiben Sie *1,234E–3* – für $1{,}234 * 10^{-3}$.
- Andere Einheiten – wie beispielsweise Fremdwährungsangaben oder Mengeneinheiten – sollten Sie nicht direkt eingeben. Eingaben dieser Art erscheinen zwar in der Zelle, werden aber als Text interpretiert und mit einem solchen können Sie keine Berechnungen durchführen. Sie können dafür aber Sonderformate definieren, die die Einheit nach Eingabe des Zahlenwerts mit anzeigen.
- Wenn Sie eine Zahl als Text eingeben wollen, stellen Sie dem Wert ein einfaches Anführungszeichen (') voraus. Eine solche Eingabe wird – wie jede Texteingabe – automatisch linksbündig angezeigt, das Anführungszeichen erscheint nicht in der Zelle, aber in der Bearbeitungsleiste. Auf der Basis von Zahlen im Textformat können keine numerischen Berechnungen durchgeführt werden.

Falsche Anzeige?

In einigen Fällen werden Sie bemerken, dass der in der Zelle angezeigte Wert zumindest optisch nicht dem entspricht, was Sie über die Tastatur eingegeben haben. Das kann mehrere Gründe haben:

- Haben Sie für eine Zelle einmal eine Eingabe gewählt, die das Format der Zelle ändert, wird die Zelle auf dieses Format gesetzt. Haben Sie die Zelle beispielsweise durch Eingabe von *65 %* auf das Prozentformat gesetzt, führt eine nachfolgende Eingabe in derselben Zelle als Dezimalzahl wieder zur Anzeige im Prozentformat. Eine Eingabe von *5* wird dann als *500 %* angezeigt. Um das zu vermeiden, müssen Sie das Zahlenformat der Zelle auf das Standardformat zurücksetzen – beispielsweise indem Sie die Zelle markieren und dann ⌷Strg⌷ + ⌷&⌷ drücken.

■ Wesentlich für die Anzeige einer eingegebenen Zahl ist auch die Breite der Zelle beziehungsweise der Spalte, zu der diese Zelle gehört (Abbildung 6.15). Ist diese zu klein, erfolgt die Anzeige möglicherweise in einer anderen Form als gewünscht. Wenn Sie beispielsweise in eine Zelle eine längere Zahl – etwa *1000000* – eingegeben haben, wird diese Eingabe nur in dieser Form angezeigt, wenn die Breite ausreicht – also Raum für mindestens sieben Stellen vorhanden ist. Ist das nicht der Fall, wird automatisch zur wissenschaftlichen Anzeige umgeschaltet: Der Zahlenwert erscheint als *1E + 06*. Ist die Breite auch zur Anzeige in dieser Form zu gering, erscheinen lediglich #-Zeichen in der Zelle. Das ist aber keine Fehlermeldung, Berechnungen auf der Basis eines in dieser Form angezeigten Zahlenwerts funktionieren wie gewünscht. Zum Ändern der Anzeige müssen Sie einfach die Spaltenbreite vergrößern (*Kapitel 8*).

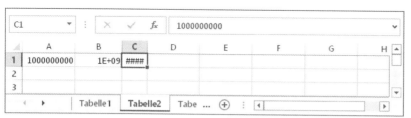

Abbildung 6.15: In allen Zellen wurde derselbe Zahlenwert eingegeben. Unterschiedliche Spaltenbreiten bewirken verschiedene Anzeigen.

Datums- und Uhrzeitangaben

Auch Datumswerte und Uhrzeitangaben können mit unterschiedlichen Formaten direkt in die Zellen der Tabelle eingegeben werden (Abbildung 6.16). Solche Werte werden intern als normale Zahlen verarbeitet, aber mit einem besonderen Format angezeigt. Beispielsweise entspricht das Datum *24.12.2010* der Zahl *40536*, die Uhrzeitangabe *12:00* dem Wert *0,5*. Normale Zahlenwerte, Datums- und Uhrzeitangaben können durch Wahl eines anderen Formats entsprechend umgewandelt werden.

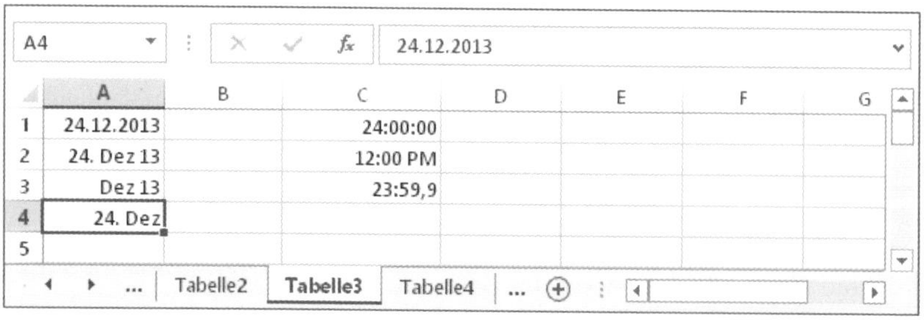

Abbildung 6.16: Datum und Uhrzeit können in mehreren Formaten eingegeben werden.

■ Zur Eingabe einer vollständigen Datumsangabe in Zahlenwerten verwenden Sie eines der Formate *Tag.Monat.Jahr* – beispielsweise *11.6.2010* –, *Tag-Monat-Jahr* – beispielsweise *11-6-2010* – oder *Tag/Monat/Jahr* – beispielsweise *11/6/2010*. Tag und Monat können dabei als ein- oder zweistellige Zahl, das Jahr als zwei- oder vierstellige Zahl eingegeben werden. Alle drei Eingabeformen werden standardmäßig nach dem Bestätigen in der Tabelle im Format *Tag.Monat.Jahr* angezeigt.

■ Im Fall von Datumsangaben können auch Abkürzungen für den Monatsnamen eingegeben werden. Wenn Sie den Monat ausschreiben, wird die Eingabe nach dem Bestätigen automatisch durch die Abkürzung ersetzt.

- Auch die Uhrzeit können Sie direkt eingeben. Verwenden Sie eines der Eingabeformate *Stunde:Minute* oder *Stunde:Minute:Sekunde*. Stunde, Minute und Sekunde können als ein- oder zweistellige Zahl eingegeben werden, die Anzeige erfolgt immer zweistellig.

Um die aktuellen Daten für Datum und/oder Uhrzeit aus dem Betriebssystem zu übernehmen, können Sie Tastenkombinationen verwenden. Diese Daten ändern sich zu einem späteren Zeitpunkt nicht mehr.

Tasten	Beschreibung
Strg + .	aktuelles Datum einfügen
Strg + :	aktuelle Uhrzeit einfügen

Tabelle 6.7: Tastenkürzel für das aktuelle Datum und die aktuelle Uhrzeit

TIPP Wollen Sie erreichen, dass Datum und Uhrzeit nach jeder Berechnung der Tabelle aktualisiert werden, benutzen Sie die Funktion *=JETZT()*.

Logische Konstante

Auch die beiden logischen Konstanten *WAHR* und *FALSCH* können Sie direkt in eine Zelle eingeben. Beachten Sie, dass es sich hierbei nicht um Texteingaben, sondern um die Zahlenwerte *1* und *0* handelt, die in einem besonderen Format angezeigt werden. Um das auch optisch zu zeigen, werden die logischen Konstanten zentriert und in Großbuchstaben – auch wenn Sie Kleinbuchstaben zur Eingabe verwenden – angezeigt.

TIPP Wollen Sie die Wörter *Wahr* oder *Falsch* tatsächlich als Texteingabe in einer Zelle verwenden, stellen Sie dem Wort ein einfaches Anführungszeichen (') voran. Eine solche Eingabe wird – wie jede Texteingabe – automatisch linksbündig angezeigt, das Anführungszeichen erscheint nicht in der Zelle, aber in der Bearbeitungsleiste.

6.3.4 Texteingaben

Texteingaben dienen meist als Titel für Tabellen oder als Zeilen- oder Spaltenbeschriftungen. Auch hier gelten die üblichen Methoden zur Eingabe: Markieren Sie zuerst die gewünschte Zelle und geben Sie dann den Text ein. Ihre Eingaben erscheinen in der Bearbeitungsleiste und der vorher markierten Zelle (Abbildung 6.17). Beachten Sie aber eine Besonderheit: Texteingaben, die für die eingestellte Spaltenbreite zu lang sind, werden abgeschnitten, wenn sich in der Zelle rechts davon eine Eingabe befindet. Für eine vollständige Anzeige müssen Sie in diesem Fall die Spaltenbreite vergrößern (*Kapitel 8*).

Abbildung 6.17: Zu lange Texteingaben werden abgeschnitten, wenn sich in der Zelle rechts davon ein Eintrag befindet.

TIPP Für Texteingaben können Sie außerdem mehrere Methoden der AutoKorrektur und eine Rechtschreibprüfung vornehmen (*Kapitel 3*). Über die *AutoKorrektur-Optionen* können Sie Tippfehler, die Ihnen häufig unterlaufen, automatisch korrigieren lassen. Außerdem finden Sie hier die bereits vordefinierten Codes für eine vereinfachte Eingabe von Sonderzeichen. Weitere Sonderzeichen können Sie definieren. Viele der hier verfügbaren Optionen sind natürlich bei einem Programm für Textverarbeitung wichtiger, haben aber auch in Excel ihren Sinn.

6.4   Tabellen editieren

Der letzte Abschnitt dieses Kapitels beschäftigt sich mit dem Editieren von bereits vorhandenen Eingaben in Tabellen. Wir wollen zeigen, wie man Zellen oder Zellbereiche kopiert oder verschiebt, einfügt und löscht.

6.4.1   Daten verschieben und kopieren

Einträge in Zellen können Sie an andere Stellen in der Tabelle kopieren oder verschieben. Dazu können Sie mit Drag&Drop oder mit *Ausschneiden* beziehungsweise *Kopieren* und *Einfügen* arbeiten.

REF Beachten Sie, dass sich beim Kopieren von Zellen, die Bezugsadressen beinhalten, absolute und relative Bezüge unterschiedlich verhalten. Was diese absoluten und relativen Bezüge sind und worin die Unterschiede beim Kopieren bestehen, beschreiben wir etwas später (*Kapitel 7*).

Drag&Drop

Am schnellsten funktioniert das Kopieren oder Verschieben mittels Maus und Drag&Drop.

- Markieren Sie zuerst die entsprechende(n) Zelle(n) und positionieren Sie den Zeiger auf einem Rand des Auswahlrahmens. Dass Sie die richtige Stelle gewählt haben, erkennen Sie daran, dass sich der Zeiger in einen Vierfachpfeil ändert. Wenn Sie die Auswahl kopieren – nicht verschieben – wollen, drücken Sie zusätzlich die `Strg`-Taste und halten Sie sie gedrückt. Ein zusätzliches Pluszeichen wird in diesem Fall neben dem Mauszeiger eingeblendet.
- Ziehen Sie die Auswahl zu dem Bereich, in den Sie die Daten verschieben oder kopieren wollen. Während des Ziehens zeigt ein Rahmen die neue Position an. Die aktuelle Einfügeadresse wird in der QuickInfo angezeigt. Wenn Sie sich an der gewünschten Stelle befinden, lassen Sie die Maustaste los.
- Sollen die Zellen mit den einzufügenden Daten zwischen vorhandenen Zellen platziert werden, halten Sie beim Kopieren beziehungsweise Verschieben zusätzlich die `↑`-Taste gedrückt und bringen Sie den Mauszeiger über eine Gitternetzlinie. Die Stelle, an die eingefügt wird, wird entsprechend gekennzeichnet. Vorhandene Zellen und Daten werden verschoben, um Raum für die neuen Zellen zu schaffen.
- Ist das Ziel eine andere Tabelle in derselben Arbeitsmappe, müssen Sie den Mauszeiger über das Blattregister führen. Sobald der Mauszeiger das Blattregister berührt, wird die Zieltabelle aktiviert. Bewegen Sie dort die Daten an die gewünschte Stelle.
- Ist das Ziel eine andere geöffnete Arbeitsmappe, ziehen Sie die markierten Zellen einfach von einem in das andere Dokumentfenster. Ordnen Sie vorher die Fenster entsprechend an.

Über die Zwischenablage

Zum Verschieben oder Kopieren von Zellbereichen können Sie ebenso die Zwischenablage von Windows oder Office verwenden. Markieren Sie auch in diesem Fall zunächst die Zelle(n), die verschoben oder kopiert werden soll(en). Beachten Sie die folgenden Besonderheiten für Excel:

- Der anfangs markierte Bereich wird von einem blinkenden Laufrahmen umgeben. Das ist das Zeichen dafür, dass sich eine Kopie dieses Bereichs in der Zwischenablage befindet. Er kann jetzt noch an weitere Stellen eingefügt werden. Um den Rahmen abzuschalten, drücken Sie die Taste `Esc`.
- Die Schaltfläche *Einfügeoptionen* wird unmittelbar unterhalb der eingefügten Auswahl angezeigt (Abbildung 6.18). Wenn Sie auf die Schaltfläche klicken, wird ein Menü angezeigt, in dem Sie auswählen können, wie die Informationen in das Arbeitsblatt eingefügt werden sollen. Die Verfügbarkeit der Optionen hängt von der Art des einzufügenden Inhalts, vom Programm, aus dem die einzufügenden Daten stammen, sowie vom Format der Inhalte, in die Sie einfügen möchten, ab.

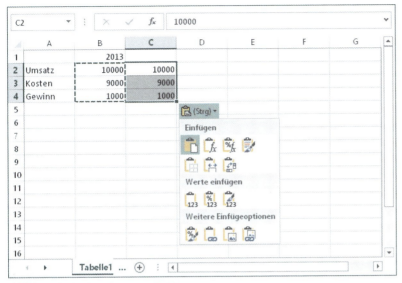

Abbildung 6.18: Die Optionen zum Einfügen

Abbildung 6.19: Sie können die Optionen auch vor dem Einfügen festlegen.

Inhalte vor dem Einfügen kontrollieren

Beim Einfügen aus der Zwischenablage können Sie die einzufügenden Daten nicht nur einfach übernehmen, sondern auch gleich noch abwandeln. Dazu können Sie einerseits die *Einfügeoptionen* verwenden und dann angeben, wie die Daten verwendet werden sollen. Klicken Sie zum Einfügen aus der Zwischenablage auf die Pfeilspitze zur Schaltfläche *Einfügen* (Abbildung 6.19).

Wählen Sie in der Liste aus, was Sie einfügen wollen (Tabelle 6.8).

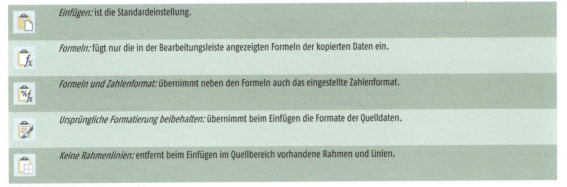

Tabelle 6.8: Die Optionen zum Einfügen

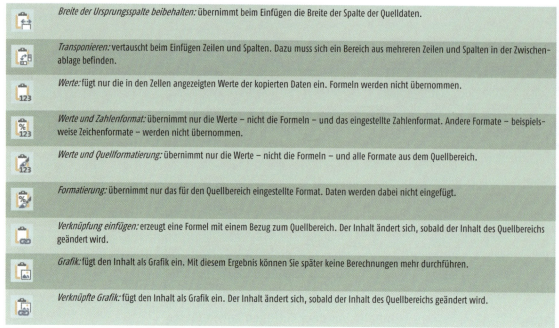

	Breite der Ursprungsspalte beibehalten: übernimmt beim Einfügen die Breite der Spalte der Quelldaten.
	Transponieren: vertauscht beim Einfügen Zeilen und Spalten. Dazu muss sich ein Bereich aus mehreren Zeilen und Spalten in der Zwischenablage befinden.
	Werte: fügt nur die in den Zellen angezeigten Werte der kopierten Daten ein. Formeln werden nicht übernommen.
	Werte und Zahlenformat: übernimmt nur die Werte – nicht die Formeln – und das eingestellte Zahlenformat. Andere Formate – beispielsweise Zeichenformate – werden nicht übernommen.
	Werte und Quellformatierung: übernimmt nur die Werte – nicht die Formeln – und alle Formate aus dem Quellbereich.
	Formatierung: übernimmt nur das für den Quellbereich eingestellte Format. Daten werden dabei nicht eingefügt.
	Verknüpfung einfügen: erzeugt eine Formel mit einem Bezug zum Quellbereich. Der Inhalt ändert sich, sobald der Inhalt des Quellbereichs geändert wird.
	Grafik: fügt den Inhalt als Grafik ein. Mit diesem Ergebnis können Sie später keine Berechnungen mehr durchführen.
	Verknüpfte Grafik: fügt den Inhalt als Grafik ein. Der Inhalt ändert sich, sobald der Inhalt des Quellbereichs geändert wird.

Tabelle 6.8: Die Optionen zum Einfügen (Forts.)

Inhalte einfügen

Über den Befehl *Inhalte einfügen* in der Liste zur Schaltfläche *Einfügen* auf der Registerkarte *Start* erhalten Sie Zugriff auf eine Reihe weiterer Optionen, über die Sie bestimmte Teilelemente des gewählten Elements aus der Zwischenablage einfügen und/oder zusätzliche Operationen mit dem Einfügen verknüpfen können (Abbildung 6.20). Sorgen Sie vor der Wahl des Befehls *Inhalte einfügen* dafür, dass sich Excel-Daten in der Zwischenablage befinden, indem Sie die entsprechenden Daten kopieren oder ausschneiden. Andernfalls haben Sie nur die Möglichkeit, die Art des Objekts zu wählen, als das der Inhalt der Zwischenablage eingefügt werden soll.

Abbildung 6.20: Elemente können in unterschiedlicher Form eingefügt werden.

- Im oberen Bereich des Dialogfelds *Inhalte einfügen* können Sie festlegen, was von den kopierten oder ausgeschnittenen Daten eingefügt werden soll. Sie können hier beispielsweise wählen, ob Sie aus der

Zwischenablage alle Inhalte, nur die Text-, Zahlen- und Formeleingaben oder bestimmte *Formate* übernehmen wollen.

- Die zweite Optionsgruppe unter der Überschrift *Vorgang* ermöglicht zusätzliche Operationen der kopierten oder ausgeschnittenen Zahlenwerte mit anderen Werten. Wenn sich in dem Bereich, in dem die Daten eingefügt werden sollen, bereits Zahlenwerte befinden, können Sie die einzufügenden zu den bereits vorhandenen addieren, von ihnen subtrahieren, damit multiplizieren oder dividieren.
- In allen Fällen können Sie zusätzlich leere Zeilen eliminieren lassen oder Spalten und Zeilen vertauschen. Aktivieren Sie hierzu das beziehungsweise die entsprechenden Kontrollkästchen.

6.4.2 Ausfüllen

Wenn die Zellen, in die kopiert werden soll, direkt neben, unter oder über den Zellen liegen, die kopiert werden sollen, können Sie den Kopierprozess einfacher gestalten, indem Sie die Ausfüllfunktion von Microsoft Excel nutzen. Außerdem können Sie diese Technik dazu benutzen, bestehende Datenreihen zu erweitern und damit fortzuschreiben.

Ausfüllen über Befehlsschaltfläche

Markieren Sie die Zelle, die kopiert werden soll, zusammen mit dem benachbarten Bereich, in den ausgefüllt werden soll. Wählen Sie dann den gewünschten Befehl in der Liste zur Befehlsschaltfläche *Füllbereich* der Gruppe *Bearbeiten* auf der Registerkarte *Start* (Abbildung 6.21).

Abbildung 6.21: Zellinhalte können Sie in mehrere benachbarte Zellen kopieren.

- Die ersten vier Optionen im Untermenü erlauben ein Ausfüllen in unterschiedliche Richtungen. Der Befehl *Rechts* kopiert den Inhalt einer Zelle oder eines Bereichs in die rechts angrenzenden Zellen. Um in die links angrenzenden Zellen zu kopieren, wählen Sie den Befehl *Links*. Der Befehl *Unten* kopiert den Inhalt einer Zelle oder eines Bereichs in die darunter liegenden Zellen. Um die letzte Zeile der Auswahl in die oben angrenzenden Zellen zu kopieren, wählen Sie den Befehl *Oben*. Je nachdem, was Sie markiert haben, sind immer nur bestimmte Optionen verfügbar. Der Rest wird abgeblendet angezeigt.
- Die Option *Blocksatz* im Untermenü zum Befehl *Ausfüllen* ordnet die Textinhalte von Zellen so an, dass diese den markierten Bereich ausfüllen. Zahlen oder Formeln können nicht bündig angeordnet werden.
- Der Befehl *Über Arbeitsblätter* im Untermenü zum Befehl *Ausfüllen* kopiert den Inhalt des im aktiven Tabellenblatt markierten Zellbereichs in denselben Zellbereich aller anderen markierten Blätter einer Gruppe. Dieser Befehl ist nur verfügbar, wenn mehrere Blätter markiert sind.

Texte und Zahlenwerte werden wie angezeigt kopiert, Formeln und Funktionen verhalten sich entsprechend der Form der verwendeten Bezüge.

Datenreihen ausfüllen

Sie können mit *Füllbereich* auch automatisch eine Datenreihe erstellen beziehungsweise eine vorhandene ausweiten lassen. Geben Sie hierzu zumindest das erste Element der Reihe ein und markieren Sie dann den Bereich, in dem Sie die Reihe erstellen wollen. Wählen Sie anschließend den Befehl *Reihe* in der Liste zur Befehlsschaltfläche *Füllbereich* in der Gruppe *Bearbeiten*.

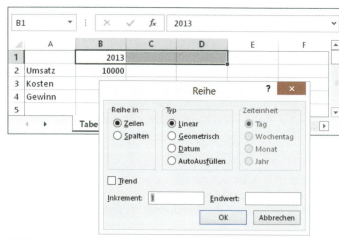

Geben Sie im Dialogfeld *Reihe* die Parameter für die Fortschreibung der Reihe an (Abbildung 6.22). Wenn Sie mehrere Spalten und Zeilen markiert haben, müssen Sie über *Reihe in* angeben, ob die Reihe in Spalten oder in Zeilen erstellt werden soll. Außerdem ergeben sich einige Unterschiede für reine Zahlenreihen und Reihen aus Datumswerten.

Abbildung 6.22: Mit *Reihe* können Sie auch Datenreihen erstellen.

Unter *Typ* geben Sie die Art der Fortschreibung an. Sie legen damit fest, um welchen Wert die Daten von Feld zu Feld ansteigen sollen:

- *Linear* bedeutet, dass der Wert von Zelle zu Zelle um einen konstanten Wert erhöht wird. Die Reihe *1, 2, 3, 4, 5* usw. ist eine lineare Reihe. Den Wert, um den die Reihe erhöht werden soll, legen Sie über *Inkrement* fest. Alternativ können Sie hier auch den Wert für das letzte Feld der Reihe in das Feld *Endwert* eingeben. Das Inkrement wird dann automatisch errechnet.

- Mit *Geometrisch* geben Sie an, dass die Reihe einer geometrischen Struktur folgen soll. Solche Reihen vervielfachen den Wert von Element zu Element – beispielsweise ist *1, 2, 4, 8, 16* usw. eine geometrische Reihe.

- Wenn Sie die Option *AutoAusfüllen* wählen, wird der im Feld *Inkrement* eingegebene Wert ignoriert.

- Wenn Sie die Option *Datum* aktivieren, müssen Sie im Gruppenfeld *Zeiteinheit* eine Einheit wählen. Auf diese Weise können Sie einen Datumswert tageweise, monatlich oder jährlich fortschreiben. Die Option *Wochentag* bedeutet hier, dass nur die Tage von Montag bis Freitag benutzt werden. Auch hier können Sie ein Inkrement angeben – beispielsweise *3*, wenn nur jeder dritte Monat in der Reihe verwendet werden soll.

Nach dem Bestätigen wird die Datenreihe erstellt.

AutoAusfüllen mit der Maus

Die Funktion *AutoAusfüllen* ermöglicht das Ausfüllen allein durch Ziehen mit der Maus. Markieren Sie die Zelle(n) mit den zu kopierenden Daten und positionieren Sie den Zeiger auf dem Ausfüllkästchen – das schwarze Quadrat in der rechten unteren Ecke der Auswahl. Der Zeiger wechselt zur Form eines Kreuzes. Drücken Sie die Maustaste und markieren Sie dann den Bereich, der mit Daten ausgefüllt werden soll. Lassen Sie abschließend die Maustaste los. Die Daten werden fortgeschrieben (Abbildung 6.23).

Hinweis Wenn Sie ein Ausfüllkästchen in der Auswahl nach oben oder nach links ziehen und in den ausgewählten Zellen anhalten, ohne es zuvor an der ersten Spalte oder an der obersten Zeile vorbeigezogen zu haben, werden die Daten in der Auswahl gelöscht.

- Texteingaben werden wie eingegeben fortgeschrieben, sofern sie nicht über *Benutzerdefinierte Listen bearbeiten* im Fenster der *Excel-Optionen* als Element einer Reihe aufgelistet sind (*Kapitel 16*). Beispielsweise werden Textangaben für Monate und Wochentage fortgeschrieben, da sie in der Grundeinstellung des Programms als Liste eingetragen sind.

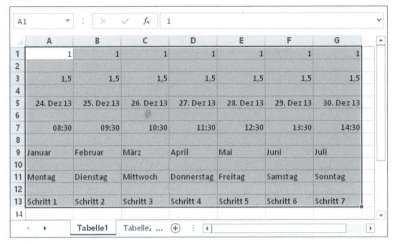

Abbildung 6.23: Verschiedene Daten werden unterschiedlich fortgeschrieben.

- Zahlenwerte bleiben konstant. Datums- und kombinierte Angaben werden fortgeschrieben: Datumsangaben werden jeweils um einen Tag erhöht. Uhrzeitangaben werden um eine Stunde erhöht. Bei aus Texten und Zahlenwerten kombinierten Angaben wird der Zahlenteil um jeweils 1 erhöht.
- Die Schaltfläche *Auto-Ausfülloptionen* wird unmittelbar unterhalb der Füllauswahl angezeigt. Wenn Sie auf die Schaltfläche klicken, wird ein Menü angezeigt, das Optionen für den Umgang mit dem Text oder den Daten beim Ausfüllen enthält – *Zellen kopieren* benutzt Inhalte und Formate, alternativ können Sie nur die Formate oder nur die Inhalte fortschreiben. Die Verfügbarkeit der Optionen hängt vom einzufügenden Inhalt, vom Programm, aus dem die einzufügenden Daten stammen, sowie vom Format des Textes beziehungsweise der Daten, die Sie einfügen möchten, ab.

Wenn Sie beim Ausfüllen zusätzlich die ⌨Strg-Taste drücken, erreichen Sie ein reines Kopieren der Eingaben. Ein zusätzliches Pluszeichen wird dann neben dem Ausfüllen-Mauszeiger angezeigt. Beachten Sie, dass sich dabei andere Ergebnisse zeigen.

Abbildung 6.24: Die Befehl zum *Einfügen* und zum *Löschen*

6.4.3 Zellbereiche einfügen oder löschen

Falls Sie zwischen Zellen, in denen Sie bereits Daten eingegeben haben, zusätzliche Eingaben vornehmen wollen, brauchen Sie die vorhandenen Eingaben nicht zu verschieben. Sie können stattdessen Spalten, Zeilen, einzelne Zellen oder Zellbereiche in die Tabelle einfügen. Auf ähnliche Weise können Sie auch Elemente aus der Tabelle entfernen. Benutzen Sie dazu die Befehlsschaltflächen zur Gruppe *Zellen* auf der Registerkarte *Start* (Abbildung 6.24).

Zeilen und Spalten einfügen

Sie können leere Spalten und Zeilen mithilfe der Maus oder mit Befehlen erzeugen: Bei der Arbeit über das Menüband markieren Sie die Spalte(n) oder Zeile(n), vor der/denen die neue(n) Spalte(n) beziehungsweise Zeile(n) eingefügt werden soll(en) und wählen Sie dann in der Liste zur Befehlsschaltfläche *Einfügen* den Befehl *Blattspalten einfügen* beziehungsweise *Blattzeilen einfügen*.

TIPP Sie können auch mehrere Spalten oder Zeilen in einem Arbeitsgang markieren und damit neue Zeilen beziehungsweise Spalten einfügen.

Leere Zellen zwischendurch einfügen

Markieren Sie einen Zellbereich links oder unterhalb der Stelle, an die Sie neue Zellen einfügen wollen. Wählen Sie dann in der Liste zur Befehlsschaltfläche *Einfügen* den Befehl *Zellen* oder im Kontextmenü den Befehl *Zellen einfügen* und legen Sie dann fest, wie die bereits vorhandenen Zellen verschoben werden sollen (Abbildung 6.25 links).

Abbildung 6.25: Einzelne Zellen können eingefügt und gelöscht werden.

- Mit den ersten beiden Optionen im Dialogfeld *Zellen einfügen* können Sie entscheiden, ob der markierte Bereich und die daran angrenzenden Zellen nach rechts oder nach unten verschoben werden sollen.
- Die beiden unteren Optionen erlauben es, eine ganze Zeile oberhalb oder eine ganze Spalte links vom markierten Bereich einzufügen. Besteht dieser markierte Bereich aus mehreren Zellen, werden entsprechend viele Spalten beziehungsweise Zeilen eingefügt.

Zellen einfügen mit der Maus

Beim Einfügen von Zellen durch Ziehen des Ausfüllkästchens verschieben Sie Zellen mit bereits vorhandenen Eingaben nach unten oder nach rechts. Definieren Sie dabei, wie viel Platz Sie schaffen wollen. Wählen Sie den Zellbereich so groß, dass Sie die gewünschte Anzahl von Zellen einfügen können. Positionieren Sie den Mauszeiger auf dem Ausfüllkästchen. Drücken Sie die ⌈↑⌉-Taste und halten Sie sie gedrückt. Der Mauszeiger nimmt die Form eines Doppelpfeils an.

- Ziehen Sie den Mauszeiger nach rechts, wenn Sie rechts vom markierten Zellbereich Platz schaffen wollen. In den aufgezogenen Bereich werden neue Zellen eingefügt. Die vorhandenen Zellen werden nach rechts verschoben.
- Ziehen Sie den Mauszeiger nach unten, wenn Sie unterhalb des markierten Bereichs Platz schaffen wollen. In den aufgezogenen Bereich werden neue Zellen eingefügt. Die vorhandenen Zellen werden nach unten verschoben.

6.4.4   Zellbereiche löschen

In Zellen eingegebene Daten können natürlich bei Bedarf wieder gelöscht werden. Dazu drücken Sie nach dem Markieren einfach die Taste ⌈Entf⌉. Sie können Zellbereiche auch direkt über die Maus löschen: Positionieren Sie den Mauszeiger auf dem Ausfüllkästchen in der unteren rechten Ecke der Auswahl. Der Zeiger wird daraufhin als Kreuz dargestellt. Ziehen Sie das Ausfüllkästchen in die obere linke Ecke des vorher markierten Bereichs. Die ganze Auswahl wird grau angezeigt. Lassen Sie die Maustaste los. Die direkten Eingaben im Bereich werden daraufhin gelöscht. Vorhandene Formate und Kommentare bleiben erhalten.

Anstatt nur die Inhalte von Zellbereichen zu löschen, können Sie Zellbereiche – auch ganze Spalten oder Zeilen – vollständig entfernen. Auch hier können Sie Befehle verwenden oder mit der Maus arbeiten. Denken Sie aber vorher daran, dass Formeln und Funktionen mit Bezügen, die sich auf eine gelöschte Zelle beziehen, nach dem Löschen andere – meist falsche – Werte aufweisen.

Markieren Sie zunächst den Zellbereich, den Sie löschen wollen. Öffnen Sie dann die Liste zur Schaltfläche *Löschen* in der Gruppe *Zellen* auf der Registerkarte *Start* und wählen Sie den entsprechenden Befehl. Wenn Sie hier *Zellen löschen* wählen, wird das Dialogfeld *Löschen* angezeigt, in dem Sie angeben müssen, wie die verbleibenden Zellen verschoben werden sollen (Abbildung 6.25 rechts).

- Mit den beiden Optionen im oberen Bereich können Sie die Zellen rechts vom vorher markierten Bereich nach links rücken beziehungsweise die darunter gelegenen Zellen nach oben.
- Die Optionen darunter entfernen die zu den markierten Zellen gehörenden Zeilen beziehungsweise Spalten vollständig.

Hinweis Die Ergebnisse eines solchen Vorgangs entsprechen nicht immer den Erwartungen. Überlegen Sie vorher genau, welche Verschiebung Sie wünschen. Formeln in Zellen, die sich auf die gelöschten Bereiche beziehen, zeigen nach dem Löschen eine Fehlermeldung.

Sie können einzelne Zellen auch direkt mit der Maus löschen. Dazu markieren Sie den Bereich und positionieren den Mauszeiger unten rechts auf dem Ausfüllkästchen. Der Zeiger wird daraufhin als Kreuz dargestellt. Drücken Sie die ↑-Taste und ziehen Sie das Ausfüllkästchen nach oben. Der Mauszeiger nimmt daraufhin die Form eines Doppelpfeils an. Lassen Sie dann die Maustaste und die ↑-Taste los. Die Zellen werden gelöscht und die unterhalb des markierten Bereichs liegenden Zellen werden nach oben verschoben.

6.4.5 Suchen und Ersetzen

Sie können eine Tabelle oder einen markierten Bereich nach Zeichen oder Zeichenfolgen durchsuchen und diese – wenn gewünscht – durch andere ersetzen lassen. Dazu benutzen Sie die Optionen in der Liste zur Befehlsschaltfläche *Suchen und Auswählen* in der Gruppe *Bearbeiten* auf der Registerkarte *Start*.

Suchen

Zum Suchen markieren Sie in der Tabelle gegebenenfalls den Bereich, den Sie durchsuchen wollen. Falls nur eine Zelle markiert wurde, durchsucht Microsoft Excel die ganze Tabelle. Wählen Sie dann in der Liste den Befehl *Suchen*. Das Dialogfeld *Suchen und Ersetzen* wird angezeigt (Abbildung 6.26).

Abbildung 6.26: Sie können nach Zellinhalten und Formaten suchen lassen.

- Geben Sie in das Feld *Suchen nach* das oder die Zeichen ein, nach denen gesucht werden soll. Sie können dabei beliebige Buchstaben, Zahlen, Satzzeichen oder die Stellvertreterzeichen * und ? verwenden (Tabelle 6.9). Um nach den Zeichen * oder ? selbst zu suchen, müssen Sie dem Zeichen eine Tilde (~) voranstellen.

Zeichen	Beschreibung
*	steht für eine beliebige Anzahl von Zeichen.
?	steht für ein beliebiges Zeichen.

Tabelle 6.9: Stellvertreterzeichen können zum Suchen benutzt werden.

- Sie können auch – nur oder zusätzlich – ein Format angeben, nach dem gesucht werden soll. Öffnen Sie dazu im Dialogfeld *Suchen und Ersetzen* das Menü zur Schaltfläche *Format* und wählen Sie dann eine der angezeigten Optionen: Der Befehl *Format* öffnet das Dialogfeld *Format suchen*, in dem Sie eine oder mehrere Formatangaben – wie beispielsweise eine fett formatierte Zahl mit zwei Stellen hinter dem Dezimalzeichen – festlegen können. Wenn Sie mit komplexen Formatangaben arbeiten, sollten Sie den Befehl *Format von Zelle wählen* benutzen und anschließend auf eine Zelle klicken, die dieselben Formate enthält wie die zu suchende.

Sie starten den Suchprozess über die Schaltfläche *Weitersuchen*. Die erste Fundstelle wird daraufhin in der Tabelle markiert. Setzen Sie den Suchprozess über die Schaltfläche *Weitersuchen* fort.

Optionen

Die Optionen im unteren Bereich des Dialogfelds *Suchen und Ersetzen* erlauben es, den Suchprozess weiter zu spezifizieren. Sie werden erst angezeigt, nachdem Sie auf die Schaltfläche *Optionen* geklickt haben.

- Über das erste Listenfeld mit dem Namen *Suchen* können Sie angeben, ob die Suche in der aktuellen Tabelle oder in der gesamten Arbeitsmappe durchgeführt werden soll.
- Das mit *Durchsuchen* bezeichnete Listenfeld darunter erlaubt es, die Suchrichtung festzulegen. Sie können entweder in Zeilen (von links nach rechts) oder in Spalten (von oben nach unten) suchen lassen.
- Über *Suchen in* können Sie festlegen, wo gesucht werden soll. Microsoft Excel sucht nur an der von Ihnen angegebenen Stelle nach den eingegebenen Zeichen.
- Über die beiden Kontrollkästchen können Sie festlegen, dass beim Suchen zwischen Groß- und Kleinschreibung unterschieden wird und dass nur Stellen gemeldet werden, bei denen eine vollständige Übereinstimmung zwischen eingegebenem Suchbegriff und vollständigem Zellinhalt vorliegt. Bei Deaktivierung von *Gesamten Zellinhalt vergleichen* wird beispielsweise bei der Suche nach *Kosten* auch der Begriff *Herstellungskosten* angezeigt.

TIPP Wenn Sie die ⭡-Taste gedrückt halten, während Sie auf die Schaltfläche *Weitersuchen* klicken, kehrt Microsoft Excel die Suchrichtung um und sucht von rechts nach links in Zeilen beziehungsweise von unten nach oben in Spalten.

Ersetzen

Um eine Zeichenkette gegen eine andere auszutauschen, wählen Sie den Befehl *Ersetzen*. Wenn das Dialogfeld *Suchen und Ersetzen* vorher geöffnet war, können Sie dafür auch die Registerkarte *Ersetzen* aktivieren. Geben Sie in das Feld *Suchen nach* die Zeichen ein, die ersetzt werden sollen, und in das Feld *Ersetzen durch* diejenigen, die stattdessen eingefügt werden sollen. Auch hier können Sie zusätzlich oder nur Formate festlegen (Abbildung 6.27). Die sonstigen Optionen entsprechen den bei der Registerkarte *Suchen* beschriebenen (vorherige Abschnitte).

Abbildung 6.27: Sie können bestimmte Zellinhalte und/oder Formate ersetzen.

Zum Ersetzen können Sie sich folgender Vorgehensweisen bedienen:

- Wählen Sie die Schaltfläche *Weitersuchen*, wenn Sie das nächste Vorkommen der Zeichen markieren lassen wollen, ohne den gefundenen Begriff zu ersetzen.
- Wählen Sie *Ersetzen*, um die angegebenen Zeichen zu ersetzen und automatisch das nächste Vorkommen des Suchbegriffs markieren zu lassen.
- Wählen Sie *Alle ersetzen*, wenn Microsoft Excel automatisch jedes Vorkommen des angegebenen Begriffs suchen und entsprechend ersetzen soll.

Inhalte suchen

Um Zellen mit speziellen Eigenschaften zu markieren, können Sie das Dialogfeld *Inhalte auswählen* verwenden, das Sie über den gleichnamigen Befehl in der Liste zur Befehlsschaltfläche *Suchen und Auswählen* anzeigen lassen. Stellen Sie im Dialogfeld die Option ein, die die zu markierende Zelle beschreibt. Nach dem Bestätigen werden die entsprechenden Zellen markiert.

Kapitel 7

Excel 2013: Berechnungen und Analysen

Die in die einzelnen Zellen einer Tabelle eingegebenen Zahlen ermöglichen – und darin liegt ja die eigentliche Aufgabe von Excel – das Durchführen von Berechnungen: Wenn Sie beispielsweise in zwei Zellen die Werte für den Umsatz und die Kosten eingeben, können Sie in einer dritten Zelle den Gewinn – als Differenz zwischen Umsatz und Kosten – über eine Formel berechnen. Wenn sich die Ausgangsdaten für Umsatz und/oder Kosten anschließend ändern, ändert sich auch der Gewinn. In diesem Kapitel wollen wir uns mit den unterschiedlichen Methoden beschäftigen, mit denen Sie derartige Berechnungen durchführen können.

■ Microsoft Excel kann Berechnungen auf der Basis von eingegebenen Werten mithilfe von Formeln oder Funktionen durchführen (Abschnitt 7.1). Für einfachere Berechnungen verwenden Sie Formeln, in denen Werte miteinander verknüpft werden. Funktionen sind vordefinierte Formeln, die Berechnungen unter Verwendung bestimmter Werte – der sogenannten Argumente – ausführen.

■ Das Benennen von Zellen oder Zellbereichen kann Ihnen hilfreich sein (Abschnitt 7.2). Ein Benennen hilft Ihnen sowohl bei der Navigation in der Tabelle als auch bei der Formulierung von Berechnungsanweisungen.

■ Die wirkliche Leistungsfähigkeit von Excel zeigt sich besonders dann, wenn Sie in Ihren Tabellen komplexere Formen der Kalkulationen und Analysen mit speziellen Zielrichtungen durchführen (Abschnitt 7.3).

■ Im letzten Teil dieses Kapitels wollen wir noch auf einige weitere Funktionen dieses Programms eingehen – beispielsweise auf das Arbeiten mit Listen. Eine *Liste* ist ein zusammenhängender Bereich in einer Tabelle, der zum Organisieren, Verarbeiten und Abrufen von Informationen aus umfangreichen Datenbeständen dient (Abschnitt 7.4). Eine solche Liste kann in Excel als Datenbank verwendet werden. Mithilfe von *PivotTables* können Sie interaktive Übersichtstabellen erstellen, anhand derer Sie die Daten der Liste zusammenfassen und analysieren können.

7.1 Berechnungen

Microsoft Excel kann Berechnungen auf der Basis von eingegebenen Werten mithilfe von Formeln oder Funktionen durchführen.

■ Für einfachere Berechnungen verwenden Sie Formeln, in denen Werte miteinander verknüpft werden. Meist verknüpfen Sie damit Zelladressen – beispielsweise in der Form = A1 + A2 + A3 + A4. Für die Berechnung werden dann die Inhalte dieser Adressen benutzt.

■ Funktionen sind vordefinierte Formeln, die Berechnungen unter Verwendung bestimmter Werte – der sogenannten Argumente – ausführen. Beispielsweise berechnet die Funktion *SUMME* die Summe mehrerer Zahlenwerte, bei denen die Adressen der zu addierenden Zellen als Argumente dienen.

7.1.1 Formeln

Formeln sind Gleichungen, die Berechnungen für Werte im Arbeitsblatt durchführen. Formeln beginnen mit einem Gleichheitszeichen, gefolgt von der eigentlichen Gleichung. Eine solche Gleichung kann unterschiedliche Aufgaben und Inhalte haben. Im Allgemeinen wird sie dazu verwendet, aus den Inhalten von zwei oder mehr Zellen einen Wert zu errechnen. Die Zelle, die die Formel enthält, wird als abhängige Zelle bezeichnet, weil ihr Wert von Werten in anderen Zellen abhängt. In einem einfachen Beispiel können Sie die Inhalte zweier Zellen in einer abhängigen Zelle addieren. Wenn sich die Ausgangswerte in den Zellen *A1* und *A2* befinden, können Sie dazu die Formel = *A1* + *A2* benutzen (Abbildung 7.1 links). Der Vorteil der Verwendung von Zelladressen in der Formel wird klar, wenn Sie die Werte in den Bezugszellen ändern (Abbildung 7.1 rechts). Die Zelle mit der Formel zeigt weiterhin das richtige Berechnungsergebnis, da sich die Formel nicht auf die Zahlenwerte, sondern auf die Adressen der Zellen bezieht, in denen diese Zahlen eingegeben wurden.

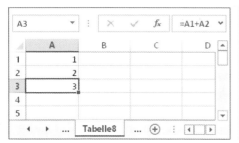

Abbildung 7.1: Das Ergebnis ändert sich, wenn sich die Ausgangswerte ändern.

Die Adressen, die eine Formel benutzt, werden auch als die *Bezüge* der Formel bezeichnet. Mithilfe solcher Bezüge können Sie Daten aus unterschiedlichen Teilen eines Arbeitsblatts in einer einzigen Formel verwenden oder den Wert einer Zelle in verschiedenen Formeln einsetzen (Tabelle 7.1). Sie können Bezüge auf Zellen in anderen Arbeitsblättern derselben Arbeitsmappe oder in anderen Arbeitsmappen definieren.

Anwendung	Beispiel
Im einfachsten Fall besteht die Formel aus zwei Zahlen, die durch einen Operator verknüpft sind. Sie besteht aus einem einleitenden Gleichheitszeichen und dem zu berechnenden Ausdruck.	*=2013+3*
Mithilfe von Übertragungsformeln können Sie Zellinhalte in andere Zellen übertragen. Den Formelausdruck sehen Sie in der Bearbeitungsleiste. Er besteht aus einem einleitenden Gleichheitszeichen und der Adresse der Bezugszelle. Die Übertragung funktioniert auch bei Texten als Zellinhalt.	*=D2*
Im Allgemeinen besteht der Formelausdruck aus Bezügen auf Zelladressen, die mit Operatoren verknüpft sind. Den Formelausdruck sehen Sie in der Bearbeitungsleiste. Er besteht aus einem einleitenden Gleichheitszeichen und den über Operatoren verknüpften Adressen der Bezugszellen.	*=D2−D3*
Sie können auch Texteingaben miteinander verknüpfen. Zum Verknüpfen von Textzellen verwenden Sie den Operator &. Die Verwendung eines arithmetischen Operators führt zu einer Fehlermeldung. Zusätzliche Textelemente können Sie − in Anführungszeichen eingeschlossen − einfügen.	*=A2&" und „&A4*
Formeln können sich auch auf andere Tabellen derselben Arbeitsmappe beziehen. Dazu müssen Sie als Bezug vor der eigentlichen Zelladresse den Namen der Tabelle − gefolgt von einem Ausrufezeichen − angeben.	*=Tabelle2!D4*
Auch die Übernahme von Daten aus den Tabellen anderer Arbeitsmappen ist möglich. Zusätzlich zur eigentlichen Zelladresse müssen Sie hier − in eckige Klammern eingeschlossen − den Namen der Arbeitsmappe und den Namen der Tabelle, gefolgt von einem Ausrufezeichen, voranstellen.	*=[Mappe2.xlsx]Tabelle1!D4*

Tabelle 7.1: Formeln können verschiedene Aufgaben wahrnehmen.

Formeln eingeben

Zur Eingabe einer Formel markieren Sie zunächst die Zelle, in die Sie die Formel eingeben wollen. Geben Sie dann ein Gleichheitszeichen und anschließend die Formel ein. Im Allgemeinen verknüpfen Sie dazu Zelladressen oder Werte mithilfe von sogenannten Operatoren − beispielsweise können Sie auf diese Weise in der Zelle *A3* die Summe der Werte in den Zellen *A1* und *A2* mit der Formel = *A1* + *A2* berechnen (Tabelle 7.2). Das Pluszeichen ist in diesem Fall der Operator. Bestätigen Sie die Eingabe mit den üblichen Methoden. Sollte Ihnen bei der Eingabe einer Formel ein Syntaxfehler unterlaufen sein, wird das von Microsoft Excel − zusammen mit einem Korrekturvorschlag − gemeldet.

Operator	Funktion
+	Addieren
–	Subtrahieren
*	Multiplizieren
/	Dividieren
^	Potenzieren
&	Texte verknüpfen

Tabelle 7.2: Operatoren verknüpfen Zelladressen oder Werte.

Alternativ können Sie die in der Formel miteinander zu verknüpfenden Zelladressen nacheinander mit der Maus auswählen. Man redet dann auch von der Methode des „Zeigens". Angenommen, Sie wollen wieder in der Zelle *A3* die Summe der Zellen *A1* und *A2* mit *= A1 + A2* berechnen, dann gehen Sie wie folgt vor:

- Klicken Sie auf die Zelle *A3* und geben Sie ein Gleichheitszeichen ein.
- Klicken Sie dann – ohne vorher zu bestätigen – auf die Zelle *A1*. In der Bearbeitungsleiste steht nun *= A1*.
- Fügen Sie über die Tastatur ein Pluszeichen hinzu und klicken Sie anschließend auf die Zelle *A2*.
- In der Bearbeitungsleiste steht jetzt die vollständige Formel *= A1 + A2*. Nach dem Bestätigen ist die Formel funktionsfähig.

TIPP Standardmäßig wird eine Tabelle nach jedem Bestätigen einer Eingabe oder Änderung neu berechnet. Das können Sie über die *Excel-Optionen* ändern (*Kapitel 16*). Wenn Sie die automatische Berechnung abgeschaltet haben, können Sie eine Neuberechnung durch die Eingabe einer Tastenkombination bewirken (Tabelle 7.2).

Taste(n)	Beschreibung
F9	alle geöffneten Blätter berechnen
↑ + F9	aktives Tabellenblatt und darauf bezogene Blätter berechnen

Tabelle 7.3: Tastenkürzel zum manuellen Berechnen

Formeln korrigieren

Um eine Formel zu korrigieren, markieren Sie zunächst die Zelle, in der die Formel steht. Die einzelnen Bezugsadressen in der Formel werden daraufhin in der Bearbeitungsleiste verschiedenfarbig dargestellt (Abbildung 7.2). In der Tabelle werden die Zellen mit denselben Farben markiert. Auf diese Weise sehen Sie schnell, auf welche Zellen sich die Formel bezieht.

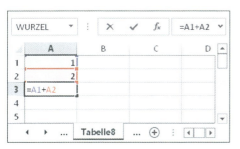

Zur Korrektur können Sie zum einen in die Zelle selbst oder in die Bearbeitungsleiste an der zu bearbeitenden Stelle klicken und die Änderung manuell über die Tastatur vornehmen. Zum anderen können Sie die farbig markierten Bezugszellen mit der Maus an andere Stellen in der Tabelle verschieben. Beispielsweise können Sie eine Formel *= A1 + A2* in *= A1 + B2* ändern, indem Sie die farbige Markierung der Zelle *A2* auf die Zelle *B2* verschieben.

Abbildung 7.2: Korrekturen können über die Tastatur oder mit der Maus vorgenommen werden.

Hinweis Wenn eine Formel einen falschen Wert als Ergebnis zeigt, haben Sie wahrscheinlich die Formel nicht korrekt eingegeben. Excel berechnet zusammengesetzte Ausdrücke in der üblichen Reihenfolge: Zuerst werden die Inhalte von Ausdrücken in Klammern berechnet, dann werden Exponenten berechnet, es folgen die Berechnungen von Multiplikationen und Divisionen, Additionen und Subtraktionen werden abschließend durchgeführt. Das Beispiel *=(1+2)*3+4* wird also in folgender Reihenfolge berechnet: *(1+2)* ergibt *3*, diese *3*3* ergibt *9*, diese *9+4* ergibt *13*.

7.1.2 Relative und absolute Bezüge

Microsoft Excel unterscheidet zwischen absoluten, relativen und gemischten Bezügen, die sich beim Kopieren der Zellinhalte unterschiedlich verhalten. Standardmäßig werden relative Bezüge verwendet. Relative Bezüge werden beim Kopieren an die Adressen der neuen Position angepasst (Abbildung 7.3). Aus einer Formel *=B1-B2* wird nach dem Kopieren *=C1-C2*.

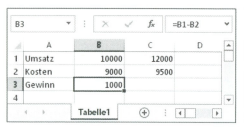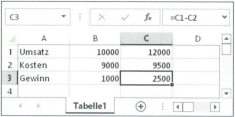

Abbildung 7.3: Die relative Formel in der Zelle B3 wurde in die Zelle C3 kopiert.

Sie formulieren einen Bezug als absolut, indem Sie vor dem Buchstaben für die Spalte und der Zahl für die Zeile jeweils ein $-Zeichen eingeben. Statt der Eingabe *=B2* verwenden Sie also die Eingabe *=$B$2*. Absolute Bezüge beziehen sich nach dem Kopieren auf dieselben Zelladressen (Abbildung 7.4). *=$B$2-$C$2* bleibt nach dem Kopieren *=$B$2-$C$2*.

Abbildung 7.4: Die absolute Formel in der Zelle B3 wurde in die Zelle C3 kopiert.

Gemischte Bezüge bilden eine Kombination aus relativen und absoluten Elementen. Zwei Typen von gemischten Bezügen sind möglich: ein relativer Spaltenbezug mit einem absoluten Zeilenbezug, beispielsweise in der Form *=$B2*, und ein relativer Spaltenbezug mit einem absoluten Zeilenbezug, beispielsweise in der Form *=B$2*.

Bezugsformen eingeben

Relative, absolute und gemischte Bezugsadressen können Sie natürlich einfach über die Tastatur eingeben. Außerdem können Sie einen eingegebenen relativen Bezug vor dem Bestätigen in einen absoluten oder einen gemischten Bezug umwandeln, indem Sie direkt nach der Eingabe oder dem Markieren der Zelle entsprechend oft F4 drücken. Haben Sie beispielsweise den relativen Bezug *B2* eingegeben, bewirkt ein erstes Drücken von F4 die Umwandlung in den absoluten Bezug *$B$2*. Wollen Sie diesen in einen gemischten Bezug mit relativer Spaltenadresse und absoluter Zeilenadresse umwandeln, drücken

Sie nochmals F4 . Damit erhalten Sie *B$2*. Wollen Sie die Form des gemischten Bezugs umkehren, drücken Sie nochmals F4 . Das erzeugt *$B2*. Ein nochmaliges Drücken von F4 liefert wieder den ursprünglich eingegebenen relativen Bezug. Bestätigen Sie abschließend die Eingabe.

Zwischen Bezugsformen wechseln

Auf dieselbe Weise können Sie die Art des Bezugs nachträglich ändern. Sie können dazu in der Bearbeitungsleiste in einer Formel jeden einzelnen Bezug oder aber auch die gesamte Formel markieren und dann die Form der Bezüge mittels Drücken der F4 -Taste wechseln. Bestätigen Sie abschließend wieder die Eingabe.

7.1.3 Funktionen

Funktionen sind ein Spezialfall von Formeln. Sie erleichtern die Eingabe oder ermöglichen komplexere Formen der Berechnung. Beispielsweise ist bereits beim Addieren der Inhalte mehrerer Zellen die Eingabe einer einfachen Formel recht aufwendig – etwa mit *= A1 + A2 + A3 + A4 + A5 + A6*. Einfacher geht es in diesem Fall mit einer Funktion: *= SUMME(A1:A6)*. Außerdem ermöglichen Funktionen Formen von Berechnungen, die Sie über normale Formeln nicht oder nur sehr aufwendig ausführen können. Beispielsweise könnten Sie mit *= SIN(PI()/2)* den Sinus der Zahl *π/2* berechnen.

Auch eine Funktion beginnt mit einem Gleichheitszeichen, das von dem Funktionsnamen – beispielsweise *SUMME* – gefolgt wird. Anschließend folgen die Argumente der Funktion, die durch Semikola getrennt und zusammen in einer Klammer eingeschlossen werden müssen. Fast alle Funktionen verlangen Argumente. Argumente sind Werte oder Adressen, aus denen die Funktion den Funktionswert errechnet. Beispielsweise ist im Funktionsausdruck *= SIN(A1)* das Argument der Wert in der Zelladresse *A1*, bei *= SUMME(A1:A6)* befinden sich die Werte im Bereich *A1:A6*. Einige Funktionen benötigen keine Argumente, aber auch diese müssen mit zwei Klammern abgeschlossen werden: Um beispielsweise den Wert der Zahl *π* anzuzeigen, benutzen Sie die Funktion *= PI()*.

Der Funktions-Assistent

Funktionen können Sie wie normale Formeln direkt eintippen. Während Sie die Funktion eingeben, wird eine *QuickInfo* eingeblendet, die Sie hinsichtlich der Syntax und der Argumente unterstützt. Meist ist es aber einfacher, wenn Sie den Funktions-Assistenten benutzen.

- Markieren Sie dazu zunächst die Zelle, in die Sie die Funktion eingeben wollen, und klicken Sie auf die Schaltfläche *Funktion einfügen* in der Bearbeitungsleiste – das ist die mit der Bezeichnung *fx* (Abbildung 7.5). Das zeigt das gleichnamige Dialogfeld an.
- Wählen Sie im Dialogfeld die gewünschte Funktion aus. Durch vorherige Wahl einer *Kategorie* können Sie eine Vorauswahl treffen. Die Kategorie *Alle* umfasst sämtliche Tabellenfunktionen. Markieren Sie die gewünschte Funktion und bestätigen Sie Ihre Wahl über *OK*. Einige Beispiele dafür finden Sie anschließend.

  Sie können in das Feld *Funktion suchen* auch eine Beschreibung der gewünschten Funktion eingeben und durch Anklicken der Schaltfläche *OK* eine Suche durchführen lassen. Beispielsweise können Sie den Text *Wurzel ziehen* eingeben. Der Assistent wechselt daraufhin zur Kategorie *Empfohlen*, in der geeignete Funktionen aufgelistet werden. Das funktioniert unserer Meinung nach aber mehr schlecht als recht.
- Nach der Wahl der Funktion geben Sie im folgenden Dialogfeld des Assistenten die für die Funktion erforderlichen Argumente ein (Abbildung 7.6). Je nach Art der Funktion finden Sie hier im oberen Bereich ein oder mehrere Felder für diese Argumente. Sie können darin Zahlenwerte, Bezüge, Formeln oder weitere Funktionen in die Bearbeitungsfelder für die Argumente eingeben. Im unteren Bereich finden Sie Hinweise zur Natur der Funktion und der Argumente.

Abbildung 7.5: Funktionen können über einen Assistenten eingefügt werden.

Abbildung 7.6: Die Argumente werden festgelegt.

■ Wenn Sie auf eine der Schaltflächen am rechten Rand eines solchen Eingabefelds klicken, wird das Dialogfeld verkleinert, sodass Sie die Bezugszellen durch Zeigen in der Tabelle markieren können (Abbildung 7.7). Klicken Sie anschließend auf die Schaltfläche am rechten Rand der Zeile zum Festlegen der Argumente, um das Dialogfeld wieder komplett anzeigen zu lassen.

Abbildung 7.7: Das verkleinerte Dialogfeld verbessert die Sicht auf die Tabelle.

■ Ein Klick auf die Schaltfläche *OK* schließt die Arbeit mit dem Assistenten ab. In der Bearbeitungsleiste wird das Ergebnis der Arbeit angezeigt. Nach dem Bestätigen wird die Funktion dann in die aktive Zelle eingefügt und das Ergebnis dort angezeigt.

Die Registerkarte Formeln

Jeder Anwender wird aufgrund seines Aufgabenspektrums vordringlich mit bestimmten Funktionen oder Funktionskategorien arbeiten. Viele Funktionen werden Sie vielleicht nie anwenden, einige sind aber von allgemeinem Interesse. Die Registerkarte *Formeln* des Menübands von Excel stellt in der Gruppe *Funktionsbibliothek* mehrere Befehlsschaltflächen bereit, über die Sie die gerade benötigte Funktion auswählen können (Abbildung 7.8).

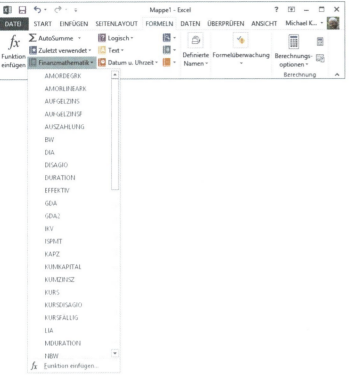

Abbildung 7.8: Die Registerkarte *Formeln* beinhaltet in der Gruppe *Funktionsbibliothek* Kataloge mit vielen Funktionen.

Wenn Sie wissen, welcher Gruppe die benötigte Funktion zugeordnet ist, können Sie sie aus der Liste zu einer Befehlsschaltfläche auswählen. Die Funktion wird dann eingefügt und muss noch mit den notwendigen Parametern versehen werden.

Die wichtigsten Funktionen

Die wahrscheinlich für Sie wichtigsten Funktionen – wie *SUMME, MITTELWERT* usw. – sind in der *Funktionsbibliothek* über den Befehl *AutoSumme* zu erreichen. Diese – und auch einige andere – Funktionen verfügen über eine Besonderheit: Wenn Sie beispielsweise eine Summe direkt neben oder unter einem Block von Zahlenwerten berechnen wollen, werden beim Einfügen der Funktion automatisch die Adressen dieser benachbarten Zellen als Argumente für die Funktion eingefügt. Wenn diese Automatik nicht die von Ihnen gewünschten Bezugszellen markiert, können Sie diese aber auch selbst durch Verschieben des Bereichs mit der Maus festlegen. Wenn Sie für den zu verwendenden Bereich bereits einen Namen definiert haben, können Sie diesen aber auch einfach über die Tastatur eingeben.

- Wenn Sie eine Summe von Zellinhalten berechnen wollen, markieren Sie die Zelle, in der die Summenformel erscheinen soll – beispielsweise die Zelle rechts neben dem Block der Zellen mit den zu summierenden Werten. Lassen Sie die Registerkarte *Formeln* anzeigen und öffnen Sie das Menü zur Schaltfläche *AutoSumme* in der Gruppe *Funktionsbibliothek*. Nach Wahl des Befehls *SUMME* wird der automatisch gewählte Bereich durch einen Laufrahmen angezeigt (Abbildung 7.9). Wenn der automatisch gewählte Bereich korrekt ist, bestätigen Sie. Das Ergebnis erscheint.

- Wenn die automatisch gewählte Auswahl nicht Ihren Wünschen entspricht, können Sie nach dem Aufruf der Funktion und vor der Bestätigung den gewünschten Bereich mit der Maus markieren und dann bestätigen.

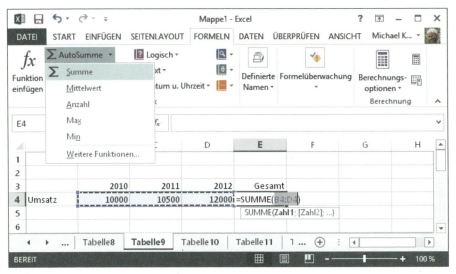

Abbildung 7.9: Einige Funktionen – beispielsweise *Summe* – verfügen über eine automatische Auswahl der Bezugszellen.

Auf dieselbe Weise funktionieren auch die Funktionen *Mittelwert*, *Anzahl*, *Max* und *Min*.

Mathematische und trigonometrische Funktionen

Viele Grundfunktionen für typische Berechnungen finden Sie beispielsweise im Bereich *Mathematik/Trigonometrie*.

- *ABS(Zahl)*: der Absolutwert der Zahl.
- *BOGENMASS(Winkel)*: wandelt ein Winkelmaß von Grad in das Bogenmaß um.
- *COS(Zahl)*: der Kosinus der Zahl.
- *EXP(Zahl)*: die Exponentialfunktion.
- *GANZZAHL(Zahl)*: der ganzzahlige Teil der Zahl.
- *LN(Zahl)*: der natürliche Logarithmus der Zahl.
- *LOG10(Zahl)*: der Logarithmus einer Zahl zur Basis 10
- *PI()*: die Zahl π mit einer Genauigkeit von 15 Stellen.
- *POTENZ(Zahl;Potenz)*: die Potenz der Zahl.
- *REST(Zahl:Divisor)*: der Rest der Division einer Zahl durch einen Divisor.
- *SIN(Zahl)*: der Sinus der Zahl.
- *SUMME(Zahl1;Zahl2;)*: die Summe der Zahlen.
- *TAN(Zahl)*: der Tangens der Zahl.
- *VORZEICHEN(Zahl)*: das Vorzeichen der Zahl.
- *WURZEL(Zahl)*: die Quadratwurzel der Zahl.

Hinweis Die Funktion *PI()* benutzt keine Argumente, die Klammern müssen aber trotzdem eingegeben werden, um anzuzeigen, dass es sich um eine Funktion handelt.

TIPP Über die Funktion *POTENZ* können Sie Potenzen berechnen. Beispielsweise berechnet *=POTENZ(2;3)* die dritte Potenz von 2. Stattdessen können Sie aber auch den Ausdruck *=2^3* benutzen. Auch um Wurzeln höherer Ordnung zu berechnen, können Sie beispielsweise die Funktion *POTENZ* benutzen. Diese erlaubt auch den Einsatz von nicht ganzen Zahlen als Argument für die Potenz. Sie können damit beispielsweise die dritte Wurzel aus einem Argument ziehen. Höhere Wurzeln können Sie ebenfalls mit dem Potenzoperator ^berechnen. Der Ausdruck *=2^(1/3)* berechnet beispielsweise die dritte Wurzel aus 2.

Textfunktionen

Interessant sind manchmal auch die Textfunktionen. Sie können damit beispielsweise in verschiedenen Zellen vorhandene Texteintragungen zu einem gemeinsamen Text in einer anderen Zelle zusammenfassen. Sie können Funktionen beispielsweise auch einsetzen, um Formatierungen einzustellen. Beispielsweise können Sie Zahlenwerte mit Einheiten oder anderen zusätzlichen Bezeichnungen versehen.

- *DM(Zahl;Dezimalstellen):* wandelt eine Zahl in einen Text im Währungsformat um.
- *ERSETZEN(AlterText:ErstesZeichen;AnzahlZeichen;NeuerText):* ersetzt eine bestimmte Anzahl von Zeichen in einem Text.
- *GLÄTTEN(Text):* löscht die Leerzeichen im Text.
- *GROSS(Text):* wandelt einen Text in Großbuchstaben um.
- *GROSS2(Text):* wandelt die ersten Buchstaben in einem Text in *Großbuchstaben* um.
- *KLEIN(Text):* wandelt einen Text in Kleinbuchstaben um.
- *LÄNGE(Text):* bestimmt die Anzahl der Zeichen in einem Text.
- *SÄUBERN(Text):* löscht alle nicht druckbaren Zeichen aus einem Text. Damit können Sie beispielsweise nach dem Import aus anderen Anwendungsprogrammen die unerwünschten Zeichen entfernen.
- *TEIL(Text;ErstesZeichen;AnzahlZeichen)*: liefert eine bestimmte Anzahl von Zeichen aus einem Text, beginnend mit einem bestimmten Zeichen darin.
- *WERT(Text):* wandelt ein als Text angegebenes Argument in einen Zahlenwert um.

Funktionen für Datum und Uhrzeit

Mithilfe der Funktionen im Bereich *Datum und Zeit* lassen sich Kalkulationen mit Datums- und Uhrzeitangaben durchführen. Beispielsweise können Sie das aktuelle Datum ausgeben lassen.

- *ARBEITSTAG(Ausgangsdatum;Tage):* gibt die fortlaufende Zahl eines Datums an, die um eine bestimmte Anzahl von Arbeitstagen nach einem Ausgangsdatum liegt.
- *BRTEILJAHRE(Anfangsdatum;Enddatum):* die Anzahl der Jahre zwischen einem Anfangs- und einem Enddatum.
- *DATUM()*: die fortlaufende Zahl des angegebenen Datums.
- *HEUTE()*: die fortlaufende Zahl des aktuellen Datums.
- *JAHR()*: die Jahreszahl eines fortlaufenden Datums.
- *JETZT()*: die fortlaufende Zahl des aktuellen Datums und der aktuellen Uhrzeit.
- *MONAT()*: die Monatszahl eines fortlaufenden Datums.
- *NETTOARBEITSTAGE(Anfangsdatum;Enddatum)*: die Anzahl der Arbeitstage in einem Zeitintervall. Nicht zu den Arbeitstagen gezählt werden Wochenenden sowie Feiertage.
- *TAG():* Tageszahl eines fortlaufenden Datums.
- *WOCHENTAG():* Wochentag eines fortlaufenden Datums.

> **Hinweis** Die Funktion *JETZT()* benutzt keine Argumente, die Klammern müssen aber trotzdem eingegeben werden, um anzuzeigen, dass es sich um eine Funktion handelt.

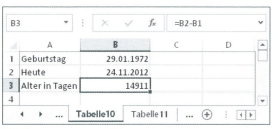

Einige Datumsberechnungen lassen sich aber auch ganz ohne Funktionen durchführen. Beispielsweise können Sie Ihr Alter in Tagen ganz schnell durch Subtraktion zweier Datumsangaben bestimmen (Abbildung 7.10).

Abbildung 7.10: Datumsdifferenzen können durch Subtraktion zweier Datumswerte ermittelt werden.

Funktionen aus dem Bereich Finanzmathematik

Die Bezeichnung der Gruppe *Finanzmathematik* in der Funktionsbibliothek ist nicht nur für Spezialisten in diesem Bereich interessant, sondern für alle Personen, die sich für Geldanlagen interessieren.

- *BW(Zins;Zeitraum;Zahlung;Zukunftswert;F)*: der Barwert eines Zukunftswerts zu einem Zinssatz über einen Zeitraum.
- *IKV(Werte;Schätzwert)*: interner Zinsfuß einer Investition.
- *RMZ(Zins;Zeitraum;Barwert;Zukunftswert;F)*: die regelmäßige Zahlung über einen Zeitraum, die einem Barwert oder einem Zukunftswert zu einem Zinssatz entspricht.
- *ZINS(Zeitraum;Zahlung;Barwert;Zukunftswert;F;Schätzwert)*: der Zinssatz, der notwendig ist, damit eine regelmäßige Zahlung über einen Zeitraum einem Gegenwartswert oder einem Zukunftswert entspricht.
- *ZW(Zins;Zeitraum;Zahlung;Barwert;F)*: der Zukunftswert eines Barwerts zu einem Zinssatz über einen Zeitraum.
- *ZZR(Zins;Zeitraum;Barwert;Zukunftswert;F)*: der Zeitraum, in dem ein Barwert bei einem Zinssatz zu einem Zukunftswert anwächst.

Sie können darüber beispielsweise schnell berechnen, auf welchen Betrag ein Sparguthaben anwachsen wird, wenn Sie es zu einem bestimmten Zinssatz über eine gewisse Zeit anlegen. Geben Sie zuerst die Grunddaten für die Berechnung ein. Sie benötigen dafür Angaben zur Zinsrate, zum Zeitraum der Anlage und zur Höhe der jährlichen Einzahlungen. Benutzen Sie dann die Funktion *ZW*, um den Wert der Anlage in der Zukunft zu berechnen (Abbildung 7.11).

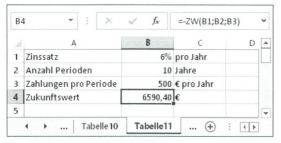

Hinweis Funktionen wie *BW* oder *ZW* – aber auch andere – berücksichtigen immer die Richtung der Zahlungsströme. Wenn Sie Einzahlungen zu einem Sparvertrag an ein Institut leisten und diese als positiven Wert angeben, wird der zukünftige Wert der Anlage als negative Zahl angezeigt, da der Wert an Sie zurückfließt. Sie können Irritationen vermeiden, indem Sie ein Minuszeichen vor die Berechnungsformel setzen.

Abbildung 7.11: Die Funktion *ZW* berechnet den zukünftigen Wert einer Spareinlage.

Logische Funktionen

Die Funktionen im Bereich *Logik* liefern zum großen Teil Ergebnisse in der Form *WAHR* oder *FALSCH*.

- *WENN(Bedingung;DannWert;SonstWert):* führt eine Berechnung in Abhängigkeit von einer Bedingung durch.
- *NICHT(Wahrheitswert):* kehrt den Wahrheitswert um.
- *ODER(Wahrheitswert1;Wahrheitswert2;…):* liefert *WAHR*, wenn ein Argument *WAHR* ist.
- *UND(Wahrheitswert1;Wahrheitswert2;…):* liefert *WAHR*, wenn alle Argumente *WAHR* sind.

Eine Ausnahme in dieser Gruppe ist die Funktion *WENN*. Diese ermöglicht die Wahl oder die Berechnung eines Werts in Abhängigkeit davon, ob eine bestimmte Bedingung zutrifft oder nicht zutrifft. Beispielsweise können Sie die *WENN*-Funktion dazu verwenden, zu bestimmen, ob und in welcher Höhe Steuern zu zahlen sind (Abbildung 7.12).

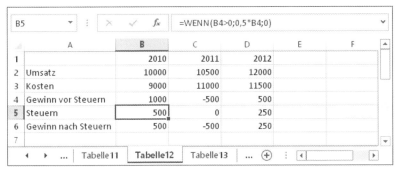

Abbildung 7.12: Die *WENN*-Funktion gehört zu der Gruppe der logischen Funktionen.

Die *WENN*-Funktion besitzt drei Parameter:

- Im ersten Parameter wird meist ein Vergleich zweier Werte mittels eines logischen Operators formuliert (Tabelle 7.4). Das Ergebnis eines solchen Vergleichs ist entweder *true* (*wahr*) oder *false* (*falsch*). Beispielsweise hat in der oben gezeigten Tabelle der Vergleich des Ausdrucks *C4 > 0* den Wert *false*, da der Wert in der Zelle *C4* nicht größer als 0 ist. Der Ausdruck *B4 > 0* dagegen ist aus entsprechenden Gründen heraus *true*.

Operator	Vergleich
=	Gleich
<	Kleiner als
>	Größer als
<=	Kleiner oder gleich
>=	Größer oder gleich
<>	Ungleich

Tabelle 7.4: Logische Operatoren ermöglichen Vergleiche.

- Im zweiten Parameter der *WENN*-Funktion – der vom ersten durch ein Semikolon getrennt ist – wird angegeben, welchen Wert die Funktion liefern soll, falls der erste Parameter den Wert *true* annimmt. Im oben gezeigten Beispiel heißt das: Ist *Gewinn vor Steuern* positiv, werden Steuern in Höhe von 50 % dieses Werts fällig. Das erreichen Sie beispielsweise in der Zelle *C5* durch die Funktion = *WENN(C4 > 0;0,5*C4;0)*.
- Der dritte Parameter – vom zweiten wiederum durch ein Semikolon getrennt – gibt an, welcher Wert geliefert werden soll, falls der erste Parameter den Wert *false* annimmt. Ist in unserem Beispiel *Gewinn vor Steuern* negativ, sind keine Steuern zu zahlen. Auch das erreichen Sie in der Zelle *C5* durch die Funktion = *WENN(C4 > 0;0,5*C4;0)*.

Funktionen zum Nachschlagen und Verweisen

Über die Gruppe der Funktionen zum Nachschlagen und Verweisen können Sie aus einem Wertebereich einen geeigneten Wert für eine Berechnung heraussuchen lassen.

- *SVERWEIS(Suchkriterium;Matrix;Spaltenindex)*: sucht in der ersten Spalte einer Tabellenmatrix nach einem Wert und gibt in der gleichen Zeile einen Wert aus einer anderen Spalte in der Tabellenmatrix zurück.
- *WVERWEIS(Suchkriterium;Matrix;Zeilenindex)*: Hierbei wird die erste Zeile eines Bereichs nach einer Übereinstimmung durchsucht. Dann geht sie in eine andere Zeile und ermittelt dort einen dazugehörenden Wert.

- *SPALTE(Bezug)*: gibt die Spaltennummer des jeweiligen Zellbezugs zurück. Beispielsweise gibt die Formel *=SPALTE(D10)* den Wert 4 zurück, da es sich bei Spalte *D* um die vierte Spalte handelt.
- *ZEILE(Bezug)*: gibt die Zeilennummer des jeweiligen Zellbezugs zurück.
- *INDEX(Bezug;Zeile;Spalte;Bereich)*: gibt einen Wert oder den Bezug zu einem Wert aus einer Tabelle oder einem Bereich zurück.

Beispielsweise könnten Sie einen zu einem Umsatz passenden Prämienwert aus einer Tabelle heraussuchen lassen (Abbildung 7.13). Der rechte Block legt eine Staffel fest. Ist der Wert kleiner als *100000*, beträgt der Rabatt *0* %. Ab *100000* und unterhalb von *250000* gibt es *5* % Rabatt usw. Die Funktion *=SVERWEIS(B2;E2:F5;2)* benutzt den in der Zelle *B2* eingetragenen Wert für den Umsatz und sucht dann in der ersten Spalte des Bereichs *E2:F5* nach einer geeigneten Zeile. Dann geht sie in die *2*. Spalte des Bereichs *E2:F5* und ermittelt dort den dazugehörenden Rabattwert.

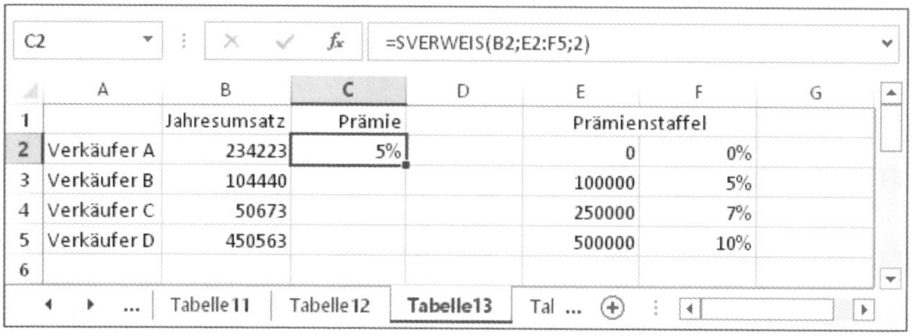

C2 =SVERWEIS(B2;E2:F5;2)

	A	B	C	D	E	F	G
1		Jahresumsatz	Prämie		Prämienstaffel		
2	Verkäufer A	234223	5%		0	0%	
3	Verkäufer B	104440			100000	5%	
4	Verkäufer C	50673			250000	7%	
5	Verkäufer D	450563			500000	10%	
6							

Abbildung 7.13: Mit *SVERWEIS* können Sie passende Werte aus einer Tabelle heraussuchen lassen.

TIPP Beachten Sie, dass man in solchen und ähnlichen Fällen oft besser mit absoluten Bezügen in der Formel arbeitet. Wenn Sie in der Zelle *C2* den Formelausdruck *=SVERWEIS(B2;$E$2:$F$5;2)* benutzen, können Sie diesen Ausdruck einfach in die weiteren Zellen der Spalte nach unten kopieren und müssen die Formel nicht in jede betreffende Zelle manuell neu eintippen.

Funktionen verschachteln

In bestimmten Fällen kann es erforderlich sein, eine Funktion als eines der Argumente einer anderen Funktion zu verwenden. Wenn Sie beispielsweise den Mittelwert mehrerer Zahlenwerte berechnen und das Ergebnis mit einem Zahlenwert vergleichen wollen, können Sie das innerhalb einer Berechnungsvorschrift erreichen, indem Sie die Funktion *MITTELWERT* in die Funktion *WENN* verschachteln (Abbildung 7.14).

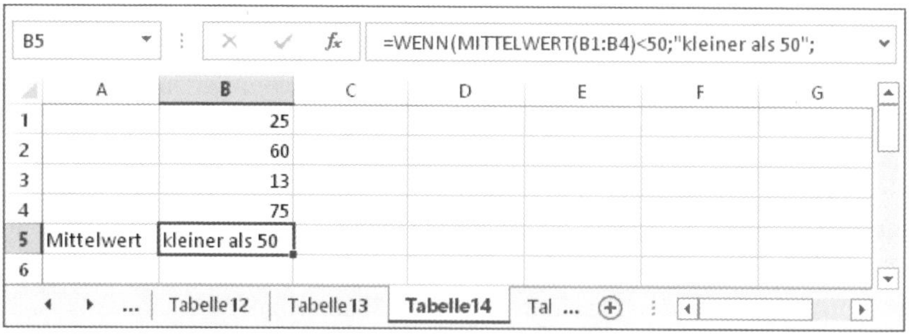

B5 =WENN(MITTELWERT(B1:B4)<50;"kleiner als 50";

	A	B	C	D	E	F	G
1		25					
2		60					
3		13					
4		75					
5	Mittelwert	kleiner als 50					
6							

Abbildung 7.14: Diese Formel beinhaltet eine verschachtelte Funktion.

Sie können den Funktions-Assistenten verwenden, um Formeln als Argumente zu verschachteln. Beispielsweise könnten Sie darüber zunächst die Funktion *WENN* eingeben lassen und dann in das Feld *Prüfung* den Ausdruck für die Funktion *MITTELWERT* eingeben.

Hinweis Wenn eine verschachtelte Funktion als Argument verwendet wird, muss sie den gleichen Werttyp wie das Argument zurückgeben. Wenn das Argument beispielsweise *WAHR* oder *FALSCH* zurückgibt, muss die verschachtelte Funktion ebenfalls *WAHR* oder *FALSCH* zurückgeben.

7.1.4 Fehlermeldungen

Fehlermeldungen in der Tabelle können eigentlich nur dann auftauchen, wenn Sie eine Formel oder Funktion eingeben, bei der irgendetwas nicht stimmt. Die dann von Excel angezeigten Ausdrücke liefern Ihnen einen Hinweis über die mögliche Ursache des Fehlers (Tabelle 7.5).

Meldung	Beschreibung
#BEZUG!	Die Formel bezieht sich auf eine unzulässige Zelle: Sie haben beispielsweise Zellen gelöscht, auf die sich andere Formeln beziehen, oder Sie haben beim Verschieben einige Zellen in Zellen eingefügt, auf die sich andere Formeln beziehen.
#DIV/0!	In einer Formel wurde eine Division durch null versucht: Sie haben beispielsweise als Divisor einen Bezug auf eine leere Zelle oder auf eine Zelle mit dem Inhalt null verwendet.
#NAME?	Ein Name, der in einer Formel verwendet wird, wird nicht erkannt: Sie haben beispielsweise einen in der Formel verwendeten Bezug gelöscht oder einen Namen verwendet, der nicht existiert. Oder Sie haben den Namen falsch eingegeben.
#NULL!	Sie haben eine Schnittmenge von zwei Bereichen angegeben, die sich nicht überschneiden: Sie haben beispielsweise einen falschen Bereichsoperator oder einen falschen Bezug verwendet.
#NV	Dieser Fehlerwert wird angezeigt, wenn ein Wert in einer Funktion oder Formel nicht verfügbar ist. Wenn bestimmte Zellen des Tabellenblatts Daten enthalten sollen, diese Daten aber noch nicht verfügbar sind, geben Sie in diese Zellen *#NV* ein. Formeln, die sich auf diese Zellen beziehen, geben in diesem Fall *#NV* zurück und führen keine Berechnung des Werts durch.
#WERT!	Der Typ eines Arguments oder Operanden ist falsch: Sie haben beispielsweise Text an eine Stelle der Formel eingegeben, an der eine Zahl oder ein Wahrheitswert erforderlich ist. Oder Sie haben einem Operator oder einer Funktion, die einen einzelnen Wert erfordern, einen Bereich zugewiesen.
#ZAHL!	Es besteht ein Problem mit einer Zahl: Sie haben beispielsweise ein unzulässiges Argument in einer Funktion verwendet, die ein numerisches Argument erfordert. Oder Sie haben eine Formel eingegeben, deren Ergebnis zu groß oder zu klein ist, um in Microsoft Excel dargestellt zu werden.

Tabelle 7.5: Einige typische Fehlermeldungen

TIPP Die Schaltfläche *Spur zum Fehler* wird neben der Zelle angezeigt, in der ein Formelfehler aufgetreten ist. Außerdem wird ein grünes Dreieck links oben in der Zelle dargestellt. Wenn Sie auf den Pfeil neben *Spur zum Fehler* klicken, wird eine Liste mit Optionen für die Fehlerüberprüfung angezeigt.

7.1.5 Formelüberwachung

Bei komplexeren Berechnungen in größeren Tabellen ergeben sich Strukturen, die später – besonders für einen Anwender, der nicht an der Entwicklung des Formelwerks beteiligt war – nicht immer einfach nachzuvollziehen sind. Über die Befehle in der Gruppe *Formelüberwachung* auf der Registerkarte *Formeln* können Sie die in einer Tabelle vorhandenen Berechnungsstrukturen sichtbar machen.

Prüfung auf gleiche Formelstruktur

In vielen Fällen weisen die Formeln einer Tabelle gleiche oder ähnliche Strukturen auf. Wenn Sie beispielsweise in einer Tabelle den Umsatz, die Kosten und den sich daraus ergebenden Gewinn über mehrere Jahre hinweg darstellen, muss für jedes Jahr der Gewinn als Differenz zwischen Umsatz und Kosten des Jahres ermittelt werden. Excel vergleicht in einem solchen Fall die Struktur der Formel in einer Zelle mit der Struktur der Formeln in den Nachbarzellen. Wenn sich in einer solchen Reihe Abweichungen ergeben, wird das automatisch durch einen Indikator in Form eines kleinen grünen Dreiecks links oben in der betreffenden Zelle gekennzeichnet (Abbildung 7.15).

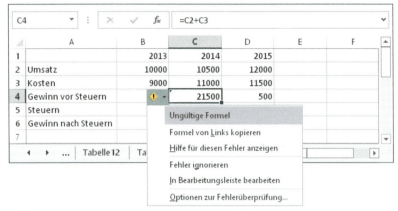

Abbildung 7.15: Der Fehlerindikator zeigt Abweichungen in Formelstrukturen auf.

Dieser Indikator zeigt nur an, dass die Formel in dieser Zelle von den anderen Formeln im Bereich abweicht. Nach dem Markieren der Zelle mit dem Indikator können Sie über eine Schaltfläche die Befehle zur Korrektur anzeigen lassen. Beispielsweise können Sie mithilfe des Befehls *Formel von links kopieren* die Formel aus der linken Nachbarzelle übernehmen.

 Welche Fälle durch einen Indikator gekennzeichnet werden sollen, können Sie über die *Excel-Optionen* einstellen (*Kapitel 16*).

Formelüberwachungsmodus

Um einen Überblick über alle in der Tabelle verwendeten Formeln zu erhalten, können Sie den Befehl *Formeln anzeigen* in der Gruppe *Formelüberwachung* auf der Registerkarte *Formeln* wählen. Daraufhin werden in den Zellen statt der Berechnungsergebnisse die dahinter stehenden Formeln angezeigt. Die Breite der Spalten wird automatisch vergrößert (Abbildung 7.16). Außerdem werden die Zellen, die zur Berechnung einer markierten Zelle beitragen, farblich markiert – ähnlich wie beim Bearbeitungsmodus. Zur Anzeige der Berechnungsergebnisse schalten Sie diesen Modus wieder aus.

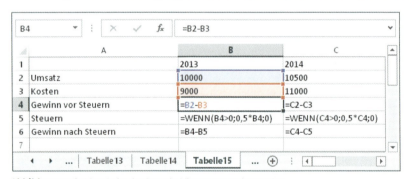

Abbildung 7.16: Die Inhalte der Formeln können angezeigt werden.

Formelauswertung

Die Idee hinter einer Formel ist manchmal nicht einfach auf den ersten Blick zu verstehen. Das gilt besonders dann, wenn sich eine Formel auf Zellen bezieht, die auch wieder Formeln beinhalten. Um eine solche Berechnungskette schrittweise nachvollziehen zu können, eignet sich die *Formelauswertung*. Markieren Sie am besten zuerst die Zelle mit der Formel, die am Ende einer Berechnungskette steht. Wählen Sie dann den Befehl *Formelauswertung* in der Gruppe *Formelüberwachung* der Registerkarte *Formeln*. Im Dialogfeld wird links unter *Bezug* die Adresse der markierten Zelle und im Feld *Auswertung* die Formel angezeigt (Abbildung 7.17). Ein Element der Formel ist dabei unterstrichen.

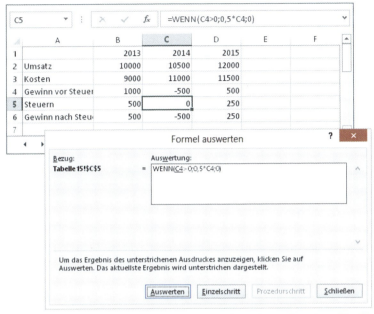

Abbildung 7.17: Die Formelauswertung kann die Funktionsweise von Formeln und Funktionen erklären.

- Wenn Sie nachvollziehen wollen, wie diese Formel die in der Tabelle vorhandenen Zahlenwerte in das Ergebnis umsetzt, klicken Sie mehrmals auf die Schaltfläche *Auswerten*. Nach jedem Klick wird der unterstrichene Teil durch den Zahlenwert ersetzt, auf den dieser Teil der Formel Bezug nimmt.
- In komplexeren Tabellen können sich Formeln auf Zelladressen beziehen, die ihrerseits wiederum Formeln beinhalten. Durch einen Klick auf die Schaltfläche *Einzelschritt* können Sie solche Kettenbezüge nacheinander durchlaufen und die Formeln im Dialogfeld sichtbar machen. Nach jedem Klick auf die Schaltfläche werden Informationen zum gerade im Dialogfeld unterstrichenen Teil geliefert. Diese werden jeweils in einer neuen Zeile angezeigt. Die unterschiedliche Farbgebung gibt Auskunft darüber, wie die einzelnen Teile der so angezeigten Berechnungskette zusammenhängen. Das funktioniert so lange, bis eine Zelle erreicht wird, die keine Formel, sondern einen konstanten Zahlenwert beinhaltet.
- Sobald Sie den ersten Einzelschritt durchgeführt haben, wird die Schaltfläche *Prozedurschritt* verfügbar. Darüber können Sie auf der aktuellen Ebene den Formelausdruck durch den Zahlenwert ersetzen.

Berechnungsstrukturen verfolgen

Speziell für den Fall, dass Fehlerwerte in der Tabelle auftauchen, sollten Sie noch einige Techniken zum Verfolgen der Berechnungsstrukturen kennenlernen. Markieren Sie die zu überprüfende Zelle und wählen Sie einen der Befehle im linken Bereich der Gruppe *Formelüberwachung*:

- Die *Spur zum Nachfolger* kennzeichnet alle Zellen, die auf die vorher markierte Zelle Bezug nehmen, durch blaue Spurpfeile (Abbildung 7.18). Doppelklicken Sie auf einen solchen Spurpfeil, um die Zelle am Ende des Pfeils zu markieren. Gestrichelte Spurpfeile mit einem Symbol an der Spitze beziehen sich auf andere Tabellen.

- Die *Spur zum Vorgänger* kennzeichnet alle Zellen, auf die die vorher markierte Zelle Bezug nimmt. Alle im Bezug direkt vorhergehenden Zellen werden durch blaue Spurpfeile angezeigt (Abbildung 7.19). Doppelklicken Sie auf einen Spurpfeil, um die Zelle am Pfeilende zu markieren.

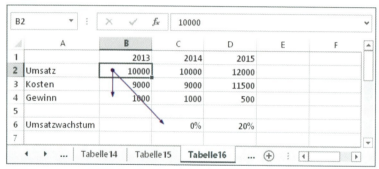

Abbildung 7.18: Die *Spur zum Nachfolger* zeigt die Zellen an, die auf die aktuelle Zelle Bezug nehmen.

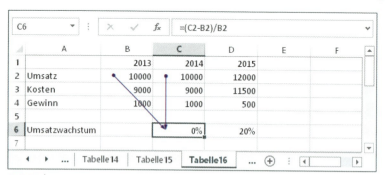

Abbildung 7.19: Die *Spur zum Vorgänger* zeigt die Zellen an, auf die die aktuelle Zelle Bezug nimmt.

■ Mit den Optionen in der Liste zum Befehl *Pfeile entfernen* in der Gruppe *Formelüberwachung* können Sie die angezeigten Spuren wieder ausblenden.

TIPP Wenn Sie einen Überblick über die Originalspurpfeile behalten möchten, drucken Sie das Tabellenblatt mit den eingeblendeten Spurfeilen aus, bevor Sie die Änderungen vornehmen.

7.2 Zellen benennen

Einzelne Zellen oder zusammenhängende Zellbereiche können mit einem Namen versehen werden. Beispielsweise können Sie die Zeile in der Tabelle, in der der Umsatz angegeben wird, mit dem Namen *Umsatz* versehen. Das Benennen von einzelnen Zellen oder Zellbereichen vereinfacht das Arbeiten. Die verwendeten Namen können Sie beispielsweise statt der Bezugsadressen in Formeln und Funktionen verwenden. Die Befehle zum Arbeiten mit Namen finden Sie in der Gruppe *Definierte Namen* auf der Registerkarte *Formeln*.

7.2.1 Namen einfügen und anzeigen

Sie können Namen für Zellbereiche selbst definieren oder automatisch aus in der Tabelle vorhandenen Zeilen- oder Spaltenbeschriftungen ableiten lassen.

Namen selbst definieren

Markieren Sie den Bereich in der Tabelle, den Sie mit einem Namen versehen wollen, und wählen Sie dann den Befehl *Namen definieren* in der Gruppe *Definierte Namen*. Der von Ihnen markierte Bereich wird im Dialogfeld *Neuer Name* unter *Bezieht sich auf* angezeigt und kann dort gegebenenfalls editiert werden (Abbildung 7.20).

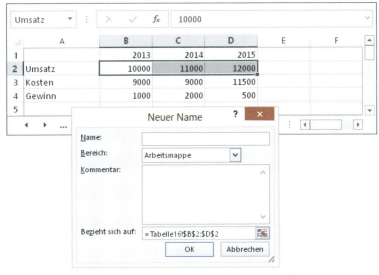

Abbildung 7.20: Namen können eingegeben oder übernommen werden.

Den gewünschten Namen legen Sie im Feld *Name* fest. Wenn innerhalb der Markierung oder daneben Beschriftungen vorhanden sind, schlägt Microsoft Excel für den markierten Bereich einen Namen vor. Sie können diesen Namensvorschlag auch editieren.

Namen übernehmen

Wenn Sie Beschriftungen – besonders Zeilenbeschriftungen – in Ihrer Tabelle verwendet haben, können Sie diese als Namen für die entsprechenden Bereiche übernehmen lassen. Markieren Sie dazu den gesamten Zellbereich – inklusive der Zeilen- und Spaltenbeschriftungen –, für dessen Teile Sie die Namen definieren möchten, und wählen Sie dann *Aus Auswahl erstellen* in der Gruppe *Definierte Namen* der Registerkarte *Formeln*. Im Dialogfeld *Namen aus Auswahl erstellen* müssen Sie angeben, welche Beschriftungen in der Tabelle für die Namen verwendet werden sollen (Abbildung 7.21). Wenn Sie – wie meist üblich – die Beschriftungen aus der ersten Zeile und der ersten Spalte verwenden wollen, aktivieren Sie die beiden Kontrollkästchen *Oberster Zeile* und *Linker Spalte*.

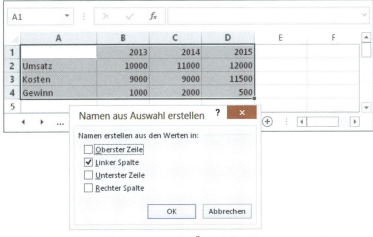

Abbildung 7.21: Namen können auch aus den Überschriften übernommen werden.

Hinweis Wenn Sie die Inhalte von Zellen mit Zahlen als Namen verwenden wollen, müssen diese Zahlen als Text eingegeben worden sein – etwa in der Form *'2013.*

7.2.2 Namen verwenden

Haben Sie in der Tabelle Namen für Zellen oder Bereiche definiert, können Sie diese benutzen, um die so benannten Elemente zu markieren oder in Formeln und Funktionen darauf Bezug zu nehmen.

Bereiche markieren

Definierte Namen werden im *Namenfeld* links in der Bearbeitungsleiste angezeigt. Sie können diese dazu verwenden, die Zelle(n) zu markieren. Öffnen Sie hierfür die Liste und wählen Sie dann aus dem aufgeklappten Namenfeld einen Namen aus. Der benannte Bereich wird markiert. Sie können den gewünschten Namen auch über die Tastatur direkt in das vorher angeklickte Namenfeld eingeben und so den Bereich markieren.

Namen als Bezug verwenden

Durch Namen wird auch die Eingabe von Formeln und Funktionen stark vereinfacht. Sie brauchen dann nicht mehr die Zelladressen zu verwenden, sondern benutzen einfach die Namen. Markieren Sie zuerst die Zelle, in der Sie die Formel oder Funktion einfügen wollen. Anschließend können Sie die Formel direkt über die Tastatur eingeben, indem Sie die Namen benutzen. Beispielsweise könnten Sie in einer entsprechenden Tabelle zum Berechnen des Gewinns statt der Formel *= B2-B3* den Ausdruck *= Umsatz-Kosten* verwenden. Voraussetzung dafür wäre, dass beispielsweise der Bereich *B2:C2* mit dem Namen *Umsatz* und der Bereich *B3:C3* mit dem Namen *Kosten* versehen wurde. Beachten Sie dabei, dass die Formel in den Zellen *B4* und *C4* immer *= Umsatz-Kosten* lautet.

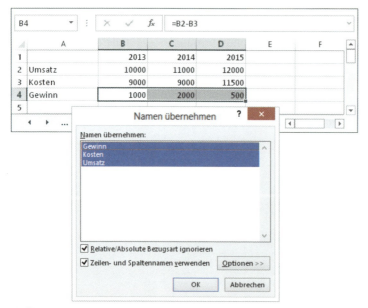

Bezüge durch Namen ersetzen

Anfänglich durch Zelladressen eingegebene Bezüge können Sie nachträglich durch Namen ersetzen lassen. Markieren Sie dazu den Zellbereich, in dem Sie Namen verwenden wollen. Öffnen Sie die Liste zur Schaltfläche *Namen definieren* und wählen Sie dann die Option *Namen übernehmen*. Im Dialogfeld können Sie durch eine entsprechende Markierung dafür sorgen, welche Namen übernommen werden sollen (Abbildung 7.22).

Abbildung 7.22: Adressen können durch Namen ersetzt werden.

Unten in diesem Dialogfeld können Sie regeln, was wie ersetzt werden soll. Einige dieser *Optionen* zeigen Sie an, indem Sie auf die gleichnamige Schaltfläche klicken:

■ Die Option *Relative/Absolute Bezugsart ignorieren* ersetzt Verweise durch Namen, ohne die Form der Bezüge zu berücksichtigen. Wenn Sie das Kontrollkästchen deaktivieren, ersetzt Excel absolute

Bezüge durch absolute Namen, relative Bezüge durch relative Namen und gemischte Verweise durch gemischte Namen.

- Wenn Sie Zellbezüge in benannten Zeilen und Spalten nicht durch die Namen dieser Spalten und Zeilen ersetzen wollen, deaktivieren Sie das Kontrollkästchen *Zeilen- und Spaltennamen verwenden.*
- Soll der Zeilen-/Spaltenname nicht entfallen, wenn sich die Formel in der gleichen Zeile/Spalte wie die Bezugszelle befindet, deaktivieren Sie das beziehungsweise die entsprechenden Kontrollkästchen *Bei gleicher Spalte entfällt Spaltenname* oder *Bei gleicher Zeile entfällt Zeilenname.*

Wählen Sie unter *Reihenfolge der Namen* die entsprechende Option, um die Reihenfolge festzulegen, in der zusammengesetzte Namen verwendbare Bezüge ersetzen.

7.3 Datenanalysen

Die wirkliche Leistungsfähigkeit von Excel zeigt sich besonders dann, wenn Sie in Ihren Tabellen komplexere Formen der Kalkulationen und Analysen mit speziellen Zielrichtungen durchführen. Dieser Abschnitt liefert einen kleinen Überblick darüber, was alles möglich ist: Mithilfe der *Konsolidierungsfunktion* können Sie eine zusammenfassende Darstellung von Daten einer oder mehrerer Tabellen bewirken. *Datentabellen* und *Matrixtabellen* bieten ein schnelles Verfahren, tabellarische Auflistungen zu erstellen.

7.3.1 Arbeiten ohne Formeln oder Funktionen

Beginnen wir mit drei Werkzeugen, für deren Einsatz Sie keine Kenntnis hinsichtlich Formeln oder Funktionen benötigen: dem *AutoBerechnen* und den beiden neuen Funktionen *Blitzvorschau* und *Schnellanalyse.*

AutoBerechnen

Wenn Sie nur einfache Zwischenberechnungen durchführen müssen, können Sie dazu die – zumindest früher – als *AutoBerechnen* bezeichnete Funktion benutzen und das Ergebnis in der Statusleiste anzeigen (Abbildung 7.23). Dazu markieren Sie den Bereich in der Tabelle, für den Sie die Berechnungen durchführen möchten. Standardmäßig werden die Summe, die Anzahl und der Mittelwert der Werte in den markierten Zellen in der Statusleiste des Programmfensters angezeigt.

Abbildung 7.23: *AutoBerechnen* zeigt Zwischenergebnisse an.

Blitzvorschau

Die neue Blitzvorschau erleichtert Ihnen beispielsweise das Aufspalten von Textdaten in Tabellen in die Bestandteile. Die Wirkungsweise lernen Sie am besten an einem Beispiel kennen:

- Geben Sie die Grunddaten in eine Spalte ein. Bei unserem Beispiel handelt es sich um Vornamen und Nachnamen.
- Nachdem Sie die Daten eingegeben haben, geben Sie in die Spalte daneben den Vornamen aus der ersten Datenzeile ein (Abbildung 7.24 links). Bestätigen Sie mit der ⏎-Taste.

- Wenn Sie dann in der folgenden Zeile mit der Eingabe des nächsten Vornamens beginnen, wird Ihnen eine Auswahl von Alternativen angezeigt (Abbildung 7.24 rechts).

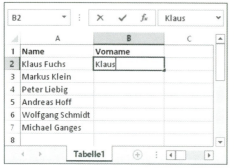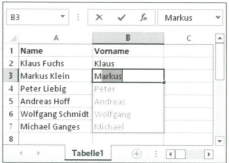

Abbildung 7.24: Die ersten beiden Elemente wurden eingegeben.

- Wählen Sie die richtige Alternative und bestätigen Sie mit der ⏎-Taste. Die restlichen Vornamen werden dann automatisch angezeigt (Abbildung 7.25).

Abbildung 7.25: Eine Spalte mit Vornamen wurde erzeugt.

- Nach dem Erstellen der Ergebnisse wird daneben die Schaltfläche *Blitzvorschau* angezeigt. Wenn Sie darauf klicken, werden Ihnen mehrere Alternativen angezeigt. Sie können darüber beispielsweise die Eingaben akzeptieren oder rückgängig machen.

Hinweis Die Blitzvorschau unterscheidet übrigens zwischen Groß- und Kleinschreibung. Wenn Sie einen Vornamen mit einem kleinen Buchstaben beginnen, beginnen auch die anderen Vornamen mit einem kleinen Buchstaben.

Schnellanalyse

Wenn Sie Zahlenwerte in einem Datenblock eingegeben haben, können Sie die neue Schnellanalyse verwenden, um diese Daten schnell mit verschiedenen Methoden zu analysieren. Sie müssen dazu nur den eingegebenen Datenblock markieren und eine Analyseform wählen.

- Der Start erfolgt fast automatisch. Nachdem Sie einen Datenblock Daten eingegeben haben, markieren Sie ihn. Die Schaltfläche *Schnellanalyse* wird automatisch angezeigt. Klicken Sie darauf. Das zeigt ein kleineres Fenster an, in dem mehrere Alternativen zur Auswertung der Daten angezeigt werden.
- Klicken Sie in der Kopfzeile dieses Fensters auf eine Analyseform – Formatierung, Diagramme, Ergebnisse usw.
- Bewegen Sie den Mauszeiger auf die darunter angezeigten Alternativen. Der zu erwartende Effekt wird angezeigt. Wenn Sie ihn übernehmen wollen, klicken Sie auf die Option.

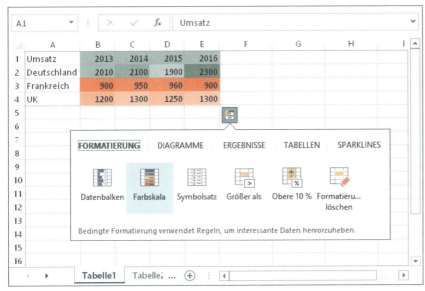

Abbildung 7.26: Die Schnellanalyse liefert mehrere Möglichkeiten.

Die einzelnen Register im Fenster erlauben verschiedene Analyseformen:

- Unter *Formatierung* können die Daten durch verschiedene Farben besonders kenntlich gemacht werden. Manuell können Sie solche Analysen auch über die bedingte Formatierung durchführen.
- Über verschiedene Formen von *Diagrammen* können Sie Daten grafisch anzeigen.
- Unter der Überschrift *Ergebnisse* finden Sie mehrere Möglichkeiten, die einzelnen Spalten und Zeilen des Tabellenblocks durch verschiedene statistische Funktionen auszuwerten. Beispielsweise können Sie Summen oder den Mittelwert berechnen.
- Mithilfe von *Tabellen* können Sie den Datenbestand in eine Form bringen, die ein einfaches Sortieren und Filtern erlaubt.
- *Sparklines* sind sehr kleine Diagramme in einer Zelle des Arbeitsblatts. Sie können damit beispielsweise Trends für eine Wertereihe aufzeigen.

Alle diese Alternativen können Sie auch ohne die Schnellanalyse selbst erarbeiten – Sie benötigen aber dazu ein etwas tiefer gehendes Wissen über die einzelnen Analysemethoden.

7.3.2 Daten zusammenfassen

Besonders bei größeren Dokumenten ist die Zusammenfassung einzelner Daten oft wichtig, um zu übergeordneten Aussagen zu kommen. Beispielsweise könnten Sie die Geschäftsdaten einzelner Länder zu einer Tabelle mit Gesamtdaten zusammenfassen lassen. Das können Sie durch normale Additionsformeln erreichen, Sie können aber auch die Funktion *Konsolidieren* von Microsoft Excel verwenden. Dabei werden Daten aus einem oder mehreren Quellbereichen in einem Zielbereich zusammengefasst. Quellbereiche und Zielbereich können sich in verschiedenen Tabellen oder Arbeitsmappen befinden. Sie können bis zu 255 Quellbereiche zu einem Zielbereich zusammenfassen.

Markieren Sie zuerst einen Zielbereich für die Ergebnisse der Konsolidierung. Dieser kann sich auf demselben Blatt wie die zu konsolidierenden Daten, auf einem anderen Blatt oder auch in einer anderen Arbeitsmappe befinden. Wählen Sie dann den Befehl *Konsolidieren* in der Gruppe *Datentools* der Registerkarte *Daten* (Abbildung 7.27).

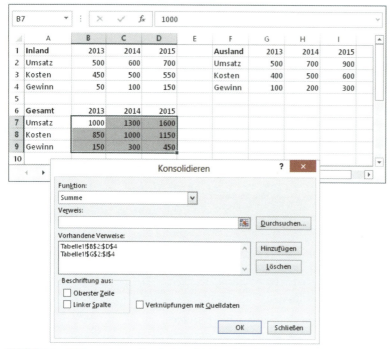

Abbildung 7.27: Teilbereiche – hier die Daten für Inland und Ausland – werden zusammengefasst.

- Wählen Sie zunächst unter *Funktion* die Art, mit der die noch zu bestimmenden Quellbereiche zusammengefasst werden sollen. Über das Listenfeld können Sie eine der typischen Funktionen – *Summe, Anzahl, Mittelwert, Maximum, Minimum* usw. – auswählen.
- Anschließend müssen Sie angeben, welche Daten zusammengefasst werden sollen. Dazu definieren Sie unter *Verweis* den Quellbereich. Sie können ihn nach dem Anklicken des Felds in der Tabelle markieren. Wählen Sie nach dem Festlegen eines Quellbereichs die Schaltfläche *Hinzufügen*. Der eingegebene Bezug wird daraufhin in das Listenfeld *Vorhandene Verweise* eingefügt. Anschließend können Sie weitere Quellbereiche auf dieselbe Weise hinzufügen. Wollen Sie einen der so definierten Bereiche aus der Liste entfernen, markieren Sie ihn und klicken Sie dann auf die Schaltfläche *Löschen*.
- Um anzugeben, welche Beschriftungen bei der Konsolidierung nach Kategorien verwendet werden sollen, aktivieren Sie entweder das Kontrollkästchen *Oberster Zeile* oder *Linker Spalte* beziehungsweise beide Kontrollkästchen. Microsoft Excel kopiert diese Beschriftungen als Zeilen- und Spaltenüberschriften in den Zielbereich.
- Um die Daten im Zielbereich automatisch aktualisieren zu lassen, wenn sich die Daten in einem Quellbereich ändern, aktivieren Sie das Kontrollkästchen *Verknüpfungen mit Quelldaten*.

Nach dem Bestätigen werden im zuvor markierten Zielbereich die konsolidierten Daten angezeigt.

TIPP Wenn Sie unterschiedliche Arbeitsmappen in verschiedenen Ordnern für die Quell- und Zielbereiche verwenden, müssen Sie den Pfad, den Namen der Arbeitsmappe und den der Tabelle zusammen mit dem Zellbezug angeben.

7.3.3 Tabellen gliedern

Mit der Gliederungsfunktion von Microsoft Excel können Sie erreichen, dass einzelne Bereiche – beispielsweise Zeilen oder Spalten mit untergeordneten Detailangaben – wahlweise ein- und ausgeblendet werden können. Wie eine Tabelle gegliedert wird, können Sie entweder automatisch festlegen lassen oder selbst bestimmen. Die Werkzeuge dazu finden Sie in der Gruppe *Gliederung* der Registerkarte *Daten*. Sie können darüber eine manuelle oder eine automatische Gliederung erstellen und Detailelemente ein- und ausblenden.

AutoGliederung

Automatische Gliederungen können Sie für Tabellen erstellen, in denen Zeilen andere Zeilen oder Spalten andere Spalten über Formeln zusammenfassen. Bei einer solchen Zusammenfassung wird es sich oft um ein Summieren handeln, es können aber auch andere Typen von Formeln verwendet werden.

Markieren Sie eine beliebige Zelle in der Tabelle und wählen Sie dann den Befehl *Gruppieren* in der Gruppe *Gliederung*. Aus der Liste zu diesem Befehl verwenden Sie *AutoGliederung*. Die Tabelle wird daraufhin automatisch unter Verwendung der vorhandenen Formeln und der Richtung der Bezüge gegliedert (Abbildung 7.28). Hatten Sie sowohl spaltenweise als auch zeilenweise Zusammenfassungen eingegeben, wird sowohl nach Spalten als auch nach Zeilen gegliedert.

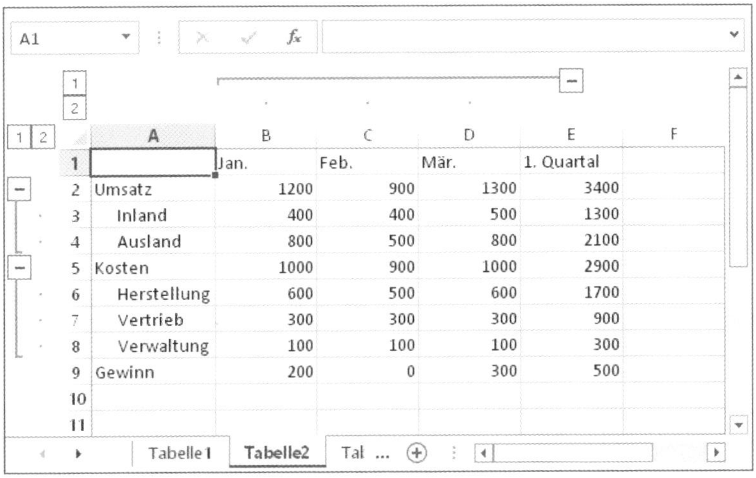

	A	B	C	D	E	F
1		Jan.	Feb.	Mär.	1. Quartal	
2	Umsatz	1200	900	1300	3400	
3	Inland	400	400	500	1300	
4	Ausland	800	500	800	2100	
5	Kosten	1000	900	1000	2900	
6	Herstellung	600	500	600	1700	
7	Vertrieb	300	300	300	900	
8	Verwaltung	100	100	100	300	
9	Gewinn	200	0	300	500	
10						
11						

Abbildung 7.28: Automatische Gliederungen orientieren sich an der Berechnungsstruktur.

Ebenen ein- und ausblenden

Nach dem Ausführen der Gliederungsfunktion werden links von den Zeilen und oberhalb der Spalten mit den Formeln Symbole angezeigt, über die Sie die untergeordneten Zeilen beziehungsweise Spalten anzeigen und ausblenden können (Abbildung 7.29). Klicken Sie dazu auf die Schaltflächen mit dem Plus- beziehungsweise Minuszeichen oberhalb des entsprechenden Spalten- oder links neben dem entsprechenden Zeilenkopf.

Außerdem können Sie bestimmte Ebenen von Zeilen und Spalten für die gesamte Tabelle aus- und wieder einblenden, indem Sie in der linken oberen Ecke der Tabelle auf das Symbol mit der Nummer für die entsprechende Ebene klicken. Klicken Sie beispielsweise auf die Schaltfläche mit der *1*, um nur die obersten Gliederungsebenen anzuzeigen.

TIPP Etwas aufwendiger als bei der Anwendung der Funktion *AutoGliederung* müssen Sie vorgehen, wenn keine Formeln auf eine Gliederungsmöglichkeit hinweisen. Sie können dann eine Gliederungsstruktur selbst erstellen, indem Sie einzelne aufeinanderfolgende Zeilen oder Spalten zu Gruppen zusammenfassen. Markieren Sie hierzu zunächst den Bereich in der Tabelle, den Sie zu einer Ebene zusammenfassen wollen. Wählen Sie dann *Gruppieren* in der Liste zum Befehl *Gruppieren*. Wenn Sie keine vollständigen Zeilen oder Spalten markiert hatten, müssen Sie entscheiden, welche Form gewählt werden soll. Nach dem Bestätigen wird die Gliederung erstellt – die markierten Elemente werden zu einer Ebene zusammengefasst.

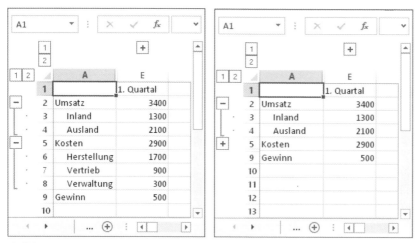

Abbildung 7.29: Details können ein- und ausgeblendet werden.

7.3.4 Datentools

Sie können auch weitergehende Analysen durchführen. Sehr interessant sind die Methoden *Szenarien* oder *Zielwertsuche*. Bei Excel benutzen Sie für derartige Fragestellungen einige Befehle in der Gruppe *Datentools* der Registerkarte *Daten*.

Szenarien

Bei der Arbeit mit *Szenarien* geht es um die Frage, wie sich Ergebnisse ändern, wenn bestimmte Ausgangsgrößen andere Werte annehmen. Beispielsweise können Sie bei einer Vorhersage der Gewinnentwicklung bestimmte Daten für einen pessimistischen, einen wahrscheinlichen und einen optimistischen Fall festlegen und die unterschiedlichen Ergebnisse für diese Fälle berechnen. Excel ermöglicht es, für diese Berechnungen ein und dieselbe Tabelle zu verwenden und die Annahmen für die unterschiedlichen Fälle in dieser zu speichern. Szenarios müssen natürlich erst definiert werden:

- Erstellen Sie zunächst eine Tabelle, in der die gewünschten Zusammenhänge durch entsprechende Formeln wiedergegeben werden. Für das Beispiel einer Gewinnvorhersage erstellen Sie eine Tabelle, in die feste Werte für Umsatz und Kosten eingegeben werden und in der der Gewinn durch Subtraktion ermittelt wird.

- Öffnen Sie dann die Liste zur Befehlsschaltfläche *Was-wäre-wenn-Analyse* in der Gruppe *Datentools* und wählen Sie den Befehl *Szenario-Manager*. Wenn noch kein Szenario definiert wurde, müssen Sie zuerst eines erstellen.

- Wählen Sie dazu die Schaltfläche *Hinzufügen* im angezeigten Dialogfeld (Abbildung 7.32). Anschließend geben Sie dem Szenario einen Namen und legen die in der Tabelle veränderbaren Zellen – beispielsweise die Zellen für den Umsatz und für die Kosten – fest.

- Nach dem Bestätigen legen Sie im Dialogfeld *Szenariowerte* die Werte für die veränderbaren Zellen fest (Abbildung 7.30). Auf diese Weise können Sie mehrere Szenarien erstellen.

> **TIPP** Um zu verhindern, dass andere Personen Änderungen an den Szenarien in der Tabelle selbst vornehmen, aktivieren Sie im Dialogfeld *Szenario hinzufügen* das Kontrollkästchen *Änderungen verhindern*. Aktivieren Sie außerdem den Blattschutz.

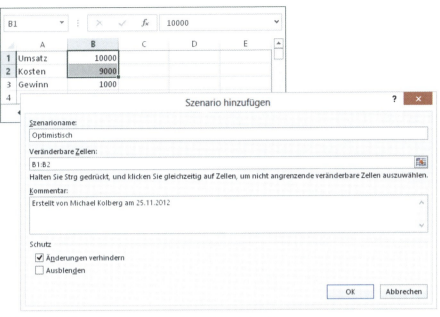

Abbildung 7.30: Legen Sie fest, welche Werte veränderbar sein sollen.

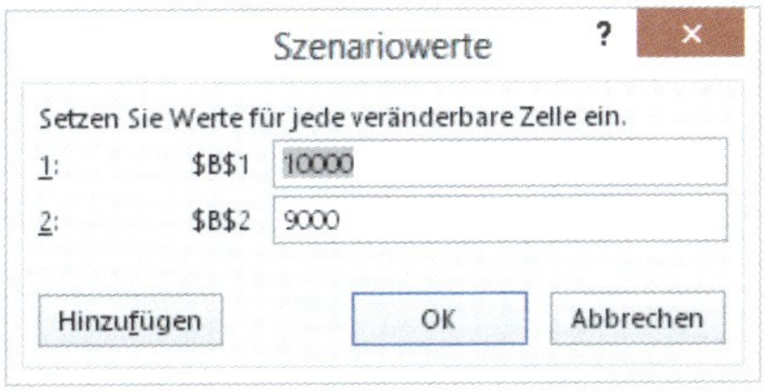

Abbildung 7.31: Für die veränderbaren Zellen müssen Werte gesetzt werden.

Um eines der definierten Szenarien in der Tabelle anzuzeigen, wählen Sie wieder den Befehl *Szenario-Manager* in der Liste zur Befehlsschaltfläche *Was-wäre-wenn-Analyse* in der Gruppe *Datentools*. Im Feld *Szenarien* des Dialogfelds werden die bereits definierten Szenarien angezeigt (Abbildung 7.32). Markieren Sie das gewünschte Szenario und wählen Sie dann *Anzeigen*. Je nach gewähltem Szenario werden in der Tabelle unterschiedliche Werte angezeigt.

- Um Änderungen an einem Szenario vorzunehmen, markieren Sie es und klicken Sie dann auf *Bearbeiten*. Zum Entfernen benutzen Sie die Schaltfläche *Löschen*.
- Über die Schaltfläche *Zusammenführen* können Sie Szenarien aus verschiedenen Arbeitsmappen und Blättern zu einem Satz zusammenfassen. Öffnen Sie dazu vorher alle Arbeitsmappen, die die entsprechenden Szenarien enthalten.

Zielwertsuche

Einfachste Optimierungsaufgaben ohne Nebenbedingungen können Sie lösen, indem Sie den Wert in einer angegebenen Zelle so lange verändern lassen, bis die Formel, die – mittelbar oder unmittelbar – auf diese Zelle zurückgreift, ein gewünschtes Ergebnis liefert. Das Problem könnte beispielsweise darin bestehen, bei einer vorhandenen Kostenstruktur den *Break-even*-Wert zu bestimmen – also den Umsatz, bei dem gerade ein Gewinn von *0* erwirtschaftet wird.

Abbildung 7.32: Die definierten Szenarien können jederzeit wieder angezeigt werden.

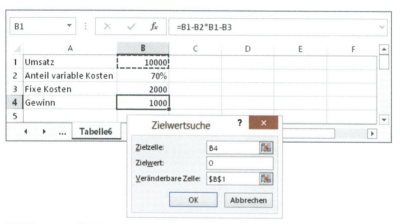

Abbildung 7.33: Zielzelle, Zielwert und der veränderbare Wert müssen definiert werden.

- Erstellen Sie zunächst eine Tabelle, in der ein formelmäßiger Zusammenhang zwischen den einzelnen Daten definiert wird. Beispielsweise können Sie den Gewinn berechnen, indem Sie vom Umsatz sowohl den Anteil der variablen Kosten als auch die fixen Kosten abziehen. Im vorliegenden Beispiel geschieht das in der Zelle *B4* mit der Formel *=B1-B2*B1-B3*.

- Wählen Sie dann den Befehl *Zielwertsuche* in der Liste zur Befehlsschaltfläche *Was-wäre-wenn-Analyse* in der Gruppe *Datentools*. Geben Sie im dann angezeigten Dialogfeld in das Feld *Zielzelle* die Adresse der Zelle an, für die ein bestimmter Wert gefordert werden soll, und benutzen Sie das Feld *Zielwert*, um diesen Wert anzugeben (Abbildung 7.33). Das Feld *Veränderbare Zelle* muss die Adresse der Zelle beinhalten, deren Wert verändert werden soll, um das gewünschte Ergebnis zu erzielen.

- Nach dem Bestätigen wird – wenn möglich – die Lösung geliefert, und in die veränderbare Zelle wird der Wert geschrieben, der die Zielvorgabe erfüllt. Über das zusätzlich angezeigte Dialogfeld *Status der Zielwertsuche* können Sie den Wert bestätigen oder den Vorgang abbrechen (Abbildung 7.34).

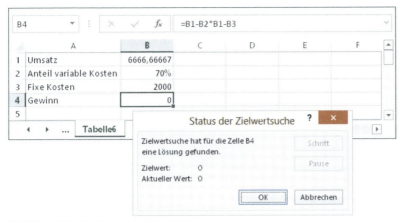

Abbildung 7.34: Das Ergebnis wird angezeigt.

7.4 Listen

Eine *Liste* ist ein zusammenhängender Bereich in einer Tabelle, der zum Organisieren, Verarbeiten und Abrufen von Informationen aus umfangreichen Datenbeständen dient. Eine solche Liste kann als Datenbank verwendet werden: Dabei stellen die Spalten die einzelnen Felder und die darunter liegenden Zeilen die einzelnen Datensätze dar. In der ersten Zeile einer Liste steht die Überschriftenzeile mit den Feldnamen. Jeder einzelne Auftrag darunter in dieser Liste wäre ein Datensatz beziehungsweise eine Zeile mit den entsprechenden Informationen.

Verschiedene *Filterfunktionen* erlauben es, nur die Zeilen anzuzeigen, die einen bestimmten Wert enthalten oder eine Reihe von Kriterien erfüllen. Sie können in die Liste *Teilergebniszeilen* einfügen, in denen Daten der Liste zusammengefasst werden. Außerdem können Sie *Teilsummen* für die Werte der Datensätze bilden, die bestimmte Kriterien erfüllen. Mithilfe von *PivotTables* können Sie interaktive Übersichtstabellen erstellen, anhand derer Sie die Daten der Liste zusammenfassen und analysieren können. Die Werkzeuge dafür finden Sie in der Gruppe *Sortieren und Filtern* auf der Registerkarte *Daten*.

7.4.1 Daten aus anderen Quellen übernehmen

Der mühsamste Teil beim Arbeiten mit Listen besteht meist darin, die Datenblöcke zu erstellen. Dafür stehen Ihnen in Excel mehrere Hilfsfunktionen zur Verfügung, die Sie in der Gruppe *Externe Daten abrufen* auf der Registerkarte *Daten* finden.

Daten aus Textdateien importieren

Oft liegen Daten, die Sie in einer Datentabelle bearbeiten wollen, zunächst nur in einem Textformat vor. Sie können solche Dateien in Excel importieren. Dazu öffnen Sie im Dialogfeld *Öffnen* die Liste zu der normalerweise mit *Excel-Dateien* beschrifteten Schaltfläche und wählen darin die Option *Textdateien*. Markieren Sie dann die gewünschte Textdatei und klicken Sie anschließend auf *Öffnen*.

- Wenn die Daten in der Textdatei durch Tabulatorzeichen und Absatzmarken voneinander getrennt sind, werden sie danach ohne weiteres Zutun als Tabelle angezeigt. Die einzelnen Bestandteile werden in diesem Fall in mehreren Zellen aufgeteilt.
- Sind die Daten durch Leerzeichen oder Kommata voneinander getrennt, wird automatisch der Textkonvertierungs-Assistent gestartet, mit dessen Hilfe Sie die Datenbestandteile auf die einzelnen Zeilen der Tabelle verteilen können. Darauf werden wir gleich noch zu sprechen kommen.

TIPP Zum Importieren kleinerer Datenbestände können Sie aber auch die Zwischenablage benutzen: Öffnen Sie über ein Explorer-Fenster die entsprechende Datei beispielsweise in den Editor oder WordPad. Markieren Sie den gesamten Inhalt der Datei und kopieren Sie ihn in die Zwischenablage. Markieren Sie in Excel die gewünschte Zelle und klicken Sie auf *Einfügen* auf der Registerkarte *Start*.

Besser ist es aber, wenn Sie solche Dateien nicht direkt öffnen, sondern importieren. Dann meldet sich der *Textkonvertierungs-Assistent*, der die einzelnen Teile einer Zeile auf die Spalten der Tabelle aufteilt. Sie müssen dafür nur einige Angaben bezüglich des Datentyps der Textdatei machen.

- Dazu markieren Sie die Zelle, an der später die importierten Daten eingefügt werden sollen. Öffnen Sie die Registerkarte *Daten* und klicken Sie in der Gruppe *Externe Daten abrufen* auf *Aus Text*. Markieren Sie im Dialogfeld *Textdatei importieren* die Datei, die die gewünschten Textdaten enthält, und klicken Sie auf *Importieren*. Das startet den Assistenten.
- Wählen Sie im ersten Schritt des Assistenten den Datentyp aus. Für die Mehrzahl der Fälle benutzen Sie die Option *Getrennt*. Klicken Sie dann auf *Weiter*.
- Aktivieren Sie im zweiten Schritt unter *Trennzeichen* die Option für das Zeichen, mit dem die einzelnen Elemente getrennt sind (Abbildung 7.35). Meist ist das *Tabstopp*. Unten im Dialogfeld des Assistenten werden im Feld *Vorschau* die Datenfelder angezeigt. Wenn Sie nicht wissen, über welchen Datentyp die Textdatei verfügt, probieren Sie mehrere Optionen aus und kontrollieren Sie die Vorschau. Das Ziel ist, dass die Daten in getrennten Spalten angezeigt werden.

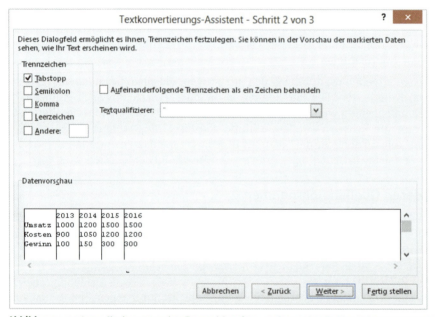

Abbildung 7.35: Legen Sie das verwendete Trennzeichen fest – meist werden Sie hier *Tabstopp* verwenden.

- Klicken Sie auf *Fertig stellen*. Geben Sie dann noch an, wohin die zu importierenden Daten eingefügt werden sollen. Nach Abschluss der Arbeit mit dem Assistenten sind die einzelnen Bestandteile einer Zeile der Textdatei auf verschiedene Spalten der Tabelle aufgeteilt.

TIPP In einem dritten Schritt des Assistenten können Sie Formate für die einzelnen Spalten festlegen. Meist erübrigt sich das aber.

Daten aus Access importieren

Sie können in Excel auch Daten importieren, die in einer Access-Tabelle oder Abfrage vorliegen. Dazu müssen Sie zunächst die Datenbank auswählen, in der die Daten gespeichert sind. Eine Datenbank enthält meist mehrere Daten und/oder Abfragen. Wenn das der Fall ist, müssen Sie anschließend angeben, in welchem dieser Objekte die gewünschten Daten vorhanden sind.

- Markieren Sie die Zelle, an der später die importierten Daten eingefügt werden sollen. Öffnen Sie die Registerkarte *Daten* und klicken Sie in der Gruppe *Externe Daten abrufen* auf *Aus Access*. Markieren Sie im Dialogfeld *Datenquelle auswählen* die Access-Datei, die die gewünschten Daten enthält, und klicken Sie auf *Öffnen*.
- Access-Datenbanken beinhalten meist mehrere Objekte, die Daten bereitstellen. Markieren Sie im folgenden Dialogfeld die Tabelle oder Abfrage, die die gewünschten Daten enthält, und klicken Sie auf *OK*.
- Markieren Sie das Format, in dem die Daten im Tabellenblatt angezeigt werden sollen, und kontrollieren Sie den Ort, an den die Daten in die Mappe eingefügt werden sollen (Abbildung 7.36). Sie können ihn hier noch ändern.
- Nach einem weiteren Klick auf *OK* werden die Daten importiert.

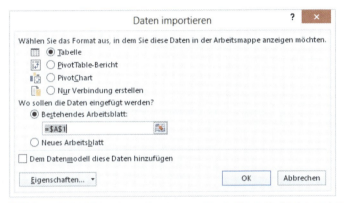

Abbildung 7.36: Wählen Sie das Format aus und kontrollieren Sie den Ort, an den die Daten eingefügt werden sollen.

Daten aus dem Web importieren

Das Internet ist eine Quelle für viele Daten. Sie können diese auf einfache Weise von einer Webseite übernehmen. Dazu müssen Sie die gewünschte Webseite auswählen und dann festlegen, welche Daten Sie daraus übernehmen wollen.

- Markieren Sie die Zelle, an der später die importierten Daten eingefügt werden sollen. Öffnen Sie die Registerkarte *Daten* und klicken Sie in der Gruppe *Externe Daten abrufen* auf *Aus dem Web*.
- Geben Sie im Dialogfeld *Neue Webabfrage* die Adresse der Seite ein, von der aus Sie Daten importieren wollen, und klicken Sie auf *OK*. Daten, die Sie übernehmen können, sind mit einem Pfeil auf gelbem Hintergrund versehen. Klicken Sie auf einen dieser Pfeile. Die Daten werden markiert (Abbildung 7.37).
- Klicken Sie auf *Importieren* und bestätigen Sie nochmals, wo die Daten in Ihre Mappe eingefügt werden sollen.

Daten aktualisieren

Insbesondere Daten, die Sie aus dem Web importiert haben, können sich in kurzer Zeit ändern. Um die gerade aktuellen Daten in der Mappe verfügbar zu haben, wählen Sie zunächst das Blatt aus, auf dem die importierten Daten abgelegt sind. Wählen Sie dann die Registerkarte *Daten*, öffnen Sie in der Gruppe *Verbindungen* die Liste zu *Alle aktualisieren* und wählen Sie *Aktualisieren*.

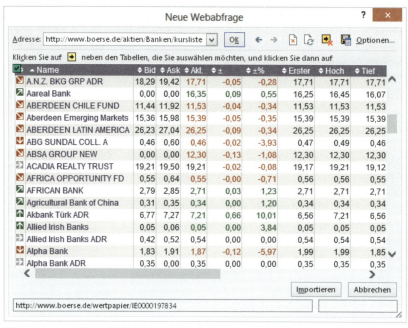

Abbildung 7.37: Wählen Sie die zu importierenden Daten aus.

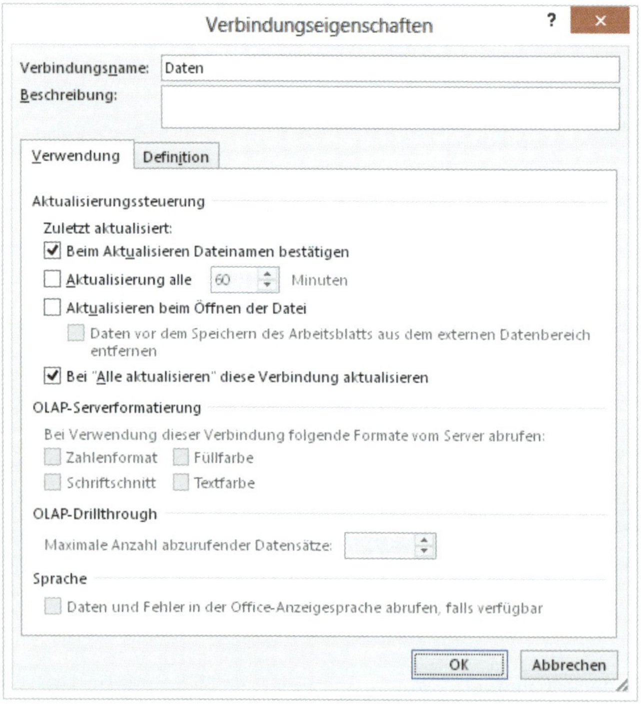

Daten automatisch aktualisieren lassen

Bequemer ist es natürlich, für eine automatische Aktualisierung sorgen zu lassen. Auch das ist möglich:

- Wählen Sie das Blatt aus, auf dem die importierten Daten abgelegt sind. Wählen Sie die Registerkarte *Daten* und öffnen Sie in der Gruppe *Verbindungen* den Katalog zu *Alle aktualisieren*. Klicken Sie darin auf den Befehl *Verbindungseigenschaften* (Abbildung 7.38).

- Aktivieren Sie das Kontrollkästchen *Aktualisierung alle*. Geben Sie rechts davon einen Wert für die Minuten ein und bestätigen Sie über *OK*.

Abbildung 7.38: Über die Verbindungseigenschaften können Sie für eine periodische Aktualisierung sorgen.

7.4.2 Excel-Tabellen

Neu bei Excel ist seit der Version 2007 der etwas missverständliche Begriff *Tabelle*. Damit ist nicht ein Tabellenblatt gemeint, sondern eine besondere Form der Darstellung von Daten auf einem solchen Tabellenblatt. Mit einer Tabelle können Sie Bereiche definieren, in denen Daten in einer Liste zusammengefasst werden. Das hat den Vorteil, dass Sie Sortier- und Filterfunktionen darin durchführen können, ohne dass rechts neben diesem Bereich vorhandene Eintragungen davon betroffen werden.

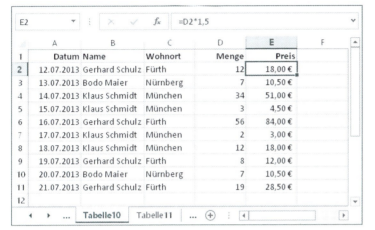

Eine Excel-Tabelle erstellen

Eine Tabelle müssen Sie zunächst erstellen: Sorgen Sie dafür, dass der Datenbestand in einem geschlossenen Tabellenbereich vorliegt: Keine leeren Zeilen oder Spalten dürfen vorhanden sein. Die Zeilen müssen über eine identische Struktur verfügen. Letzteres betrifft beispielsweise die Formeln (Abbildung 7.39).

	Datum	Name	Wohnort	Menge	Preis
2	12.07.2013	Gerhard Schulz	Fürth	12	18,00 €
3	13.07.2013	Bodo Maier	Nürnberg	7	10,50 €
4	14.07.2013	Klaus Schmidt	München	34	51,00 €
5	15.07.2013	Klaus Schmidt	München	3	4,50 €
6	16.07.2013	Gerhard Schulz	Fürth	56	84,00 €
7	17.07.2013	Klaus Schmidt	München	2	3,00 €
8	18.07.2013	Klaus Schmidt	München	12	18,00 €
9	19.07.2013	Gerhard Schulz	Fürth	8	12,00 €
10	20.07.2013	Bodo Maier	Nürnberg	7	10,50 €
11	21.07.2013	Gerhard Schulz	Fürth	19	28,50 €

Abbildung 7.39: Die Grunddaten müssen über eine identische Struktur verfügen.

- Markieren Sie dann mindestens eine Zelle des Bereichs, in dem bereits Daten eingegeben wurden. Sie können auch den gesamten Bereich mit den Daten markieren.
- Klicken Sie dann auf *Tabelle* in der Gruppe *Tabellen* der Registerkarte *Einfügen* im Menüband. Excel sollte den Bereich der Liste automatisch ermitteln. In einem Dialogfeld müssen Sie ihn aber noch bestätigen.
- Sie können die Größe der Tabelle verändern, indem Sie die Markierung in der unteren rechten Ecke verschieben. Beachten Sie die zusätzliche Option *Tabelle hat Überschriften*.
- Nach dem Bestätigen über *OK* wird die Excel-Tabelle erstellt. Jede Spalte verfügt über eine Überschrift mit einer Schaltfläche zum Sortieren und Filtern. Außerdem wird der Tabellenbereich automatisch formatiert. Sie können das Erscheinungsbild aber später noch ändern.

	Datum	Name	Wohnort	Menge	Preis
2	12.07.2013	Gerhard Schulz	Fürth	12	18,00 €
3	13.07.2013	Bodo Maier	Nürnberg	7	10,50 €
4	14.07.2013	Klaus Schmidt	München	34	51,00 €
5	15.07.2013	Klaus Schmidt	München	3	4,50 €
6	16.07.2013	Gerhard Schulz	Fürth	56	84,00 €
7	17.07.2013	Klaus Schmidt	München	2	3,00 €
8	18.07.2013	Klaus Schmidt	München	12	18,00 €
9	19.07.2013	Gerhard Schulz	Fürth	8	12,00 €
10	20.07.2013	Bodo Maier	Nürnberg	7	10,50 €
11	21.07.2013	Gerhard Schulz	Fürth	19	28,50 €

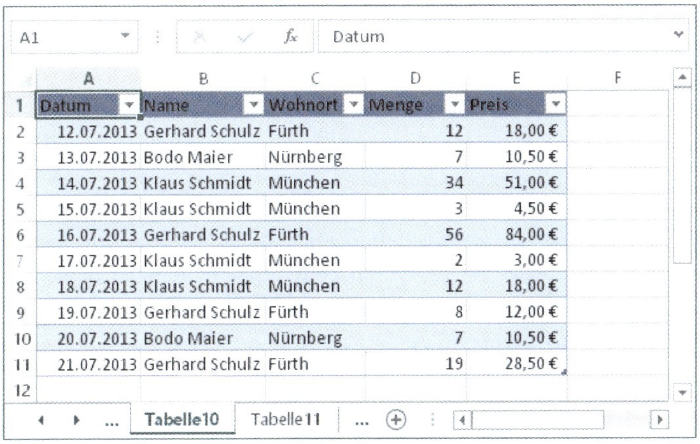

Abbildung 7.40: Eine Excel-Tabelle wurde erstellt.

Als Tabelle formatieren

Alternativ können Sie zum Erstellen einer Tabelle den Befehl *Als Tabelle formatieren* in der Gruppe *Formatvorlagen* der Registerkarte *Start* verwenden. Markieren Sie auch hier zunächst den Bereich in der Tabelle, den Sie formatieren wollen. Wenn Sie eine einzelne Zelle daraus wählen, bestimmt Microsoft Excel den Bereich für Sie, indem alle Nachbarzellen, die über eine Eingabe verfügen, ebenfalls markiert werden. Andere Zellbereiche der Tabelle, die durch leere Zellen von diesem Bereich getrennt sind, werden nicht automatisch mit eingeschlossen. Im Katalog zum Befehl *Als Tabelle formatieren* bestimmen Sie das gewünschte Format. Nach dem Bestätigen wird das Format für den markierten Bereich übernommen.

AutoVervollständigen

Wenn Sie die Liste von Grund auf in eine Tabelle eingeben müssen, ermöglicht die Funktion *AutoVervollständigen* die schnelle Eingabe von sich wiederholenden Einträgen in einer Spalte (Abbildung 7.41).

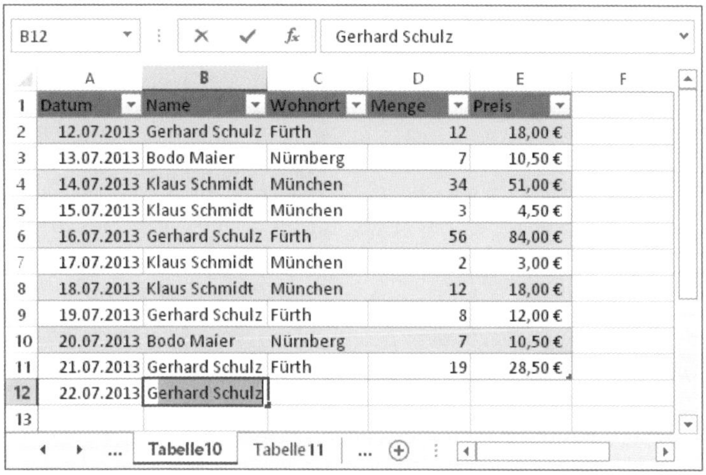

	A	B	C	D	E	F
1	Datum	Name	Wohnort	Menge	Preis	
2	12.07.2013	Gerhard Schulz	Fürth	12	18,00 €	
3	13.07.2013	Bodo Maier	Nürnberg	7	10,50 €	
4	14.07.2013	Klaus Schmidt	München	34	51,00 €	
5	15.07.2013	Klaus Schmidt	München	3	4,50 €	
6	16.07.2013	Gerhard Schulz	Fürth	56	84,00 €	
7	17.07.2013	Klaus Schmidt	München	2	3,00 €	
8	18.07.2013	Klaus Schmidt	München	12	18,00 €	
9	19.07.2013	Gerhard Schulz	Fürth	8	12,00 €	
10	20.07.2013	Bodo Maier	Nürnberg	7	10,50 €	
11	21.07.2013	Gerhard Schulz	Fürth	19	28,50 €	
12	22.07.2013	Gerhard Schulz				
13						

Abbildung 7.41: Die Funktion *AutoVervollständigen* hilft bei sich wiederholenden Einträgen in einer Spalte.

- Falls die ersten Buchstaben eines neuen Spalteneintrags mit denen eines bereits vorhandenen Eintrags in dieser Spalte übereinstimmen, setzt Microsoft Excel automatisch die restlichen Zeichen ein. Haben Sie beispielsweise in einer Spalte schon einmal den Vornamen *Beatrix* – sonst aber keinen mit dem Buchstaben *B* beginnenden Ort – eingegeben, genügt bereits die Eingabe des ersten Buchstabens, um *Beatrix* als neue Eingabe zu erzeugen. Sie müssen immer so viele Buchstaben eingeben, bis eine eindeutige Identifikation möglich ist. Um den Vorschlag des Programms zu akzeptieren, bestätigen Sie einfach mit der [↵]-Taste. Um ihn zu ignorieren, setzen Sie die Eingabe in der gewünschten Weise fort.
- Falls Microsoft Excel den Eintrag selbst nicht ermitteln kann, können Sie auch über die Liste einen der Einträge im Kontextmenü auswählen, das Sie durch einen Klick mit der rechten Maustaste auf die Zelle anzeigen lassen können. Wählen Sie darin den Befehl *Dropdown-Auswahlliste*, um die Liste der Einträge in der Spalte einzusehen, und wählen Sie dann in dieser Liste den gewünschten Eintrag aus.
- Interessant ist außerdem, dass die in der Liste bereits vorhandenen Formate oder Berechnungsformeln übertragen werden. Sie brauchen die Zelleinträge in der neuen Zeile also weder separat zu formatieren noch eventuell benutzte Formeln zu kopieren.

TIPP Die Funktion *AutoVervollständigen* steht in Excel immer zur Verfügung, nicht nur, wenn Sie Datenbereiche aufbauen. In manchen Fällen ist sie aber mehr störend als hilfreich.

Solange mindestens eine Zelle in einer Excel-Tabelle markiert ist, wird im Menüband die Registerkarte *Tabellentools/Entwurf* angezeigt. Sie beinhaltet viele Werkzeuge zum Arbeiten mit Excel-Tabellen. Beispielsweise öffnet bei zusammengefasstem Menüband ein Klick auf *Schnellformatvorlagen* eine Liste mit verschiedenen Layoutalternativen für die Excel-Tabelle. Bei vollständig angezeigtem Menüband werden die Layoutalternativen direkt in der Gruppe *Tabellenformatvorlagen* angezeigt.

7.4.3 Filtern

Durch Filtern können Sie die für Sie gerade wichtigen Datensätze in der Liste anzeigen lassen. Die anderen Zeilen werden vorübergehend ausgeblendet. Zwei Filterfunktionen stehen zur Verfügung:

- Über die Option *Filter* können Sie solche Datensätze aus einer Liste herausfiltern, bei denen die Einträge in einer Spalte einen bestimmten Wert enthalten oder eine Reihe von Kriterien erfüllen.
- Mit dem Befehl *Spezialfilter* haben Sie die Möglichkeit, die Daten der Liste unter Verwendung eines separaten Kriterienbereichs zu filtern. Zusätzlich können Sie die Ergebnisse der Filterung an eine andere Stelle in der Tabelle oder in eine andere Tabelle kopieren lassen.

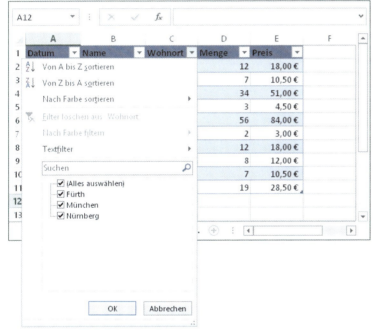

Der einfache Filter

Die Feldnamen einer Excel-Tabelle sind mit Pfeilen zum Öffnen von Menüs ausgestattet. Wählen Sie darüber die Filterkriterien aus, indem Sie das Menü für die Spalte öffnen, für die Sie die Kriterien eingeben wollen. Die Liste beinhaltet alle Einträge in der Spalte sowie zusätzliche Optionen (Abbildung 7.42).

Abbildung 7.42: Mit dem *AutoFilter* können Sie über ein Listenfeld die Einträge filtern.

Filtern nach Feldeinträgen

Wenn Sie einen der aufgelisteten Feldeinträge wählen, werden die Datensätze herausgefiltert, die über diesen Eintrag verfügen.

- Klicken Sie in der Überschriftzeile auf die Pfeilspitze in der Spalte, nach deren Inhalten Sie filtern wollen.
- Klicken Sie dann auf das Kontrollkästchen *(Alles auswählen)*, um es abzuschalten.
- Klicken Sie anschließend auf das Optionskästchen für den Eintrag, der angezeigt bleiben soll. Beispielsweise können Sie im Feld *Wohnort* nach dem Eintrag *München* filtern.

Klicken Sie auf *OK*. Dass ein Filter noch aktiv ist, erkennen Sie an dem anders dargestellten Pfeil im entsprechenden Feld. In Abbildung 7.43 handelt es sich beispielsweise um das Feld *Name*.

Die Option *(Alles auswählen)* im Filterkatalog bewirkt, dass wieder alle Einträge in der Liste angezeigt werden.

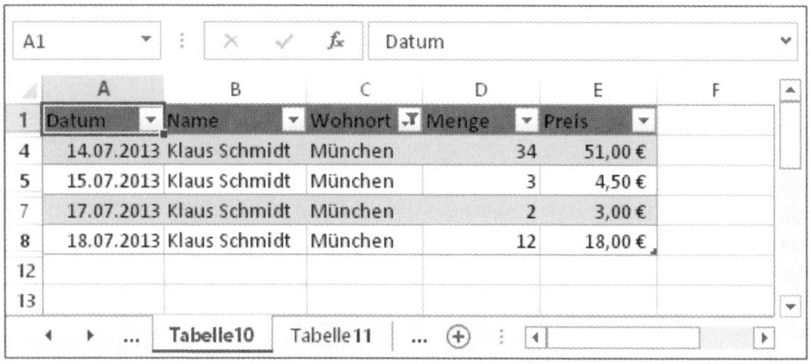

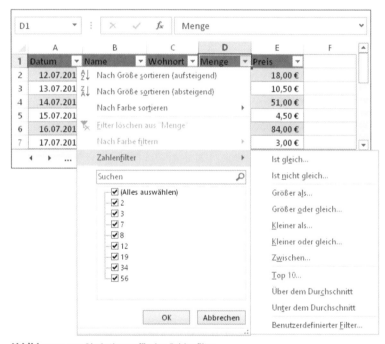

Abbildung 7.43: Eine Liste wurde gefiltert.

Zahlenfilter

Auf dieselbe Weise können Sie bei Spalten mit Zahlenwerten die Unteroptionen zum Listeneintrag *Zahlenfilter* wählen. Hier haben Sie neben der Möglichkeit zur Auswahl aus den in der Spalte vorhandenen Werten auch die Möglichkeit, ein Filterkriterium selbst festzulegen (Abbildung 7.44).

Abbildung 7.44: Die Optionen für den Zahlenfilter

Optionen wie *Ist gleich* oder *Ist nicht gleich* zeigen ein Dialogfeld an, in dem Sie den gewünschten Wert eingeben können.

Top 10

Mit der Option *Top 10* im Untermenü zu *Zahlenfilter* können Sie eine bestimmte Anzahl oder einen bestimmten Prozentsatz der Datensätze anzeigen lassen. Diese Möglichkeit trifft natürlich vordringlich auf Felder mit numerischem Inhalt zu. Sie haben hier die Möglichkeit, jeweils die obersten oder die untersten Werte anzeigen zu lassen – beispielsweise die *obersten* 15 oder die *untersten* 5 (Abbildung 7.45).

Abbildung 7.45: Über *Top 10* filtern Sie die Spitzenwerte heraus.

Wählen Sie im linken Feld, ob Sie die *obersten* oder die *untersten* Werte anzeigen lassen wollen. Geben Sie im mittleren Feld an, wie viele Elemente oder wie viel Prozent der Gesamtheit nach dem Filtern angezeigt werden sollen. Legen Sie im rechten Feld fest, ob eine bestimmte Anzahl oder ein Prozentsatz der Gesamtheit nach dem Filtern angezeigt werden soll.

Benutzerdefinierter AutoFilter

Sie können über das Untermenü zu Zahlenfilter oder Textfilter auch mit der Option *Benutzerdefinierter Filter* das Dialogfeld *Benutzerdefinierter AutoFilter* anzeigen lassen, in dem Sie zusätzliche Filterkriterien angeben können. In diesem Dialogfeld lassen sich maximal zwei vergleichende Filterkriterien für eine Spalte festlegen. Diese beiden Kriterien können Sie durch eine *Und-* oder eine *Oder*-Bedingung verknüpfen und damit bewirken, dass die Kriterien zusammen oder alternativ wirken (Abbildung 7.46).

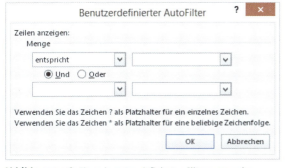

Wählen Sie im linken Feld einen Vergleichsoperator aus und geben Sie rechts den Wert ein, den Sie zusammen mit dem Vergleichsoperator verwenden möchten, oder wählen Sie einen aus dem Listenfeld aus. Dieses Listenfeld beinhaltet alle in der Spalte vorhandenen Daten. Wenn Sie zwei Kriterien verwenden wollen, wählen Sie entweder die Option *Und* oder die Option *Oder* und wiederholen Sie die Schritte.

Abbildung 7.46: Einen benutzerdefinierten Filter verwenden

 Wenn nach der Eingabe von Filterkriterien alle Datensätze aus der Liste verschwinden, liegt das daran, dass keiner der Datensätze die eingegebenen Filterkriterien erfüllt.

Spezialfilter

Die Arbeit mit dem Spezialfilter ist umständlicher, bietet aber mehrere zusätzliche Möglichkeiten. Dazu müssen Sie zuerst in der Tabelle mit der Liste einen Zellbereich für die Kriterien definieren, in dem die Spaltenüberschriften zusammen mit den Auswahlkriterien angegeben werden. Am übersichtlichsten geht das oberhalb der eigentlichen Liste. Sie können den Kriterienbereich auch an jeder anderen Stelle der Tabelle festlegen. Die Lage oberhalb der Liste hat den Vorteil, dass die Namen der Feldspalten übereinanderliegen und dass die Liste später erweitert werden kann, ohne dass der Kriterienbereich dadurch überschrieben würde.

- Dazu fügen Sie beispielsweise zunächst oben in das Tabellenblatt mehrere Zeilen ein und kopieren dann in die oberste Zeile die Zeile mit den Spaltenüberschriften.
- Geben Sie anschließend unterhalb dieser kopierten Überschriften die Filterkriterien ein. Wollen Sie beispielsweise aus einer Namensliste alle Einträge mit dem Nachnamen *Schulz* herausfiltern, können Sie hier das Kriterium **Schulz* eingeben (Abbildung 7.47).

Abbildung 7.47: Ein Spezialfilter benutzt einen separaten Kriterienbereich.

■ Markieren Sie eine Zelle in der Liste – nicht im Kriterienbereich – und wählen Sie dann *Erweitert* in der Gruppe *Sortieren und Filtern* auf der Registerkarte *Daten*. Im Dialogfeld *Spezialfilter* müssen Sie die Adressen für den *Listenbereich* und den *Kriterienbereich* angeben. Sie können dazu den Bereich in der Tabelle mithilfe der Maus markieren oder die Adressen selbst eintippen (Abbildung 7.48).

Abbildung 7.48: Listen- und Kriterienbereich müssen festgelegt werden.

■ Die Wahl der Option unter *Aktion* legt fest, wo die Ergebnisse des Vorgangs gezeigt werden sollen. *Liste an gleicher Stelle filtern* sorgt dafür, dass die Liste selbst gefiltert wird. Nicht den Kriterien entsprechende Datensätze werden aus der Liste ausgeblendet (Abbildung 7.49).

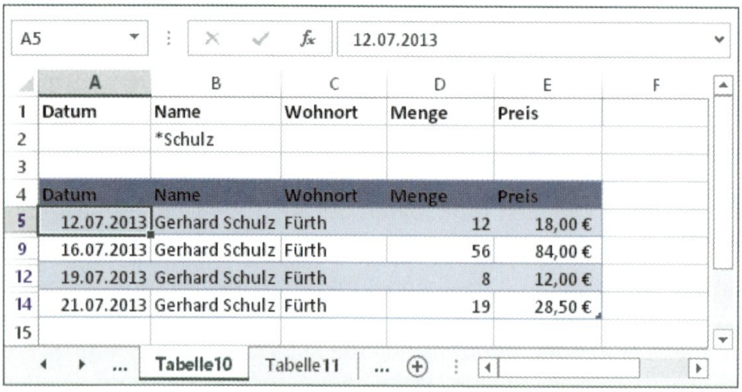

	A	B	C	D	E	F
1	Datum	Name	Wohnort	Menge	Preis	
2		*Schulz				
3						
4	Datum	Name	Wohnort	Menge	Preis	
5	12.07.2013	Gerhard Schulz	Fürth	12	18,00 €	
9	16.07.2013	Gerhard Schulz	Fürth	56	84,00 €	
12	19.07.2013	Gerhard Schulz	Fürth	8	12,00 €	
14	21.07.2013	Gerhard Schulz	Fürth	19	28,50 €	
15						

Abbildung 7.49: Das Ergebnis des Filterns

Um die Ergebnisse in einem anderen Tabellenblatt ablegen zu können, müssen Sie zuerst zu diesem wechseln und den Befehl dann von dort aus aufrufen.

Ergebnisse an anderer Stelle

Wollen Sie die Ergebnisse der Filterung nicht nur anzeigen, sondern weiterverarbeiten, empfiehlt es sich, diese automatisch an eine andere Stelle kopieren zu lassen. Aktivieren Sie dazu im Dialogfeld *Spezialfilter* die Option *An eine andere Stelle kopieren* und geben Sie dann im Feld *Kopieren nach* den Zellbereich an, in den die Ergebnisse des Filterprozesses kopiert werden sollen. Es reicht aus, wenn Sie dazu auf die Zelle in der oberen linken Ecke des Zielbereichs klicken.

 Um sicherzustellen, dass in der Liste doppelt vorhandene Datensätze nur einmal angezeigt werden, aktivieren Sie im Dialogfeld *Spezialfilter* das Kontrollkästchen *Keine Duplikate*.

7.4.4 Sortieren

Die Einträge in einer Liste können nach mehreren Kriterien gleichzeitig sortiert werden. Wenn in dem Feld, nach dem zuerst sortiert wird, bei mehreren Datensätzen derselbe Eintrag vorliegt – wenn beispielsweise derselbe Name mehrfach auftritt –, tritt das zweite Sortierkriterium in Kraft. Entsprechendes gilt für das zweite und dritte Kriterium usw. Auf diese Weise können Sie dafür sorgen, dass die Datensätze in fast jede beliebige Reihenfolge gebracht werden können.

Sortiert werden kann nach Zahlenwerten, Texteinträgen sowie Datums- und Uhrzeitangaben. Zusätzliche Sortierfolgen können Sie unter den *Excel-Optionen* eingeben (unten). Hier sind bereits die Namen der Wochentage und der Monate als Reihenfolge vorgegeben. Wenn Sie solche also in einer Tabelle verwendet haben, können Sie auch danach sortieren lassen.

Einfaches Sortieren

Wollen Sie die Liste nur nach einem Kriterium sortieren, können Sie dazu auch die entsprechende Schaltfläche in der Gruppe *Sortieren und Filtern* auf der Registerkarte *Daten* verwenden. Markieren Sie zunächst eine Zelle in der Spalte, nach der die Liste sortiert werden soll, und klicken Sie dann je nach Sortierwunsch auf die Schaltfläche *Aufsteigend* (A bis Z) oder auf die Schaltfläche *Absteigend* (Z bis A).

Der Befehl Sortieren

Markieren Sie eine Zelle in der Liste und wählen Sie dann *Sortieren* in der Gruppe *Sortieren und Filtern* auf der Registerkarte *Daten*. Das Dialogfeld *Sortieren* wird geöffnet (Abbildung 7.50).

Abbildung 7.50: Sie können eine Liste nach Kriterien sortieren lassen.

- Wählen Sie das erste Sortierkriterium aus, indem Sie unter *Sortieren nach* das Feld angeben, nach dessen Einträgen sortiert werden soll. Im Listenfeld dazu werden alle Spaltenüberschriften in der Liste aufgeführt. Über die Liste zu *Sortieren nach* können Sie angeben, ob nach den Werten oder nach einem Formatierungskriterium sortiert werden soll. Legen Sie auch fest, ob auf- oder absteigend sortiert werden soll.
- Wenn Sie nach mehr als einem Feld sortieren wollen, klicken Sie auf die Schaltfläche *Ebene hinzufügen*. Eine weitere Zeile mit der gleichen Struktur wird angezeigt. Geben Sie hier die entsprechenden Anweisungen ein.
- Mit *Daten haben Überschriften* geben Sie an, ob die Überschriftzeile auch markiert wurde. Wenn Sie vor dem Aufrufen des Befehls zum Sortieren nur eine Zelle in der Liste gewählt hatten, erfolgt die Einstellung automatisch. Haben Sie aber die Überschriftzeile markiert und aktivieren das Kontrollkästchen nicht, wird diese Zeile in den Sortiervorgang mit eingeschlossen.

Abbildung 7.51: Zusätzliche Sortieroptionen können eingestellt werden.

Sortieroptionen

Durch einen Klick auf die Schaltfläche *Optionen* im Dialogfeld *Sortieren* zeigen Sie ein zusätzliches Dialogfeld an, über das sich weitere Sortieroptionen einstellen lassen (Abbildung 7.51). Sie können hierüber auch angeben, ob zwischen Groß- und Kleinschreibung unterschieden und ob nach Spalten oder Zeilen sortiert werden soll.

7.4.5 PivotTables und PivotCharts

Was sich hinter dem Begriff *PivotTable* verbirgt, ist auf den ersten Blick nicht so leicht zu verstehen. Wenn man aber erst einmal den Sinn begriffen hat, wird man dieses Werkzeug für bestimmte Aufgaben gern einsetzen. Es handelt sich dabei um eine interaktive Übersichtstabelle, anhand derer Sie die Daten der Liste zusammenfassen und analysieren können. Durch Ziehen und Ablegen der Felder in dieser Tabelle können Sie Daten ordnen, organisieren und analysieren. Bei dem in diesem Kapitel benutzten Beispiel können Sie mit einer solchen Analyse beispielsweise eine Tabelle erzeugen, in der die einzelnen Aufträge nach Datum und Wohnort des Kunden aufgelistet werden. Der überragende Vorteil einer Pivot-Table besteht darin, dass Sie die Achsen der Tabelle – im Beispiel *Datum* und *Wohnort* – schnell gegen andere Spalten der Liste austauschen können.

PivotTable erstellen

Um eine PivotTable zu erstellen, müssen Sie zunächst die Grundstruktur der PivotTable über die drei Schritte eines Assistenten festlegen. Anschließend werden diese Grundstruktur und die kontextbezogene Registerkarte *PivotTable-Tools* angezeigt. Mithilfe dieser Elemente können Sie dann die gewünschten Feinheiten einstellen.

Markieren Sie zumindest eine Zelle in der Liste oder dem Datenblock und wählen Sie dann den Befehl *PivotTable* in der Liste zur gleichnamigen Schaltfläche der Gruppe *Tabellen* auf der Registerkarte *Einfügen*. Geben Sie anschließend die gewünschten Daten in den Dialogfeldern des Assistenten an (Abbildung 7.52).

Abbildung 7.52: Der Assistent erstellt die Grundstruktur.

- Definieren Sie – falls der Datenbereich nicht automatisch erkannt wurde – den zu bearbeitenden Tabellenbereich. Ein Klick auf die Schaltfläche *Dialog reduzieren* rechts vom Feld *Tabelle/Bereich* verkleinert das Dialogfeld und erlaubt es, den Bereich mit der Maus zu markieren.
- Anschließend geben Sie an, wo die Pivot-Table erstellt werden soll. Da eine solche Tabelle recht umfangreich sein kann, ist es meist besser, sie in einem neuen Arbeitsblatt zu erstellen.

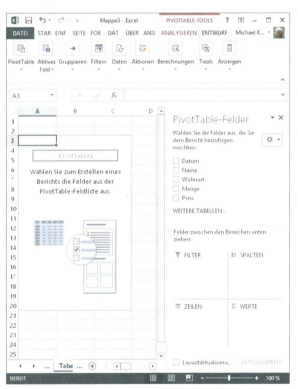

Abbildung 7.53: Felder müssen zuerst positioniert werden.

Damit haben Sie nur die Grunddaten – die Verbindung mit der Datenquelle und die Position – für die PivotTable festgelegt. Als Ergebnis wird die *PivotTable-Feldliste* angezeigt, über die Sie bestimmen müssen, welche Daten wie angezeigt werden sollen. Markieren Sie dazu einen Namen in der Liste und ziehen Sie ihn an die Stelle, an der er in der fertigen PivotTable angezeigt werden soll (Abbildung 7.53). Sie können bereits angeordnete Symbole innerhalb der Tabelle verschieben oder sie zurücksetzen, indem Sie sie aus der Tabelle herausziehen.

Zur Ablage stehen Ihnen hier vier Bereiche zur Verfügung: Mit den *Spaltenbeschriftungen* und *Zeilenbeschriftungen* bilden Sie den Rahmen für die Tabelle. Den eigentlichen Tabelleninhalt – die *Werte* – legen Sie im Hauptbereich ab. Sie müssen mindestens Felder für die Spalten- und Zeilenbezeichnungen sowie für Datenfelder in der Tabelle angeben. Eine zusätzliche Dimension können Sie über den *Berichtsfilter* definieren, mit dessen Hilfe Sie verschiedene Seiten der Tabelle anzeigen lassen können. Auf der Basis der Position dieser Feldnamen erstellt Microsoft Excel dann die PivotTable (Abbildung 7.54). Die Quelldaten in der Liste bleiben dabei unverändert. Sie können die Lage der Feldnamen in der Tabelle jederzeit durch Ziehen mit der Maus ändern – beispielsweise ein Spaltenfeld gegen ein Zeilenfeld oder gegen ein Datenfeld austauschen – und damit die Struktur der Tabelle ändern.

Abbildung 7.54: Die PivotTable besteht aus Spalten-, Zeilen- und Datenfeldern.

Die Felder ermöglichen außerdem ein Aus- und Einblenden einzelner Feldinhalte und damit ein beliebiges Filtern der Tabelle. Öffnen Sie dazu das Menü zu der Spalten-, Zeilen- oder Seitenüberschrift und deaktivieren Sie die Elemente, die in der PivotTable nicht berücksichtigt werden sollen. Ein Doppelklick auf ein Datenfeld zeigt die Details dazu in einer separaten Tabelle an.

Datenschnitte

In Microsoft Excel 2013 haben Sie die Möglichkeit, zum Filtern der Daten in einem PivotTable-Bericht Datenschnitte zu verwenden. Datenschnitte sind einfach zu verwendende Filterkomponenten, die eine Reihe von Schaltflächen enthalten, mit denen Sie die Daten in einem PivotTable-Bericht schnell filtern können, ohne zuvor Dropdown-Listen für die Suche nach den zu filternden Elementen öffnen zu müssen. Die Funktion für Datenschnitte wird in Form von Schaltflächen bereitgestellt, auf die Sie klicken können, um PivotTable-Daten schnell zu filtern. Darüber hinaus wird bei Datenschnitten auch der aktuelle Filterstatus angegeben, sodass Sie sofort erkennen können, was genau in einem gefilterten Pivot-Table-Bericht angezeigt wird.

■ Markieren Sie eine beliebige Stelle im PivotTable-Bericht, für den Sie einen Datenschnitt erstellen möchten. Klicken Sie dann auf der Registerkarte *PivotTable-Tools/Analysieren* in der Gruppe *Filtern* auf *Datenschnitt einfügen*. Aktivieren Sie im Dialogfeld *Datenschnitt auswählen* das Kontrollkästchen der PivotTable-Felder, für die Sie einen Datenschnitt erstellen möchten (Abbildung 7.55).

■ Klicken Sie auf *OK*. Für jedes aktivierte Feld wird ein Datenschnitt angezeigt (Abbildung 7.56).

■ Klicken Sie in den einzelnen Datenschnitten auf das Element, nach dem gefiltert werden soll.

■ Um die Filterwirkung wieder abzuschalten, klicken Sie auf die Schaltfläche *Filter löschen*.

Abbildung 7.55: Geben Sie an, für welches Feld ein Datenschnitt erstellt werden soll.

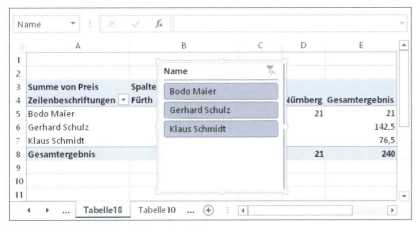

Abbildung 7.56: Ein Datenschnitt wurde erstellt.

Um einen Datenschnitt zu entfernen, klicken Sie mit der rechten Maustaste auf das Datenschnittobjekt und wählen Sie ... *entfernen* – beispielsweise '*Wohnort*' *entfernen* – aus dem Kontextmenü.

TIPP Um Datenschnitte zu formatieren, klicken Sie auf den zu formatierenden Datenschnitt. Dadurch wird die Registerkarte *Datenschnitttools/Optionen* angezeigt. Wählen Sie in der Gruppe *Datenschnitt-Formatvorlagen* das gewünschte Format aus. Bei reduzierter Anzeige des Menübands müssen Sie in der Gruppe *Datenschnitt-Formatvorlagen* die Liste zur Schaltfläche *Schnellformatvorlagen* öffnen.

PivotChart

Sie können die Ergebnisse der PivotTable auch grafisch darstellen lassen. Wählen Sie dazu auf der Registerkarte *Einfügen* in der Gruppe *Diagramme* die Schaltfläche *PivotChart*. Zum Erstellen der Datenstruktur arbeiten Sie auch dieses Mal über die Feldliste und gehen dabei genauso vor wie oben für das Erstellen der Tabelle beschrieben. Das Diagramm wird daraufhin automatisch auf der Basis der Einstellungen in der Tabelle erstellt. Auch hierin können Sie wieder über die Pfeile die Elemente wählen, die im Diagramm berücksichtigt werden sollen. Die Auswahl können Sie getrennt für die Seitenfelder, die Zeilenfelder und die Spaltenfelder vornehmen.

Kapitel 8

Excel 2013: optische Gestaltung der Daten

In diesem Kapitel wollen wir uns mit der optischen Darstellung der Zahlenwerte in Excel-Tabellen beschäftigen. Dazu gehören zwei Aspekte: das Formatieren und die Darstellung der Daten in Diagrammen.

- Wir wollen Ihnen zunächst einige Werkzeuge zur Abwicklung einfacher Formatierungsaufgaben zeigen und anschließend auf die individuellen Möglichkeiten zur Formatierung einzelner Zellen und Zellbereiche eingehen (Abschnitt 8.1). Dazu gehören sowohl Angaben zur Form der Anzeige – beispielsweise die Darstellung mit einem Prozent- oder Währungszeichen – als auch solche zu grafischen Fragen – wie beispielsweise die Wahl der Schriftart.
- Mit Microsoft Excel haben Sie die Möglichkeit, Ihre Daten grafisch in Form von Diagrammen zu präsentieren (Abschnitt 8.2). Diagramme sind mit den Tabellendaten verknüpft, aus denen sie erstellt wurden, und werden immer dann aktualisiert, wenn Sie Ihre Tabelle aktualisieren. Es werden also immer die aktuellen Daten der Tabelle im Diagramm angezeigt. Solche Diagramme können entweder als eingebettete Diagramme innerhalb eines Tabellenblatts oder als separate Diagrammblätter in der Arbeitsmappe erstellt werden.
- Sparklines sind neu seit Microsoft Excel 2010 (Abschnitt 8.3). Eine Sparkline ist ein sehr kleines Diagramm in einem Arbeitsblatt, das Daten visuell darstellt. Mit Sparklines können Sie beispielsweise Trends für eine Wertereihe innerhalb einer Zelle aufzeigen.

 Hinweis Für weitere optische Verfeinerungen können Sie die Arbeitsmappe über verschiedene Optionen mit zusätzlichen Objekten – wie Textelementen, Grafiken oder Medienclips – versehen (*Kapitel 13*).

8.1   Formatieren

Für die Formate aller neuen Tabellen sind standardmäßig bestimmte Voreinstellungen festgelegt. Generell wird die Schriftart *Calibri* in der Schriftgröße *11* verwendet. Die Spaltenbreite beträgt *10,71 Zeichen*, die Zeilenhöhe *15,00 Punkt*. Wenn Sie bestimmte Formateinstellungen – beispielsweise Schriftart, Schriftgröße, Zahlenformat usw. – für alle neuen Tabellen ändern wollen, öffnen Sie die Arbeitsmappe und benutzen die Werkzeuge der vier Gruppen *Schriftart*, *Ausrichtung*, *Zahl* und *Formatvorlagen* auf der Registerkarte *Start* des Menübands (Abbildung 8.1).

Abbildung 8.1: Benutzen Sie zum Formatieren die Schaltflächen auf der Registerkarte *Start*.

8.1.1   Einfache Zellenformate

Für eine etwas individuellere Formatierung einzelner Zellen oder Zellbereiche können Sie über die Minisymbolleiste arbeiten, die automatisch angezeigt wird, wenn Sie einen Bereich markieren und mit der rechten Maustaste klicken (Abbildung 8.2).

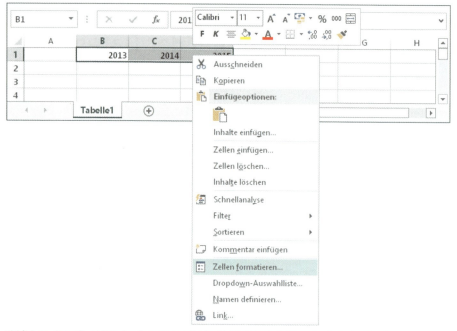

Abbildung 8.2: Die wichtigsten Formate werden in der Minisymbolleiste – oberhalb der Markierung – zusammengefasst.

8.1.2 Schriftformate

Für Text- oder Zahleneingaben können Sie die Schriftart, den Schriftstil, die Schriftgröße, die Form der Unterstreichung, die Schriftfarbe und andere Gestaltungsoptionen festlegen. Die Werkzeuge zur Zeichenformatierung sind bei fast allen Programmen der Office-Generation 2013 identisch. Wir haben sie deswegen schon für Word angesprochen – das Programm, bei dem Sie sie wahrscheinlich am ehesten benötigen (*Kapitel 4*). Für das schnelle Arbeiten verwenden Sie die Befehlsschaltflächen der Gruppe *Schriftart* auf der Registerkarte *Start*. Markieren Sie den zu formatierenden Bereich und wählen Sie dann den gewünschten Befehl.

Wenn Sie noch weitere Details benötigen oder eine zusammenhängende Bearbeitung über ein Dialogfeld vorziehen, klicken Sie nach dem Markieren des zu formatierenden Bereichs auf die Schaltfläche mit dem nach rechts unten weisenden Pfeil neben der Gruppenbezeichnung *Schriftart*. Die Registerkarte *Schrift* im Dialogfeld *Zellen formatieren* wird angezeigt. Sie können darüber die Schriftart, den Schriftstil, die Größe der Schrift, deren Farbe und weitere Effekte einstellen.

Auch Tastenkombinationen stehen Ihnen für die wichtigsten Schriftformate zur Verfügung (Tabelle 8.1).

Tasten	Beschreibung
Strg + ↑ + F	*Fett* ein- oder ausschalten
Strg + ↑ + K	*Kursiv* ein- oder ausschalten
Strg + ↑ + U	*Unterstrichen* ein- oder ausschalten
Strg + 5	*Durchstreichen* ein- oder ausschalten

Tabelle 8.1: Für die wichtigsten Schriftformate stehen auch Tastenkürzel zur Verfügung.

Unterschiedliche Formate in einer Zelle

Im Allgemeinen werden Sie für alle Zeichen eines Eintrags in einer Zelle dasselbe Format benutzen. Sie können aber auch innerhalb einer Zelle unterschiedliche Schriftformate zuweisen. Auf diese Weise lassen sich beispielsweise innerhalb einer Zelle tief- oder hochgestellte Zeichen für Indizes und Exponenten erzeugen. Wählen Sie dazu zunächst die Zelle, in der Sie die Formateinstellungen vornehmen wollen. Markieren Sie dann den Bereich des Zellinhalts in der Bearbeitungsleiste, den Sie formatieren wollen, und legen Sie die gewünschten Schriftparameter für den markierten Bereich fest. Das eingestellte Format wird nur in der Zelle selbst angezeigt, nicht in der Bearbeitungsleiste (Abbildung 8.3).

Abbildung 8.3: In einer Zelle können unterschiedliche Schriftformate verwendet werden.

Formate übertragen

Um die für eine Zelle definierten Formateinstellungen auf andere Teile der Tabelle zu übertragen, markieren Sie die Zelle mit dem gewünschten Format und klicken Sie dann auf die Schaltfläche *Format übertragen* in der Gruppe *Zwischenablage* auf der Registerkarte *Start*. Klicken Sie anschließend auf die Zelle oder markieren Sie den Bereich, auf die beziehungsweise den Sie das Format übertragen wollen.

8.1.3 Ausrichtung

Standardmäßig werden in einer Zelle Textwerte linksbündig, Zahlenwerte rechtsbündig und Wahrheitswerte zentriert ausgerichtet. Sie können diese Voreinstellungen ändern und außerdem die horizontale und vertikale Ausrichtung, den Einzug in der Zelle, den Winkel und diverse andere Parameter einstellen. Die wesentlichsten Ausrichtungsparameter können Sie über die entsprechenden Schaltflächen in der Gruppe *Ausrichtung* einstellen (Tabelle 8.2). Markieren Sie vorher den zu formatierenden Zellbereich.

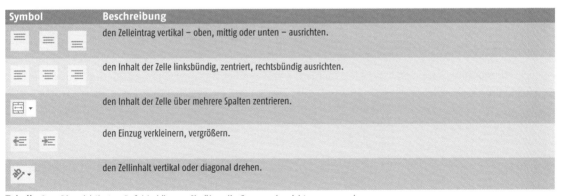

Symbol	Beschreibung
	den Zelleintrag vertikal – oben, mittig oder unten – ausrichten.
	den Inhalt der Zelle linksbündig, zentriert, rechtsbündig ausrichten.
	den Inhalt der Zelle über mehrere Spalten zentrieren.
	den Einzug verkleinern, vergrößern.
	den Zellinhalt vertikal oder diagonal drehen.

Tabelle 8.2: Die wichtigsten Befehle können Sie über die Gruppe *Ausrichtung* ansprechen.

Einige dieser Schaltflächen beherbergen Listen, die weitere Optionen anbieten (Abbildung 8.4).

Abbildung 8.4: Die Optionen zum *Verbinden und zentrieren* und zur *Ausrichtung*

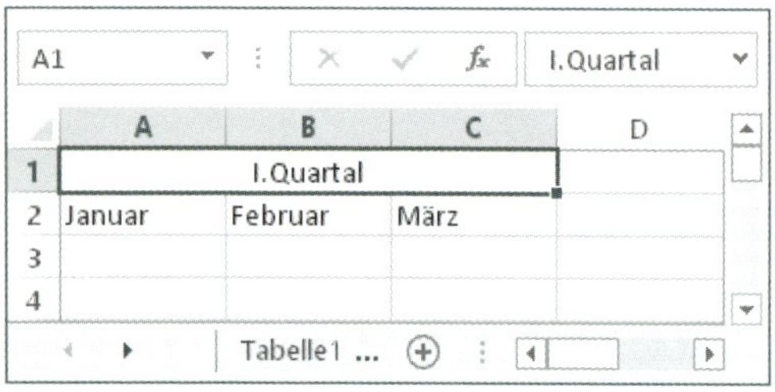

Verbinden und zentrieren

Beispielsweise können Sie über *Verbinden und zentrieren* dafür sorgen, dass benachbarte Zellen zu einer Zelle zusammengefasst werden und der Inhalt der Zelle links in diesem Zellverbund zentriert angezeigt wird. Markieren Sie vor der Anwendung dieses Befehls die Zelle mit den Nachbarzellen (Abbildung 8.5).

Abbildung 8.5: *Verbinden und zentrieren* ermöglicht die Darstellung einer gemeinsamen Überschrift.

Detaileinstellungen

Wenn Sie noch weitere Details benötigen oder eine zusammenhängende Bearbeitung über ein Dialogfeld vorziehen, klicken Sie nach dem Markieren des zu formatierenden Bereichs auf die Schaltfläche mit dem nach rechts unten weisenden Pfeil neben der Gruppenbezeichnung *Ausrichtung*. Die Registerkarte *Ausrichtung* im Dialogfeld *Zellen formatieren* wird angezeigt (Abbildung 8.6 und Tabelle 8.3). Sie können darüber den Text in den Zellen ausrichten und weiter anpassen.

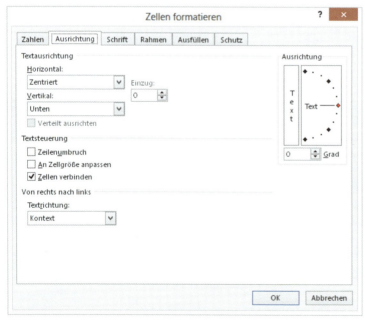

Abbildung 8.6: Die Ausrichtung der Zelleinträge kann eingestellt werden.

Das hier wichtigste Feld ist jenes mit der Bezeichnung *Horizontal* im Bereich *Textausrichtung*. Hierüber stellen Sie die waagerechte Ausrichtung ein.

Option	Beschreibung
Standard	Grundeinstellung: Textwerte linksbündig, Zahlenwerte rechtsbündig und Wahrheitswerte zentriert.
Links (Einzug)	Wenn in das Feld *Einzug* ein Wert eingegeben wurde, wird der Zellinhalt um diese Zahl von Zeichen nach rechts eingezogen.
Zentriert	zentriert den Zellinhalt.
Rechts (Einzug)	richtet den Inhalt am rechten Zellrand aus. Wenn in das Feld *Einzug* ein Wert eingegeben wurde, wird der Zellinhalt um diese Zahl von Zeichen nach links eingezogen.
Ausfüllen	Der Inhalt der aktiven Zelle wird wiederholt, bis der markierte Bereich gefüllt ist.
Blocksatz	richtet den Inhalt rechts- und linksbündig aus; ist nur bei mehrzeiligen Texteingaben relevant.
Über Auswahl zentrieren	zentriert die Daten in einer Zelle innerhalb des vorher markierten Zellbereichs.
Verteilt (Einzug)	Wenn die Zelle einen Text mit einem Leerzeichen enthält, wird der Teil vor dem Leerzeichen linksbündig, der Teil danach rechtsbündig ausgerichtet.

Tabelle 8.3: Bei der horizontalen Ausrichtung gibt es mehrere Alternativen.

Über das Feld *Vertikal* legen Sie die senkrechte Ausrichtung der Einträge in den Zellen fest. Der Effekt ist nur sichtbar, wenn Sie die Höhe der betroffenen Zeile vergrößern. Standardmäßig werden Einträge unten in der Zelle angezeigt. Sie können sie hierüber aber auch oben oder in der Mitte (*Verteilt*) anzeigen lassen. Die Option *Blocksatz* bewirkt, dass ein längerer Text umbrochen, also auf mehrere Zeilen aufgeteilt wird.

Die Einstellmöglichkeiten im Gruppenfeld *Orientierung* eignen sich besonders für Fälle, in denen eine Spaltenüberschrift – gemessen an den sonstigen Inhalten dieser Spalte – recht lang ist. In solchen Fällen spart es Platz, wenn Sie die Überschrift schräg oder senkrecht stellen. Zur senkrechten Anordnung klicken Sie auf das Feld mit dem senkrechten Eintrag *Text*. Um den Inhalt schräg zu stellen, verschieben Sie im Feld daneben den Zeiger auf die gewünschte Position oder geben in das Feld *Grad* den gewünschten Winkel ein. Letzteres ermöglicht eine feinere Einstellung.

Weitere Optionen bieten die Kontrollkästchen im Abschnitt *Textsteuerung*:

- *Zeilenumbruch* legt fest, ob ein Zeilenumbruch vorgenommen werden soll, wenn der Zellinhalt länger als die Spaltenbreite ist. Wenn diese Option aktiviert ist, erfolgt bei mehreren Wörtern in der Zelle der Umbruch automatisch. Bei einem langen Wort sollten Sie an eine geeignete Stelle über die Bearbeitungsleiste einen Trennstrich einfügen. Um einen längeren Texteintrag in einer Zelle gezielt an einer Stelle zu umbrechen, verwenden Sie die Tastenkombination ⌨Alt + ⌨↵.
- *An Zellgröße anpassen* bewirkt, dass die Schriftgröße so verkleinert wird, dass die Zelle ganz ausgefüllt wird.
- Mit *Zellen verbinden* können Sie zwei oder mehr benachbarte Zellen, die Sie vorher gemeinsam markiert haben, zu einer einzigen verbinden.
- Über das Listenfeld *Textrichtung* unter *Von rechts nach links* können Sie bestimmen, in welche Richtung der Text laufen soll. Das ist aber abhängig von der Spracheinstellung: Wenn eine Sprache eingestellt ist, deren Textrichtung standardmäßig von links nach rechts läuft, ist eine anderweitige Einstellung hier wirkungslos.

8.1.4 Zahlenformate

Zahlen in einer Tabelle – dazu gehören auch Datums- und Uhrzeitangaben sowie Wahrheitswerte – können in unterschiedlichen Formaten angezeigt werden. Einige Zahlenformate können Sie auch über die entsprechenden Schaltflächen in der Gruppe *Zahl* auf der Registerkarte *Start* im Menüband einstellen (Tabelle 8.4). Markieren Sie vorher den zu formatierenden Zellbereich.

Symbol	Beschreibung
Standard ▾	Über das Listenfeld können Sie die Form der Darstellung einer Zahl auswählen – beispielsweise als Dezimalzahl, Prozentzahl usw.
💲 ▾	den Inhalt der Zelle in unterschiedlichen Währungsformaten, im Prozentformat oder mit Tausendertrennzeichen darstellen.
%	
000	
←0,00	eine Dezimalstelle hinzufügen und entfernen.
,00→0	

Tabelle 8.4: Die wichtigsten Befehle können Sie über die Gruppe *Zahl* ansprechen.

Wiederum gibt es hier Befehlsschaltflächen, deren Kataloge mehrere Optionen beinhalten (Abbildung 8.7). Auf deren Bedeutung werden wir gleich noch eingehen.

Abbildung 8.7: Die Optionen zu *Zahlenformat* und *Buchhaltungszahlenformat*

Feinheiten über das Dialogfeld einstellen

Auch hier können Sie wieder zusammenhängend über ein Dialogfeld arbeiten. Klicken Sie nach dem Markieren des zu formatierenden Bereichs auf die Schaltfläche mit dem nach rechts unten weisenden Pfeil neben der Gruppenbezeichnung *Zahl*. Die Registerkarte *Zahlen* im Dialogfeld *Zellen formatieren* wird angezeigt (Abbildung 8.8 und Abbildung 8.9). Wählen Sie hier zuerst eine *Kategorie* und bestimmen Sie dann die zusätzlichen Parameter. Beachten Sie, dass sich einige Inhalte auf der Registerkarte ändern (können), wenn Sie die Kategorie wechseln. Die Wirkung der aktuell gewählten Einstellungen wird im Feld *Vorschau* skizziert.

Hinweis Beachten Sie, dass einige der Formatoptionen mit einem kleinen Sternchen gekennzeichnet sind. Diese reagieren auf Änderungen der Einstellungen im Bereich *Region und Sprache* der Systemsteuerung von Windows. Wenn Sie dort auf der Registerkarte *Formate* Änderungen durchführen, wird diese Änderung auch in Excel übernommen. Der Sinn dieser Sache liegt darin, dass Anwender mit anderen Regionaleinstellungen die Angaben mit den Einstellungen sehen, die sie gewohnt sind. Formatoptionen ohne Sternchen reagieren nicht auf andere Vorgaben aus dem Betriebssystem.

Standardformate

Die ersten zehn Kategorien werden Sie wahrscheinlich am häufigsten verwenden:

- Die Kategorie *Standard* bewirkt die Übernahme der Grundeinstellungen, die Sie schon von der Dateneingabe über die Tastatur her kennen. Zahlenwerte werden mit allen Dezimalstellen (bei ausreichender Spaltenbreite; maximal 15 Zeichen) angezeigt.
- Die Kategorie *Zahl* erlaubt die Wahl der Dezimalstellen und unterschiedliche Darstellungsformen für negative Zahlenwerte (Abbildung 8.8). Aktivieren Sie das Kontrollkästchen *1000er-Trennzeichen verwenden*, wenn zwischen den Tausendern – in der deutschsprachigen Version – jeweils ein Punkt gesetzt werden soll. Die Form des Trennzeichens wird über die Ländereinstellung des Betriebssystems geregelt. In der Schweizer Version wird ein Hochkomma als Tausendertrennzeichen verwendet.

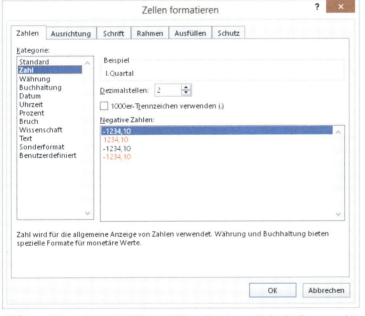

Abbildung 8.8: Im Format *Zahl* können Zahlen mit mehreren Dezimalstellen angezeigt werden.

- Die Kategorie *Währung* erlaubt die Wahl unterschiedlicher Währungszeichen sowie die Festlegung der Anzahl von Dezimalstellen. Außerdem lässt sich die Darstellungsform von negativen Zahlenwerten bestimmen. Das Tausendertrennzeichen wird bei dieser Kategorie automatisch gesetzt.
- *Buchhaltung* erlaubt die Ausrichtung der Zahlenwerte an Währungssymbolen und Dezimaltrennzeichen in einer Spalte – unabhängig von einer separat gewählten Ausrichtung.
- In der Kategorie *Datum* haben Sie die Wahl zwischen unterschiedlichen Darstellungsformen für Datumsangaben. Wählen Sie zuerst unter *Gebietsschema* den betreffenden Eintrag. Damit erreichen

Sie, dass die für diese Region üblichen Alternativen zur Darstellung im Listenfeld *Typ* angezeigt werden. Sie können darin reine Datums-, reine Uhrzeit- und gemischte Formate auswählen.

- Für die Kategorie *Uhrzeit* stehen entsprechende Optionen zur Verfügung. Normale Zahlenwerte können in Datums- oder Uhrzeitangaben umformatiert werden – und umgekehrt: Das Datum *1. Jul. 2010* entspricht dem Zahlenwert *40360* und entspricht damit dem *40360.* Tag nach dem *1.1.1900.* Die Uhrzeitangabe *18:30* entspricht dem Zahlenwert *0,77* – *24:00* Uhr entspricht dem Wert *1*. Kombinationen von Datum und Uhrzeit werden entsprechend umgerechnet.

- Das Format *Prozent* multipliziert den Zahlenwert mit dem Faktor *100* und setzt ein %-Zeichen hinzu. Beispielsweise wird die Eingabe *0,65* im Format *Prozent* als *65 %* dargestellt. Legen Sie außerdem die Zahl der Stellen hinter dem Komma fest.

- Das Format *Bruch* erlaubt die Darstellung als Bruchzahl. Die Eingabe *1,25* kann beispielsweise als *1 1/4* oder als *1 2/8* dargestellt werden. Legen Sie unter *Typ* die Form der Darstellung des Bruchs fest.

Auch Tastenkombinationen stehen Ihnen für die wichtigsten Zahlenformate zur Verfügung (Tabelle 8.5).

Tasten	Format
Strg + &	Standardzahlenformat
Strg + $	Standardwährungsformat mit zwei Dezimalstellen (negative Werte werden rot formatiert)
Strg + %	Prozentformat ohne Dezimalstellen
Strg + ..	exponentielles Zahlenformat mit zwei Dezimalstellen
Strg + #	ein benutzerdefiniertes Datumsformat mit Tag, Monat und Jahr

Tabelle 8.5: Für die wichtigsten Zahlenformate gibt es Tastenkürzel.

Sonderformate

Die Kategorie *Sonderformat* ist besonders beim Formatieren von Listen und Datenbankeinträgen hilfreich. Beispielsweise finden Sie hier Formate für die Postleitzahlen und Versicherungsnummern unterschiedlicher Länder. Geben Sie hier zuerst das Gebietsschema an. Unter *Typ* wählen Sie dann das gewünschte Format aus.

Benutzerdefinierte Formate

Um Zahlenformate zu definieren, die von den in der Liste angezeigten abweichen, verwenden Sie die Kategorie *Benutzerdefiniert* (Abbildung 8.9). Diese Kategorie erlaubt es, fast jedes Format für Zahlen sowie Datums- und Uhrzeitangaben zu definieren. Wählen Sie unter den im Listenfeld *Typ* aufgelisteten Formaten zunächst den Typ, der Ihren Vorstellungen am nächsten kommt. Durch das Bearbeiten eines solchen integrierten Formats wird dieses nicht verändert, sondern es wird ein neues hinzugefügt. Einige der hier angezeigten symbolischen Formate bestehen aus zwei oder drei Abschnitten, die jeweils durch ein Semikolon voneinander getrennt sind. Wenn nur zwei Abschnitte angegeben sind, wird der erste Abschnitt für positive Zahlen und Nullen benutzt, der zweite für negative. Ein dritter Abschnitt wird für Nullwerte und Text verwendet.

- Im Textfeld *Typ* können Sie das gewählte Format abändern. Das Format wird mithilfe von Zahlenformatcodes definiert. Benutzen Sie die Codes *#, 0* und *?* zur Angabe der Zahlenformate (Tabelle 8.6).

Zeichen	Beschreibung
#	zeigt nur signifikante Ziffern an, nicht signifikante Nullen werden ignoriert.
0	zeigt nicht signifikante Nullen an, wenn eine Zahl weniger Stellen aufweist, als Nullen im Format vorhanden sind.
?	fügt auf beiden Seiten der Dezimalstelle Leerzeichen für nicht signifikante Nullen ein, um Dezimalzahlen am Dezimalkomma auszurichten.

Tabelle 8.6: Zahlenformate werden mit Codes gekennzeichnet.

- Zur Anzeige eines Punkts als Tausendertrennzeichen fügen Sie einen Punkt in das Zahlenformat ein.
- Die Farbe für einen Abschnitt des Formats wird eingestellt, indem Sie den Namen der Farbe in eckige Klammern eingeben.
- Um Zahlenformate zu definieren, die nur dann angewendet werden, wenn eine Zahl eine angegebene Bedingung erfüllt, schließen Sie die Bedingung in eckige Klammern ein. Die Bedingung setzt sich aus einer Farbangabe und einem Wert zusammen.

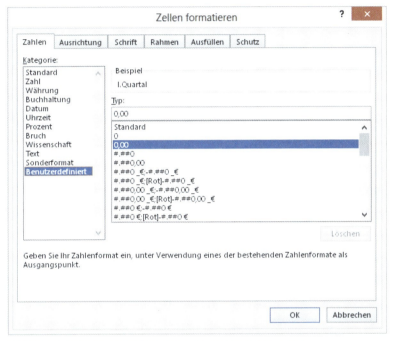

Abbildung 8.9: Auch benutzerdefinierte Formate können erstellt werden.

8.1.5   Rahmen, Linien und Muster

Sie können einzelne Zellen oder Zellbereiche mit Rahmen, Linien oder Mustern versehen. Auf diese Weise können Sie eine optische Strukturierung der Tabellen vornehmen oder bestimmte Zellen oder Bereiche besonders betonen. Denken Sie aber auch hier an einen angemessenen Einsatz. Zu überladene Dokumente könnten die Seriosität der Aussage gefährden.

Über die Befehlsschaltflächen *Rahmenlinie* und *Füllfarbe* der Gruppe *Schriftart* auf der Registerkarte *Start* des Menübands können Sie die wichtigsten Einstellungen sofort vornehmen (Abbildung 8.10). Markieren Sie vorher die gewünschten Zellen in der Tabelle.

Für Entwürfe mit höherem Detailgrad können Sie auch hier wieder zusammenhängend über ein Dialogfeld arbeiten. Klicken Sie nach dem Markieren des zu formatierenden Bereichs auf die Schaltfläche mit dem nach rechts unten weisenden Pfeil neben einer der Gruppenbezeichnungen *Schriftart*, *Ausrichtung* oder *Zahl*. Das Dialogfeld *Zellen formatieren* wird angezeigt. Benutzen Sie hierin die Registerkarten *Rahmen* oder *Ausfüllen* (Abbildung 8.11). Die Wirkung der aktuell gewählten Einstellungen wird auch hier im Feld *Vorschau* skizziert.

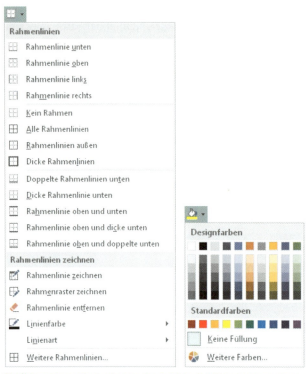

Abbildung 8.10: Die Kataloge zu den Befehlsschaltflächen *Rahmenlinie* und *Füllfarbe*

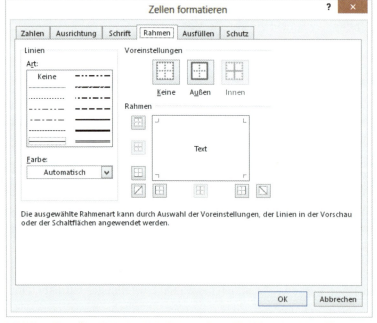

Abbildung 8.11: Über die Registerkarte *Rahmen* können Sie Linienelemente einfügen.

Rahmen und Linien

Rahmen und Linien sind ähnliche Elemente. Ein Rahmen ist eine Linie, die eine Zelle oder einen Zellbereich voll umschließt. Zum Festlegen markieren Sie den gewünschten Zellbereich und wählen dann die Registerkarte *Rahmen* im Dialogfeld zum Befehl *Zellen* (Abbildung 8.11). Hier können Sie die Position, Stärke und Farbe der Linienelemente festlegen. Das Ergebnis wird in der Vorschau angezeigt.

Da Sie jedes Linienelement nach der Auswahl noch ändern können, spielt es im Prinzip keine Rolle, in welcher Reihenfolge Sie bei der Festlegung von Position, Art und Farbe vorgehen. Für ein schnelles Arbeiten empfiehlt es sich aber, immer zuerst *Art* und *Farbe* der zu verwendenden Linien einzustellen. Das erledigen Sie durch Auswahl in den Feldern auf der rechten Seite des Dialogfelds. Anschließend legen Sie fest, wo die Linienelemente erscheinen sollen. Alle Linien weisen dann die gewählte Art und Farbe auf. Auch wenn Sie Art und/oder Farbe wechseln wollen, geht es schneller, wenn Sie das vor dem Festlegen der Position der Linie erledigen.

- Mit den drei Schaltflächen unter *Voreinstellungen* können Sie die am häufigsten auftretenden Fälle einstellen (Tabelle 8.7). Sie können diese Optionen auch als eine Voreinstellung benutzen, die Sie anschließend über weitere Schaltflächen abwandeln können.

Symbol	Beschreibung
	Mit der Rahmenoption *Außen* können Sie einen vorher markierten Zellbereich mit einem umgebenden Rahmen versehen.
	Mit der Option *Innen* setzen Sie nur Linien im Inneren des markierten Bereichs.
	Über die Option *Keine* entfernen Sie alle bisher festgelegten Linienelemente.

Tabelle 8.7: Verschiedene Voreinstellungen ermöglichen ein schnelles Arbeiten.

- Das Ergebnis der Auswahl wird in der Vorschau angezeigt. Durch Klicken auf eine entsprechende Stelle können Sie ein weiteres Element mit der vorher eingestellten Linienart und -farbe erstellen. Ein Klick auf ein bereits vorhandenes Element blendet es wieder aus.
- Die Schaltflächen links und unterhalb des Vorschaufelds benutzen Sie, um einzelne Linienelemente um den oder in dem markierten Bereich zu setzen. Auch hier können Sie durch einen weiteren Klick auf eine der Schaltflächen das betreffende Element wieder abschalten.
- Eine weitere Möglichkeit zum Positionieren von Linien besteht darin, an der gewünschten Stelle im Feld für die Vorschau einen Klick durchzuführen. Damit erzeugen Sie dort eine Linie. Ein Klick auf eine schon vorhandene Linie entfernt diese wieder.
- Um alle Rahmen oder Linien aus einem vorher markierten Bereich wieder zu entfernen, wählen Sie die Voreinstellung *Keine*. Um ein einzelnes bereits eingefügtes Element zu löschen, klicken Sie auf die entsprechende Schaltfläche im Bereich *Rahmen* oder Sie klicken direkt auf das Element in der Vorschau.
- Um die Art und/oder die Farbe eines Elements nachträglich zu ändern, wählen Sie zuerst die neue Art und/oder Farbe und klicken Sie dann in der Vorschau auf das zu ändernde Element.

Muster

Zum Erzeugen eines Zellhintergrunds – beispielsweise farbig oder gemustert – in einem Zellbereich dient eine separate Registerkarte. Markieren Sie zunächst den gewünschten Zellbereich und wählen Sie dann die Registerkarte *Ausfüllen* im Dialogfeld zum Befehl *Zellen*. Hier können Sie den markierten Zellbereich mit einer einfachen Hintergrundfarbe versehen und/oder ein zusätzliches Muster verwenden.

- Wählen Sie aus den 50 Farben im oberen Bereich der Registerkarte zunächst eine Grundfarbe für den markierten Bereich. Im Feld *Beispiel* wird die gewählte Farbe angezeigt. Die 10 zusätzlichen Farben im Bereich ganz oben benutzt Microsoft Excel standardmäßig für Diagramme.
- Wenn Sie die eingestellte Grundfarbe mit einem zusätzlichen Muster versehen wollen, benutzen Sie dazu die Einstellungen über die Listenfelder *Musterfarbe* und *Musterformat*. Hier können Sie einerseits die Form des Musters und andererseits dessen Farbe bestimmen. Benutzen Sie *Automatisch*, wenn Sie die Farbauswahl für das Muster Microsoft Excel überlassen wollen. Das Ergebnis wird wieder im Feld *Beispiel* angezeigt.

■ Nach einem Klick auf die Schaltfläche *Fülleffekte* können Sie einen solchen für den vorher ausgewählten Zellbereich festlegen (Abbildung 8.12).

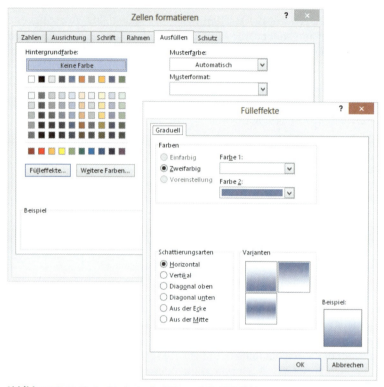

Abbildung 8.12: Die Registerkarte *Ausfüllen* und die Fülleffekte

> **TIPP** Beachten Sie, dass sich die gewählte Hintergrundgestaltung von der verwendeten Schriftfarbe gut unterscheiden sollte, damit die Zellinhalte lesbar sind.

8.1.6 Zeilen und Spalten formatieren

Microsoft Excel-Tabellen besitzen zunächst einen Standardwert für die Zeilenhöhe und die Spaltenbreite, den Sie über die Formatvorlage *Standard* regeln können (Abschnitt 8.1.7). Sie können diese Standardwerte mithilfe der Befehlsschaltfläche *Format* in der Gruppe *Zellen* auf der Registerkarte *Start* oder direkt über die Maus an die speziellen Erfordernisse der Spalten und Zeilen anpassen.

> **TIPP** Bei Spalten, deren Höhe Sie nicht speziell festgelegt haben oder die auf eine optimale Höhe eingestellt wurden, ändert sich bei der Wahl eines größeren Schriftgrads für den Zellinhalt automatisch die Zeilenhöhe. Die Höhe einer Zeile wird automatisch an die größte in dieser Zeile verwendete Schriftart angepasst. Nachdem Sie die Höhe einer Zeile manuell geändert haben, werden größere Schriften oft nicht mehr vollständig angezeigt, da die Zeile die eingestellte Höhe behält.

Befehlsschaltflächen verwenden

Markieren Sie zunächst die zu ändernde(n) Zeile(n) oder Spalte(n) oder wählen Sie jeweils eine Zelle aus der zu ändernden Zeile oder Spalte. Verwenden Sie dann die Optionen in der Liste zur Schaltfläche *Format* in der Gruppe *Zellen* der Registerkarte *Start* (Abbildung 8.13 links).

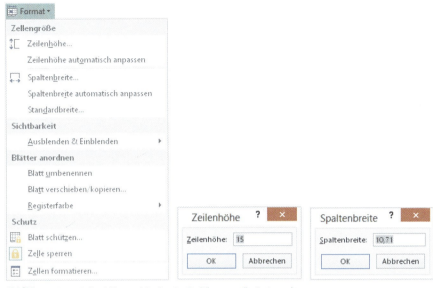

Abbildung 8.13: Zeilenhöhe und Spaltenbreite können geändert werden.

■ Über die Befehle *Zeilenhöhe* und *Spaltenbreite* in der Liste können Sie die Maße für den markierten Bereich über zwei kleine Dialogfelder einstellen (Abbildung 8.13 Mitte und rechts). Die Zeilenhöhe wird in Punkt angegeben. Ein Punkt entspricht 0,35 mm. Werte zwischen 0 und 409,5 sind zugelassen. Bei einer Eingabe von 0 wird die Spalte ausgeblendet. Die Spaltenbreite wird in Zeichen gemessen. Zugelassen sind Spaltenbreiten zwischen 0 und 255. Bei einer Breite von 0 wird die Spalte ausgeblendet.

■ Der Befehl *Zeilenhöhe automatisch anpassen* stellt die Höhe so ein, dass die größte in dieser Zeile verwendete Schrift vollständig dargestellt wird. Bei einem maximalen Schriftgrad von 10 Punkt wird beispielsweise eine Zeilenhöhe von 12,75 Punkt gewählt: 12 Punkt für die Zeile selbst und 0,75 Punkt für die Linien des Gitternetzes.

■ *Spaltenbreite automatisch anpassen* sorgt dafür, dass die Breite der Spalte so angepasst wird, dass der längste Eintrag in der Spalte vollständig angezeigt wird.

■ Wenn die Anzeige der Inhalte von bestimmten Zeilen oder Spalten nicht notwendig ist, können Sie diese aus- und bei Bedarf wieder einblenden. Der Inhalt ausgeblendeter Zeilen oder Spalten bleibt aber weiterhin vorhanden und wird bei entsprechenden Berechnungen mit berücksichtigt. Dazu benutzen Sie den Befehl *Ausblenden und Einblenden*. Dass eine Zeile oder Spalte ausgeblendet ist, erkennen Sie an der fehlenden Nummer beziehungsweise dem fehlenden Buchstaben und dem etwas dickeren Trennstrich zwischen den entsprechenden Zeilen- und Spaltenköpfen.

■ Mit dem Befehl *Standardbreite* setzen Sie alle Spalten der Tabelle, deren Breite Sie nicht vorher manuell festgelegt hatten, auf einen bestimmten Wert, den Sie in einem Dialogfeld angeben müssen. Die Markierung spielt bei diesem Befehl keine Rolle.

Mit der Maus

Um mit der Maus die Zeilenhöhe/Spaltenbreite festzulegen, ziehen Sie die untere Begrenzungslinie des Zeilenkopfes beziehungsweise die rechte Begrenzungslinie des Spaltenkopfes mit gedrückter Maustaste an die gewünschte Stelle. Die neuen Werte für Breite beziehungsweise Höhe werden während des Ziehens angezeigt. Sie können mit diesem Verfahren auch Spalten und Zeilen ausblenden, indem Sie eine Breite/Höhe von 0 einstellen.

Um die Höhe oder Breite benachbarter Zeilen oder Spalten zu ändern, markieren Sie diese vorher gemeinsam. Ziehen Sie dann die rechte Begrenzungslinie des Spaltenkopfes, um die Spaltenbreite zu ändern, oder ziehen Sie die untere Begrenzungslinie des Zeilenkopfes, um die Zeilenhöhe zu ändern.

- Zum Einstellen der optimalen Einstellungen doppelklicken Sie auf die Linie rechts vom entsprechenden Spaltenkopf beziehungsweise auf die Linie unterhalb des entsprechenden Zeilenkopfes.
- Eine breite Markierung im Spaltenkopf und eine fehlende Spaltenkennzeichnung zeigen an, dass ausgeblendete Spalten vorhanden sind. Positionieren Sie den Mauszeiger dort und ziehen Sie dann nach rechts, um die Spalte wieder einzublenden.
- Eine breite Markierung im Zeilenkopf und eine fehlende Zeilennummer zeigen an, dass ausgeblendete Zeilen vorhanden sind. Um eine ausgeblendete Zeile wieder einzublenden, positionieren Sie den Zeiger direkt unterhalb der Markierung für die ausgeblendete Zeile und ziehen Sie sie dann nach unten.

TIPP Lange Einträge in einzelnen Zellen können Sie durch Aktivieren des Kontrollkästchens *Zeilenumbruch* auf der Registerkarte *Ausrichtung* im Dialogfeld *Zellen formatieren* in mehreren Zeilen aufgeteilt anzeigen lassen, ohne dabei die Spalte insgesamt verbreitern zu müssen.

8.1.7 Formatvorlagen

Mithilfe eines Dokumentdesigns können Sie eine ganze Tabelle schnell und variabel formatieren. Ein solches Dokumentdesign ist eine Gruppe von Formatierungsoptionen, die aus einer Gruppe von Designfarben, einer Gruppe von Designschriftarten und einer Gruppe von Designeffekten besteht. Excel verfügt dafür über mehrere eingebaute Formatvorlagen, von denen Sie dann eine über die angezeigte Liste wählen können (Abbildung 8.14). Damit eine Tabelle auf ein bestimmtes Dokumentdesign reagieren kann, müssen Sie einzelnen Elementen darin unterschiedliche Zellenformatvorlagen zuweisen. Danach können Sie ihr Aussehen schnell ändern, indem Sie ein anderes Design darauf anwenden.

Vorlagen zuweisen

Um eine vorhandene Formatvorlage zu verwenden, markieren Sie zunächst den zu formatierenden Tabellenbereich und wählen Sie dann auf der Registerkarte *Start* aus der Gruppe *Formatvorlagen* den Befehl *Zellenformatvorlage*. Wählen Sie eine Zellformatvorlage für den markierten Bereich aus (Abbildung 8.14). Nach dieser Wahl werden die dafür eingestellten Parameter in der Zelle angezeigt. Wiederholen Sie diese Schritte für weitere Zellbereiche.

Bei Tabellen, auf deren Elemente noch keine Formatvorlagen angewendet wurden, haben verschiedene Designs nur die Auswirkung, dass die verwendete Schrift in der gesamten Tabelle geändert wird. Das gilt auch für die Bezeichnung in den Spalten- und Zeilenköpfen der Tabelle.

Ein anderes Design wählen

Nach dem Zuweisen von Zellformatvorlagen können Sie der Tabelle ein anderes Design zuweisen und damit Schriftarten und Farben schnell ändern. Lassen Sie die Registerkarte *Seitenlayout* anzeigen. Klicken Sie auf die Schaltfläche *Designs*. Die Liste der auf Ihrem Rechner verfügbaren Designs wird angezeigt (Abbildung 8.15). Wählen Sie darin ein Design aus. Danach wird das Format für den markierten Bereich übernommen. Beachten Sie dabei die Wahl der anderen Schriftarten, Farben und Darstellung des Pfeilsymbols.

Neue Designelemente wählen

Sie können zu jedem eingestellten Design auch die Schriftarten, die Farben und die sonstigen Effekte ändern. Lassen Sie die Registerkarte *Seitenlayout* anzeigen und wählen Sie in der Gruppe *Designs* einen anderen Satz von *Designschriftarten*, *Designfarben* oder *Designeffekten* (Kapitel 4).

Abbildung 8.14: Formatvorlagen liefern die Standardwerte der Tabelle.

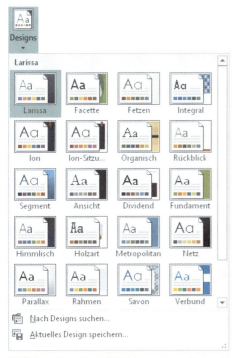

Abbildung 8.15: Durch Wahl eines anderen Designs können Sie schnell Schriftarten und Farben ändern.

8.1.8   Bedingte Formatierung

Mithilfe der bedingten Formatierung können Sie erreichen, dass Microsoft Excel ein Format in Abhängigkeit von bestimmten Bedingungen selbstständig zuweist. Damit können Sie bewirken, dass Zellen, in denen Berechnungsergebnisse angezeigt werden, in Abhängigkeit von der Höhe des Ergebnisses unterschiedliche Formate zeigen. Beispielsweise lassen sich geringe Werte mit einem roten, mittlere mit einem gelben und hohe Werte mit einem grünen Hintergrund kennzeichnen.

Bedingte Formate erstellen

Markieren Sie den zu formatierenden Zellbereich und öffnen Sie dann die Liste zur Schaltfläche *Bedingte Formatierung* in der Gruppe *Formatvorlagen* auf der Registerkarte *Start*. In dieser Liste können Sie über zwei Stufen zunächst die Form der Formatierung wählen (Abbildung 8.16).

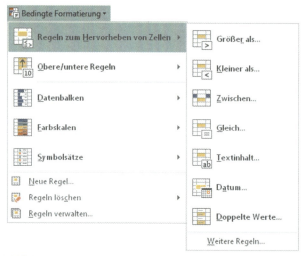

Abbildung 8.16: Formate ändern sich in Abhängigkeit vom Wert in der Zelle.

Nach dieser Wahl müssen Sie die Werte konkretisieren, bei denen Excel von einem Format auf ein anderes umschalten soll. Wenn Sie beispielsweise die Option *Zwischen* ausgewählt hatten, müssen Sie zwei Zahlenwerte eingeben und dann das dafür gewünschte Format festlegen (Abbildung 8.17).

Abbildung 8.17: Die Formate werden an Bedingungen geknüpft.

TIPP Wenn die bei der bedingten Formatierung angegebenen Bedingungen nicht richtig interpretiert werden, liegt die Ursache dafür meist darin, dass sich die Bedingungen überlappen: Wird bei mehreren definierten Bedingungen mehr als eine Bedingung durch den Inhalt einer Zelle erfüllt, wendet Microsoft Excel nur die Formatierungseinstellungen der ersten erfüllten Bedingung an.

Der Manager für Regeln zur bedingten Formatierung

Bei jeder Anwendung eines Befehls zur bedingten Formatierung auf denselben Bereich wird immer eine neue Regel erstellt. Bei mehrfacher Anwendung gelten dann mehrere Regeln gleichzeitig. Benutzen Sie den *Manager für Regeln zur bedingten Formatierung*, um die nicht erwünschten Regeln zu löschen. Oder löschen Sie die vorhandene Regel, bevor Sie eine neue Regel formulieren.

■ Markieren Sie den Zellbereich, für den die Regel gelten soll, und lassen Sie die Registerkarte *Start* anzeigen. Öffnen Sie die Liste zur Schaltfläche *Bedingte Formatierung* in der Gruppe *Formatvorlagen* der Registerkarte *Start* und wählen Sie darin die Option *Regeln verwalten*. Das Dialogfeld *Manager für Regeln zur bedingten Formatierung* wird angezeigt, in dem gegebenenfalls bereits definierte Regeln angezeigt werden.

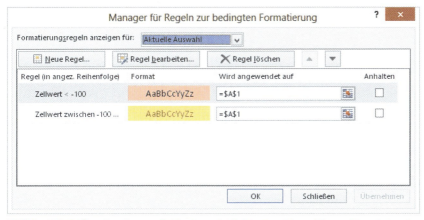

Abbildung 8.18: Über den *Manager für Regeln zur bedingten Formatierung* können Sie auch komplexe Regeln erstellen.

■ Wenn Sie eine (weitere) Regel für den aktuellen Bereich aufstellen wollen, klicken Sie auf *Neue Regel*. Das Dialogfeld wird angezeigt, in dem Sie eine solche definieren können. Oben im Dialogfeld können Sie einen Regeltyp auswählen. Belassen Sie es für diese Übung bei der Voreinstellung *Alle Zellen basierend auf ihren Werten formatieren*.

■ Im Bereich *Regelbeschreibung bearbeiten* können Sie die Details zur Regel festlegen. Angenommen, Sie wollen die Zahlenwerte mit einer abgestuften Farbskala kennzeichnen, die von *Rot* (für die kleinsten Werte) über *Gelb* bis nach *Grün* (für die kleinsten Werte) reicht. Dazu wählen Sie in der Liste *Formatstil* die Option *3-Farben-Skala*.

8.2 Diagramme

Mit Microsoft Excel haben Sie die Möglichkeit, Ihre Daten grafisch in Form von Diagrammen zu präsentieren. Diagramme sind mit den Tabellendaten verknüpft, aus denen sie erstellt wurden, und werden immer dann aktualisiert, wenn Sie Ihre Tabelle aktualisieren. Es werden also immer die aktuellen Daten der Tabelle im Diagramm angezeigt. Solche Diagramme können entweder als eingebettete Diagramme innerhalb eines Tabellenblatts oder als separate Diagrammblätter in der Arbeitsmappe erstellt werden.

Excel stellt Ihnen diverse Typen von Diagrammen für unterschiedliche Zwecke zur Verfügung. Sie können sie in der Grundform über den Diagramm-Assistenten erstellen und anschließend verfeinern. Die Wahl eines Diagrammtyps sollte sich vordringlich an der Art der darzustellenden Aussage und nicht an ästhetischen Gesichtspunkten orientieren. Viele Diagrammtypen können außerdem in dreidimensionaler Form angezeigt werden. Für diese gelten im Prinzip dieselben Richtlinien wie für ihre zweidimensionalen Brüder. Sie sehen interessanter aus, sind aber oft schwerer zu lesen.

8.2.1 Diagramm erstellen

Wir haben es eben schon gesagt: Diagramme können bequem erstellt werden. Im Prinzip verwenden Sie dazu bei der Version 2013 nur zwei Schritte: Sie markieren die im Diagramm darzustellenden Daten und wählen den Typ für das Diagramm.

Daten markieren

Der erste Schritt zum Erstellen eines Diagramms besteht darin, die Daten in der Tabelle zu markieren, die im Diagramm dargestellt werden sollen (Abbildung 8.19). Wenn Sie sich die Arbeit erleichtern wollen, sollten Sie dabei einige Dinge beachten.

- Wenn Sie planen, Werte in einem Diagramm mit senkrecht aufeinander angeordneten Achsen zu erstellen – also beispielsweise als Balkendiagramm, Säulendiagramm oder Liniendiagramm –, sollten Sie immer gleich mindestens zwei Datenreihen markieren. Diese können in Zeilen oder in Spalten angeordnet sein. Die horizontale Achse wird in der Grundeinstellung bei einer zeilenförmigen Darstellung durch die oberste Zeile, bei einer spaltenförmigen Darstellung durch die am weitesten links stehende Spalte gebildet. Die anderen markierten Zeilen oder Spalten werden dann im Diagramm in der Senkrechten angezeigt.
- Wenn sich in den betreffenden Zeilen oder Spalten nur Daten befinden, die auch im Diagramm dargestellt werden sollen, können Sie durch einen Klick die gesamte Zeile beziehungsweise Spalte markieren, ansonsten führen Sie eine Bereichsmarkierung durch. Auch nicht direkt aufeinanderfolgende Zeilen oder Spalten können Sie einzeln markieren, indem Sie die Strg-Taste gedrückt halten.
- Achten Sie darauf, dass Überschriften, die als Grundlage für die waagerechte Achse dienen sollen, immer auch markiert werden müssen. Texte in Spalten- und Zeilenüberschriften können Sie ebenfalls markieren, müssen es aber nicht. Wenn Sie sie markieren, werden diese Texte automatisch als Voreinstellung für Achsenbezeichnungen und Legenden verwendet.
- Wenn Sie zusätzliche Texte markieren, achten Sie darauf, dass die Zelle in der oberen linken Ecke leer ist. Andernfalls wird der Eintrag an dieser Stelle als Element der waagerechten Achse missverstanden.

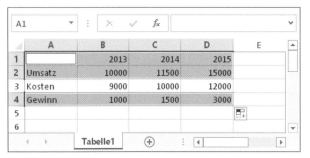

- Kreis- und Ringdiagramme können nur eine einzelne Datenreihe wiedergeben – beispielsweise den Anteil einzelner Produkte am Gesamtumsatz. Daher sollten Sie auch in der Tabelle nur eine Datenreihe markieren. Wenn Sie mehrere Reihen markieren, wird nur die oberste beziehungsweise die am weitesten links stehende im Diagramm benutzt.

Abbildung 8.19: Sie können den Zahlenbereich zusammen mit den Überschriften markieren.

Excel benutzt eine sogenannte Vorzugsform für Diagramme. Diese bestimmt, welcher Typ benutzt wird, wenn Sie keine speziellen Angaben zum Typ machen. Standardmäßig ist dies das Säulendiagramm. Sie können aber auch einen anderen Typ einstellen. Wenn Sie nach dem Markieren der Daten die F11-Taste drücken, wird ein Diagramm in dieser Vorzugsform erstellt und als separates Blatt eingefügt. Sie können auch ein Diagramm eines beliebigen Typs erstellen, indem Sie nach dem Markieren der Daten auf die entsprechende Schaltfläche in der Gruppe *Diagramme* der Registerkarte *Einfügen* klicken.

Die empfohlenen Diagramme

Nach dem Markieren der Daten müssen Sie den zu verwendenden Diagrammtyp auswählen. Wenn Sie noch nicht genau wissen, welchen Diagrammtyp Sie verwenden sollten, versuchen Sie die Option *Emp-*

fohlene Diagramme. Das Dialogfeld liefert Ihnen Vorschläge auf der Basis der vorher markierten Daten (Abbildung 8.20). Das funktioniert übrigens erstaunlich gut. Wählen Sie einen Diagrammtyp und klicken Sie dann auf *OK*.

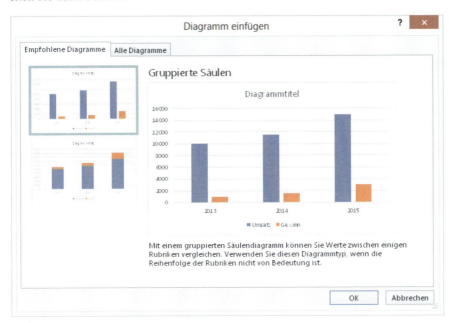

Abbildung 8.20: Die empfohlenen Diagramme

Diagrammtyp auswählen

Stattdessen können Sie aber auch gleich direkt mit einem speziellen Typ von Diagramm arbeiten. Nachdem Sie die darzustellenden Daten in der Tabelle markiert haben, benutzen Sie die Befehlsschaltflächen in der Gruppe *Diagramme* der Registerkarte *Einfügen*. Darin finden Sie zunächst einmal sechs Grundformen.

Typ	Beschreibung
	In einem *Säulendiagramm* werden die Datenbereiche als nebeneinanderstehende Säulen angezeigt. Sie vermitteln den Eindruck, als würde für jeden Abschnitt der waagerechten Achse ein Wert existieren – beispielsweise ein Umsatzwert für jedes Jahr.
	Balkendiagramme erfüllen dieselben Zwecke wie Säulendiagramme, die Elemente werden aber waagerecht angezeigt. Im üblichen Querformat erlauben sie meist die Anzeige von mehr Details.
	Liniendiagramme werden vordringlich dazu verwendet, einen Trend über die Zeit aufzuzeigen. Sie erwecken den Eindruck einer kontinuierlichen Entwicklung.
	Mit *Kreisdiagrammen* können Sie die Verteilung von Einzelwerten im Verhältnis zu deren Summe anzeigen. Ein Kreisdiagramm eignet sich nicht zur Darstellung einer Entwicklung. Es kann jeweils nur eine Datenreihe wiedergegeben werden.
	Bei *Punktdiagrammen* werden die zugrunde liegenden Werte paarweise angezeigt. Die Reihenfolge der Eingabe der Datenpaare in der Tabelle spielt keine Rolle, da die Werte im Diagramm sortiert werden.
	Flächendiagramme zeigen dieselben Charakteristika wie Liniendiagramme mit dem Unterschied, dass die Fläche unter der Linie eingefärbt wird. Damit werden kleinere Werte im Hintergrund durch größere im Vordergrund verdeckt.
	Außerdem finden Sie in dieser Gruppe noch eine Reihe von weiteren Diagrammtypen, die Sie vielleicht weniger häufig verwenden werden. Dazu gehören *Kurs-*, *Oberflächen-*, *Netz-* und *Verbunddiagramme*.

Tabelle 8.8: Unterschiedliche Diagrammtypen eignen sich für unterschiedliche Aufgaben.

Öffnen Sie die Liste zu einer der dort gezeigten Optionen und wählen Sie die gewünschte Unterform des Diagramms aus (Abbildung 8.21).

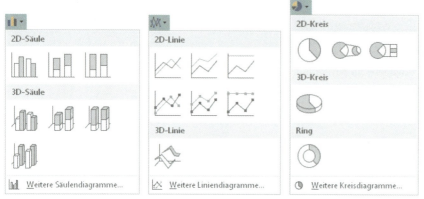

Abbildung 8.21: Wählen Sie die Unterform aus – hier Alternativen für Säulen-, Linien- und Kreisdiagramm.

Einen zusammenfassenden Überblick über alle zur Verfügung gestellten Typen bekommen Sie, nachdem Sie auf die kleine Schaltfläche neben der Gruppenbezeichnung *Diagramme* geklickt haben. Wählen Sie darin zuerst links den gewünschten Typ aus und legen Sie dann die spezielle Form fest.

Nach einer solchen Wahl wird das Diagramm erstellt (Abbildung 8.22). Es wird standardmäßig als eingebettetes Diagramm in der zugrunde liegenden Tabelle angezeigt. Sie können die voreingestellten Parameter anschließend ändern und/oder die Diagrammelemente verfeinern.

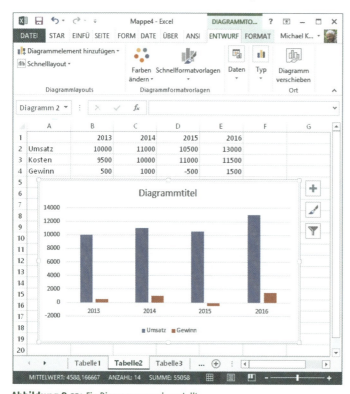

Abbildung 8.22: Ein Diagramm wurde erstellt.

TIPP Bei eingebetteten Diagrammen können Sie die zugrunde liegenden Daten einfach kontrollieren, indem Sie das Diagramm markieren. Die Daten werden daraufhin farbig eingerahmt. Die Markierung kann mit der Maus geändert werden.

Diagramm löschen

Nicht (mehr) benötigte Diagramme können Sie jederzeit aus der Arbeitsmappe entfernen. Bei einem Diagramm auf einem separaten Blatt verfahren Sie wie üblich beim Löschen eines Blatts (*Kapitel 6*). Haben Sie das Blatt als Objekt in eine Tabelle eingefügt, markieren Sie es zunächst, indem Sie darauf klicken, und drücken Sie die ⎡Entf⎤-Taste.

8.2.2 Die Schaltflächen zur Feineinstellung

Nach dem Erstellen und solange das Diagramm markiert ist, werden rechts davon drei Schaltflächen angezeigt, über deren Hilfe Sie mehrere Feineinstellungen am Diagramm vornehmen können (Tabelle 8.9 und unten).

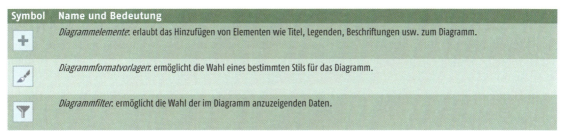

Symbol	Name und Bedeutung
➕	*Diagrammelemente*: erlaubt das Hinzufügen von Elementen wie Titel, Legenden, Beschriftungen usw. zum Diagramm.
🖌	*Diagrammformatvorlagen*: ermöglicht die Wahl eines bestimmten Stils für das Diagramm.
🔽	*Diagrammfilter*: ermöglicht die Wahl der im Diagramm anzuzeigenden Daten.

Tabelle 8.9: Die Schaltflächen am Diagramm erfüllen unterschiedliche Aufgaben.

Diagrammelemente anzeigen

Über die Schaltfläche *Diagrammelemente* können Sie festlegen, welche Bestandteile des Diagramms angezeigt werden sollen. Wenn Sie darauf klicken, wird eine Liste von Elementen angezeigt (Abbildung 8.23). Aktivieren Sie die Kontrollkästen vor den Elementen, die angezeigt werden sollen. Die verschiedenen Diagrammtypen verfügen über eine unterschiedliche Anzahl von Elementen. Beispielsweise können Sie bei einem Kreisdiagramm nur den Titel, die Beschriftungen und die Legende ein- und ausschalten. Ihre Änderungen werden direkt im Diagramm angezeigt.

Abbildung 8.23: Diagrammelemente können ein- und ausgeschaltet werden.

Den Diagrammstil festlegen

Ein Klick auf die Schaltfläche *Diagrammstil* zeigt ein Fenster mit zwei Registerkarten an:

- Auf der Registerkarte *Formatvorlage* können Sie zwischen unterschiedlichen Stilen wählen. Ein Stil beinhaltet mehrere Elemente – beispielsweise die Anzeige von Gitternetzlinien, Datenbeschriftungen, Hintergrundfarben usw. (Abbildung 8.24 links). Farben gehören nicht dazu und können separat gewählt werden.
- Auf der Registerkarte *Farbe* können Sie zwischen verschiedenen Farbdesigns wechseln (Abbildung 8.24 rechts). Diese Designs bestehen jeweils aus mehreren Farben, die in Zeilen angezeigt werden. Mehrere Zeilen sind zu Gruppen zusammengefasst – beispielsweise *Farbig* oder *Monochrom*.

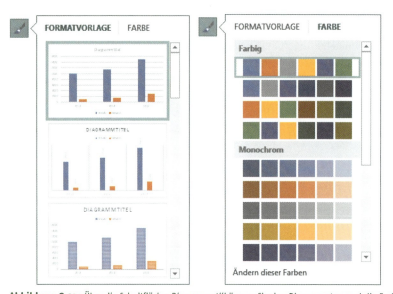

Abbildung 8.24: Über die Schaltfläche *Diagrammstil* können Sie den Diagrammtyp und die Farben wählen.

Auch hier werden Ihre Änderungen direkt im Diagramm angezeigt.

Diagrammfilter

Die Schaltfläche *Diagrammfilter* erlaubt es, aus dem markierten Datenbereich verschiedene Daten ein- und auszublenden. Auch hier finden Sie zwei Registerkarten:

- Auf der Registerkarte *Werte* können Sie einzelne Elemente der darzustellenden Zeilen und Spalten ab- und anschalten (Abbildung 8.25 links).
- Die Registerkarte *Namen* erlaubt es, die Beschriftungen bei Achsen und Legenden ein- und auszublenden (Abbildung 8.25 rechts).
- Nach einem Klick auf *Daten auswählen* können Sie den Bereich der darzustellenden Daten ändern.

In beiden Registerkarten müssen Sie zuerst auf *Anwenden* klicken, damit die Auswirkungen Ihrer Auswahl im Diagramm angezeigt werden.

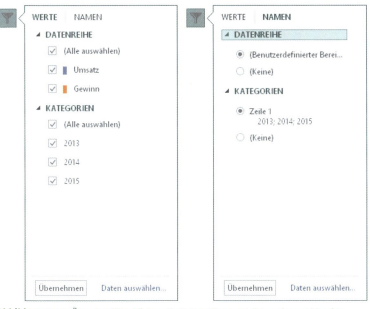

Abbildung 8.25: Über den Filter können Sie Datenreihen und Kategorien ausblenden.

8.2.3 Diagramm ändern

Nach dem Erstellen eines Diagramms lassen sich der Speicherort (eingebettet oder separates Blatt), die Position und/oder Größe des Diagramms sowie der Typ des Diagramms mit wenigen Schritten abändern. Für derartige grundlegende Änderungen benutzen Sie die Befehlsschaltflächen der Gruppen der Registerkarte *Diagrammtools/Entwurf*.

Den Ort der Anzeige ändern

Um die Platzierung des Diagramms in der Arbeitsmappe festzulegen, markieren Sie zunächst das Diagramm und wählen Sie dann den Befehl *Diagramm verschieben* in der Gruppe *Ort* der automatisch angezeigten kontextbezogenen Registerkarte *Diagrammtools/Entwurf*. Im Dialogfeld *Diagramm verschieben* können Sie die Platzierung neu festlegen (Abbildung 8.26).

Legen Sie fest, wo das Diagramm angezeigt werden soll. Sie können es als neues Blatt in die Arbeitsmappe einfügen. In diesem Fall können Sie dem Blatt gleich einen eigenen Namen geben oder die Voreinstellung – beispielsweise *Diagramm1* – übernehmen. Alternativ dazu können Sie das Diagramm als Objekt in ein von Ihnen festlegbares Tabellenblatt einfügen.

Abbildung 8.26: Das Diagramm verschieben

Position und Größe

Hinsichtlich der Festlegung der Position und Größe eines Diagramms müssen Sie zwischen eingebetteten Diagrammen und solchen auf einem separaten Blatt unterscheiden.

- Bei einem eingebetteten Diagramm können Sie die Position und Größe des Diagramms nachträglich ändern. Markieren Sie das Diagramm, indem Sie darauf klicken. Verwenden Sie dann die Ziehpunkte, um die Größe und/oder die Proportionen des Diagramms mit der Maus zu ändern. Um die Lage auf dem Tabellenblatt zu verändern, halten Sie die Maustaste gedrückt und verschieben Sie die Maus. Die neue Position beziehungsweise die neuen Maße werden durch einen gestrichelten Rahmen angezeigt.
- Bei einem Diagramm auf einem separaten Blatt können Sie die Größe in Abhängigkeit von der jeweiligen Fenstergröße einstellen.

Diagrammtyp ändern

Um den gewählten Typ des Diagramms zu ändern, markieren Sie das Diagramm und klicken Sie auf die Befehlsschaltfläche *Diagrammtyp ändern* in der Gruppe *Typ* der Registerkarte *Entwurf*. Dadurch öffnet sich die Diagrammtyp-Palette (Abbildung 8.27). Wählen Sie darin zuerst links den gewünschten Typ aus und legen Sie dann die spezielle Form fest.

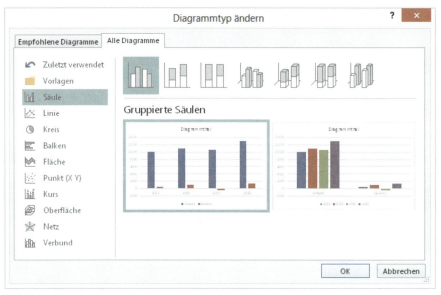

Abbildung 8.27: Hier können Sie einen anderen Typ auswählen.

Datenreihen ändern

Unter Datenreihen versteht man zusammengehörige Datenpunkte in einem Diagramm. Jede Datenreihe in einem Diagramm besitzt eine eindeutige Farbe bzw. ein eindeutiges Muster und wird in der Diagrammlegende dargestellt. In einem Diagramm können eine oder mehrere Datenreihen dargestellt werden. Kreisdiagramme können lediglich eine Datenreihe enthalten.

Zum Ändern der aktuell angezeigten Datenreihe(n) aktivieren Sie das Diagramm und klicken dann auf die Befehlsschaltfläche *Daten auswählen* in der Gruppe *Daten* der Registerkarte *Entwurf*. Daraufhin wird das Dialogfeld *Datenquelle auswählen* angezeigt (Abbildung 8.28).

Sie können die Eintragungen darin benutzen, um den gesamten dargestellten Datenbereich zu kontrollieren oder zu ändern. Änderungen der Angaben auf dieser Registerkarte sind nur notwendig, wenn Sie einen grundsätzlich anderen Bereich im Diagramm darstellen lassen wollen.

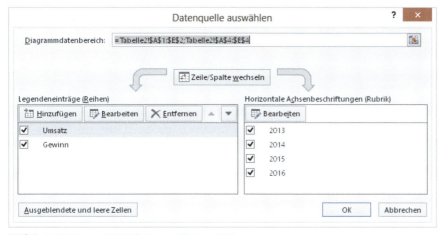

Abbildung 8.28: Das Dialogfeld *Datenquelle auswählen*

- Das Feld *Diagrammdatenbereich* zeigt den Bereich der im Diagramm gezeichneten Arbeitsblattdaten an. Wenn Sie die Quelldaten des Diagramms ändern möchten, markieren Sie den bestehenden Bereich und geben Sie dann einen neuen Bereich ein. Sie können auch auf das Feld *Diagrammdaten-bereich* klicken und dann den Bereich auf dem Arbeitsblatt markieren. Mit der Schaltfläche zum Redu-zieren des Dialogfelds am rechten Ende dieses Felds wird dieses vorübergehend minimiert und verschoben, sodass Sie Zellen auf dem Arbeitsblatt markieren können. Wenn das Dialogfeld wieder vollständig angezeigt werden soll, klicken Sie nach dem Markieren des Bereichs erneut auf diese Schaltfläche.
- Über die Schaltfläche *Zeile/Spalte wechseln* wird die Datenreihe im Diagramm entweder anhand der Zeilen oder anhand der Spalten des Arbeitsblatts gezeichnet.
- Unterhalb von *Legendeneinträge (Reihen)* werden die Namen vorhandener Datenreihen aufgelistet. Sie können Datenreihen hinzufügen, bearbeiten und aus dem Diagramm entfernen, ohne die Daten auf dem Arbeitsblatt zu ändern. Klicken Sie auf *Hinzufügen*, um dem Diagramm eine neue Datenreihe hinzuzufügen, klicken Sie auf *Bearbeiten*, um die vorher ausgewählte Datenreihe zu ändern, klicken Sie auf *Entfernen*, um die im Feld *Legendeneinträge (Reihen)* ausgewählten Datenreihen aus dem Dia-gramm zu entfernen.
- Über die Schaltflächen *Nach oben* und *Nach unten* können Sie eine ausgewählte Datenreihe im Listen-feld *Legendeneinträge (Reihen)* nach oben oder nach unten verschieben. Dadurch wird die Reihen-folge geändert, in der die Datenreihen im Diagramm gezeichnet werden.
- Unterhalb von *Horizontale Achsenbeschriftungen (Rubrik)* werden vorhandene horizontale Achsen-beschriftungen aufgelistet. Klicken Sie auf die Schaltfläche *Bearbeiten*, um diese zu ändern.

Klicken Sie auf die Schaltfläche *Ausgeblendete und leere Zellen*, um ausgeblendete Arbeitsblattwerte im Diagramm anzuzeigen und um festzulegen, wie leere Arbeitsblattzellen in einer Datenreihe im Dia-gramm dargestellt werden sollen (Abbildung 8.29).

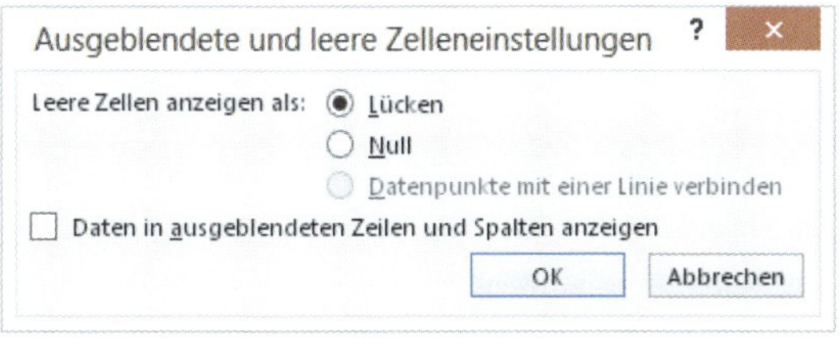

Abbildung 8.29: *Ausgeblendete und leere Zelleneinstellungen*

Sie können eine Reihe direkt im Diagramm löschen. Markieren Sie dazu die Datenreihe und drücken Sie die (Entf)-Taste. Sie können neue Datenreihen auch direkt von der Tabelle in das Diagramm kopieren.

Zeilen und Spalten vertauschen

Durch einen Klick auf die Schaltfläche *Zeile/Spalte wechseln* in der Gruppe *Daten* der Registerkarte *Entwurf* können Sie schnell die zugrunde liegenden Spalten im Diagramm vertauschen.

Das Gesamtlayout ändern

Die Optionen in der Liste zur Schaltfläche *Schnelllayout* in der Gruppe *Diagrammlayouts* ermöglichen es, dem Diagramm auf einfache Weise ein Layout zuzuordnen, ohne erst die einzelnen Schritte zur Anzeige von Titeln und sonstigen Beschriftungen separat durchführen zu müssen (Abbildung 8.30). Sie können auf diese Weise schnell das Diagramm mit Platzhaltern für diese Elemente versehen.

Abbildung 8.30: Mithilfe von Schnelllayouts können Sie schnell Platzhalter erzeugen – hier beispielsweise *Diagrammtitel* und *Achsentitel*.

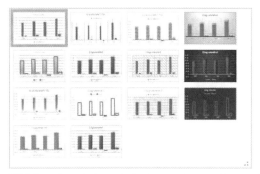

Das Grafikformat des Diagramms ändern

Über die Optionen in der Gruppe *Diagrammformatvorlagen* können Sie den Elementen des Diagramms schnell eine andere Farbgebung zuweisen. Nachdem Sie die Liste dazu geöffnet haben, wird Ihnen eine Vielzahl von Alternativen angeboten (Abbildung 8.31). Die Optionen unterscheiden sich je nach dem eingestellten Diagrammtyp. Die Farbsystematik ist aber bei allen Typen dieselbe.

Abbildung 8.31: Optionen in der Gruppe *Diagrammformatvorlagen*

8.2.4   Einzelne Diagrammelemente ändern

Wenn Ihnen die eben gezeigten Werkzeuge nicht genügen, können Sie auch die einzelnen Elemente eines Diagramms nach dem Erstellen ändern oder verfeinern. Um ein Element eines Diagramms zur Bearbeitung auszuwählen, müssen Sie es markieren. Dazu benutzen Sie die Befehlsschaltflächen in den Gruppen der Registerkarte *Diagrammtools/Layout*.

Auswahl eines Diagrammelements

Was Sie im Diagramm ändern wollen, müssen Sie oft erst auswählen. Klicken Sie entweder das gewünschte Element direkt im Diagramm an oder verwenden Sie die Liste in der Gruppe *Aktuelle Auswahl* auf der Registerkarte *Diagrammtools/Format* (Abbildung 8.32).

Welches Element eines Diagramms gerade markiert ist, erkennen Sie an den es umgebenden Markierungspunkten. Ein Klick auf ein Element einer Datenreihe markiert die gesamte Reihe. Ein zweiter Klick (kein Doppelklick) auf ein solches Element markiert dieses separat. Bei Textelementen können Sie mit einem zweiten Klick die Einfügemarke in den Text setzen und diesen ändern.

Abbildung 8.32: Die Liste in der Gruppe *Aktuelle Auswahl*

Von vordringlichem Interesse in einem Diagramm sind natürlich die Teile, deren Größe die Werte in der zugrunde liegenden Tabelle wiedergeben. Hier kann es sich – je nach Typ des Diagramms – um Säulen, Kreissegmente, Linien, Flächen oder Punkte handeln. Meist befinden sich mehrere Elemente eines Typs innerhalb eines Diagramms, also beispielsweise mehrere Säulen oder Kreissegmente. Excel spricht in diesem Fall von *Datenreihen*, und damit sind sowohl die grafischen Elemente als auch die dahinter stehenden Wertebereiche in der Tabelle gemeint.

Aber auch die weiteren Elemente sind zum Verständnis der Aussage eines Diagramms zum Teil von großer Bedeutung:

- Die *Hintergrund-* oder *Diagrammfläche* füllt den Fenster- oder Objektrahmen aus. Auf ihr befinden sich alle sonstigen Elemente des Diagramms. Sie kann mit Farben oder Mustern versehen werden.
- Auf der eigentlichen *Zeichnungsfläche* werden die Datenreihen dargestellt. Auch sie kann Farben oder Muster aufnehmen.
- Die Mehrzahl der Diagrammtypen verfügt über *Achsen*. Bei zweidimensionalen Diagrammen sind es deren zwei, die mit *Rubrikenachse (X)* für die waagerechte Achse und *Größenachse (Y)* für die senkrechte Achse bezeichnet werden. Bei dreidimensionalen Diagrammen kommt noch die sogenannte *Reihenachse* hinzu. Achsen werden in der Grundeinstellung links und unterhalb der Datenreihen angeordnet, aber auch eine zusätzliche Achse rechts davon ist möglich.
- Der Titel sollte den Inhalt des Diagramms beschreiben. In der Regel verwendet man dafür entweder eine Kurzbezeichnung wie etwa *Umsatzentwicklung* oder einen aktionsbezogenen Satz, beispielsweise *Der Umsatz steigt wieder*. Zusätzlich kann das Diagramm auch noch mit einem Untertitel versehen werden. Hierin liefert man meist zusätzliche Erklärungen – beispielsweise eine zusätzliche Angabe für den Zeitbereich, etwa *Für die Jahre 2013 bis 2015* – oder auch eine Angabe zur Maßeinheit der dargestellten Werte – wie *in Mio. €*.
- *Achsenbezeichnungen* sind ein absolutes Muss. Sie beinhalten einerseits die Erklärung der dargestellten Werte – beispielsweise mit *Umsatz (in Mio. €)* – und andererseits die Skala, die eine Interpretation und ein Ablesen der Werte ermöglicht. Die dargestellten Datenreihen können aber auch separat beschriftet werden, womit sich die Angabe einer Skala manchmal erübrigt. Eine solche Form der Beschriftung macht Diagramme aber etwas unübersichtlich.
- *Legenden* dienen – wenn mehrere Datenreihen im Diagramm angezeigt werden – zur Identifizierung der einzelnen Datenreihen. Sie können sie an verschiedene Stellen auf der Hintergrundfläche platzieren.
- *Gitternetzlinien* – das sind die zusätzlichen senkrechten und waagerechten Linien auf der Zeichnungsfläche – verbessern die Lesbarkeit der im Diagramm dargestellten Größen. Sie können waagerechte und/oder senkrechte Gitternetzlinien verwenden.
- Über eine *Datentabelle* können Sie die dargestellten Daten zusätzlich anzeigen. Darin werden nur die im Diagramm benutzten Werte der Tabelle angezeigt.

Diagrammflächen

Beginnen wir mit den Flächen, auf denen ein Diagramm angezeigt wird. Das ist zwar nicht das wichtigste Element, es beinhaltet Optionen, die auch bei vielen anderen Elementen eines Diagramms auftauchen werden. Alle Diagramme verfügen über einen Hintergrund – *Diagrammfläche* genannt – und eine oder mehrere *Zeichnungsflächen*. 2D-Diagramme verfügen über eine einzige Zeichnungsfläche, 3D-Diagramme über zwei Wände und eine Bodenfläche. Diese Flächen können Sie individuell formatieren.

Benutzen Sie dazu die Elemente in der Gruppe *Formenarten* auf der Registerkarte *Diagrammtools/Format*. Den höchsten Detailgrad für die Formatierung finden Sie, wenn Sie in dieser Gruppe auf die kleine nach rechts unten weisende Pfeilspitze klicken. Sie können auch den Befehl *Zeichnungsfläche formatieren* oder *Diagrammbereich formatieren* aus dem Kontextmenü zur markierten Fläche benutzen. Damit wird ein Arbeitsbereich angezeigt, der das Einstellen unterschiedlicher Effekte erlaubt (Abbildung 8.33).

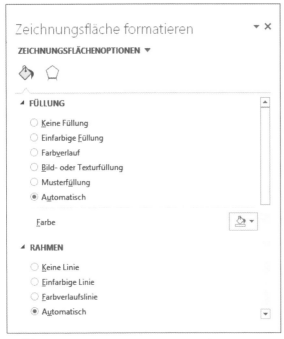

- *Keine Füllung* meint, was es sagt: Die Diagrammfläche bleibt leer.
- Eine *Einfarbige Füllung* erlaubt die Wahl einer Farbe und über *Transparenz* die Wahl eines Grades für die Durchsichtigkeit.
- Die Option *Farbverlauf* erlaubt die Wahl eines gleichmäßigen Farbübergangs. Es steht eine Reihe von Grundmustern zur Verfügung, die Sie über weitere zusätzliche Optionen variieren können. Das Feld *Richtung* im unteren Bereich erlaubt die Wahl der Richtung des Farbverlaufs.
- Über *Bild- oder Texturfüllung* erreichen Sie, dass eine Struktur für den Hintergrund gewählt wird. Klicken Sie zur Auswahl auf die Schaltfläche *Textur*. Ein Klick auf die Schaltfläche *Datei* zeigt das Dialogfeld *Grafik einfügen* an, über das Sie eine Grafik als Grundlage für eine weitere Struktur öffnen können. Legen Sie dann unter den *Anordnungsoptionen* fest, wie die Grafik die markierten Diagrammelemente ausfüllen soll.

Abbildung 8.33: Füllungen können auch graduell gestaltet werden – also verlaufen.

Datenreihen formatieren

Die Formate für die einzelnen Datenreihen in einem Diagramm können Sie einstellen. Aktivieren Sie dazu zunächst die Datenreihe, die Sie formatieren wollen. Klicken Sie dann auf *Datenreihen formatieren* im Kontextmenü zur Datenreihe. Das gleichnamige Dialogfeld wird daraufhin angezeigt. Welche Formatierungsoptionen Ihnen jeweils zur Verfügung stehen, hängt vom Typ des Elements ab. Hier wird beispielsweise zwischen Flächen, Linien und Punkten unterschieden. Bei flächenartigen Elementen zur Darstellung der Daten finden Sie hier dieselben Optionen wie für andere Flächenelemente im Diagramm (oben).

TIPP Wollen Sie nur einen einzelnen Datenwert – beispielsweise eine einzelne Säule – formatieren, markieren Sie diesen durch einen zweiten Klick darauf.

Wenn Sie im Diagramm mindestens zwei Datenreihen darstellen lassen, können Sie der vorher markierten Datenreihe eine primäre oder eine sekundäre Achse zuweisen (Abbildung 8.34). Die Sekundärachse wird auf der rechten Seite des Diagramms angezeigt und verfügt über eine separate Skalierung. Das Verwenden einer solchen zweiten Achse ist zu empfehlen, wenn in der Senkrechten verschiedene Daten mit unterschiedlichen Dimensionen, beispielsweise € und *kg*, und/oder starken Größenunterschieden, beispielsweise eine mit einem Maximalwert von *1000* und eine mit *1* als Maximum, dargestellt werden sollen.

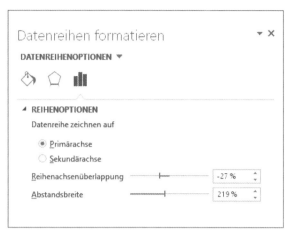

Abbildung 8.34: Sie können zwischen mehreren Achsen wählen.

Die sonstigen Optionen zeigen – je nach Diagrammtyp – unterschiedliche Inhalte.

- Bei Balken- und Säulendiagrammen können Sie unter anderem den Abstand zwischen den Balken/Säulen festlegen. Über das Feld *Reihenachsenüberlappung* können Sie regeln, ob und wie weit die zu einer Rubrik gehörenden Elemente übereinander angezeigt werden sollen. Der Wert *0* setzt sie direkt nebeneinander, schaltet die Überlappung also aus. *Abstandsbreite* regelt den Abstand zwischen den Balken/Säulen zweier Rubriken. Bei gestapelten Diagrammformen können Sie durch Aktivieren von *Verbindungslinien* auch Linien zwischen den einzelnen Abschnitten des Stapels ziehen lassen.
- Kreis- und Ringdiagramme zeigen andere Optionen. Über *Winkel des ersten Segments* können Sie beispielsweise den Winkel des ersten Segments zur Senkrechten festlegen.
- Punkt- und Liniendiagramme erlauben das Einfärben der Punkte und Verbindungslinien.
- Bei Blasendiagrammen können Sie Einstellungen zur Größe und Farbe der Blasen vornehmen: Mit den Optionen unter *Größe repräsentiert* können Sie bestimmen, ob die Fläche oder der Durchmesser der Blase für den zugrunde liegenden Wert stehen soll. Wenn Sie *Blasendurchmesser* wählen, treten im Allgemeinen größere Unterschiede hinsichtlich der Größe auf. *Blasengröße anpassen an* legt fest, wie groß die Blase – relativ zum vom Programm gewählten Standard – gezeichnet werden soll. Damit können Sie alle Blasen insgesamt vergrößern oder verkleinern. Je größer der eingegebene Wert, desto größer die Blase. *Negative Blasen anzeigen* bewirkt, dass Blasen ohne Füllfarbe gezeichnet werden, wenn die zugrunde liegenden Werte negativ sind. *Punktfarbunterscheidung* weist jedem Datenpunkt eine andere Farb- oder Stiloption zu.
- Bei Netzdiagrammen können Sie die Achsenbeschriftung ein- und ausschalten.

Achsen und Gitternetzlinien

Bei der Mehrzahl der Diagramme mit Achsen wird an diesen Achsen automatisch eine Skala für die angezeigten Daten eingefügt. Sie können sowohl die Achsen als auch die dazugehörenden Skalen und deren Beschriftung ein- und ausschalten sowie zusätzliche Optionen dazu einstellen.

Um die Einstellungen dafür festzulegen, markieren Sie eine Achse und wählen *Achse formatieren* aus dem Kontextmenü zur Markierung. Der Arbeitsbereich zeigt eine Vielzahl von Optionen an (Abbildung 8.35).

Die Alternativen dafür unterscheiden sich teilweise zwischen der horizontalen und der vertikalen Achse. Die Optionen in der Kategorie *Achsenoptionen* für die waagerechte Achse dienen beispielsweise zum Festlegen der Art der zu benutzenden Teilstrichbeschriftungen.

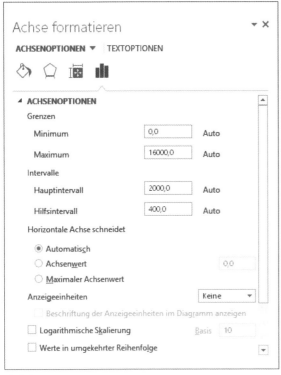

Abbildung 8.35: Eine Achse formatieren

- *Hauptintervall* unterteilt die Achsen an den Stellen, an denen auch ein Hauptgitternetz angezeigt werden würde – also beispielsweise zwischen den Rubriken. Ein zusätzliches *Hilfsintervall* unterteilt die Achsen an den Stellen, an denen auch ein Hilfsgitternetz angezeigt werden würde – also beispielsweise zwischen den Rubriken. Auch andere Einstellungen können hierüber vorgenommen werden.
- *Logarithmische Skalierung* schreibt eine logarithmische Skala an die Achse. Das ist besonders dann interessant, wenn sich die darzustellenden Werte in der Größe stark voneinander unterscheiden. Beachten Sie, dass damit nur positive Werte dargestellt werden können.
- Über *Anzeigeeinheiten* können Sie eine gemeinsame Einheit an die Achse einfügen und damit die einzelnen anzuzeigenden Zahlen verkürzen.
- Mit *Horizontale Achse schneidet* können Sie festlegen, wo die waagerechte Achse die senkrechte Achse schneiden soll. Das ist besonders für Fälle interessant, in denen negative Werte für die waagerechte Achse vorhanden sind.

8.3 Sparklines

Sparklines sind neu seit Microsoft Excel 2010. Eine Sparkline ist ein sehr kleines Diagramm in der Zelle eines Arbeitsblatts, das Daten visuell darstellt. Mit Sparklines können Sie Trends für eine Wertereihe aufzeigen. Um eine größtmögliche Wirkung zu erzielen, sollten Sie eine Sparkline in der Nähe der zugehörigen Daten positionieren. Sie können auch in eine Zelle Text eingeben und eine Sparkline als Hintergrund verwenden.

8.3.1 Einen Trend anzeigen

Sorgen Sie dafür, dass sich neben den Datenreihen, zu denen Sie Sparklines benutzen wollen, leere Zellen befinden. Das ist zwar nicht unbedingt notwendig, vereinfacht aber die Anzeige. Markieren Sie die Zelle, in der die Sparkline erscheinen soll, und wählen Sie die Registerkarte *Einfügen* im Menüband. Klicken Sie auf die Gruppe *Sparklines* und wählen Sie eine Form. Sie haben hier die Wahl zwischen drei Typen. Ein Klick auf die jeweilige Schaltfläche zeigt das Dialogfeld *Sparklines erstellen* an (Abbildung 8.36).

Klicken Sie im Dialogfeld *Sparklines erstellen* in das Feld *Datenbereich* und markieren Sie dann in der Tabelle den Bereich, der als Grundlage für das kleine Diagramm dienen soll. Bestätigen Sie über *OK*. Die Sparkline wird im vorher markierten Feld erstellt.

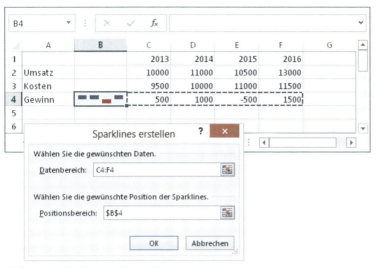

Abbildung 8.36: Eine Sparkline erstellen

8.3.2 Sparklines verfeinern

Solange die Zelle mit der Sparkline markiert ist, wird die Registerkarte *Sparklinetools/Entwurf* angezeigt. Sie können darüber die Sparkline abwandeln oder verfeinern. Benutzen Sie beispielsweise den Katalog *Formatvorlage* (Abbildung 8.37).

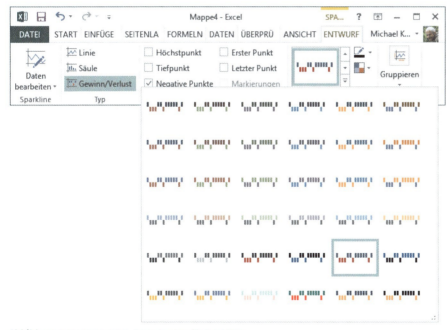

Abbildung 8.37: Der Katalog *Formatvorlage* für Sparklines

Kapitel 9

PowerPoint 2013: Präsentationen erstellen

In diesem Kapitel wollen wir Sie mit den Prinzipien der Arbeit an Präsentationen mit dem Programm PowerPoint 2013 bekannt machen:

- Wir beginnen damit, Sie mit den Elementen der Oberfläche von PowerPoint vertraut zu machen, und zeigen Ihnen, welche Möglichkeiten Sie haben, mit dem Erstellen von Präsentationen zu beginnen (Abschnitt 9.1).
- Es stehen Ihnen zum Bearbeiten der Präsentation mehrere Ansichten zur Verfügung. Diese können Sie für die verschiedenen Aufgaben gezielt einsetzen. Bevor Sie darangehen, konkrete Inhalte in eine Präsentation einzugeben, sollten Sie sich mit diesen unterschiedlichen Ansichten vertraut machen und auch die einzelnen Arbeitsebenen kennenlernen (Abschnitt 9.2).
- Dann können Sie sich daranmachen, eine Präsentation mit konkreten Inhalten zu erstellen. Wir zeigen Ihnen, wie man neue Folien erstellt, ihnen ein Layout zuweist und sie mit Textaussagen oder Objekten füllt (Abschnitt 9.3).
- Die Folien verfügen im Hintergrund über eine Masterebene. Diese dient dazu, allen Elementen ein einheitliches Erscheinungsbild zuzuweisen. Auf diesem Master sind Schriftformate, Einzugsebenen, Design sowie Position und Größe von Bereichen für alle Folien einer Präsentation festgelegt. Die wichtigsten Arbeiten mit dieser Ebene wollen wir Ihnen vorführen (Abschnitt 9.4).

Hinweis Hinweise zu weiteren Arbeiten im Programm PowerPoint finden Sie im nachfolgenden *Kapitel 10*. Nachdem Sie alle Folien einer Präsentation erstellt und auch die gewünschten Objekte hinzugefügt haben, können Sie jetzt noch einige letzte Schritte durchführen: Sie können Übergänge zwischen den Folien festlegen und einzelne Elemente animieren. Dann können Sie die Präsentation vorführen.

9.1   Die Programmoberfläche

Nach dem Starten des Programms PowerPoint 2013 wird erst nach Ihrer Auswahl über die Startseite eine neue Präsentation erstellt. Hatten Sie auf der Startseite die Option *Leere Präsentation* gewählt, wird im Programmfenster eine Präsentation mit einer einzigen leeren Folie angezeigt. Sie sollten sich zunächst einmal mit den Elementen dieses Bildschirms beschäftigen und die Möglichkeiten zum Erstellen einer Präsentation Ihrer Wahl kennenlernen.

Bevor Sie damit beginnen, Ihre eigenen Inhalte zu erzeugen, machen Sie sich mit den typischen Elementen des Programms vertraut (Abbildung 9.1).

- Standardmäßig wird das Menüband mit der nach dem Starten aktiven Registerkarte *Start* im oberen Bereich des Programmfensters angezeigt. Das Menüband verfügt bei PowerPoint 2013 jetzt über die acht Registerkarten *Start*, *Einfügen*, *Entwurf*, *Übergänge*, *Animationen*, *Bildschirmpräsentation*, *Überprüfen* und *Ansicht* – eine mehr als bei der Vorgängerversion.
- Darunter finden Sie bei der Ansicht *Normal* in der Grundeinstellung mehrere Teilfenster. Den diesen Fenstern zugewiesenen Platz können Sie auch durch Verschieben der Fensterränder mit der Maus Ihren Anforderungen entsprechend verändern.
- Links auf dem Bildschirm wird der sogenannte *Folienbereich* angezeigt, in dem alle Folien der Präsentationen in Miniaturbildgröße aufgelistet werden. Dieser Ort erleichtert Ihnen die Navigation innerhalb der einzelnen Folien einer Präsentation.

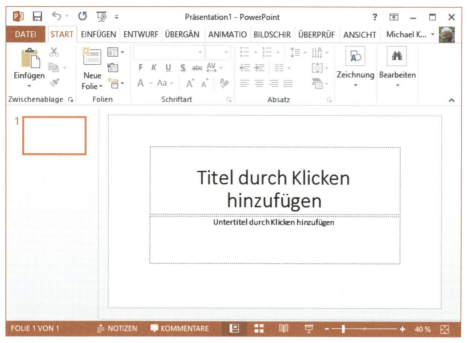

Abbildung 9.1: Die Oberfläche von *PowerPoint* – beim Starten wird bereits eine neue Präsentation erzeugt.

■ Im Hauptbereich des Programmfensters wird eine Großansicht der links aktuell markierten Folie angezeigt. Nach dem Start ist das zunächst eine leere Titelfolie. Auf dieser Folie geben Sie in den dafür vorgesehenen Platzhaltern den Text für die einzelnen Folien ein. Die darin vorhandenen Texte dienen als Platzhalter, die Sie durch Ihre eigenen Aussagen ersetzen können. Außerdem können Sie diverse Objekte einfügen.

■ Unterhalb des Hauptfensters kann das sogenannte *Notizenfeld* eingeblendet werden, in dem Sie nach einem Anklicken Notizen zu der gerade aktuellen Folie machen können.

■ Die Statusleiste am unteren Rand zeigt auf der linken Seite Informationen über die Präsentation wie beispielsweise die Foliennummer an. Zwei Schaltflächen erlauben das Einblenden zusätzlicher Bereiche im Programmfenster (Tabelle 9.1). Daneben befinden sich vier Schaltflächen, über die Sie schnell zu anderen Ansichten einer Präsentation wechseln können. Daran anschließend werden das Zoomfeld und der Zoomregler angezeigt, über beide Elemente können Sie die Größe der Anzeige der aktuellen Folie regeln (*Kapitel 1*).

Symbol	Name und Bedeutung
FOLIE 1 VON 1	Zeigt die Nummer der aktuellen Folie und die Gesamtzahl der Folien in der Präsentation an.
≜ NOTIZEN	Ein Klick darauf öffnet das sogenannte *Notizenfeld*, in dem Sie Notizen zu der gerade aktuellen Folie machen können.
💬 KOMMENTARE	Öffnet rechts im Fenster den Arbeitsbereich *Kommentare*.
🖵 ⏹ 📖 🖳	Über vier Schaltflächen können Sie die Ansicht wechseln und auch die Bildschirmpräsentation starten.

Tabelle 9.1: Wichtige Elemente in der Statusleiste

9.2   Ansichten und Arbeitsebenen

Bevor Sie darangehen, konkrete Inhalte in eine Präsentation einzugeben, sollten Sie sich auch mit den unterschiedlichen Ansichten beschäftigen, die Ihnen das Programm zur Verfügung stellt. Außerdem sollten Sie die einzelnen Arbeitsebenen kennen.

9.2.1   Die Ansichten

Zum Bearbeiten einer Präsentation stehen mehrere Ansichten zur Verfügung. Die Auswahl finden Sie auf der Registerkarte *Ansicht* des Menübands in der Gruppe *Präsentationsansichten* zusammengefasst (Abbildung 9.2). Über die Schaltflächen *Normal*, *Gliederungsansicht*, *Foliensortierung*, *Notizenseite* und *Leseansicht* können Sie zu diesen Ansichten wechseln. Zusätzlich finden Sie in dieser Gruppe auch die Schaltflächen zum Wechsel in die für jedes Element einer Präsentation verfügbaren Masteransichten.

Abbildung 9.2: Die Registerkarte *Ansicht* mit der Gruppe *Präsentationsansichten* erlaubt die Form der Darstellung auf dem Bildschirm.

Für den schnellen Wechsel zwischen den Ansichten können Sie auch die drei Schaltflächen in der Statusleiste des Programmfensters benutzen.

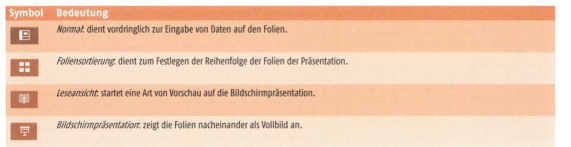

Symbol	Bedeutung
	Normal: dient vordringlich zur Eingabe von Daten auf den Folien.
	Foliensortierung: dient zum Festlegen der Reihenfolge der Folien der Präsentation.
	Leseansicht: startet eine Art von Vorschau auf die Bildschirmpräsentation.
	Bildschirmpräsentation: zeigt die Folien nacheinander als Vollbild an.

Tabelle 9.2: Die Schaltflächen in der Statusleiste erlauben einen schnellen Wechsel zwischen den Ansichten.

Die Ansicht Normal

Standardmäßig wird die Ansicht *Normal* angezeigt. In dieser Ansicht können Sie Texte und andere Elemente auf den Folien eingeben oder die bei einer Vorlage vorhandenen Platzhalter durch Ihre eigenen Inhalte ersetzen. Diese Ansicht erlaubt es Ihnen, schnell zu einer einzelnen Folie zu wechseln, indem Sie im Navigationsbereich darauf klicken (Abbildung 9.3).

Die Gliederungsansicht

Wenn Sie über die Gruppe *Präsentationsansichten* auf der Registerkarte *Ansicht* die Option *Gliederungsansicht* wählen, werden im Folienbereich auf der linken Seite nicht mehr die einzelnen Folien, sondern nur noch der Textinhalt der Präsentation auf dem Bildschirm angezeigt (Abbildung 9.4). Das hilft Ihnen, auf schnelle Weise Ihren Argumentationsfluss zu kontrollieren. Aber auch hier können Sie den Text für jede Folie Ihrer Präsentation in Form einer Gliederung eingeben.

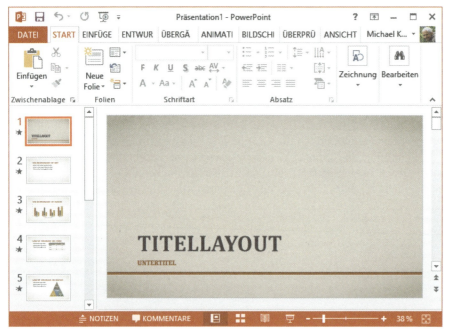

Abbildung 9.3: Die Ansicht *Normal* dient zum Anzeigen einzelner Folien.

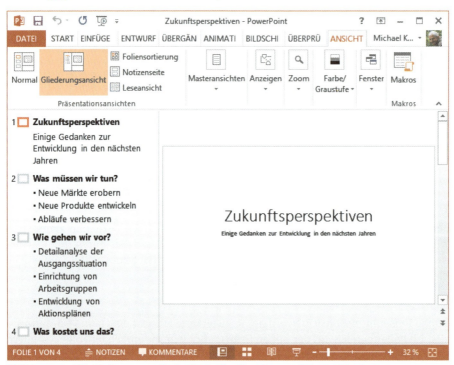

Abbildung 9.4: Die *Gliederungsansicht* zeigt die Struktur Ihrer Argumentation im Folienbereich.

Die Ansicht Foliensortierung

In der Ansicht *Foliensortierung* können Sie die in der Präsentation vorhandenen Folien zusammen anzeigen und bequem sortieren (Abbildung 9.5). In dieser Ansicht sehen Sie Miniaturabbildungen aller Folien einer Präsentation mit sämtlichen Grafikelementen und Texten. Zum Ändern der Reihenfolge markieren Sie die gewünschten Folien und ziehen sie mit der Maus vor die Folie, vor die Sie sie einfügen wollen. Über die Bildlaufleiste auf der rechten Seite des Fensters können Sie – falls bereits vorhanden – weitere Folien anzeigen lassen.

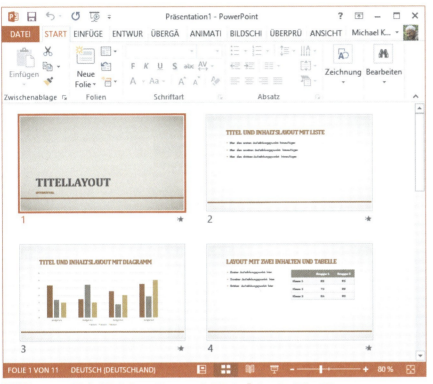

Abbildung 9.5: Die Ansicht *Foliensortierung* ermöglicht das Ändern der Reihenfolge.

Die Leseansicht

Über den Befehl *Leseansicht* auf der Registerkarte *Ansicht* startet eine Art von Vorschau auf die Bildschirmpräsentation (Abbildung 9.6). Diese zeigt die von Ihnen erstellten Folien in der Vollbildansicht an. Hier können Sie sich im Vorfeld über einen reibungslosen Ablauf einer Bildschirmpräsentation informieren, indem Sie – beispielsweise – Einblendezeiten der einzelnen Folien testen, Folienübergänge und Animationseffekte überprüfen sowie die Verzweigung zu anderen Folien und anderen Anwendungen kontrollieren.

In dieser Ansicht können Sie mithilfe der Schaltflächen mit den Pfeilen in der Statusleiste zur nächsten und zur vorherigen Folie wechseln. Ein Klick auf die Schaltfläche *Menü* dazwischen blendet ein kleines Menü ein, in dem Sie weitere Befehle finden. Um zurück zu einer anderen Ansicht zu wechseln, verwenden Sie die Schaltfläche für die entsprechende Ansicht in der Statusleiste oder Sie drücken die Esc-Taste.

Abbildung 9.6: Bei der Leseansicht wird eine Vollbilddarstellung im Fenster benutzt.

Die Ansicht Notizenseite

Über die Ansicht *Notizenseite* können Sie zu einer Folie Notizen zu Ihrem Vortrag vermerken. Diese Notizen sind während der Präsentation nicht für das Publikum sichtbar, erscheinen aber auf der Referentenansicht. Beachten Sie, dass Sie die Möglichkeit zur Eingabe von Notizen auch in der Ansicht *Normal* haben. Klicken Sie dazu auf die Schaltfläche *Notizen* in der Statuszeile. Das zeigt unterhalb der Folie den Notizenbereich an (Abbildung 9.7). Allerdings ist der dafür standardmäßig zur Verfügung gestellte Platz relativ klein. Ein sinnvolles Vorgehen könnte darin bestehen, beim Erstellen der Präsentation in der Ansicht *Normal* Stichpunkte zu den Notizen einzugeben und diese dann in der Ansicht *Notizenseite* auszuarbeiten.

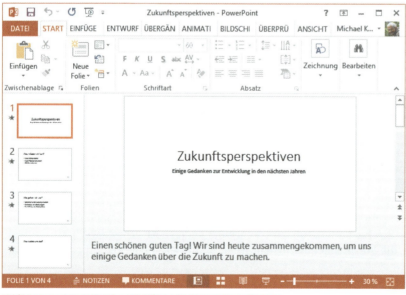

Abbildung 9.7: Im Notizenbereich können Sie Kommentare eingeben.

9.2.2   Die Arbeitsebenen

Einen wichtigen Punkt sollten Sie noch wissen, bevor Sie sich an die Arbeit mit konkreten Inhalten machen: Die eben angesprochenen Elemente Folien, Handzettel und Notizen verfügen im Hintergrund über eine Masterebene. Diese dient dazu, allen Elementen ein einheitliches Erscheinungsbild zuzuweisen. Auf diesem Master sind Schriftformate, Einzugsebenen, Design sowie Position und Größe von Bereichen für alle Folien einer Präsentation, die mit diesem Master verbunden sind, festgelegt. Auf einen Master können Sie Zusatzinformationen wie Datum, Seitenzahl, Firmenname und Firmenlogo hinzufügen, die durchgehend auf allen Folien oder Notizenseiten Ihrer Präsentation erscheinen sollen. Weiterhin können Sie einen eigenen Master erstellen und in diesem Einstellungen für den Hintergrund und für verschiedene Layouts vornehmen. Mit denselben Methoden ändern Sie auch vorhandene Mastervorlagen ab. Das gilt sowohl für den eigentlichen Folienmaster als auch für den Notizzettelmaster. Wie Sie das tun, beschreiben wir Ihnen später.

9.3   Folieninhalte bearbeiten

Nachdem Sie im vorherigen Abschnitt die wesentlichen Bestandteile des Programms kennengelernt haben, können Sie sich jetzt daranmachen, eine Präsentation mit konkreten Inhalten zu erstellen. Zum Erstellen einer Präsentation können Sie ohne jede Vorlage – also mit einer vollständig leeren Präsentation – beginnen. In der Mehrzahl der Fälle empfiehlt es sich aber, die vorhandenen Vorlagen durchzusehen und sich für eine zu entscheiden, die die Arten von Folien beinhaltet, die man benutzen will. Damit können Sie sich etwas Arbeit sparen. Sie müssen sich dann mit zwei Arbeitsschritten beschäftigen, die in der Praxis meist nicht nacheinander, sondern nebeneinander durchgeführt werden:

- Einerseits wollen Sie sicherlich weitere Folien an die gewünschten Stellen hinzufügen und nicht benötigte löschen. Auch wenn Sie die Arbeit an einer neuen Präsentation mithilfe einer der Vorlagen begonnen haben, werden Sie diese Arbeit meist tun müssen. Dazu müssen Sie das jeweils geeignete Layout aus dem zugrunde liegenden Master auswählen.
- Andererseits müssen Sie die auf dem Layout vorhandenen Platzhalter durch die von Ihnen gewünschten Aussagen ersetzen. Das werden Sie meist in der Ansicht *Normal* tun, da die Folien in dieser Ansicht am einfachsten zu bearbeiten sind. Wenn Sie in einer Präsentation arbeiten, die viele Punkte und Unterpunkte enthält, empfiehlt es sich, hier die *Gliederung* zu bearbeiten, die es erlaubt, den Argumentationsfluss besser im Auge zu behalten. In einer solchen Ansicht können Sie auch ein Textdokument aus Word in PowerPoint importieren.

Bei dieser Arbeit sollten Sie sich über die Grundstruktur der Präsentation im Klaren sein. Eine Präsentation besteht meist aus drei Hauptteilen:

- In der Einleitung sollten Sie auf einer Titel- oder Textfolie das Thema und das Hauptziel der Präsentation angeben. Lenken Sie die Aufmerksamkeit der Zielgruppe auf Ihren Vortrag, indem Sie mit einer anregenden Frage oder provokanten These auf der Titelfolie beginnen. Zeigen Sie anschließend eine Textfolie mit einer Anekdote oder einem bekannten Zitat, um zum Hauptteil der Präsentation überzuleiten.
- Im Hauptteil präsentieren Sie Informationen, Fakten und Bilder, indem Sie die Folien mit Listendiagrammen, Textdiagrammen, Organigrammen, Datendiagrammen oder Diagrammkombinationen versehen. Kombinieren Sie die Titelfolien mit Bildern, um die Hauptabschnitte der Präsentation abzutrennen und einzuleiten.
- In einem Schlusteil können Sie gegliederte Listen anzeigen, um die Hauptthesen der Präsentation noch einmal zusammenzufassen und hervorzuheben. Als letzte Folie ist eine Wiederholung des Titels oder ein Bild gut geeignet. Sie können auch eine leere Folie vorführen, um das Ende der Präsentation anzuzeigen.

9.3.1 Folien erstellen und Layout wählen

Um die Präsentation auf Basis einer Vorlage aufzubauen, werden Sie sicherlich weitere Folien hinzufügen und nicht benötigte löschen wollen. Einige dieser Aufgaben müssen Sie auch ausführen, wenn Sie mit einer leeren Präsentation beginnen. Anschließend können Sie den neuen Folien ein geeignetes Layout zuweisen. Für solche Tätigkeiten benutzen Sie die Werkzeuge in der Gruppe *Folien* der Registerkarte *Start*.

Standardfolien hinzufügen

Markieren Sie im Navigationsbereich die Miniaturansicht der Folie, nach der Sie die neue Folie hinzufügen wollen, und klicken Sie auf der Registerkarte *Start* auf die Schaltfläche *Neue Folie*. Eine neue Folie wird hinter die aktuelle eingefügt. Der Hintergrund und das Layout der vorher markierten Seite werden für die neue Folie übernommen, Sie können sie aber anschließend noch ändern. Die neue Folie besitzt – bis auf die vorhandenen Platzhalter – natürlich noch keinerlei Inhalte.

Layout gezielt auswählen

Meist werden Sie aber beim Einfügen einer neuen Folie gleich auch entscheiden wollen, auf welchem der vorhandenen Layouts die neue Folie beruhen soll. Markieren Sie wieder im Navigationsbereich die Miniaturansicht der Folie, nach der Sie die neue Folie hinzufügen wollen, und öffnen Sie den Katalog zur Schaltfläche *Neue Folie* (Abbildung 9.8 links). Wählen Sie aus den dort aufgelisteten Layouts das gewünschte aus. Was Ihnen hier angeboten wird, hängt zum Teil auch von der verwendeten Vorlage ab. Wenn Sie beispielsweise darauf hinweisen wollen, dass mehrere Schritte zum Erreichen eines Ziels notwendig sind, sollten Sie ein Layout mit einer Überschrift und mehreren Unterpunkten wählen. In der Überschrift können Sie dann das Ziel angeben, die einzelnen Schritte fassen Sie in den Unterpunkten zusammen.

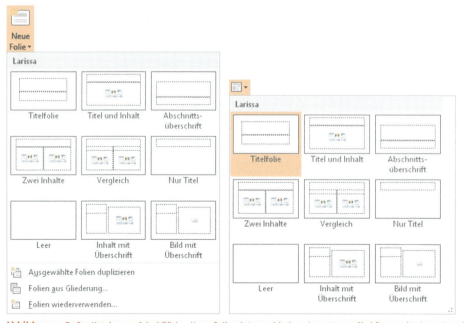

Abbildung 9.8: Der Katalog zur Schaltfläche *Neue Folie* zeigt verschiedene Layouts an. Sie können das Layout auch erst später ändern.

Folien kopieren

Wenn Sie ähnliche Folien mehrfach in der Präsentation benötigen, lohnt es sich oft, erst einmal eine davon zu entwerfen und dann durch Kopieren die ähnlichen zu erstellen und abzuwandeln. Das ist dann besonders sinnvoll, wenn Sie – wie später beschrieben – bereits komplexe grafische Elemente in einer Folie eingefügt haben. Markieren Sie dazu die Folie, die Sie duplizieren wollen, in der Ansicht *Normal* und öffnen Sie die Liste zur Schaltfläche *Neue Folie*. Wählen Sie im Katalog den Befehl *Ausgewählte Folien duplizieren* aus. Die Kopie der vorher markierten Folie wird im Anschluss an diese eingefügt. Sie können sie später – beispielsweise über die Ansicht *Foliensortierung* – an eine andere Stelle bringen.

Folien löschen

Eine nicht benötigte Folie können Sie löschen. Markieren Sie dazu die Folie im Navigationsbereich und klicken Sie sie mit der rechten Maustaste an. Wählen Sie *Folie löschen* aus dem Kontextmenü oder drücken Sie die ⌨Entf-Taste. Die Folie wird aus der Präsentation entfernt. Wenn Sie mehrere Folien in einem Arbeitsgang löschen möchten, markieren Sie sie zuerst gemeinsam: Für aufeinanderfolgende Folien benutzen Sie die ⌨↑-Taste, für mehrere nicht aufeinanderfolgende Folien die ⌨Strg-Taste.

Das Layout ändern

Das beim Einfügen einer Folie automatisch oder von Ihnen gezielt gewählte Layout können Sie nachträglich ändern. Verwenden Sie jeweils das Layout, das den aktuellen Aussageschritt unterstreicht. Dazu stehen Ihnen in PowerPoint diverse Entwürfe zur Verfügung (Abbildung 9.8 rechts). Markieren Sie zuerst die gewünschte Folie und klicken Sie dann auf der Registerkarte *Start* in der Gruppe *Folien* auf die Schaltfläche *Layout*. Wählen Sie dann in der Palette die gewünschte Folienvorlage aus. Sie wird für die Folie übernommen. Die bereits auf der Folie eingegebenen Texte bleiben erhalten.

Abschnitte

Neu seit PowerPoint 2010 ist die Möglichkeit, dass Sie sehr große Foliengruppen mithilfe von Abschnitten organisieren können, um so die Verwaltung und die Navigation innerhalb einer Präsentation zu vereinfachen. Das dient beispielsweise zur Arbeitserleichterung und zur besseren Organisation, da beispielsweise jeder Mitarbeiter für die Vorbereitung der Folien eines bestimmten Abschnitts verantwortlich sein kann.

■ Um einen Abschnitt hinzuzufügen, markieren Sie im Navigationsbereich die Folie, mit der der Abschnitt beginnen soll. Öffnen Sie dann auf der Registerkarte *Start* in der Gruppe *Folien* die Liste zur Schaltfläche *Abschnitt* und wählen Sie *Abschnitt hinzufügen*. Auf dieselbe Weise können Sie den nächsten und noch weitere Abschnitte hinzufügen.

■ Nachdem Sie einzelne Abschnitte erstellt haben, können Sie sie benennen. Markieren Sie den Abschnitt, dem Sie einen Namen geben wollen. Klicken Sie auf der Registerkarte *Start* in der Gruppe *Folien* auf *Abschnitt* und wählen Sie *Abschnitt umbenennen*. Geben Sie im so aufgerufenen Dialogfeld die Bezeichnung ein. Wählen Sie hierbei eine Überschrift, die der Thematik der Folien dieses Abschnitts entspricht. Bestätigen Sie mit *Umbenennen*.

■ Sie können dann auch dafür sorgen, dass im Navigationsbereich statt der Folien nur noch die Abschnittsüberschriften angezeigt werden. Klicken Sie auf der Registerkarte *Start* auf *Abschnitt* und wählen Sie *Alles reduzieren*. Wenn Sie anschließend auf *Alle erweitern* klicken, werden alle Folien wieder angezeigt.

■ Um einen ganzen Abschnitt in der Abfolge zu verschieben, wechseln Sie in die *Foliensortieransicht* und klicken Sie mit der rechten Maustaste auf die Abschnittsüberschrift der Folien eines Abschnitts, die Sie verschieben wollen. Wählen Sie im so aufgerufenen Kontextmenü, ob Sie den gesamten Abschnitt nach oben bzw. nach unten verschieben wollen. Jeder Klick verschiebt den gesamten Abschnitt hinter bzw. vor den nächsten Abschnitt.

9.3.2   Texte eingeben

Im nächsten Schritt geht es darum, die Folien mit Ihren Aussagen zu versehen. Dafür werden Sie meist in der Ansicht *Normal* arbeiten und darin die Unteransichten *Folien* oder *Gliederung* im Navigationsbereich benutzen.

Arbeiten in der Unteransicht Folien

Wenn Sie sich auf die Textstruktur innerhalb einer Folie konzentrieren möchten, werden Sie wahrscheinlich in der Ansicht *Normal* im Navigationsbereich die Unterform *Folien* wählen. Beim Bearbeiten einer Präsentation auf Basis einer Vorlage weisen die darin enthaltenen Folien bereits Beispieltexte auf. In neu erstellten Folien sind dafür Platzhalter – wie *Titel durch Klicken hinzufügen* – vorhanden (Abbildung 9.9). Diese beiden Formen müssen Sie durch Ihre eigenen Texte ersetzen.

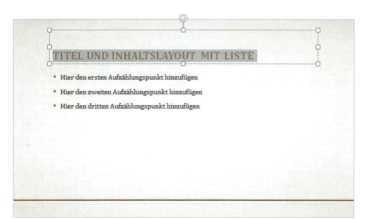

■ Vorhandene Beispieltexte in Vorlagen müssen zuerst gelöscht oder überschrieben werden. Der einfachste Weg dazu besteht darin, den gewünschten Bereich durch einen Klick mit der Maus auszuwählen und anschließend den Beispieltext mit einem Doppelklick vollständig zu markieren. Wenn Sie dann mit der Eingabe Ihres eigenen Textes beginnen, wird der vorher vorhandene Beispieltext überschrieben.

Abbildung 9.9: Folien beinhalten anfangs Beispieltexte oder Platzhalter.

■ Bei einigen Vorlagen finden Sie statt dieser Beispieltexte auch Platzhalter. Bei einem solchen Platzhalter reicht es aus, nur in den Bereich zu klicken. Daraufhin wird die Einfügemarke sichtbar. Der vorher angezeigte Inhalt wird damit automatisch entfernt, und Sie können sofort mit der Eingabe beginnen.

Nach dem Markieren der gewünschten Stelle geben Sie den Text ein. Zur Eingabe gehen Sie vor wie in der Textverarbeitung. Das Programm führt automatisch einen Zeilenumbruch innerhalb des Platzhalterbereichs am Zeilenende durch.

■ Durch Drücken der ⏎-Taste erzeugen Sie einen neuen Absatz im Bereich. Überladen Sie die Folie nicht mit zu viel Text. Speziell im Bereich der Titel sind mehrere Absätze in einem Rahmen nicht notwendig.

■ Anders verhält es sich in Bereichen der Aufzählungslisten. Hier sind immer nur mehrere Absätze sinnvoll. Auch hier erzeugen Sie einen neuen Absatz auf derselben Aufzählungsebene durch die ⏎-Taste.

■ Um Absätzen Unterpunkte auf der nächsten Ebene hinzuzufügen, verwenden Sie die ⇆-Taste.

 Mithilfe mehrerer Schaltflächen auf der Registerkarte *Start* der Gruppe *Absatz* können Sie die Aufzählungspunkte nachträglich noch ändern (Tabelle 9.3).

Arbeiten in der Unteransicht Gliederung

Reine Texte können Sie auch in Form einer Gliederung eingeben (Abbildung 9.4). Wählen Sie dazu die *Gliederungsansicht*. Existieren bereits Folien, finden Sie hier die schon vorhandenen Titel und Aufzählungstexte. Andere Inhalte der Folien – wie beispielsweise Diagramme – werden in dieser Ansicht nicht angezeigt. Die Ansicht eignet sich darum vordringlich zur Kontrolle und Änderung des Argumentationsflusses.

Bei einer neuen leeren Präsentation sind in dieser Ansicht zunächst nur die Foliennummer und das Foliensymbol der ersten Folie abgebildet, neben dem die Einfügemarke blinkt (Abbildung 9.10). Zur Eingabe von Texten in leeren Präsentationen benutzen Sie ähnliche Techniken wie bei der Eingabe in der Ansicht *Normal*:

- Mit der Eingabe des Titels der bereits vorhandenen ersten Folie können Sie sofort beginnen.
- Durch Betätigung der ⏎-Taste am Ende des Titels der Folie erzeugen Sie eine neue Folie.
- Um zur ersten Ebene einer untergeordneten Aufzählungsliste zu schalten, benutzen Sie die ⇆-Taste, nachdem Sie mit der ⏎-Taste eine neue Zeile erzeugt hatten. Mit dieser Taste können Sie auch weitere – also tiefere – Unterebenen anzeigen.
- Eine weitere Betätigung der ⏎-Taste nach der Bearbeitung eines Unterpunkts führt zur Anzeige eines weiteren Unterpunkts derselben Ebene.
- Drücken Sie nach dem letzten Eintrag für die erste Folie die Tastenkombination Strg + ⏎, um eine weitere Folie zu erstellen. Sie gelangen dann automatisch wieder auf die Titelebene dieser neuen Folie.

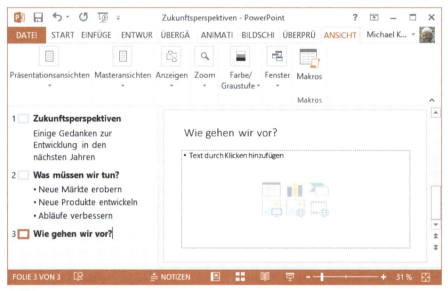

Abbildung 9.10: Einen Gliederungstext auf einer weiteren Folie eingeben

Um Text für weitere Folien einzugeben, wiederholen Sie die entsprechenden Schritte.

Gliederung bearbeiten

Die einzelnen Gliederungspunkte, die Sie eingegeben haben, können Sie nachträglich noch bearbeiten. So können Sie Text auf verschiedenen Ebenen anordnen, ganze Abschnitte verschieben sowie nur bestimmte Ebenen der gesamten Gliederung oder einzelner Folien anzeigen lassen. Nachdem Sie den Bereich, den Sie bearbeiten wollen, markiert haben, nehmen Sie diese Einstellungen über ein Kontextmenü vor, das Sie durch einen Klick mit der rechten Maustaste aufrufen (Abbildung 9.10).

Gliederung importieren

Wenn Sie eine Präsentation auf der Grundlage eines vorhandenen Berichts oder eines anderen gegliederten Word-Dokuments erstellen möchten, können Sie die Gliederungsstruktur des gegliederten Dokuments nutzen, indem Sie das Dokument in PowerPoint 2013 einfügen. Klicken Sie auf der Registerkarte *Start* in der Gruppe *Folien* auf *Neue Folie* und dann auf *Folien aus Gliederung* (Abbildung 9.8). Suchen Sie die Datei mit der Gliederung, die Sie einfügen möchten, und doppelklicken Sie darauf. Die Datei wird in PowerPoint geöffnet. Wenn die Quelldatei keine Überschriftenformate enthält, erstellt Office PowerPoint eine Gliederung auf der Grundlage der Absätze in der Quelldatei. Also ist es immer besser, zuerst das Word-Dokument mit geeigneten Überschriftenformaten zu versehen (*Kapitel 4*).

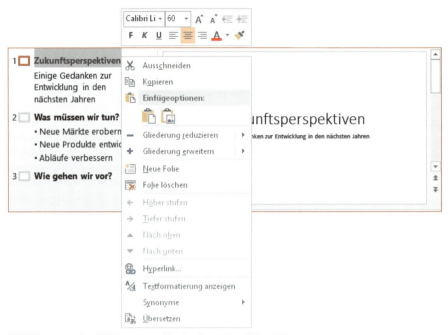

Abbildung 9.11: Den Gliederungstext über das Kontextmenü bearbeiten

9.3.3 Texte formatieren

Wie Microsoft Word verfügt PowerPoint über die Möglichkeit, Absatz- und Zeichenformate zuzuweisen.

Absatzformatierung

Die Mehrzahl der Befehlsschaltflächen zur Absatzformatierung kennen Sie sicherlich schon von anderen Office-Programmen her (Tabelle 9.3). Markieren Sie vor dem Einsatz zuerst eine beliebige Stelle im Absatz.

Symbol	Name und Wirkung
	Aufzählungszeichen: klappt eine Palette mit unterschiedlichen Aufzählungszeichen zur Auswahl auf.
	Nummerierung: klappt eine Palette auf, über die Sie den Absätzen eine Nummerierung zuweisen können.
	Listenebene verringern: verkleinert die Einzugsebene.
	Listenebene erhöhen: vergrößert die Einzugsebene.
	Zeilenabstand: öffnet eine Liste, über die Sie den Abstand zwischen den einzelnen Aufzählungspunkten erweitern oder verringern können.
	Über *Linksbündig, Zentriert, Rechtsbündig* und *Blocksatz* können Sie dem markierten Absatz eine Form der Ausrichtung zuweisen.

Tabelle 9.3: Schaltflächen dienen zur Steuerung der Aufzählungsebene.

Daneben verfügt die Gruppe *Absatz* bei PowerPoint aber noch über spezielle Befehlsschaltflächen (Tabelle 9.4).

Symbol	Name und Wirkung
≡≡ ▾	*Spalten hinzufügen oder entfernen:* erlaubt die Aufteilung des Textes in mehrere Spalten. Die Liste zur Schaltfläche stellt die häufigsten Alternativen zur Verfügung. Für Feinheiten dazu arbeiten Sie mit dem Befehl *Weitere Spalten* darin.
‖ ▾	*Textrichtung:* Sie können die Richtung des Textflusses in Schritten von 90° drehen. Beachten Sie aber die Lesbarkeit.
⟱ ▾	*Text ausrichten:* bestimmt die vertikale Ausrichtung des markierten Abschnitts auf der Folie. Sie können ihn oben, in der Mitte oder unten zeigen lassen.
⯐ ▾	*In eine SmartArt-Grafik konvertieren:* Sie können aus einem Textbereich einer Folie eine SmartArt-Grafik erzeugen. Unterebenen werden in der Grafik zusammen dargestellt.

Tabelle 9.4: Weitere Schaltflächen zum Formatieren

Zeichenformatierung

Die Zeichenformatierung gibt dem Text einer Präsentation den letzten Schliff. Das generelle Formatieren von Texten auf den Folien wird man im Allgemeinen auf der Ebene des Masters vornehmen. Auf diese Weise stellen Sie ein in sich geschlossenes Erscheinungsbild sicher. Eine Ausnahme bildet das Formatieren von einzelnen Wörtern oder Abschnitten, die Sie auf der Folie besonders hervorheben wollen. Dazu müssen Sie den Textabschnitt, den Sie formatieren wollen, zuerst markieren. Anschließend können Sie im Menüband auf der Registerkarte *Start* die Befehlsschaltflächen der Gruppe *Schriftart* benutzen.

Weitere Hinweise zur Zeichenformatierung erhalten Sie in den entsprechenden Abschnitten zum Programm Word (*Kapitel 4*).

9.3.4 Objekte einfügen

Wesentlich für einen überzeugenden Gesamteindruck Ihrer Präsentation sind nicht nur die aussagekräftigen Texte in Form von Aufzählungspunkten auf den einzelnen Folien. PowerPoint bietet Ihnen eine Vielzahl von Möglichkeiten, Ihre Aussagen durch Hinzufügen von unterschiedlichen Objekten zu unterstreichen.

Einfügen über das Menüband

Zum Hinzufügen von Objekten wie Tabellen, Diagrammen und diversen grafischen Objekten arbeiten Sie über das Menüband auf der Registerkarte *Einfügen*, wo Sie vorwiegend in der Gruppe *Illustrationen* die Befehlsschaltflächen zum Einfügen von unterschiedlichen Objekten ansprechen können (Abbildung 9.14 und *Kapitel 13*). Durch Anklicken der Befehlsschaltflächen öffnen Sie meist – dem gewählten Objekt entsprechend – Dialogfelder, über die Sie weitere Einstellungen vornehmen können.

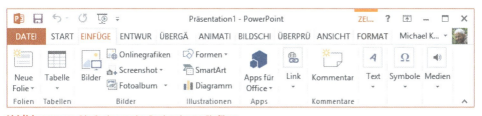

Abbildung 9.12: Die Optionen der Registerkarte *Einfügen*

Einfügen direkt über die Folie

Viel bequemer und PowerPoint-spezifisch ist es allerdings, gleich eine Folie zu wählen, die unterschiedliche Bereiche mit Platzhaltern zum Einfügen von Objekten aufweist. Diese Folien wählen Sie, indem Sie auf der Registerkarte *Start* auf den Pfeil unter *Neue Folie* klicken und sich dort die geeignete Folie aussuchen (Abbildung 9.14).

Abbildung 9.13: Eine Folie mit Platzhaltern zum Einfügen von Objekten

In jedem Bereich sind sechs Schaltflächen verfügbar, auf die Sie nur klicken müssen, um das entsprechende Objekt einzufügen (Tabelle 9.5).

Symbol	Name und Wirkung
	Tabelle einfügen: öffnet ein Dialogfeld, über das Sie Spalten und Zeilen für eine Tabelle eingeben können.
	Diagramm einfügen: öffnet ein Dialogfeld, über das Sie einen Diagrammtyp auswählen können.
	SmartArt-Grafik einfügen: in einem Dialogfeld eine spezielle Form auswählen.
	Bilder: zeigt das Dialogfeld zum Öffnen einer auf Ihrem System verfügbaren Grafik an.
	Online-Grafiken: öffnet ein zusätzliches Fenster zur Auswahl eines Clips.
	Video einfügen: zeigt das Dialogfeld zum Öffnen einer auf Ihrem System verfügbaren Mediendatei an.

Tabelle 9.5: Symbole auf Platzhaltern zum Einfügen von Objekten

Je nachdem, welches Objekt Sie eingefügt haben, wird im Menüband zusätzlich eine kontextbezogene Registerkarte angezeigt – beispielsweise *Tabellentools*, wenn Sie eine Tabelle eingefügt haben (*Kapitel 16*). Auf dieser Registerkarte finden Sie sämtliche Befehlsschaltflächen, um das Objekt zu bearbeiten.

9.4   Am Master arbeiten

Wir hatten es oben schon erwähnt: Sämtliche Folien einer Präsentation sind mit einem Master verbunden. Auf diesem Master sind Schriftformate, Einzugsebenen, Design sowie Position und Größe von Bereichen für alle Folien einer Präsentation, die mit diesem Master verbunden sind, festgelegt. Auf einen Master können Sie Zusatzinformationen wie Datum, Seitenzahl, Firmenname und Firmenlogo hinzufügen, die durchgehend auf allen Folien/Notizenseiten Ihrer Präsentation erscheinen sollen. Weiterhin können Sie einen eigenen Master erstellen und auf diesem Einstellungen für den Hintergrund und für verschiedene Layouts vornehmen. Mit denselben Methoden können Sie auch vorhandene Mastervorlagen abändern. Das gilt sowohl für den eigentlichen Folienmaster als auch für den Notizzettelmaster.

9.4.1 Der Folienmaster

Um den aktuellen Master anzuzeigen, wechseln Sie im Menüband zur Registerkarte *Ansicht* und klicken Sie auf die Befehlsschaltfläche *Folienmaster* (Abbildung 9.14). Das Menüband in der Ansicht *Folienmaster* verfügt über eine weitere Registerkarte mit dem Namen *Folienmaster*, über deren Befehlsschaltflächen Sie sämtliche Optionen zum Ändern des Folienmasters nutzen können.

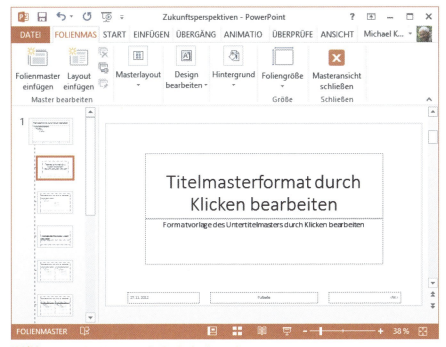

Abbildung 9.14: Der Master erstellt eine Basispräsentation.

Wichtig auf diesem Bildschirm sind zunächst einmal die Miniaturansichten in der Spalte links:

- Oben finden Sie ein etwas größeres Symbol. Wenn Sie dieses markiert haben, gelten die nachfolgend durchgeführten Einstellungen für alle Folien in der Präsentation. Wenn Sie beispielsweise auf dieser Ebene einen Hintergrund zuweisen, ist dieser bei allen Folien sichtbar.
- Darunter finden Sie Miniaturansichten für die einzelnen Layouts. Änderungen darin wirken sich nur auf Folien aus, die dieses Layout benutzen. Wenn Sie einige – aber nicht alle – dieser Master auf dieselbe Weise ändern wollen, markieren Sie sie vorher mit gedrückt gehaltener ⌴Strg⌴-Taste.

Nachdem Sie diese wichtige Markierung vorgenommen haben, können Sie die Befehle auf der Registerkarte *Folienmaster* verwenden, um den gerade markierten Master zu bearbeiten:

- Über die Befehle der Gruppe *Master bearbeiten* können Sie der Präsentation einen neuen Folienmaster sowie ein benutzerdefiniertes Layout hinzufügen und weiterhin den Namen des geänderten Masters umbenennen oder beibehalten.
- Die Gruppe *Masterlayout* erlaubt es, dem Master zusätzliche Platzhalter zum Einfügen von Elementen sowie Felder für Titel und Fußzeilen hinzuzufügen.
- Mit der Gruppe *Design bearbeiten* können Sie dem Master eines der bereits vorhandenen Designs zuweisen oder auch ein neues Design erstellen.
- Die Befehle in der Gruppe *Hintergrund* weisen neue Hintergrundformate zu, und Sie können auch bewirken, dass dem Hintergrund hinzugefügte Grafiken nicht angezeigt werden.

- Über die Gruppe *Seite einrichten* können Sie die Seitengröße und die Ausrichtung festlegen.
- *Mit Schließen* beenden Sie die Arbeit am Master und kehren zur vorher gewählten Ansicht zurück.

Die wichtigsten Arbeiten mit diesen Gruppen wollen wir Ihnen gleich anschließend vorstellen.

Einen neuen Master erstellen

Wenn Sie einen eigenen Master für die Folien der Präsentation erstellen wollen, markieren Sie zunächst in der Ansicht *Folienmaster* das oberste Foliensymbol. Klicken Sie dann in der Ansicht *Folienmaster* in der Gruppe *Master bearbeiten* auf die Befehlsschaltfläche *Folienmaster einfügen*. Sie bewirken damit die Anzeige einer weiteren Gruppe von Masterfolien, die bereits einige Angaben enthält (Abbildung 9.15).

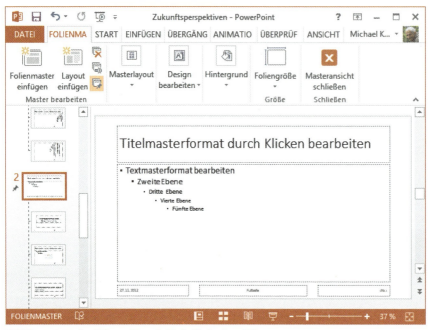

Abbildung 9.15: Der Folienmaster erstellt eine Basispräsentation.

Auch hier gilt wieder: Wenn Sie jetzt einzelne Master darin bearbeiten wollen, müssen Sie sie vorher in der linken Spalte markieren.

TIPP Der neu hinzugefügte Folienmaster ist im linken Bereich mit einer Nummer versehen. Mithilfe dieser Grundstruktur können Sie – wie in den folgenden Abschnitten beschrieben – Ihren eigenen Master aufbauen.

Das Seitenformat festlegen

Zuerst sollten Sie das eingestellte Seitenformat zumindest kontrollieren. Stellen Sie sicher, dass der gewünschte Master markiert ist, und wählen Sie im Menüband in der Gruppe *Größe* die Befehlsschaltfläche *Foliengröße*. Sie können darüber zwischen den beiden Formaten *Standard (4:3)* und *Breitbild (16:9)* wählen. Über die zusätzliche Option *Benutzerdefinierte Foliengröße* öffnen Sie ein Dialogfeld, über das Sie davon abweichende Formate einstellen können (Abbildung 9.16).

Wichtig bei PowerPoint sind vor allem die Optionen im Feld *Papierformat*. Wählen Sie eines der aufgelisteten Formate aus oder definieren Sie ein eigenes. Im Feld *Nummerierung beginnt bei* stellen Sie die gewünschte Nummerierung ein.

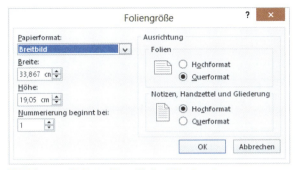

Abbildung 9.16: Kontrollieren Sie das Seitenformat.

Das Design festlegen

Wie (fast) alle Programme der Generation Office 2013 verfügt auch PowerPoint über die Möglichkeit, ein Design festzulegen oder zu einem anderen zu wechseln. Dazu verwenden Sie die Befehle in der Gruppe *Design bearbeiten*. Sie können darüber ein anderes vorgefertigtes Design zuweisen und/oder einzelne Elemente des Designs verändern.

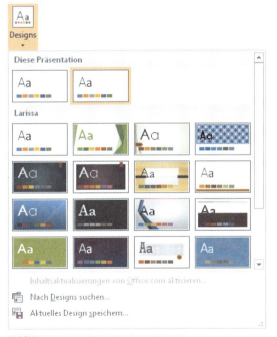

Ein *Design* ist – wie bei den anderen Office-Programmen – eine Kombination aus einem Farbdesign, einem Schriftartendesign und einem Effektdesign und kann mit einer einzigen Auswahl auf das ganze Dokument angewendet werden. Ein Dokumentdesign besteht aus mehreren Formatierungsoptionen, die einen Satz von Designfarben, einen Satz von Designschriftarten und einen Satz von Designeffekten – das ist eine Gruppe von visuellen Attributen, die auf Elemente in einer Datei angewendet werden – enthalten. Jedes Dokument, das Sie in Microsoft PowerPoint erstellen, verfügt über ein Design – selbst leere neue Präsentationen. Das Standarddesign ist das *Office*-Design mit einem weißen Hintergrund und dunklen, sanften Farben.

Um ein anderes Design zu benutzen, wählen Sie es aus dem Katalog zur Schaltfläche *Designs* in der Gruppe *Design bearbeiten* (Abbildung 9.17).

Abbildung 9.17: Wählen Sie ein Design aus.

Nachdem Sie durch die Wahl eines Designs einen Vorlagensatz eingestellt haben, können Sie über die Kataloge zu den Schaltflächen von *Farben*, *Schriftarten* oder *Effekte* in der Gruppe *Hintergrund* die Parameter des Designs noch zusätzlich ändern (Abbildung 9.18).

- Über *Farben* steht Ihnen eine Vielzahl von einzelnen Farbpaletten zur Verfügung (Abbildung 9.18 links). Zusätzliche können Sie nach einem Klick auf *Neue Designfarben erstellen* selbst definieren.
- In der Liste zu *Schriftarten* finden Sie mehrere Sätze von Kombinationen zweier Schriftarten. Beispielsweise sorgt die Kombination *Larissa 2* dafür, dass für Überschriften die Schriftart *Calibri* verwendet wird, für den normalen Fließtext die Schriftart *Cambria* (Abbildung 9.18 rechts).

Abbildung 9.18: Farben und Schriftarten

Abbildung 9.19: Einige Optionen für den Hintergrund

Den Hintergrund festlegen

Das Design bestimmt auch den Hintergrund, Sie können aber auch nach der Wahl eines Designs einen anderen Hintergrund einstellen. Dazu wählen Sie auf der Registerkarte *Folienmaster* in der Gruppe *Hintergrund* die Option *Hintergrundformate*. Im Katalog zu dieser Schaltfläche haben Sie zunächst einmal die Wahl zwischen mehreren Standardoptionen (Abbildung 9.19).

Nach einem Klick auf die Option *Hintergrund formatieren* können Sie aber den Hintergrund frei gestalten. Ihnen stehen hier in etwa dieselben Möglichkeiten zur Verfügung, die Sie auch für die Formatierung von Diagrammflächen in Excel 2013 finden (*Kapitel 8*). Im Bereich *Füllung* finden Sie mehrere Optionen:

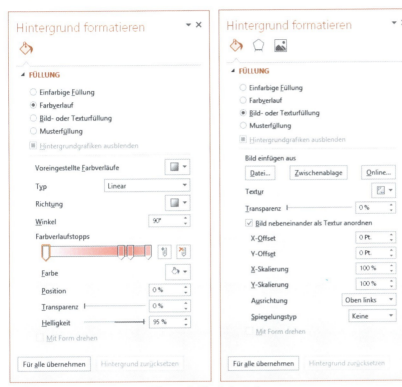

Abbildung 9.20: Den Hintergrund können Sie hier frei gestalten.

Nach der Wahl von *Einfarbige Füllung*, *Farbverlauf* oder *Bild- oder Texturfüllung* können Sie das gewünschte Design über mehrere spezifische Optionen einstellen.

- Die *einfarbige Füllung* erlaubt es, die Farbe und die Transparenz festzulegen.
- Bei einem *Farbverlauf* als Hintergrund können Sie aus Paletten für voreingestellte Farben, Richtung sowie Designfarben den geeigneten auswählen (Abbildung 9.20 links). Mit der Wahl eines *Typs* können Sie eine Option aus der Liste auswählen, die die Richtung beim Zeichnen der graduellen Füllung angibt. Der ausgewählte Typ bestimmt die verfügbare Richtung. Bei *Farbverlaufstopps* handelt es sich um Einstellungen, die Sie vornehmen können, wenn Sie beispielsweise einen Farbverlauf erstellen möchten, der von Rot über Grün zu Blau verläuft. Hierbei müssen Sie drei Farbverlaufstopps hinzufügen – einen für jede Farbe. Wenn Sie einen Farbverlauf erstellen möchten, der nur in der Ecke einer Form angezeigt wird, benötigen Sie Farbverlaufstopps, um den Farbverlauf nicht linear zu gestalten. Über die Stoppliste können Sie jeweils nur einen Farbverlaufstopp ändern. Wenn Sie auf den Farbverlaufstopp klicken, den Sie in der Liste bearbeiten möchten, geben die Positions-, Farb- und Transparenzoptionen die aktuellen Einstellungen für den Farbverlaufstopp wieder. Wenn Sie den Standort für die Farb- und die Transparenzänderung in der graduellen Füllung festlegen wollen, verschieben Sie den Regler *Stoppposition* oder geben Sie im Feld neben dem Regler eine Zahl in Prozent ein.
- Mit *Bild- oder Texturfüllung* können Sie eine Grafikdatei als Hintergrund einsetzen (Abbildung 9.20 rechts). Sie können hierbei nach einem Klick auf *Datei* ein Bild als Folienhintergrund wählen.

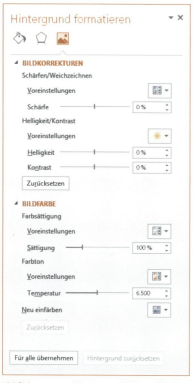

Abbildung 9.21: Hintergrundfüllung, Bild bearbeiten

Über den Bereich *Bildkorrekturen* im Arbeitsbereich *Hintergrund formatieren* können Sie – nachdem Sie als Hintergrundfüllung ein Bild ausgewählt haben – verschiedene Einstellungen bezüglich Kontrast, Helligkeit etc. für dieses Bild auswählen (Abbildung 9.21).

TIPP Nachdem Sie Ihre Wahl getroffen und sämtliche Einstellungen vorgenommen haben, bestätigen Sie sie durch *Für alle übernehmen*. Falls Ihnen die Änderungen nicht zusagen, können Sie sie durch einen Klick auf *Hintergrund zurücksetzen* wieder rückgängig machen.

Wenn Sie nur den Hintergrund einer Folie ändern möchten, benutzen Sie die Ansicht *Normal*. Ein Hintergrund, der auf einer einzelnen Folie angezeigt wird, hat Vorrang vor dem Hintergrund der Hintergrundseite. Die Objekte auf der Hintergrundseite bleiben jedoch sichtbar.

Textelemente hinzufügen

Standardmäßig verfügt ein neu erstellter Folienmaster über Platzhalter, die auch die Formate der Texteingaben als Standard beinhalten. Um diese Formate einzustellen, markieren Sie den Bereich zunächst durch einen Klick darauf. Im Hauptbereich der Folie können Sie so zwei Bereiche separat ansprechen – den für den Titeltext und den für den Gliederungstext. Führen Sie dann die Formatierung über die entsprechenden Schaltflächen auf der Registerkarte *Start* in den Gruppen *Schriftart* und *Absatz* durch. Die Techniken entsprechen denen, die Sie vom Programm Word her kennen.

Zusätzliche Masterelemente

Im Folienmaster finden Sie drei zusätzliche Bereiche – den *Datumsbereich*, den *Fußzeilenbereich* und den *Foliennummernbereich*. Sie können hier dem Folienmaster Platzhalter für Kopfzeilen, Fußzeilen, Datum und Foliennummern hinzufügen (Abbildung 9.22). Wählen Sie dazu im Menüband auf der Registerkarte *Einfügen* in der Gruppe *Text* den Befehl *Kopf- und Fußzeile*. Angezeigt wird das Dialogfeld *Kopf- und Fußzeile*, das über die Registerkarten *Folie* sowie *Notizblätter und Handzettel* verfügt. Die Optionen auf diesen beiden Registerkarten sind im Wesentlichen identisch, nur beziehen sie sich einerseits auf die Anzeige auf den Folien selbst, andererseits auf die Anzeige in Notizblättern und Handzetteln (siehe die folgenden Abschnitte).

Sie finden unter *In Folie einschließen* einige Abschnitte, über die Sie wählen können, was auf den Folien angezeigt werden soll:

■ Durch Aktivieren von *Datum und Uhrzeit* fügen Sie den Folien Datum und Uhrzeit hinzu. Wenn Sie darunter die Option *Fest* einstellen, werden die Werte für das Datum und die Uhrzeit angezeigt, die Sie in das Textfeld daneben eingeben. Die Voreinstellung in diesem Feld zeigt die Daten zu dem Zeitpunkt, zu dem die Folie erstellt wurde. Alternativ können Sie über die Option *Automatisch aktualisieren* dafür sorgen, dass das Datum und die Uhrzeit mit jedem Laden der Folien auf den aktuellen Tag angepasst wird. Wählen Sie unter *Sprache* ein Datumsformat in der Liste aus.

■ *Foliennummer* fügt die Foliennummer bzw. die Seitenzahl zur Fußzeile der Folie hinzu.

■ Nach dem Aktivieren von *Fußzeile* wird der Text, den Sie in das Feld *Text für die Fußzeile* eingegeben haben, unten in die Folie eingefügt.

Abbildung 9.22: Sie können zusätzliche Angaben auf den Folien zeigen.

Klicken Sie dann auf *Für alle übernehmen*, wenn Sie diese Einstellungen an allen Folien in der Präsentation anzeigen lassen wollen, einschließlich der entsprechenden Masterdias. Im Gegensatz dazu wendet *Übernehmen* die aktuellen Einstellungen auf die ausgewählten Folien an. Wenn Sie die zusätzliche Option *Auf Titelfolie nicht anzeigen* aktivieren, wird die Anzeige dieser Informationen für die erste Folie deaktiviert.

Änderungen am Masterlayout rückgängig machen

Über die Schaltfläche *Masterlayout* in der gleichnamigen Gruppe können Sie ein Dialogfeld einblenden lassen, in dem wichtige Elemente des Layouts – wie der Platzhalter für den Titel oder die Datumsanzeige in der Fußzeile – angezeigt werden. Nur dann, wenn Sie Elemente im Master gelöscht haben, können Sie in diesem Dialogfeld das jeweilige Element wieder anzeigen lassen. Aktivieren Sie dazu das entsprechende Kontrollkästchen (Abbildung 9.23).

Abbildung 9.23: Vorher gelöschte Masterelemente können wieder eingeschaltet werden.

9.4.2 Der Notizenmaster

Über die Befehlsschaltfläche *Notizenmaster* auf der Registerkarte *Ansicht* wechseln Sie in die Hintergrundansicht für Notizen, in der Sie Formate für Notizen definieren können (Abbildung 9.24). In diesem Modus können Sie das Layout und die Formate für die Notizenseiten zu allen Folien ändern. Die Einstellungen für den Folienmaster werden davon nicht betroffen. Wenn Sie auf einen der darin angezeigten Bereiche klicken, können Sie ihn verschieben und auch in seiner Größe ändern. Über die in dieser Ansicht angezeigte Registerkarte *Notizenmaster* können Sie auch sämtliche Optionen anwählen, die Sie für das Erscheinungsbild der Notizenseite benötigen. Außerdem stehen Ihnen nach einem Markieren des unteren Bereichs, der die eigentlichen Notizen aufnimmt, praktisch alle Werkzeuge für die Textverarbeitung zur Verfügung. Sie können in dieser Ansicht dem Master im Notizseitenmodus auch Platzhalter für Kopfzeilen, Fußzeilen, Datum und Foliennummern hinzufügen bzw. diese entfernen.

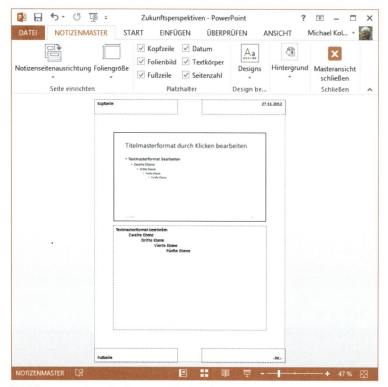

Abbildung 9.24: Legen Sie den Master für die Notizen fest.

9.4.3 Weitere Master

Auch für die Handzettel gibt es Mastervorlagen. Die Ansicht *Handzettelmaster* schaltet zur Handzettelseite um (Abbildung 9.25). Sie können diese Ansicht verwenden, um ein Konzept für einen Ausdruck mit den Inhalten Ihres Vortrags zu entwickeln. Die Anzahl der verkleinerten Folienabbildungen, die Sie auf einer Seite anzeigen möchten, ändern Sie mit dem Befehl *Folien pro Seite*, indem Sie zur neu angezeigten Registerkarte *Handzettelmaster* des Menübands wechseln.

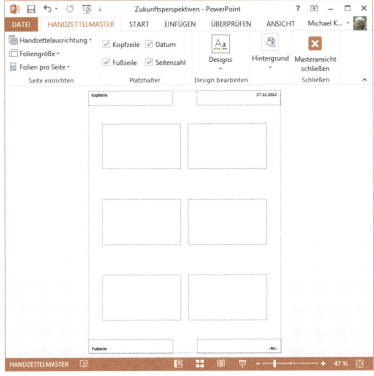

Abbildung 9.25: Handzettel fassen mehrere Folien auf einer Seite zusammen.

9.4.4   Die Arbeit am Master beenden

Zum Abschluss der Arbeit am Master klicken Sie auf die Schaltfläche *Masteransicht schließen* auf der Registerkarte zum jeweiligen Master (Folienmaster, Handzettelmaster, Notizenmaster). Sie kehren damit zur vorher eingestellten Ansicht zurück.

> **TIPP** Ein Präsentationslayout, das Sie in der Masteransicht entworfen haben – beispielsweise ein spezielles Firmendesign –, können Sie als Vorlage speichern.

Kapitel 10

PowerPoint 2013: Präsentationen einrichten und vorführen

In diesem Kapitel kommen wir zum eigentlichen Ziel der Arbeit mit dem Programm PowerPoint: der Vorführung der Präsentation. Dazu gibt es im Prinzip zwei Möglichkeiten, für die verschiedene Formen der Einrichtung notwendig sind.

- Zunächst wollen wir Ihnen die Werkzeuge zum Einrichten einer Präsentation näherbringen (Abschnitt 10.1). Dazu gehört das Arbeiten mit der Foliensortierung, das Festlegen von Folienübergängen und die Steuerung von Animationen.
- Dann liefern wir Ihnen Hinweise dazu, wie Sie Ihre Präsentation mit PowerPoint vorführen (Abschnitt 10.2). Die Steuerung des Ablaufs werden Sie in einem solchen Fall wohl selbst in die Hand nehmen wollen. Nach dem Starten können Sie manuell zwischen den Folien navigieren und auch bei gedrückt gehaltener rechter Maustaste Elemente auf der Folie durch Unterstreichen betonen.
- Andere Aspekte kommen ins Spiel, wenn Sie wünschen, dass die Präsentation später ohne Ihr Zutun auf dem Rechner oder als Video automatisch ablaufen soll (Abschnitt 10.3). In diesem Fall werden Sie die Präsentation erst aufnehmen müssen. Dabei werden Sie die Einblendezeiten der Folien festlegen und im Anschluss daran gegebenenfalls die Präsentation vertonen.

Hinweis PowerPoint bietet eine umfassende Auswahl an Druckoptionen. Sie können eine gesamte Präsentation, mehrere aufeinanderfolgende Folien und Seiten, bestimmte Folien und Seiten drucken. Ebenfalls gedruckt werden können Zusammenfassungen oder Notizen für den Referenten. Die Techniken zur endgültigen Durchführung des Ausdrucks sind für alle Programme in Microsoft Office 2013 und die darin erzeugbaren Dokumente nahezu identisch (*Kapitel 15*).

10.1 Präsentation einrichten

Nachdem Sie alle Folien einer Präsentation erstellt und auch die gewünschten Objekte hinzugefügt haben, müssen Sie noch einige Schritte durchführen, bevor Sie eine Präsentation vorführen:

- Für diese Aufgaben arbeiten Sie am besten in der Ansicht *Foliensortierung,* die Sie über die Registerkarte *Ansicht* über die entsprechende Schaltfläche anzeigen lassen. Wenn Sie Ihre Präsentation auf unterschiedliche Zuhörergruppen ausrichten möchten, können Sie für jede dieser Gruppen aus Ihren Folien eine Auswahl zusammenstellen, in der die jeweiligen Interessenschwerpunkte der Gruppe abgehandelt werden. Man spricht dann von einer zielgruppenorientierten Präsentation.
- Anschließend können Sie für die einzelnen Folien noch weitere Eigenschaften festlegen. Solche Folieneigenschaften beinhalten unterschiedliche Aspekte: Sie beschreiben beispielsweise, in welcher Form und mit welchen optischen Effekten zur nächsten Folie gewechselt wird oder ob eine Klangdatei während der Anzeige wiedergegeben werden soll. Die Übergänge von Folie zu Folie während einer Bildschirmpräsentation können Sie durch eine Vielzahl von optischen Spezialeffekten fließender gestalten.

10.1.1 Arbeiten in der Foliensortierung

Wenn Sie mit den Strukturen innerhalb der einzelnen Folien zufrieden sind und nur noch an der Reihenfolge der einzelnen Folien feilen wollen, sollten Sie die Folien in der Ansicht *Foliensortierung* anzeigen (Abbildung 10.1). In dieser Ansicht wird der Folienbereich ausgeblendet, und die Folien werden in verkleinerter Form im Hauptbereich des Bildschirms abgebildet. Wählen Sie den Vergrößerungsmaßstab so, dass Sie den Inhalt der Folien noch identifizieren können.

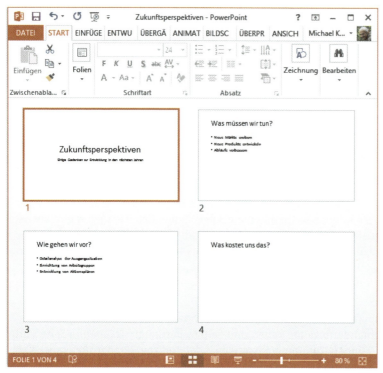

Abbildung 10.1: Die Folien in der Ansicht *Foliensortierung*

Allgemeiner Ablauf

Sie können jetzt die Folien in der Präsentation sortieren, indem Sie sie mit der Maus markieren und an die gewünschte Stelle ziehen. Sie können auch mehrere Folien gemeinsam markieren und dann die Gruppe an die gewünschte Position ziehen.

■ Um mehrere aufeinanderfolgende Folien zu verschieben, müssen Sie diese zuerst gemeinsam markieren: Halten Sie die ⇧-Taste gedrückt und klicken Sie dann auf die erste und die letzte Folie in der Reihe der Folien, die Sie verschieben wollen.

■ Mehrere nicht aufeinanderfolgende Folien markieren Sie, indem Sie die Strg-Taste gedrückt halten und dann auf jede gewünschte Folie klicken.

Zielgruppenorientierte Präsentation

In vielen Fällen werden Sie eine bestimmte Präsentation vor verschiedenen Gruppen von Zuhörern vortragen wollen. In diesem Fall sollten Sie zunächst eine Basispräsentation mit allen Folien erstellen, in der alle – meist unterschiedlichen – Schwerpunkte der Interessen dieser Gruppen abgehandelt werden. Einzelne Folien der gesamten Präsentation können Sie dann als sogenannte zielgruppenorientierte oder individuelle Präsentation für einen bestimmten Teilnehmerkreis definieren. Das hat den Vorteil, dass Sie mit einer einheitlich gestalteten Präsentation verschiedene Gruppen ansprechen können und nicht mehrere Präsentationen mit fast gleichem Inhalt erstellen müssen.

Sie können aus einer aktuellen Präsentation beliebig viele zielgruppenorientierte Präsentationen erstellen. Öffnen Sie zunächst die Präsentation, aus der Sie einzelne Folien als zielgruppenorientierte Präsentation definieren wollen, und zeigen Sie sie in der Ansicht *Foliensortierung* an. Wechseln Sie dann zur Registerkarte *Bildschirmpräsentation*. Klicken Sie dort auf die Befehlsschaltfläche *Benutzerdefinierte Bildschirmpräsentation* und wählen Sie darin die Option *Zielgruppenorientierte Präsentation*. Im gleichnamigen Dialogfeld werden im Hauptfeld die zur aktuellen Präsentation schon definierten Varianten angezeigt. Beim ersten Aufruf dieses Befehls ist dieses Feld aber noch leer (Abbildung 10.2).

Abbildung 10.2: Eine neue zielgruppenorientierte Präsentation erstellen

Klicken Sie zunächst auf *Neu*, um eine Kopie der Originalpräsentation zu erstellen. Im Dialogfeld *Zielgruppenorientierte Bildschirmpräsentation definieren* können Sie dann dieser Kopie im Feld *Name der Bildschirmpräsentation* einen eigenen Namen zuweisen (Abbildung 10.3).

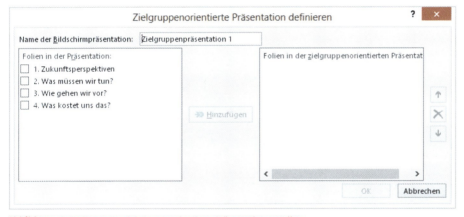

Abbildung 10.3: Eine neue zielgruppenorientierte Präsentation erstellen

- In der Liste *Folien in der Präsentation* werden die Folien der zur aktuellen Präsentation gehörenden Folien in der festgelegten Reihenfolge aufgelistet. Markieren Sie darin die Folien, die Sie für die Zielgruppe benutzen wollen. Sie können bei gedrückt gehaltener ⌊Strg⌋-Taste mehrere Folien auswählen. Benutzen Sie dann die Schaltfläche *Hinzufügen* in der Mitte zwischen den beiden Listen, um die ausgewählte(n) Folie(n) in die Liste *Folien in der zielgruppenorientierten Präsentation* zu übernehmen.
- Wenn Sie Folien in die zielgruppenorientierte Präsentation übernommen haben, die Sie nicht wünschen, können Sie diese nach dem Markieren in der entsprechenden Liste über die Schaltfläche *Entfernen* wieder aus der Liste befördern.
- Über die Pfeiltasten am rechten Rand können Sie die Reihenfolge der Folien, die Sie zuvor in der Liste markiert haben, nachträglich noch umstellen.

Nach der Bestätigung über *OK* wird die Präsentation unter dem vergebenen Namen im Dialogfeld *Zielgruppenorientierte Präsentationen* angezeigt. Erstellen Sie so viele Kopien, wie Sie benötigen. Diese Varianten werden alle in derselben Datei gespeichert. Nachdem Sie Varianten erstellt haben, können Sie über dasselbe Dialogfeld zwischen diesen Kopien wechseln.

10.1.2 Folienübergänge festlegen

PowerPoint verfügt über eine Vielzahl von optischen Spezialeffekten, die beim Übergang von einer Folie zur nächsten während einer Bildschirmpräsentation ausgeführt werden können. Um einen solchen Übergang festzulegen, wechseln Sie zunächst im Menüband zur Registerkarte *Übergänge*. In der Gruppe *Übergang zu dieser Folie* finden Sie sämtliche Optionen, die Sie für einen optischen Spezialeffekt benötigen, der ausgeführt wird, wenn Sie während einer Bildschirmpräsentation zur nächsten Folie wechseln.

Optische Effekte

Den gewünschten optischen Effekt des Übergangs können Sie über die Schaltflächen links in dieser Gruppe zuweisen. Oder Sie klappen im Menüband auf der Registerkarte *Übergänge* die Palette der verfügbaren Übergangseffekte aus. Klicken Sie dann den geeigneten Effekt an, um ihn zuzuweisen (Abbildung 10.4).

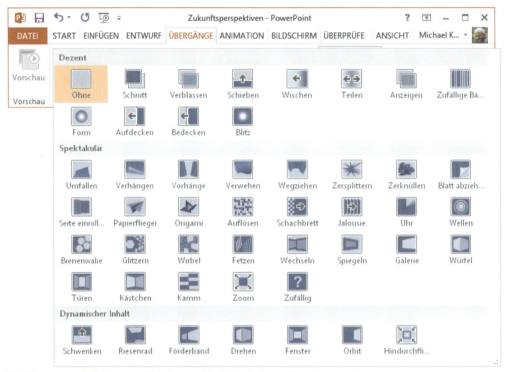

Abbildung 10.4: Folienübergang über das Menüband, Registerkarte *Übergänge*, zuweisen

Der Effekt wird während der Zuweisung testweise ausgeführt. Um den zugewiesenen Effekt nochmals zu betrachten, klicken Sie auf die Schaltfläche *Vorschau* links auf der Registerkarte *Übergänge*. Um den Effekt gleich am Bildschirm kontrollieren zu können, können Sie sowohl die Ansicht *Normal* als auch die *Folien-sortierung* nutzen. Markieren Sie die Folie(n), für die der Übergang zum nächsten bestimmt werden soll. Sie können wiederum mehrere Folien bei gedrückt gehaltener Strg-Taste markieren.

Mit der Wahl über den Katalog zu *Übergangsschema* legen Sie nur das Prinzip des Übergangs fest. Danach können Sie dazu weitere Feinheiten einstellen. Klicken Sie auf *Effektoptionen* in der Gruppe *Übergang zu dieser Folie*. Die im Katalog verfügbaren Optionen unterscheiden sich je nach dem vorher gewählten *Übergangsschema*. Übergangseffekte wie beispielsweise *Wischen*, *Aufdecken*, *Schieben*, *Form*, *Teilen*, *Bedecken* und *Schachbrett* können nun so geändert werden, dass sie nach rechts, links, oben oder unten ausgeführt werden.

Abbildung 10.5: Liste der verfügbaren Soundeffekte

Die Anzeigedauer

Über die restlichen Befehlsschaltflächen in der Gruppe *Anzeigedauer* können Sie weitere Effekte zuweisen.

- Wenn Sie beim Übergang zusätzlich einen Klang benutzen, machen Sie die Zuhörer darauf aufmerksam, dass es wieder etwas Neues zu sehen gibt. In der Liste zum Feld *Klang* stehen Ihnen mehrere Standardklänge zur Verfügung, Sie können aber nach Auswahl von *Anderer Sound* auch eine andere Klangdatei wählen (Abbildung 10.5). Wenn Sie *Wiederholen bis zum nächsten Sound* aktivieren, wird der Klang so lange wiederholt, bis der nächste Klang gestartet wird.
- Im Bereich unter der Überschrift *Nächste Folie* können Sie auswählen, mit welchen Methoden zur folgenden Folie gewechselt werden soll: Sie haben hier die Wahl, den Wechsel manuell oder nach Ablauf einer bestimmten Zeitspanne vorzunehmen.
- Wenn Sie auf die Schaltfläche *Für alle Folien übernehmen* klicken, wird die oben eingestellte Form des Übergangs auf alle Folien der Präsentation angewendet, nicht nur die gerade markierte(n). Seien Sie also vorsichtig damit. Es empfiehlt sich, zunächst einen Übergang zu definieren, der für die Mehrzahl der Folien gelten soll, und dann – wenn notwendig – einzelne Übergänge abzuwandeln.

Nachdem Sie die Übergangseffekte zugewiesen und andere Einstellungen vorgenommen haben, werden in der Ansicht *Foliensortierung* Ihre Einstellungen zum Übergangseffekt durch ein kleines Symbol und die – wenn eingestellt – festgelegten automatischen Einblendezeiten unterhalb der Folie angezeigt (Abbildung 10.6).

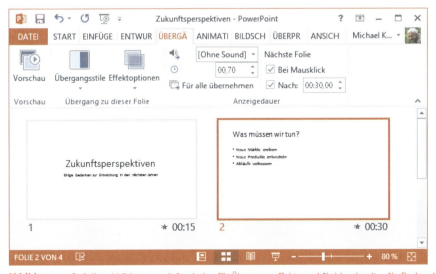

Abbildung 10.6: Folienabbildungen mit Symbolen für Übergangseffekte und Einblendezeit – Sie finden diese unterhalb der Folie.

Einblendezeiten testen

Wenn Sie sich dafür entscheiden, den Wechsel von einer Folie zur nächsten automatisch ablaufen zu lassen und nicht durch einen Mausklick oder das Drücken einer Taste zu steuern, können Sie die Einblendezeiten für die einzelnen Folien auch aufnehmen lassen. Markieren Sie dazu die erste Folie der Präsentation und wechseln Sie zur Registerkarte *Bildschirmpräsentation*. Aktivieren Sie dort die Befehlsschaltfläche *Neue Anzeigedauern testen* in der Gruppe *Einrichten*.

Eine Bildschirmpräsentation wird gestartet. Nach dem Einblenden einer Folie wird links unten in einem kleinen Dialogfeld die aktuelle Anzeigezeit wiedergegeben. Wenn Sie über einen Mausklick oder eine Taste zur nächsten Folie wechseln, wird diese Zeit notiert und für spätere Präsentationsabläufe gespeichert.

10.1.3   Animation

In einem weiteren Schritt können Sie praktisch alle Elemente einer Folie auf unterschiedliche Weisen animieren. Um den Effekt gleich am Bildschirm zu kontrollieren, sollten Sie in der Ansicht *Normal* arbeiten.

Allgemeine Vorgehensweise

Zeigen Sie die Folie, deren Elementen Sie einen Animationseffekt hinzufügen wollen, im Hauptfenster an. Markieren Sie dann das Objekt auf der Folie, das animiert werden soll. Dabei kann es sich um ein Textobjekt – wie einen Titel oder einen Punkt einer Aufzählungsliste – oder ein bereits eingefügtes grafisches Objekt handeln. Zeigen Sie im Menüband die Registerkarte *Animationen* an. Über die anfänglich etwas dürftig aussehende Gruppe *Animationen* steht Ihnen eine Riesenauswahl an Animationseffekten zur Verfügung (Abbildung 10.7).

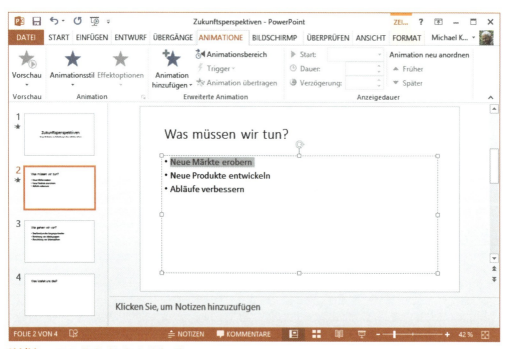

Abbildung 10.7: Die Registerkarte *Animationen*

Danach können Sie wählen, ob Sie dem Objekt eine einfache Animation hinzufügen oder ob Sie zusätzlich benutzerdefinierte Einstellungen treffen wollen.

Das zu animierende Element auswählen

Animationen dienen im Allgemeinen dazu, die Aufmerksamkeit der Zuhörer auf einen bestimmten Bereich auf der Folie zu lenken. Man wird deswegen also Animationen für einzelne Objekte auf der Folie einrichten. Animationseffekte können für Text oder Objekte auf einzelnen Folien, für Text und Objekte auf dem Folienmaster oder für Platzhalter in benutzerdefinierten Folienlayouts übernommen werden.

Einzelne Objekte müssen Sie nur insgesamt markieren. Eine Besonderheit finden Sie bei Textrahmen mit mehreren Absätzen – beispielsweise Aufzählungspunkten. Wenn Sie den Textrahmen insgesamt markiert haben, wird allen Absätzen darin derselbe Effekt zugewiesen. Dieser Effekt wirkt aber nicht für diese Absätze gemeinsam, sondern nacheinander. Wollen Sie den einzelnen Absätzen in einem Textrahmen verschiedene Effekte zuweisen, müssen Sie das nacheinander in mehreren Schritten tun. Markieren Sie vorher immer einen Absatz im Textrahmen und weisen Sie diesem den gewünschten Effekt zu.

Abbildung 10.8: Die Optionen für die einfache Animation

Einfache Animation

Bei der Liste der einfachen Animation, die Sie durch Anklicken des Pfeils im Feld *Animationsstil* aufklappen, haben Sie die Möglichkeit, die Auswirkung des entsprechenden Effekts direkt in der Ansicht *Normal* anzeigen zu lassen, wenn der Mauszeiger auf den Effektbefehl zeigt. Welche Animationseffekte in der Liste verfügbar sind, hängt davon ab, welches Objekt bzw. welchen Bereich einer Folie Sie zuvor markiert haben (Abbildung 10.8). Nachdem Sie den passenden Effekt gefunden haben, weisen Sie ihn durch einen Mausklick zu.

- Über *Eingang* stellen Sie den Effekt ein, mit dem das Objekt auf der Folie erscheinen soll.
- Bei *Betont* können Sie verschiedene Effekte zum Hervorheben eines Objekts auswählen.
- *Beenden* liefert eine Auswahl von unterschiedlichen Abschlusseffekten für das Objekt aus den Effektkategorien.
- Die vierte Kategorie mit dem Namen *Animationspfade* beschreibt, mit welchem Pfad sich das Objekt auf dem Bildschirm bewegen soll.
- Für alle Kategorien finden Sie den Befehl *Weitere Effekte*. Den Zugang dazu finden Sie unten in der Liste. Damit rufen Sie dem Effekt entsprechende Dialogfelder auf, über die Sie die Palette der insgesamt verfügbaren Animationseffekte anzeigen lassen können (Abbildung 10.9).

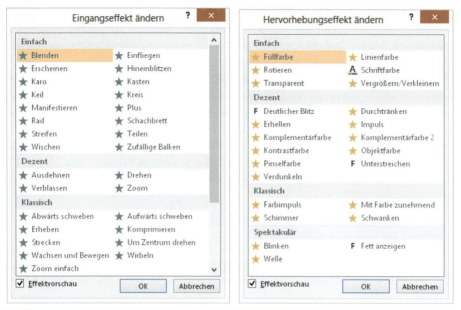

Abbildung 10.9: Weitere Animationseffekte bzw. Animationspfade hinzufügen

Zusätzliche Effekte einstellen

Nach der Wahl einer Animation können Sie auch den Katalog zur Schaltfläche *Effektoptionen* öffnen und darüber einige Feinheiten festlegen. Welche Optionen Ihnen darin zur Verfügung stehen, hängt vom vorher festgelegten Animationsstil ab (Abbildung 10.10).

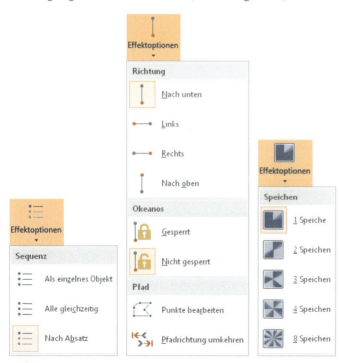

Abbildung 10.10: Zusätzliche Optionen stehen zur Verfügung – sie unterscheiden sich nach der gewählten Animation.

Weitere Einstellungen

Nach einem Klick auf die Schaltfläche *Animationsbereich* in der Gruppe *Erweiterte Animation* wird rechts auf dem Bildschirm der Animationsbereich eingeblendet, in dem die definierten Animationseffekte einzeln aufgelistet werden.

- Die gewählten Effekte werden bei der Bildschirmpräsentation in der Reihenfolge abgearbeitet, in der sie in der Liste aufgeführt sind. Sie können diese Reihenfolge im Aufgabenbereich durch Klicks auf die Schaltflächen mit den Pfeilen ändern, nachdem Sie den Effekt markiert haben.
- Über die Befehle im Menü zu einem Effekt können Sie regeln, wann mit dem Effekt begonnen werden soll.
- Um einen Animationseffekt aus der Liste der Animation zu löschen, markieren Sie ihn und klicken Sie auf *Entfernen*.

10.2   Präsentation vorführen

Wir sagten es gerade: Bevor Sie sich daranmachen, die Präsentation für bestimmte Aufgaben einzurichten, sollten Sie einen Testlauf mit den Standardeinstellungen durchführen, um Fehler in der Reihenfolge der Folien, bei den Übergängen oder bei der Animation aufzuspüren. Solche Fehler können zwar später auch noch korrigiert werden, einfacher ist es aber, sie vor dem Festlegen weiterer Einstellungen auszumerzen.

10.2.1   Die Einstellungen zum Ablauf

Je nachdem, welche Anforderungen Sie haben, stehen Ihnen zur Durchführung einer Bildschirmpräsentation verschiedene Möglichkeiten zur Verfügung. Einerseits können Sie über die Optionen der Registerkarte *Bildschirmpräsentation* im Menüband arbeiten (Abbildung 10.12).

Abbildung 10.11: Optionen für eine Bildschirmpräsentation

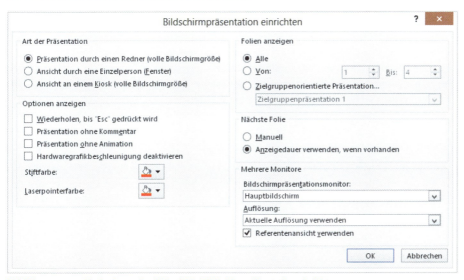

Abbildung 10.12: Die Optionen des Dialogfelds *Bildschirmpräsentation einrichten*

337

Andererseits können Sie über den Befehl *Bildschirmpräsentation einrichten* in der Gruppe *Einrichten* auf der Registerkarte *Bildschirmpräsentation* des Menübands ein Dialogfeld aufrufen, über das Sie sämtliche Einstellungen für die Bildschirmpräsentation kontrollieren und zusätzliche Parameter in einem Schritt festlegen können (Abbildung 10.12). Hierzu gehört unter anderem, ob die Bildschirmpräsentation in voller Größe oder in einem Fenster ablaufen soll, wie der Folienwechsel erfolgen soll, sowie Zeigeroptionen, die Sie während der laufenden Präsentation einsetzen können. Die Optionen sind identisch mit den Befehlen, die Sie über das Menüband vornehmen können.

Die Art der Präsentation

Wichtig sind zunächst einmal die Optionen unter *Art der Präsentation* oben links im Dialogfeld. Sie legen damit fest, wie die Präsentation ablaufen soll:

- Mit *Präsentation durch einen Redner (volle Bildschirmgröße)* sorgen Sie dafür, dass die Folien in voller Bildschirmgröße angezeigt werden. Im Allgemeinen wird man diese Option auch dafür benutzen, wenn man die Präsentation anderen Personen zeigen und dazu eine Rede halten will.
- Die Option *Ansicht durch eine Einzelperson (Fenster)* benutzen Sie, wenn Sie die Präsentation selbst in einem Fenster auf dem Bildschirm kontrollieren wollen.
- Auch bei *Ansicht an einem Kiosk (volle Bildschirmgröße)* werden die Folien in voller Bildschirmgröße angezeigt. Mit *Kiosk* ist ein Computer mit Monitor gemeint, der sich in der Regel an einem von vielen Menschen besuchten Ort befindet. Sie können auf diese Weise eine Präsentation einrichten, die unbeaufsichtigt an einem Messestand oder einer Veranstaltung ausgeführt wird, oder auch eine CD mit einer selbstablaufenden Präsentation erstellen. Dabei müssen Sie die Anzeigezeiten für die Folien vorher festlegen. Auch aufgenommene Kommentare können damit wiedergegeben werden.

Die Einstellung zum Wechsel zur nächsten Folie

Wichtig ist auch die Kenntnis der Methoden, mit denen Sie während der Präsentation von Folie zu Folie wechseln. Dazu dient der Bereich *Nächste Folie* auf der rechten Seite der Dialogfelds. Sie können hier bei allen Arten die Option *Manuell* benutzen; ein Mausklick bringt Sie dann zur nächsten Folie. Verwenden Sie *Anzeigedauer verwenden, wenn vorhanden* nur dann, wenn Sie Einblendzeiten für die Folien festgelegt haben (siehe unten).

Folien auswählen

Im Bereich *Folien anzeigen* können Sie in begrenztem Maße bestimmen, welche Folien der aktuellen Präsentation benutzt werden sollen. Standardmäßig werden *Alle* – bis auf die ausgeblendeten – angezeigt. Alternativ können Sie auch eine Auswahl von nacheinanderfolgenden Folien treffen. Benutzen Sie die Felder *Von* und *Bis*. Wollen Sie eine Auswahl von Folien anzeigen, die nicht aufeinanderfolgen, müssen Sie zuerst eine *Zielgruppenorientierte Präsentation* erstellen (siehe den Abschnitt »Zielgruppenorientierte Präsentation« in diesem Kapitel) und diese dann hier auswählen.

Optionen

Unter *Optionen anzeigen* finden Sie wichtige zusätzliche Elemente:

- *Wiederholen, bis »Esc« gedrückt wird* bedeutet, dass nach Anzeige der letzten Folie der Präsentation ein weiterer Durchlauf wieder mit der ersten Folie begonnen wird. Sie können diese Option in der Art *Ansicht an einem Kiosk (volle Bildschirmgröße)* nicht abschalten. Hier wird immer wieder von vorne begonnen.
- Über *Präsentation ohne Kommentar* können Sie einen vorher aufgenommenen Kommentar abschalten.
- Mit *Präsentation ohne Animation* blenden Sie die festgelegten Animationseffekte aus.

- Mit einem *Stift* können Sie während des Ablaufs der Präsentation bestimmte Stellen auf der Folie frei-händig über die Maus unterstreichen (siehe unten). Die *Stiftfarbe* dazu können Sie über das Listenfeld auswählen. Der Stift kann nur in der Art *Präsentation durch einen Redner (volle Bildschirmgröße)* benutzt werden!
- Auch mithilfe des *Laserpointers* können Sie die Aufmerksamkeit der Zuhörer auf bestimmte Stellen auf der Folie lenken (siehe unten). Die *Laserpointerfarbe* können Sie ebenfalls einstellen.

Weitere Einstellungen

Sie finden im Dialogfeld unter *Mehrere Monitore* noch die Möglichkeit, mit mehreren Bildschirmen zu arbeiten. Auf diese Option werden wir anschließend noch separat eingehen (siehe unten).

10.2.2 Einen Testlauf durchführen

Für einen Testlauf sollten Sie als *Art der Präsentation* eine der Einstellungen *Präsentation durch einen Redner (volle Bildschirmgröße)* oder *Ansicht durch eine Einzelperson (Fenster)* benutzen. Stellen Sie unter *Folien anzeigen* die Option *Alle* ein und wählen Sie für *Nächste Folie* die Einstellung *Manuell*. Nachdem Sie die Einstellungen festgelegt haben, können Sie die Präsentation starten.

Das tun Sie, indem Sie im Menüband auf der Registerkarte *Bildschirmpräsentation* auf die gewünschte Schaltfläche in der Gruppe *Bildschirmpräsentation starten* klicken. Sie können hierbei wählen, ob Sie die Präsentation von Beginn an, nur ausgesuchte Folien oder eine zielgruppenorientierte Präsentation star-ten wollen (Tabelle 10.1).

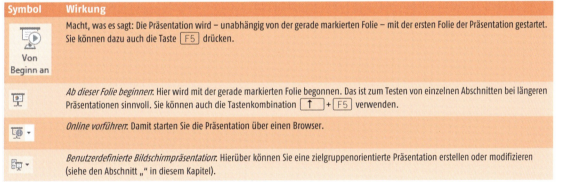

Symbol	Wirkung
Von Beginn an	*Macht, was es sagt:* Die Präsentation wird – unabhängig von der gerade markierten Folie – mit der ersten Folie der Präsentation gestartet. Sie können dazu auch die Taste ⎡F5⎤ drücken.
	Ab dieser Folie beginnen: Hier wird mit der gerade markierten Folie begonnen. Das ist zum Testen von einzelnen Abschnitten bei längeren Präsentationen sinnvoll. Sie können auch die Tastenkombination ⎡↑⎤+⎡F5⎤ verwenden.
	Online vorführen: Damit starten Sie die Präsentation über einen Browser.
	Benutzerdefinierte Bildschirmpräsentation: Hierüber können Sie eine zielgruppenorientierte Präsentation erstellen oder modifizieren (siehe den Abschnitt „" in diesem Kapitel).

Tabelle 10.1: Die Schaltflächen der Gruppe *Bildschirmpräsentation starten*

Der Standardablauf

Die Präsentation wird mit den gewählten Einstellungen gestartet. Kontrollieren Sie dann alle Elemente.

- Wenn Sie unter *Bildschirmpräsentation einrichten* für *Nächste Folie* die Einstellung *Manuell* gewählt haben, können Sie durch einen Mausklick zur nächsten Folie wechseln. In der Art *Ansicht durch eine Einzelperson (Fenster)* können Sie auch die Navigationsschaltflächen am unteren Fensterrand benut-zen.
- Auch das Drücken einer der Tasten ⎡↵⎤, ⎡   ⎤, ⎡↓⎤ oder ⎡Bild ↓⎤ wechselt zur nächsten Folie, ein Klick mit der rechten Maustaste oder die Taste ⎡↑⎤ oder ⎡Bild ↑⎤ führt Sie zurück zur vorherigen.
- Über das Kontextmenü, das Sie über einen Rechtsklick auf die Folie anzeigen lassen, können Sie auch direkt zu anderen Folien in der Präsentation springen (Abbildung 10.13). Haben Sie Abschnitte defi-niert, können Sie auch diese direkt ansteuern.

- Die laufende Präsentation können Sie durch Drücken von ⎡Esc⎤ abbrechen.

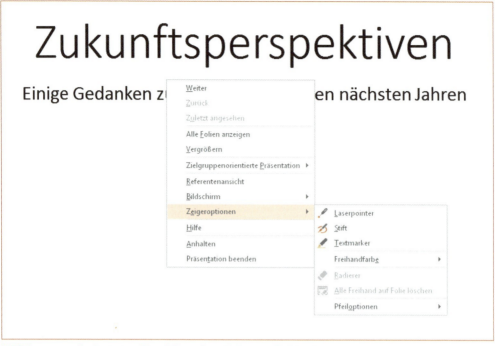

Abbildung 10.13: Das Kontextmenü zur Präsentation erlaubt es, zusätzliche Elemente zu verwenden.

Die Mediensteuerelemente

Wenn auf der Registerkarte *Bildschirmpräsentation* in der Gruppe *Einrichten* die Option *Mediensteuerelemente anzeigen* eingeschaltet ist, werden während der Präsentation – standardmäßig in der linken unteren Ecke – mehrere Schaltflächen angezeigt. Das ist aber nur bei der Präsentationsart *Präsentation durch einen Redner (volle Bildschirmgröße)* der Fall, nicht bei *Ansicht durch eine Einzelperson (Fenster)*!

■ Über die beiden Schaltflächen mit den Pfeilen können Sie zur nächsten oder vorherigen Folie wechseln.

■ Wenn Sie auf die Schaltfläche mit dem kleinen Foliensymbol klicken, erscheint ein Menü mit erweiterten Navigationsmöglichkeiten. Sie haben hier in etwa dieselben Optionen wie beim Klicken mit der rechten Maustaste.

■ Über die Schaltfläche mit dem Stift können Sie nach einem Klick darauf zwischen verschiedenen Stiftformen und -farben wechseln.

Den Stift benutzen

Ein Probelauf ist gleich dafür geeignet, sich mit der Arbeit mit dem Stift vertraut zu machen. Lassen Sie über *Präsentation durch einen Redner (volle Bildschirmgröße)* die Folie anzeigen, auf der Sie den Stift einsetzen wollen, und wählen Sie über das Mediensteuerelement eine Funktion für den Stift. Anschließend können Sie einzelne Elemente mit gedrückt gehaltener Maustaste markieren. *Textmarker* sorgt für eine transparente Darstellung, *Stift* verwendet deckende Farben. Wenn Sie die Stiftfunktion der Maus wieder abschalten wollen, wählen Sie die Option *Pfeil* über das Mediensteuerelement.

TIPP Nach Ablauf der Präsentation erscheint ein kleines Dialogfeld, über das Sie angeben müssen, ob die über den Stift eingefügten Freihandbemerkungen als Teil der Präsentation beibehalten werden sollen.

Den Laserpointer verwenden

Auch den Laserpointer können Sie bei einem solchen Probelauf austesten. Starten Sie die Präsentation in der Präsentationsart *Präsentation durch einen Redner (volle Bildschirmgröße)* oder *Ansicht durch eine Einzelperson (Fenster)*. Halten Sie die Strg-Taste gedrückt und drücken Sie zusätzlich die Maustaste. Ein Leuchtpunkt erscheint auf der Folie. Wenn Ihr Publikum den Laserpointer sehen soll, nicht jedoch Ihren Mauszeiger, achten Sie unbedingt darauf, die Strg-Taste zu drücken und gedrückt zu halten, bevor Sie die Maus bewegen, um den Mauszeiger auszublenden.

 Die Farbe des Lasers können Sie über das Dialogfeld *Bildschirmpräsentation einrichten* steuern.

10.2.3 Die Referentenansicht

Nachdem Sie die wichtigen Elemente zur Durchführung der Präsentation anhand des Testlaufs kennengelernt haben, können wir Sie mit den zusätzlichen Techniken vertraut machen, die Sie zum Präsentieren vor einem Publikum benötigen. Meist werden Sie solche Vorführungen über zwei Bildschirme – oder einen Bildschirm und ein Projektionsgerät – gestalten: einen, auf dem Sie den Ablauf steuern und einen zur Darstellung der Folieninhalte für die Zuschauer.

Die Referentenansicht stellt eine gute Möglichkeit dar, Ihre Präsentation mit Vortragsnotizen auf einem Computer anzuzeigen, während Ihr Publikum die Präsentation ohne Notizen auf einem anderen Bildschirm betrachten kann. Diese Ansicht bietet mehrere Vorteile:

- Sie können Miniaturansichten verwenden, um einzelne Folien aus der Foliensequenz auszuwählen und eine zielgruppenorientierte Präsentation für die jeweilige Zielgruppe zu erstellen.
- Vortragsnotizen werden in großer, deutlicher Schrift angezeigt, sodass Sie die Notizen als Präsentationsskript verwenden können.
- Sie können den Bildschirm während einer Präsentation dunkler oder heller einstellen und später an der jeweiligen Stelle wieder fortfahren. So können Sie beispielsweise die Folie während einer Pause oder während der Frage- und Antwort-Phase ausblenden.

Hinweis PowerPoint unterstützt nur die Verwendung von höchstens zwei Bildschirmen pro Präsentation. Sie können den Computer jedoch so konfigurieren, dass eine Präsentation auf drei oder mehr an einen einzigen Computer angeschlossenen Bildschirmen ausgeführt wird.

Voraussetzungen für die Referentenansicht

Bevor Sie die Referentenansicht praktisch verwenden können, sollten Sie sicherstellen, dass der für die Präsentation verwendete Computer mehrere Bildschirme unterstützt. Bei den meisten Desktopcomputern ist heutzutage die Unterstützung mehrerer Bildschirme integriert. Ist dies nicht der Fall, benötigen Sie zwei Grafikkarten.

Hinweis Zum Testen ist in PowerPoint 2013 aber durch die verbesserte Referentenansicht nur noch ein einziger Monitor erforderlich. Sie können also jetzt die Vorführung der Präsentation in der Referentenansicht proben, ohne einen zusätzlichen Monitor anschließen zu müssen.

Die Einstellungen über das Betriebssystem

Für die tatsächliche Präsentation benötigen Sie meist einen zweiten Bildschirm – bzw. ein gleichwertiges Gerät wie beispielsweise einen Beamer. Zum Betrieb müssen Sie zunächst über das Betriebssystem den Computer für die Verwendung von zwei Bildschirmen konfigurieren. Klicken Sie dazu auf der Registerkarte *Bildschirmpräsentation* in der Gruppe *Bildschirme* auf *Referentenansicht*. Wenn noch keine Einstellungen vorgenommen wurden, wird das Dialogfeld *Anzeigeeinstellungen* der Windows-Systemsteuerung angezeigt. Andernfalls wurden die entsprechenden Einstellungen bereits vorgenommen. Sie können natürlich auch direkt über die *Systemsteuerung* über *Anzeige/Anzeigeeinstellungen ändern* zum Dialogfeld *Bildschirmauflösung* navigieren. Bei Windows 7 oder Windows 8 müssen Sie nur auf den Link *Verbindung mit einem Projektor herstellen* klicken und dann die Option *Erweitert* markieren. Alternativ können Sie auch in der Liste zu *Mehrere Anzeigen* die Einstellung *Diese Anzeige erweitern* auswählen.

Die Einstellungen in PowerPoint

Nachdem diese Voraussetzungen geschaffen sind, können Sie die beiden Bildschirme in PowerPoint einrichten:

- Vergewissern Sie sich auf der Registerkarte *Bildschirmpräsentation* in der Gruppe *Bildschirme*, dass der Monitor, auf dem das Publikum die Präsentation betrachten soll, in der Liste *Anzeigen auf* aufgeführt ist.
- Klicken Sie auf der Registerkarte *Bildschirmpräsentation* in der Gruppe *Einrichten* auf *Bildschirmpräsentation einrichten* und kontrollieren Sie die Einstellungen (Abbildung 10.12). Für die *Art der Präsentation* wählen Sie *Präsentation durch einen Redner (volle Bildschirmgröße)*. Unter *Mehrere Monitore* geben Sie an, auf welchem Bildschirm die Präsentation angezeigt werden soll.
- Aktivieren Sie dann auf der Registerkarte *Bildschirmpräsentation* in der Gruppe *Bildschirme* die Option *Referentenansicht*.

Arbeiten in der Referentenansicht

Starten Sie dann die Präsentation nicht wie gewohnt, sondern drücken Sie einfach ⌊Alt⌋ + ⌊F5⌋. Der Erfolg ist, dass auf Ihrem Arbeitsbildschirm die Präsentation in der Referentenansicht angezeigt wird (Abbildung 10.14).

Abbildung 10.14: Die Referentenansicht

In dieser Referentenansicht sind die Symbole und Schaltflächen groß genug, um selbst bei Verwendung einer fremden Tastatur oder Maus auf einfache Weise navigieren zu können.

- Oben rechts wird eine Miniaturansicht der nächsten Folie abgebildet. Die gerade angezeigte Folie ist markiert. Die Folien sind mit Nummern versehen. Außerdem finden Sie eine Anzeige wie *Folie: 3 von 4*.
- Benutzen Sie die Pfeilsymbole, um zur nächsten oder zur vorherigen Folie zu wechseln. Außerdem können Sie direkt auf die Miniaturansicht einer Folie klicken, um diese anzuzeigen. Sie können damit eine Folie überspringen oder zu einer bereits gezeigten Folie zurückkehren.
- Die Vortragsnotizen, die Sie als Präsentationsskript verwenden können, werden rechts auf dem Bildschirm angezeigt. Über die beiden Schaltflächen darunter können Sie den Vergrößerungsmaßstab dafür einstellen.
- Zwei Zeitangaben werden eingeblendet: die Zeit, die die Präsentation bisher gedauert hat, und die aktuelle Uhrzeit.
- Über die Schaltfläche mit dem Stiftsymbol können Sie ein Menü öffnen, in dem Sie einen Stift oder Textmarker auswählen können (Abbildung 10.15 links).

Abbildung 10.15: Über ein Menü können Sie zusätzliche Werkzeuge wählen.

- Wenn Sie auf die Schaltfläche mit den drei Punkten klicken, erscheint ein Menü mit erweiterten Navigationsmöglichkeiten (Abbildung 10.15 rechts).

Hinweis Beachten Sie, dass mit der Bildschirmeinstellung *Erweitert* die beiden Bildschirme ähnlich wie ein einzelner Bildschirm wirken. Wenn Sie den Mauszeiger auf dem Bildschirm mit der Referentenansicht nicht sehen können, befindet er sich wahrscheinlich gerade auf dem Bildschirm, auf dem die Folien im Vollbild angezeigt werden.

Tastenkürzel zur Steuerung der Vorführung

Beachten Sie auch die folgenden Tastenkürzel, die Ihnen zur Steuerung hilfreich sein können (Tabelle 10.2).

Zweck	Tastenkombination
Starten der Präsentation von Anfang an.	`F5`
Ausführen der nächsten Animation oder Wechsel zur nächsten Folie.	`N`, `↵`, `Bild ↓`, `→`, `↓` oder `⎵`
Ausführen der vorangegangenen Animation oder Wechsel zur vorhergehenden Folie.	`P`, `Bild ↑`, `←`, `↑` oder `←`
Wechsel zur Folie mit der entsprechenden Nummer.	Nummer+ `↵`
Anzeigen einer leeren schwarzen Folie oder Zurückkehren zur Präsentation von einer leeren schwarzen Folie.	`B` oder `.`
Anzeigen einer leeren weißen Folie oder Zurückkehren zur Präsentation von einer leeren weißen Folie.	`W` oder `,`
Beenden oder Neustarten einer automatischen Präsentation.	`S`
Beenden einer Präsentation.	`Esc`
Zurückkehren zur ersten Folie.	`1`+ `↵`

Tabelle 10.2: Tastenkürzel zum Vorführen einer Präsentation

10.3 Die automatisch ablaufende Präsentation

Andere Aspekte kommen ins Spiel, wenn Sie wünschen, dass die Präsentation später ohne Ihr Zutun auf dem Rechner oder als Video automatisch ablaufen soll. In diesem Fall werden Sie die Präsentation erst aufnehmen müssen. Dabei werden Sie die Einblendezeiten der Folien festlegen und im Anschluss daran gegebenenfalls die Präsentation vertonen. Zum Erstellen einer solchen Präsentation benötigen Sie die Referentenansicht nicht; Sie können mit den üblichen Ansichten des Programms arbeiten.

Mit einer selbstablaufenden Präsentation, die in Microsoft PowerPoint 2013 erstellt wurde, können Sie Ihre Informationen ohne einen Referenten kommunizieren. So können Sie z.B. eine Präsentation einrichten, die unbeaufsichtigt an einem Messestand oder an einem Kiosk auf einer Messe oder Veranstaltung ausgeführt wird, oder eine CD mit einer selbstablaufenden Präsentation an einen Kunden senden. Mit Kiosk ist ein Computer mit Monitor gemeint, der sich in der Regel an einem von vielen Menschen besuchten Ort befindet. Ein Kiosk kann so eingerichtet werden, dass PowerPoint-Präsentationen automatisch und/oder fortlaufend ausgeführt werden.)

TIPP Sie können dafür sorgen, dass die meisten Steuerelemente nicht zur Verfügung stehen, sodass das Publikum keine Änderungen an der selbstablaufenden Präsentation vornehmen kann. Selbstablaufende Präsentationen werden nach dem Ablauf neu gestartet und wenn sich eine manuell weiterzublätternde Folie länger als 5 Minuten im Leerlauf befand.

10.3.1 Die Anzeigedauer der Folien festlegen

Der erste Schritt für das Erstellen einer automatisch ablaufenden Präsentation liegt wohl im Festlegen der Zeiten, mit denen die einzelnen Folien angezeigt werden sollen. Dazu gibt es zwei Möglichkeiten: Entweder Sie geben die Dauer für die einzelnen Folien durch Eingabe eines Zahlenwerts an. Oder Sie starten einen Durchlauf durch die Präsentation und lassen dabei die Einblendezeiten aufnehmen. In beiden Fällen können Sie die Zeiten später noch korrigieren.

Anzeigedauer einzeln festlegen

Dazu verwenden Sie die Befehle in der Gruppe *Anzeigedauer* auf der Registerkarte *Übergänge*.

- Markieren Sie nacheinander die Folien, für die Sie die Anzeigedauer festlegen wollen. Dafür können Sie entweder in der Ansicht *Normal* oder in der *Foliensortierung* arbeiten. Letzteres ist vielleicht sinnvoller.
- Aktivieren Sie auf der Registerkarte *Übergänge* in der Gruppe *Anzeigedauer* unter *Nächste Folie* das Kontrollkästchen *Nach* und geben Sie rechts daneben die Anzahl der Sekunden ein, für die die Folie auf dem Bildschirm angezeigt werden soll.
- Wiederholen Sie diesen Vorgang für jede Folie, für die Sie eine Anzeigedauer festlegen möchten. Wenn die für eine Folie festgelegte Zeit auch für alle anderen Folien in der Präsentation gelten soll, können Sie auch auf *Für alle übernehmen* in der Gruppe *Anzeigedauer* klicken. Übernommen wird damit die Anzeigedauer der gerade markierten Folie.
- Wenn Sie das Kontrollkästchen *Bei Mausklick* in der Gruppe *Anzeigedauer* zusätzlich einschalten, bewirkt zusätzlich auch ein Mausklick den Wechsel zur nächsten Folie. Wenn Sie das nicht wünschen, schalten Sie diese Option ab.

In der *Foliensortieransicht* werden die damit festgelegten Zeiten unterhalb der Folien angezeigt.

Die Anzeigedauer aufzeichnen lassen

Alternativ zu dieser Vorgehensweise können Sie auch einen Probedurchlauf durch die Präsentation durchführen, manuell von Folie zu Folie wechseln und die dabei verwendeten Zeiten aufnehmen lassen. Dazu benutzen Sie die Befehle auf der Registerkarte *Bildschirmpräsentation* (Abbildung 10.12).

Wählen Sie entweder die Ansicht *Normal* oder die *Foliensortierung*. Klicken Sie auf *Neue Anzeigedauern testen*. Der Name der Schaltfläche ist etwas verwirrend: Hiermit wird nichts getestet, sondern festgelegt.

Damit wird eine Bildschirmpräsentation gestartet. Lassen Sie sie ablaufen und klicken Sie immer auf die Maustaste, wenn zur nächsten Folie gewechselt werden soll. Zusätzlich wird eine kleine Symbolleiste *Probelauf* eingeblendet, über das Sie die Aufzeichnung kontrollieren können.

- Die beiden Zeitangaben darin geben die insgesamt abgelaufene Zeit und die Anzeigedauer der aktuell eingeblendeten Folie an. Sie können die Zeitdauer in der Mitte im Feld *Folienzeitdauer* eingeben, um eine genaue Zeitdauer für die Anzeige einer Folie festzulegen.
- Statt eines Mausklicks auf eine beliebige Stelle können Sie auch auf die Schaltfläche *Weiter* klicken.
- Ein Klick auf *Wiederholen* wiederholt die Sequenz. Klicken Sie auf *Wiederholen*, um die Aufzeichnung der Zeit für die aktuelle Folie erneut zu starten.
- Wenn Sie die Aufzeichnung unterbrechen wollen, klicken Sie auf *Aufzeichnung anhalten*. Ein zusätzliches Hinweisfeld wird eingeblendet. Klicken Sie darin auf *Aufzeichnung fortsetzen*. Oder klicken Sie erneut auf *Anhalten*, um die Aufzeichnung der Zeit nach dem Anhalten fortzusetzen.

Nach dem Durchlauf klicken Sie auf `Esc`. Sie werden gefragt, ob Sie die so aufgenommenen Zeiten übernehmen möchten. Klicken Sie auf *Ja*, um die aufgezeichneten Folienanzeigedauern beizubehalten, oder klicken Sie auf *Nein*, um die aufgezeichneten Folienanzeigedauern zu verwerfen. Wenn Sie mit Ja bestätigt haben, werden nach Abschluss die verwendeten Zeiten vermerkt und in der *Foliensortieransicht* angezeigt.

Die Anzeigedauer testen

Nachdem Sie die Anzeigedauer entweder einzeln festgelegt oder aufgezeichnet haben, sollten Sie sie testen. Benutzen Sie dazu nicht den Befehl *Neue Anzeigedauern testen* in der Gruppe *Einrichten*; damit starten Sie eine erneute Aufzeichnung der Einblendezeiten! Klicken Sie stattdessen auf die Schaltfläche *Von Beginn an* in der Gruppe *Bildschirmpräsentation starten*.

Die Anzeigedauer abschalten

Wenn Sie eine festgelegte Anzeigedauer im Augenblick nicht benötigen, können Sie sie abschalten. Dazu klicken Sie in der Ansicht *Normal* auf der Registerkarte *Bildschirmpräsentation* in der Gruppe *Einrichten* auf *Bildschirmpräsentation einrichten* und wählen unter *Nächste Folie* die Option *Manuell* aus. Damit wird nicht automatisch die nächste Folie angezeigt. Die Aufzeichnung der Folienanzeigedauer wird damit nicht gelöscht. Sie können diese jederzeit wieder aktivieren, ohne sie erneut erstellen zu müssen.

10.3.2 Kommentare und Laserpointer hinzufügen

Durch das Hinzufügen von Kommentaren werden die Informationen in der selbstablaufenden Präsentation deutlicher dargestellt. Solche Kommentare können Sie aufzeichnen lassen. Dazu benötigt Ihr Computer eine Soundkarte, ein Mikrofon und einen Mikrofonanschluss. Die Sprachaufzeichnung kann vor oder während der Präsentation erfolgen und auch Kommentare des Publikums enthalten. Wenn Sie nicht während der gesamten Präsentation Kommentare wünschen, können Sie auf ausgewählten Folien oder Objekten unterschiedliche Sounds oder Kommentare aufzeichnen.

Kommentare zur gesamten Präsentation

Die Vorgehensweise ähnelt dem eben beschriebenen Aufzeichnen der Anzeigezeiten, beinhaltet aber noch mehr:

- Wählen Sie entweder die Ansicht *Normal* oder die *Foliensortierung*. Öffnen Sie den Katalog zur Schaltfläche *Aufzeichnung am Anfang beginnen* in der Gruppe *Einrichten* (Abbildung 10.16).

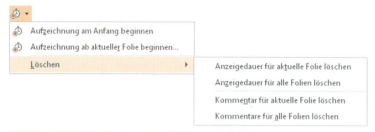

Abbildung 10.16: Der Katalog zur Schaltfläche zum Aufzeichnen

- Um die Aufzeichnung für alle Folien der Präsentation durchzuführen, wählen Sie darin die Option *Aufzeichnung am Anfang* beginnen. Das zeigt zunächst das Dialogfeld *Bildschirmpräsentation aufzeichnen* an, in dem Sie festlegen müssen, was aufgezeichnet werden soll (Abbildung 10.16). Sie können darin nur die Anzeigedauer, nur die Erzählung oder beides gleichzeitig aufzeichnen lassen.

- Zum Aufzeichnen der Kommentare müssen Sie das Kontrollkästchen *Kommentare und Laserpointer* aktivieren. Wenn Sie zusätzlich das Kontrollkästchen *Anzeigedauer für Folien und Animation* eingeschaltet lassen, müssen Sie manuell zur nächsten Folie wechseln, und die eventuell vorher festgelegten Anzeigezeiten werden überschrieben.

Abbildung 10.17: Legen Sie die Optionen für die Aufzeichnung fest.

Nach einem Klick auf *Aufzeichnung starten* wird eine Bildschirmpräsentation gestartet. Lassen Sie sie ablaufen und sprechen Sie Ihren Kommentar. Wenn Sie wollen, können Sie den Laserpointer benutzen, um die Aufmerksamkeit zu steuern. Klicken Sie immer auf die Maustaste, wenn zur nächsten Folie gewechselt werden soll. Zusätzlich wird wieder ein kleines Steuerfeld eingeblendet, über das Sie die Aufzeichnung kontrollieren können.

Laserpointerbewegungen aufzeichnen

Sie können auch Ihre Laserpointerbewegungen aufzeichnen, um die Wirkung einer selbstausführenden Präsentation zu steigern. Dazu gehen Sie vor wie bei der Aufzeichnung der Kommentare. Bei gleichzeitig gedrückter Strg -Taste klicken Sie mit der linken Maustaste und zeigen auf die Inhalte auf der Folie, auf die Sie die Aufmerksamkeit lenken möchten. Um zur nächsten Folie zu wechseln, lassen Sie die Strg -Taste wieder los und klicken dann mit der linken Maustaste.

Kommentare

Beim Hinzufügen einer Erzählung zu einer Folie wird auf der Folie ein Soundsymbol angezeigt. Wie bei jedem Sound können Sie entweder auf das Symbol klicken, um den Sound wiederzugeben, oder für den Sound festlegen, dass er automatisch wiedergegeben wird.

Um die Aufzeichnung für eine Folie zu kontrollieren, klicken Sie in der Ansicht *Normal* auf das Lautsprechersymbol auf der Folie. Klicken Sie dann im Menüband auf der Registerkarte *Audiotools/Wiedergabe* in der Gruppe *Vorschau* auf *Wiedergabe*.

Kommentare zu einzelnen Folien

Alternativ können Sie Ihre Kommentare auch für jede Folie separat aufzeichnen. Verwenden Sie dafür die folgenden Schritte:

- Wählen Sie in der Ansicht *Normal* die Folie, der Sie einen Kommentar hinzufügen möchten.
- Lassen Sie die Registerkarte *Einfügen* anzeigen und klicken Sie in der Gruppe *Medien* auf den Pfeil unter *Audio* und dann auf *Audioaufnahme*. Das Dialogfeld *Sound aufzeichnen* wird angezeigt (Abbildung 10.18).

Abbildung 10.18: Einen Kommentar zu einer einzelnen Folie aufzeichnen

- Klicken Sie auf *Aufzeichnen* und beginnen Sie zu sprechen. Sie haben etwa sieben Sekunden Zeit.
- Nach Beendigung der Aufzeichnung klicken Sie auf *Stopp*.
- Sie können die Aufnahme dann kontrollieren, indem Sie auf *Wiedergabe* klicken.
- Geben Sie in das Feld *Name* einen Namen für den Sound ein und klicken Sie dann auf *OK*.

Ein Soundsymbol wird auf der Folie angezeigt.

10.3.3 Die Einstellungen zum Ablauf

Nachdem Sie die Folienzeiten festgelegt und Kommentare hinzugefügt haben, müssen Sie die Präsentation als selbstablaufend einrichten: Klicken Sie dazu auf der Registerkarte *Bildschirmpräsentation* in der Gruppe *Einrichten* auf *Bildschirmpräsentation einrichten*. Das zeigt das gleichnamige Dialogfeld an (Abbildung 10.19).

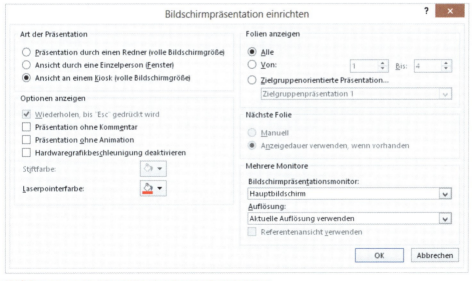

Abbildung 10.19: Die Präsentation als selbstablaufend einrichten

- Unter *Art der Präsentation* geben Sie mit der Option *Ansicht an einem Kiosk (volle Bildschirmgröße)* an, dass die Präsentation in voller Bildschirmgröße selbst abläuft und nach einigen Minuten ohne Eingabe wieder gestartet wird. Die Einstellung *Wiederholen, bis „Esc" gedrückt wird* ist damit aktiviert und kann nicht abgeschaltet werden.
- Auch wenn Sie den Vortrag aufgezeichnet haben, führt die aktivierte Option *Präsentation ohne Kommentar* dazu, dass die Präsentation ohne Vertonung abläuft. *Präsentation ohne Animation* bedeutet, Sie zeigen die einzelnen Folien einer Bildschirmpräsentation ohne Animationseffekte an.
- Unter *Nächste Folie* werden Sie wahrscheinlich die Option *Anzeigedauer verwenden, wenn vorhanden* einstellen.

10.4   Die Präsentation bereitstellen

Nach dem Erstellen einer automatisch ablaufenden Präsentation sind Ihre nächsten Schritte davon abhängig, wer die Präsentation vorführt, wo dies geschieht und welche Ausrüstung dafür verwendet wird. Sie haben mehrere Alternativen:

- Natürlich können Sie eine selbstablaufende Präsentation direkt über einen Rechner wiedergeben. Wenn Sie einen fremden Rechner benutzen, sollten Sie sich vorher des Werkzeugs *Bildschirmpräsentation für CD verpacken* bedienen. Damit stellen Sie sicher, dass alle in die Präsentation eingefügten oder damit verknüpften Elemente – wie Bilder, Videos und Klangdateien – mit übernommen werden.
- Sie können eine Präsentation über das Internet an das Publikum übertragen. Während Sie die Bildschirmpräsentation in PowerPoint vorführen, kann sie vom Publikum im eigenen Browser verfolgt werden.
- Sie können die Präsentation im Web speichern, und Sie und andere Personen haben so von jedem internetfähigen Computer aus die Möglichkeit, darauf zuzugreifen.
- Wenn Sie von Ihrer Präsentation ein Video erstellen, können Sie dieses später auf unterschiedliche Weisen nutzen.

Hinweis   Hinweise zu diesen Arbeiten finden Sie in *Kapitel 14* im Zusammenhang mit der Freigabe.

10.4.1   Video einer Präsentation erstellen

Sie können nicht nur ein Video in eine Präsentation einbinden, sondern eine gesamte Präsentation als Video erstellen.

Voreinstellungen für ein Video treffen

Um ein Video von Ihrer Präsentation zu erstellen, sollten Sie zunächst dafür sorgen, dass eine automatisch ablaufende Präsentation genau nach Ihren Wünschen abläuft. Während der Videoproduktion können Sie keine Änderungen durchführen.

- Klicken Sie auf die Registerkarte *Datei* und wählen Sie die Kategorie *Exportieren*. Klicken Sie darin auf *Video erstellen*.
- Wählen Sie aus, welches Ausgabemedium Sie benutzen wollen (Abbildung 10.20).
- Entscheiden Sie, ob Sie bereits aufgezeichnete Zeitabläufe und Kommentare verwenden wollen oder nicht (Abbildung 10.21).
- Über das Drehfeld *Anzeigedauer …* können Sie einstellen, wie lange jede Folie eingeblendet werden soll.
- Klicken Sie auf *Video erstellen*, um die Voreinstellungen abzuschließen.

Abbildung 10.20: Mehrere Qualitätsstufen für unterschiedliche Gerätetypen stehen zur Verfügung.

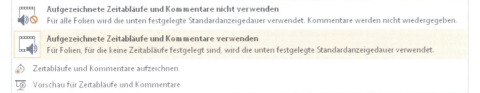

Abbildung 10.21: Sie können aufgezeichnete Kommentare verwenden.

Video erstellen

Anschließend müssen Sie der zu erstellenden Datei einen Namen zuweisen und den Produktionsprozess starten:

- Wählen Sie im Dialogfeld *Speichern unter* den Speicherort aus, unter dem das Video gespeichert werden soll. Geben Sie der Videodatei einen Namen und wählen Sie ein Videoformat.
- Klicken Sie auf *Speichern*, um das Erstellen der Videodatei zu beginnen. Während des Erstellens wird in der Statusleiste des Programmfensters der Fortschritt angezeigt.

TIPP Das Video sollten Sie nach dem Erstellen kontrollieren: Klicken Sie in der Windows-Taskleiste auf das Symbol zum Öffnen des Explorers. Zeigen Sie den Ordner an, unter dem Sie das Video abgespeichert haben, und doppelklicken Sie auf das Videosymbol Ihrer Datei. Das Video wird in einem separaten Fenster angezeigt. Unterhalb des Videobereichs befindet sich eine Steuerleiste, über die Sie den Ablauf steuern können.

10.4.2 Bildschirmpräsentation übertragen

Sie können eine von Ihnen erstellte Bildschirmpräsentation zur Betrachtung an beliebig viele Empfänger übertragen. Dazu ist es nicht erforderlich, dass der oder die Betrachter Microsoft PowerPoint auf Ihrem Computer installiert haben. Mithilfe einer Verknüpfung, die von PowerPoint erstellt wird, kann jeder über diese Verknüpfung an der Übertragung der Bildschirmpräsentation teilnehmen.

Übertragung vorbereiten

Der Prozess der Übertragung läuft eigentlich in zwei Phasen ab: Zunächst müssen Sie Ihr Publikum einladen und dann die Übertragung durchführen.

- Zur Vorbereitung der Übertragung öffnen Sie die Präsentation und wählen auf der Registerkarte *Datei* die Kategorie *Freigeben*. Klicken Sie darin auf die Option *Online vorführen* (Abbildung 10.22).
- Klicken Sie auf die Schaltfläche *Online vorführen*.
- Ein Fenster wird eingeblendet, in dem Sie über den Hintergrund des Office-Präsentationsdienstes informiert werden. Entscheiden Sie in diesem Fenster, ob Sie den Zuschauern die Möglichkeit geben wollen, die Präsentation herunterzuladen. Bestätigen Sie dann über *Verbinden*.
- Die Verbindung mit dem Office-Präsentationsdienst wird dann hergestellt. Dieser Dienst erstellt einen Link, der andere Personen berechtigt, an Ihrer Übertragung teilzunehmen.

Abbildung 10.22: Die Onlinepräsentation können Sie über die Registerkarte *Datei* starten.

- Sie haben mehrere Möglichkeiten, Ihren Zuhörern diesen Link zukommen zu lassen: Wenn Sie auf *Als E-Mail senden* klicken, wird Ihr Mailprogramm – beispielsweise Outlook 2013 – geöffnet, und eine neue E-Mail-Nachricht wird erstellt.
- Im Feld *Betreff* ist vom Programm bereits der Anlass der E-Mail eingefügt. Der Link wurde automatisch mit der Benachrichtigung in das Nachrichtenfeld eingefügt.
- Geben Sie – falls nicht schon vorher vereinbart – den Zeitpunkt für die Übertragung der Bildschirmpräsentation bekannt. Vervollständigen Sie dann die Nachricht, indem Sie zumindest die Empfängeradressen angeben, und klicken Sie auf *Senden*, um die Einladung abzuschicken.
- Nach dem Senden der Einladung enthält der Empfänger eine Nachricht mit einem Link. Wenn er darauf klickt, wird er mit dem Dienst zur PowerPoint-Übertragung verbunden.

TIPP Über die Option *Link kopieren* im Fenster *Online vorführen* erzeugen Sie eine Kopie des Links in der Zwischenablage. Anschließend können Sie diesen in ein anderes Programm zur Datenübermittlung einfügen.

Die Übertragung durchführen

Nachdem Sie Ihren Zuhörern die Möglichkeit zur Teilnahme geliefert haben, können Sie die Präsentation übertragen:

- Klicken Sie im Fenster *Online vorführen* auf die Schaltfläche *Präsentation starten*. Die Bildschirmpräsentation startet mit der ersten Folie.
- Über das Kontextmenü können Sie die Feinheiten im Ablauf Ihrer Präsentation steuern (Abbildung 10.23). Sie können darüber auch zur Referentenansicht umschalten.

Abbildung 10.23: Den Ablauf können Sie über das Kontextmenü steuern.

■ Wenn Sie die Bildschirmpräsentation vor Beendigung der Übertragung beenden, werden Sie vom Programm darauf aufmerksam gemacht, dass die Übertragung noch läuft und Sie keine Veränderungen an der Präsentation vornehmen können.

■ Klicken Sie im Kontextmenü auf *Präsentation beenden*, um die Übertragung für Sie und auch für alle Teilnehmer, an die Sie Einladungen verschickt haben, zu beenden.

Kapitel 11

OneNote 2013: Notizen verwalten

OneNote 2013 ist ein Notizbuchprogramm, in das Sie Bemerkungen, Gedanken, Ideen, Skizzen, Erinnerungen und viele andere Arten von Informationen eintragen können. Im Gegensatz zu anderen Programmen ist dieses Werkzeug nicht an ein Seitenformat für Dokumente gebunden, sondern benutzt zur Eingabe einen freien Zeichenbereich, in den Sie Text, Grafik und Bilder an beliebige Stelle einfügen können. Die Techniken der Eingabe sind identisch mit jenen, die Sie auch in anderen Programmen der Microsoft Office 2013-Familie verwenden. Wir können uns also in diesem Kapitel auf die wesentlichen Besonderheiten bei der Arbeit mit OneNote beschränken:

- Ein OneNote-Notizbuch ist in Abschnitte mit Unterabschnitten gegliedert, die jeweils mehrere Seiten enthalten können. Wir wollen zunächst auf die Programmoberfläche eingehen und zusätzlich zeigen, wie man diese Elemente organisiert (Abschnitt 11.1).
- Anschließend werden wir Ihnen wichtige Hinweise geben, die Sie für die Eingabe von Daten in die einzelnen Seiten beachten müssen (Abschnitt 11.2). Dazu gehören meist Texteingaben, aber auch Zeichnungen. Diese können Sie über die Tastatur oder ein geeignetes Zeichengerät eingeben.
- Außerdem können Sie Elemente aus anderen Programmen in das Notizbuch einfügen (Abschnitt 11.3). Beispielsweise integriert sich OneNote in diverse Office-Anwendungen und ermöglicht so eine Übernahme von Notizen von Microsoft Word oder Kontaktinformationen in Microsoft Outlook.

11.1 Notizbücher, Abschnitte und Seiten

Wir wollen mit einigen Organisationsaufgaben beginnen: Wie eben erwähnt, kann ein OneNote-Notizbuch in Abschnitte mit Unterabschnitten gegliedert sein, die jeweils mehrere Seiten enthalten können. Diese Organisationsebenen kennenzulernen sollte Ihre erste Tätigkeit mit OneNote 2013 sein.

11.1.1 Die Programmoberfläche

Sie starten OneNote 2013 wie jedes andere Microsoft Office-Programm – also in Windows 7 über *Start/Alle Programme/Microsoft Office/Microsoft OneNote 2013* bzw. in Windows 8 über die Startseite per Klick auf die Kachel *OneNote 2013*. Der Bildschirm ist für den mit diesem Programm unerfahrenen Anwender zunächst noch etwas gewöhnungsbedürftig (Abbildung 11.1).

Die wichtigsten Elemente

Sie sollten sich einmal schnell mit den wichtigsten Elementen davon vertraut machen:

- Das *Menüband* oben unter der Titelleiste funktioniert wie bei allen anderen Office-Programmen.
- Die *Symbolleiste für den Schnellzugriff* beinhaltet mehr Inhalte als die meisten anderen Programme – auch solche zur Fensterdarstellung.
- Unterhalb des Menübands können Sie durch einen Klick auf *Mein Notizbuch* bzw. *Notizbuch von …* einen ersten Navigationsbereich öffnen, mit dessen Hilfe Sie zwischen verschiedenen angelegten Notizbüchern wechseln können.
- Ein Notizbuch kann mehrere Abschnitte beinhalten. Standardmäßig finden Sie darin zunächst den Abschnitt *Schnelle Notizen*. Durch einen Klick auf die Schaltfläche mit dem Pluszeichen rechts daneben können Sie weitere Abschnitte anlegen.

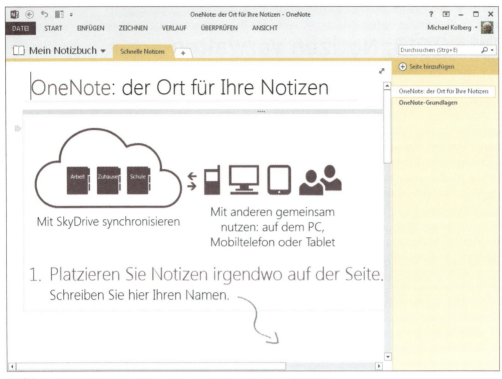

Abbildung 11.1: Der Bildschirm zeigt nach dem ersten Start eine kurze Anleitung.

- Einen zweiten Navigationsbereich finden Sie rechts im Fenster. Darin werden die einzelnen Seiten innerhalb des aktuell angezeigten Notizbuches und des Abschnitts darin aufgelistet. Sie können darüber auch weitere Seiten anlegen.
- Über das oberhalb der Seitenleiste befindliche *Suchen*-Feld können Sie einzelne Programmbereiche nach Inhalten durchsuchen lassen. Klicken Sie auf die Pfeilspitze in diesem Feld, um den zu durchsuchenden Bereich auszuwählen.

Die Symbolleiste für den Schnellzugriff

Die *Symbolleiste für den Schnellzugriff* beinhaltet auch Elemente zur Fensterdarstellung (Tabelle 11.1).

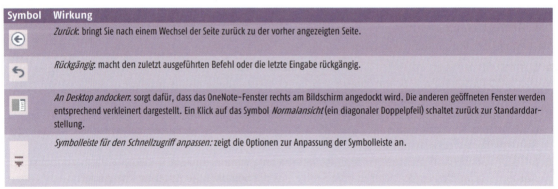

Symbol	Wirkung
	Zurück: bringt Sie nach einem Wechsel der Seite zurück zu der vorher angezeigten Seite.
	Rückgängig: macht den zuletzt ausgeführten Befehl oder die letzte Eingabe rückgängig.
	An Desktop andocken: sorgt dafür, dass das OneNote-Fenster rechts am Bildschirm angedockt wird. Die anderen geöffneten Fenster werden entsprechend verkleinert dargestellt. Ein Klick auf das Symbol *Normalansicht* (ein diagonaler Doppelpfeil) schaltet zurück zur Standarddarstellung.
	Symbolleiste für den Schnellzugriff anpassen: zeigt die Optionen zur Anpassung der Symbolleiste an.

Tabelle 11.1: Die Schaltflächen der Symbolleiste für den Schnellzugriff

Die Schaltfläche *Symbolleiste für den Schnellzugriff anpassen* beinhaltet übrigens weitere Optionen (Abbildung 11.2). Sie können darüber auch verschiedene Stifte einschalten, die Ihnen das Zeichnen auf der Seite ermöglichen.

Abbildung 11.2: Die Symbolleiste für den Schnellzugriff kann auch verschiedene Stifte anzeigen.

11.1.2 Notizbücher

Wir hatten es bereits angedeutet: Die oberste Organisationsebene im Programm ist die Ebene der *Notiz-bücher*. Standardmäßig ist bereits ein Notizbuch vorhanden, und dieses trägt den Namen *Mein Notiz-buch* oder *Notizbuch von < Benutzername >*. Innerhalb eines solchen Notizbuches können Sie separate Abschnitte und einzelne Seiten anlegen. Sie können aber auch gleich mit mehreren Notizbüchern arbei-ten. Verschiedene Notizbücher sollten Sie beispielsweise dann anlegen, wenn Sie zwischen unterschied-lichen Arbeitsbereichen – beispielsweise *Privat* und *Beruf* – trennen möchten. Separate Notizbücher empfehlen sich auch, wenn anderenfalls die Zahl der Seiten in einem Notizbuch ein gewisses Maß über-schreitet, sodass die Übersicht gefährdet ist.

Neue Notizbücher anlegen

Zum Anlegen eines neuen Notizbuches öffnen Sie die Registerkarte *Datei* und wählen den Befehl *Neu* (Abbildung 11.3). Sie können auch die Liste zur standardmäßig mit *Mein Notizbuch* beschrifteten Schalt-fläche öffnen und den Befehl *Notizbuch hinzufügen* wählen.

1. Wählen Sie im oberen Bereich aus, wo das Notizbuch gespeichert werden soll. Wenn Sie das Notiz-buch nur auf dem aktuellen Rechner verwenden wollen, wählen Sie die Option *Computer*. Wenn Sie das Notizbuch auf SkyDrive ablegen möchten, können Sie dieses auch von anderen Rechnern aus auf-rufen, vorausgesetzt, Sie verfügen über einen Internetzugang.
2. Weisen Sie im zweiten Schritt dem Notizbuch einen Namen zu.
3. Klicken Sie dann auf *Notizbuch erstellen*.

Das Notizbuch wird erstellt. Im Navigationsbereich am linken Fensterrand finden Sie ein Symbol dafür. Außerdem wird gleich ein Register darin angelegt, das den Namen *Neuer Abschnitt 1* trägt.

Abbildung 11.3: Die Kategorie *Neu* auf der Registerkarte *Datei*

Weitere Befehle zu Notizbüchern

Wenn Sie ein Notizbuch später umbenennen wollen, markieren Sie es im Navigationsbereich am linken Fensterrand und wählen Sie *Eigenschaften* aus dem Kontextmenü dazu (Abbildung 11.4).

Abbildung 11.4: Die Eigenschaften zu einem Notizbuch

In diesem Dialogfeld der Eigenschaften finden Sie auch weitere Befehle, die für die Arbeit mit Notizbüchern interessant sein können – beispielsweise *Speicherort ändern*.

Weitere Befehle finden Sie auch im Kontextmenü, das Sie mit einem Klick der rechten Maustaste auf den Namen des Notizbuches öffnen:

■ *Dieses Notizbuch schließen* bewirkt, was Sie vermuten. Das Notizbuch wird aus der Anzeige im Programm entfernt. Es steht auch nach dem Schließen des Programms und einem erneuten Öffnen nicht mehr automatisch zur Verfügung. Wenn Sie es wieder benötigen, öffnen Sie die Registerkarte *Datei* und wählen *Öffnen*. Die zuletzt geschlossenen Notizbücher werden in diesem Bereich aufgelistet und können durch einen Klick wieder geöffnet werden. Sollten Sie das Notizbuch darin nicht finden, klicken Sie auf *Notizbuch öffnen* und wählen Sie die Datei aus.

- Über *Nach oben* und *Nach unten* können Sie die Reihenfolge der Anzeige der Notizbücher im Navigationsbereich ändern.

11.1.3   Abschnitte in Notizbuch

Theoretisch könnten Sie alle Eingaben im Notizbuch auf einem Abschnitt – sprich auf einer Seite – unterbringen. Allerdings führt dies dazu, dass man nach mehreren Eingaben schnell die Übersicht verliert. Legen Sie also für Ihre Arbeitsbereiche innerhalb eines Notizbuches verschiedene Abschnitte an. Sie können die auf einem Abschnitt vorgenommenen Eingaben später schnell in einen anderen Abschnitt kopieren oder verschieben.

Einen neuen Abschnitt anlegen

Klicken Sie auf die Schaltfläche *Neuen Abschnitt erstellen* – das ist die mit dem Pluszeichen – rechts neben den bereits vorhandenen Abschnittsregistern am oberen Fensterrand. Sie können auch den Befehl *Neuer Abschnitt* aus dem Kontextmenü zum Abschnittsregister oder zum Navigationsbereich benutzen. Ein neuer Abschnitt wird erstellt, der standardmäßig den Namen *Neuer Abschnitt* mit einer fortlaufenden Nummer erhält. Auf *Neuer Abschnitt 1* folgt *Neuer Abschnitt 2* usw.

Einen Abschnitt umbenennen

Direkt nach dem Erstellen eines neuen Abschnitts ist der Name bereits markiert. Sie können ihm dann sofort einen eigenen Namen zuweisen. Um einen Abschnitt später umzubenennen, doppelklicken Sie auf dessen Namen im Abschnittsregister und überschreiben Sie oder editieren Sie den Namen. Sie können auch den Befehl *Umbenennen* aus dem Kontextmenü zum Abschnittsregister benutzen.

Abschnittsgruppen benutzen

Abschnittsgruppen dienen dazu, Abschnitte zusammenzufassen, sie dienen also als organisatorische Zwischenebenen zwischen dem Notizbuch und dem Abschnitt. Um eine Abschnittsgruppe anzulegen, wählen Sie den Befehl *Neue Abschnittsgruppe* aus dem Kontextmenü zum Abschnittsregister. Eine neu angelegte Abschnittsgruppe enthält zunächst noch keine Abschnitte. Diese müssen erst angelegt werden.

Farben

Zur besseren Übersicht empfiehlt es sich, Abschnitte mit geeigneten Farben zu versehen. Das Programm tut das bereits automatisch. Um die Farbe eines Abschnittsregisters zu ändern, wählen Sie *Abschnittsfarbe* aus dem Kontextmenü zum einzufärbenden Abschnittsregister und legen dann die Farbe fest.

Die Reihenfolge von Abschnitten ändern

Zum Verschieben eines Abschnitts innerhalb einer Abschnittsgruppe klicken Sie auf das Register für diesen Abschnitt, halten die Maustaste gedrückt und ziehen das Register nach rechts oder links, bis ein kleiner Pfeil angezeigt wird. Lassen Sie dann die Maustaste kos.

11.1.4   Seiten

Innerhalb der Abschnitte arbeiten Sie mit Seiten. Beim Erstellen eines Abschnitts wird automatisch auch eine Seite angelegt. Wenn Sie in einem Abschnitt mehrere Seiten benutzen wollen, müssen Sie diese erstellen. Sie können dabei von leeren Seiten ausgehen oder eine Vorlage benutzen. Diese Vorlagen liefern ein einheitliches Layout und Design für die Seiten und können durch eine übereinstimmende Verwendung von Farben, Hintergrundbildern und Textformatierung das Erscheinungsbild Ihrer Notizen verbessern.

Eine neue leere Seite anlegen

Um eine neue Seite anzulegen, klicken Sie im Navigationsbereich auf der rechten Seite des Programmfensters auf die Schaltfläche *Seite hinzufügen*. Eine neue Seite wird erstellt. Diese trägt zunächst die Bezeichnung *Seite ohne Titel*. Im Hauptbereich des Fensters wird die Seite angezeigt. Sie verfügt bereits über einen Container für den Seitentitel. Geben Sie darin die gewünschte Bezeichnung für die Seite ein. Das Datum und die Uhrzeit, wann die Seite angelegt wurde, werden automatisch hinzugefügt.

 TIPP Sie können auch eine neue Seite erstellen, indem Sie einfach die Tastenkombination [Strg]+[N] drücken.

Eine Seitenvorlage benutzen

OneNote stellt verschiedene Seitenvorlagen bereit, um Ihnen den Einstieg zu erleichtern: vom dekorativen Hintergrund bis zu funktionalen Notizenseiten wie Planungs- oder Aufgabenlisten. Um eine davon beim Erstellen einer neuen Seite zu nutzen, verwenden Sie die folgenden Schritte:

1. Erstellen Sie zunächst die neue leere Seite, für die Sie die Vorlage verwenden wollen. Nehmen Sie aber darin zunächst noch keine Eingaben vor. Markieren Sie die Seite und wählen Sie dann die Registerkarte *Einfügen*. Klicken Sie in der Gruppe *Seiten* auf *Seitenvorlagen*. Dadurch wird rechts im Fenster der Aufgabenbereich *Vorlagen* angezeigt (Abbildung 11.5).

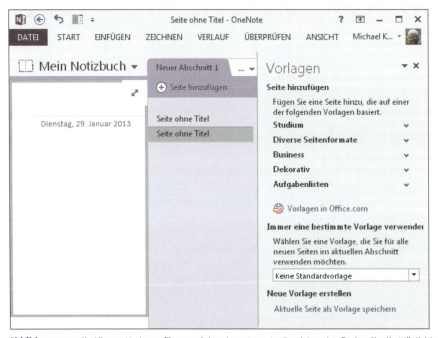

Abbildung 11.5: Sie können Vorlagen für neue Seiten benutzen. Im Bereich rechts finden Sie die Möglichkeiten dazu.

2. Klicken Sie dort unter *Seite hinzufügen* auf eine Kategorie in der Liste und dann auf den Namen der gewünschten Vorlage – beispielsweise unterhalb von *Business* auf *Projektübersicht*. OneNote legt daraufhin eine neue Seite im aktuellen Abschnitt basierend auf der ausgewählten Vorlage an.
3. Sie können anschließend den Aufgabenbereich durch einen Klick auf die entsprechende Schaltfläche wieder schließen.

TIPP Über den Abschnitt *Immer eine bestimmte Vorlage verwenden* im Aufgabenbereich *Vorlagen* können Sie festlegen, welche Vorlage benutzt werden soll, wenn Sie eine neue leere Seite anlegen.

Eine eigene Vorlage erstellen

Falls Sie eine vollständig neue Vorlage nicht selbst erstellen möchten, können Sie problemlos den Inhalt und das Erscheinungsbild einer vorhandenen Vorlage ändern und sie als benutzerdefinierte Vorlage speichern. Sie können auch von einer leeren Seite ausgehen und diese als Vorlage speichern.

1. Erstellen Sie zunächst eine neue Seite. Sie können eine leere Seite oder eine der bereits vorhandenen Vorlagen benutzen.
2. Ändern Sie den Inhalt der Seite so, dass neue Seiten, die Sie anhand der geänderten Vorlage erstellen möchten, Ihren Vorstellungen entsprechend angezeigt werden: Geben Sie darauf alle Elemente ein, die später auf der Seite erscheinen sollen, wenn Sie die Vorlage benutzen. Wenn Sie von einer vorhandenen Vorlage ausgehen, löschen Sie die Elemente der Vorlage, die Sie nicht benötigen.
3. Über die Befehle der Gruppe *Seite einrichten* auf der Registerkarte *Ansicht* können Sie außerdem diverse Parameter für die Seite – beispielsweise die *Seitenfarbe* oder *Hilfslinien* – einstellen.
4. Sie können über den Befehl *Papierformat* in derselben Gruppe auch das Format der Seite festlegen. Auf dem Bildschirm hat ein vom Standard abweichendes Format nur wenig Auswirkungen, wohl aber bei einem späteren Ausdruck. Wählen Sie zunächst im Feld *Größe* das gewünschte Papierformat und dann die *Ausrichtung* (Hoch- oder Querformat) aus. Zusätzlich können Sie noch die *Ränder* festlegen.
5. Nachdem Sie alle Parameter für die Seitenvorlage festgelegt haben, klicken Sie unten im Aufgabenbereich *Vorlagen* auf *Aktuelle Seite als Vorlage speichern*.
6. Geben Sie im Dialogfeld *Als Vorlage speichern* einen Namen in das Feld *Vorlagenname* ein. Wenn Sie das Kontrollkästchen *Als Standardvorlage für neue Seiten im aktuellen Abschnitt festlegen* einschalten, wird diese Vorlage auf jede neue Seite angewendet, die Sie dem aktuellen Abschnitt im Notizbuch hinzufügen.
7. Klicken Sie auf *Speichern*. Die von Ihnen angepassten oder neu erstellten Vorlagen werden automatisch der Liste *Vorlagen* im Aufgabenbereich *Vorlagen* hinzugefügt.

Seiten löschen

Wenn Sie eine Seite nicht mehr benötigen, können Sie sie löschen. Markieren Sie die Seite im Bereich rechts und wählen Sie im zugehörigen Kontextmenü den Eintrag *Löschen* aus. Wenn Sie die letzte Seite aus einem Abschnitt gelöscht haben, wird angezeigt, dass dieser leer ist. Sie können dann diesen auch selbst löschen oder wieder Seiten darin anlegen.

11.2 Notizen

Das Erstellen von Notizen in OneNote ist so einfach wie das Schreiben von Text in einem Programm wie Microsoft Word. Der wichtige Unterschied besteht darin, dass Sie die Eingaben an einer beliebigen Stelle auf der Seite durchführen können.

11.2.1 Tippen oder Schreiben von Notizen

Texteingaben können Sie über die Tastatur oder über ein Stifteingabegerät vornehmen. Beginnen wir mit der Eingabe von Text über die Tastatur.

Notizen eingeben

Wenn Sie Text über die Tastatur eingeben möchten, klicken Sie auf die Stelle der Seite, an der der Text angezeigt werden soll, und beginnen Sie mit der Eingabe. Das Programm erstellt für jeden Text einen Notizencontainer (Abbildung 11.6).

Abbildung 11.6: Eine Notiz wurde eingetippt.

Notizen verschieben

Nach der Eingabe können Sie eine Notiz innerhalb der Seite oder auf andere Seiten des Notizbuches verschieben:

- Zum Verschieben auf der aktuellen Seite setzen Sie den Mauzeiger auf die Titelleiste des Containers und verschieben diesen mit gedrückt gehaltener Maustaste.

- Um eine Notiz zu einer anderen Seite, einen anderen Abschnitt oder zu einem anderen Notizbuch zu verschieben, benutzen Sie die Zwischenablage. Sie finden diese Gruppe auf der Registerkarte *Start*. Beachten Sie, dass Ihnen die Befehle *Ausschneiden*, *Kopieren* und *Einfügen* auch im Kontextmenü zu einem Container bzw. zu einer leeren Stelle auf einer Seite zur Verfügung stehen. Darüber können Sie auch eine eingegebene Notiz löschen.

Vergrößern des verfügbaren Platzes auf der Seite

Wenn Sie den Platz unten auf der Seite schnell vergrößern möchten, klicken Sie auf der Registerkarte *Einfügen* in der Gruppe *Einfügen* auf *Schreibbereich einfügen*. Klicken Sie anschließend an die gewünschte Stelle und ziehen Sie bei gedrückter Maustaste nach unten, um zusätzlichen Platz einzufügen.

Speichern von Notizen

Wenn Sie Notizen erstellen, wird Ihre Arbeit beim Wechseln auf eine andere Seite oder einen Abschnitt oder beim Schließen von Abschnitten und Notizbüchern fortlaufend automatisch gespeichert. Sie müssen die Notizen auch dann nicht manuell speichern, wenn Sie sie fertig gestellt haben.

11.2.2   Formatieren und kennzeichnen

Eingegebene Texte können wie in der Textverarbeitung mit Zeichenformaten versehen werden. Markieren Sie den zu formatierenden Bereich und benutzen Sie die Werkzeuge in der Gruppe *Text* auf der Registerkarte *Start*. Auch einige Absatzformate – wie Aufzählungszeichen oder Nummerierungen – können hierüber ausgewählt werden.

Hinweis   Die *Schnellformatvorlagen* in der Gruppe *Formatvorlagen* auf der Registerkarte *Start* erlauben aber nur ein Formatieren des gesamten Inhalts eines Textcontainers.

Aufzählungen und Nummerierungen

Um eine Liste mit Aufzählungszeichen zu erstellen, klicken Sie in der Gruppe *Text* auf *Aufzählungszeichen* oder öffnen Sie den Katalog dazu und wählen Sie ein Symbol aus. Geben Sie den gewünschten Text für das erste Element in die Liste ein und drücken Sie die ⏎-Taste. Automatisch wird ein neues Aufzählungszeichen für das nächste Listenelement erstellt. Um die Liste mit Aufzählungszeichen zu beenden und anschließend einen normalen Absatz einzugeben, drücken Sie zweimal die ⏎-Taste. Sie können eine Liste mit Aufzählungszeichen auch beginnen, indem Sie ein Sternchen eingeben und dann die ⇆-Taste drücken.

Zum Erstellen einer nummerierten Liste klicken Sie in der Gruppe *Text* auf *Nummerierung* oder öffnen Sie den Katalog dazu und wählen Sie ein Symbol aus. Geben Sie dann den gewünschten Text für das erste Element in die Liste ein und drücken Sie die ⏎-Taste. Sie können eine nummerierte Liste auch beginnen, indem Sie *1.* eingeben und dann die ⇆-Taste drücken. Nach dem Drücken der ⏎-Taste wird automatisch eine neue Nummer für das nächste Listenelement erstellt.

Kategorien

Durch Zuweisen einer Kategorie können Sie einzelne Elemente mit kleinen Bildelementen kennzeichnen. Dies kann Ihnen später helfen, bestimmte Eintragungen schneller wiederzufinden. Benutzen Sie dazu den Katalog in der Gruppe *Kategorien* auf der Registerkarte *Start*.

11.2.3 Suchen im Notizbuch

Ein wichtiger Vorteil bei der Nutzung von Kategorien besteht auch darin, dass Sie später nach den so gekennzeichneten Stellen suchen lassen können. Sie können aber auch ohne solche Kennzeichnungen nach Eintragungen suchen lassen.

Nach Kategorien suchen

Ein Klick auf den Befehl *Kategorien suchen* in der Gruppe *Kategorien* der Registerkarte *Start* öffnet den Arbeitsbereich *Kategorienzusammenfassung*. Hier sind im Hauptbereich alle Elemente aufgelistet, denen Sie eine Kategorie zugewiesen haben. Ein Klick auf einen Eintrag markiert die Notiz im Hauptbereich des Fensters.

- Über das Listenfeld *Kategorien gruppieren nach* können Sie festlegen, in welcher Form die Elemente aufgelistet werden sollen. Sie können nach *Kategoriename*, *Abschnitt*, *Titel* usw. sortieren lassen.
- Über das Listenfeld *Durchsuchen* können Sie festlegen, welcher Bereich des Programms durchsucht werden soll. Standardmäßig wird zunächst nur im aktuellen Notizbuch gesucht. Sie können aber die Suche durch Optionen wie *Dieser Abschnitt* oder *Diese Abschnittsgruppe* einschränken oder mit *Alle Notizbücher* ausweiten. Auch eine Suche nach einzelnen Zeiträumen – wie etwa *Notizen letzter Woche* – ist möglich.
- Wenn Sie Änderungen an den Notizen durchführen, während der Arbeitsbereich *Kategorienzusammenfassung* geöffnet ist, müssen Sie auf die Schaltfläche *Ergebnisse aktualisieren* klicken, damit die Änderungen im Arbeitsbereich übernommen werden.

Nach Texteintragungen suchen

Natürlich können Sie auch direkt nach Texten suchen lassen, die Sie in Ihren Notizen verwendet haben. Dazu benutzen Sie das *Suchen*-Feld rechts oben im Programmfenster. Wenn Sie in dieses klicken, wird Ihnen eine Liste der aktuellen Notizbücher angezeigt. Per Klick auf die kleinen Schaltflächen mit den Pluszeichen können Sie auch einzelne Seiten anzeigen lassen. Sie können hier bereits einen Bereich auswählen, in dem gesucht werden soll – notwendig ist das aber nicht.

Sobald Sie in das *Suchen*-Feld einen Text eingeben, werden die Stellen aufgelistet, an denen dieser Text in Ihren Notizen vorhanden ist. Ist der Text auf der aktuell angezeigten Seite vorhanden, wird er zusätzlich markiert. Zu anderen Seiten, auf denen der Text ebenfalls auftaucht, können Sie jetzt schnell wechseln, indem Sie auf den Namen der Seite klicken.

Einen umfassenden Überblick über die Fundstellen erhalten Sie, nachdem Sie unten in der Liste auf *Suchergebnisse anheften* geklickt haben. Dann wird rechts im Programmfenster der Bereich *Suchergebnisse* angezeigt, in dem alle Ergebnisse der Suche aufgelistet werden. Sie können darin festlegen, in welchen Notizbüchern gesucht werden soll, und auch die Ergebnisse sortieren lassen.

11.2.4 Werkzeuge zum Zeichnen benutzen

Über die Registerkarte *Zeichnen* stehen Ihnen mehrere Werkzeuge zur Verfügung, mit deren Hilfe Sie über ein Grafiktablett – oder auch über die Maus – einfache Zeichnungen erstellen können (Abbildung 11.7).

Abbildung 11.7: Auf der Registerkarte *Zeichnen* können Sie zwischen mehreren Zeichenwerkzeugen auswählen.

- Standardmäßig ist darin der Befehl *Typ* aktiviert. Solange das so ist, können Sie die Maus dazu benutzen, einzelne Elemente auf der Seite anzuklicken und dann Text über die Tastatur einzugeben.
- Sobald Sie einen anderen Befehl aus der Gruppe *Stifte* wählen, hat der Mauszeiger dessen Funktion. Sie können dann mit diesem Werkzeug auf der Seite zeichnen. Halten Sie die Maustaste während des Zeichnens einer Linie gedrückt. Wenn Sie sie loslassen und anschließend wieder drücken, erzeugen Sie einen neuen Strich.
- Wollen Sie zur Zeigefunktion der Maus zurückkehren, klicken Sie wieder auf *Typ* oder drücken Sie die Taste Esc . Ihre Zeichnung wird in einem Container angezeigt, den Sie – wie Texteintragungen – verschieben können.

Zeichnen

Über die Schaltflächen mit den farbigen Wellenlinien in der Gruppe *Stifte* können Sie eine Farbe für den Stift auswählen. Wenn Sie den Katalog dazu öffnen, stehen Ihnen noch mehr Möglichkeiten zur Verfügung.

Der ebenfalls in der Gruppe *Stifte* befindliche Befehl *Farbe und Stärke* öffnet das gleichnamige Dialogfeld. Sie können hier die Strichstärke und eine Farbe wählen. Nach der Bestätigung über *OK* wird die gewählte Kombination mit im Katalog angezeigt.

Radieren

Das Dropdown-Menü zur Schaltfläche *Radierer* erlaubt die Wahl von einer aus vier Formen. Der Mauszeiger wird danach als Rechteck angezeigt. Wenn Sie dieses mit gedrückt gehaltener Maustaste über ein gezeichnetes Objekt bewegen, wird der Teil der Zeichnung unter dem Rechteck entfernt. Der *Pinselstrichradierer* entfernt den gesamten zusammenhängenden Strich, wenn Sie auf diesen klicken.

Auswählen

Mithilfe der Lassoauswahl können Sie gezeichnete Bereiche markieren. Setzen Sie nach der Wahl dieses Werkzeugs den Mauszeiger an einen Punkt außerhalb des zu markierenden Bereichs und führen Sie den Zeiger in einem Bogen um den Bereich herum. Nach dem Loslassen wird der Bereich markiert.

Weitere Werkzeuge zum Zeichnen

Das Werkzeug *Verschiebehand* in der Gruppe *Stifte* der Registerkarte *Zeichnen* macht aus dem Mauszeiger ein Handsymbol. Damit können Sie den im Programmfenster angezeigten Seitenausschnitt verschieben. Dies kann sinnvoll sein, wenn Sie Ihre Zeichnung erweitern wollen.

Über die Gruppe *Formen* können Sie einige Standardformen einfügen. Wählen Sie zunächst im Katalog die gewünschte Form aus und klicken Sie dann auf die Seite, um die Form in einer Standardgröße einzufügen. Sie können die Form aber auf der Seite auch nach der Auswahl aufziehen.

 Mehr Informationen zum Einfügen und Bearbeiten von Formen finden Sie in *Kapitel 14*.

11.3 Elemente einfügen

Die Registerkarte *Einfügen* erlaubt das Einfügen diverser Elemente in die Seite (Abbildung 11.8).

Abbildung 11.8: Die Registerkarte *Einfügen* erlaubt das Hinzufügen der üblichen Elemente.

 Einige der auf der Registerkarte *Einfügen* vorhandenen Werkzeuge werden in diesem Buch im Teil über die gemeinsamen Tools und Funktionen behandelt. Hinweise zum Arbeiten mit Tabellen finden Sie in *Kapitel 14*.

11.3.1 Datum und Uhrzeit

Wenn Sie das aktuelle Datum und die Uhrzeit des Computers zum Markieren oder Nachverfolgen Ihrer Notizen verwenden möchten, platzieren Sie den Mauszeiger an die Stelle, an die Sie einen Datums- und Zeitstempel hinzufügen möchten. Benutzen Sie dann die Befehle *Datum*, *Zeit* oder *Datum und Uhrzeit* in der Gruppe *Zeitstempel* der Registerkarte *Einfügen*. Sie können auch Tastenkombinationen benutzen (Tabelle 11.2).

Tasten	Wirkung
Alt + ↑ + F	Das aktuelle Datum und die Uhrzeit werden eingefügt.
Alt + ↑ + D	Nur das Datum wird eingefügt.
Alt + ↑ + T	Nur die Uhrzeit wird eingefügt.

Tabelle 11.2: Tastenkombinationen zum Einfügen von Datum und Uhrzeit

Wenn Sie den automatisch bei jedem Erstellen einer neuen Seite eingefügten Zeitstempel ändern wollen, klicken Sie auf das Datum oder die Uhrzeit und dann auf das Kalender- oder Uhrsymbol.

Standardmäßig wird in OneNote das in der Systemsteuerung von Microsoft Windows angegebene Datums- und Zeitformat verwendet. Wenn Sie diese ändern, werden die neuen Formate nur für neue Notizenseiten übernommen, nicht jedoch für bereits erstellte Notizenseiten.

11.3.2 Dokumente oder Dateien

In den Notizbüchern können Sie alle Arten von Informationen an einer zentralen Stelle sammeln und speichern. Auch wenn Sie OneNote hauptsächlich für eigene Notizen verwenden, können Sie durch das Einfügen relevanter Informationen aus anderen Quellen sehr viel Zeit sparen. Statt Informationen erneut einzugeben oder sich auf Hyperlinks zu Dokumenten und Dateien zu verlassen, die möglicherweise nicht mehr verfügbar sind, wenn Sie offline arbeiten, können Sie die gewünschten Inhalte direkt in OneNote 2013 übertragen, entweder als Anlage oder als Ausdruck, dem Sie Kommentare hinzufügen können.

Eine Datei anfügen

Wenn Sie die Kopie eines Dokuments oder einer Datei als Teil der Notizen speichern möchten, können Sie sie an die Notizbuchseite anfügen. Klicken Sie auf der Registerkarte *Einfügen* in der Gruppe *Dateien* auf *Dateianlage*. Daraufhin öffnet sich das Dialogfeld *Eine Datei oder eine Gruppe von Dateien zum Einfügen auswählen*. Markieren Sie darin die Datei(en), die Sie einfügen wollen, und klicken Sie auf *Einfügen*. Auf der aktuellen Seite wird eine Kopie der Datei eingefügt und als Symbol angezeigt, auf das Sie doppelklicken können, um das Dokument oder die Datei zu öffnen oder anzuzeigen.

 Das Programm fügt die Kopie des Quelldokuments an, ohne eine Verknüpfung zur Quelldatei beizubehalten. Wird die Quelldatei zu einem späteren Zeitpunkt aktualisiert, werden die vorgenommenen Änderungen in der angefügten Kopie nicht angezeigt.

Einfügen von Dokumenten als Ausdruck

Wenn Sie nur die Inhalte und nicht die Datei selbst benötigen, können Sie mit dem OneNote-Druckertreiber ein Bild bzw. eine Art von Ausdruck dieser Informationen einfügen. Dabei wird der Ausdruck vom Druckertreiber an das Notizbuch gesendet, wo er an der gewünschten Position auf einer Seite angeordnet werden kann. Ein Ausdruck kann zwar im Gegensatz zur Originaldatei nicht geöffnet und bearbeitet werden, aber Sie können Text aus dem Ausdruck kopieren und zur Bearbeitung an eine beliebige Stelle einfügen. An den Ausdruck können durch Eingeben oder Überschreiben weitere Notizen angefügt werden.

- Wenn Sie zum Einfügen aus OneNote heraus arbeiten wollen, klicken Sie auf der Registerkarte *Einfügen* in der Gruppe *Dateien* auf *Dateiausdruck*. Daraufhin öffnet sich das Dialogfeld *Einzufügendes Dokument wählen*. Markieren Sie darin die Datei(en), die Sie einfügen wollen, und klicken Sie auf *Einfügen*. OneNote öffnet das Quellprogramm für die Datei und druckt deren Inhalt direkt auf die Seite.
- Sie können den OneNote-Druckertreiber auch von praktisch jedem anderen Office-Programm und auch von anderen Programmen her ansprechen. Öffnen Sie dazu im entsprechenden Programm die zu druckende Datei und öffnen Sie dann das Menü *Datei* bzw. die Registerkarte *Datei*. Wählen Sie den Bereich *Drucken* und legen Sie unter *Drucker* die Option *An OneNote 2013 senden* fest.
- Wenn Sie dann auf die Schaltfläche *Drucken* klicken, wird zunächst das Dialogfeld *Speicherort in OneNote auswählen* angezeigt. Sie können darin das Notizbuch, den Abschnitt und – nach Klicks auf die kleinen Schaltflächen mit dem Pluszeichen – die Seite bestimmen, in die gedruckt werden soll. Der Druck startet nach einem Klick auf *OK*.

Die automatische Seitenwahl für den Ausdruck

Unten im Dialogfeld finden Sie eine Option, mit der Sie festlegen können, dass alle Druckvorgänge ihr Ergebnis immer auf derselben Seite ablegen sollen. Wenn Sie diese Option aktivieren, wird das Dialogfeld *Speicherort in OneNote auswählen* beim Drucken nicht mehr angezeigt. Diese Einstellung können

Sie später über die Optionen zum Programm ändern. Wählen Sie darin die Kategorie *An OneNote senden*. Sie können für einzelne Programme festlegen, wie beim Senden verfahren werden soll.

11.3.3 Audio und Video

Zum Erstellen von Notizen können Sie auch Audio- und Videonotizen aufzeichnen. Dazu benötigen Sie natürlich eine entsprechende Ausstattung an Hardware. Solche Aufnahmen können in vielen Fällen beim Aufzeichnen von Notizen hilfreich sein, beispielsweise bei Besprechungen und Vorlesungen. Interessant ist, dass Audio- oder Videoaufnahmen direkt mit allen während der Aufnahme durchgeführten Notizen verknüpft sind. Bei der Wiedergabe der Aufnahme zeigt OneNote die zugehörigen Notizen an, die Sie erstellt haben. Sie können die Notizen deshalb später nach Stichwörtern oder bestimmtem Text durchsuchen, der mit einer bestimmten Aufnahme verbunden ist.

Aufzeichnen

Klicken Sie auf die Stelle der Seite, an die Sie die Aufzeichnung platzieren möchten. Wählen Sie dann auf der Registerkarte *Einfügen* in der Gruppe *Aufnahme* einen der Befehle *Audio aufnehmen* oder *Video aufnehmen*. Auf der Seite wird ein Zeitstempel platziert. Außerdem wird die kontextbezogene Registerkarte *Audio und Video/Aufzeichnung* angezeigt.

- Wollen Sie die Aufnahme kurzzeitig unterbrechen, klicken Sie auf die Schaltfläche *Pause*. Dass die Aufnahme angehalten wurde, erkennen Sie an der Markierung dieser Schaltfläche. Ein nochmaliger Klick auf diese Schaltfläche setzt die Aufnahme fort.
- Wenn Sie die Aufzeichnung beenden möchten, klicken Sie auf dieser Registerkarte auf die Schaltfläche *Beenden*.

Als Ergebnis wird ein Container erstellt, in der der Zeitstempel und ein Symbol für die aufgenommene Datei angezeigt werden. Wenn Sie *Audio aufzeichnen* ausgewählt haben, wird der Soundclip als *.wma*-Datei aufgezeichnet. Bei der Auswahl von *Video aufzeichnen* kombiniert OneNote Audio und Video in einer *.wmv*-Datei. Sobald eine Videoaufnahme in OneNote erstellt wurde, kann der Audioteil in den Notizen nicht mehr vom Videoteil getrennt werden.

Wiedergabe

Zur Wiedergabe öffnen Sie die Seite mit der Audio- oder Videoaufnahme und klicken auf das Symbol mit der Pfeilspitze neben dem Container mit der Aufzeichnung. Sie können auch auf *Wiedergabe* auf der Registerkarte *Audio und Video* klicken. Die Schaltflächen auf der Registerkarte *Audio und Video/Wiedergabe* erlauben dann ein kurzzeitiges Unterbrechen oder ein Anhalten der Wiedergabe oder auch ein Vor- und Zurückspulen um jeweils 10 Sekunden oder 10 Minuten.

Textnotizen während der Aufzeichnung

Während einer Aufzeichnung können Sie außerdem Textkommentare in den Container eingeben. Nach Beenden der Aufzeichnung finden Sie links neben jedem dieser Kommentare ein Symbol mit einer kleinen Pfeilspitze. Wenn Sie darauf klicken, springt die Wiedergabe automatisch zu dem Teil des Clips, der bei der Eingabe des Kommentars aufgezeichnet wurde. Dadurch wählt OneNote abwechselnd jedes Element aus, das Sie während der Aufzeichnung erstellt haben. Umgekehrt wird bei einer vollständigen Wiedergabe des Clips auch immer der bei der Aufnahme eingegebene Kommentar markiert. Aufnahme und Textkommentare sind also synchronisiert.

Anpassen der Einstellungen für Aufnahmen

Falls die Qualität der Aufnahmen in OneNote nicht Ihren Erwartungen entspricht, können Sie die Audio- und Videostandardeinstellungen anpassen. Öffnen Sie über die Registerkarte *Datei* die Optionen zum Programm.

Kapitel 12

Outlook 2013: E-Mail-Nachrichten austauschen

Das Programm Microsoft Outlook hat zwei wichtige Aufgaben: die Kommunikation – beispielsweise der Austausch von E-Mail-Nachrichten – und die Datenorganisation – beispielsweise die Verwaltung von Terminen, Aufgaben oder Kontakten. Aufgrund dieser speziellen Aufgabenstellung verfügt dieses Programm natürlich über andere Elemente als Programme wie beispielsweise Microsoft Word oder Excel, und wir wollen Sie in diesem und dem folgenden Kapitel damit bekannt machen. In diesem Kapitel geht es zunächst um die Kommunikation mittels E-Mail-Nachrichten.

- Die prinzipiellen Funktionen von Outlook 2013 sind fast identisch mit denen der Vorgängerversion. Allerdings finden Sie jetzt in allen Bereichen des Programms das Menüband – bei der Version 2007 mussten Sie den Hauptbildschirm noch über Menüs und Symbolleisten steuern. Wir wollen Sie darum in einem Überblick mit den einzelnen Fenstern des Programms vertraut machen (Abschnitte 12.1).
- Danach sollten Sie sich mit der Einrichtung von Konten beschäftigen. Beim ersten Starten von Outlook wird nach der Aufforderung, das Produkt zu registrieren, auch ein Assistent gestartet, der Sie bittet, ein Konto zu konfigurieren. Sie können das aber auch später durchführen (Abschnitt 12.2).
- In einigen einleitenden Informationen wollen wir Sie zunächst mit den wichtigsten Elementen dieses Bereichs vertraut machen (Abschnitt 12.3).
- Zum Verfassen einer Nachricht wählen Sie als Erstes das gewünschte *Format*. Sie können die programmeigenen Einstellungen benutzen oder eigene wählen. Sie müssen dann die Adresse(n) des oder der Empfänger angeben, an den/die die Nachricht gesendet werden soll. Anschließend verfassen Sie die Nachricht und senden sie ab (Abschnitt 12.4). Standardmäßig werden beim Senden Ihrer Nachrichten auch an Sie gerichtete Informationen an Ihr System übermittelt. Ist das der Fall, können Sie diese jetzt anzeigen und lesen. Außerdem können Sie darauf antworten oder sie an einen anderen Empfänger weiterleiten.
- Nach oder während des Verfassens der eigentlichen Nachricht können Sie nach Wunsch Anlagen hinzufügen (Abschnitt 12.5). Anlagen sind beispielsweise selbstständige Dateien, die Sie zusammen mit der Nachricht an den Empfänger übermitteln.
- Genauso wie Dateien verwalten Sie auch Nachrichten. Sie können Elemente auswählen, danach suchen lassen, sie kopieren, verschieben, separat speichern oder löschen. Zusätzlich können Sie diese Elemente auch sortieren, filtern oder gruppieren, Verknüpfungen zwischen unterschiedlichen Elementen erstellen und einzelne Elemente besonders kennzeichnen. Diese letzten Abschnitte in diesem Kapitel liefern einen Überblick über die dafür vorhandenen Werkzeuge (Abschnitt 12.6 und Abschnitt 12.7).

12.1   Die Programmoberfläche

Die prinzipiellen Funktionen von Outlook 2013 sind fast identisch mit denen der Vorgängerversion. Allerdings gibt es einige Änderungen in der Oberfläche, und darum wollen wir Sie zunächst in einem Überblick mit den einzelnen Fenstern des Programms vertraut machen.

Wenn Sie Outlook – bzw. Office – auf einem Rechner installieren, bei dem noch keine Vorversion vorhanden war, wird beim ersten Starten dieses Programms auch ein Assistent gestartet, der Sie bittet, ein Konto zu konfigurieren. Klicken Sie im Begrüßungsfenster dieses Assistenten auf *Weiter* und folgen Sie dann den einzelnen Schritten. Wenn Sie vor der Installation von Outlook bereits ein anderes E-Mail-Programm eingerichtet und genutzt haben – beispielsweise *Windows Mail* unter Windows 7 oder 8 –, werden Sie gefragt, ob Sie die dafür benutzten Kontoeinstellungen auch für Outlook übernehmen möchten.

Wenn Sie *Aktualisieren* wählen und auf *Weiter* klicken, ist Outlook zufrieden, und die Einstellungen werden übernommen. Wenn Sie das vorher benutzte Konto nicht übernehmen möchten, benutzen Sie die Option *Nicht aktualisieren* und klicken Sie auf *Weiter*. Sie werden dann nochmals gefragt, ob Sie ein E-Mail-Konto einrichten wollen. Wählen Sie *Ja* und klicken Sie erneut auf *Weiter*. Sie können aber auch abbrechen und diesen Assistenten dann später manuell starten. Die Vorgehensweise ist dann – mit Ausnahme der einleitenden Dialogfelder – dieselbe.

12.1.1 Die Oberfläche in der Übersicht

Anschließend wird – nach einer kurzen Einblendung des Programmlogos – die Arbeitsfläche des Programms angezeigt. Die Oberfläche besteht aus mehreren Fenstern, in denen die wichtigsten Elemente automatisch angezeigt werden (Abbildung 12.1).

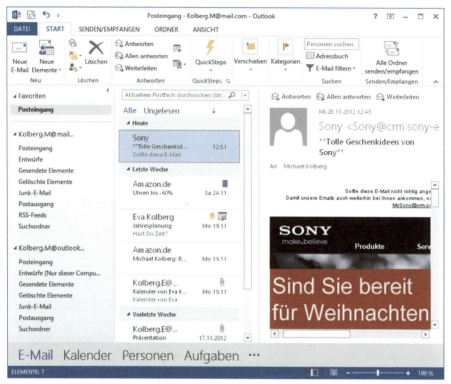

Abbildung 12.1: Die Outlook-Oberfläche in der Standardeinstellung

- Unten links im Fenster finden Sie einen aus den Schaltflächen *E-Mail*, *Kalender*, *Personen* und *Aufgaben* bestehenden Navigationsbereich. Klicken Sie auf ein Element darin, um die zu dem Bereich gehörenden Daten anzuzeigen. Hinter den drei Punkten rechts verbergen sich noch weitere Outlook-Bereiche. Auf dieses Element werden wir gleich noch intensiver eingehen.
- Im zentralen Bereich des Programmfensters werden die Elemente aus dem Outlook-Bereich angezeigt, den Sie gerade im Navigationsbereich gewählt haben. Dieser Hauptbereich ist in mehrere Abschnitte untergliedert, deren Inhalte sich nach dem gerade aktuellen Bereich unterscheiden. Ist gerade *E-Mail* aktiv, sehen Sie hier die einzelnen Nachrichten, im *Kalender* die einzelnen Termine.
- Unten im Fenster wird eine *Statusleiste* mit mehreren Elementen angezeigt. Die Bedeutung ist bei allen Bereichen nahezu identisch.

TIPP Die Breite der einzelnen Bereiche auf dem Bildschirm können Sie über die Maus regeln. Setzen Sie den Mauszeiger auf die rechte Begrenzungslinie des Bereichs, halten Sie die Maustaste gedrückt und verschieben Sie die Linie.

12.1.2 Die einzelnen Bereiche des Programmfensters

Wenn Sie noch keine Änderungen am Erscheinungsbild des Programms vorgenommen haben, werden bei Outlook nach dem Start vier Fenster angezeigt: der *Navigationsbereich*, der *Informationsbereich*, der *Lesebereich* und die *Aufgabenleiste*. Für jeden dieser Bereiche bzw. Fenster gibt es Standardansichten. Außerdem können Sie benutzerdefinierte Ansichten erstellen. Über die Registerkarte *Ansicht* im Menüband können Sie – unter anderem – die Navigationsleiste, die Symbolleisten und die Statusleiste ab- und wieder anschalten.

Der Ordnerbereich

In der Spalte links im Programmfenster finden Sie bei allen Outlook-Modulen den sogenannten Ordnerbereich (Abbildung 12.1). Er heißt so, weil er vordringlich zur Anzeige der Ordner dient, die zum gerade gewählten Modul gehören. Haben Sie beispielsweise das Modul *E-Mail* gewählt, werden dort die einzelnen Unterordner dieses Bereichs angezeigt – beispielsweise Posteingang, Postausgang usw. Beim Bereich *Kalender* finden Sie hier ein Kalenderelement zur Datumsnavigation und darunter die einzelnen Kalender. Was im Ordnerbereich angezeigt wird, ist also eine Frage des gerade gewählten Outlook-Moduls. Auf weitere Details dazu gehen wir noch ein (unten und *Kapitel 12*).

Der Informationsbereich

Der größte Teil des Bildschirms ist in der Grundeinstellung des Programms durch den *Informationsbereich* belegt. In diesem werden die Elemente des aktuell gewählten Outlook-Moduls – wie E-Mail-Nachrichten, Termine, Kontakte, Aufgaben usw. – angezeigt. Im Bereich *E-Mail* finden Sie darin den Nachrichtenverkehr (Abbildung 12.2), unter *Personen* werden die eingegebenen Daten zu Ihren Kontakten angezeigt. Auch andere Inhalte können hier wiedergegeben werden.

Abbildung 12.2: Der Ansichtsbereich für *E-Mail*

TIPP Zur Anzeige der Outlook–Elemente in diesem Bereich können Sie zwischen verschiedenen Formen wählen: Das Programm verfügt über verschiedene Standardformen von Ansichten – wie Tabellen oder Karteikarten –, die die Elemente in einer bestimmten Weise im Fenster anordnen. In welcher Sortierung die Elemente in einer Ansicht dargestellt werden, können Sie zusätzlich über einzelne Anordnungen wählen.

Der Lesebereich

Das Vorschaufenster aus früheren Versionen von Outlook wurde neu gestaltet und für das Lesen von E-Mail-Nachrichten und anderen Inhalten optimiert. Mithilfe dieses *Lesebereichs* können Sie sich zum gerade in einer Ansicht markierten Element zusätzliche Informationen anzeigen lassen (Abbildung 12.3).

Abbildung 12.3: Details zu einem markierten Element finden Sie im Lesebereich.

Ob und wo dieser Lesebereich angezeigt wird, können Sie über die gleichnamige Schaltfläche in der Gruppe *Layout* der Registerkarte *Ansicht* festlegen. Sie können ihn entweder *rechts* oder *unten* vom Hauptfenster anzeigen oder ganz abschalten lassen. Über den Befehl *Optionen* in dieser Liste können Sie einige Einstellungen für Nachrichten vornehmen.

Die Aufgabenleiste

Ein weiteres Fenster, das standardmäßig im Programmfester angezeigt wird, nennt sich *Aufgabenleiste*. Über den Katalog zu *Aufgabenleiste* in der Gruppe *Layout* der Registerkarte *Ansicht* können Sie festlegen, wie dieses Fenster angezeigt werden soll: Möglich sind *Normal*, *Minimiert* oder *Aus*. In dieser Leiste können Sie einen *Datumsnavigator*, die anstehenden *Termine* und eine Liste der noch nicht abgeschlossenen Aufgaben anzeigen lassen.

12.1.3 Der Navigationsbereich

Neu in Outlook 2013 ist die Gestaltung des *Navigationsbereichs* – früher wurde er auch als *Outlook-Leiste* bezeichnet. Die Funktionen dieses Bereichs sind aber dieselben wie bei den Vorversionen.

Die wichtigsten Aufgaben des Navigationsbereichs

Mit den Elementen darin greifen Sie direkt auf die verschiedenen Funktionen des Programms zu – beispielsweise auf den *E-Mail-Verkehr*, den *Kalender*, die *Kontakte* und andere Bereiche (Abbildung 12.4).

■ Wenn Sie auf eine der Optionen im Navigationsbereich – also *E-Mail*, *Kalender*, *Personen* oder *Kontakte* – klicken, werden die zu diesem Outlook-Modul gehörenden Elemente im Programmfenster angezeigt.

■ Wenn Sie den Mauszeiger nur auf eines dieser Elemente bewegen – also nicht klicken –, zeigt ein Fenster einige wichtige Elemente aus diesem Bereich an. Beim Bereich *Aufgaben* werden beispielsweise die fälligen oder auch überfälligen Aufgaben aufgelistet.

Abbildung 12.4: Der Navigationsbereich und die Formen der Ansicht

Schnell navigieren

Wichtig für ein effektives Arbeiten mit dem Programm ist die Kenntnis der Techniken für einen schnellen Wechsel zwischen den einzelnen Bereichen.

- Nach dem Starten des Programms wird in der Grundeinstellung der Bereich *E-Mail* angezeigt. Klicken Sie beispielsweise auf *Personen*, um die Kontakte anzuzeigen. Daraufhin wird im selben Fenster der Inhalt des Moduls im Hauptbereich des Bildschirms angezeigt. Der Inhalt des Hauptbereichs wechselt also je nach dem gewählten Modul.
- Sie können aber ein Outlook-Modul auch in einem eigenen Fenster anzeigen lassen, das dann zusätzlich angezeigt wird. Klicken Sie die entsprechende Schaltfläche im Navigationsbereich mit der rechten Maustaste an und wählen Sie den Befehl *In neuem Fenster öffnen*. Sie können dafür sowohl die Kontextmenüs der großen als auch die der kleinen Schaltflächen benutzen.
- Wenn Sie die Navigation über Tastenkombinationen bevorzugen, können Sie auch diese verwenden, beispielsweise $\boxed{\text{Strg}}$ + $\boxed{1}$ für *E-Mail*, $\boxed{\text{Strg}}$ + $\boxed{2}$ für *Kalender* und $\boxed{\text{Strg}}$ + $\boxed{3}$ für *Kontakte*.

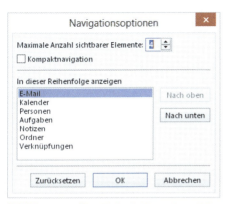

Abbildung 12.5: Über die Navigationsoptionen können Sie auch weitere Outlook-Module anzeigen lassen.

Die Navigationsoptionen

Durch einen Klick auf die Stelle mit den drei Punkten im Navigationsbereich lassen Sie ein kleines Menü anzeigen. Der Befehl *Navigationsoptionen* darin zeigt ein Dialogfeld an, über das Sie mehrere Optionen zu diesem Werkzeug einstellen können (Abbildung 12.5).

- Über das Drehfeld *Maximale Anzahl …* können Sie einstellen, wie viele Module des Programms im Navigationsbereich angezeigt werden sollen.
- Wenn Sie die Reihenfolge der Anzeige ändern wollen, markieren Sie in der Liste eine Zeile und klicken Sie auf eine der Schaltflächen *Nach oben* oder *Nach unten*, bis die gewünschte Reihenfolge eingestellt ist.
- Wenn Sie das Kontrollkästchen *Kompaktnavigation* einschalten, reduzieren Sie die Größe des Navigationsbereichs (Abbildung 12.6).

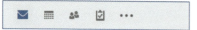

Abbildung 12.6: Sie können den Navigationsbereich verkleinern und haben dann mehr Platz auf dem Bildschirm.

Notizen und Journal

Sie finden unter den Navigationsoptionen neben den Elementen *E-Mail, Kalender, Personen* und *Aufgaben* hier auch die Optionen *Notizen* und *Journal*.

- Die Funktionen und Werkzeuge im Outlook-Ordner *Notizen* bilden das elektronische Äquivalent zu den bekannten Haftnotizen für Notizen aus Papier. Wie beim klassischen Original verwenden Sie diese dazu, um Fragen, Ideen, Erinnerungen oder beliebige andere kurze Texte schnell zu notieren. Notizen sind darüber hinaus auch für das Speichern von Informationen verwendbar, die Sie möglicherweise zu einem späteren Zeitpunkt noch einmal benötigen: beispielsweise können Sie Anweisungen, Ideen oder andere Texte, die Sie in anderen Dokumenten wiederverwenden möchten, als Outlook-Notiz eingeben und diese dann mit anderen Elementen in Microsoft Outlook – und in Microsoft Office allgemein – verknüpfen.
- Über den Ordner *Journal* können Sie Ihre Tätigkeiten am Computer dokumentieren. Das Journal entspricht also einem Logbuch. Sie können damit E-Mail-Nachrichten, Besprechungsanfragen, Besprechungszusagen und -absagen, Aufgabenanfragen und -absagen sowie die Termine von Telefongesprächen automatisch aufzeichnen lassen. Wenn die entsprechenden Programme installiert sind, können auch die Dokumente aus anderen Microsoft Office-Anwendungen wie Word, Excel, Access oder PowerPoint automatisch ins Journal eingetragen werden.

Wenn Sie Schaltflächen für diese Module anzeigen lassen wollen, können Sie einfach den Wert im Drehfeld *Maximale Anzahl …* auf 6 erhöhen. Wenn Sie nur hin und wieder auf diese beiden Funktionen zugreifen wollen, können Sie dazu auch die beiden Befehle *Notizen* und *Ordner* benutzen, die Sie in dem Menü finden, das Sie durch einen Klick auf die Stelle mit den drei Punkten im Navigationsbereich anzeigen lassen.

12.1.4 Der Bereich Outlook Heute

Der Bereich *Outlook Heute* bietet einen vollständigen Überblick über den gesamten aktuellen Tag. Sie finden hier eine Zusammenfassung anstehender Termine, der zu erledigenden Aufgaben und eine Übersicht über die noch bearbeitenden Nachrichten.

Anzeigen

Seit der Version 2007 wird der Bereich *Outlook Heute* beim Starten nicht mehr automatisch angezeigt. Sie können jetzt die Anzeige durch einen Klick auf *Persönliche Ordner* im Navigationsbereich bewirken. Die Ebene *Persönliche Ordner* kann – je nach Form der Installation – auch die Bezeichnung *Outlook* tragen. Nach der Installation ist diese Seite – bis auf einen Hinweis auf die Begrüßungsnachricht von Microsoft – nach leer. Sie wird später automatisch gefüllt, wenn Sie Termine in den Kalender und Aufgaben in die entsprechenden Programmbereiche eintragen (Abbildung 12.7).

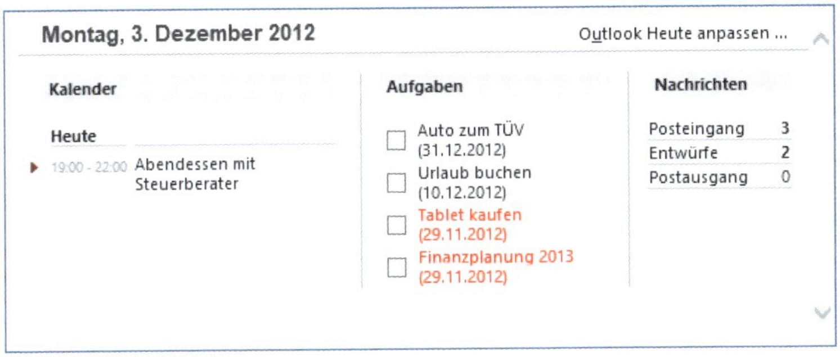

Montag, 3. Dezember 2012		Outlook Heute anpassen …
Kalender	**Aufgaben**	**Nachrichten**
Heute	☐ Auto zum TÜV (31.12.2012)	Posteingang 3
▶ 19:00 - 22:00 Abendessen mit Steuerberater	☐ Urlaub buchen (10.12.2012)	Entwürfe 2
	☐ Tablet kaufen (29.11.2012)	Postausgang 0
	☐ Finanzplanung 2013 (29.11.2012)	

Abbildung 12.7: Der Bereich *Outlook Heute* fasst aktuelle Daten zusammen.

Zu den Details wechseln

In der standardmäßig angezeigten Ansicht werden die für den aktuellen Tag anstehenden Termine im Kalender, die durchzuführenden Aufgaben sowie die noch nicht bearbeiteten Nachrichten in drei nebeneinandergesetzten Spalten angezeigt. Sie können von hier aus schnell zu den einzelnen Elementen wechseln.

- Um zu den Details der in *Outlook Heute* zusammengefassten Ordner zu wechseln, klicken Sie auf eine der Überschriften *Kalender*, *Aufgaben* oder *Nachrichten*. Im entsprechenden Ordner können Sie dann die Termine, Aufgaben oder Nachrichten jeweils im Zusammenhang bearbeiten.
- Wollen Sie zu einem dieser Ordner wechseln und gleich auch einen der angezeigten Termine, eine Aufgabe oder eine Nachricht markieren, klicken Sie direkt auf dieses Element.
- Darüber hinaus können Sie auf der Seite *Outlook Heute* einige häufig auftretende Änderungen ausführen, beispielsweise können Sie abgeschlossene Aufgaben als erledigt markieren. Klicken Sie dazu auf das Kontrollkästchen. Die Aufgabe wird dann durchgestrichen angezeigt. Ein weiterer Klick zeigt sie wieder als nicht erledigt an.

Outlook Heute anpassen

Durch einen Klick auf den Link *Outlook Heute anpassen* in der Titelleiste öffnet sich ein Dialogfeld, über das Sie das Erscheinungsbild von *Outlook Heute* ändern können. Nach einer Änderung der Einstellungen kehren Sie über die Schaltfläche *Änderungen speichern* zur Anzeige von *Outlook Heute* zurück.

- Durch Aktivieren der Option *Beim Start direkt zu Outlook Heute wechseln* können Sie bewirken, dass dieser Ordner direkt beim Starten von Outlook automatisch angezeigt wird. Hierdurch werden die anderen Einstellungen unter den *Outlook-Optionen* überschrieben, die definieren, welchen Ordner Outlook beim Programmstart anzeigen soll.
- Über die Schaltfläche *Ordner wählen* können Sie den Ordner wählen, aus dem die Nachrichten angezeigt werden sollen. Standardmäßig wird der Ordner *Posteingang* verwendet. Eine Änderung empfiehlt sich hier nur, wenn Sie an Sie gerichtete Nachrichten in einem anderen Ordner ablegen lassen.
- Unter der Überschrift *Kalender* können Sie die Anzahl der Tage einstellen, für die Elemente im Ordner *Kalender* angezeigt werden sollen.
- Im Bereich *Aufgaben* können Sie wählen, was in der Aufgabenliste angezeigt werden soll. Sie können einerseits alle anstehenden Aufgaben oder nur die für den aktuellen Tag wählen. Durch Aktivieren des Kontrollkästchens *Einschließlich Aufgaben ohne Fälligkeitsdatum* bewirken Sie im letzteren Fall die zusätzliche Anzeige von Aufgaben, für die kein Datum eingegeben wurde. Außerdem können Sie hier die Liste der Aufgaben nacheinander nach zwei Kriterien sortieren lassen. Standardmäßig wird nur nach dem Fälligkeitsdatum sortiert. Wenn regelmäßig viele Aufgaben angezeigt werden, können Sie mit dem Feld *anschließend nach* zusätzlich ein zweites Sortierkriterium benutzen.
- Über den Bereich *Formate* können Sie zwischen fünf Darstellungsformaten für das Gesamtbild wählen.

12.2 Konten einrichten und bearbeiten

Zur Kommunikation mit der Außenwelt benötigen Sie Konten. Konten können bei Outlook 2013 für diverse Zwecke eingerichtet werden. Am wichtigsten darunter sind natürlich jene, die Sie zum Austausch von Nachrichten per E-Mail benötigen.

12.2.1 Der Assistent zum automatischen Einrichten neuer Konten

Outlook verfügt über einen Assistenten, der Ihnen das Einrichten von E-Mail-Konten sehr erleichtern kann. Dieser Assistent wird auch beim ersten Öffnen des Programms gestartet, wenn noch keine E-Mail-Konten aus einer Vorversion oder anderen Kommunikationsprogrammen gefunden werden konnten. Sie können den Assistenten aber auch manuell aufrufen – etwa dann, wenn Sie ein weiteres Konto einrichten wollen.

Wählen Sie die Registerkarte *Datei* und darin – wenn noch notwendig – die Kategorie *Informationen*. Klicken Sie auf die Schaltfläche *Konto hinzufügen*, um das Fenster *Konto automatisch einrichten* zu öffnen. Sie müssen in diesem Fenster nur die Grunddaten für Ihr E-Mail-Konto eingeben:

- Im Feld *Ihr Name* geben Sie den Anzeigenamen an, der zu Ihrer E-Mail-Adresse gehört. Beim Versenden von Nachrichten wird dieser Name im Feld *Von* in den von Ihnen ausgehenden Nachrichten angezeigt.
- Das Feld *E-Mail-Adresse* nimmt die Adresse auf, die verwendet werden soll, um über dieses Konto E-Mail-Nachrichten an Sie zu senden. Die Adresse muss das Format *name@anbieter* besitzen.
- In das Feld *Kennwort* geben Sie das Kennwort ein, das Ihnen von Ihrem Internetdienstanbieter zugewiesen wurde. Um Tippfehler auszuschließen, muss das Kennwort im nächsten Feld wiederholt werden. Aus Sicherheitsgründen werden die Eingaben in den beiden Feldern durch Sternchen ersetzt.

Nach einer Bestätigung über *Weiter* versucht der Assistent, mit diesen Daten eine Verbindung zum Server aufzubauen. Wenn Sie mit einer Wählverbindung arbeiten, müssen Sie zuerst die Verbindung zum Internet herstellen. Zunächst wird versucht, eine verschlüsselte Verbindung herzustellen. Sollte Ihr Dienstanbieter eine solche Form nicht zur Verfügung stellen, wird das gemeldet. In diesem Fall wird anschließend automatisch versucht, eine unverschlüsselte Verbindung aufzubauen. Der Erfolg wird gemeldet. Klicken Sie zum Abschluss auf *Fertig stellen*.

 Sollte der Assistent keine Verbindung herstellen können, müssen Sie die Konfiguration manuell durchführen.

12.2.2 Konto manuell einrichten

Wenn Sie eine vollständige Kontrolle über die Verbindungsdaten haben wollen, aktivieren Sie im Dialogfeld *Konto hinzufügen* die Option *Manuelle Konfiguration oder zusätzliche Servertypen* und klicken Sie auf *Weiter*. Im dann angezeigten Fenster müssen Sie die Art des Kontos spezifizieren. Sie haben die Wahl zwischen *Microsoft Exchange Server oder kompatibler Dienst*, *Outlook.com oder Exchange ActiveSync kompatibler Dienst* und *POP oder IMAP*. Wählen Sie den gewünschten Dienst und bestätigen Sie über *Weiter*.

Typen von Internetkonten

Bevor wir uns mit der Einrichtung von Konten beschäftigen, hier eine kurze Zwischenbemerkung: Die Unterschiede zwischen den beiden wichtigsten E-Mail-Konten für den Kontakt zu Mailservern im Internet sollten Sie kennen. Das sind zunächst einmal die Typen *POP3* und *IMAP*. Die Namen stehen für das jeweils benutzte Protokoll. Beide Protokolle stellen Regeln dar, wie zwei Rechner, die an das Internet angeschlossen sind, miteinander kommunizieren müssen, um elektronische Nachrichten austauschen zu können. Der Unterschied besteht im Wesentlichen in der Form der Verwaltung von Nachrichten: Der Vorteil von *POP* ist die Möglichkeit, nach der Übertragung der Nachrichten die Verbindung beenden und offline weiterarbeiten zu können. *IMAP* setzt normalerweise eine bestehende Verbindung zum Server voraus.

- *POP* steht für *Post Office Protocol*. Bei *POP3* befinden sich alle Nachrichten in einem einzigen Ordner des Servers. Beim Öffnen dieses Ordners wird der Inhalt – einschließlich der Anhänge – in den Speicherbereich des lokalen Systems kopiert und anschließend – bei der Mehrzahl der Dienstanbieter standardmäßig – vom Server gelöscht. Die anschließende Verwaltung findet auf dem lokalen System statt. Ein Nachteil entsteht, wenn Sie Ihre Nachrichten auf verschiedenen Computern bearbeiten wollen. Heruntergeladene Nachrichten sind lokal auf der Festplatte des Systems gespeichert, von dem aus Sie den Download vorgenommen haben. Um von einem anderen Ort aus an diese Nachrichten zu kommen, müssen Sie einen Kontakt zu diesem Rechner herstellen können.

- *IMAP* steht für *Internet Message Access Protocol*. Bei *IMAP* findet die gesamte Nachrichtenverwaltung auf dem Server statt. Damit hat man von jedem Ort, von dem man seine E-Mails abruft, den gleichen Stand an gelesenen, noch nicht gelesenen oder gelöschten Nachrichten. Über ein *IMAP*-Konto werden eingehende Nachrichten nicht mehr wie gewohnt direkt auf den Rechner heruntergeladen, sondern Sie erhalten – wie bei einem Newsserver – zunächst nur eine Liste der Nachrichten mit den Betreffzeilen. Die Nachricht wird erst dann angezeigt, wenn Sie einen Doppelklick darauf ausführen. Sie können darüber hinaus auf dem Server Ordner einrichten, in die Sie Nachrichten verschieben können. IMAP erlaubt außerdem, zunächst nur die Titel der E-Mails durchzusehen und auszuwählen, welche E-Mail Sie vom Server herunterladen und lesen möchten. Gerade bei Nachrichten mit Anhängen verkürzen sich so die Ladezeiten erheblich.

- *Exchange ActiveSync* ist ein Protokoll, das über *HTTP* oder *HTTPS* kommuniziert. Solche *Konten* – wie beispielsweise *Microsoft Hotmail* oder *Outlook.com* – legen die Nachrichten auf Webseiten ab, die nur Ihnen zugänglich sein sollten. Diese Nachrichten können auch ohne spezielles Kommunikationsprogramm, also z.B. über einen Browser, dort eingesehen und auch beantwortet werden. Wenn Sie die Nachrichten in Outlook herunterladen wollen, müssen Sie auch hier ein spezielles Konto einrichten.

- Nach der Verknüpfung von Outlook mit *Microsoft Exchange Server* steht Ihnen eine Vielzahl von zusätzlichen Diensten zur Verfügung. Sie können darüber die Verwaltung von E-Mail-Nachrichten, Kalendern, anderen Daten innerhalb – und auch außerhalb – eines Firmennetzwerks abwickeln oder auch Videokonferenzen durchführen. Der genaue Leistungsumfang hängt vom verwendeten Server ab.

Hinweis Die Option *Microsoft Exchange Server* kann nicht direkt von der Outlook-Oberfläche her eingerichtet werden. Schließen Sie gegebenenfalls das Programm. Öffnen Sie die Windows-Systemsteuerung und klicken Sie darin auf *E-Mail*. Klicken Sie dann im Einrichtungsdialogfeld für E-Mail auf *E-Mail-Konten*. Dadurch öffnet sich das bereits von Outlook her bekannte Dialogfeld *Kontoeinstellungen*. Klicken Sie darin auf *Neu*, um ein neues Konto zu erstellen. Wählen Sie die Option *Manuelle Konfiguration oder zusätzliche Servertypen* und bestätigen Sie mit *Weiter*. Wählen Sie dann die Option *Microsoft Exchange Server* und klicken Sie auf *Weiter*.

POP- oder IMAP-Konto einrichten

Immer noch am häufigsten werden POP- oder IMAP-Konten genutzt. Nachdem Sie im Fenster *Dienst auswählen* die Option *POP oder IMAP* gewählt und mit *Weiter* bestätigt haben, wird das Fenster *POP- und IMAP-Kontoeinstellungen* angezeigt, in dem Sie die Benutzer-, Anmelde- und Serverinformationen eingeben müssen (Abbildung 12.8). Die dafür notwendigen Daten erhalten Sie von Ihrem Dienstanbieter.

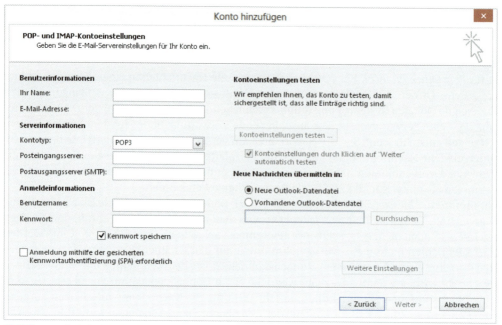

Abbildung 12.8: Geben Sie Ihre Daten ein.

- Im Feld *Ihr Name* geben Sie den Anzeigenamen an, der zu Ihrer E-Mail-Adresse gehört. Beim Versenden von Nachrichten wird dieser Name im Feld *Von* in den von Ihnen ausgehenden Nachrichten angezeigt.
- Das Feld *E-Mail-Adresse* gibt die Adresse an, die zu verwenden ist, um über dieses Konto E-Mail-Nachrichten an Sie zu senden. Die Adresse muss das Format *name@anbieter* besitzen.
- Unter *Kontotyp* legen Sie den Typ des Kontos fest. Die oben beschriebenen beiden Alternativen *POP3* und *IMAP* stehen zur Verfügung.
- In den Feldern *Posteingangsserver* und *Postausgangsserver (SMTP)* geben Sie die Server für Ihre eingehenden und ausgehenden Nachrichten an. Auch diese Daten erhalten Sie von Ihrem Dienstanbieter.
- Unter *Benutzername* geben Sie Ihren Kontonamen an. Dieser kann dem Teil Ihrer E-Mail-Adresse links vom @-Zeichen entsprechen. Bei T-Online geben Sie hier die Benutzernummer ein.
- In das Feld *Kennwort* geben Sie das Kennwort ein, das Ihnen von Ihrem Internetdienstanbieter zugewiesen wurde. Aus Sicherheitsgründen werden die Eingaben in diesem Feld durch Sternchen ersetzt. Das Kennwort für den Zugang per *POP* wird aber unverschlüsselt übertragen.
- Aktivieren Sie das Kontrollkästchen *Kennwort speichern*, wenn dieses in Outlook gespeichert werden soll. Sie müssen dann das Kennwort bei der Verbindungsaufnahme nicht jedes Mal erneut eingeben. Allerdings können dann auch andere Personen von Ihrem System aus das Konto benutzen.
- Ein Aktivieren von *Anmeldung mithilfe der gesicherten Kennwortauthentifizierung (SPA) erforderlich* bewirkt, dass Sie sich beim Server damit anmelden. In diesem Fall müssen Sie sich meist auch dann beim Server anmelden, wenn bereits eine Verbindung besteht.

Weitere Einstellungen zu POP und IMAP

Nach der Eingabe der Daten in diesem Dialogfeld müssen Sie gegebenenfalls über die Schaltfläche *Weitere Einstellungen* zusätzliche Informationen zur Abwicklung des Nachrichtenverkehrs festlegen (Abbildung 12.9). Ob diese notwendig sind, erfahren Sie von Ihrem Dienstanbieter.

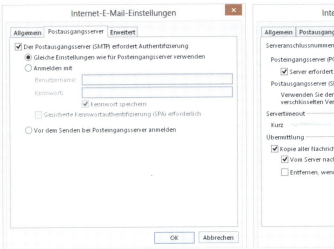
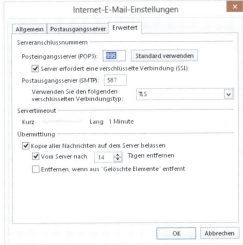

Abbildung 12.9: Unter Umständen sind weitere Einstellungen notwendig – diese nehmen Sie im Dialogfeld *Internet-E-Mail-Einstellungen* vor.

Kontoeinstellungen testen

Anschließend sollten Sie die Funktionsfähigkeit Ihrer Einstellungen durch einen Klick auf die Schaltfläche *Kontoeinstellungen testen* kontrollieren. Vergewissern Sie sich, dass Ihr Computer mit dem Internet verbunden werden kann. Falls Sie für Ihr Kennwort die Option *Kennwort speichern* nicht aktiviert haben, müssen Sie dieses zusätzlich eingeben. Der Testverlauf wird in einem Dialogfeld dargestellt. Nacheinander wird die Netzwerkverbindung hergestellt, werden die Server für den Postausgang und den Posteingang gesucht, wird die Anmeldung beim Eingangsserver vorgenommen und eine Testnachricht gesendet. Nach einem Klick auf *Schließen* und einem weiteren Klick auf *Weiter* wird gemeldet, dass das Konto eingerichtet wurde. Bestätigen Sie über *Fertig stellen*.

Exchange ActiveSync–Konto einrichten

Etwas anders müssen Sie vorgehen, nachdem Sie im Fenster *Dienst auswählen* die Option *Mit Outlook.com oder Exchange ActiveSync kompatibler Dienst* gewählt und mit *Weiter* bestätigt haben. Dann wird das Fenster mit der Überschrift *Servereinstellungen* angezeigt, in dem Sie die erforderlichen Daten eingeben müssen.

- Im Feld *Ihr Name* geben Sie den Anzeigenamen an, der zu Ihrer E-Mail-Adresse gehört. Beim Versenden von Nachrichten wird dieser Name im Feld *Von* in den von Ihnen ausgehenden Nachrichten angezeigt.
- Das Feld *E-Mail-Adresse* gibt die Adresse an, die zu verwenden ist, um über dieses Konto E-Mail-Nachrichten an Sie zu senden. Die Adresse muss das Format *name@anbieter* besitzen.
- In das Feld *E-Mail-Server* geben Sie die Serveradresse ein, zu der das Konto Kontakt aufnehmen soll. Die Serveradresse von *outlook.com* lautet beispielsweise *dub-m.hotmailcom*.
- Im Bereich *Anmeldeinformationen* geben Sie den Benutzernamen und das Kennwort ein.
- Schließen Sie dann die Eingaben ab, indem Sie auf *Weiter* klicken. Die Kontoeinstellungen werden daraufhin getestet. Klicken Sie auf *Schließen* und abschließend auf *Fertig stellen*.

TIPP Auch bei dem Dienst *Outloook.com* – früher *Hotmail.com* – von Microsoft handelt es sich um einen Exchange ActiveSync-kompatiblen Dienst. Wenn Sie diesen benutzen, können Sie Ihre Kontakte und Ihren Kalender einfach zwischen mehreren Rechnern synchronisieren.

12.2.3 Konten bearbeiten

Gegebenenfalls müssen Sie die eingerichteten Konten kontrollieren und manchmal auch bearbeiten. Dazu wählen Sie die Registerkarte *Datei* und darin die Kategorie *Informationen*. Öffnen Sie die Liste zur Schaltfläche *Kontoeinstellungen* und wählen Sie darin die Option *Kontoeinstellungen*. Das zeigt das gleichnamige Fenster an, über das Sie das bzw. die bereits eingerichteten Konten kontrollieren und gegebenenfalls ändern können (Abbildung 12.10). Das Dialogfeld verfügt über mehrere Registerkarten, über die Sie – neben E-Mail-Konten – noch verschiedene andere Arten von Konten kontrollieren können (unten).

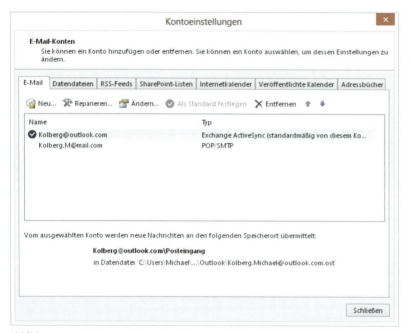

Abbildung 12.10: Im Fenster *Kontoeinstellungen* werden die vorhandenen Konten aufgelistet.

Die bereits vorhandenen Konten werden im mittleren Bereich des Fensters zeilenweise aufgelistet. Die Schaltflächen darüber dienen zur Kontrolle des in dieser Liste markierten Kontos (Tabelle 12.1). Einige davon sind erst wählbar, nachdem Sie ein Konto markiert haben.

Symbol	Wirkung
Neu	startet einen Assistenten zum Einrichten eines neuen Kontos.
Reparieren	startet ebenfalls den Assistenten zum Einrichten. Markieren Sie zuvor das gewünschte Konto.
Ändern	Benutzen Sie diesen Befehl, um die Kontoeinstellungen einzusehen und um sie zu ändern.
Als Standard festlegen	legt das vorher markierte Konto als Standard fest.
Löschen	löscht das vorher markierte Konto.
⬆	verschiebt das markierte Konto noch oben. Es wird dann beim Nachrichtenaustausch vor den anderen verwendet.
⬇	verschiebt das markierte Konto nach unten.

Tabelle 12.1: Die Befehlsschaltflächen für die Kontoeinstellungen

Vorhandenes Konto reparieren

Wenn ein Konto einmal funktioniert hat, jetzt aber plötzlich nicht mehr, können Sie versuchen, es automatisch reparieren zu lassen. Dazu markieren Sie im Dialogfeld *Kontoeinstellungen* das Konto und klicken auf *Reparieren*. Die vorher von Ihnen eingegebenen Einstellungen hinsichtlich Name, E-Mail-Adresse, Kennwort werden dann übernommen, und der Assistent versucht erneut, mit diesen Daten eine Verbindung zum Server aufzubauen. Wenn Sie mit einer Wählverbindung arbeiten, müssen Sie zuerst die Verbindung zum Internet herstellen.

 Sie sollten diese Möglichkeit zur Reparatur nur dann verwenden, wenn der Assistent bei der ersten Einrichtung des Kontos schon einmal erfolgreich war. Andernfalls vergeuden Sie damit nur Zeit.

Einstellungen ändern

Über *Ändern* wird das bereits beim Einrichten des vorher markierten Kontos verwendete Dialogfeld angezeigt (Abbildung 12.8). Hier können Sie die Einstellungen zum Konto ändern. Das sollten Sie aber nur tun, wenn sich bei der Arbeit mit dem Konto Probleme ergeben.

Den Standard und die Reihenfolge festlegen

Wenn Sie mehr als ein Konto verwenden, können Sie angeben, welches Konto das Standardkonto ist, sodass es als erstes Konto verarbeitet wird. Markieren Sie dazu das gewünschte Konto und wählen Sie die Schaltfläche *Als Standard festlegen*. Microsoft Outlook sendet Ihre Nachrichten mit dem Standardkonto, es sei denn, Sie wählen manuell ein anderes Konto aus.

Über die beiden Schaltflächen *Nach oben* und *Nach unten* können Sie die Reihenfolge der Konten ändern. Wenn ein Konto in der Liste nach oben verschoben wird, wird es vor den in der Liste tiefer platzierten Konten verarbeitet.

Konto löschen

Ein Klick auf *Entfernen* löscht das vorher markierte Konto aus der Liste. Wenn Sie seine Einstellungen später noch benötigen, sollten Sie das Konto vorher exportieren oder zumindest seine Daten notieren. Gelöscht werden können aber nur Konten, die nicht als *Standard* festgelegt wurden.

 Wenn das gelöschte Konto über eine eigene Datendatei verfügt, wird diese beim Entfernen des Kontos auch automatisch gelöscht. Es empfiehlt sich, die darin vorhandenen Daten vorher durch einen Export zu sichern.

Datendatei

Unten im Dialogfeld *Kontoeinstellungen* wird angezeigt, an welchen Speicherort die über das markierte Konto neu eingehenden Nachrichten weitergeleitet werden. Dieser Bereich ist nur interessant, wenn Sie mit mehr als einer Datendatei oder mehr als einen Ordner für den Posteingang darin arbeiten. Über die Schaltfläche *Ordner wechseln* können Sie festlegen, an welche Datendatei bzw. welchen Ordner darin der Posteingang übertragen werden soll. Für jedes der eingerichteten Konten steht hier eine Option zur Verfügung. Sie können hier beispielsweise die über alle Konten empfangenen Nachrichten an einen einzigen Ordner weiterleiten.

12.3 Die Outlook-Bereiche für E-Mail

Nachdem Sie Konten für den Nachrichtenaustausch eingerichtet haben, können Sie über den Outlook-Bereich *E-Mail* Nachrichten austauschen. Zur Anzeige des Bereichs *E-Mail* wählen Sie im Navigationsbereich die gleichnamige Schaltfläche.

12.3.1 Der Ordnerbereich für E-Mail

Links im Programmfenster finden Sie im Outlook-Bereich *E-Mail* den *Ordnerbereich*, in dem die eingerichteten Konten und darin die zu den Konten gehörenden Ordner aufgelistet sind. In den Ordnern finden Sie die einzelnen Nachrichten.

- Nachdem Sie mindestens ein Konto eingerichtet haben, finden Sie im Ordnerbereich dessen Namen.
- Unterhalb des Namens werden die zu diesem Konto gehörenden Ordner aufgelistet.
- Hatten Sie mehrere Konten erstellt, finden Sie diese auch im Kontobereich wieder.
- Die zu einem Konto gehörenden Ordner können Sie ein- und ausblenden. Auch die Unterebenen zu diesen Ordnern können Sie – wenn vorhanden – über die kleinen Schaltflächen mit dem Plus- und dem Minuszeichen aus- und einblenden.
- Im Bereich darüber finden Sie einen mit *Favoriten* bezeichneten Abschnitt, in dem Sie Kopien der Ordner ablegen können. Dieser Bereich dient dazu, die am häufigsten benutzten Ordner nochmals zusammenzufassen.

Hinweis Wir hatten es anfangs schon erwähnt: Was genau im Programmmodul *E-Mail* im Ordnerbereich angezeigt wird, ist eine Frage von mehreren Dingen: Hatten Sie beispielsweise mit Office 2013 ein Update auf der Basis einer bereits vorhandenen Vorversion durchgeführt, werden für Outlook meist die vorhandenen Einstellungen übernommen. Das betrifft auch die Namen der einzelnen Ordner: Sie finden darin – je nach Installation – beispielsweise die Bezeichnungen *Objekte* oder *Elemente*. Auch die eingerichteten Konten beeinflussen die Anzeige. Die nachfolgenden Beschreibungen beziehen sich auf eine Neuinstallation und auf ein einzelnes Konto für den Nachrichtenaustausch.

Die Nachrichtenordner

Sie finden in diesem Bereich mehrere Verknüpfungen zu den einzelnen Nachrichtenordnern für die Arbeit mit E-Mail-Nachrichten – *Posteingang, Entwürfe, Gelöschte Elemente, Gesendete Elemente, Junk-E-Mail, Postausgang* und *Suchordner*.

- Im *Posteingang* werden die auf Ihren Rechner heruntergeladenen Nachrichten angezeigt. Sie können hier gelesen und bearbeitet – beispielsweise abgelegt, beantwortet oder weitergeleitet – werden.
- Der *Postausgang* beinhaltet Nachrichten, die Sie noch nicht gesendet haben. Wenn Sie Outlook beenden und sich dort noch nicht gesendete Nachrichten befinden, werden Sie darauf hingewiesen.
- Bereits gesendete Nachrichten werden als Kopien im Ordner *Gesendete Elemente* abgelegt. Damit verfügen Sie über eine Kontrolle darüber, wem Sie wann welche Nachricht gesendet haben.
- Im Ordner *Entwürfe* speichern Sie Nachrichten – oder Fragmente davon –, die Sie später versenden oder als Vorlage für zukünftige Nachrichten verwenden können.
- Im Ordner *Gelöschte Elemente* werden in der Grundeinstellung des Programms die Elemente verwahrt, die Sie aus einem Arbeitsordner gelöscht haben.
- Der Ordner *Junk-E-Mail* dient zur Ablage von Nachrichten, die von Outlook als Werbung oder ähnlich unerwünschte Sendungen identifiziert wurden.
- Über den *Suchordner* finden Sie Nachrichten, die bestimmten, von Ihnen festlegbaren Kriterien entsprechen.

TIPP Wenn hinter dem Namen eines Ordners – wie *Posteingang* – eine Zahl angezeigt wird, bedeutet das, dass sich darin Nachrichten befinden, die Sie noch nicht gelesen haben. Die Zahl dahinter gibt die Anzahl dieser noch nicht gelesenen Nachrichten an.

Der Bereich der Favoriten

Haben Sie den Programmbereich *E-Mail* gewählt, werden im oberen Ordnerbereich meist mehrere Favoritenordner angezeigt. Beachten Sie gleich, dass Sie die Anzeige über den Befehl *Favoriten* in der Liste zur Schaltfläche *Ordnerbereich* in der Gruppe *Layout* auf der Registerkarte *Ansicht* an- und abschalten. Standardmäßig finden Sie hier Kopien des Ordners *Posteingang* und manchmal auch des Ordners *Gesendete Elemente*.

Einen Ordner als Favorit aufnehmen

Um einen der unten im Ordnerbereich angezeigten Ordner in die Gruppe der Favoriten aufzunehmen, markieren Sie ihn – beispielsweise den Ordner *Posteingang* eines Kontos. Verschieben Sie ihn mit gedrückt gehaltener Maustaste in den Bereich unterhalb der Überschrift *Favoriten*. Er wird dann dort angezeigt. Zum Hinzufügen von Ordnern können Sie auch mit der rechten Maustaste auf den Ordner klicken und anschließend im Kontextmenü den Befehl *In Favoriten anzeigen* wählen.

 TIPP Um einen Ordner aus dem Abschnitt *Favoriten* zu entfernen, klicken Sie mit der rechten Maustaste auf seinen Namen und wählen Sie im Kontextmenü den Eintrag *Aus Favoriten entfernen* aus.

12.4 Nachrichten erstellen, senden und empfangen

Um eine neue E-Mail zu verfassen, müssen Sie das Formular zum Erstellen einer neuen Nachricht öffnen und gegebenenfalls ein Nachrichtenformat zum Verfassen des Inhalts auswählen. Danach müssen Sie den Empfänger der Nachricht festlegen und den Inhalt der Nachricht eingeben. Anschließend senden Sie die Nachricht ab. In der Standardeinstellung des Programms werden beim Senden auch die an Sie gerichteten Nachrichten übermittelt. Sie können sie dann lesen und gegebenenfalls beantworten oder weiterleiten.

12.4.1 Eine Nachricht erstellen

Sie können eine neue Nachricht aus dem Bereich *E-Mail*, dem Ordner *Kontakte* oder einem beliebigen anderen Outlook-Modul heraus erstellen.

- Um aus dem Bereich *E-Mail* heraus eine neue Nachricht zu erstellen, brauchen Sie nur auf die Schaltfläche *Neue E-Mail-Nachricht* in der Gruppe *Neu* der Registerkarte *Start* zu klicken.
- In allen Outlook-Ordnern finden Sie außerdem in der Gruppe *Neu* der Registerkarte *Start* den Befehl *Neue Elemente*. Wenn Sie die Liste dazu öffnen, finden Sie darin alle Elemente, die Sie neu anlegen können – darunter auch *E-Mail-Nachricht*.

In allen Fällen erscheint nach dem Befehl zum Erstellen einer neuen Nachricht ein leeres Standardformular für die Nachricht (Abbildung 12.11).

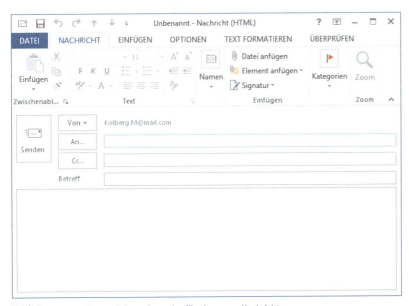

Abbildung 12.11: Das noch leere Formular für eine neue Nachricht

Hinweis Im Outlook-Modul *Personen* finden Sie noch weitere Methoden, eine E-Mail-Nachricht zu einem vorhandenen Kontakt zu starten (*Kapitel 12*). Die Daten des Empfängers werden dann bereits im Nachrichtenformular angezeigt.

Das Nachrichtenformat wählen

Bevor Sie die Nachricht eingeben, sollten Sie sich über das zu verwendende Format im Klaren sein. Dafür stehen Ihnen die Alternativen *HTML*, *Rich-Text* und *Nur Text* zur Verfügung. Die Wahl eines dieser Formate bestimmt die Möglichkeiten der Gestaltung und für den Einsatz zusätzlicher Funktionen in der Nachricht. Außerdem verfügen diese Formate auch über unterschiedliche Sicherheitsaspekte (*Kapitel 16*). Die Auswahl treffen Sie über den Bereich *Format* auf der Registerkarte *Text formatieren* des Menübands.

- *HTML* steht für *Hypertext Markup Language*. Wählen Sie das Format *HTML*, wenn Sie in Ihrer Nachricht die Möglichkeit zur Verwendung einer reichhaltigen Textformatierung – mit Nummerierung, Aufzählungszeichen usw., horizontalen Linien, Hintergründen und HTML-Design – wünschen. Eine der wichtigsten Eigenschaften von HTML besteht außerdem in der Möglichkeit, Hyperlinks zu definieren. Sie können außerdem Briefpapier und Signaturen verwenden.
- Wählen Sie das Format *Rich-Text*, wenn Sie nur Merkmale wie Textformatierung, Aufzählungszeichen und Ausrichtung verwenden möchten. Sie können auch Signaturen einsetzen.
- *Nur Text* – oder unformatierter Text – enthält, wie der Name schon sagt, keine Formatierungen. Sie können auch hier eine Signatur verwenden, aber ohne Formatierung derselben. Wenn Sie Nachrichten mit unformatiertem Text erhalten, können Sie eine Schriftart für die Anzeige der Nachrichten festlegen.

Hinweis Bei der Wahl des Formats sollten Sie bedenken, welche Möglichkeiten dem Empfänger zur Anzeige desselben zur Verfügung stehen. Wenn Sie den Großteil Ihrer E-Mail-Nachrichten über das Internet versenden, empfiehlt sich die Verwendung eines unformatierten Textes, anstatt Formatierungen anzuwenden, die in dem Programm des Empfängers möglicherweise nicht angezeigt werden. Sie haben damit fast die Garantie, dass der Inhalt der Nachricht den Empfänger erreicht – unabhängig vom dort verwendeten Programm. Im Gegensatz dazu setzt das Format *Rich-Text* praktisch die Verwendung von Outlook auf der Empfängerseite voraus. Bei im *HTML*-Format gesendeten Nachrichten können Ihre Formate theoretisch immer vom Empfänger angezeigt werden. Allerdings blockt ein Großteil der erfahrenen Empfänger den Empfang von E-Mail-Nachrichten ab, die nicht im Format *Nur Text* gesendet sind.

Den Empfänger festlegen

In die Felder im oberen Bereich des Formulars *Nachricht* – direkt unter den Symbolleisten – geben Sie die Adressen des oder der Empfänger(s) Ihrer Nachricht ein. Standardmäßig finden Sie zur Eingabe der Empfängeradressen die Zeilen *An* und *Cc*. In diese Felder geben Sie die Adressen der Empfänger Ihrer Nachricht ein.

- Im Feld *An* nennen Sie den/die Empfänger, an den/die die Nachricht adressiert werden soll.
- *Cc* steht für *Carbon Copy* – also Durchschlag. Sie lassen damit den hier eingetragenen Empfängern eine Kopie der E-Mail zukommen.
- Zusätzlich können Sie mit *Bcc* eine zusätzliche Zeile zur Adresseingabe anzeigen lassen. Notwendig ist das aber nicht. Den Befehl dazu finden Sie im Menüband auf der Registerkarte *Optionen* in der Gruppe *Felder anzeigen*. *Bcc* steht für *Blind Carbon Copy* – also Blindkopie – und funktioniert ähnlich wie *Cc*. Auch hier können Sie Empfänger auflisten, die eine Kopie erhalten sollen. Diese Zeile ist aber insofern „blind", als sie den unter *An* und *Cc* aufgelisteten Empfängern nicht angezeigt wird. Die unter *Bcc* aufgeführten Empfänger bleiben also den eigentlichen Adressaten der Nachricht verborgen.
- Über das Feld *Von* können Sie bei mehreren eingerichteten Konten das zu verwendende Konto wählen. In der Grundeinstellung ist hier das Standardkonto markiert. Außerdem erlaubt die Liste zu dieser

Schaltfläche die Wahl von *Weitere E-Mail-Adresse*. Diesen Befehl können Sie beispielsweise zur Eingabe Ihres Namens verwenden, wenn Sie von einem fremden System aus Nachrichten versenden wollen (Abbildung 12.12).

Abbildung 12.12: Von einer anderen Adresse aus senden

Zur Eingabe der Adresse(n) des oder der Empfänger(s) gibt es mehrere Möglichkeiten. Sie können die Adresse selbst eintippen oder aus einem Kontakte-Ordner aus dem Bereich *Personen* wählen. Sie können jeweils mehrere Empfänger eingeben. Als Trennzeichen zwischen mehreren Empfängern verwenden Sie ein Semikolon. Ist die Option *Komma als Trennzeichen für mehrere Nachrichtenempfänger zulassen* in der Kategorie *E-Mail* unter den *Outlook-Optionen* aktiviert, können Sie auch ein Komma anstelle eines Semikolons verwenden (*Kapitel 16*).

- Das direkte Eintippen der Empfängeradressen in die Felder *An:*, *Cc:* oder *Bcc* empfiehlt sich nur dann, wenn der Empfänger nicht bereits im Ordner *Kontakte* vermerkt ist und Sie ihn dort auch nicht aufnehmen wollen – beispielsweise bei einer einmaligen Nachricht an diese Person. Sie können zu diesem Zweck eine Adresse auch von anderen Stellen in das Adressfeld kopieren.
- Wenn sich die Adresse des Empfängers bereits in einem Kontakte- Ordner befindet, wird nach dem Eintippen der ersten Buchstaben des Namens dieses Kontakts ein Vorschlag für die Adresse geliefert. Das geschieht auch, wenn Sie bereits einmal eine Nachricht an einen Empfänger gesendet haben, der sich nicht in Ihren Kontakten befindet. Haben Sie unterschiedliche Adressen mit denselben Anfangsbuchstaben verwendet, wird eine Liste eingeblendet, die die Namen und Adressen auflistet, die mit den eingegebenen Buchstaben beginnen. Personen, an die Sie in letzter Zeit am häufigsten E-Mails gesendet haben, stehen oben in der Liste mit Namensvorschlägen. Namen, die Sie selten verwenden, werden in der Liste weiter unten bzw. gar nicht mehr angezeigt. Wenn Sie weitere Buchstaben eingeben, aktualisiert sich die Liste automatisch, sodass nur die Namen aufgeführt werden, die noch mit Ihrer Eingabe übereinstimmen. Sie können auf den gewünschten Empfänger klicken, sobald Sie diesen in der Liste sehen.

Wenn Sie die Adresse bereits in einen Kontakte-Ordner (*Kapitel 12*) eingetragen haben, können Sie den dort verwendeten Namen direkt in das Adressfeld eintragen und brauchen nicht die exakte Adresse zu verwenden.

Die Betreff-Zeile

Geben Sie in das Feld *Betreff* einen Hinweis darüber ein, worum es in der Nachricht geht. Diese Information wird – neben Ihrem Namen – dem Empfänger bei praktisch jedem Mailprogramm angezeigt. Der in diesem Feld eingefügte Hinweis wird anschließend auch als Titel des Dialogfelds *Nachricht* verwendet.

Die Nachricht eingeben

Geben Sie in das Feld darunter Ihre Nachricht ein. Nachdem Sie die Schreibmarke in das Feld für die Nachricht bewegt haben, können Sie sofort mit dem Schreiben beginnen. Die nachfolgenden Ausführungen beschreiben das Verhalten des Programms mit den automatisch gewählten Standardeinstellungen. Viele von diesen Einstellungen lassen sich über die *Editor-Optionen* in der Kategorie *E-Mail* unter den *Outlook-Optionen* an Ihre Erfordernisse und Arbeitsgewohnheiten anpassen.

Anschließend oder bereits während der Eingabe können Sie den Text der Nachricht formatieren. Der Editor erlaubt eine Vielzahl von Möglichkeiten zur Gestaltung, auf die wir bereits im Teil über Word 2013 eingegangen sind.

Weitere Optionen festlegen

Vor dem Senden können Sie mehrere Optionen zu Ihrer Nachricht definieren. Über diese Nachrichtenoptionen können Sie eine Stufe für die Wichtigkeit und die Vertraulichkeit wählen, die Sicherheitseinstellungen bestimmen, Abstimmungs- und Verlaufsoptionen festlegen und Optionen für die Übermittlung einstellen. Außerdem können Sie eine E-Mail-Signatur und ein Briefpapier wählen.

Die wichtigsten Optionen stellen Sie über die Befehle in der Gruppe *Kategorien* der Registerkarte *Nachricht* des Menübands ein. Sie können darüber die Nachricht zur Nachverfolgung kennzeichnen oder dem Empfänger einen Prioritätsvermerk zukommen lassen.

■ Über den Befehl *Nachverfolgung* legen Sie fest, dass die aktuelle Nachricht für Sie eine bestimmte Bedeutung hat. Sie können über die Liste zum Befehl angeben, dass eine Aufgabe erstellt werden soll, über die Sie auf diese Nachricht hingewiesen werden (Abbildung 12.13 links). Den Termin für diese Aufgabe können Sie festlegen. Außerdem können Sie fordern, dass eine Erinnerung eingeblendet wird, wenn dieser Termin nahe kommt. Über den Befehl *Benutzerdefiniert* in der Liste zur Schaltfläche lässt sich ferner festlegen, für wen diese Kennzeichnung gelten soll. Aktivieren Sie die entsprechenden Kontrollkästchen (Abbildung 12.13 rechts).

Abbildung 12.13: Legen Sie die Nachricht zur Nachverfolgung fest.

■ Mithilfe der beiden anderen Befehle im Bereich *Kategorien* weisen Sie der Nachricht eine Prioritätsstufe zu. Standardmäßig ist die Stufe *Normal* eingestellt. Klicken Sie auf *Wichtigkeit: hoch* oder *Wichtigkeit: niedrig*, um das zu ändern. Ein nochmaliger Klick auf die schon einmal gewählte Schaltfläche schaltet zurück zu normaler Priorität.

Ein Klick auf die kleine Schaltfläche rechts neben der Gruppenbeschriftung *Kategorien* zeigt das Dialogfeld *Eigenschaften* an, über das Sie dieselben und noch weitere Einstellungen für die aktuelle Nachricht treffen können.

12.4.2 Senden und Übertragen

Nachdem Sie eine Nachricht verfasst und gegebenenfalls die Optionen dafür festlegt haben, können Sie sie absenden. Dazu müssen Sie eventuell das zu verwendende Konto auswählen und das Formular für die neue Nachricht schließen. In Abhängigkeit von der Konfiguration Ihres Systems wird die Nachricht dann entweder automatisch übermittelt oder Sie müssen in einem separaten Schritt die Übermittlung – das Senden der ausgehenden und den Empfang der eingehenden Nachrichten – vornehmen.

Senden

Zum Abschluss klicken Sie im Formular zur Erstellung einer neuen E-Mail auf die Schaltfläche *Senden*. Das Formular wird daraufhin geschlossen, und die Nachricht wird so weit wie möglich auf den Weg gebracht. Wie weit, ist eine Frage der Konfiguration Ihres Systems und der gewählten Einstellungen. In der Grundeinstellung gilt die folgende Regel beim Senden: Besteht eine Verbindung zum Netz, versucht Outlook, die Nachricht sofort an den im Konto angegebenen Server zu senden. Dafür ist die Option *Bei bestehender Verbindung sofort senden* in der Kategorie *Erweitert* unter den *Outlook-Optionen* verantwortlich (*Kapitel 16*). Wenn Sie diese Option deaktivieren, werden die Nachrichten generell zuerst im Ordner *Postausgang* gespeichert, von wo aus sie erst nach Anklicken von *Senden/Empfangen* weitergeleitet werden.

Übertragen

Wenn keine permanente Verbindung zum Internet besteht, müssen Sie die endgültige Übertragung aus dem Ordner *Postausgang* heraus manuell starten. Dafür benutzen Sie die Befehle der Registerkarte *Senden/Empfangen* des Menübands (Abbildung 12.14). Sie können dafür mit den Standardeinstellungen arbeiten oder ausgewählte Übertragungsvorgänge oder Verbindungen benutzen. Outlook stellt die Verbindung zum Server Ihres Dienstanbieters her und führt den Nachrichtenaustausch durch. Empfangene Nachrichten werden im Ordner *Posteingang* angezeigt.

Abbildung 12.14: Die Registerkarte *Senden/Empfangen* im Menüband

TIPP Es geht aber auch einfacher: Als eine sehr sinnvolle Neuerung bei Outlook 2013 finden Sie in der Symbolleiste für den Schnellzugriff ebenfalls die Schaltfläche *Alle Ordner senden/empfangen*. Ein Klick darauf erfüllt diese Aufgabe.

Standardeinstellung zum Übertragen

Wenn Sie alle ausgehenden und eingehenden Nachrichten übertragen möchten, klicken Sie auf der Registerkarte *Senden/Empfangen* in der Gruppe *Senden und Empfangen* auf *Alle Ordner senden und empfangen* oder drücken Sie F9. In einem kurzzeitig angezeigten Dialogfeld sehen Sie den Status der Übermittlung. Durch Aktivieren des Kontrollkästchens *Dieses Dialogfeld während der Übermittlung nicht anzeigen* können Sie die Anzeige verhindern.

Wenn Sie den Status der Übermittlung länger betrachten wollen, klicken Sie in der Gruppe *Download* auf *Status anzeigen*. Sie können hier kontrollieren, ob alle Übertragungsvorgänge ohne Fehler ausgeführt wurden. Ein weiterer Klick darauf blendet das Dialogfeld wieder aus.

Ausgewählte Übertragungsvorgänge

Wenn Sie zum Starten der Übertragung die anderen Befehle auf der Registerkarte *Senden/Empfangen* in der Gruppe *Senden und Empfangen* verwenden, können Sie auswählen, was genau übertragen werden soll. Welche Befehle hier verfügbar sind, hängt davon ab, welche Konten und Übermittlungsgruppen Sie auf Ihrem System installiert haben.

- Falls bei Ihnen mehrere E-Mail-Konten installiert sind, haben Sie die Möglichkeit, die Nachrichten für jedes Konto einzeln zu übermitteln.
- Haben Sie mehrere Übermittlungsgruppen eingerichtet, können Sie auch diese für die Übermittlung separat ansprechen. Diese früher als Schnellsynchronisierungsgruppen bekannten Elemente fassen auf einfache Weise verschiedene Konten- und Ordnerkombinationen zu Gruppen für das Senden und Empfangen zusammen. Sie können hiermit das Übermittlungsverhalten steuern – beispielsweise automatisch die Häufigkeit der Verbindungsaufnahme mit dem Server oder die Einbeziehung bestimmter Ordner in die Übermittlung. Hier wird auch festgelegt, welche Aufgaben während einer Nachrichtenübermittlung in welcher Reihenfolge ausgeführt werden.

12.4.3 Nachrichten empfangen und lesen

Wenn Sie für die Übertragung den Befehl *Alle Ordner senden und empfangen* gewählt haben, werden auch die an Sie gerichteten Nachrichten auf Ihren Rechner heruntergeladen und im Ordner *Posteingang* abgelegt.

Der Ordner Posteingang

Wenn Sie den Ordner *Posteingang* auswählen, wird dessen Inhalt – also die einzelnen Nachrichten – im Ansichtsbereich angezeigt.

- Noch nicht gelesene Nachrichten werden standardmäßig in fetter Schrift angezeigt, die bereits gelesenen erscheinen in normaler Schrift. Der Status einer Nachricht wird erst dann auf *Gelesen* gestellt, nachdem gewisse Bedingungen erfüllt sind. Diese können Sie über das Dialogfeld *Lesebereich* in der Kategorie *Erweitert* unter den *Outlook-Optionen* einstellen (*Kapitel 16*). Standardmäßig wird eine Nachricht immer als *Gelesen* gekennzeichnet, wenn sie im Lesebereich angezeigt und dann zu einer anderen Nachricht gewechselt wurde. Dieser Status lässt sich aber auch manuell ändern: Sie können über die Befehle *Als gelesen markieren* und *Als ungelesen markieren* im Kontextmenü zu einer Nachricht den gewünschten Status zuweisen.
- Beachten Sie auch die bei der Programmversion 2013 neuen Schaltflächen *Alle* und *Ungelesen*, mit denen Sie wählen können, welche Nachrichten im Ansichtsbereich angezeigt werden sollen.
- Wie bei den Vorversionen des Programms werden die im aktuellen Ordner enthaltenen Nachrichten in der zeitlichen Reihenfolge von Datum und Zeit des Eintreffens angezeigt. Innerhalb dieser Liste wird eine zusätzliche Gruppierung durch die Zeilen *Heute*, *Gestern*, *Letzte Woche* usw. oder durch die Anzeige des Wochentages vorgenommen. Über die Schaltflächen mit der kleinen Pfeilspitze zu diesen Gruppierungszeilen blenden Sie die Gruppe aus bzw. ein.

- Wenn Sie dann eine dieser Nachrichten markieren, erscheint ihr Inhalt im Lesebereich (Abbildung 12.15). Neu bei Outlook 2013 sind die Schaltflächen *Antworten*, *Allen antworten* und *Weiterleiten* im Lesebereich, die Ihnen eine schnelle Reaktion auf eine Nachricht ermöglichen (unten).

Die Nachrichten können aber auch in unterschiedlichen Ansichten angezeigt und/oder sortiert werden. Mithilfe der Befehle zur Schaltfläche *Anordnen nach* in der Gruppe *Anordnung* der Registerkarte *Ansicht* lassen sich diese Voreinstellungen an Ihre Wünsche anpassen. Beispielsweise können Sie andere Felder anzeigen oder die Elemente anders sortieren oder filtern.

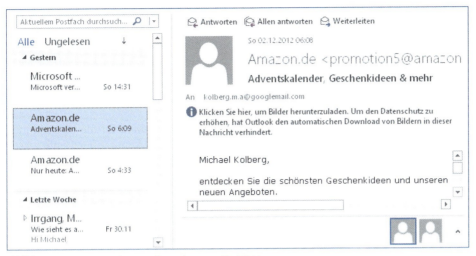

Abbildung 12.15: Der Posteingang mit empfangenen Nachrichten

Eine E-Mail öffnen

Um eine Nachricht vollständig anzuzeigen, doppelklicken Sie auf eine Nachrichtenzeile im Informationsbereich. Die Nachricht wird in einem Formular angezeigt, das auch wieder über ein eigenes Menüband verfügt. Beachten Sie aber vor dem Öffnen einer Nachricht von einem Ihnen nicht bekannten Absender die erforderlichen Sicherheitsmaßnahmen.

- Die Angaben des Senders werden in abgeblendeter Form angezeigt. Die Nachricht selbst kann nicht editiert werden.
- Über die beiden Schaltflächen *Vorheriges Element* und *Nächstes Element* in der *Symbolleiste für den Schnellzugriff* wechseln Sie zu anderen Nachrichten.
- Wenn eine im Format *HTML* gesendete Nachricht grafische Elemente enthält, werden diese aus Sicherheitsgründen standardmäßig nicht mit heruntergeladen. Oben in der Nachricht werden Sie über diese Tatsache informiert. Klicken Sie auf diese Informationszeile, um die dann verfügbaren Optionen dafür anzuzeigen (Abbildung 12.16). Wenn Sie darin *Bilder herunterladen* wählen, werden die grafischen Inhalte der Nachricht heruntergeladen.

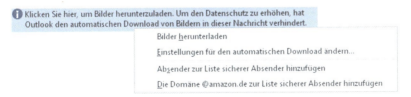

Abbildung 12.16: Bilder werden nicht automatisch heruntergeladen.

12.4.4 Beantworten und Weiterleiten

In der Mehrzahl der Fälle werden Sie auf den Empfang einer Nachricht reagieren wollen. Sie können beispielsweise darauf antworten oder die Nachricht an einen anderen Empfänger weiterleiten. Sie sparen sich die für die erneute Eingabe der Adressen benötigte Zeit, wenn Sie direkt von der empfangenen Nachricht ausgehen. Zum Antworten bzw. Weiterleiten verfahren Sie im Prinzip genauso wie beim Senden einer von Ihnen selbst erstellten Nachricht.

E-Mail beantworten

Die Befehle oder Schaltflächen zum Antworten können Sie bei markierter Nachricht im Lesebereich oder – falls Sie die Nachricht geöffnet haben – über das Formular ansprechen. Außerdem finden Sie in der Gruppe *Antworten* der Registerkarte *Start* entsprechende Schaltflächen dafür.

- Wenn Sie nur dem eigentlichen Verfasser der Nachricht antworten wollen, markieren Sie im Posteingang die Nachricht und wählen Sie den Befehl *Antworten*.
- Klicken Sie auf *Allen antworten*, wenn Sie Ihre Antwort auch den unter *Cc* aufgelisteten zusätzlichen Empfängern zukommen lassen wollen.

Wo Sie dann Ihre Antwort eingeben, hängt davon ab, ob Sie die Nachricht bereits geöffnet haben oder nicht:

- Hatten Sie die Nachricht noch nicht geöffnet, können Sie Ihre Antwort direkt im Lesebereich eingeben. Im Ansichtsbereich wird zusätzlich *[Entwurf]* vor den Namen des Absenders der Nachricht geschrieben.
- Hatten Sie die Nachricht bereits geöffnet, können Sie nach einem Klick auf *Antworten* Ihre Antwort direkt in das Formular eingeben.

In beiden Fällen ist/sind der oder die Empfänger bereits vermerkt. In der Betreffzeile finden Sie die ursprüngliche Eingabe mit dem vorangestellten *AW:*. Standardmäßig wird die eigentliche Nachricht im unteren Teil nochmals angezeigt. Geben Sie nun Ihre Antwort ein. Zusätzlich können Sie noch einige Optionen einstellen oder ändern. Klicken Sie nach der Eingabe Ihrer Antwort und dem Festlegen der gewünschten Optionen auf *Senden*, um die Antwort auf den Weg zu bringen. Hier gilt wieder das schon für das Verfassen eigener Nachrichten Gesagte: Wie weit die Antwort zunächst gelangt, ist eine Frage der Konfiguration Ihres Systems und der gewählten Einstellungen.

Hinweis Wie der ursprüngliche Text der Nachricht beim Weiterleiten oder beim Antworten auf eine Nachricht behandelt werden soll, legen Sie im Bereich *Antworten und Weiterleiten* in der Kategorie *E-Mail* unter den *Outlook-Optionen* fest (*Kapitel 16*). Geben Sie nun Ihre Antwort ein. Zusätzlich können Sie noch einige Optionen einstellen oder ändern.

Weiterleiten

Um eine empfangene Nachricht an andere Empfänger weiterzuleiten, markieren Sie die Nachricht und wählen Sie *Weiterleiten*.

- In der Betreffzeile finden Sie die ursprüngliche Eingabe mit dem vorangestellten *WG:*.
- Die Empfängeradressen müssen Sie noch angeben. Zusätzliche Anlagen und Eingaben im Textbereich können Sie ebenfalls noch vornehmen.

Klicken Sie nach der Eingabe der Adresse des Empfängers und der gewünschten Optionen auf *Senden*, um die Weiterleitung auf den Weg zu bringen. Wiederum gilt das schon für das Verfassen eigener Nachrichten Gesagte: Wie weit die Nachricht zunächst gelangt, ist eine Frage der Konfiguration Ihres Systems und der gewählten Einstellungen.

12.5 Arbeiten mit Anlagen

Sie können einer Nachricht Dateien oder Elemente aus Outlook hinzufügen. Der Empfänger einer solchen Nachricht kann die Anlagen öffnen oder eingefügte Outlook-Elemente in sein Programm integrieren.

12.5.1 Anlagen senden

Um als Sender einer Nachricht ein solches Element einzufügen, verwenden Sie die Befehle der Gruppe *Einschließen* auf der Registerkarte *Einfügen* im Menüband des Nachrichtenformulars.

Eine Datei an eine Nachricht anfügen

Wenn Sie Ihrer Nachricht eine Datei als Anlage hinzufügen möchten, wählen Sie den Befehl *Datei anfügen* aus diesem Bereich. Das öffnet bei Windows 7 und Windows 8 die Bibliothek *Dokumente*. Die Optionen in diesem Dialogfeld entsprechen denen in den Dialogfeldern zum *Öffnen* oder *Speichern unter* (*Kapitel 2*).

Navigieren Sie von dort aus zum gewünschten Speicherort, markieren Sie die einzufügende Datei und bestätigen Sie über *Einfügen*. Im oberen Bereich des Nachrichtenformulars erscheint eine Zeile mit dem Namen *Angefügt*, in der Name und Größe der eingefügten Datei vermerkt sind. Bringen Sie anschließend die Nachricht wie gewohnt auf den Weg.

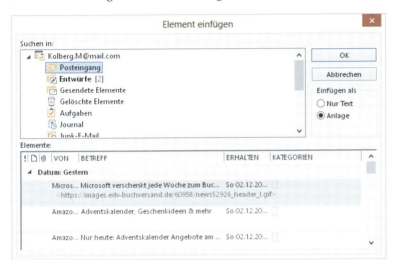

Ein Element an eine Nachricht anfügen

Um der Nachricht ein Element aus Microsoft Outlook hinzuzufügen, wählen Sie den Befehl *Element anfügen* aus demselben Bereich im Menüband. Im Dialogfeld *Element einfügen* wählen Sie zuerst den Outlook-Ordner und dann das Element aus diesem Ordner (Abbildung 12.17).

Abbildung 12.17: Das Dialogfeld *Element einfügen*

Im Bereich *Einfügen als* rechts oben im Dialogfeld haben Sie zwei Möglichkeiten: Mit *Nur Text* fügen Sie das Element als Textbestandteil der Nachricht ein. *Anlage* verfährt mit dem Element wie beim Einfügen einer Datei. Beim Arbeiten über einen Server, bei dem sowohl Sender als auch Empfänger auf die Elemente zugreifen können, finden Sie hier noch die Option *Verknüpfung*. Damit werden die entsprechenden Daten nicht kopiert, sondern es wird ein Zeiger auf dieses Element erstellt.

Anlagen in der Nachricht

Die eingefügten Dateien und Elemente werden dann im neu angezeigten Feld *Angefügt* angegeben (Abbildung 12.18).

Abbildung 12.18: Eine Datei wurde als Anlage eingefügt.

Hinweis Standardmäßig werden potenziell gefährliche Anlagendateien (einschließlich Dateien vom Typ *.bat*, *.exe* usw.) von Outlook 2013 blockiert, da diese Dateien Viren enthalten könnten. Wenn Anlagendateien in einer Nachricht von Outlook blockiert werden, wird eine Liste der blockierten Dateitypen am oberen Rand der Nachricht in der Infoleiste angezeigt.

12.5.2 Anlagen verarbeiten

Hat der Sender seiner Nachricht eine Datei als Anlage beigefügt, wird das im oberen Bereich des Posteingangs durch ein Büroklammersymbol gekennzeichnet. Als Empfänger können Sie die Anlage aus der Nachricht heraus öffnen oder speichern. Empfangene Anlagen enthalten möglicherweise Viren und Würmer, die Ihrem Computer auf unterschiedliche Weise schaden können. Sie sollten sich über die möglichen Auswirkungen im Klaren sein. Das gilt besonders für Anlagen von Nachrichten von Ihnen unbekannten Sendern. Standardmäßig sperrt Microsoft Outlook auch Anlagedateien, die Viren enthalten können. Dabei wird aber keine Garantie dafür übernommen, dass erhaltene Anlagen virenfrei sind.

Nachrichten mit Anlagen öffnen

Öffnen Sie zunächst die Nachricht, die die zu öffnende Dateianlage enthält. Die Anlage wird in der Nachricht in einer separaten Zeile unter der Zeile *Betreff* angezeigt.

Die Anlagenvorschau

Mithilfe der Anlagenvorschau zeigen Sie die Dateien an, ohne die Anlagen in einem separaten Fenster anzeigen zu müssen. Sie klicken einfach im Lesebereich auf das Anlagensymbol, um die Datei anzuzeigen. Bei der Installation von Outlook 2013 werden mehrere Dateivorschauen automatisch eingefügt. Dazu gehören Elemente von Outlook sowie Dokumente von Word, Excel oder PowerPoint, wenn sie mit der Office-Version 2007, 2010 oder 2013 erstellt wurden. In diesem Fall wird der Inhalt der Anlage direkt im Fenster angezeigt. Gegebenenfalls müssen Sie vorher auf *Dateivorschau* klicken (Abbildung 12.19). Weitere Dateivorschauen können von einer Website heruntergeladen werden.

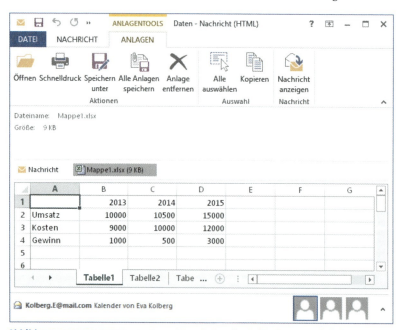

Abbildung 12.19: Die Anlagenvorschau– hier mit einer Excel-Arbeitsmappe als Anlage

- Doppelklicken Sie bei einer sicheren Anlage auf das Symbol für die Anlage, um sie mit einem der auf Ihrem Rechner installierten Programme zu öffnen.
- Es ist aber immer sicherer, eine Anlage zuerst zu speichern und dann über ein Antivirenprogramm zu untersuchen. Die Option *Speichern unter* ermöglicht ein Speichern auf Ihrem Rechner. Die Arbeit mit dem nachfolgend angezeigten Dialogfeld entspricht der mit dem Dialogfeld zum Speichern (*Kapitel 2*).

12.6 Werkzeuge zur Verwaltung

Fast genauso wie Dateien auf Ihrem Rechner verwalten Sie auch Nachrichten innerhalb von Outlook. Sie können Elemente auswählen, danach suchen lassen, sie kopieren, verschieben, separat speichern oder löschen. Zusätzlich können Sie diese Elemente auch sortieren, filtern oder gruppieren, Verknüpfungen zwischen unterschiedlichen Elementen erstellen und einzelne Elemente besonders kennzeichnen. Dieser Abschnitt liefert einen Überblick über die dafür vorhandenen Werkzeuge.

12.6.1 Ansichten und Anordnungen

Die Übersichtlichkeit der Darstellung der Nachrichten im Informationsfenster können Sie durch diverse Maßnahmen erhöhen: Der einfachste Schritt dazu besteht darin, geeignete Anordnungen zu verwenden oder die Elemente auf diverse Weisen sortieren zu lassen. Die Einstellungen dazu nehmen Sie über die Registerkarte *Ansicht* vor (Abbildung 12.20).

Abbildung 12.20: Die Registerkarte *Ansicht* im Bereich *E-Mail*

Ansichten benutzen

Ansichten ermöglichen mithilfe verschiedener Anordnungen und Formatierungen unterschiedliche Darstellungsweisen von Informationen in einem Ordner. Für alle Ordner gibt es Standardansichten. Sie können aber auch benutzerdefinierte Ansichten benutzen.

Testen Sie einfach die für Sie geeignete Ansicht aus: Wählen Sie den Ordner, für den Sie die Ansicht einstellen wollen. Wählen Sie dann die Registerkarte *Ansicht*, öffnen Sie in der Gruppe *Aktuelle Ansicht* die Liste zur Schaltfläche *Ansicht ändern* und wählen Sie die gewünschte Ansicht aus (Abbildung 12.21).

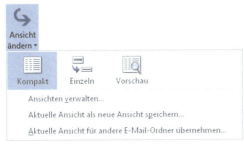

Abbildung 12.21: Drei Formen stehen für die Ansicht zur Verfügung.

Geeignete Anordnungen einstellen

Der erste Schritt zur Erhöhung der Übersichtlichkeit besteht in der Wahl einer geeigneten Anordnung. Sie legen damit fest, in welcher Reihenfolge die Elemente im Informationsfenster aufgelistet werden sollen. Die Befehle dazu finden Sie in der aktuellen Version des Programms in der Gruppe *Anordnung* der Registerkarte *Ansicht*. Der Befehl *Anordnen nach* darin beinhaltet vordefinierte Kombinationen aus einer Gruppierung und einer Sortierung. Es gibt 12 vordefinierte Standardanordnungen (Abbildung 12.22 links).

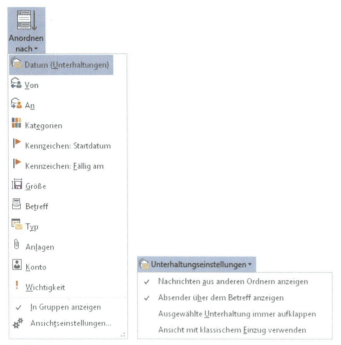

Abbildung 12.22: Die Optionen zum Anordnen und für die Unterhaltungseinstellungen

Unterhaltungen

Standardmäßig sind die Nachrichten nach *Datum (Unterhaltungen)* sortiert. Sollte die Option *Datum (Unterhaltungen)* in der Liste zum Befehl *Anordnen nach* nicht verfügbar sein, müssen Sie das Kontrollkästchen *Als Unterhaltungen anzeigen* in der Gruppe *Unterhaltungen* der Registerkarte *Ansicht* aktivieren.

Diese Anordnung nach Unterhaltungen ist wohl auch für die Mehrzahl der Anwender sinnvoll. Dabei werden Nachrichten mit demselben Betreff in Unterhaltungen gruppiert, die erweitert oder reduziert angezeigt werden können. So können Sie Ihre E-Mail-Nachrichten schneller durchgehen und Nachrichten oder Unterhaltungen mit weniger Klicks bearbeiten.

■ Nachrichten, die Teil einer Unterhaltung sind, sind links mit einer Pfeilspitze versehen. Wenn Sie darauf klicken, werden die zu der Unterhaltung gehörenden Nachrichten eingeblendet. Die Nachrichten in einer Unterhaltung werden mit der jeweils neuesten Nachricht oben angezeigt. Beim Empfang einer Nachricht wird die gesamte Unterhaltung an den Anfang der Nachrichtenliste verschoben. Wenn Sie in der Nachrichtenliste auf eine Unterhaltungskopfzeile klicken, wird die Unterhaltung im Lesebereich mit der neuesten Nachricht an oberster Stelle angezeigt.

■ In allen Unterhaltungen mit ungelesenen Nachrichten ist die oberste Zeile fett formatiert, und die Anzahl von ungelesenen Nachrichten wird neben dem Betreff angezeigt. Wenn Sie die Unterhaltung erweitern, werden ungelesene Nachrichten mit fett formatierter Kopfzeile angezeigt. In erweiterten Unterhaltungen ist der Zusammenhang zwischen den Nachrichten sowie etwaigen Antworten und zugehörigen Nachrichten aus anderen Ordnern visuell dargestellt.

Beachten Sie auch die Befehle im Kontextmenü zu einer Nachricht im Strang einer Unterhaltung:

■ Über die Option *Ignorieren* darin bewirken Sie, dass alle Nachrichten, die zu der von Ihnen ausgewählten Unterhaltung gehören, entfernt und weitere Nachrichten zu diesem Strang automatisch in den Ordner *Gelöschte Elemente* verschoben werden. Diese Aktion können Sie nach dem Markieren auch über die Befehlsschaltfläche *Unterhaltung abweisen* in der Gruppe *Löschen* der Registerkarte *Start* bewirken.

- Daneben gibt es hier auch den Befehl *Aufräumen*. Damit können Sie ältere Nachrichten aus einem Strang löschen, die sonst bei jeder weiteren Antwort mit aufgelistet werden. Diesen Befehl können Sie auch über *Aufräumen* in der Gruppe *Löschen* der Registerkarte *Start* ausführen. Markieren Sie vorher in der Nachrichtenliste die Unterhaltung oder eine beliebige Nachricht in der Unterhaltung.

Wenn Sie die Option *Datum (Unterhaltungen)* gewählt haben, ist in der Gruppe *Unterhaltungen* auch die Option *Unterhaltungseinstellungen* wählbar (Abbildung 12.22 rechts). Sie finden darin weitere Optionen für die Anzeige. Wichtig ist hier die Option *Nachrichten aus anderen Ordnern anzeigen*. Ist diese aktiviert, werden beispielsweise auch Ihre im Ordner *Gesendete Elemente* abgelegten Antworten in der Unterhaltungsliste mit angezeigt.

Weitere Anordnungen

Alternativ dazu können Sie aber im Katalog *Anordnen nach* auch andere Anordnungen benutzen:

- Wenn zusätzlich die Option *In Gruppen anzeigen* unten in der Liste aktiviert ist, werden die Nachrichten durch zusätzlich eingeschobene Zeilen wie *Datum: Heute*, *Datum: Gestern* usw. untergliedert. Über die Schaltflächen mit dem Plus- und Minuszeichen zu diesen Gruppierungszeilen können Sie die Gruppe aus- und einblenden.
- Wenn Sie nach einer Nachricht mit einer Anlage suchen, kann die Anordnung *Anlagen* für Sie interessant sein. Dabei werden die Nachrichten in solche gruppiert, die Anlagen oder keine Anlagen enthalten.

In allen Anordnungen können Sie über die Felder in der Überschriftenzeile eine Sortierung innerhalb der Anordnung vornehmen.

Sortieren

Es wurde bereits erwähnt: Standardmäßig werden die empfangenen Nachrichten in der zeitlichen Reihenfolge von Datum und Zeit des Eintreffens angezeigt. Innerhalb dieser Liste wird eine zusätzliche Gruppierung durch die Zeilen *Heute*, *Gestern*, *Letzte Woche* usw. vorgenommen. Wenn Sie viele Nachrichten erhalten, ist das nicht unbedingt die sinnvollste Form der Anzeige. Wenn sich bereits viele Nachrichten in einem Ordner befinden, können Sie sich zum Organisieren eines der in allen Outlook-Ordnern einsetzbaren Werkzeuge zum Sortieren oder Gruppieren bedienen. Sie reduzieren damit zwar nicht die Anzahl der Nachrichten, sorgen aber für einen besseren Überblick. Am einfachsten geht das, indem Sie auf die kleine nach unten gerichtete Pfeilspitze oben im Informationsbereich klicken und dann das Sortierkriterium auswählen (Abbildung 12.23).

Abbildung 12.23: Die Überschriftenzeile für Nachrichten

Bei den Tabellenansichten *Einzeln* oder *Vorschau* können Sie ein Sortieren der vorhandenen Elemente schnell über die Felder in den Spaltenüberschriften erreichen (Abbildung 12.24). Diese Sortierung bleibt aber nur für die aktuelle Sitzung mit Outlook erhalten und wird bei einem zukünftigen Öffnen des Programms wieder durch die für die Ansicht festgelegte Standardreihenfolge ersetzt.

Abbildung 12.24: Die Überschriftenzeile ermöglicht auch ein schnelles Sortieren.

- Klicken Sie auf eine Spaltenüberschrift, um die Liste nach den Eintragungen in dieser Spalte sortieren zu lassen. Eine nach unten weisende Pfeilspitze in einer Spaltenüberschrift zeigt an, dass die Liste nach den Eintragungen in dieser Spalte aufsteigend sortiert ist.
- Um die Sortierfolge umzukehren, klicken Sie die Spaltenüberschrift nochmals an. Beachten Sie die Richtung der Pfeilspitze.
- Klicken Sie auf eine andere Spaltenüberschrift, um nach den Eintragungen in dieser Spalte zu sortieren. Nach welcher Zeile gerade sortiert wird, erkennen Sie an der Anzeige der Pfeilspitze.
- Wenn Sie nach mehr als einem Feld sortieren, werden zuerst alle Elemente nach dem ersten Feld sortiert und dann, innerhalb dieser Sortierung, nochmals nach dem zweiten Feld.

12.6.2 Elemente suchen

Wenn Sie in den Outlook-Ordnern viele Elemente abgelegt haben, kann es schwierig werden, das gewünschte Element zu finden. Noch komplizierter wird dies, wenn Sie neben den standardmäßig abgelegten Ordnern weitere als parallele oder Unterordner hinzugefügt haben oder mit mehreren Konten arbeiten (unten). Für solche Fälle bieten Ihnen die Suchfunktionen des Programms die Möglichkeit, Nachrichten, Termine, Kontakte und Aufgaben schnell aufzufinden. Sie können die nach einer erfolgreichen Suche angezeigten Ergebnisse sortieren, gruppieren und ändern, um die Informationen auf unterschiedliche Weise zu organisieren. Es gibt zwei Suchmethoden: die Suche und die erweiterte Suche. Einerseits stehen Ihnen in allen Ansichten bereits in den Informationsfenstern eigene Suchbereiche zur Verfügung. Andererseits finden Sie nach dem Starten eines Suchvorgangs eine eigene Registerkarte *Suchtools/Suchen*, die weitere Suchfunktionen beinhaltet.

Die einfache Suche

Jeder Bereich in Outlook – beispielsweise *E-Mail*, *Personen*, *Kalender* – verfügt mit der Sofortsuche über einen eigenen Suchbereich, den Sie im oberen Bereich des jeweiligen Informationsfensters finden (Abbildung 12.25). Sie finden darin auch gleich Möglichkeiten, die Orte der Suche festzulegen.

Abbildung 12.25: Der Suchbereich *Sofortsuche*

Um nach einem Element in diesem Bereich zu suchen, geben Sie den Begriff in das Feld ein. Sie können auch einfach [Strg] + [E] drücken, um die Einfügemarke in das Feld *Sofortsuche* zu platzieren.

- Der Suchprozess beginnt bereits während der Eingabe. Die Elemente, die den eingegebenen Text enthalten, werden im Bereich mit den Ergebnissen der Sofortsuche angezeigt, wobei der gesuchte Text hervorgehoben wird. In vielen Fällen müssen Sie die Eingabe also nicht vollständig durchführen, sondern Sie können aus den darunter angezeigten Ergebnissen das gewünschte auswählen. Anlagen werden durchsucht, die Suchergebnisse aus Anlagen werden jedoch nicht hervorgehoben.
- Sobald Sie damit begonnen haben, einen Suchbegriff einzutippen, wird im Menüband die zusätzliche Registerkarte *Suchtools/Suchen* angezeigt (Abbildung 12.26). Die Befehle darin unterscheiden sich je nach dem vorher gewählten Outlook-Bereich. Diese Registerkarte wird sofort angezeigt, sobald Sie in das Suchfeld geklickt haben.

Abbildung 12.26: Die Suche im Bereich *E-Mail*

- Die Suche wird zunächst im aktuellen Ordner durchgeführt. Wenn Sie sie auf andere Ordner ausdehnen wollen, verwenden Sie die Befehlsschaltflächen in der Gruppe *Bereich* auf der Registerkarte *Suchtools/Suchen* – beispielsweise können Sie dort auf *Alle Outlook-Elemente* klicken.
- Wenn Sie den Suchvorgang abgeschlossen haben, können Sie die Suche bereinigen, indem Sie neben dem Feld der Sofortsuche oder der Registerkarte *Suchtools/Suchen* auf *Suche schließen* klicken. Daraufhin werden wieder alle Elemente in der Liste des Informationsfensters angezeigt.

In der Gruppe *Verfeinern* der Registerkarte *Suchtools/Suchen* können Sie die Suche mithilfe einer Reihe von Kriterienoptionen spezifischer gestalten. Die Suchfelder, die Sie damit hinzufügen, sind abhängig davon, wo Sie sich in Outlook befinden. Sie können hier Eintragungen vornehmen, wenn Sie die Suche spezifischer gestalten wollen – beispielsweise lassen Sie im Bereich *Posteingang* nach Nachrichten suchen, die einen bestimmten *Betreff* enthalten.

Ihre letzten zehn Suchvorgänge werden gespeichert und können wieder verwendet werden. Klicken Sie nach dem Starten der Sofortsuche auf der Registerkarte *Suchtools/Suchen* in der Gruppe *Optionen* auf *Zuletzt verwendete Suchvorgänge* und wählen Sie anschließend den Suchbegriff, den Sie erneut verwenden möchten.

Die erweiterte Suche

Die erweiterte Suche verfügt über eine Vielzahl von Optionen, mit deren Hilfe Sie Ihre Suche sehr detailliert gestalten können. Beispielsweise können Sie nach allen Nachrichten von einer bestimmten Person suchen, die an einem bestimmten Tag nur an Sie allein gesendet wurden. Darüber hinaus können Sie nach beliebigen Dateien auf Ihrem Computer oder einem verfügbaren Netzlaufwerk suchen.

Klicken Sie in das Feld *Sofortsuche*, um die Registerkarte *Suchentools/Suchen* anzuzeigen. Öffnen Sie darin in der Gruppe *Optionen* die Liste zu *Suchtools* und wählen Sie den Befehl *Erweiterte Suche*. Im Dialogfeld *Erweiterte Suche* legen Sie die Suchkriterien fest.

- Legen Sie zuerst im oberen Bereich über das Listenfeld *Suchen nach* fest, wo gesucht werden soll. Standardmäßig wird der Ordner angezeigt, aus dem heraus Sie die erweiterte Suche gestartet haben. Sie können aber auch einen anderen Bereich wählen.
- Im unteren Bereich des Dialogfelds spezifizieren Sie auf vier Registerkarten die Suchkriterien. Die Eintragungen in den dort zur Verfügung stehenden Feldern ändern sich, je nachdem, welchen Eintrag Sie für das Feld *Suchen nach* gewählt haben. Der Name der ersten Registerkarte entspricht Ihrer Wahl im Feld *Suchen nach*. Haben Sie dort beispielsweise *Dateien* gewählt, heißt diese Registerkarte *Datei*.

Hinweis Sie sollten sich mit den Optionen vertraut machen, die Ihnen für das Suchen in Outlook zur Verfügung stehen. Dazu öffnen Sie das Menü *Datei* und wählen dann *Optionen* und darin *Durchsuchen* (*Kapitel 16*). Alternativ klicken Sie in das Feld *Sofortsuche*, öffnen auf der Registerkarte *Suchentools/Suchen* in der Gruppe *Optionen* die Liste zu *Suchtools* und wählen den Befehl *Suchoptionen*.

12.6.3 Arbeiten mit Suchordnern

Bei einem Suchordner handelt es sich um einen virtuellen Ordner, der eine Ansicht sämtlicher E-Mail-Elemente bietet, die bestimmte Suchkriterien erfüllen. So ermöglicht ein – von Ihnen noch zu erstellender – Suchordner *Ungelesene Nachrichten* das Anzeigen aller noch nicht gelesenen Nachrichten von einem zentralen Ort aus, auch wenn sich die Nachrichten in verschiedenen E-Mail-Ordnern befinden. Suchordner können aber keine Suchergebnisse aus verschiedenen Datendateien enthalten!

Hinweis Bei einigen Vorversionen des Programms waren bereits einige Suchordner vordefiniert – beispielsweise *Kategorisierte E-Mail*, *Große Nachrichten* oder *Ungelesene Nachrichten*. Das ist bei der aktuellen Version 2013 nicht mehr so. Sie müssen sich solche Ordner erst selbst erstellen.

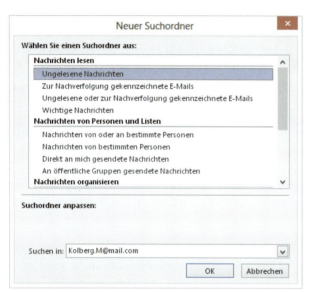

Suchordner erstellen

Es sind zwar noch keine Suchordner vorhanden, Outlook verfügt aber über eine Liste vorgegebener Definitionen dafür. Diese können mithilfe eigener Suchkriterien angepasst werden. Um einen dieser vordefinierten Suchordner zu benutzen, klicken Sie im Bereich *E-Mail* auf der Registerkarte *Ordner* in der Gruppe *Neu* auf *Neuer Suchordner*. Sie können auch die Tastenkombination [Strg] + [↑] + [P] verwenden. Das Dialogfeld *Neuer Suchordner* wird angezeigt (Abbildung 12.27).

Abbildung 12.27: Einen neuen Suchordner erstellen

Markieren Sie darin eine der vorgegebenen Definitionen. Unten im Dialogfeld können Sie dann unter der Überschrift *Suchordner anpassen* die zu verwendenden Suchkriterien angeben. Wählen Sie außerdem das zu durchsuchende Postfach aus. Suchordner können keine Suchergebnisse aus verschiedenen Datendateien enthalten. Nach einer Bestätigung über *OK* wird der neue Suchordner erstellt.

Suchordner anpassen

Die so erstellten Suchordner können Sie später anpassen. Klicken Sie zum Ändern der Kriterien mit der rechten Maustaste auf den gewünschten Suchordner und wählen Sie *Diesen Suchordner anpassen* aus dem Kontextmenü. Anschließend können Sie die Kriterien neu festlegen. Die Kriterien der Suchordner in der Gruppe *Nachrichten lesen* können aber nicht geändert werden.

Hinweis Wenn Sie einen Suchordner löschen, werden die im Suchordner angezeigten E-Mail-Nachrichten nicht an ihrem ursprünglichen Speicherort gelöscht, da diese Elemente in diesem Ordner lediglich angezeigt werden. Wenn Sie jedoch eine oder mehrere in einem Suchordner angezeigte E-Mail-Nachrichten öffnen oder auswählen und diese anschließend löschen, werden die Nachrichten aus dem entsprechenden Outlook-Ordner gelöscht.

12.6.4 Mit weiteren Ordnern arbeiten

Wenn Ihnen auf Ihrem System eine entsprechend große Auswahl an Speicherordnern zur Verfügung steht, können Sie selbst entscheiden, wo und wie Sie in Zukunft Ihre persönlichen Informationen verwalten. Sie können weitere Ordner – auch Unterordner zu bereits vorhandenen Ordnern – hinzufügen, die Ordner in einzelnen Gruppen unterschiedlich organisieren – beispielsweise umbenennen, kopieren oder verschieben.

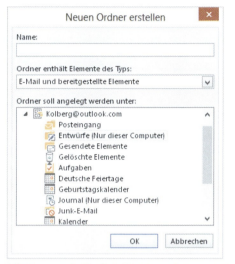

Neue Ordner anlegen

Sie können neue Outlook-Ordner erstellen. Dabei kann es sich um unterschiedliche Typen von Ordnern handeln – je nachdem, für welchen Zweck Sie den Ordner benötigen. Wählen Sie *Neuer Ordner* in der Gruppe *Neu* der Registerkarte *Ordner*. Es spielt dabei keine Rolle, welchen Ordner Sie aktuell geöffnet haben. Für den Betrieb im lokalen System können Sie die Ordner der Standardtypen *Aufgabe*, *E-Mail und Bereitstellung* (*Posteingang*, *Postausgang*, *Gelöschte Elemente*), *Journal*, *Kalender*, *Kontakt* und *Notizen* erstellen (Abbildung 12.28).

Abbildung 12.28: Das Dialogfeld *Neuen Ordner erstellen*

Im Listenfeld im unteren Bereich müssen Sie den bereits vorhandenen Ordner markieren, unter dem der neue Ordner erstellt werden soll. Unterhalb der Ebene *Persönliche Ordner* – diese Ebene kann bei einer anderen Installationsform auch *Outlook* heißen – können Sie jeden der zur Verfügung gestellten Typen einfügen – beispielsweise einen neuen *Kontakte*-Ordner, der dann parallel zum bereits vorhandenen in die Struktur eingefügt wird. Sie können aber neue Ordner auch als Unterordner zu einem bereits vorhandenen Ordner erstellen – beispielsweise zwei Kontakte-Ordner für die getrennte Aufnahme von privaten und geschäftlichen Kontakten unterhalb des bereits vorhandenen Ordners *Kontakte*.

Nach der Bestätigung wird der neue Ordner erstellt. Im Navigationsbereich können Sie das Ergebnis kontrollieren. Je nach Typ des neuen Ordners werden dazu Verknüpfungen in den entsprechenden Modulen angelegt. Beachten Sie, dass dabei unter Umständen weitere Ordner automatisch erstellt werden. Beispielsweise werden beim Erstellen von Unterordnern im Ordner *Posteingang* auch gleichnamige Unterordner im Ordner *Gelöschte Elemente* erstellt.

Selbst definierte Ordner verwalten

Mit selbst definierten Ordnern können Sie einige Aktionen durchführen, die Ihnen das spätere Ändern Ihrer Ordnerorganisation erleichtern. Die Befehle dazu finden Sie – nachdem Sie den entsprechenden Ordner markiert haben – in der Gruppe *Aktionen* der Registerkarte *Ordner*.

- Selbst erstellte Ordner können Sie umbenennen. Markieren Sie dazu den Ordner und wählen Sie *Ordner umbenennen* in der Gruppe *Aktionen*. Geben Sie dem Ordner im Navigationsbereich einen neuen Namen oder editieren Sie den alten. Sie können auch die bei Windows übliche Methode des Umbenennens nach einem langsam ausgeführten zweifachen Klick auf einen Ordnernamen im Navigationsbereich anwenden.

- Die Option *Ordner verschieben* in der Gruppe *Aktionen* ermöglicht das Verschieben des aktuellen Ordners an eine andere Stelle im System der aktuell angezeigten Speicherorte. Der Befehl *Ordner kopieren* erlaubt ein Kopieren des Ordners. Wählen Sie anschließend den Ort aus, zu dem Sie den Ordner verschieben oder kopieren wollen. Markieren Sie dazu in der Liste den Ordner oder Unterordner, unterhalb dessen Sie den aktuellen Ordner ansiedeln wollen.
- Mittels *Ordner löschen* in der Gruppe *Aktionen* können Sie den aktuellen Ordner und seinen Inhalt in den Ordner *Gelöschte Elemente* verlagern. Vollständig gelöscht wird erst dann, wenn Sie diesen Ordner leeren.

Elemente in Ordner verschieben oder kopieren

Einzelne Elemente in Outlook – beispielsweise Nachrichten – lassen sich als Ganzes in andere Ordner kopieren oder verschieben. Vor einer solchen Bearbeitungsaktion müssen Sie zunächst kennzeichnen, welches Element Sie meinen. Um ein Werkzeug – beispielsweise einen Befehl zum Verschieben – für ein bestimmtes Element nutzen zu können, müssen Sie dieses als Element zuerst auswählen. Das erreichen Sie in jeder Ansicht durch einen einfachen Klick auf das Element. Bei einer Kartenansicht klicken Sie beispielsweise auf die Kartenüberschrift. Das ausgewählte Element wird dann markiert dargestellt. Sie können auch mehrere Elemente in einem Ordner gemeinsam auswählen, wenn Sie diese mit demselben Werkzeug behandeln wollen:

- Um mehrere direkt aufeinanderfolgende Elemente zu markieren, klicken Sie auf das erste Element, halten Sie dann die ⏶-Taste gedrückt und klicken Sie auf das letzte Element. In einer Symbolansicht können Sie auch mithilfe der Maus einen Rahmen um diese ziehen.
- Um nicht aufeinanderfolgende Elemente zu markieren, klicken Sie auf das erste Element, halten Sie die Strg-Taste gedrückt und klicken Sie dann auf die weiteren Elemente.

Die Befehle zum Kopieren und Verschieben eines Elements lassen sich in allen Microsoft Office-Programmen mit wenigen Unterschieden auf dieselbe Weise einsetzen – auch in Microsoft Outlook. Für die Standardaktionen des Kopierens und Verschiebens können Sie also auch hier die Windows-Zwischenablage verwenden.

- Am schnellsten funktioniert das Kopieren oder Verschieben meist mittels Maus und Drag&Drop. Markieren Sie zuerst das zu bearbeitende Element und positionieren Sie den Zeiger darauf. Wenn Sie das Element kopieren – und nicht verschieben – wollen, drücken Sie zusätzlich die Strg-Taste und halten Sie diese gedrückt. Ein zusätzliches Pluszeichen erscheint neben dem Mauszeiger. Ziehen Sie das Element zu dem Bereich, in den Sie es verschieben oder kopieren wollen – beispielsweise einen geeigneten Ordner in der Navigationsleiste. Wenn Sie sich an der gewünschten Stelle befinden, lassen Sie die Maustaste los.
- Zum Verschieben oder Kopieren von Elementen können Sie die Windows-Zwischenablage verwenden. Markieren Sie auch in diesem Fall zunächst das Element, das verschoben oder kopiert werden soll. Benutzen Sie dann die üblichen Befehle *Ausschneiden* oder *Kopieren* und *Einfügen* im Kontextmenü. Schaltflächen dafür stehen auf der obersten Ebene von Outlook nicht zur Verfügung.

Zusätzlich verfügt Outlook noch über weitere Möglichkeiten zum Kopieren und Verschieben, die sich ausschließlich auf Elemente als Ganzes beziehen. Dazu können Sie Befehle in der Gruppe *Verschieben* auf der Registerkarte *Start* benutzen. Diese Technik ist aus zwei Gründen die bequemere:

- Einerseits können Sie das Ziel der Verschiebung direkt anwählen, müssen also nicht in zwei Stufen über eine Zwischenablage arbeiten.
- Andererseits können Sie den Befehl sowohl auf in einer Ansicht markierte Elemente als auch auf das gerade geöffnete Element ohne weitere Markierung einsetzen.

Der Befehl *Verschieben* verfügt über eine Liste, mit deren Hilfe Sie das vorher markierte Element verschieben oder kopieren können.

Nach einem Klick auf *In anderen Ordner* oder *In Ordner kopieren* öffnet sich ein Dialogfeld, über das Sie den gewünschten Zielordner auswählen können. Da Elemente immer nur in einen Ordner eines entsprechenden Typs verlagert werden können, hängt die zur Verfügung gestellte Auswahl vom Typ des vorher markierten Elements ab.

Abbildung 12.29: Die Befehle zu *Verschieben*

Arbeiten mit QuickSteps

Die Gruppe *QuickSteps* der Registerkarte *Start* verfügt über Befehle, mit denen Sie sich Aktionen wie das Verschieben von Elementen vereinfachen können. Aber auch andere Befehle – wie beispielsweise das Weiterleiten von Nachrichten – können Sie darüber steuern.

Die anfangs in dieser Gruppe mit *Verschieben in: ?* oder *Weiterleiten an: ?* benannten Befehle sind zunächst nur Platzhalter. Wenn Sie darauf klicken, müssen Sie erst angeben, in welchen Ordner Sie damit anschließend das vorher markierte Element verschieben wollen (Abbildung 12.30).

Abbildung 12.30: Das Verschieben von Elementen einrichten

- Wählen Sie zunächst über das mit *Ordner auswählen* benannte Feld den Ordner aus, in den später verschoben werden soll. Im Listenfeld dazu finden Sie auf der obersten Ebene die von Ihnen erstellten Ordner. Sie können aber über *In anderen Ordner* auch jeden weiteren Ordner des Programms auswählen oder aber auch über *Immer nach Ordner fragen* bewirken, dass Sie später nach dem Ansprechen des Befehls über den Zielordner entscheiden können.
- Für das Feld *Name* wird zunächst der Name des ausgewählten Zielordners übernommen. Sie können aber auch einen beliebigen Namen dafür eingeben.

Nach einem Klick auf *Speichern* ist der Befehl eingerichtet. Ein Klick darauf verschiebt jetzt das vorher markierte Element in den angegebenen Zielordner.

Wir hatten es bereits erwähnt: Sie können auch die Ausführung anderer Befehle über QuickSteps regeln. Zum Einrichten öffnen Sie den Katalog zur Gruppe *QuickSteps* und wählen den entsprechenden Befehl in der Liste zu *Neuer QuickStep* (Abbildung 12.31).

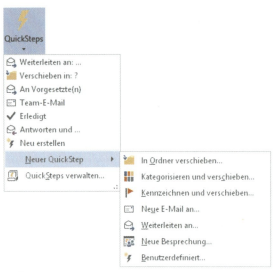

- Die Option *In Ordner verschieben* darin funktioniert genauso wie der anfangs beschriebene Befehl *Verschieben in: ?*. Sie können hierüber einen weiteren Befehl zum Verlagern in einen anderen Ordner einrichten.
- *Kategorisieren und verschieben* funktioniert ähnlich – zusätzlich zum Verschieben wird das Element auch noch mit einer Kategorie versehen (unten). *Kennzeichnen und verschieben* arbeitet entsprechend.
- Außerdem können Sie beispielsweise noch QuickSteps zum Erstellen einer neuen Nachricht oder zum Weiterleiten an eine bestimmte Adresse einrichten.

Abbildung 12.31: Einen neuen QuickStep einrichten

Wenn Sie die von Ihnen eingerichteten QuickSteps später bearbeiten möchten, klicken Sie auf die kleine Schaltfläche mit dem nach rechts unten zeigenden Pfeil neben der Gruppenbezeichnung. Sie können auch *QuickSteps verwalten* im Katalog zur Gruppe *QuickSteps* wählen. Im gleichnamigen Dialogfeld werden die eingerichteten QuickSteps aufgelistet (Abbildung 12.32). Markieren Sie darunter das Element, das Sie bearbeiten wollen.

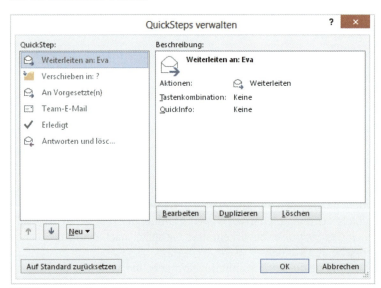

Abbildung 12.32: Die QuickSteps verwalten

- Über die Schaltflächen mit den Pfeilen können Sie die Reihenfolge ändern, in der die QuickSteps im Katalog angezeigt werden. Sorgen Sie dafür, dass die am häufigsten benutzten möglichst weit oben angezeigt werden. Das erspart Ihnen ein Öffnen des Katalogs.

Nach einem Klick auf *Bearbeiten* wird wieder das Dialogfeld angezeigt, das Sie schon beim Einrichten benutzt haben. *Löschen* entfernt den QuickStep aus der Liste.

12.6.5 Kategorien verwenden

Neben dem Sortieren und Gruppieren können Sie bei Outlook mithilfe weiterer Funktionen auch auf spezielle Organisieroptionen zurückgreifen. Beispielsweise ordnen Sie den Elementen verschiedene Kategorien zu, die Sie zur gemeinsamen Darstellung und Filterung benutzen können. Die Gruppe *Kategorien* auf der Registerkarte *Start* fasst die wichtigsten Möglichkeiten zum Organisieren der Inhalte zusammen.

Gelesene und nicht gelesene Nachrichten

Eine sehr einfache Form der Zuordnung einer Kategorie besteht darin, einer Nachricht den Status *Gelesen* oder *Ungelesen* zuzuordnen. In der Standardeinstellung des Programms werden Nachrichten automatisch als *Gelesen* gekennzeichnet, wenn Sie sie für eine bestimmte Zeit haben anzeigen lassen oder wenn Sie zur nächsten Nachricht wechseln. Sie können aber den Status der Nachricht auch durch einen Klick auf *Ungelesen/gelesen* umschalten.

Kategorisieren

Farbkategorien können innerhalb von Outlook sowohl Nachrichten und Kontakten als auch Terminen, Aufgaben usw. zugewiesen werden. Das Zuweisen von Farbkategorien für Nachrichten ermöglicht Ihnen eine schnelle Erkennung der Nachrichten, wodurch sie mit verwandten Elementen in Verbindung gebracht werden können. Sie können Nachrichten mehrere Farbkategorien zuweisen oder eine Schnellklickkategorie verwenden. Bei der letzteren Form müssen Sie nur einmal auf die Nachricht klicken, um ihr direkt im Posteingang eine Farbkategorie zuzuweisen.

Um einem Element – beispielsweise einer Nachricht – eine Kategorie zuzuweisen, markieren Sie es und klicken Sie auf die Schaltfläche *Kategorisieren* in der Gruppe *Kategorien* der Registerkarte *Start*. Damit öffnen Sie eine Liste, aus der Sie unter anfangs sechs Farbkategorien eine auswählen können (Abbildung 12.33 links). Sie können auch mit der rechten Maustaste auf das Element klicken, im Kontextmenü den Befehl *Kategorisieren* wählen und anschließend eine Farbkategorie auswählen.

Abbildung 12.33: Die Liste zur Schaltfläche *Kategorisieren* und das Dialogfeld zum Umbenennen

Wenn Sie einem Element zum ersten Mal eine der Standardfarbkategorien zuweisen, werden Sie zum Umbenennen der Kategorie aufgefordert (Abbildung 12.33 rechts). Ein Umbenennen ist zwar nicht notwendig, kann sich aber langfristig als sinnvoll erweisen. Beispielsweise könnten Sie der Farbkategorie *Rot* den Namen *Wichtig* geben. Zu diesem Zeitpunkt können Sie auch die Farbe der Kategorie ändern sowie eine Tastenkombination auswählen.

Neue Kategorien erstellen

Eine Farbkategorie muss in der Liste für Farbkategorien aufgeführt sein, damit sie zugewiesen werden kann. Ist die Farbkategorie nicht aufgeführt, können Sie in einem Schritt eine neue Farbkategorie erstellen und diese einem Element erstmals zuweisen. Dazu klicken Sie im Listenfeld zur Schaltfläche *Kategorisieren* auf *Alle Kategorien*, um das Dialogfeld *Farbkategorien* zu öffnen.

■ Zum Erstellen einer neuen Kategorie wählen Sie in diesem Dialogfeld die Schaltfläche *Neu* (Abbildung 12.34 links). Über das Feld *Name* können Sie die Kategorie benennen. Über *Farbe* wählen Sie eine Farbe, die zur Kennzeichnung benutzt wird. Sie können der Kategorie auch eine Tastenkombination zuweisen. Diese Kombination können Sie benutzen, um einem vorher markierten Element über die Tastatur eine Kategorie zuzuweisen. Die Bezeichnung *CTRL* steht für die `Strg`-Taste. Im Menü *Kategorisieren* werden nur die 15 zuletzt verwendeten Farbkategorien angezeigt.

Abbildung 12.34: Neue Kategorie erstellen und eine Schnellklickkategorie

■ Wenn Sie eine Kategorie benennen oder den vorher vergebenen Namen ändern wollen, klicken Sie im Dialogfeld *Farbkategorien* auf *Umbenennen*. Sie können dann den Namen der Kategorie im Dialogfeld editieren.

Mithilfe des Dialogfelds *Farbkategorien* lassen sich einem Element auch schnell und einfach mehrere Kategorien zuweisen. Aktivieren Sie zum Zuweisen einer Farbkategorie aus dem Dialogfeld *Farbkategorien* das Kontrollkästchen der gewünschten Farbkategorie.

Das Verwenden einer Schnellklickkategorie

Wenn Sie eine *Schnellklickkategorie* festlegen, können Sie mit nur einem Klick einem Element in Ihrem Posteingang oder in einer beliebigen Nachrichtenliste eine Farbkategorie zuweisen. Dies ist besonders hilfreich, wenn Sie sich auf ein Hauptprojekt konzentrieren oder häufig Elemente in Kategorien wie *Wichtig*, *Umgehend prüfen* usw. einordnen wollen. Diese Form der Kategorie müssen Sie erst festlegen. Dazu klicken Sie in der Symbolleiste auf *Kategorisieren* und anschließend auf *Schnellklick festlegen*. Wählen Sie im Listenfeld des Dialogfelds eine Farbkategorie aus und bestätigen Sie (Abbildung 12.34 rechts).

Um die definierte Schnellklickkategorie einzusetzen, klicken Sie beispielsweise in Ihrem Posteingang neben einer Nachricht auf die Spalte *Kategorien*. Dadurch werden der Spalte die für die Schnellklickkategorie festgelegten Farben hinzugefügt. Wenn Sie die Nachricht öffnen, erscheinen sowohl die Farbe als auch der Name der Farbkategorie in der Kopfzeile. Das Zuweisen einer Schnellklickkategorie zu anderen Outlook-Elementen kann auf dieselbe Weise erfolgen, wenn die Elemente in einer Tabellenansicht oder in der Aufgabenleiste angezeigt werden.

12.6.6 Kennzeichnung und Erinnerungen

Wenn Sie noch bestimmte Dinge mit einem Element vorhaben – beispielsweise einen Brief an eine Kontaktperson schreiben wollen –, aber im Augenblick keine Zeit dazu finden, sollten Sie das Element kennzeichnen. Das Element wird daraufhin mit einer zusätzlichen Bemerkung oder einem Symbol versehen. Sie erreichen damit auch – und das ist das eigentlich Wichtige –, dass dieses gekennzeichnete Element als eine neue Aufgabe vermerkt und in Elementen wie der Aufgabenliste des Programms aufgelistet wird.

Kennzeichnung durchführen

Markieren Sie das Element und klicken Sie auf die Schaltfläche *Zur Nachverfolgung* in der Gruppe *Kategorien* der Registerkarte *Start*. Sie finden in den damit angezeigten Listen eine Reihe von Terminangaben – beispielsweise *Heute*, *Morgen*. Hiermit bestimmen Sie den Termin, zu dem die Kennzeichnung beginnen soll, und die Fälligkeits- und Erinnerungstermine. Sie können auch auf die Schaltfläche *Zur Nachverfolgung* im Kontextmenü zum Element klicken.

Zusätzlich steht Ihnen die Option *Benutzerdefiniert* zur Verfügung (Abbildung 12.35). Sie können dafür beispielsweise ein benutzerdefiniertes Datum angeben.

Abbildung 12.35: Die benutzerdefinierte Kennzeichnung

- Über die Option im Listenfeld *Kennzeichnung* legen Sie fest, welche Art von Nachverfolgung Sie wünschen. Diese Optionen unterscheiden sich je nachdem, welche Art von Element Sie vorher gewählt haben.
- Über die Felder *Beginnt am* und *Fällig am* öffnen Sie einen Datumsnavigator, über den Sie das Fälligkeitsdatum festlegen können. Ein Klick auf die Schaltfläche *Heute* markiert das aktuelle Datum.

Auswirkungen

Wenn einem Outlook-Element – beispielsweise einer Nachricht oder einem Kontakt – eine Kennzeichnung hinzugefügt wird, erscheint in der Aufgabenleiste, im Kalender unter *Tägliche Aufgabenliste* und unter *Aufgaben* in der Aufgabenliste ein entsprechender Hinweis. Außerdem wird in Tabellenansichten das gekennzeichnete Element mit einer optischen Kennzeichnung versehen.

Erinnerung

Wenn Sie ein Element zur Nachverfolgung gekennzeichnet haben, können Sie sich zum Zeitpunkt der Fälligkeit durch die Anzeige eines Dialogfelds daran erinnern lassen. Beim Kennzeichnen von Elementen wird zunächst keine Erinnerung für das Element ausgewählt. Eine Erinnerung wählen Sie aus, indem Sie in der Liste *Zur Nachverfolgung* auf *Erinnerung hinzufügen* klicken. Damit wird das schon bekannte Dialogfeld *Benutzerdefiniert* angezeigt, in dem aber das Kontrollkästchen *Erinnerung* bereits aktiviert ist (Abbildung 12.35). Sie können darin das Datum und den Zeitpunkt für die Erinnerung einstellen.

Außerdem können Sie nach einem Klick auf die Schaltfläche mit dem Lautsprechersymbol dafür sorgen, dass die im Feld darunter angegebene Klangdatei abgespielt wird, sobald das Dialogfeld *Erinnerung* auf dem Bildschirm auftaucht. Sie können auch eine andere Klangdatei verwenden. Zum festgelegten Zeitpunkt meldet sich ein Dialogfeld, das Sie an das gekennzeichnete Element erinnert (*Kapitel 12*).

- In der Titelleiste wird die Anzahl der Elemente angezeigt, das Listenfeld in der Mitte führt die zur Erinnerung anstehenden Elemente auf.
- Um ein Element zu bearbeiten, doppelklicken Sie darauf oder markieren Sie es und bestätigen Sie über die Schaltfläche *Element öffnen*.
- Falls Sie gerade zu beschäftigt sind, um sich um eine Erledigung zu kümmern, wählen Sie aus dem Listenfeld *Erneut erinnern* in der unteren rechten Ecke einen Zeitraum für eine erneute Erinnerung aus. Sie können aus einem Bereich zwischen 5 Minuten und 2 Wochen wählen. Bestätigen Sie über die Schaltfläche *Erneut erinnern*. Nach Ablauf der Zeit meldet sich die Erinnerungsfunktion erneut.
- Ein Klick auf die Schaltfläche *Schließen* entfernt das Dialogfeld vom Bildschirm.

Die Schnellklickkennzeichnung

Wie bei der Kategorisierung gibt es auch für die Nachverfolgung eine Möglichkeit, eine Kennzeichnung durch einen einfachen Mausklick festzulegen. Dazu klicken Sie in einer Tabellenansicht bei einem Element auf die Spalte *Kennzeichnungsstatus*.

Standardmäßig ist die Schnellklickkennzeichnung auf *Heute* festgelegt. Sie können ihr jedoch ein anderes Datum zuweisen oder eine benutzerdefinierte Schnellklickkennzeichnung als Standard erstellen. Dazu wählen Sie zunächst in der Liste der Optionen zur Kennzeichnung die Option *Schnellklick festlegen* und dann das neue Standarddatum für die Kennzeichnung (Abbildung 12.36). Anschließend kann diese Kennzeichnung Nachrichten und Kontakten schnell zugewiesen werden.

Abbildung 12.36: Schnellklick festlegen und entsprechende Optionen dazu

Ein späteres Ändern der Schnellklickkennzeichnung hat keine Auswirkungen auf zuvor bereits gekennzeichnete Elemente.

Kennzeichnungen löschen

Eine gesetzte Kennzeichnung lässt sich über den Befehl *Kennzeichnung löschen* in der Liste der Befehle zur Schaltfläche *Zur Nachverfolgung* in der Gruppe *Kategorien* der Registerkarte *Start* oder über das Kontextmenü zum Element wieder entfernen. Der Befehl *Als erledigt kennzeichnen* im selben Menü hingegen belässt eine Markierung am Element, ändert aber die Darstellung.

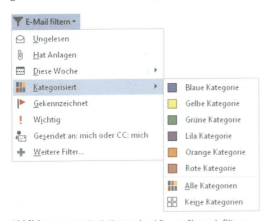

Nachrichten nach Kategorien filtern

Wenn Sie Elemente mithilfe von Kategorien oder anderen Kennzeichnungen markiert haben, können Sie mithilfe des Befehls *E-Mail filtern* in der Gruppe *Suchen* der Registerkarte *Start* bewirken, dass nur noch bestimmte Elemente angezeigt werden (Abbildung 12.37).

Abbildung 12.37: Nach Kategorien können Sie auch filtern.

12.6.7 Elemente löschen

Um ein Element zu löschen, markieren Sie es und wählen Sie *Löschen* in der gleichnamigen Gruppe der Registerkarte *Start*. Das Element wird aus dem aktuellen Ordner entfernt – es wird damit in allen Ansichten zu diesem Ordner nicht mehr angezeigt – und in den Ordner *Gelöschte Elemente* verlagert. Dieser Ordner funktioniert ähnlich wie der Windows-Papierkorb. Gelöschte Elemente bleiben so lange darin erhalten, bis der Ordner – entweder manuell oder automatisch – geleert wird.

Gelöschte Elemente wiederherstellen

Die im Ordner *Gelöschte Elemente* zwischengelagerten Elemente können Sie wiederherstellen. Um ein Element aus dem Ordner *Gelöschte Elemente* heraus wieder in einen anderen Ordner zu verschieben, gehen Sie genauso vor wie beim Verschieben zwischen sonstigen Ordnern. Markieren Sie das Element und benutzen Sie die Befehle in der Gruppe *Verschieben*. Wählen Sie anschließend den gewünschten Zielordner aus.

Den Ordner Gelöschte Elemente leeren

Wenn Sie ein Element im Ordner *Gelöschte Elemente* löschen, wird es endgültig entfernt. Dazu können Sie – wie in allen Modulen – nach dem Markieren des Elements den Befehl *Löschen* in der gleichnamigen Gruppe der Registerkarte *Start* verwenden.

> **TIPP** Das Löschen lässt sich auch automatisieren, beispielsweise durch Aktivieren des Kontrollkästchens *Bei Beenden von Outlook den Ordner „Gelöschte Elemente" leeren* in der Kategorie *Erweitert* unter den *Outlook-Optionen* (*Kapitel 16*). Wenn Sie diese Option wählen, sollten Sie sich dessen aber auch bewusst sein: Die gelöschten Nachrichten können dann mit normalen Mitteln nicht wiederhergestellt werden.

12.7 Das Arbeiten mit Regeln

Unter *Regeln* müssen Sie sich Vorschriften für Aktionen vorstellen, die Outlook beim Eintreten gewisser Bedingungen automatisch mit den davon betroffenen Nachrichten durchführt. Sie können ein- und ausgehende Nachrichten automatisch verschieben, löschen, weiterleiten oder kennzeichnen. Sie können beispielsweise:

- alle Nachrichten von einem bestimmten Absender nach Eintreffen in Ihrem Posteingang in einen bestimmten Ordner an einen anderen Empfänger weiterleiten.
- beim Versenden oder Empfangen von Nachrichten mit einer bestimmten Eintragung im Feld *Betreff* oder einem anderen Element eine bestimmte Kategorie zuweisen.
- erreichen, dass Outlook Sie benachrichtigt, wenn Nachrichten, die mit einer hohen Priorität markiert sind, im Posteingang eintreffen.
- eine Benachrichtigung einrichten, beispielsweise eine Meldung oder einen Klang, der beim Eintreffen wichtiger Nachrichten aktiviert wird.
- veranlassen, dass der Server auf eine bestimmte Art von Nachricht automatisch mit einer von Ihnen erstellten Nachricht antwortet.

Nachdem Sie eine Regel erstellt haben, wendet das Programm diese auf Nachrichten in Ihrem Posteingang oder auf zur Sendung anstehende Nachrichten an – je nachdem, auf welche Nachrichten die Regel zielen soll. Sie können die von Ihnen erstellten Regeln ein- oder ausschalten und Sie können die Reihenfolge ändern, in der Regeln angewendet werden. Sie können Ihre Regeln mit Ausnahmen versehen, beispielsweise wenn eine Nachricht mit einer Nachverfolgungsaktion gekennzeichnet oder als besonders wichtig markiert ist. Eine Regel wird nicht auf eine Nachricht angewendet, wenn eine der von Ihnen angegebenen Ausnahmen zutrifft. Außerdem können Sie Regeln manuell ausführen. Dabei können Sie

Regeln auch auf Nachrichten anwenden, die sich bereits in Ihrem Posteingang oder in einem anderen Ordner befinden. Sie können Regeln importieren und exportieren.

Sie können eine Regel auf verschiedene Arten erstellen. Entweder erstellen Sie eine neue Regel und geben alle Bedingungen selbst vor oder Sie kopieren eine bereits vorhandene Regel und ändern sie. Falls bereits eine Nachricht vorliegt, die einigen der Bedingungen entspricht, auf die Nachrichten mithilfe der Regel geprüft werden sollen, können Sie eine Regel basierend auf dieser Nachricht erstellen und dann die noch fehlenden Bedingungen angeben. Beispielsweise können Sie eine Nachricht aus einem Schriftverkehr auswählen und dann eine Regel erstellen, mit der der Schriftverkehr ignoriert wird.

12.7.1 Regeln für bestimmte Nachrichten

Ein einfacher und schneller Weg zum Festlegen der gewünschten Bedingung für eine Regel besteht darin, von einer vorhandenen Nachricht auszugehen. Markieren Sie dazu die Nachricht, auf der die Regel basieren soll. Öffnen Sie die Liste zu *Regeln* in der Gruppe *Verschieben* der Registerkarte *Start* und wählen Sie *Regel erstellen*. Im dann angezeigten Dialogfeld können Sie im oberen Bereich die Bedingungen aktivieren, die zutreffen müssen, damit die noch zu definierende Regel später ausgeführt wird. Sie können mit den Feldern *Von…*, *Betreff enthält* und *Gesendet an* bis zu drei Bedingungen einschalten (Abbildung 12.38).

Der mit *Folgendes ausführen* benannte Bereich im Dialogfeld dient zum Festlegen der Aktionen, die ausgeführt werden sollen, wenn die oben gewählten Bedingungen eintreffen. Sie können hier beispielsweise die Nachricht gleich in den Ordner *Gelöschte Elemente* verschieben lassen, wenn alle Nachrichten vom oben angezeigten Absender dies sinnvoll erscheinen lassen.

Abbildung 12.38: Die Regelbestandteile basieren auf einer Nachricht.

12.7.2 Allgemeine Regeln

Wenn Sie nicht von einer bereits vorhandenen Nachricht ausgehen können oder die Bedingungen für die Aktionen allgemeiner formulieren wollen, benutzen Sie in der Liste zu *Regeln* in der Gruppe *Verschieben* der Registerkarte *Start* den Befehl *Regeln und Warnungen verwalten*. Das – anfangs fast noch leere – Dialogfeld *Regeln und Benachrichtigungen* wird angezeigt. Darüber können Sie Ihre Regeln definieren.

Um eine neue Regel festzulegen, klicken Sie im Dialogfeld auf die Schaltfläche *Neue Regel*. Im Dialogfeld können Sie dann entscheiden, ob Sie zur Definition eine Vorlage verwenden oder die Regel selbst definieren wollen.

Regel aus Vorlage

Nach der Wahl von *Neue Regel* können Sie im oberen Teil des Dialogfelds das gewünschte Prinzip der Vorlage wählen (Abbildung 12.39). Anschließend können Sie im unteren Teil des Dialogfelds die Regel genauer spezifizieren. Die hier zur Verfügung stehenden Optionen unterscheiden sich nach dem oben gewählten Prinzip. In diesem unteren Bereich werden die von Ihnen eingestellten Bestandteile der Regel gesammelt dargestellt. Die hier zur Verfügung stehenden Optionen unterscheiden sich je nach dem oben gewählten Prinzip:

Abbildung 12.39: Sie können eine Regel aus einer Vorlage heraus erstellen.

- Wenn Sie im oberen Teil beispielsweise *Nachrichten mit bestimmten Wörtern im Betreff in einen Ordner verschieben* gewählt haben, können Sie im unteren Teil über den Link *bestimmten Wörtern* festlegen, auf welche Wörter sich die Regel beziehen soll, und über den Link *Zielordner* bestimmen, in welchen Ordner die Nachricht verschoben werden soll.
- Wenn Sie im oberen Teil beispielsweise *Nachrichten bestimmter Personen verschieben* gewählt haben, können Sie im unteren Teil über den Link *einer Person/Verteilerliste* festlegen, auf welche Absender sich die Regel beziehen soll, und über den Link *Zielordner* bestimmen, in welchen Ordner die Nachricht verschoben werden soll.

Sie können diese Angaben bereits hier nach einem Klick auf den Link vornehmen, der Assistent wird Sie in den folgenden Schritten aber noch bezüglich der hier zu verwendenden Parameter abfragen.

- Bestätigen Sie danach über *Weiter*. Wenn Sie es nicht schon vorher getan haben, können Sie anschließend bestimmte Bedingungen festlegen, bei deren Eintreffen die Regel angewendet werden soll. Aktivieren Sie im oberen Teil des Dialogfelds die gewünschte(n) Bedingungszeile(n). Diese Bedingung wird dann im unteren Teil des Dialogfelds zusammen mit den bereits festgelegten sonstigen Bedingungen angezeigt. Auch hier müssen Sie in einigen Fällen durch einen Klick auf den zusätzlich angezeigten Link die Bedingung genauer spezifizieren. Wenn Sie im Dialogfeld aber mehrere Bedingungen auswählen, wird die Regel nur für die Nachrichten übernommen, die alle Bedingungen erfüllen.
- Nach der Bestätigung über *Weiter* legen Sie fest, was passieren soll, wenn die vorher angegebenen Bedingungen eintreffen. Gehen Sie vor wie im vorherigen Schritt: Aktivieren Sie im oberen Teil die gewünschte Aktion und legen Sie anschließend – falls erforderlich – im unteren Teil die gewünschten Einstellungen nach einem Klick auf den entsprechenden Link fest. Beispielsweise können Sie über den Link *Zielordner* bestimmen, in welchen Ordner die Nachricht verschoben werden soll, wenn die vorher genannten Bedingungen eintreffen.
- Im folgenden Schritt legen Sie auf die gleiche Weise die Ausnahmen für die Anwendung der Regel fest, falls Sie solche wünschen. Beispielsweise können Sie über den Link *bestimmten Wörtern* festlegen, bei welchen Wörtern im *Betreff* diese Regel nicht angewendet werden soll.
- Im abschließenden Schritt geben Sie der Regel einen Namen und bestimmen den Einsatz. Im unteren Teil werden alle Bestandteile der Regel zusammengefasst. Durch Aktivieren des entsprechenden Kontrollkästchens können Sie die Regel auch auf bereits im Ordner *Posteingang* vorhandene Nachrichten anwenden lassen. Wenn Sie mehrere Konten betreiben, können Sie auch fordern, dass die eben erstellte Regel für alle gelten soll.

Nach einer Bestätigung über *Fertig stellen* wird die Regel im Dialogfeld *Regel-Assistent* zusammen mit den schon früher erstellten Regeln angezeigt.

Regel ohne Vorlage

Sie können auch Regeln erstellen, ohne eine der eben beschriebenen Vorlagen zu verwenden.

- Dazu wählen Sie im ersten Schritt des Regel-Assistenten unter der Überschrift *Regel ohne Vorlage erstellen*, ob Sie eine Regel für ankommende oder für ausgehende Nachrichten erstellen wollen. In beiden Fällen können Sie in Abhängigkeit von bestimmten Bedingungen diese Nachricht automatisch mit einer Kategorie oder Wichtigkeitsstufe versehen, eine Kopie in einem bestimmten Ordner ablegen, Kopien an andere Empfänger senden usw.
- Nach der Bestätigung über *Weiter* müssen Sie eine oder mehrere Bedingung(en) formulieren, bei deren Eintreffen die Regel angewendet werden soll. Aktivieren Sie im oberen Bereich die gewünschte Bedingung und legen Sie dann im unteren Bereich nach einem Klick auf den entsprechenden Link die Einstellungen fest.
- Die nachfolgenden Schritte des Assistenten entsprechen dem oben beschriebenen Fall der Festlegung einer Regel auf Basis einer Vorlage: Legen Sie die Aktionen für den Fall fest, in dem die eben festgelegten Bedingungen eintreten. Wenn Sie bestimmte Ausnahmen für den Einsatz der Regel wünschen, können Sie diese im folgenden Schritt festlegen. Im abschließenden Schritt geben Sie der Regel einen Namen und bestimmen den Einsatz. Im unteren Teil werden alle Bestandteile der Regel zusammengefasst.

Nach einer Bestätigung über *Fertig stellen* wird die Regel im Dialogfeld *Regel-Assistent* zusammen mit den schon früher erstellten Regeln angezeigt.

Regeln anwenden

Die von Ihnen erstellten Regeln werden im Dialogfeld *Regel-Assistent* aufgelistet. Sie können hier angeben, ob die Regel automatisch oder manuell angewendet werden soll.

- Zum Einschalten oder Ausschalten einer Regel aktivieren oder deaktivieren Sie im Feld *Regeln (in der angezeigten Reihenfolge angewendet)* das Kontrollkästchen neben der Regel. Alle aktivierten Regeln werden automatisch angewendet. Ob eine Regel angewendet werden soll, wenn eine Nachricht im Posteingang eintrifft oder wenn Sie eine Nachricht senden, haben Sie bereits beim Erstellen der Regel festgelegt.
- Regeln werden in der Reihenfolge von oben nach unten übernommen. Dies ist insofern wichtig, als weiter unten in der Liste stehende Regeln nicht mehr auf eine Nachricht wirken, wenn diese bereits durch weiter oben stehende Regeln verschoben wurde. Mithilfe der Schaltflächen *Nach oben* und *Nach unten* können Sie die markierte Regel in der Liste nach oben oder unten verschieben.
- Über *Kopieren* können Sie eine vorher markierte Regel kopieren. Wenn Sie mehrere Nachrichtenkonten eingerichtet haben, können Sie dabei zunächst wählen, für welches Konto die Kopie eingesetzt werden soll. Anschließend wird die Kopie der Regel erstellt.
- Eine Regel – das gilt natürlich auch für Kopien – können Sie ändern. Markieren Sie dazu die Regel und klicken Sie auf *Ändern*. Anschließend müssen Sie die einzelnen Schritte des Regel-Assistenten erneut durchlaufen und an den entsprechenden Stellen die gewünschten Änderungen durchführen. Sobald Sie alle Änderungen vorgenommen haben, können Sie die noch verbleibenden Schritte überspringen, indem Sie auf *Fertig stellen* klicken.
- Über *Umbenennen* können Sie der Regel einen anderen Namen zuweisen.

Abbildung 12.40: Die Optionen zum Ändern einer Regel

Regeln testen

Besonders wenn Sie eine Regel definiert haben sollten, die Nachrichten automatisch löscht, sollten Sie die Wirkung des Filters für einige Zeit testen, um sicherzustellen, dass Sie keine erwünschten Nachrichten entfernen. Das Verschieben der Nachrichten in den Ordner *Gelöschte Elemente* ist ein guter Weg dazu, da Sie dann immer noch die Möglichkeit haben, die Nachricht in diesem Ordner zu kontrollieren und gegebenenfalls in den Ordner *Posteingang* zurückzuverschieben.

Sorgen Sie aber für den Testzeitraum dafür, dass die gleich noch beschriebene Option *Ordner „Gelöschte Elemente" beim Beenden leeren* ausgeschaltet ist. Wenn die Regel nach der Testzeit funktioniert, empfiehlt es sich, die dadurch als Spam klassifizierten Nachrichten automatisch löschen zu lassen.

Regeln manuell anwenden

Das manuelle Anwenden von Regeln empfiehlt sich, wenn sich Regeln auf Nachrichten auswirken sollen, die bereits Ihrem Posteingang oder einem anderen Ordner zugestellt wurden. Wählen Sie dazu *Jetzt ausführen* im Dialogfeld *Regel-Assistent*. Über das Dialogfeld *Regeln jetzt anwenden* können Sie festlegen, welche der definierten Regeln worauf angewendet werden soll (Abbildung 12.41).

Abbildung 12.41: Die Regeln jetzt anwenden

- Aktivieren Sie im Feld *Anzuwendende Regeln wählen* die Regel(n), die Sie einsetzen wollen.
- Im Feld *Anwenden im Ordner* wird der Ordner angezeigt, auf den die Regel bzw. Regeln eingesetzt werden. Über *Durchsuchen* können Sie einen anderen Ordner dafür wählen. Unterordner können wahlweise mit einbezogen werden.
- Über *Regeln anwenden auf* können Sie entscheiden, auf welche Nachrichten die Regel(n) angewandt werden soll(en).

Durch einen Klick auf *Jetzt ausführen* bewirken Sie den Einsatz der aktivierten Regel(n).

12.7.3 Der Junk-E-Mail-Filter

Neben dem Regel-Assistenten verhindert bei Outlook 2013 zusätzlich der *Junk-E-Mail-Filter* den Empfang unerwünschter E-Mail-Nachrichten. Dieser Filter sortiert keine bestimmten Absender oder Nachrichtentypen aus, sondern basiert auf dem Inhalt der Nachricht allgemein und ermittelt anhand einer erweiterten Analyse der Nachrichtenstruktur die Wahrscheinlichkeit, dass es sich um eine Junk-E-Mail handelt. Jede Nachricht, die der Filter abfängt, wird in einen speziellen Ordner *Junk-E-Mail* verschoben, aus dem Sie die Nachrichten zu einem späteren Zeitpunkt abrufen und anzeigen können.

Dieses Werkzeug ist standardmäßig aktiviert, aber der Schutzgrad ist auf *Niedrig* festgelegt, um nur die offensichtlichsten Junk-E-Mail-Nachrichten zu erkennen. Sie können den Schutzgrad verstärken, wodurch möglicherweise aber auch legitime Nachrichten abgefangen werden. Zum Einstellen dieses Parameters öffnen Sie die Liste zum Befehl *Junk-E-Mail-Filter* in der Gruppe *Löschen* der Registerkarte *Start* und wählen Sie *Junk-E-Mail-Optionen* (Abbildung 12.42).

Abbildung 12.42: Die Einstellungen zum Junk-E-Mail-Filter

Allgemeine Optionen

Auf der ersten Registerkarte des Dialogfelds *Junk-E-Mail-Optionen* können Sie die allgemeinen Optionen zum Verhalten des Filters festlegen. Wählen Sie dann den gewünschten Schutzgrad aus.

Durch Aktivieren des Kontrollkästchens *Als Junk-E-Mail identifizierte Nachrichten nicht in den Junk-E-Mail-Ordner verschieben, sondern endgültig löschen* können Sie dafür sorgen, dass entsprechende Nachrichten gelöscht werden, anstatt sie in den Ordner *Junk-E-Mail* zu verschieben. Seien Sie vorsichtig damit, da der Filter zwar meist, aber nicht immer korrekt funktioniert.

Phishingfilter

Da wir uns gerade mit Junk-E-Mail beschäftigen, wollen wir auch gleich ein damit verwandtes Thema ansprechen – das *Phishing*. Dabei handelt es sich um eine Vorgehensweise, durch die Sie zum Offenlegen von privaten Informationen wie Kontonummern oder Kennwörtern verleitet werden sollen. Phishingnachrichten werden oftmals von irreführenden E-Mail-Adressen aus gesendet und enthalten nicht vertrauenswürdige Hyperlinks zu unzulässigen Websites, die Sie zum Übermitteln privater

Informationen drängen. Diese Informationen werden von Kriminellen dazu genutzt, Ihre Identität, Ihr Geld oder gar beides zu stehlen.

Da das Unterscheiden zwischen *Phishing-E-Mails* und seriösen Nachrichten, wie sie beispielsweise von Ihrer Bank versendet werden, nicht immer einfach ist, werden alle eingehenden Nachrichten vom Junk-E-Mail-Filter ausgewertet, um festzustellen, ob eine Nachricht möglicherweise verdächtig ist, verdächtige Hyperlinks enthält oder von einer unzulässigen E-Mail-Adresse stammt. Das Erkennen verdächtiger Nachrichten ist immer aktiviert. Wenn der Filter eine Nachricht als verdächtig einschätzt, wird die Nachricht an den Ordner *Junk-E-Mail* gesendet, das Format der Nachricht wird in reinen Text umgewandelt, und die Hyperlinks in der Nachricht werden deaktiviert.

Zur Kontrolle dieser Verfahrensweise dienen die beiden unteren Optionen auf der Registerkarte *Optionen* des Dialogfelds *Junk-E-Mail-Optionen* (Abbildung 12.42).

- Mit *Hyperlinks und sonstige Funktionen in Phishingnachrichten deaktivieren* werden Hyperlinks sowie die Funktionen *Antworten* und *Allen antworten* in Phishingnachrichten deaktiviert.
- Über *Bei verdächtigen Domänennamen in E-Mail-Adressen warnen* werden Sie gewarnt, wenn ein Domänenname bestimmte Zeichen verwendet, um den Eindruck zu erwecken, es handle sich um eine bekannte Marke oder Website. Dahinter steht die Absicht, Ihnen weiszumachen, dass es sich um eine seriöse E-Mail-Adresse handelt, obwohl die Adresse in Wirklichkeit unzulässig ist.

Beachten Sie auch die folgenden Hinweise, derartige Versuche aufzudecken:

- In den meisten seriösen Unternehmen sind Richtlinien in Kraft, die das Anfordern persönlicher Informationen per E-Mail untersagen. Vertrauen Sie keiner Nachricht, in der persönliche Informationen angefordert werden, auch dann nicht, wenn die Nachricht authentisch erscheint.
- Bei vielen Phishingmethoden werden Sie aufgefordert, Anlagen zu öffnen, durch die Ihr Computer mit einem Virus oder mit Spyware infiziert werden kann. Wenn Spyware auf Ihren Computer heruntergeladen wurde, können die Tastaturanschläge bei der Anmeldung bei Ihren Onlinekonten erfasst werden. Sie sollten jede Anlage, die Sie anzeigen möchten, zuerst speichern und vor dem Öffnen mit einem aktuellen Antivirenprogramm prüfen.
- Oft werden Phishingnachrichten mit irreführenden Hyperlinks ausgestattet, sodass ein Benutzer nicht erkennen kann, ob ein Hyperlink zuverlässig ist. Es kann sich dabei beispielsweise um einen maskierten Hyperlink handeln: Dabei werden Sie durch einen Klick darauf nicht zur angegebenen Adresse, sondern zu einer anderen Adresse geführt. Seien Sie auch misstrauisch, wenn eine URL das @-Zeichen enthält. Der Grund dafür liegt darin, dass Browser alle Zeichen in der URL ignorieren, die vor einem @-Zeichen angegeben sind. Außerdem werden Homografie-Angriffe verwendet: Dabei werden beispielsweise in der URL statt eines lateinischen Buchstabens ein ähnlich aussehendes Zeichen aus dem griechischen oder kyrillischen Alphabet eingesetzt. Es ist immer am besten, unbekannte URLs vorher manuell in den Browser einzutippen!

Erweiterte Optionen

Auf den weiteren drei Registerkarten dieses Dialogfelds können Sie – zusätzlich zu den allgemeinen Optionen – durch Definition von *Junk-E-Mail-Listen* die standardmäßige Verhaltensweise des Filters für Nachrichten von bestimmten Absendern korrigieren. Es gibt dafür drei Filterlisten: *Sichere Absender*, *Sichere Empfänger* und *Blockierte Absender*.

Die Vorgehensweise zum Hinzufügen von E-Mail-Adressen oder Domänennamen in die Listen *Sichere Absender*, *Sichere Empfänger* und *Blockierte Absender* ist identisch: Klicken Sie auf der jeweiligen Registerkarte auf die Schaltfläche *Hinzufügen* und geben Sie die E-Mail-Adresse oder den Internet-Domänennamen ein. Nach der Bestätigung werden diese Elemente der Liste hinzugefügt. Sie können die Elemente der Listen auch – jeweils als Block – exportieren und importieren.

Kapitel 13

Outlook 2013: Personendaten, Kalender und Aufgaben verwalten

Neben der Aufgabe des Austauschs von E-Mail-Nachrichten verfügt Outlook noch über weitere wichtige Funktionen, und auf diese wollen wir in diesem Kapitel eingehen.

- Das Outlook-Modul *Personen* – früher *Kontakte* genannt – ist der Speicherort für die Daten der Personen und Unternehmen, mit denen Sie kommunizieren möchten. Sie können hierin mehrere Adressen, Telefon- und Faxnummern, E-Mail-Adressen oder sonstige private oder geschäftliche Informationen übersichtlich in mehreren Formularen aufnehmen. Ganz nach Bedarf können diese Informationen umfassend oder kurz gehalten sein. Für den im vorherigen Kapitel angesprochenen Austausch von E-Mails ist das zwar nicht unbedingt notwendig, bietet aber eine erhebliche Erleichterung (Abschnitt 13.1).
- Ihre Eintragungen im *Kalender* können nach Tagen, Wochen oder Monaten angeordnet angezeigt werden (Abschnitt 13.2). Mithilfe des Datumsnavigators können Sie schnell einen oder mehrere – auch nicht zusammenhängende – Tage im Kalender auswählen und Ihre Termine eingeben.
- Mithilfe der Funktionen im Modul *Aufgaben* können Sie Aktivitäten – ähnlich wie bei einer handgeschriebenen Aufgabenliste – nachverfolgen (Abschnitt 13.3). Aufgaben sind mit den Terminen im Kalender insofern verwandt, als auch diese meist an einen bestimmten Zeitpunkt geknüpft sind. Deswegen weisen die Funktionen in diesem Modul auch Ähnlichkeiten mit denen im Bereich *Kalender* auf. Aufgaben müssen aber nicht mit einem Termin verbunden sein.
- Der Zugriff vom Outlook auf verschiedene soziale Netzwerke wie *Facebook* oder *LinkedIn* über den *Personenbereich* ist mit der Version 2013 noch einfacher geworden (Abschnitt 13.4). Diese Funktion ermöglicht Ihnen, Informationen über die Personen in Ihrem Netzwerk zu erhalten und mit diesen in Kontakt zu bleiben, ohne Outlook verlassen zu müssen.

13.1 Die Personen

Wir haben es gerade schon angesprochen: Die *Kontakte*-Ordner im Outlook-Modul *Personen* sind die Speicherorte für die Daten der Personen und Unternehmen, mit denen Sie kommunizieren möchten. Sie können hierin mehrere Adressen, Telefon- und Faxnummern, E-Mail-Adressen oder sonstige private oder geschäftliche Informationen übersichtlich in mehreren Formularen aufnehmen. Ganz nach Bedarf können diese Informationen umfassend oder kurz gehalten sein.

13.1.1 Bereichselemente

Machen Sie sich zu Beginn mit den typischen Elementen dieses Programmbereichs vertraut: Zur Anzeige der Kontakte klicken Sie im Navigationsbereich auf *Personen*. Über *In neuem Fenster öffnen* im Kontextmenü zum Symbol im Navigationsbereich können Sie den Bereich auch in einem separaten Fenster öffnen.

In der linken Spalte werden die vorhandenen Kontakte-Ordner angezeigt. Standardmäßig wird für jedes Konto ein Kontakte-Ordner erstellt. Sie können Outlook so einrichten, dass verschiedene Kontakte in unterschiedlichen Ordnern abgelegt werden – beispielsweise private und geschäftliche Kontakte.

> **TIPP** Wenn Sie einen *Exchange ActiveSync*-kompatiblen Dienst – wie beispielsweise *Outloook.com* – als E-Mail-Konto betreiben, wird der zu diesem Konto gehörende Kontaktbereich automatisch zwischen mehreren Rechnern und dem Internet synchronisiert.

Das Hauptfenster

Standardmäßig wird der Inhalt dieses Outlook-Ordners in der Ansicht *Personen* angezeigt (Abbildung 13.1). In dieser Ansicht werden im Ansichtsbereich nur der Name und – wenn vorhanden – das Foto des Kontakts angezeigt. Zusätzliche Daten zur gerade markierten Person können über den Lesebereich erfahren werden. Natürlich werden jeweils nur die bereits eingegebenen Daten angezeigt. Bei vielen eingegebenen Kontakten gelangen Sie mithilfe des Registers am linken Rand des Ansichtsbereichs schnell zum gewünschten Anfangsbuchstaben.

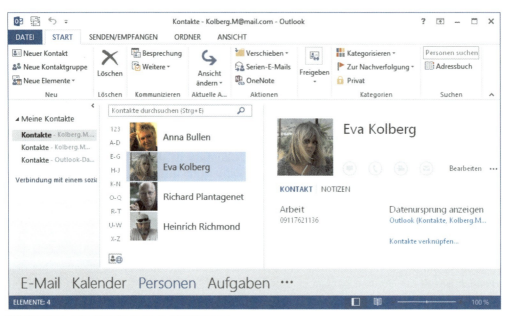

Abbildung 13.1: Die Kontakte in der Ansicht *Personen*

> **Hinweis** Im Ansichtsbereich können Sie auch zusätzliche Register für einige Sprachen anzeigen lassen, die keine lateinischen Buchstaben benutzen (*Kapitel 16*).

Der Lesebereich

Wie bei allen anderen Outlook-Modulen verfügt *Personen* über einen Lesebereich. Wenn Sie die Ansicht *Personen* benutzen, sollten Sie dafür sorgen, dass der Lesebereich eingeschaltet ist, da Sie dort viele Schaltflächen zur Kommunikationsaufnahme finden.

- Beachten Sie zunächst, dass der Lesebereich mindestens über die beiden Registerkarten *Kontakt* und *Notizen* verfügt. Je nach vorhandenen Gegebenheiten können hier aber noch weitere Register angezeigt werden. Beim Wechsel zu einer anderen Person wird immer zur Registerkarte *Kontakt* umgeschaltet.
- Die Symbole in den Kreisen werden zu Schaltflächen, wenn entsprechende Daten zum Kontakt eingegeben wurden und bestimmte technische Voraussetzungen gegeben sind. Durch einen Klick darauf können Sie dann beispielsweise eine E-Mail-Nachricht starten, eine Besprechung ansetzen, eine Chatnachricht senden oder einen Anruf tätigen.
- Sie können darüber auch Kontakte miteinander verknüpfen. Dazu klicken Sie im Lesebereich auf *Kontakte verknüpfen*. Daraufhin wird ein Fenster geöffnet, in dem oben der gerade gewählte Kontakt angezeigt wird (Abbildung 13.2). Geben Sie unten in das Feld *Weiteren Kontakt verknüpfen* den Namen des Kontakts ein, zu dem Sie eine Verknüpfung herstellen wollen. Markieren Sie dann den angezeigten Kontakt und klicken Sie auf *OK*. Der Erfolg ist, dass bei einem späteren Klick im Lesebe-

reich auf *Kontakte verknüpfen* die miteinander verknüpften Kontakte gemeinsam angezeigt werden. Sie können dann schnell von einem Kontakt zu einem anderen wechseln.

Abbildung 13.2: Sie können Kontakte miteinander verknüpfen.

■ Durch einen Klick auf *Bearbeiten* im Lesebereich können Sie die zum Kontakt eingegebenen Daten korrigieren oder erweitern.

13.1.2 Andere Ansichten kennenlernen

Die Ansicht *Personen* hat den Vorteil, dass viele Kontakte auf kleinem Raum angezeigt werden können. Der Nachteil zeigt sich darin, dass dabei nur der Name und das Foto des Kontakts sichtbar sind. Mithilfe der Optionen zum Befehl *Ansicht ändern* in der Gruppe *Aktuelle Ansicht* der Registerkarte *Ansicht* können Sie die Form der Anzeige der Daten ändern und so beispielsweise mehr Detaildaten anzeigen lassen (Abbildung 13.3 und Tabelle 13.1). Wenn die Daten angezeigt werden, können Sie Ihre Kontakte zusätzlich nach diesen Daten gruppieren oder sortieren lassen. Beispielsweise können Sie die Kontakte in der Reihenfolge der zugehörenden Firma oder den Ort anzeigen lassen. Das kann Ihnen die Suche erleichtern, wenn Ihnen der Name einmal entfallen sein sollte.

Abbildung 13.3: Die Optionen der Ansicht der Kontaktdaten

Ansicht	Liefert
Visitenkarte	Informationen zu Kontakten, die Sie benutzerdefiniert als *Visitenkarte* festgelegt haben.
Karte	Kontakte auf einzelnen Karten mit privaten und Geschäftsadressen, Telefonnummern und weiteren Details.
Telefon	Kontakte in einer Liste mit Firmenname, Geschäftstelefonnummer, Geschäftsfaxnummer und privater Telefonnummer.
Liste	Kontakte in einer Liste, die nach Kategorien gruppiert und nach den Namen der Kontakte, unter denen die Kontakte in den Kategorien gespeichert werden, sortiert sind.

Tabelle 13.1: Einige Ansichten für Kontakte

Visitenkarten

Die Ansicht *Visitenkarte* zeigt die Informationen, die Sie benutzerdefiniert als Visitenkarte festgelegt haben (Abbildung 13.4). Standardmäßig werden bei Wahl der Ansicht *Visitenkarten* zunächst dieselben Informationen angezeigt wie bei der Ansicht *Karte*.

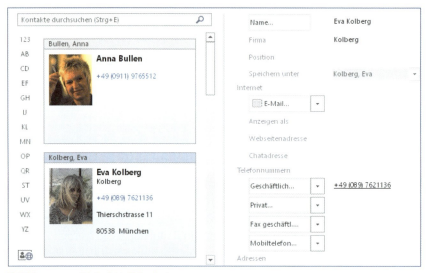

Abbildung 13.4: Die Ansicht *Visitenkarte*

TIPP Sie können darin für jeden Kontakt unterschiedliche Daten anzeigen lassen. Dazu öffnen Sie den Kontakt und klicken auf die Schaltfläche *Visitenkarte* in der Gruppe *Optionen* des Menübands für das Kontaktformular. Das Dialogfeld *Visitenkarte bearbeiten* wird angezeigt.

Die Ansicht Karte

Die Ansicht *Karte* liefert die Kontakte auf einzelnen Karten mit einer Postanschrift sowie privaten und geschäftlichen Telefonnummern.

Die Tabellenansichten Telefon und Liste

Außerdem stehen zur Anzeige der Daten mit *Telefon* und *Liste* zwei Tabellenansichten zur Verfügung. Diese Ansichten sehen zwar etwas weniger schön aus als beispielsweise die Ansicht *Visitenkarte*, bieten aber hinsichtlich der Gruppier- und Sortieroptionen einige Vorteile.

- Die Ansicht *Telefon* führt die Kontakte in einer Liste mit Firmenname, Geschäftstelefonnummer, Geschäftsfaxnummer und privater Telefonnummer auf (Abbildung 13.6).
- In der Ansicht *Liste* finden Sie fast dieselben Daten, nur sind die bereits nach der Firma des Kontakts gruppiert.

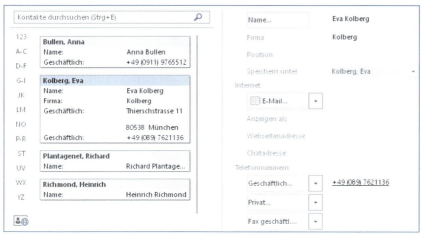

Abbildung 13.5: Die Ansicht *Karte*

Abbildung 13.6: Die Ansicht *Telefonliste*

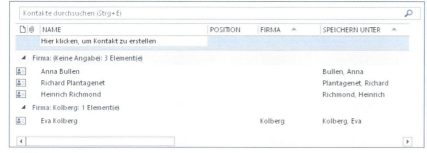

Abbildung 13.7: Die Ansicht *Liste*

Abbildung 13.8: Einige Optionen
zum Sortieren finden Sie im Menüband.

Diese beiden Ansichten erlauben es auch, die darin vorhandenen Datenzeilen schnell zu sortieren:

- Über die Optionen in der Liste zur Schaltfläche *Anordnen nach* in der Gruppe *Anordnung* der Registerkarte *Ansicht* finden Sie die Möglichkeit, die Kontakte nach den ihnen zugewiesenen Kategorien oder auch nach der Firma des Kontakts sortieren zu lassen (Abbildung 13.8).
- Zum Sortieren können Sie einfach auf ein Element in der Überschriftenzeile klicken. Die Richtung der Pfeilspitze neben einem solchen Element zeigt an, in welche Richtung sortiert wird.

13.1.3 Kontaktdaten eingeben

Einige Ansichten des Bereichs *Personen* erlauben es, neue Kontakte direkt über den Ansichtsbereich einzugeben. Das sind die Tabellenansichten *Telefon* und *Liste*. Darin wird ein Feld mit der Beschriftung *Hier klicken, um Kontakt zu erstellen* angezeigt. Klicken Sie darauf und geben Sie die Daten ein. Durch Drücken der ⬚-Taste wechseln Sie nach der Eingabe in einem Feld zum nächsten Feld. Allerdings sind Sie hier auf die Eingabe der in der jeweiligen Ansicht angezeigten Felder beschränkt.

Um die Daten für einen neuen Kontakt einzutragen, arbeiten Sie aber im Allgemeinen über das Fenster *Kontakt*. Zum Aufruf stehen Ihnen mehrere Möglichkeiten zur Verfügung:

- Ist der Bereich *Personen* bereits aktuell, klicken Sie zum Erstellen eines neuen Kontakts auf die Schaltfläche *Neuer Kontakt* in der Gruppe *Neu* der Registerkarte *Start*.
- Außerhalb des Bereichs *Personen* öffnen Sie den Katalog zur Schaltfläche *Neue Elemente* in der Gruppe *Neu* und klicken anschließend auf *Kontakt*.

Im Dialogfeld *Unbekannt – Kontakt*, das als Titel später den von Ihnen eingegebenen Namen des Kontakts erhält, können Sie ganz nach Bedarf die Informationen umfassend oder kurz gehalten eingeben (Abbildung 13.9). Beispielsweise können Sie sich bei Geschäftspartnern auf Namen und E-Mail-Adresse beschränken, bei Freunden und Bekannten hingegen ausführlichere Angaben wie Privatadresse, Spitzname, diverse Telefonnummern und den Geburtstag aufnehmen.

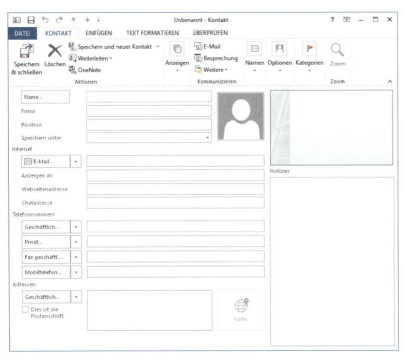

Abbildung 13.9: Das Formular zum Eingeben der Kontaktdaten

Name und Firma

Im oberen linken Bereich können Sie alle mit dem Namen und der Firma des Kontakts zusammenhängenden Daten in die Felder *Name*, *Position* und *Firma* direkt eintragen.

Wenn Sie einen Namen oder eine Adresse für einen Kontakt eingeben, spaltet Outlook diese(n) in Teile auf und platziert jeden Teil in ein eigenes Feld. Dadurch können Sie später Kontakte nach einem beliebigen Teil des Namens oder der Adresse sortieren, gruppieren oder filtern. Über das Listenfeld *Speichern unter* wählen Sie, in welcher Form der Eintrag in der Liste der Kontakte gespeichert werden soll. Outlook schlägt standardmäßig eine Einordnung nach dem Nachnamen vor. Sie können die Kontaktinformationen auch unter dem Vornamen, dem Firmennamen oder einem beliebigen anderen Wort einordnen, anhand dessen Sie den Kontakt schnell finden.

Über die Optionen zum Ordner *Kontakte* wählen Sie die Voreinstellung für die Reihenfolge der Bestandteile des Namens eines neu eingegebenen Kontakts. Über das Feld *Namensreihenfolge* unter den *Outlook-Optionen* der Kategorie *Kontakte* können Sie die Voreinstellung für die Reihenfolge der Bestandteile des Namens eines neu eingegebenen Kontakts wählen.

Internet

Im Bereich *Internet* können Sie eine oder mehrere E-Mail-Adressen für den Kontakt erfassen. Wenn der Kontakt über mehrere Adressen verfügt, wählen Sie zuerst über das Listenfeld, welche Adresse Sie eingeben oder ändern wollen. Geben Sie dann die E-Mail-Adresse ein. Im Feld *Anzeigen als* wird nach Eingabe einer E-Mail-Adresse in der Voreinstellung die Form angezeigt, die Outlook beispielsweise im Adressbuch verwendet. Sie können diese Anzeige editieren. Die eingegebene Adresse selbst wird davon aber nicht beeinflusst.

Wenn der Kontakt eine eigene Webseite besitzt, vermerken Sie die URL dazu im Feld *Webseite*. In das Feld *Chatadresse* können Sie für Kontakte, die *Instant Messaging* verwenden, die Adresse eingeben. Wenn der Kontakt geöffnet ist, wird der Onlinestatus des Kontakts in der Infoleiste angezeigt. Der Onlinestatus des Kontakts erscheint ebenfalls in der Infoleiste einer E-Mail-Nachricht, falls die im Feld *Von* angezeigte Adresse in Ihrer Liste enthalten ist. Durch Klicken auf die Infoleiste können Sie eine Sofortnachricht senden.

Telefonnummern

Im Bereich *Telefonnummern* können Sie eine Vielzahl von Rufnummern eingeben. Mit *Geschäftlich*, *Privat*, *Fax geschäftl.* und *Mobiltelefon* stehen Ihnen zunächst vier Felder als Voreinstellung zur Verfügung. Über die zu diesen Feldern gehörenden Listen können Sie das entsprechende Feld durch ein Feld für eine andere Telefonnummer ersetzen. Die vorher im ursprünglich angezeigten Feld vorgenommenen Eingaben bleiben aber erhalten und können durch einen erneuten Wechsel wieder angezeigt werden. Auf diese Weise werden alle im Listenfeld aufgelisteten Felder mit Telefonnummern versehen. Sie können aber immer nur vier davon im Fenster *Kontakt* anzeigen.

Geben Sie in das Feld neben dem Pfeil die Telefonnummer ein. Verwenden Sie das Format *+ Landesvorwahl (Ortskennzahl) Ortsnummer*. Bei diesem *kanonischen Adressformat* handelt es sich um ein universelles Format für Telefonnummern. Um die Einzelheiten zur Telefonnummer einzublenden, doppelklicken Sie auf die unterstrichene Telefonnummer. Über die Felder *Land/Region*, *Ort/Vorwahl* und *Ortsanschluss* können Sie die einzelnen Bestandteile der Rufnummer separat eingeben. Im Feld darüber wird die Nummer in dem für Outlook gewünschten Format angezeigt.

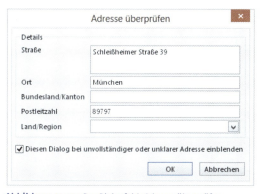

Abbildung 13.10: Das Dialogfeld *Adresse überprüfen*

Adressen

Der Bereich *Adressen* des Formulars *Kontakt* liefert Raum für mehrere Anschriften des Kontakts. Für jeden Kontakt lassen sich bis zu drei Adressen eingeben. Wählen Sie zunächst über das Listenfeld die Adresse und welche Art von Informationen – geschäftliche, private oder andere – Sie erfassen wollen. Geben Sie dann die Daten ein.

Durch einen Klick auf die Schaltfläche *Adresse* wird das Dialogfeld *Adresse überprüfen* angezeigt, über das Sie die Adressdaten spezifizieren oder auch erweitern können (Abbildung 13.10). Ist das Kontrollkästchen *Diesen Dialog … einblenden* in diesem Dialogfeld aktiviert, wird das Dialogfeld im Bedarfsfall auch automatisch geöffnet.

 TIPP Wenn Sie mehrere Adressen zu einem Kontakt eingegeben haben, sollten Sie angeben, welche davon beim Erstellen eines Briefs an diesen Kontakt als Voreinstellung für die *Postanschrift* verwendet werden soll. Wählen Sie dazu im Formular *Kontakt* die entsprechende Adresse über das Listenfeld aus und aktivieren Sie das Kontrollkästchen *Dies ist die Postanschrift*. Diese Adresse wird auch zum Drucken von Adressetiketten und Briefumschlägen oder zum Erstellen von Serienbriefen verwendet (*Kapitel 15*).

Ein Bild aufnehmen

Wenn Sie über ein digitales Bild des Kontakts verfügen, können Sie dieses mit anzeigen lassen. Klicken Sie auf *Bild* in der Gruppe *Optionen* der Registerkarte *Kontakt* und wählen Sie *Bild hinzufügen*. Oder klicken Sie im Kontaktformular einfach auf den für das Bild vorgesehenen Rahmen. Dadurch öffnet sich ein Ordner, in dem standardmäßig Bilder auf Ihrem Rechner gespeichert werden. Bei Windows 7 oder Windows 8 ist das die Bibliothek *Bilder*. Markieren Sie hier die Datei und klicken Sie auf *Öffnen*.

TIPP Wollen Sie das Bild später ändern, benutzen Sie dieselbe Schaltfläche und wählen Sie dann einen der Befehle *Bild ändern* oder *Bild entfernen*.

Visitenkarte

Im Feld oben rechts finden Sie eine Visitenkarte. Zunächst werden hier dieselben Informationen angezeigt wie bei der Ansicht *Karten*. Im Bereich *Felder* darunter werden die Namen der Felder angezeigt, aus denen die Visitenkarte ihre Daten bezieht.

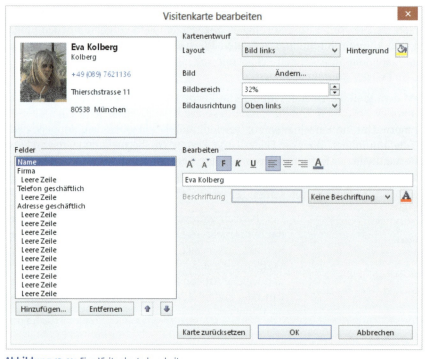

Abbildung 13.11: Eine Visitenkarte bearbeiten

Über die Schaltfläche *Visitenkarte* in der Gruppe *Optionen* der Registerkarte *Kontakt* können Sie festlegen, welche Informationen zu einem Kontakt in der Ansicht *Visitenkarte* angezeigt werden sollen. Im Dialogfeld *Visitenkarte bearbeiten* wird links oben die Visitenkarte zum Kontakt angezeigt (Abbildung 13.11). Über den Bereich *Felder* darunter können Sie weitere Felder hinzufügen, nicht erwünschte Felder entfernen oder die Reihenfolge der Anzeige ändern. Zum Formatieren eines Felds markieren Sie es im Bereich *Felder* und benutzen dann die Schaltflächen im Bereich *Bearbeiten*. Über die Optionen im Bereich *Kartenentwurf* oben links im Dialogfeld können Sie das Layout – besonders die Position des Bilds – verändern oder auch der Karte eine Hintergrundfarbe zuweisen. Letzteres ist praktisch, wenn Sie einige Visitenkarten besonders hervorheben möchten.

 TIPP Nach einer Änderung hinsichtlich der anzuzeigenden Daten können Sie den Inhalt der Karte durch einen Klick auf *Karte zurücksetzen* in den Standard zurückführen.

Karte

Ein Klick auf die Schaltfläche *Karte* im Formular für Dateneingabe zum Kontakt verbindet Sie mit der Website `http://www.bing.com/maps/`, auf der die eingegebene Adresse auf einer Landkarte angezeigt wird. Sie finden diese Schaltfläche übrigens auch im Lesebereich der Ansicht *Visitenkarte*.

Kategorien

Über die Schaltflächen in der Gruppe *Kategorien* auf der Registerkarte *Kontakt* können Sie einige weitere Angaben zum Kontakt vornehmen.

- Wenn Sie die Option *Privat* aktivieren, werden die zum Kontakt eingegebenen Informationen nicht angezeigt, wenn andere Benutzer mit einer entsprechenden Berechtigung auf die im Ordner gespeicherten Informationen zugreifen.
- Über die Liste zu *Kategorisieren* können Sie dem Kontakt eine Kategorie zuweisen. Diese wird anschließend im daneben liegenden Feld angezeigt. Das funktioniert wie beim Arbeiten mit E-Mail-Nachrichten (*Kapitel 11*).
- Die Liste zu *Nachverfolgung* erlaubt das Festlegen einer Kategorie zum Nachverfolgen der Eintragungen. Auch das funktioniert wie beim Arbeiten mit E-Mail-Nachrichten (*Kapitel 11*).

Weitere Informationen zum Kontakt

Weitere Möglichkeiten zur Eingabe von Informationen für einen Kontakt finden Sie in der Gruppe *Anzeigen* auf der Registerkarte *Kontakt* des Formulars *Kontakt*.

- Über *Details* lassen sich weitere Informationen zu diesem Kontakt festlegen, auch das Geburtsdatum (Abbildung 13.12). Eingaben in eines der Felder *Geburtstag* und *Jahrestag* werden automatisch in den Kalender übertragen. Geben Sie das Datum direkt ein oder öffnen Sie durch einen Klick auf die nach unten zeigende Pfeilspitze rechts neben dem Feld den Datumsnavigator, in dem Sie das Datum auswählen können.
- Mit *Zertifikate* lassen sich die Daten speichern, die zum Erstellen verschlüsselter E-Mails an diesen Kontakt verwendet werden sollen. Um die digitale ID eines Kontakts zu erhalten, bitten Sie diesen, Ihnen eine mit einer digitalen Unterschrift versehene E-Mail-Nachricht zu senden. Öffnen Sie dann die Nachricht, der als Anlage eine digitale ID beigefügt ist. Klicken Sie mit der rechten Maustaste auf den Namen im Feld *Von:* und anschließend im Kontextmenü auf *Zu den Kontakten hinzufügen*. Falls sich in Ihrer Kontaktliste bereits ein Eintrag für diese Person befindet, klicken Sie auf *Vorhandenen Kontakt mit neuen Daten aus diesem aktualisieren*. Die digitale ID wird damit zusammen mit dem Kontakteintrag für diesen Empfänger gespeichert. Sie können nun verschlüsselte E-Mail-Nachrichten an diese Person senden.

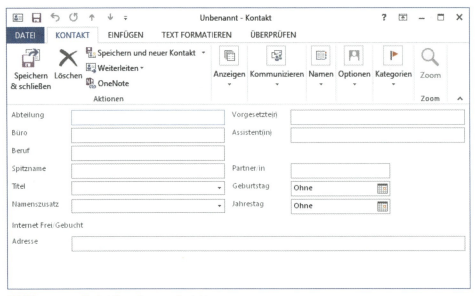

Abbildung 13.12: Die Detailangaben zum Kontakt

■ Über *Alle Felder* haben Sie Zugriff auf alle zum aktuellen Kontakt gespeicherten Felder. Eintragungen zu einigen dieser Felder können Sie hier auch direkt korrigieren. Wählen Sie gegebenenfalls über das Listenfeld *Auswählen aus*, welche Felder für den aktuellen Kontakt angezeigt werden sollen. Einen vollständigen Überblick liefert die Option *Alle Kontaktfelder*. Über die Schaltfläche *Neu* können Sie ein zusätzliches Feld erstellen. Dieses Feld steht Ihnen dann auch für alle sonstigen Kontakte zur Verfügung. Über die Schaltfläche *Eigenschaften* können Sie die Eigenschaften des aktuell markierten Felds anzeigen lassen.

Kontaktdaten speichern

Nach Eingabe der Daten für einen neuen Kontakt klicken Sie auf die Schaltfläche *Speichern & schließen*. Wollen Sie weitere Kontakte eingeben, klicken Sie stattdessen auf die Schaltfläche *Speichern und neuer Kontakt*. In der Liste zu dieser Schaltfläche finden Sie auch die Option *Kontakt in dieser Firma*, über die die Firmendaten gleich übernommen werden können. Das kann eine Menge an Eingabearbeit sparen.

Duplikate

Wenn Sie in Outlook einen neuen Kontakt hinzufügen, erhalten Sie von Outlook gegebenenfalls eine Rückmeldung mit dem Hinweis, dass der Kontakt bereits existiert, und der Option, die neuen Informationen mit dem bereits vorhandenen Kontakteintrag zusammenzuführen. Das passiert aber nur dann, wenn unter den *Outlook-Optionen* in der Kategorie *Kontakte* das Kontrollkästchen *Beim Speichern neuer Kontakte auf Duplikate überprüfen* aktiviert ist.

■ Wenn Sie die Option *Neuen Kontakt hinzufügen* wählen, wird der neue Kontakt dem Ordner hinzugefügt. Es sind jetzt zwei Kontakte mit demselben Namen vorhanden. Um diese beiden Kontakte voneinander zu unterscheiden, ergänzen Sie einen der beiden am besten mit einem weiteren Vornamen.

■ Wenn Sie *Informationen des ausgewählten Kontakts aktualisieren* wählen, werden die Daten aus dem neuen Kontakt in diejenigen Felder des vorhandenen Kontakts kopiert, die abweichende Daten enthalten.

Damit Sie die Informationen aus dem ursprünglichen Kontakt wiederherstellen können, wird beim Kopieren von neuen Daten eine Kopie des ursprünglichen Kontakts im Ordner *Gelöschte Elemente* aufbewahrt.

13.1.4 Kontaktdaten korrigieren

Wenn Sie Änderungen an den vorhandenen Kontaktdaten vornehmen wollen, müssen Sie etwas darauf achten, welche Ansicht Sie gerade benutzen. Manche Daten können direkt über die Leseansicht zum markierten Kontakt durchgeführt werden. Für umfangreiche Änderungen und Ergänzungen des Datenbestands verwenden Sie aber besser das Formular, das Sie zur Eingabe der Daten verwendet haben.

Korrekturen bei der Ansicht Personen

In der Ansicht *Personen* können Korrekturen praktisch direkt im Lesebereich bearbeitet werden.

■ Markieren Sie dazu den gewünschten Kontakt – seine Daten werden im Lesebereich angezeigt. Klicken Sie dort auf *Bearbeiten*. Die Daten können dann in separaten Feldern editiert werden (Abbildung 13.13). Sie können zum Aufruf des Bearbeitungsmodus auch einen Doppelklick auf das Kontaktsymbol im Ansichtsbereich durchführen.

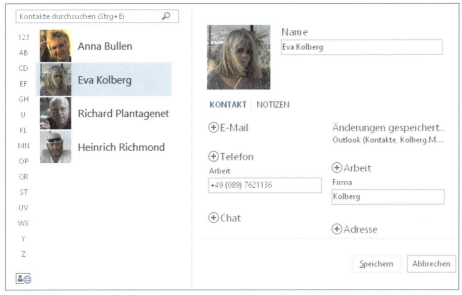

Abbildung 13.13: Die Korrektur ist über den Lesebereich möglich.

■ Denken Sie daran, nach der Eingabe der Änderungen auf *Speichern* oder auf *Abbrechen* zu klicken.

TIPP Für eine umfangreichere Korrektur verwenden Sie besser wieder das Formular zur Eingabe der Kontaktdaten, das Sie durch einen Doppelklick auf einen Kontakt wieder auf den Bildschirm bringen können. Das Editieren der Daten funktioniert hier wie das ursprüngliche Eingeben. Schließen Sie die Korrektur durch einen Klick auf *Speichern & schließen* in der Gruppe *Aktionen* ab.

Korrekturen in den anderen Ansichten

Auch in anderen Ansichten müssen Sie einen Doppelklick auf den Kontakt im Ansichtsbereich durchführen, wenn Sie die vorhandenen Daten editieren oder erweitern wollen. In diesem Fall wird aber das Fenster *Kontakt* angezeigt, das Sie schon von der Eingabe der Daten her kennen (Abbildung 13.9). Führen Sie darin die Änderungen am Datenbestand durch und klicken Sie abschließend auf *Speichern & schließen* in der Gruppe *Aktionen* der Registerkarte *Kontakt*.

13.1.5   Mit Kontakten kommunizieren

Nachdem Sie Kontaktdaten eingegeben haben, ist es einfach, mit diesen eine Kommunikation zu starten. Sie können beispielsweise – mit mehreren Techniken – eine E-Mail an einen Kontakt oder eine Kontaktgruppe senden. Wenn Sie beispielsweise mit einem geeigneten Modem Ihren Rechner mit dem Telefonnetz verbunden haben, können Sie über den Kontakteintrag einen Telefonanruf starten. Sie können auch eine Aufgabenanfrage oder eine Besprechungsanfrage vom Outlook-Bereich *Personen* aus starten.

E-Mail senden

Wenn Sie eine E-Mail an einen Kontakt senden wollen, markieren Sie in der Ansicht *Personen* den Kontakt und klicken Sie im Lesebereich auf eine vorhandene E-Mail-Adresse. Das zeigt das Formular zum Erstellen einer Nachricht an – die Adresse ist bereits eingetragen. Vervollständigen Sie die Nachricht und senden Sie sie ab. Wenn Sie gerade eine andere Ansicht verwenden, markieren Sie den Kontakt und klicken Sie in der Gruppe *Kommunizieren* auf *E-Mail*. Auch das zeigt das Formular zum Erstellen einer Nachricht an.

 TIPP Wenn Sie die Nachricht an mehrere Kontakte versenden wollen, markieren Sie diese vorher gemeinsam mit gedrückt gehaltener `Strg`-Taste.

Das Adressbuch beim Senden von E-Mails benutzen

Die Eintragungen im Bereich *Personen* können Sie auch vom Bereich *E-Mail* her verwenden, um E-Mail-Adressen in das Formular zu übernehmen. Klicken Sie im Formular zum Erstellen einer E-Mail-Nachricht auf die Schaltfläche *An*, um das Dialogfeld *Namen auswählen* zu öffnen. Markieren Sie darin nacheinander die Kontakte, an die Sie die Nachricht senden wollen, und klicken Sie nach dem Markieren auf eine der Schaltflächen *An - >* , *Cc- >* oder *Bcc - >* . Die Adressen werden in die Felder rechts davon übernommen.

Wenn Sie mit der Wahl der Empfänger fertig sind, bestätigen Sie durch einen Klick auf *OK*. Die ausgewählten Empfänger werden in den entsprechenden Feldern vermerkt. Vervollständigen Sie dann Ihre Nachricht und klicken Sie auf *Senden*, um die Nachricht abzuschicken.

Einen Anruf starten

Wenn Sie über eine entsprechende Hardwareausstattung verfügen, können Sie die Angaben im Bereich *Personen* benutzen, um einen Telefonanruf zu starten. Markieren Sie den Kontakt – beispielsweise in der Ansicht *Visitenkarte*. Wählen Sie die Registerkarte *Start* und öffnen Sie in der Gruppe *Kommunizieren* die Liste zu *Weitere*. Wählen Sie darin den Befehl *Anruf*. Dadurch öffnet sich eine Liste mit den für den Kontakt eingegebenen Telefonnummern. Klicken Sie dann auf die gewünschte Telefonnummer und anschließend in dem dann angezeigten Dialogfeld *Neuer Anruf* auf *Anruf beginnen*. Nehmen Sie den Hörer ab und klicken Sie auf *Sprechen*.

Kommunikation über einen Unternehmensserver

Wenn Sie Outlook mit der Anbindung an einen Unternehmensserver betreiben und mit Ihren Kollegen in Verbindung treten wollen, steht Ihnen eine große Zahl zusätzlicher Kommunikationsmedien zur Verfügung. Sie können dann beispielsweise über Lync eine Chatnachricht senden oder einen Audio- oder Videoanruf starten (Abbildung 13.14 links).

Das funktioniert alles aus der Ansicht *Personen* eines Kontakts heraus (Tabelle 13.2).

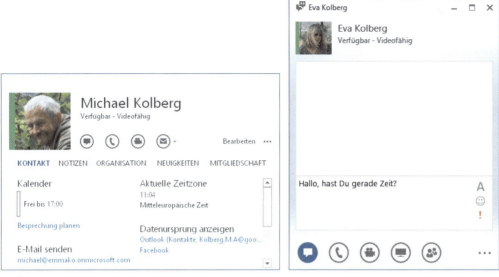

Abbildung 13.14: Bei Anbindung an einen Unternehmensserver stehen Ihnen weitere Möglichkeiten zur Verfügung.

Symbol	Funktion
	startet eine Chatunterhaltung.
	startet einen Lync-Telefonanruf.
	startet einen Lync-Videoanruf.
	öffnet das Formular für eine E-Mail-Nachricht.

Tabelle 13.2: Die Schaltflächen zum Starten einer Unterhaltung

Nach einem Klick auf eine der Schaltflächen in den Kreisen wird beim Sender und Empfänger ein entsprechendes Kommunikationsfenster angezeigt, über das die Unterhaltung durchgeführt werden kann.

13.1.6 Kontaktgruppen als Verteilerlisten

Eine *Kontaktgruppe* – auch *Verteilerliste* genannt – ist eine Zusammenstellung von Kontakten, die Sie für unterschiedliche Zwecke verwenden können. Nach dem Bilden einer solchen Liste können Sie beispielsweise Nachrichten in einem Arbeitsschritt an eine Gruppe von Kontakten senden. Den Empfängern werden in der Zeile *An* sowohl ihr eigener Name als auch die Namen aller anderen Empfänger angezeigt – nicht der Name der Verteilerliste. Sie können Verteilerlisten in Nachrichten, Aufgabenanfragen, Besprechungsanfragen und in anderen persönlichen Verteilerlisten verwenden.

Verteilerliste definieren

Verteilerlisten müssen Sie natürlich erst definieren: Wenn Sie beispielsweise häufig Nachrichten an ein Projektteam senden, erstellen Sie am besten eine Verteilerliste mit dem Namen *Projektteam*, in der die Namen aller Mitglieder des Teams vermerkt sind.

- Ist der Outlook-Bereich *Personen* aktiv, wählen Sie in der Gruppe *Neu* der Registerkarte *Start* den Befehl *Neue Kontaktgruppe*.

- Aus jedem anderen Outlook-Bereich können Sie eine neue Kontaktgruppe einrichten, indem Sie *Kontaktgruppe* aus der Liste zu *Neue Elemente* in der Gruppe *Neu* der Registerkarte *Start* ansprechen.

In das Fenster, das zunächst mit *Unbenannt – Kontaktgruppe* bezeichnet ist, geben Sie in das Feld *Name* der Verteilerliste einen geeigneten Namen (Abbildung 13.15). Dieser Name wird anschließend auch als Titel für das Dialogfeld verwendet.

Abbildung 13.15: Das Fenster zur Definition einer Kontaktgruppe

Definieren Sie die Mitglieder der Gruppe: Klicken Sie auf die Schaltfläche *Mitglieder auswählen* und wählen Sie aus, aus welchem Adressbuch Sie einen Kontakt auswählen wollen. Über die Option *Neuer E-Mail-Kontakt* können Sie hier auch die Daten zu einer Person eingeben, die Sie nicht unbedingt in Ihren Outlook-Kontakten speichern wollen. Mit *Aus Outlook-Kontakten* können Sie aus den bereits vorhandenen Kontaktdaten die gewünschten auswählen:

- Über das Listenfeld *Adressbuch* bestimmen Sie das zu verwendende Adressbuch.
- Zur Auswahl können Sie den Namen in das Feld unter *Suchen* eintippen oder im darunter liegenden Listenfeld markieren. Klicken Sie anschließend auf die Schaltfläche *Mitglieder*.
- Halten Sie die ⌈Strg⌉-Taste gedrückt, um mehrere Kontakte nacheinander zu markieren.
- Verfahren Sie genauso für weitere Mitglieder der Gruppe.

Nach Abschluss der Definition der Mitglieder wählen Sie die Schaltfläche *Speichern & schließen* in der Symbolleiste und schließen das Dialogfeld.

Wenn Sie einen Kontakt in die Verteilerliste aufnehmen wollen, der bisher nicht im Adressbuch vorhanden ist, klicken Sie im Fenster *Verteilerliste* auf die Schaltfläche *Neu hinzufügen*. Im Dialogfeld können Sie den neuen Kontakt festlegen.

Verteilerliste anzeigen

Definierte Verteilerlisten werden im Bereich *Personen* angezeigt. Sie werden durch ein zusätzliches Symbol mit drei Personen charakterisiert (Abbildung 13.16).

- Durch einen Doppelklick auf die Gruppeneintragungen lassen Sie ein Dialogfeld anzeigen, in dem die Mitglieder der Gruppe aufgelistet werden. Hierüber können Sie die Gruppe auch editieren.
- Wollen Sie eine Gruppe löschen, markieren Sie sie in der Liste und klicken Sie auf die Schaltfläche *Löschen*. Gelöscht wird dabei nur die Gruppendefinition, nicht aber die einzelnen Mitglieder.

Abbildung 13.16: Kontakte und Gruppe

13.2 Der Kalender

Im Kalender können Sie Ihre Termine eingeben. Für die Zeitplanung unterscheidet Outlook zwischen *Terminen* und *Ereignissen*. Ein *Termin* ist eine von Ihnen geplante Aktivität, die Sie nach Belieben in den Kalender eintragen können. Wie in der Praxis sorgen Sie aber dafür, dass sich die einzelnen Termine nicht überschneiden. Dafür werden im Programm durch die eingegebenen Termine Zeitblöcke belegt und die dafür verwendete Zeit wird als gebucht angegeben. Ein *Ereignis* ist eine Aktivität, die mindestens 24 Stunden dauert. Diese Daten können Sie dann in verschiedenen Ansichten anzeigen lassen und editieren.

13.2.1 Bereichselemente

Zur Anzeige des Kalenders wählen Sie in der Navigationsleiste oder über die Ordnerliste den Ordner *Kalender*. Über *In neuem Fenster öffnen* im Kontextmenü zum Symbol in der Navigationsleiste können Sie den Bereich in einem eigenen Fenster öffnen. Machen Sie sich zu Beginn mit den typischen Elementen dieses Programmbereichs vertraut (Abbildung 13.17):

Wenn Sie einen *Exchange ActiveSync*-kompatiblen Dienst – wie beispielsweise *Outloook.com* – als E-Mail-Konto betreiben, wird der zu diesem Konto gehörende Kontaktbereich automatisch zwischen mehreren Rechnern und dem Internet synchronisiert.

- Im Ordnerbereich werden ein oder mehrere Kalender angezeigt. Standardmäßig wird für jede von Ihnen benutzte Datendatei ein eigener Kalender erstellt. Außerdem finden Sie dort einen Kalender *Deutsche Feiertage*. Über die Optionskästchen können Sie regeln, welcher Kalender angezeigt werden soll.
- Der *Datumsnavigator* dient zum schnellen Wechsel zu einem anderen Datum. Hier werden – je nach auf dem Bildschirm zur Verfügung stehendem Platz – die Tage eines Monats oder mehrere Monate als Tabelle angezeigt. Sie finden ihn standardmäßig rechts in der Aufgabenleiste. Ist diese abgeschaltet, wird er links im Navigationsbereich des Programms angezeigt.
- Im Hauptbereich des Fensters wird der links markierte Kalender angezeigt. Dessen Umfang können Sie nach Tagen, Wochen oder Monaten einstellen. In diesem Kalender werden die bereits eingegebenen Ereignisse und Aufgaben aufgelistet. In der Tages- und der Wochenansicht können Sie freie und gebuchte Zeiten voneinander abheben, indem Sie ihnen unterschiedliche Farben zuweisen. Klicken Sie auf ein Ereignis, um Detailinformationen dazu anzeigen zu lassen.

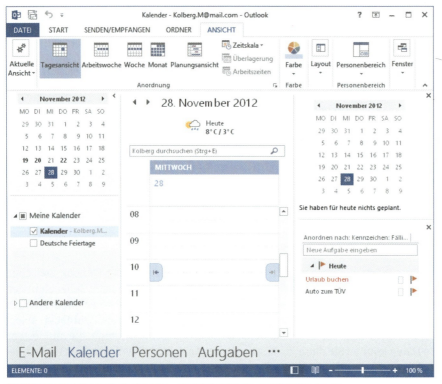

Abbildung 13.17: Der Outlook-Kalender – noch keine Termine wurden eingetragen.

- Oben im Ansichtsbereich finden Sie eine Wetteranzeige. Den Ort, für den hier das Wetter angezeigt wird, können Sie nach einem Klick auf die Schaltfläche mit der Pfeilspitze ändern.

- Sie können die für die einzelnen Bereiche zugewiesene Fläche auf dem Bildschirm verändern, indem Sie die Trennlinie dazwischen mit der Maus verschieben. Auf diese Weise können Sie die Oberfläche an Ihre Bedürfnisse anpassen.

Die Standardeinstellung für die *Hintergrundfarbe* und auch andere Einstellungen – beispielsweise zur Wetteranzeige – legen Sie über die Kategorie *Kalender* unter den *Outlook-Optionen* fest (*Kapitel 16*).

TIPP Wenn Sie einen *Exchange ActiveSync*-kompatiblen Dienst – wie beispielsweise *Outloook.com* – als E-Mail-Konto betreiben, wird der zu diesem Konto gehörende Kalenderbereich automatisch zwischen mehreren Rechnern und dem Internet synchronisiert.

Der Datumsnavigator

Wir hatten es gerade schon angesprochen: Den Datumsnavigator finden Sie standardmäßig rechts in der Aufgabenleiste. Ist diese abgeschaltet, wird er links im Navigationsbereich des Programms angezeigt. Dieser Datumsnavigator dient zum schnellen Wechsel zu einem anderen Datum. Das aktuelle Datum wird durch ein dunkel unterlegtes Feld markiert. Um ein anderes Datum zu wählen, klicken Sie auf das entsprechende Feld. Das gewählte Datum wird mit einem mittleren Farbton unterlegt. Fett formatierte Einträge kennzeichnen Tage, für die bereits Termine eingetragen wurden. Über die beiden Schaltflächen mit den Pfeilspitzen wechseln Sie zu zeitlich benachbarten Monaten. Für einen schnellen Wechsel zu weiter entfernt liegenden Monaten setzen Sie den Mauszeiger auf den Monatsnamen in der Titelleiste und halten die Maustaste gedrückt. Wählen Sie den gewünschten Monat im Listenfeld aus.

Abbildung 13.18: Der Kalender in der Tagesansicht

Die Tagesansicht

Standardmäßig wird der Kalender in der *Tagesansicht* gestartet (Abbildung 13.18). Hier geben Sie Termine ein, die zu einer bestimmten Tageszeit oder Stunde wahrgenommen werden müssen. Sie können aber auch andere Ansichten verwenden (siehe die folgenden Abschnitte).

- Über die beiden Pfeilspitzen oben im Fenster neben der Datumsanzeige können Sie schnell zum vorherigen oder zum nächsten Tag wechseln, ohne den Datumsnavigator bemühen zu müssen.
- Die beiden Pfeile rechts und links im Fenster bringen Sie zum nächsten bzw. zum vorherigen Termin – natürlich erst, nachdem Sie welche eingegeben haben.
- Um weitere Zeitbereiche für den aktuellen Tag anzeigen zu lassen, benutzen Sie die Bildlaufleiste am rechten Rand des Teilfensters.

Sie können aber auch andere Ansichten zur Darstellung des Kalenders verwenden. Zur Wahl zwischen diesen verwenden Sie die Schaltflächen in der Gruppe *Anordnen* auf der Registerkarte *Start*. Das sind die Ansichten *Arbeitswoche*, *Woche* und *Monat*.

Abbildung 13.19: Die Ansicht *Arbeitswoche*

Die Ansicht Arbeitswoche

Ist in der Gruppe *Anordnung* die Option *Arbeitswoche* aktiviert, beinhaltet die Ansicht nur die Arbeitstage der Woche (Abbildung 13.19). Welche Tage das sind, können Sie übrigens über die Kategorie *Kalender* unter den *Outlook-Optionen* einstellen (*Kapitel 16*). Auch hier können Sie weitere Termine eingeben. Beachten Sie, dass die beiden Pfeilspitzen oben neben der Datumsanzeige Sie hier zur vorigen bzw. nächsten Arbeitswoche führen.

Weitere Ansichten

Daneben stehen Ihnen noch weitere Ansichten zur Verfügung. Zur Wahl zwischen diesen verwenden Sie wiederum die Schaltflächen in der Gruppe *Anordnen* auf der Registerkarte *Start* oder der Registerkarte *Ansicht*:

- Einen Überblick über die Termine der laufenden Woche erhalten Sie in der *Wochenansicht*. Hier werden – im Gegensatz zur Ansicht *Arbeitswoche* – auch die Tage des Wochenendes mit angezeigt.
- Die Ansicht *Monat* beinhaltet mehrere Optionen, über die Sie den Detailgrad einstellen können (Abbildung 13.20). Die Unterschiede wirken sich aber erst nach der Eingabe von Terminen aus.

MO	DI	MI	DO	FR	SA	SO
29. Okt	30	31	1. Nov	2	3	4
5	6	7	8	9	10	11
12	13	14	15	16	17	18
19	20	21	22	23	24	25
26	27	28	29	30	1. Dez	2

November 2012 — Kalender durchsuchen (Strg+E)

Abbildung 13.20: Für die Ansicht *Monat* stehen mehrere weitere Optionen zur Verfügung.

Navigationshilfen

In der Gruppe *Gehe zu* der Registerkarte *Start* finden Sie zwei Befehlsschaltflächen, die Ihnen das Durchführen der am häufigsten durchzuführenden Navigationsaufgaben erleichtern. Sie können diese in jeder Ansicht des Kalenders ansprechen.

- Ein Klick auf *Heute* markiert in der eingestellten Ansicht den aktuellen Tag. Die Ansicht wird dabei nicht gewechselt. Mir einer Ausnahme: Wenn Sie bei eingestellter Ansicht *Arbeitswoche* an einem Wochenende auf *Heute* klicken, werden der Samstag und der Sonntag mit eingeblendet.
- *Nächste 7 Tage* schaltet um zur Anzeige aller Tage der Woche.

13.2.2 Einzelne Termine eintragen

Um Daten zu einem neuen Termin einzutragen, müssen Sie das Dialogfeld *Termin* nutzen. Zum Aufruf stehen Ihnen mehrere Möglichkeiten zur Verfügung:

- Am einfachsten ist es, auf der gewünschten Zeitzeile im Kalender einen Doppelklick auszuführen. Der dabei gewählte Tag und Zeitpunkt werden dann bereits automatisch in die entsprechenden Felder im Dialogfeld eingetragen.
- Durch einen Klick mit der rechten Maustaste auf ein solches Feld lassen Sie das Kontextmenü anzeigen, über das Sie unterschiedliche Termintypen wählen können. Die Anfangszeiten sind dann durch die Wahl des angeklickten Felds vorgegeben.
- Wird beispielsweise der für den Termin gewünschte Tag gerade nicht angezeigt, können Sie auch einfach im Kalender in der Gruppe *Neu* der Registerkarte *Start* auf *Neuer Termin* klicken.
- Aus einem anderen Bereich des Programms Outlook heraus klicken Sie auf der Registerkarte *Start* auf *Neue Elemente* und wählen dann die Option *Termin*.

In allen Fällen wird das Fenster *Termin* angezeigt, in dem Sie den Termin konkretisieren können. In diesem zunächst mit *Unbenannt – Termin* bezeichneten Fenster können Sie weitere Angaben zum Termin definieren (Abbildung 13.21). Nach Eingabe einer Bezeichnung für den Termin in das Feld *Betreff* wird Ihr Eintrag auch als Name verwendet. Im oberen Bereich des Dialogfelds finden Sie ein Menüband, dessen Schaltflächen Ihnen die Arbeit der Eingabe oder die Änderung von Terminen erleichtern.

TIPP Wenn Sie später zusätzliche Daten zu einem bereits eingegebenen Termin eingeben oder die vorhandenen Daten ändern wollen, öffnen Sie das Dialogfeld durch einen Doppelklick auf die entsprechende Stelle im Kalender.

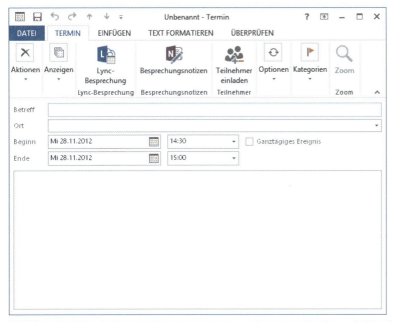

Abbildung 13.21: Die Registerkarte *Termin* im Fenster zum Anlegen eines Termins ermöglicht die Eingabe der wichtigsten Daten.

Grunddaten eingeben

Auf der Registerkarte *Termin* tragen Sie die Daten für den neuen Termin ein:

- Im Feld *Betreff* geben Sie dem Termin einen Namen. Dieser wird später im Kalender angezeigt. Wählen Sie also möglichst eine kurze, aber treffende Bezeichnung.
- Geben Sie im Feld darunter den *Ort* an, an dem der Termin wahrgenommen werden soll. Eine Eintragung ist besonders dann sinnvoll, wenn es sich dabei nicht um Ihren üblichen Arbeitsplatz handelt. Über das Listenfeld können Sie den Ort auch aus den bisher verwendeten Eintragungen für dieses Feld auswählen.
- Im Bereich *Datum/Uhrzeit* tragen Sie den Zeitraum, in dem der Termin stattfindet, direkt über die Tastatur ein. Zur Auswahl des Datums können Sie auch auf die neben den einzelnen Feldern stehende Schaltfläche mit dem schwarzen Dreieck klicken und die Daten aus dem dann angezeigten Datumsnavigator auswählen. Verwenden Sie dieselben Methoden wie im Kalenderelement im Navigationsbereich oder in der Aufgabenleiste.
- Das Listenfeld zur Auswahl der Uhrzeit erlaubt die Wahl in Schritten von je einer halben Stunde. Sollten Sie einen anderen Zeitpunkt benötigen, können Sie diesen direkt in das Feld eingeben.
- Aktivieren Sie das Kontrollkästchen *Ganztägiges Ereignis*, wenn es sich um ein solches Ereignis handelt. Die Felder für die Start- und die Endzeit werden dann ausgeblendet.

TIPP Statt Zahlenangaben können Sie für ein Datum oder eine Uhrzeit auch eine Beschreibung in Worten – ein sogenanntes *AutoDatum* – eingeben. Die Beschreibung wird dann vom Programm in ein Zahlenformat umgewandelt. Wenn Sie beispielsweise *morgen* oder *heute in zwei Wochen* in ein Datumsfeld eingeben, werden in Outlook die korrekten Zahlen für den Tag, den Monat und das Jahr angezeigt.

Zusätzliche Angaben

Solange das Fenster *Termin* geöffnet ist, können Sie über die Gruppen *Optionen* und *Kategorien* des Menübands zusätzlich Feinheiten für den Termin festlegen. Ist das Fenster bereits geschlossen, können Sie es durch einen Doppelklick auf den Termin wieder anzeigen lassen.

- Im Feld *Erinnerung* in der Gruppe *Optionen* legen Sie fest, um welche Zeit im Voraus Sie an den Termin erinnert werden möchten. Die Standardeinstellung steht auf 15 Minuten – das sollte ausreichen, um zu einem Termin im Hause pünktlich zu erscheinen. Den Standardwert für den Erinnerungszeitraum stellen Sie im Dialogfeld zu den *Outlook-Optionen* in der Kategorie *Kalender* über die Option *Standarderinnerungen* ein (*Kapitel 16*).

- Unten in der Liste zum Feld *Erinnerung* finden Sie auch die Option *Sound*. Darüber können Sie die Klangdatei wählen, mit der Sie auf den Termin aufmerksam gemacht werden möchten. Deaktivieren Sie darin die Option *Diesen Sound abspielen*, wenn Sie keinen akustischen Hinweis wünschen.

- Über das Listenfeld *Anzeigen als* bestimmen Sie, wie der aktuelle Termin im Kalender angezeigt werden soll. Standardmäßig wird die für einen Termin eingegebene Zeitspanne als *Beschäftigt* vermerkt. Unsichere Termine können Sie beispielsweise als *Mit Vorbehalt* anzeigen lassen. Die Einstellung *Frei* erlaubt es später, zu mit Terminen besetzten Zeitpunkten noch weitere Termine einzugeben.

- Nach einem Klick auf *Zeitzonen* in der Gruppe *Optionen* werden zwei zusätzliche Felder eingeblendet, in denen Sie eine andere Zeitzone wählen können. Nachdem Sie das getan haben, gelten die bereits eingegebenen Uhrzeitangaben für den Termin für diese Zeitzone. Haben Sie beispielsweise die Zeitzone *New York …* eingestellt und arbeiten in der Zeitzone *Amsterdam, Berlin …*, erscheint der Termin nach der Bestätigung im Hauptfenster zu einem späteren Zeitpunkt. Diese Funktion benötigen Sie beispielsweise, um Ihre Termine mit Kontaktpersonen zu koordinieren, die in verschiedenen Zeitzonen arbeiten.

- Das Feld *Kategorisieren* in der Gruppe *Kategorien* erlaubt die zusätzliche Wahl einer Farbe, mit der das Terminfeld im Kalender angezeigt wird. Sie können diese Option nutzen, wenn Sie mit verschiedenen Typen von Terminen arbeiten – beispielsweise privaten und geschäftlichen – und später in der Lage sein möchten, diese einfach zu trennen.

- Wenn Sie die Option *Privat* aktivieren, werden die zum Termin eingegebenen Informationen nicht angezeigt, wenn andere Benutzer mit einer entsprechenden Berechtigung auf die im Ordner gespeicherten Informationen zugreifen.

- Außerdem finden Sie in der Gruppe *Kategorien* noch die beiden Optionen *Wichtigkeit: hoch* und *Wichtigkeit: niedrig*, mit deren Hilfe Sie eine Prioritätsstufe für den Termin festlegen können. Standardmäßig ist keine dieser Stufen eingestellt, was einer Priorität *Normal* entspricht.

Termine speichern

Klicken Sie zum Abschluss auf die Schaltfläche *Speichern & schließen* in der Gruppe *Aktionen*. Der Termin wird dann im Kalender vermerkt. Die Höhe des Felds in der Zeitskala entspricht der Länge des Termins.

13.2.3 Wiederkehrende Termine verwenden

In ihrer Standardform sind Termine einmalig, sie erscheinen daher auch nur einmal im Kalender. Sie können aber im Kalender mit sogenannten *Serien* arbeiten, bei denen sich Termine oder Ereignisse in bestimmten Abständen wiederholen – beispielsweise bei einer wöchentlichen Teambesprechung oder bei Jahrestagen. Bei der Kalenderfunktion von Microsoft Outlook müssen Sie dafür keine separaten Kalendereinträge erstellen, sondern Sie definieren sogenannte *Terminserien* anhand eines Musters und einer Dauer. Diese Termine werden dann automatisch an den entsprechenden Tagen in den Kalender eingetragen.

Terminserie definieren

Wählen Sie im Fenster zur Definition des Termins die Schaltfläche *Serientyp* in der Gruppe *Optionen*. Sie können auch direkt im Kalender den Befehl *Neue Terminserie* aus dem Kontextmenü zu einer Zeitzeile wählen. Im Dialogfeld *Terminserie* spezifizieren Sie das Wiederholungsmuster für den Termin (Abbildung 13.22).

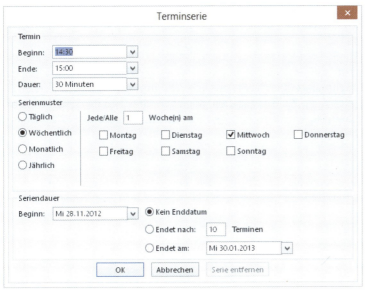

Abbildung 13.22: Das Dialogfeld *Terminserie* erlaubt die Eingabe der Daten für wiederkehrende Termine.

TIPP Wenn Sie einen als wiederkehrend definierten Termin wieder in einen normalen – einmaligen – Termin umwandeln möchten, klicken Sie im Dialogfeld *Terminserie* auf die Schaltfläche *Serie entfernen* in der unteren rechten Ecke.

Grunddaten zum Termin

Unter *Termin* können Sie einen Start- und einen Endzeitpunkt oder – ersatzweise für den Endzeitpunkt – eine Dauer für den wiederkehrenden Termin angeben. Sollten Sie diese Daten bereits im Dialogfeld *Termin* festgelegt haben, werden sie von dort aus übernommen, können hier aber editiert werden.

Serienmuster

Wählen Sie unter *Serienmuster* im linken Bereich die Periode, mit der die Aufgabe auftaucht. Standardmäßig ist hier *Wöchentlich* gewählt. Je nach Wahl der Option ändern sich die sonstigen Möglichkeiten zur Einstellung in diesem Bereich.

■ Die Option *Täglich* erlaubt die Festlegung für jeden Tag, für einen bestimmten Tagesrhythmus – beispielsweise jeden dritten Tag – oder jeden Arbeitstag.

■ Mit *Wöchentlich* können Sie über *Jede/Alle* festlegen, ob der Termin für jede Woche oder mit bestimmten Abständen gelten soll. Außerdem können Sie den oder die gewünschten Tage bestimmen (Abbildung 13.22).

■ Haben Sie die Option *Monatlich* gewählt, können Sie entweder den Termin auf einen bestimmten Tag eines Monats oder einen Wochentag einer bestimmten Woche im Monat legen – beispielsweise jeden ersten Montag im Monat.

■ Bei Wahl der Option *Jährlich* können Sie entweder mit der Variante *Jedes/Alle … Jahr(e)* ein festes Datum im Jahr bestimmen oder mit *Am* ein auf die Kalenderwoche bezogenes Datum angeben. Welche Tage der Woche als Arbeitstage gelten sollen, bestimmen Sie über die Kalenderoptionen.

Seriendauer

Im unteren Bereich des Dialogfelds *Terminserie* können Sie festlegen, von wann bis wann die Serie dauern soll. Als *Beginn* wird – wenn vorhanden – das im Dialogfeld *Termin* eingegebene Datum als Voreinstellung übernommen. Sie können es direkt im Feld editieren oder dazu den Datumsnavigator verwenden. Legen Sie außerdem über eines der Felder *Kein Enddatum*, *Endet nach* oder *Endet am* fest, wie lange die Terminserie dauern soll.

Ergebnis

Bestätigen Sie nach der Definition des Zeitrasters über die Schaltfläche *OK*. Ihre Einstellungen werden im Dialogfeld *Termin* in der mit *Serie* bezeichneten Zeile angegeben. Speichern Sie dann die Serie genau so, wie Sie auch einen Einzeltermin speichern. Er wird anschließend im Kalender angezeigt. Die Länge des Felds charakterisiert wieder die Zeitdauer des Termins.

Bearbeiten einer Terminserie

Nach der Definition einer Terminserie können Sie diese bearbeiten. Doppelklicken Sie auf den Termin. Über das Dialogfeld *Terminserie öffnen* müssen Sie festlegen, ob Sie die gewünschten Änderungen für alle zukünftigen Termine oder nur für einen einzelnen Termin der Serie durchführen möchten. Durch Wahl von *Dieses Serienelement öffnen* haben Sie die Möglichkeit, Änderungen zu dem speziellen Einzeltermin vorzunehmen, ohne die anderen Termine der Serie zu beeinflussen.

- Um eine Änderung in allen Terminen der Serie durchzuführen, wählen Sie *Die Serie öffnen*. Das Dialogfeld *Terminserie* wird angezeigt. In diesem können Sie beispielsweise den Ort oder den Betreff ändern.
- Um den Zeitpunkt, das Serienmuster oder die Seriendauer für alle Termine einer Serie zu ändern, rufen Sie den Menübefehl *Serientyp* auf oder klicken Sie auf die gleichnamige Schaltfläche und ändern Sie dann die gewünschten Optionen.
- Wenn Sie nur den aktuellen Termin der Serie ändern möchten, öffnen Sie diesen Termin, wählen Sie im Dialogfeld *Terminserie öffnen* die Option *Dieses Serienelement öffnen* und nehmen Sie die Änderungen auf der Registerkarte *Termin* vor. Beispielsweise könnten Sie festlegen, dass dieser Einzeltermin ausnahmsweise vorverlegt wird, oder Sie fügen spezielle Kommentare hinzu.

13.2.4 Ereignisse

Ein Ereignis ist eine Aktivität, die mindestens 24 Stunden dauert. Beispiele für Ereignisse sind eine Messe, Ihr Urlaub oder ein Kurs. Wie im Fall der Termine können Ereignisse einmalig oder im jährlichen Rhythmus auftauchen. Ereignisse und jährliche Ereignisse belegen keine Zeitblöcke in Ihrem Kalender; stattdessen erscheinen sie als Banner unterhalb der Tagesbezeichnung.

Einmalige Ereignisse

Ein Standardereignis ist einmalig und kann einen Tag oder auch mehrere Tage dauern. Zur Eingabe in den Kalender gehen Sie genau so vor wie bei der Eingabe eines normalen Termins. Aktivieren Sie im Fenster für die Termindaten dann die Option *Ganztägiges Ereignis*. In dem dann mit *Unbenannt – Ereignis* bezeichneten Dialogfeld können Sie die Details dazu festlegen. Nach Eingabe einer Bezeichnung für das Ereignis im Feld *Betreff* wird der Eintrag auch als Name verwendet.

Die einzelnen Felder im Dialogfeld *Ereignis* unterscheiden sich nicht wesentlich von denen im Dialogfeld *Termin* (Abbildung 13.21). Beachten Sie aber die folgenden Abweichungen:

- Als Eckdaten für den Beginn und das Ende stehen Ihnen also nur die Datumsangaben zur Verfügung.
- Legen Sie im Feld *Beginnt um* den Anfangstag des Ereignisses fest. Durch eine Eingabe in dieses Feld ändern Sie gleichzeitig die Eintragung im Feld *Endet um* auf dasselbe Datum.
- Falls es sich um ein mehrtägiges Ereignis handelt, ändern Sie den Wert im Feld *Endet um* besser erst, nachdem Sie die Eintragung im Feld *Beginnt um* durchgeführt haben.

■ Wenn Sie nach der Eingabe von Anfangs- und Endtermin später den Anfangstermin verschieben, wird auch der Endtermin um dieselbe Anzahl von Tagen verschoben, die Länge des Ereignisses bleibt gleich.

TIPP Für das Feld *Gebucht* wird standardmäßig die Eintragung *Frei* eingestellt. Sie können also weiterhin Termine für die durch das Ereignis belegte Zeitspanne annehmen – beispielsweise für ein Treffen während eines Messebesuchs oder den Besuch des Zahnarztes an Ihrem Geburtstag. Wollen Sie eine solche Doppelbelegung ausschließen, wählen Sie eine andere Option.

Wiederkehrende Ereignisse

Wie Termine können sich auch Ereignisse in einem bestimmten Rhythmus wiederholen. Selbst in einem solchen Fall brauchen Sie die Daten nur einmal anhand eines Musters zu definieren. Diese Ereignisse werden dann automatisch an den entsprechenden Tagen in den Kalender eingetragen. Wählen Sie im Dialogfeld zur Definition des Ereignisses die Schaltfläche *Serientyp*. Im Dialogfeld *Terminserie* spezifizieren Sie das Wiederholungsmuster für den Termin. Auch dieses Dialogfeld entspricht in der Struktur seiner Entsprechung bei der Eingabe von einzelnen Terminen (Abbildung 13.22). Aufgrund des Ereignischarakters ist die *Dauer* mit einer ganzen Zahl von Tagen angegeben. Als Voreinstellung werden die – gegebenenfalls bereits vorgenommenen – Eintragungen im Dialogfeld *Ereignis* übernommen. Sie können hier aber Änderungen dieser Daten vornehmen. Für das Serienmuster stehen – wie im Fall eines Serientermins – die Optionen *Täglich*, *Wöchentlich*, *Monatlich* und *Jährlich* zur Verfügung.

13.2.5 Mit Terminen arbeiten

Nach der Eingabe und Speicherung werden die Termine in jeder Ansicht des Kalenders vermerkt (Abbildung 13.23). Sie können diese darin kontrollieren und bearbeiten.

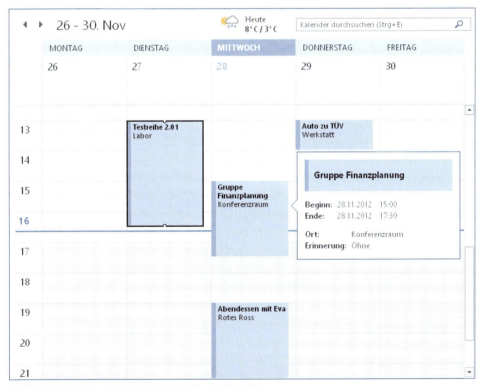

Abbildung 13.23: Einige Termine in der Ansicht *Arbeitswoche*

Termindaten ändern

Wie bei den Vorgängerversionen des Programms können Sie durch einen Doppelklick auf einen Eintrag das Terminfenster wieder anzeigen lassen und dort Details zum Termin einsehen oder Änderungen durchführen. Wenn es sich bei der Eintragung um eine Terminserie handelt, müssen Sie angeben, ob Sie einen einzelnen Termin dieser Serie oder die gesamte Serie anzeigen lassen wollen. Änderungen müssen Sie speichern, bevor Sie das Fenster schließen.

Neu seit der Version 2010 ist, dass nach dem Markieren eines Termins durch einen Einfachklick die Registerkarte *Kalendertools/Termin* angezeigt wird (Abbildung 13.24). Sie finden darin praktisch dieselben Möglichkeiten zur Bearbeitung wie im Terminfenster.

Abbildung 13.24: Die Registerkarte *Kalendertools/Termin*

Termine verschieben

Um einen Termin zu verschieben, können Sie das dazugehörige Formular öffnen und in diesem die neuen Zeitangaben vornehmen. Einfacher ist es aber, das entsprechende Element im Kalender über die Maus auf eine neue Uhrzeit oder im Datumsnavigator auf ein neues Datum zu verschieben. Beim Ändern eines Termins, an dem außer Ihnen noch andere Personen beteiligt sind – beispielsweise eine Besprechung –, werden Sie gefragt, ob diese über Ihre Änderungswünsche informiert werden sollen.

- Zum Ändern des Termins unter Beibehalten seiner Länge setzen Sie den Mauszeiger in die obere linke Ecke des Elements. Um den Termin zu einem anderen Zeitpunkt am selben Tag zu verschieben, bewegen Sie das Element zum gewünschten Anfangszeitpunkt in der Tagesspalte der Ansicht. Zum Verschieben auf einen anderen Tag zum selben Zeitpunkt bewegen Sie das Element auf den gewünschten Tag im Datumsnavigator. Um sowohl das Datum als auch die Uhrzeit eines Termins zu ändern, verschieben Sie den Termin zuerst im Datumsnavigator auf das gewünschte Datum, klicken Sie im Datumsnavigator auf das Datum und ziehen Sie den Termin dann im Kalender auf die gewünschte Stunde.
- Um die Dauer eines Termins nach hinten zu verändern, setzen Sie den Mauszeiger auf den unteren Rand des Elements. Ein Doppelpfeil wird angezeigt. Verlängern oder verkürzen Sie den Termin durch Verschieben des unteren Rands. Entsprechend können Sie die Dauer des Termins durch Verschieben des Anfangszeitpunkts verändern.

Hinweis Handelt es sich bei dem zu verschiebenden Termin um eine Terminserie, wird nur die ausgewählte Instanz des Termins verschoben. Um alle Instanzen eines Termins zu verschieben, öffnen Sie den Termin, benutzen Sie den Befehl *Serientyp* und ändern Sie das Serienmuster.

13.2.6 Besprechungen und Terminplanung

Neben Ihren persönlichen Terminen erlaubt Microsoft Outlook auch die Koordination von Terminen mit anderen Personen. Dazu dienen die beiden Bereiche *Besprechungen* und *Terminplanung*.

Besprechungsanfragen senden

Einen Sonderfall der Termine finden Sie in den sogenannten *Besprechungen*. Dies sind Termine, zu denen Sie andere Personen einladen:

- Um eine Besprechung einzurichten, klicken Sie im Programmbereich *Kalender* auf der Registerkarte *Start* in der Gruppe *Neu* auf *Neue Besprechung*. Oder wählen Sie in einem beliebigen Programmbereich den Befehl *Besprechung* aus der Liste zur Schaltfläche *Neue Elemente* in der Gruppe *Neu*.
- Hatten Sie bereits einen Termin festgelegt, markieren Sie ihn und klicken in der Gruppe *Teilnehmer* der Registerkarte *Kalendertools/Termin* auf *Teilnehmer einladen*. Die Daten des vorher markierten Termins werden dann in das Dialogfeld übernommen.

Beide Aktionen zeigen das Dialogfeld *Besprechung* an, das dem normalen Terminfenster ähnelt, aber weitere Elemente aufweist (Abbildung 13.25). Automatisch wird auch die Registerkarte *Besprechung* aktiviert.

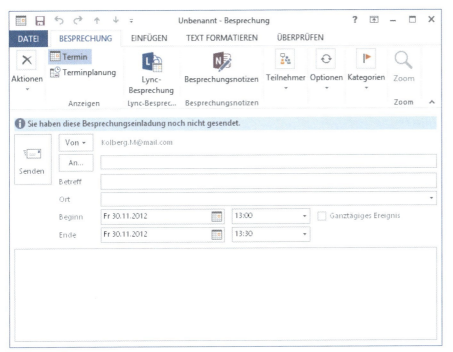

Abbildung 13.25: Teilnehmer einladen

Geben Sie zunächst wieder die Grunddaten für den Termin ein:

- Geben Sie in das Feld *Betreff* eine Beschreibung ein.
- Geben Sie in das Feld *Ort* eine Beschreibung oder einen Ort ein. Wenn Sie ein Microsoft Exchange-Konto verwenden, klicken Sie auf die Schaltfläche *Räume*, um einen der verfügbaren Räume auszuwählen.
- Wählen Sie in den Listen *Beginn* und *Ende* die Start- und Endzeiten für die Besprechung aus. Wenn Sie das Kontrollkästchen *Ganztägiges Ereignis* aktivieren, wird das Ereignis als ganztägiges Ereignis angezeigt, das von Mitternacht bis Mitternacht dauert.
- Möchten Sie Besprechungen basierend auf einer anderen Zeitzone planen, klicken Sie auf der Registerkarte *Besprechung* in der Gruppe *Optionen* auf *Zeitzonen*.
- Geben Sie in den Textkörper für die Besprechung Informationen ein, die Sie für die Empfänger freigeben möchten. Sie können auch Dateien anfügen.

Klicken Sie dann auf die Schaltfläche *An*. Im Dialogfeld können Sie die Teilnehmer und gegebenenfalls auch die benötigten Ressourcen auswählen.

- Markieren Sie die Namen der für die Besprechung notwendigen Personen und klicken Sie auf die Schaltfläche *Erforderlich*. Verfahren Sie entsprechend mit optional notwendigen Teilnehmern.
- Um den Namen einer eingeladenen Person wieder zu entfernen, markieren Sie ihn und drücken Sie die ⌊Entf⌋-Taste.
- Wenn Sie mit Microsoft Exchange Server arbeiten, können Sie nicht nur Personen zu Besprechungen einladen, sondern auch *Ressourcen* einplanen – beispielsweise den Konferenzraum, in dem die Besprechung stattfinden soll, oder den Projektor, den Sie für eine Präsentation benötigen. Damit Sie eine Ressource einplanen können, muss die Ressource von einer Person in der Organisation so eingerichtet worden sein, dass sie auf dem Server über ein eigenes Postfach verfügt. Weiterhin muss Ihnen die Berechtigung erteilt worden sein, Ressourcen, die diese Ressource einschließt, einzuplanen.

Schließen Sie danach das Dialogfeld durch einen Klick auf *OK*. Die eingeladenen Personen werden im oberen Bereich des Terminformulars angezeigt. Die Daten zu den eigentlichen Besprechungsterminen können wie andere in das Terminformular eingegeben werden.

Klicken Sie auf die Schaltfläche *Senden*, um die Einladungen abzuschicken. Besprechungsanfragen werden wie normale E-Mail-Nachrichten gesendet und empfangen. Es gelten also hier die für die Kommunikation festgelegten Einstellungen (*Kapitel 11 und 16*). Nach dem Senden wird die Anfrage in Ihrem Kalender als Termin vermerkt.

Besprechungsanfragen beantworten

Die Besprechungsanfrage wird wie eine normale E-Mail-Nachricht empfangen. Nach dem Öffnen werden die Daten der Anfrage in einen Kalender und als Text angezeigt (Abbildung 13.26). Die Anfrage verfügt über die eigene Registerkarte *Besprechung*. Auch in der Leseansicht finden Sie dazu eine kleine Symbolleiste zur Steuerung der weiteren Vorgehensweise.

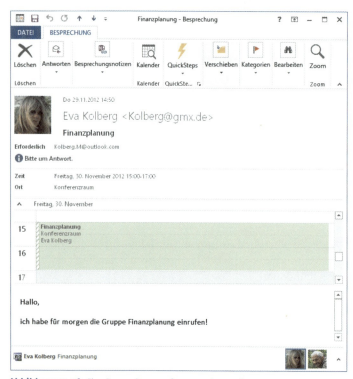

Abbildung 13.26: Eine Besprechungsanfrage wurde empfangen.

Über die Optionen zur Schaltfläche *Antwort ändern* können Sie *Annehmen, Mit Vorbehalt* zusagen, *Ablehnen* oder eine *Andere Zeit vorschlagen*. Wenn Sie auf die Schaltfläche *Annehmen* klicken, können Sie über ein Dialogfeld entscheiden, ob Sie Ihrer Zusage vor dem Senden eine Bemerkung zufügen möchten. Über *Antwort vor dem Senden bearbeiten* können Sie der Antwort auf die Anfrage noch zusätzliche Informationen hinzufügen.

Nach dem Antworten auf eine solche Anfrage wird diese standardmäßig aus dem Posteingang entfernt und im Ordner *Gelöschte Elemente* gespeichert. Das geschieht aber nur dann, wenn die Option *Besprechungsanfragen und -benachrichtigungen nach Antwort aus Posteingang löschen* in der Kategorie *E-Mail* unter den *Outlook-Optionen* aktiviert ist (*Kapitel 16*). Falls Sie zugesagt haben, wird der Termin der Besprechung zusätzlich in Ihren Kalender eingetragen.

Antworten auf Ihre Besprechungsanfrage werden im Posteingang angezeigt. Sie können die Antworten verfolgen, indem Sie eine Besprechung öffnen und im Dialogfeld *Besprechung* auf der Registerkarte *BESPRECHUNG* auf *Status* klicken. Sie haben auch die Möglichkeit, einer bestehenden Besprechung Personen hinzuzufügen oder eine Besprechung neu anzusetzen.

Besprechungsserien

Sie können auch zu Besprechungsserien einladen. Gehen Sie dazu zunächst genau so vor wie bei der Einladung zu einer Einzelbesprechung: Geben Sie im Dialogfeld *Besprechung* den oder die Namen der Person(en) ein, die Sie zu der Übertragung einladen möchten, geben Sie in das Feld *Betreff* eine Beschreibung für die Besprechung ein und wählen Sie in den Feldern *Beginn* und *Ende* jeweils einen Zeitpunkt.

Klicken Sie im Formular *Besprechung* in der Gruppe *Optionen* auf die Schaltfläche *Serientyp* und legen Sie das Muster fest. Senden Sie dann die Einladung(en) ab. Dabei verfahren Sie im Prinzip genau so wie beim Festlegen eines normalen Serientermins.

Lync-Besprechungen

Wenn Sie Outlook mit der Anbindung an einen Unternehmensserver betreiben, können Sie eine Lync-Besprechung in Outlook planen oder unmittelbar von anderen Office-Programmen aus eine Freigabesitzung starten, wenn die Besprechung sofort stattfinden muss. In dieser Besprechung können Sie über Lync einen Audio- oder einen Videoanruf durchführen.

Klicken Sie auf der Registerkarte *Start* des Bereichs *Kalender* in der Gruppe *Lync-Besprechung* auf *Neue Lync-Besprechung*. Sie können auch zuerst eine normale Besprechung öffnen und dann im Formular auf *Lync-Besprechung* klicken.

Richten Sie im Formular die Besprechung wie gewohnt ein: Geben Sie in das Feld *An* die E-Mail-Adressen Ihrer einzuladenden Teilnehmer ein. Geben Sie einen Betreff ein und wählen Sie die Anfangs- und die Endzeit aus (Abbildung 13.27). Aber achten Sie unbedingt darauf, dass Sie die Lync-Besprechungsinformationen nicht ändern. Klicken Sie dann auf *Senden*.

13.2.7 Terminplanung

Mithilfe der Planungsfunktion im Kalender können Sie für einen neuen Termin einen Zeitpunkt suchen (lassen), der nicht mit schon vorhandenen Terminen in Konflikt steht. Dabei können Sie als Randbedingung entweder die Termine in Ihrem Kalender oder – bei Besprechungen – die Termine aller Besprechungsteilnehmer berücksichtigen. Die Techniken dafür sind in beiden Fällen identisch, beim Planen von Besprechungen kommen jedoch zusätzliche Elemente zum Einsatz.

 Es empfiehlt sich generell, vorher einen Tag oder eine Uhrzeit im Kalender zu markieren. Dieser Termin wird dann als Startzeitpunkt für die Planung übernommen.

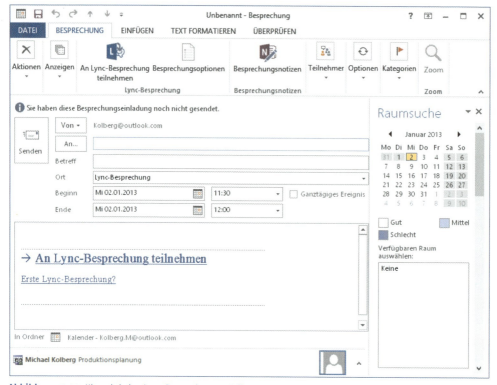

Abbildung 13.27: Hier wird eine Lync–Besprechung erstellt.

Eigene Termine planen

Um den Terminplaner allein für die Arbeit im eigenen Kalender einzusetzen, wechseln Sie im *Termin*-Fenster zur *Terminplanung*. Dazu klicken Sie in der Gruppe *Anzeigen* im Menüband auf die gleichnamige Schaltfläche. Es empfiehlt sich, vorher im Kalender den entsprechenden Tag oder Zeitraum zu kennzeichnen. Im rechten Teil des Fensters können Sie in einer Zeitachsenansicht den geplanten Termin einordnen (Abbildung 13.28):

- Bereits vorher eingetragene Termine werden in der Zeitachse durch blaue Blöcke gekennzeichnet.
- Die im Kalender oder im Dialogfeld *Termin* gegebenenfalls vorher gewählte Zeitspanne wird als senkrechter Balken in der Zeitachse markiert.
- Über das Listenfeld *Zoom* in der oberen linken Ecke können Sie den Maßstab der Darstellung der Zeitachse festlegen und so entweder mehr Details oder eine längere Zeitspanne anzeigen lassen.

Ihre Aufgabe besteht nun darin, für den neuen Termin einen Platz zu finden, der noch nicht durch einen anderen Termin belegt ist:

- Dazu können Sie den Terminbalken mit der Maus zu anderen Zeiten verschieben, indem Sie eine andere Stelle im Zeitraster anklicken. Sie können ihn gegebenenfalls auch verkürzen oder erweitern, wenn Sie die für den Termin vorgesehene Zeitdauer ändern wollen. Diese Daten können Sie auch über die Felder *Beginn* und *Ende* unterhalb des Felds mit der Zeitachse regeln.
- Durch Anklicken einer der beiden Schaltflächen *AutoAuswahl* oder < < können Sie den neuen Terminblock automatisch auf die nächste oder vorherige freie Stelle im Kalender verschieben lassen.

Abschließend bestätigen Sie die Einstellungen durch einen Klick auf die Schaltfläche *Speichern & schließen*. Der Termin wird in Ihrem Kalender vermerkt.

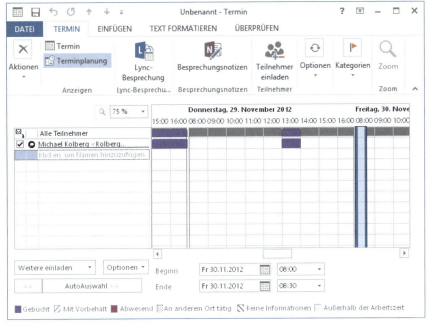

Abbildung 13.28: Die *Terminplanung* im *Termin*-Fenster

Gruppentermine planen

Um bei der Planung die Termine in den Kalendern mehrerer Personen berücksichtigen zu können, müssen Sie Zugang zu deren Kalendern haben.

Wählen Sie den Befehl *Neue Besprechung*. Im Dialogfeld *Besprechung planen* legen Sie den Termin fest und klicken dann auf *Terminplanung*. Ihnen wird dann wieder ein Fenster angezeigt, das dem schon oben beschriebenen für die Terminplanung entspricht (Abbildung 13.28). Hier müssen Sie zunächst die Teilnehmer festlegen und deren Termine abfragen.

- Zur Wahl der Teilnehmer und Ressourcen klicken Sie auf die Schaltfläche *Weitere einladen*. Im Untermenü können Sie festlegen, ob Sie die Teilnehmer aus Ihrem Adressbuch oder einem öffentlichen Ordner hinzufügen wollen. Bei den Teilnehmern können Sie unterscheiden, ob es sich dabei um erforderliche oder um zusätzliche Personen handelt.
- Über das Menü zur Schaltfläche *Optionen* können Sie bestimmen, wie bei der Planung vorgegangen werden soll. Über das Untermenü zum Befehl *AutoAuswahl* können Sie beispielsweise angeben, welche Personen und Ressourcen bei der Planung mit berücksichtigt werden sollen.

Anschließend gehen Sie genauso wie bei der Planung Ihrer eigenen Termine vor. Hier werden allerdings die freien Zeiten aller eingeladenen Personen und der benötigten Ressourcen mit berücksichtigt. Mit der *AutoAuswahl* können Sie einen freien Zeitraum für alle Teilnehmer suchen.

13.2.8 Den Kalender freigeben

Sie können Ihre Kalenderinformationen für andere Personen freigeben. Die Werkzeuge dazu finden Sie auf der Registerkarte *Start* in der Gruppe *Freigeben*. Standardmäßig finden Sie hier zumindest zwei wichtige Optionen:

- Sie können einen Kalender, den Sie besitzen, in einer E-Mail-Nachricht an andere Personen senden. Hierbei handelt es sich um einen Kalendersnapshot – also eine Momentaufnahme. Dafür benutzen Sie den Befehl *Kalender per E-Mail senden*.

■ Sie können außerdem – und das ist vielleicht noch interessanter – Ihren Kalender veröffentlichen und festlegen, wer auf den Kalender zugreifen darf. Dafür dient der Befehl *Online veröffentlichen*.

Kalender über E-Mail senden

Sie können Ihre Kalender in einer E-Mail-Nachricht an andere Personen senden. Hierbei handelt es sich um eine Art Internetkalender, der als Kalendersnapshot bezeichnet wird. Der Kalender wird im Text der E-Mail-Nachricht angezeigt. Ein Outlook-Benutzer, der den Kalendersnapshot empfängt, kann den Kalender als Outlook-Kalender öffnen. Dabei lassen sich der Kalendersnapshot und der aktuelle Kalender nebeneinander oder überlagert anzeigen.

Wählen Sie die Registerkarte *Start* und klicken Sie in der Gruppe *Freigeben* auf *Kalender per E-Mail senden*. Das Dialogfeld *Kalender über E-Mail senden* wird angezeigt (Abbildung 13.29).

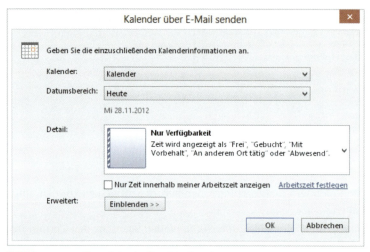

Abbildung 13.29: Einen Kalender über E-Mail senden

■ Wählen Sie zuerst aus der Liste *Kalender* den zu sendenden Kalender aus. Hier ist Ihr Standardkalender ausgewählt. Dies ist der, der zum Anzeigen Ihrer *Frei/Gebucht*-Informationen für andere Benutzer verwendet wird und außerdem Besprechungsanfragen annimmt.

■ Wählen Sie aus der Liste *Datumsbereich* den Umfang der in die Nachricht einzuschließenden Kalenderdaten aus. Wenn Sie einen großen Datumsbereich wählen, wird eine große E-Mail-Nachricht erstellt. Sie können auch die Option *Datum angeben* wählen, um einen benutzerdefinierten Datumsbereich einzugeben.

■ Wählen Sie in der Liste *Detail* die Art der Daten aus, die den Empfängern angezeigt werden sollen. Standardmäßig ist nur die Option *Nur Verfügbarkeit* ausgewählt. Keine der Optionen schließt als privat gekennzeichnete Elemente ein, es sei denn, Sie ändern in der Option *Erweitert* die Verfügbarkeitsoption.

■ Optional können Sie die eingeschlossenen Informationen auf die Arbeitszeit beschränken, indem Sie das Kontrollkästchen *Nur Zeit innerhalb meiner Arbeitszeit anzeigen* auswählen. Klicken Sie auf den Link *Arbeitszeit festlegen*, um Ihre Arbeitszeit festzulegen (siehe die folgenden Abschnitte).

■ Wenn Sie auf die Schaltfläche *Einblenden* neben *Erweitert* klicken, können Sie weitere Optionen einstellen: *Details von als privat markierten Elementen einschließen* ist nur wählbar, wenn für Details *Eingeschränkte Details* oder *Alle Details* festgelegt sind. Das Vorhandensein privater Elemente wird ausgeschlossen, weitere Informationen werden jedoch nicht freigegeben. Mit *Anlagen in Kalenderelementen einschließen* werden alle Anlagen in Kalenderelementen mit in die Nachricht eingeschlossen Für diese Option muss *Detail* auf *Alle Details festgelegt* sein. Dadurch kann die Größe der E-Mail-Nachricht erheblich zunehmen.

- Unter *E-Mail-Layout* können Sie auf *Tagesplan* oder *Liste der Ereignisse* klicken, um Ihren Zeitplan oder eine Liste der Ereignisse einzufügen.

Nach einem Klick auf *OK* wird eine Nachricht erstellt, die die von Ihnen vorher festgelegten Daten enthält. Wenn der Kalender keine Elemente enthält, wird ein Dialogfeld angezeigt, in dem Sie die Option haben, die E-Mail-Nachricht abzubrechen. Geben Sie in das Feld *An* die Adresse der Person ein, an die Sie die Abonnementinformationen senden möchten, und klicken Sie auf *Senden*. Empfänger von Kalendersnapshots empfangen Änderungen am Kalender nur, wenn Sie einen neuen Kalendersnapshot senden.

Kalender integrieren

Wenn der Empfänger der Nachricht mit dem Kalender auf die Kalenderdatei klickt, öffnet Outlook die Datei in Form eines neuen Kalenders, der neben Ihrem Kalender angezeigt wird. Sie können dann diese Kalender einzeln oder zusammen aktivieren, und so die Planungsdaten vergleichen (Abbildung 13.30). Zum Aktivieren schalten Sie das Kontrollkästchen des jeweiligen Kalenders ein.

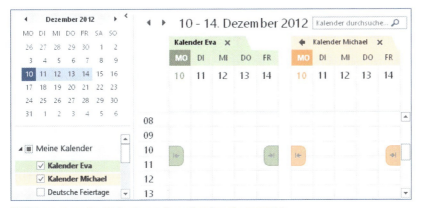

Abbildung 13.30: Zwei Kalender werden nebeneinander angezeigt.

Interessant ist auch das Kontextmenü zum Namen eines Kalenders in der Spalte links. Sie finden darin beispielsweise mit dem Befehl *Überlagerung* die Möglichkeit, die Termine der gerade angezeigten Kalender in einem einzigen Kalender darzustellen. So können Sie einen Zeitpunkt finden, der beiden Beteiligten passt.

Alternativ können Sie auch über die Gruppe *Anordnen* die Option *Planungsansicht* verwenden (Abbildung 13.31).

Abbildung 13.31: Zwei Kalender in der Planungsansicht

Auf einem WebDAV-Server veröffentlichen

Sie können Ihre Kalender für andere freigeben und veröffentlichen, indem Sie sie auf einem *WebDAV*-Server veröffentlichen. Dies ist nützlich, wenn Sie Kalender und Informationen zur Verfügbarkeit für andere freigeben möchten, dafür aber keine Softwareanwendung wie Microsoft Exchange verwenden möchten oder können.

Hinweis Der Server, auf dem Sie einen Kalender veröffentlichen, muss das *WebDAV*-Protokoll – das steht für *World Wide Web Distributed Authoring and Versioning* – unterstützen. *WebDAV* ist eine Erweiterung von HTTP, die Ihnen ermöglicht, Dokumente auf einem Webserver zu erstellen und zu ändern. Nicht alle Webserver tun das.

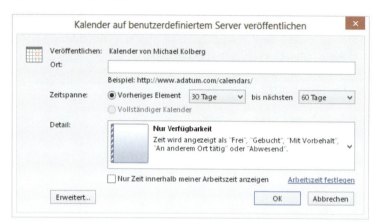

Wählen Sie den freizugebenden Kalender und dann die Registerkarte *Start*. Klicken Sie in der Gruppe *Freigeben* auf *Online veröffentlichen* und wählen Sie den Befehl *Auf WebDAV-Server veröffentlichen*. Daraufhin wird das Dialogfeld *Kalender auf benutzerdefiniertem Server veröffentlichen* angezeigt (Abbildung 13.32).

Abbildung 13.32: Den Kalender online veröffentlichen

- Geben Sie in das Feld *Ort* die Position des Webservers und des Ordners ein.
- Wählen Sie neben *Zeitspanne* die Anzahl der Tage aus, für die Sie Ihren Kalender freigeben möchten.
- Klicken Sie auf den Pfeil neben *Detail* und wählen Sie die Anzahl der Details aus, die Sie freigeben möchten. Aktivieren Sie gegebenenfalls das Kontrollkästchen *Nur Zeit innerhalb meiner Arbeitszeit anzeigen*, um die freigegebenen Details in Outlook auf die Details zu beschränken, die innerhalb Ihrer angegebenen Arbeitszeit liegen.
- Damit der Kalender hochgeladen wird, aber danach niemals Updates zur Verfügung gestellt werden, klicken Sie auf *Erweitert*. Klicken Sie anschließend auf *Einzelupload*: Aktualisierungen werden dann nicht hochgeladen.
- Klicken Sie abschließend auf *OK*.

Nach der Freigabe eines Kalenders ändert sich das Kalendersymbol im Ordnerbereich.

Auf einem Exchange Server veröffentlichen

Wenn Sie Microsoft Exchange verwenden und Ihren Kalender für eine Person freigeben möchten, die ebenfalls mit Exchange arbeitet, können Sie dieser Person die Berechtigung zum Anzeigen Ihres Kalenders erteilen. Die Option *Diesen Kalender veröffentlichen* wird dann anstelle von *Veröffentlichen auf einem WebDAV-Server* angezeigt. Damit können Sie Ihren Kalender direkt auf dem Exchange Server veröffentlichen. Wählen Sie in dem Fenster, das nun geöffnet wird, die gewünschten Veröffentlichungsoptionen aus und klicken Sie dann auf *Veröffentlichung starten*.

Klicken Sie abschließend auf *OK*. Nach der Freigabe eines Kalenders ändert sich das Kalendersymbol im Navigationsbereich.

Andere Personen über den freigegebenen Kalender informieren

Nach dem erfolgreichen Freigeben des Kalenders können Sie andere Personen zum Anzeigen und Abonnieren des Kalenders einladen. Wählen Sie im Ordnerbereich den Kalender aus, den Sie anderen Personen zum Anzeigen oder Abonnieren zur Verfügung stellen möchten. Wählen Sie dann aus dem Kontextmenü zum Kalender den Befehl *Freigeben* und dann *Kalender freigeben*. Sie können auch über den Befehl *Kalender freigeben* in der Gruppe *Freigeben* auf der Registerkarte *Start* arbeiten.

Geben Sie in das Feld *An* der E-Mail-Nachricht mit der Freigabeeinladung die Namen der Empfänger ein. Ein Hyperlink zu dem veröffentlichten Kalender wird der Nachricht beim Senden automatisch hinzugefügt. Dem Nachrichtentext können Sie noch beliebige Inhalte hinzufügen. Klicken Sie dann auf Senden.

Änderungen an der Freigabe

Wenn Sie Änderungen an einem freigegebenen Kalender vornehmen möchten, klicken Sie im Ordnerbereich mit der rechten Maustaste auf den freigegebenen Kalender, wählen Sie im Kontextmenü *Freigeben*. Im Untermenü wählen Sie *Kalenderberechtigungen*. Ändern Sie darin die Details zur Veröffentlichung.

13.3   Die Aufgaben

Mithilfe der Funktionen im Modul *Aufgaben* können Sie Aktivitäten – ähnlich wie bei einer handgeschriebenen Aufgabenliste – nachverfolgen. Aufgaben sind mit den Terminen im Kalender insofern verwandt, als auch diese meist an einen bestimmten Zeitpunkt geknüpft sind. Deswegen weisen die Funktionen in diesem Modul auch Ähnlichkeiten mit denen im Bereich *Kalender* auf. Aufgaben müssen aber nicht mit einem Termin verbunden sein.

13.3.1   Die Elemente des Bereichs

Zur Anzeige der Aufgaben klicken Sie im Navigationsbereich auf *Aufgaben*. Über *In neuem Fenster öffnen* im Kontextmenü zum Symbol im Navigationsbereich öffnen Sie den Bereich in einem separaten Fenster. Die von Ihnen definierten oder von anderen Personen übernommenen Aufgaben werden in der Aufgabenliste verwaltet und können dort bearbeitet werden.

Beachten Sie gleich die folgenden Formatierungen: Ist eine Aufgabe bereits überfällig, wird sie in der Aufgabenleiste rot markiert. Wird sie durchgestrichen angezeigt, haben Sie sie als erledigt eingestuft. Diese Formen der Formatierung lassen sich über die Kategorie *Aufgaben* unter den *Outlook-Optionen* ändern (*Kapitel 16*).

Die Ansichten

Die Aufgaben werden standardmäßig in einer Tabellendarstellung angezeigt, die als *Vorgangsliste* bezeichnet wird. Darin werden die anstehenden Aufgaben in Termingruppen angezeigt. Die Liste ist standardmäßig gefiltert, sodass nur die noch nicht erledigten Aufgaben erscheinen. Andere Formen der Ansicht sind möglich. Diese wählen Sie über den Katalog zu *Ansicht ändern* in der Gruppe *Aktuelle Ansicht* der Registerkarte *Ansicht* (Abbildung 13.34).

Beispielsweise können Sie über die Ansicht *Einfache Liste* alle definierten Aufgaben anzeigen lassen, inklusive derer, die Sie schon erledigt haben. Die Mehrzahl dieser Ansichten verwendet eine Tabellenform und weist zumindest ein Symbol, den Namen der Aufgabe und meist auch das Fälligkeitsdatum auf. Einige Ansichten halten zusätzliche Informationen über die einzelnen Aufgaben bereit.

TIPP Mithilfe des Befehls *Ansichten verwalten* im Katalog zu *Ansicht ändern* können Sie diese Voreinstellungen Ihren Wünschen anpassen. Beispielsweise lassen Sie andere Felder anzeigen, die Elemente anders sortieren oder die Anzeige filtern.

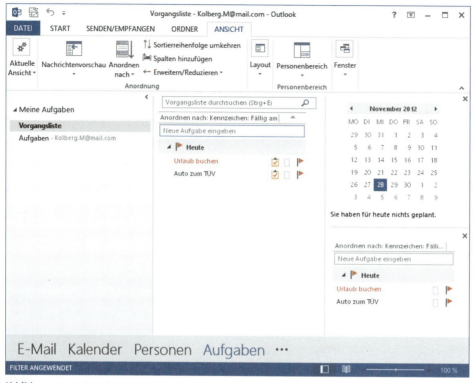

Abbildung 13.33: Die Aufgaben in der Vorgangsliste

Abbildung 13.34: Diverse Ansichten stehen zur Verfügung.

Die Formen der Sortierung

Über die Optionen zum Befehl *Anordnen nach* in der Gruppe *Anordnung* der Registerkarte *Ansicht* haben Sie die Wahl, wie die einzelnen Aufgaben in der eingestellten Ansicht sortiert werden sollen (Abbildung 13.35). Die darin möglichen Befehle unterscheiden sich teilweise abhängig von der gewählten Einstellung für *Ansicht ändern*. Über den Befehl *In Gruppen anzeigen* sorgen Sie dafür, dass zwischen den einzelnen Abschnitten Trennzeilen – wie beispielsweise für das Datum – eingeblendet werden.

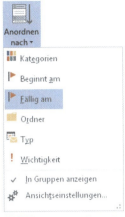

Abbildung 13.35: Alternativen für die Form der Anordnung innerhalb einer Ansicht

Die Vorschau über den Lesebereich

Über das Untermenü zum Befehl *Lesebereich* in der Gruppe *Layout* der Registerkarte *Ansicht* können Sie dafür sorgen, dass die Details zu einer Aufgabe in einem zusätzlichen Lesebereich angezeigt werden (Abbildung 13.36). Dieser Bereich kann *Rechts* oder *Unten* angezeigt werden. Sie verändern die für die einzelnen Bereiche zugewiesene Fläche auf dem Bildschirm, indem Sie die Trennlinie dazwischen über die Maus verschieben.

Abbildung 13.36: Der Lesebereich liefert Details zur gerade markierten Aufgabe.

13.3.2 Einzelne Aufgaben festlegen

Neue Aufgaben können Sie direkt im Informationsfenster, über die Aufgabenleiste oder über das Formular *Aufgabe* eintragen.

Kurze Aufgabenvermerke

Kurze Aufgabenvermerke – bei denen Sie beispielsweise nur den Namen der Aufgabe und einen Termin eingeben wollen – können Sie direkt über den Informationsbereich eingeben:

- Die Ansicht *Vorgangsliste* erlaubt nur die Eingabe eines Namens für die neue Aufgabe. Klicken Sie dazu in einer Tabellenansicht auf den Eintrag *Neue Aufgabe eingeben* unterhalb der Überschriftenzeile und geben Sie der Aufgabe einen Namen. Bestätigen Sie anschließend mit der ⏎-Taste.

- Bei anderen Ansichten – wie beispielsweise *Einfache Liste* oder *Detailliert* – können Sie mehr Daten eingeben. Klicken Sie in das Feld mit der Anzeige *Hier klicken, um Aufgabe zu erstellen* und geben Sie der Aufgabe einen Namen. Legen Sie in der Spalte *Fällig am* den Termin für die Aufgabe fest. Einen schnellen Wechsel zum nächsten Feld erreichen Sie mit der ⇆-Taste. Das Datum für die Fälligkeit können Sie über einen Datumsnavigator auswählen. Das aktuelle Datum ist darin markiert. Zum

Abschluss klicken Sie eine beliebige Stelle im Informationsfenster an. Durch Drücken der ⏎-Taste öffnen Sie gleichzeitig eine neue Aufgabenzeile, sodass Sie schnell mehrere Aufgaben hintereinander eingeben können.

TIPP Alternativ dazu können Sie Eingaben auch über die Aufgabenleiste vornehmen. Das empfiehlt sich beispielsweise dann, wenn diese Leiste in anderen Bereichen des Programms angezeigt wird und Sie zur Eingabe nicht erst zum Bereich *Aufgaben* wechseln wollen. Hier können Sie aber nur eine Bezeichnung für die Aufgabe vornehmen – keine Terminangabe. Die Aufgabe wird für den aktuellen Tag eingetragen. Wenn Sie einen anderen Termin wünschen, müssen Sie diesen anschließend noch ändern.

Über das Formular eingeben

Um gleich mehr Daten als nur den Namen und den Fälligkeitstermin für eine neue Aufgabe einzutragen, müssen Sie mit dem Formular zum Befehl *Neue Aufgabe* arbeiten.

- Ist der Bereich *Aufgaben* bereits aktiviert, klicken Sie zum Erstellen einer neuen Aufgabe auf die Schaltfläche *Neue Aufgabe* in der Gruppe *Neu* der Registerkarte *Start*.
- Andernfalls – beispielsweise im Programmbereich *E-Mail* – öffnen Sie in der Gruppe *Neu* der Register-karte *Start* die Liste zu *Neue Elemente* und wählen *Aufgabe*.

In dem zunächst mit dem zusätzlichen Titel *Unbenannt – Aufgabe* bezeichneten Fenster können Sie die Aufgabe definieren (Abbildung 13.37). Der Name des Fensters ändert sich, sobald Sie der Aufgabe im Feld *Betreff* einen Namen zugewiesen haben.

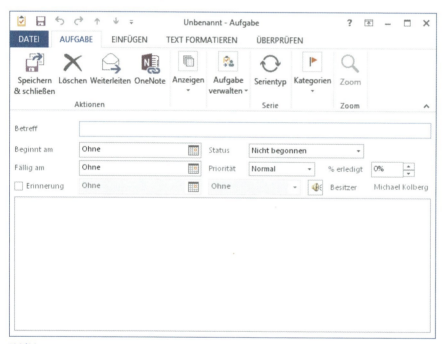

Abbildung 13.37: Fenster zum Definieren einer neuen Aufgabe

Hinweis Wenn Sie zusätzliche Daten zu einer bereits definierten Aufgabe eingeben oder die vorhandenen Daten ändern wollen, öffnen Sie das Dialogfeld durch einen Doppelklick auf eine beliebige Stelle der entsprechenden Aufgabenzeile. Durch Mehrfachauswahl können Sie auch die Dialogfelder zu mehreren Elementen in einem Arbeitsgang öffnen.

Nach der Anzeige des Fensters wird auch die Registerkarte *Aufgabe* angezeigt. Im Bereich darunter können Sie die wesentlichen Daten für die neue Aufgabe eintragen:

- Im Feld *Betreff* geben Sie der Aufgabe einen Namen. Es empfiehlt sich, dafür eine kurze, aber jederzeit verständliche Bezeichnung zu wählen. Dieser Name wird anschließend auch für die Bezeichnung des Dialogfelds verwendet.
- In den neben den Überschriften *Beginnt am* und *Fällig am* gezeigten Feldern geben Sie die Termine für die Aufgabe an. Der letztere kann ein Endtermin für die Erledigung sein, aber auch ein wichtiger Zwischentermin, zu dem Sie beispielsweise den Stand der Arbeit kontrollieren möchten. Sie können die Eingabe direkt vornehmen oder das Kalenderelement benutzen. Klicken Sie darin auf das gewünschte Datum. Ein Klick auf *Heute* darin sorgt für einen Eintrag unter dem aktuellen Datum.
- Im Feld *Status* geben Sie den Status des Fortschritts der Arbeit an der Aufgabe an. Die Eintragung in diesem Feld wird angezeigt, wenn Sie einen Statusbericht senden.
- Legen Sie im Feld *Priorität* den Grad der Wichtigkeit der Aufgabe fest. Wenn Sie hier keine Auswahl treffen, wird die Prioritätsstufe *Normal* verwendet. Die gewählte Stufe wird später in der Aufgabenleiste durch Symbole gekennzeichnet.
- Über *% erledigt* geben Sie gegebenenfalls an, zu welchem Prozentsatz die Aufgabe bereits bearbeitet ist.
- Wenn Sie an die Durchführung der Aufgabe im Voraus erinnert werden möchten, aktivieren Sie das Kontrollkästchen *Erinnerung* und legen Sie in den rechts daneben liegenden Feldern einen Termin dafür fest. Sie können ein Datum und eine Uhrzeit eingeben.
- Über die Schaltfläche mit dem Lautsprecher legen Sie fest, dass zur Erinnerung eine Klangdatei abgespielt werden soll.
- Der untere Bereich des Dialogfelds liefert Raum für *Notizen*.

Nach einem Klick auf die Schaltfläche *Details* in der Gruppe *Anzeigen* der Registerkarte *Aufgabe* im Menüband wird unten im Fenster der gleichnamige Bereich angezeigt. Darüber können Sie Angaben zum Zeitpunkt der Erledigung und eine Abrechnung für den zur Erledigung der Aufgabe getätigten Aufwand machen (Abbildung 13.38).

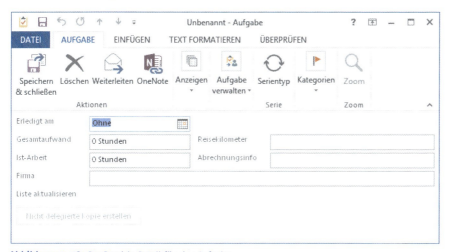

Abbildung 13.38: Der Bereich *Details* für eine Aufgabe

- In das Feld *Erledigt am* können Sie das Datum für den Abschluss der Aufgabe eingeben oder wählen Sie es aus einem Kalenderelement. Durch Eingabe eines Datums in dieses Feld wird der Status der Aufgabe ab diesem Datum auf *Erledigt* gesetzt.
- Die darunter liegenden Felder erlauben die Eingabe von Daten für den zur Abwicklung erwarteten *Gesamtaufwand*, die bisher geleistete *Ist-Arbeit*, die geleisteten *Reisekilometer*, zusätzliche Informa-

tionen zur Abrechnung und die mit der Aufgabe assoziierten Firmen. Alle diese Daten müssen jeweils manuell aktualisiert werden.

■ Im Feld *Liste aktualisieren* werden die Kontakte aufgelistet, deren Aufgabenliste bei einer Änderung der Aufgabe ebenfalls aktualisiert wird.

Wenn Sie zu den Grunddaten der Aufgabe zurückkehren wollen, klicken Sie auf die Schaltfläche *Aufgabe* in der Gruppe *Anzeigen*.

Aufgabe speichern

Bestätigen Sie die Definition der Aufgabe abschließend durch einen Klick auf die Schaltfläche *Speichern & schließen*. Die Aufgabe wird dann in der Liste vermerkt.

Aufgabe korrigieren

Um die Definition einer Aufgabe später zu korrigieren, doppelklicken Sie im Informationsfenster auf die Aufgabenzeile. Das Formular zur Definition der Aufgabe wird erneut angezeigt. Nehmen Sie hier die Korrekturen vor und bestätigen Sie diese über die Schaltfläche *Speichern & schließen*. Um die Aufgabe zu entfernen, verwenden Sie die Schaltfläche *Löschen*.

Erinnerungen

Wenn Sie die Erinnerungsfunktion eingeschaltet haben, werden Sie zum definierten Zeitpunkt an die Aufgabe erinnert (Abbildung 13.39).

Abbildung 13.39: Eine Erinnerung

■ Durch einen Doppelklick auf die Erinnerungszeile können Sie das Dialogfeld zur markierten Aufgabe öffnen und dort beispielsweise Änderungen im Zeitplan vornehmen.

■ Über die Schaltfläche *Schließen* teilen Sie dem Programm mit, dass Sie keine weitere Erinnerung an diese Aufgabe mehr wünschen.

■ Klicken Sie auf *Erneut erinnern*, wenn Sie den Termin der Erinnerung verschieben möchten. Standardmäßig erfolgt die nächste Erinnerung 5 Minuten später. Eine solche Verschiebung erreichen Sie durch einen Klick auf die Schaltfläche. Über das links neben der Schaltfläche befindliche Listenfeld können Sie auch eine andere Zeitspanne wählen.

13.3.3 Wiederkehrende Aufgaben

Einige Aufgaben müssen in bestimmten Abständen wiederholt ausgeführt werden. Solche Serien von sich wiederholenden Aufgaben werden in der Aufgabenleiste in der Spalte *Serie* durch ein spezielles Symbol gekennzeichnet. Wenn Sie ein Element der Aufgabe als erledigt markieren, wird das nächste Element automatisch in der Aufgabenleiste mit einem Fälligkeitsdatum zum angegebenen Intervall angezeigt.

Serienmuster

Periodisch wiederkehrende Aufgaben müssen Sie nur einmal eintragen. Klicken Sie dazu während der Definition der Aufgabe auf die Schaltfläche *Serientyp*. Im Dialogfeld *Aufgabenserie* legen Sie das Zeitraster fest (Abbildung 13.40).

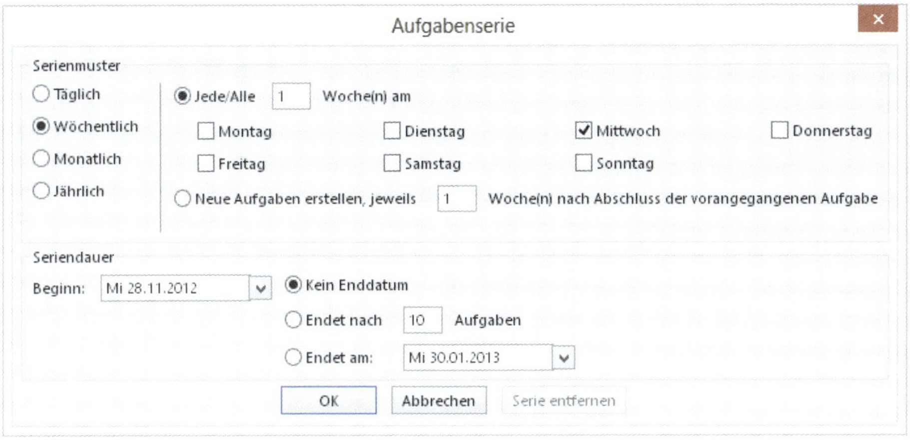

Abbildung 13.40: Das Dialogfeld *Aufgabenserie*

Wählen Sie zunächst unter *Serienmuster* im linken Bereich die Periode, in der die Aufgabe auftaucht. Standardmäßig ist hier *Wöchentlich* gewählt. Je nach Ihrer Wahl ergeben sich im Dialogfeld unterschiedliche zusätzliche Optionen. Die Techniken hierbei entsprechen denen, die Sie auch für den Kalender einsetzen (oben). In allen Fällen können Sie durch Aktivieren der Option *Neue Aufgabe erstellen ...* dafür sorgen, dass nach Erledigung der Aufgabe zu einem bestimmten Zeitpunkt eine neue Aufgabe mit demselben Betreff erstellt wird.

- Die Option *Täglich* erlaubt die Festlegung für jeden Tag, für einen bestimmten Tagesrhythmus – beispielsweise jeden dritten Tag – oder jeden Arbeitstag. Welche Tage der Woche als Arbeitstage gelten sollen, bestimmen Sie über die Kalenderoptionen (*Kapitel 16*).
- Mit *Wöchentlich* können Sie über *Jede/Alle* festlegen, ob der Termin für jede Woche oder mit bestimmten Abständen gelten soll. Außerdem können Sie den oder die gewünschten Tag(e) bestimmen.
- Haben Sie die Option *Monatlich* gewählt, können Sie entweder den Termin auf einen bestimmten Tag eines Monats oder einen Wochentag einer bestimmten Woche im Monat legen – beispielsweise jeden ersten Montag im Monat.
- Bei Wahl der Option *Jährlich* können Sie entweder mit der Variante *Jeden* ein festes Datum im Jahr bestimmen oder mit *Am* ein auf die Kalenderwoche bezogenes Datum angeben.

Seriendauer

Im unteren Abschnitt des Dialogfelds legen Sie die Dauer der Serie fest:

- Als *Beginn* wird – wenn vorhanden – das im Dialogfeld *Aufgabe* eingegebene Datum als Voreinstellung übernommen. Sie können es direkt im Feld editieren oder dazu den Datumsnavigator verwenden.
- Legen Sie außerdem über eines der Felder *Kein Enddatum*, *Endet nach* oder *Endet am* fest, wie lange die Terminserie dauern soll.

Ergebnis

Bestätigen Sie nach der Definition des Zeitrasters über die Schaltfläche *OK*. Speichern Sie anschließend die Aufgabe. Ihre Einstellungen werden im Dialogfeld *Aufgabe* in der mit *Serie* bezeichneten Zeile angegeben.

Wenn Sie eine als wiederkehrend definierte Aufgabe wieder in eine normale – einmalige – Aufgabe umwandeln möchten, deaktivieren Sie im Dialogfeld *Aufgabenserie* die gleichnamige Option in der unteren linken Ecke.

13.3.4 Aufgabenanfragen

Um Aufgaben an andere Personen zu delegieren, arbeiten Sie mit *Aufgabenanfragen*. Ein Vorgesetzter kann beispielsweise eine Aufgabe einem Untergebenen übertragen, ebenso ein Mitarbeiter einem Teamkollegen. Für eine solche Aktion sind also mindestens zwei Personen erforderlich: eine Person zum Senden einer Aufgabenanfrage und eine weitere Person zum Beantworten der Anfrage. Der Empfänger einer Aufgabenanfrage kann die Aufgabe dann annehmen, ablehnen oder einer anderen Person weiter übertragen. Sobald die Aufgabe angenommen worden ist, hält Outlook den Status der Aufgabe in Ihrer Aufgabenleiste stets auf dem neuesten Stand.

Aufgabenanfrage erstellen

Sie übertragen eine Aufgabe an eine Person, indem Sie eine Aufgabenanfrage an diese Person senden. Aufgaben können nur übertragen werden, wenn beide Parteien Outlook zum Senden und Empfangen von E-Mail verwenden.

Öffnen Sie die Liste zur Schaltfläche *Neue Elemente* in der Gruppe *Neu* der Registerkarte *Start* und wählen Sie den Befehl *Aufgabenanfrage*. Im Dialogfeld *Aufgabe* legen Sie die Adresse des oder der Empfänger(s) fest und definieren die Details zur Aufgabe (Abbildung 13.41).

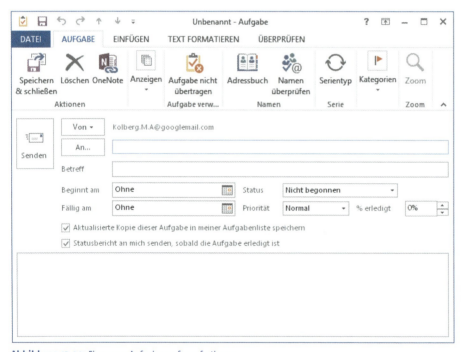

Abbildung 13.41: Eine neue Aufgabenanfrage festlegen

- Geben Sie in das Feld *An* den oder die Namen der Person(en) ein, an die Sie die Aufgabe übertragen möchten. Durch einen Klick auf die Schaltfläche *An* können Sie die Namen aus den zur Verfügung stehenden Adressbüchern auswählen.

■ Die Daten für die eigentliche Aufgabe legen Sie im darunter liegenden Teil des Dialogfelds genauso fest wie beim Definieren einer Aufgabe für Ihre eigenen Zwecke.

■ Über die beiden Optionen im mittleren Teil des Dialogfelds können Sie eine *Aktualisierte Kopie dieser Aufgabe in meiner Aufgabenliste speichern* und einen *Statusbericht an mich senden, sobald die Aufgabe erledigt ist*. Wenn Sie eine Aufgabe mehreren Personen gleichzeitig übertragen, können Sie keine aktualisierte Kopie der Aufgabe in Ihrer Aufgabenliste verwalten. Um Tätigkeiten mehreren Personen zu übertragen und von Outlook kontinuierlich über den Status informiert zu werden, teilen Sie die Tätigkeiten in einzelne Aufgaben auf und übertragen diese Tätigkeiten.

Wenn die Aufgabe wiederholt ausgeführt werden soll, rufen Sie den *Serientyp* auf und legen das Zeitraster fest.

Eine vorhandene Aufgabe zuweisen

Auch wenn die Aufgabe bei Ihnen bereits definiert wurde, können Sie sie anderen Personen zuweisen. Öffnen Sie dazu die zuzuweisende Aufgabe und klicken Sie auf der Registerkarte *Aufgabe* in der Gruppe *Aufgabe verwalten* auf *Aufgabe zuweisen*.

Senden

Um die Aufgabenanfrage an den Empfänger zu übermitteln, klicken Sie auf *Senden* (Abbildung 13.41). Mit dem Senden einer Aufgabenanfrage verlieren Sie den Status als Eigentümer der Aufgabe. Nur der Eigentümer oder der temporäre Eigentümer der Aufgabe kann die Aufgabe aktualisieren. Sie verwalten eine aktualisierte Kopie der Aufgabe in Ihrer Aufgabenliste und empfangen Statusberichte zur Aufgabe, wenn Sie diese Optionen im Formular vor dem Senden aktiviert hatten. Sie haben aber keine Möglichkeit, Informationen wie das Fälligkeitsdatum für die Aufgabe zu ändern. Haben Sie es sich vor dem Senden noch einmal anders überlegt, klicken Sie auf *Aufgabe nicht übertragen* im Bereich *Aufgabe verwalten*.

Beantworten einer Aufgabenanfrage

Eine an Sie gerichtete Aufgabenanfrage erhalten Sie wie jede andere E-Mail-Nachricht. Öffnen Sie die Nachricht, die die Aufgabenanfrage enthält (Abbildung 13.42).

Abbildung 13.42: Eine Aufgabenanfrage wurde empfangen.

Wenn Sie eine Aufgabenanfrage erhalten, sind Sie der vorübergehende Eigentümer der Aufgabe. Sie können die Aufgabe annehmen, ablehnen oder einer anderen Person übertragen.

Übernehmen einer Aufgabenanfrage

Wenn Sie die übertragene Aufgabe annehmen möchten (oder müssen), klicken Sie auf *Zusagen* in der Gruppe *Antworten* im Menüband. Wenn Sie die Aufgabe annehmen, werden Sie zum permanenten Eigentümer und sind damit die einzige Person, die die Angaben zur Aufgabe ändern darf. In dem nachfolgend angezeigten Dialogfeld können Sie entscheiden, wie Sie dem Sender der Aufgabe antworten möchten.

- Klicken Sie auf *Antwort sofort senden* und bestätigen Sie, um die Aufgabe kommentarlos zu übernehmen.
- Um die Aufgabe zu übernehmen und einen Kommentar zurückzusenden, klicken Sie auf *Antwort vor dem Senden bearbeiten* und geben Sie Ihren Kommentar ein. Sie können hier auch Terminangaben ändern. Anschließend klicken Sie auf die Schaltfläche *Senden*.

Ablehnen einer Aufgabenanfrage

Um die Anfrage zurückzuweisen, klicken Sie auf *Ablehnen* in der Gruppe *Antworten* des Menübands. Wenn Sie die Aufgabe ablehnen, haben Sie die Möglichkeit, eine Begründung anzugeben. Anschließend wird die Aufgabe an die Person zurückgesendet, von der Sie die Aufgabenanfrage erhalten haben.

Aufgabenanfrage weiterreichen

Wenn Sie die Aufgabe einer anderen Person übertragen, können Sie festlegen, dass stets eine aktualisierte Kopie davon in Ihrer Aufgabenliste gespeichert wird und Sie Statusberichte dazu erhalten. Das Eigentum an der Aufgabe geht aber in diesem Fall an die Person über, der Sie die Aufgabe zugeordnet haben, sofern zugestimmt wird.

Öffnen Sie die Nachricht mit der Aufgabenanfrage und wählen Sie *Aufgabe zuweisen* in der Gruppe *Aufgabe verwalten* des Menübands. Geben Sie in das Feld *An:* den Namen der Person ein, an die Sie die Aufgabe weiterreichen möchten. Aktivieren bzw. deaktivieren Sie die Kontrollkästchen *Aktualisierte Kopie dieser Aufgabe in meiner Aufgabenliste speichern* und *Statusbericht an mich senden, sobald die Aufgabe erledigt ist*. Klicken Sie abschließend auf die Schaltfläche *Senden* in der Symbolleiste.

Als erledigt markieren

Wenn Sie die übernommene Aufgabe abgeschlossen haben, können Sie auf die Schaltfläche *Als erledigt markieren* in der Gruppe *Aufgabe verwalten* des Menübands klicken.

13.3.5 Die Aufgabenleiste

Für einen schnellen Einblick in die anstehenden Aufgaben steht Ihnen die Aufgabenleiste zur Verfügung (Abbildung 13.43 links). Standardmäßig kann diese Aufgabenleiste in allen Ansichten von Outlook angezeigt werden, Sie können sie aktivieren oder deaktivieren. Außerdem können Sie nach Bedarf die Größe der Aufgabenleiste mit den üblichen Methoden verändern.

Die Aufgabenleiste besteht standardmäßig aus drei Teilen: dem *Datumsnavigator*, dem Abschnitt *Termine* und der *Aufgabenliste*. Welche davon angezeigt werden sollen, regeln Sie über die Liste zum Befehl *Aufgabenleiste* in der Gruppe *Layout* der Registerkarte *Ansicht* (Abbildung 13.43 rechts). Sie können darin auch die Kontrollkästchen für alle Teile der Aufgabenleiste deaktivieren, die nicht angezeigt werden sollen.

- Standardmäßig wird im Datumsnavigator ein Kalender angezeigt. Sie können die Anzahl der angezeigten Kalender ändern, indem Sie die Breite des Aufgabenleistenfensters ändern. Die Kalender werden dann horizontal nebeneinander angeordnet. Um weitere Kalender in vertikaler Anordnung anzuzeigen, geben Sie im Dialogfeld *Optionen der Aufgabenleiste* die genaue Anzahl der Kalender an. Geben Sie im Textfeld *Anzahl von Monatszeilen* eine Zahl von 0 bis 9 an. Natürlich wird beim Erhöhen der Anzahl der im Datumsnavigator angezeigten Monate die Fläche des Datumsnavigators vergrößert.

Abbildung 13.43: Die Aufgabenleiste und die Befehle zum Regeln der Darstellung

Zudem steht Ihnen eine minimierte Version der Aufgabenleiste zur Verfügung, die auf dem Bildschirm weniger Platz einnimmt. Dazu wählen Sie in der Liste zum Befehl *Aufgabenleiste* in der Gruppe *Layout* der Registerkarte *Ansicht* die Option *Minimiert*. Wenn Sie die Aufgabenleiste aktivieren bzw. deaktivieren oder die Leiste in einer bestimmten Ansicht minimiert anzeigen, wird die Einstellung nur auf diese Ansicht angewendet. Wenn Sie die Aufgabenleiste beispielsweise in der Ansicht *E-Mail* deaktivieren, ist die Leiste immer deaktiviert, wenn Sie zu *E-Mail* wechseln, auch wenn das Programm neu gestartet wird. In anderen Ansichten wie *Kalender*, *Notizen* und *Aufgaben* bleibt sie dagegen aktiviert. Um die Aufgabenleiste in der Standardgröße wiederherzustellen, wählen Sie in der Liste zum Befehl *Aufgabenleiste* in der Gruppe *Layout* der Registerkarte *Ansicht* die Option *Normal*.

13.4   Der Personenbereich

In fast allen Outlook-Modulen finden Sie die Möglichkeit, den *Personenbereich* einzuschalten. Wechseln Sie dazu zur Registerkarte *Ansicht* und wählen Sie über die Liste zu *Personenbereich*, ob bzw. wie der Bereich angezeigt werden soll. Sie finden darin die Optionen *Normal*, *Minimiert* und *Aus* (Abbildung 13.44).

Abbildung 13.44: Den Personenbereich können Sie normal oder minimiert anzeigen lassen.

Standardmäßig ist die Anzeige minimiert und wird als einzelne Zeile unten im Lesebereich angezeigt. Klicken Sie auf den Pfeil zum Erweitern oder ziehen Sie den oberen Rand des minimierten Bereichs nach oben, bis er die gewünschte Größe aufweist.

Wo die Daten angezeigt werden, ist eine Frage des jeweiligen Outlook-Moduls und der dafür eingestellten Ansicht. Im Allgemeinen finden Sie die Anzeige im unteren Abschnitt des Lesebereichs (Abbildung 13.46). Das gilt für alle Module. Eine Ausnahme bildet der Bereich *Personen* bei Verwendung der Ansicht *Personen*: Dabei werden die Daten im Lesebereich auf der Registerkarte *Neuigkeiten* des Lesebereichs angezeigt (Abbildung 13.45).

Abbildung 13.45: Die Daten auf der Registerkarte *Neuigkeiten* in der Ansicht *Personen*

13.4.1 Arbeiten mit dem Personenbereich

Aus dem *Personenbereich* heraus können Sie auf die Elemente der Kommunikation zwischen Ihnen und anderen Personen zugreifen. Standardmäßig werden darin die Kommunikation mit Ihren Kontaktdaten einschließlich Bildern angezeigt sowie Aktivitäten wie E-Mail-Nachrichten, Anlagen, Kalenderelemente und Sofortnachrichten. Haben Sie eine Verbindung zu einem sozialen Netzwerk eingerichtet, werden auch die darüber verfügbaren Informationen aus Ihren Netzwerkaktivitäten angezeigt (Abbildung 13.46).

Abbildung 13.46: Der Personenbereich im unteren Teil des Lesebereichs – hier die beiden Register *ALLE* und *NEUIGKEITEN*

Beachten Sie dabei die folgenden Besonderheiten:

- Wenn Sie in Outlook ein Element ausgewählt haben, das eine andere Person einbezieht, werden die Daten dieser Person im Personenbereich angezeigt. Haben Sie beispielsweise im Lesebereich eine E-Mail markiert, deren Absender auch Mitglied des installierten sozialen Netzwerks ist, werden die zu dieser Person gehörenden Aktivitäten usw. angezeigt.

- Wenn in das gerade ausgewählte Outlook-Element mehr als eine Person einbezogen ist, werden Bilder der weiteren Personen in der Titelleiste am oberen Rand des Personenbereichs angezeigt. Klicken Sie auf eines dieser Bilder, damit Informationen zu der von Ihnen ausgewählten Person im Personenbereich angezeigt werden.
- Wenn Sie andere Informationen zu der Person im Personenbereich anzeigen möchten, können Sie auf eine der Registerkarten an der Seite des Listenfensters klicken. Der Outlook Connector verfügt dort standardmäßig über fünf Elemente (Tabelle 13.3). Klicken Sie auf ein beliebiges Element darin, um es zu öffnen.

Schaltfläche	Name und Bedeutung
Alle	Alle Aktivitäten und Nachrichten der ausgewählten Person werden aufgeführt.
Neuigkeiten	Aktivitäten in sozialen Netzwerken und RSS-Feeds – beispielsweise aus dem Blog der gewählten Person – werden angezeigt.
E-Mail	enthält eine Liste der E-Mail-Nachrichten, die kürzlich mit der ausgewählten Person ausgetauscht wurden.
Anlagen	Anlagen, die Sie an diese Person gesendet oder von ihr empfangen haben, werden angezeigt.
Besprechungen	gibt eine Liste der Besprechungen und Termine wieder, in die Sie und die ausgewählte Person einbezogen sind, sowohl für die Vergangenheit als auch für die Zukunft.

Tabelle 13.3: Die Bereiche im Outlook Connector

Ein Klick auf ein im Personenbereich angezeigtes Element führt dazu, dass dieses Element im jeweiligen Zusammenhang angezeigt wird. Beispielsweise führt ein Klick auf ein Element aus Facebook dazu, dass der Browser die Verbindung zu Facebook aufnimmt und dieses Element anzeigt.

13.4.2 Der Zugang zu sozialen Netzwerken

Der Zugang zu einem sozialen Netzwerk über den Personenbereich ermöglicht Ihnen, Informationen über die Personen in Ihrem Netzwerk zu erhalten und mit diesen in Kontakt zu bleiben, ohne Outlook verlassen zu müssen. Outlook 2013 unterstützt den Zugriff auf verschiedene soziale Netzwerke wie *Facebook* oder *LinkedIn*.

Diese Verbindungen müssen natürlich erst eingerichtet werden. Sie benötigen bei jedem Dienst, mit dem Sie eine Verbindung erstellen möchten, ein Konto. Verwenden Sie dann die folgenden Schritte:

- Wählen Sie die Registerkarte *Datei*. Der Bereich *Informationen* wird automatisch angezeigt.
- Öffnen Sie die Liste zur Schaltfläche *Kontoeinstellungen* und klicken Sie darin auf *Konten sozialer Netzwerke*. Das zeigt das gleichnamige Fenster an, in dem alle eingerichteten Konten aufgelistet sind (Abbildung 13.47). Wenn Sie sich mit einem anderen, hier nicht aufgeführten sozialen Netzwerk verbinden wollen, klicken Sie auf den Link *Verbindung mit einem anderen sozialen Netzwerk herstellen*. Weitere Hinweise finden Sie sicherlich auch auf der Homepage zu Ihrem sozialen Netzwerk.
- Wenn Sie beispielsweise Facebook integrieren möchten, aktivieren Sie im Dialogfeld *Konten sozialer Netzwerke* die Option *Facebook*.
- Geben Sie dann Ihren Benutzernamen und das Kennwort für Ihr *Facebook*-Konto ein und bestätigen Sie durch einen Klick auf *Verbinden*.
- Die Verbindung wird bestätigt. Klicken Sie auf *Schließen*. Nachdem die Zugangsdaten eingegeben wurden, wird das Konto in Outlook 2013 integriert. Auf den ersten Blick ist von der Integration nichts zu sehen. Erst wenn ein neuer Kontakt hinzugefügt wird, prüft Outlook, ob der Kontakt im sozialen Netzwerk vorhanden ist, und zeigt Fotos und Statusinformationen aus dem Netzwerk an.

TIPP Sie finden im Outlook-Bereich *Personen* auch einen Link mit der Bezeichnung *Verbindung mit einem sozialen Netzwerk herstellen*. Wenn Sie darauf klicken, wird ebenfalls das Fenster zur Verbindungsaufnahme angezeigt.

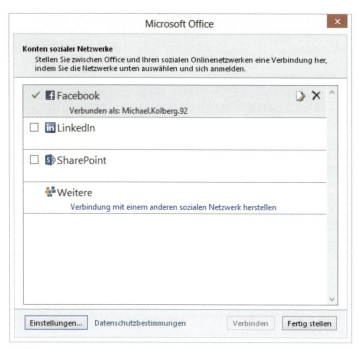

Abbildung 13.47: Die sozialen Netzwerke, zu denen eine Verbindung besteht, sind mit einem Häkchen versehen.

Als Kontaktelement zwischen Outlook und dem sozialen Netzwerk dienen die in beiden Bereichen vorhandenen E-Mail-Adressen. Die Aktivitäten eines Ihrer Kontakte in Facebook werden also bei Ihnen nur dann angezeigt, wenn dieselbe E-Mail-Adresse verwendet wird. Beachten Sie auch, dass nur die Informationen angezeigt werden, die für jeden öffentlich zugänglich gemacht wurden. Lesen Sie die Datenschutzbestimmungen und verwenden Sie die Funktionen zum Schutz Ihrer Privatsphäre des sozialen Netzwerks, damit wirklich nur die von Ihnen gewünschten Informationen offengelegt werden.

Hinweis Wenn Sie in einem anderen sozialen Netzwerk tätig sind, sollten Sie die Website Ihres Netzwerks direkt benutzen, um herauszufinden, ob dieses den Outlook Connector für soziale Netzwerke unterstützt. Sie sollten darin eine Beschreibung zum weiteren Vorgehen und auch einen weiteren Link finden, der Ihnen das Herunterladen des betreffenden Add-Ins ermöglicht. Orientieren Sie sich an den dort angezeigten Details. Im Prinzip müssen Sie wahrscheinlich immer erst Outlook beenden, dann das Installationsprogramm von der Website des Anbieters herunterladen und ausführen. Welche Einstellungen Sie während der Installation vornehmen müssen, hängt vom Anbieter ab.

Kapitel 14

Office 2013: Objekte in Dokumente einfügen

Dieses Kapitel liefert Ihnen Hinweise zum Einfügen von Objekten in ein Office-Dokument und den Möglichkeiten zur anschließenden Bearbeitung dieser Objekte. Zu diesen Objekten gehören beispielsweise Tabellen, Diagramme, einfache Zeichnungsobjekte, Bilddateien, WordArt-Objekte, schematische Darstellungen mit SmartArt oder einfach nur Textfelder. Je nachdem, welche Elemente Sie eingefügt haben, liefern die Programme auch unterschiedliche Möglichkeiten zu deren Formatierung.

- Wir beginnen mit den Tabellen (Abschnitt Abbildung 14.1). Tabellen können Sie sowohl in Word als auch in PowerPoint sinnvoll einsetzen. In Excel benötigen Sie natürlich keine zusätzlichen Tabellen.
- In den beiden Programmen Word und PowerPoint können Sie auch die üblichen Geschäftsgrafiken als Diagramme in Ihren Text oder Ihre Präsentation einfügen (Abschnitt 14.2).
- Abhängig von den auf Ihrem Computer installierten Anwendungen können Sie in den Programmen erstellte Objekte oder Dateien in einem Office-Programm als Objekt anzeigen (Abschnitt 14.3). Beispielsweise können Sie in einem Word-Dokument die Zahlen aus einer Excel-Tabelle anzeigen lassen.
- Textmarken und Hyperlinks liefern Ihnen erweiterte Navigationsmöglichkeiten für Bildschirmdokumente (Abschnitt 14.4). Sie können damit zwischen den einzelnen Bestandteilen eines Dokuments oder auch zu anderen Dokumenten, Webseiten etc. springen.
- Dann wollen wir uns mit den Befehlen beschäftigen, die Sie zum Einfügen der unterschiedlichen Typen von grafischen Elementen benötigen (Abschnitt 14.5).
- Dann werden wir uns den Werkzeugen zuwenden, die Sie zum Bearbeiten bei (fast) allen dieser Elemente benutzen können. Dazu gehören beispielsweise die Befehle zum Ändern der Größe oder der Position im Dokument (Abschnitt 14.6).
- Alle grafischen Elemente verfügen aber noch über spezielle Werkzeuge, mit deren Hilfe Sie das Erscheinungsbild abändern können. Diese unterscheiden sich je nach Typ des Grafikelements. Je nachdem, welchen Typ von Element Sie eingefügt haben, werden verschiedene Registerkarten im Menüband eingeblendet. Unterschiede gibt es zwischen Zeichentools (Abschnitt 14.7), Bildtools (Abschnitt 14.8), SmartArt-Tools (Abschnitt 14.9) und Videotools (Abschnitt 14.10).

14.1 Tabellen

Einige Informationen lassen sich besser in einer Tabellenstruktur darstellen als in einem Fließtext. Sie finden die Möglichkeiten dazu in den Programmen Word und PowerPoint. Solche Tabellen bestehen aus einzelnen Zellen, die in vertikalen Spalten und horizontalen Zeilen angeordnet sind. Diese Zellen können Text, Zahlen, Grafiken usw. enthalten. Der wesentliche Vorteil der Verwendung einer Tabelle gegenüber dem Einsatz von Tabulatorstopps besteht darin, dass in den einzelnen Spalten auch mehrzeilige Eintragungen ohne zusätzlichen Aufwand vorgenommen werden können. Einträge in solchen Tabellen können im Prinzip wie normaler Text bearbeitet werden. Außerdem verfügt die Tabellenfunktion über recht einfache Formatierungsmethoden, wie beispielsweise das Anpassen der Spaltenbreiten, den Einsatz von Gitternetzlinien usw.

TIPP Auch Berechnungen können Sie in einer solchen eingefügten Tabelle durchführen. Sollten Sie aber größere Datenmengen bearbeiten und/oder kompliziertere Berechnungen durchführen wollen, empfiehlt es sich, dafür eine Microsoft Excel-Tabelle zu verwenden.

14.1.1 Eine Tabelle erstellen

Setzen Sie in Word oder PowerPoint in jedem Fall die Einfügemarke vorher an die gewünschte Stelle im Dokument. Öffnen Sie die Liste zur Schaltfläche *Tabelle* im gleichnamigen Bereich der Registerkarte *Einfügen*. Sie haben dann mehrere Möglichkeiten, eine Tabelle zu erstellen.

Ein Raster verwenden

Entweder spezifizieren Sie im Raster unter *Tabelle* die Abmessungen der Tabelle. Führen Sie dazu den Mauszeiger über das Rasterfeld (Abbildung 14.1 links). Während der Bewegung wird im Dokument eine Tabelle in der entsprechenden Größe skizziert. Wenn die Tabelle den gewünschten Abmessungen entspricht, klicken Sie das aktuelle Feld im Raster an. Die Tabelle wird dann erstellt.

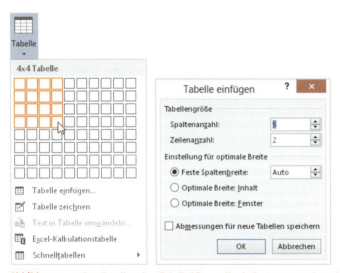

Abbildung 14.1: Zum Erstellen einer Tabelle können Sie ein Raster verwenden oder ein Dialogfeld benutzen – hier im Programm Word.

Das Dialogfeld benutzen

Weitere Einstellungsmöglichkeiten hinsichtlich der Gestaltung der einzufügenden Tabelle haben Sie, wenn Sie das Dialogfeld nutzen, das Sie über den Befehl *Tabelle einfügen* im Katalog zur Schaltfläche *Tabelle* aufrufen können (Abbildung 14.1 rechts). Setzen Sie die Einfügemarke vorher wieder zuerst an die Stelle im Dokument, an der die Tabelle erscheinen soll.

- Geben Sie in die Felder *Spaltenanzahl* und *Zeilenanzahl* die gewünschten Werte ein oder benutzen Sie die Drehfelder zum Einstellen. Sie können auch noch zu einem späteren Zeitpunkt die Anzahl erweitern oder reduzieren. Bei den Programmen PowerPoint und Publisher sind das die einzigen Parameter, die Sie an dieser Stelle für eine einzufügende Tabelle einstellen können.

- Bei Word können Sie im Bereich *Einstellung für optimale Breite* die gewünschte Breite der Spalten festlegen: Über die Option *Feste Spaltenbreite* geben Sie eine bestimmte Breite an oder Sie wählen den Eintrag *Auto*, um Spalten gleicher Größe auf Satzspiegelbreite einzufügen. *Optimale Breite: Inhalt* passt je nach eingegebener Textmenge automatisch die Breite der Spalten in der Tabelle an. *Optimale Breite: Fenster* passt die Größe der Tabelle an die Darstellung in der Weblayoutansicht oder im Fenster des Webbrowsers an.

- Wenn Sie bei Word das Kontrollkästchen *Abmessungen für neue Tabellen speichern* aktivieren, werden für jede neue Tabelle die im Dialogfeld festgelegten Einstellungen vorgeschlagen.

Nach dem Bestätigen der Einstellungen im Dialogfeld über *OK* wird die Tabelle in der festgelegten Art und Größe an die aktuelle Position der Einfügemarke eingefügt. Wenn Sie im Dialogfeld die Option *Optimale Breite: Inhalt* gewählt haben, sind die Spalten der Tabelle zunächst recht schmal. Das ändert sich, sobald Sie die Zellen mit Inhalten gefüllt haben.

Vorhandenen Text in eine Tabelle umwandeln

Wenn Sie in ein Word-Dokument bereits Text eingegeben haben, den Sie in eine Tabelle umwandeln wollen, sollten Sie Folgendes beachten:

- Die Zeilen der zu erstellenden Tabelle sollten als einzelne Absätze eingegeben worden sein. Notwendig ist das zwar nicht, es erleichtert aber die Arbeit.
- Innerhalb dieser Absätze sollten die einzelnen Spalten immer durch dieselben Trennzeichen – am besten durch Tabulatorstopps – voneinander getrennt sein.

Nachdem Sie alle diese Absätze – und nur diese – markiert haben, wählen Sie im Katalog zum Befehl *Tabelle* der Befehl *Text in Tabelle umwandeln*. Das Dialogfeld entspricht dem oben angesprochenen zum Befehl *Tabelle einfügen* – zusätzlich können Sie im Bereich *Text trennen bei* angeben, welche Trennzeichen zwischen den einzelnen Spalten verwendet werden sollen (Abbildung 14.2).

Abbildung 14.2: Das Dialogfeld erlaubt zusätzlich die Festlegung des im Text verwendeten Trennzeichens.

- Wie Sie sehen können, sind Tabulatorstopps nicht die einzige Art von Trennzeichen im Text, mit denen Sie Word anweisen können, den folgenden Bereich in die nächste Zelle der Tabelle zu setzen. Auch Absatzmarken, Semikola oder andere frei wählbare Zeichen sind dafür geeignet. Seien Sie etwas vorsichtig mit der Absatzmarke. Vor dem Erstellen der Tabelle können Sie dabei schwer entscheiden, welche Absätze später in welchen Zellen auftauchen. Ein genaues Abzählen der Absätze ist notwendig.
- Prüfen Sie im Bereich *Tabellengröße* die Anzahl der Zeilen und Spalten. Wenn die hier vorgeschlagene Spaltenzahl geringer ist als vermutet, haben Sie wahrscheinlich vergessen, im Text einen Tabstopp zu setzen. In diesem Fall empfiehlt es sich, den Vorgang zunächst abzubrechen und den Fehler zu korrigieren. Andernfalls müssen Sie die Zellinhalte mit viel Aufwand verschieben.

Nach der Bestätigung mit *OK* wird die Tabelle erstellt.

Tabelle zeichnen

Ferner können Sie bei Word oder PowerPoint die Tabelle auch einfach zeichnen. Nachdem Sie im Katalog zum Befehl *Tabelle* auf die Option *Tabelle zeichnen* geklickt haben, wird der Mauszeiger zu einem Bleistift, mit dem Sie eine einzelne Zelle zeichnen können, indem Sie einen Rahmen aufspannen.

Anschließend können Sie daraus eine komplexe Tabelle erstellen, die beispielsweise Zellen unterschiedlicher Höhe oder unterschiedlich viele Spalten pro Zeile enthält. Dazu zeichnen Sie innerhalb dieses Rechtecks einfach die gewünschten Spalten- und Zeilenlinien.

14.1.2 Eingaben in Tabellen

Um Eingaben in einer Tabelle vorzunehmen, aktivieren Sie zunächst die gewünschte Zelle. Klicken Sie dazu in die Zelle oder wählen Sie sie über die Tastatur an. Geben Sie dann die Inhalte ein. Ein Zeilenumbruch wird automatisch erzeugt, sobald Sie das Ende der Zelle erreicht haben. Über die ⏎-Taste erzeugen Sie innerhalb einer Zelle einen neuen Absatz. Mittels der ⇆-Taste wechseln Sie zur nächsten Zelle. Wenn sich die Einfügemarke aber in der letzten Zelle einer Tabelle befindet, wird durch Drücken der ⇆-Taste eine weitere Tabellenzeile erzeugt.

Nachdem Sie eine Tabelle in Ihr Dokument eingefügt haben, können Sie jederzeit Änderungen darin vornehmen. So lassen sich die Position und die Größe einer vorhandenen Tabelle ändern, Spalten und/oder Zeilen in die Tabelle einfügen und solche Elemente auch wieder löschen. Nebeneinanderliegende Zellen können Sie verbinden und eine Zelle auch in mehrere Zellen unterteilen. Zum Bearbeiten einzelner Bereiche der Tabelle müssen Sie gegebenenfalls vorher die Tabelle, eine Spalte, eine Zeile oder zumindest eine Zelle darin markieren.

14.1.3 Tabellen editieren

Solange eine Tabelle markiert ist, zeigt das Menüband gleich zwei zusätzliche Registerkarten an: Auf der Registerkarte *Tabellentools/Entwurf* finden Sie Werkzeuge zur weiteren Gestaltung der Tabelle. Außerdem können Sie bei einer markierten Tabelle auch zu einer Registerkarte namens *Tabellentools/Layout* wechseln.

14.2 Diagramme

Sie können auch die üblichen Geschäftsgrafiken als Diagramme in Ihren Text oder Ihre Präsentation einfügen. Die Möglichkeiten dazu finden Sie beispielsweise bei Word und PowerPoint. Dazu markieren Sie die gewünschte Stelle im Dokument oder innerhalb eines Absatzes und klicken auf der Registerkarte *Einfügen* in der Gruppe *Illustrationen* auf die Schaltfläche *Diagramm*.

14.2.1 Den Diagrammtyp wählen

Nach Anwahl der Schaltfläche *Diagramm* wird das Dialogfeld *Diagramm einfügen* geöffnet, über das Sie einen Typ wählen können (Abbildung 14.3). Für jeden Typ finden Sie hier diverse Untertypen. Sie können später den Typ und Untertyp jederzeit ändern (*Kapitel 8*).

Sie finden darin zunächst einmal eine Spalte mit den 10 wichtigen Grundformen wie *Säule, Linie, Kreis, Balken* und *Punkt* (*Kapitel 8*). Nachdem Sie eine solche Grundform markiert haben, können Sie in der Zeile oben eine Unterform dazu wählen. Nach dieser Wahl wird ein Diagramm entsprechend Ihren Vorgaben angezeigt (Abbildung 14.4). Die darin dargestellten Daten sind zunächst lediglich Platzhalter. Die konkreten Inhalte müssen Sie in das darunter angezeigte Tabellenblatt noch eingeben.

14.2.2 Inhalte festlegen

Die darin angezeigten Daten bilden die Grundlage für das Diagramm und müssen jetzt noch angepasst werden. Auch wenn Sie sich bei der Arbeit in Tabellenblättern nicht zu Hause fühlen, ist das eine einfache Angelegenheit. Sie müssen im Prinzip nur zwei Dinge tun: Sie müssen die Zahlenwerte und Beschriftungen eingeben und dann den anzuzeigenden Bereich so anpassen, dass im Diagramm genau die gewünschten Daten wiedergegeben werden.

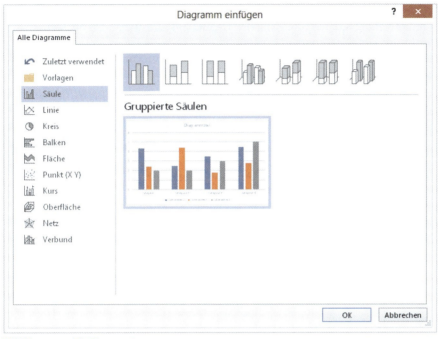

Abbildung 14.3: Die Diagrammtypen

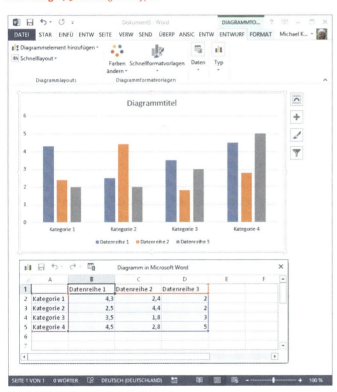

Abbildung 14.4: Ein Platzhalterdiagramm

Zahlenwerte und Beschriftungen anpassen

Es ist sinnvoll – aber nicht notwendig –, zuerst die Zahlenwerte und Beschriftungen anzupassen. Durch Vergleich der beiden Fenster für das Diagramm einerseits und die zugrunde liegende Tabelle andererseits können Sie leicht herausfinden, welche Daten Sie ändern müssen. Klicken Sie die zu ändernde Zelle in der Tabelle einfach an, geben Sie den neuen Inhalt ein und bestätigen Sie mit der ⏎-Taste.

Den darzustellenden Bereich anpassen

Der in der Tabelle mit einer blauen Linie umrandete Bereich enthält die Daten, die im Diagramm angezeigt werden. Wenn Sie weniger oder mehr Daten anzeigen lassen wollen, setzen Sie den Mauszeiger auf den unteren rechten Eckpunkt dieses Bereichs und verschieben Sie diesen Punkt.

- Wenn Sie ihn nach rechts verschieben, können Sie beispielsweise in einem Säulendiagramm weitere *Datenreihen* anzeigen lassen. Ein Verschieben nach links reduziert die Anzahl der *Datenreihen*.
- Wenn Sie den Eckpunkt nach unten verschieben, können Sie mehr *Kategorien* abbilden. Ein Verschieben noch oben reduziert die Anzahl der *Kategorien*.

Nach einer Änderung wird das Diagramm automatisch aktualisiert. Nach dem Erstellen des Diagramms können Sie die Tabelle durch einen Klick auf die *Schließen*-Schaltfläche ausblenden.

14.2.3 Diagramm ändern

Solange das Diagramm markiert ist, werden die kontextbezogenen Registerkarten *Diagrammtools/Entwurf*, *Diagrammtools/Layout* und *Diagrammtools/Format* im Menüband angezeigt. Darüber lassen sich nach dem Erstellen eines Diagramms viele Parameter mit wenigen Schritten abändern. Für grundlegende Änderungen benutzen Sie die Befehlsschaltflächen der Gruppen in der Registerkarte *Entwurf*. Wenn Sie an den Details zu den Werkzeugen für die Bearbeitung eines Diagramms interessiert sind – in *Kapitel 8* finden Sie Hinweise zu deren Benutzung.

14.3 Objekte aus anderen Programmen

Abhängig von den auf Ihrem Computer installierten Anwendungen können Sie in den Programmen erstellte Objekte oder Dateien in einem anderen Programm als Objekt anzeigen. Beispielsweise können Sie in einem Word-Dokument die Zahlen aus einer Excel-Tabelle anzeigen lassen. Bei einer vollständigen Installation von Microsoft Office lassen sich beispielsweise Excel-Arbeitsblätter oder -Diagramme oder PowerPoint-Folien in ein Word-Dokument einfügen. Bei allen Standardinstallationen von Windows können Sie außerdem Video- und Sounddateien integrieren. Benutzen Sie dazu auf der Registerkarte *Einfügen* des Menübands in der Gruppe *Text* den Befehl *Objekt*. Das Dialogfeld *Objekt* wird angezeigt (Abbildung 14.5).

14.3.1 Ein leeres Objekt erstellen

Über die Registerkarte *Neu erstellen* können Sie ein Objekt aus einem der auf Ihrem Rechner installierten Programme erstellen und anschließend mit Inhalten füllen (Abbildung 14.5). Wählen Sie dazu im Listenfeld den einzufügenden Objekttyp aus. Welche Typen hier angezeigt werden, hängt von den auf dem System installierten Anwendungen ab. Um das Objekt nur als Symbol im Dokument anzuzeigen, aktivieren Sie das Kontrollkästchen *Als Symbol anzeigen*. Bestätigen Sie dann mit *OK*.

Das Objekt wird dann in das aktuelle Dokument eingefügt. Solange Sie das so erstellte Objekt markiert haben, steht Ihnen ein Großteil der Befehle des jeweiligen Programms zur Verfügung. Sie können die Größe und die Position eines auf diese Art und Weise eingefügten Objekts wie üblich über die acht Ziehpunkte verändern.

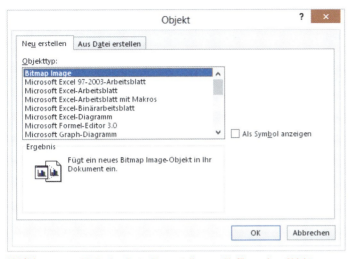

Eine leere Excel-Tabelle in Word einfügen

Zu den wahrscheinlich am häufigsten in ein Word-Dokument eingefügten Objekten zählen Excel-Kalkulationstabellen und die dazugehörigen Diagramme. Bei Word oder PowerPoint besteht der einfachste Weg dazu über die Liste zur Schaltfläche *Tabelle* in der Gruppe *Tabellen* der Registerkarte *Einfügen*. Wählen Sie darin die Option *Excel-Kalkulationstabelle*. Alternativ können Sie eine Excel-Tabelle auch über die Option *Microsoft Excel-Arbeitsblatt* auf der Registerkarte *Neu erstellen* im Dialogfeld zum Befehl *Objekt* erstellen. Eine leere Tabelle wird erstellt und die Oberfläche des verwendeten Programms mit der von Excel überlagert. Anschließend können Sie die Tabelle mit den gewünschten Daten füllen.

Wenn Sie außerhalb der Tabelle klicken, werden die Elemente der Excel-Oberfläche entfernt, das heißt, es wird wieder zur Oberfläche des verwendeten Programms zurückgekehrt, und die Tabelle wird im Dokument in einem Rahmen angezeigt.

Beachten Sie noch die folgenden Hinweise:

- Wollen Sie zum Bearbeiten der Daten in der Tabelle zurückkehren, müssen Sie auf die Tabelle doppelklicken.
- Auch um den Bereich der Tabelle festzulegen, der im Dokument angezeigt wird, müssen Sie zunächst wieder doppelklicken und dann den anzuzeigenden Bereich durch Verschieben der Ziehpunkte markieren.
- Wenn Sie die Ziehpunkte außerhalb der Anzeige der Excel-Oberfläche benutzen, ändern Sie damit nur den Maßstab der Anzeige der Tabelle innerhalb des Word- oder PowerPoint-Dokuments.

Eine vorhandene Excel-Tabelle einfügen

Um die Daten einer vorhandenen Excel-Datei in einem Word-Dokument anzuzeigen, verwenden Sie die Registerkarte *Aus Datei erstellen* im Dialogfeld zum Befehl *Objekt*. Geben Sie in das Feld *Dateiname* den Namen und den Pfad der zu verwendenden Excel-Datei ein oder wählen Sie die Angaben über die Schaltfläche *Durchsuchen* aus. Nach dem Bestätigen wird der Inhalt des aktuellen Tabellenblatts in der Arbeitsmappe im Dokument angezeigt. Um ein anderes Blatt zu wählen oder Daten zu ändern, müssen Sie auf die Anzeige doppelklicken und dann die Änderungen vornehmen. Wenn Sie außerhalb der Tabelle klicken, werden die Elemente der Excel-Oberfläche entfernt, und es wird wieder die Word-Oberfläche mit der im Dokument eingefügten Tabelle angezeigt.

14.3.2 Objekte aus vorhandenen Dateien erstellen

Über die Registerkarte *Aus Datei erstellen* im Dialogfeld *Objekt* können Sie auf eine vorhandene Datei zurückgreifen. Geben Sie hier in das Feld *Dateiname* den Namen der Datei zusammen mit dem entsprechenden Pfad ein. Oder verwenden Sie die Schaltfläche *Durchsuchen*, um die Datei auszuwählen. Daraufhin öffnet sich das Dialogfeld *Durchsuchen*, in dem bei Windows 7 und Windows 8 die Bibliothek *Dokumente* eingestellt ist.

Beachten Sie noch die folgenden Hinweise zum Einfügen von Dateien:

■ Um die ausgewählte Datei zu verknüpfen und nicht einzubetten, aktivieren Sie das Kontrollkästchen *Verknüpfen*. Verknüpfte Objekte bleiben mit ihrer Quelldatei verbunden, das heißt, wenn im Quelldokument Änderungen vorgenommen werden, werden diese auch in das Dokument übertragen, in dem sich das verknüpfte Objekt befindet.

■ Wählen Sie gegebenenfalls die Option *Als Symbol anzeigen*, um das Objekt lediglich als Symbol im Dokument anzuzeigen. Sie können die Inhalte dann anzeigen lassen, indem Sie auf das Symbol doppelklicken.

14.3.3 Text aus Datei einfügen

Über den Befehl *Text aus Datei* in der Liste zur Schaltfläche *Objekt* können Sie Inhalte aus einer vorhandenen Datei in das Dokument einfügen. Diese werden nicht als Objekt, sondern direkt als Text im Dokument dargestellt. Sie sind auch nicht verknüpft, ändern sich also nicht, wenn Sie den Inhalt der Quelldatei ändern.

14.4 Textmarken und Hyperlinks

Wenden wir uns nun den erweiterten Navigationsmöglichkeiten zu, die Bildschirmdokumente mit sich bringen. Hyperlinks dienen im Allgemeinen zum Navigieren zwischen den einzelnen Bestandteilen eines Dokuments sowie zu anderen Webseiten, Dokumenten etc. Sie können damit beispielsweise auch zu bestimmten Stellen in einem Dokument springen, die Sie durch eine Textmarke gekennzeichnet haben. Sowohl Hyperlinks als auch Textmarken definieren Sie bei Word durch Elemente in der Gruppe *Hyperlinks* auf der Registerkarte *Einfügen*. Hyperlinks können Sie aber in allen Office 2013-Programmen einsetzen.

14.4.1 Textmarken

Textmarken dienen bei Word dazu, Markierungen im Text zu definieren, zu denen Sie später schnell wechseln können.

Textmarken definieren

Setzen Sie zum Definieren einer Textmarke zunächst die Einfügemarke an die gewünschte Stelle im Dokument. Sie können auch einen Bereich markieren, wenn die Textmarke diesen enthalten soll. Wählen Sie dann auf der Registerkarte *Einfügen* in der Gruppe *Links* die Schaltfläche *Textmarke* und nehmen Sie die Eingaben im Dialogfeld vor (Abbildung 14.6).

■ Geben Sie in das Feld *Textmarkenname* eine Bezeichnung ein. Dieser Name muss mit einem Buchstaben beginnen, der Rest kann aus bis zu 40 Buchstaben, Zahlen und Unterstrichen bestehen; Leerzeichen sind nicht zugelassen.

■ In der darunter stehenden Liste werden die bereits definierten Textmarken angezeigt. Diese können Sie alphabetisch oder nach ihrer Position im Dokument sortieren lassen.

■ Bestätigen Sie über *Hinzufügen*, um die neue Textmarke in die Liste aufzunehmen. Über *Löschen* können Sie die in der Liste markierte Textmarke entfernen.

Abbildung 14.6: Textmarken müssen benannt werden.

Textmarken einsetzen

Nachdem Sie Textmarken definiert haben, können Sie sie an mehreren Stellen einsetzen:

- Die einfachste Form der Verwendung besteht in der Navigation auf dem Bildschirm: Über das Dialog-feld *Suchen und Ersetzen*, das Sie über *Erweiterte Suche* im Katalog zu *Suchen* in der Gruppe *Bearbei-ten* der Registerkarte *Start* auf den Bildschirm bringen, können Sie schnell zu einer Textmarke im Dokument springen. Wählen Sie darin die Registerkarte *Gehe zu*, dann im Listenfeld *Gehe zu Element* die Option *Textmarke* und dann die gewünschte Textmarke. Ein Klick auf *OK* markiert die entspre-chende Stelle.

- Wichtig ist auch der Einsatz von Textmarken für ein gedrucktes Dokument. Sie können damit einen Querverweis zu der Stelle – beispielsweise der Seite – anzeigen lassen, an der sich die Marke befindet: Markieren Sie zuerst die Stelle im Dokument, an der dieser Querverweis erscheinen soll, und klicken Sie auf der Registerkarte *Einfügen* in der Gruppe *Link* auf *Querverweis* (Abbildung 14.7). Wählen Sie als *Verweistyp* die Option *Textmarke*. Über das Listenfeld *Verweisen auf* können Sie angeben, was als Querverweis angezeigt werden soll. Oft werden Sie hier die Option *Seite* verwenden. Markieren Sie dann unten im Dialogfeld die Textmarke, auf die verwiesen werden soll. Nach der Bestätigung über *Einfügen* wird der Verweis angezeigt.

14.4.2 Hyperlinks

Um einen Hyperlink zu erstellen, markieren Sie zunächst einmal das Element, das als Hyperlink forma-tiert werden soll. Sie können sowohl Text als auch jedes andere in das Dokument eingefügte Objekt als Hyperlink formatieren. Wählen Sie anschließend auf der Registerkarte *Einfügen* in der Gruppe *Link* den Befehl *Link*. Im Dialogfeld *Link einfügen* legen Sie zuerst über die mit *Link zu* überschriebene Leiste fest, welche Art von Hyperlink eingefügt werden soll, und bestimmen dann das konkrete Hyperlinkziel (Abbildung 14.8).

TIPP Wenn Sie einen eingefügten Hyperlink später bearbeiten möchten, markieren Sie zunächst das als Hyperlink formatierte Element im Dokument und wählen Sie dann die Schaltfläche *Link*.

Abbildung 14.7: Textmarken können als Querverweis benutzt werden.

Link zu Datei oder Webseite

Wenn Sie einen Hyperlink einfügen wollen, der einen Sprung zu einer bestimmten Webseite oder einer Datei bewirken soll, wählen Sie in der Leiste *Link zu* am linken Rand des Dialogfelds die Option *Datei oder Webseite* (Abbildung 14.8).

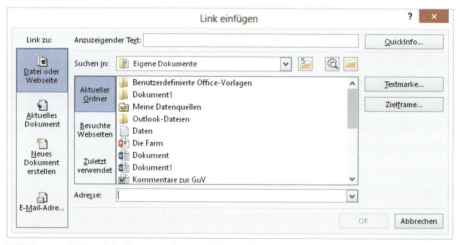

Abbildung 14.8: Hyperlinks können zu einer Datei, einer Webseite oder einer E-Mail-Adresse führen.

- Über die zweite Leiste im inneren Bereich des Dialogfelds können Sie mit *Aktueller Ordner*, *Besuchte Webseiten* und *Zuletzt verwendet* eine weitere Vorauswahl der im Listenfeld angezeigten Ziele treffen.
- Wählen Sie das gewünschte Ziel im Listenfeld aus oder geben Sie im Feld *Adresse* die Seite oder Datei an, zu der der Sprung erfolgen soll. Über das Listenfeld *Suchen in* können Sie – wie in den Dialogfeldern *Speichern unter* und *Öffnen* – den Ordner wählen, dessen Inhalt im Listenfeld darunter angezeigt werden soll.
- Im Feld *Anzuzeigender Text* geben Sie an, welcher Text für den Hyperlink verwendet werden soll. Hier wird in der Grundeinstellung die gewählte Zieladresse beziehungsweise der im Dokument markierte Textbereich verwendet. Zum Ersetzen der Zieladresse können Sie einen beliebigen Text angeben.

■ Über die Schaltfläche *Textmarke* können Sie darüber hinaus zu einer bestimmten Stelle im Dokument springen. Dazu müssen Sie entweder bereits Textmarken in das Zieldokument eingefügt oder die Standardvorlagen für die Überschriften benutzt haben. Sie können dann im Dialogfeld *Stelle im Dokument auswählen* zwischen den so gekennzeichneten Stellen die gewünschte Sprungmarke bestimmen. Standardmäßig erfolgt ein Sprung zum Anfang des Dokuments.

Link zu aktuellem Dokument

Mit der Option *Aktuelles Dokument* in der Leiste *Link zu* können Sie ein Sprungziel innerhalb des aktuellen Dokuments festlegen. Auch hier müssen Sie bei Word entweder bereits Textmarken in das Dokument eingefügt oder die Standardvorlagen für die Überschriften benutzt haben. Bei PowerPoint oder Excel können Sie zu den bereits vorhandenen Elementen des Dokuments – beispielsweise Blättern oder Folien – navigieren. Sie können dann unter den angezeigten Stellen die gewünschte auswählen.

Link zu neuem Dokument

Die Option *Neues Dokument erstellen* in der Leiste *Link zu* ist eher für den Einsatz auf dem lokalen System oder einem Intranet gedacht. Hiermit wird eine neue Datei erstellt. Den Namen für die Datei können Sie im entsprechenden Feld angeben und den Speicherort dafür über die Schaltfläche *Ändern* festlegen.

Link zu E-Mail-Adresse

Mit der Option *E-Mail-Adresse* in der Leiste *Link zu* erstellen Sie einen Hyperlink, der den E-Mail-Editor des Benutzers öffnet. Die Adresse, die Sie im Feld *E-Mail-Adresse* festlegen, wird dann im Mailformular bereits angezeigt. Beispielsweise können Sie hier Ihre eigene Adresse angeben, wenn Sie dem Betrachter Ihrer Website eine bequeme Möglichkeit bieten wollen, mit Ihnen Kontakt aufzunehmen. Sie können auch gleich einen *Betreff* vorgeben.

Link-QuickInfo festlegen

Auf allen Registerkarten des Dialogfelds *Link einfügen* finden Sie die Schaltfläche *QuickInfo*, über die Sie das Dialogfeld *Hyperlink-QuickInfo festlegen* öffnen. Hier lässt sich ein zusätzlicher Text angeben, der angezeigt wird, wenn der Mauszeiger auf dem Hyperlink ruht.

 Sie können einen eingefügten Hyperlink testen, indem Sie mit gedrückter ⌈Strg⌉-Taste auf den betreffenden Hyperlink klicken.

14.5   Grafische Objekte einfügen

Diverse Formen von grafischen Objekten können Ihre Dokumente interessanter gestalten. Dazu gehören beispielsweise Grafikdateien oder -clips, geometrische Formen, verschiedene Diagramme oder auch grafisch aufgearbeiteter Text. Die Befehle dazu sind bei der Mehrzahl der Office-Programme zum größten Teil in der Gruppe *Illustrationen* auf der Registerkarte *Einfügen* angesiedelt.

14.5.1   Zeichnungsobjekte

Über die Schaltflächen *Formen* in der Gruppe *Illustrationen* haben Sie Zugriff auf diverse Typen von einfachen und auch etwas mehr komplexen Zeichnungsobjekten (Abbildung 14.9).

Abbildung 14.9: Der Katalog zum Befehl *Formen* liefert ein Vielzahl von Objekten.

Einfache Zeichnungsobjekte erstellen

Um eines der in dieser Liste gezeigten Objekte in ein Dokument einzufügen, klicken Sie im Katalog auf die gewünschte Option. Anschließend bewegen Sie den Mauszeiger, der jetzt die Form eines Kreuzes hat, auf die gewünschte Stelle im Dokument und klicken diese an. Das Objekt erscheint dann in einer Standardgröße und -form im Dokument und kann anschließend hinsichtlich Lage, Form und Größe geändert werden (Abbildung 14.10).

Beim Erstellen von einfachen Zeichnungsobjekten – beispielsweise über die Schaltflächen *Linie*, *Rechteck*, *Ellipse* und *Pfeil* – wenden Sie immer einige Grundprinzipien an:

- Zum Zeichnen einer *Linie* setzen Sie nach dem Klicken auf die entsprechende Schaltfläche den Mauszeiger auf einen Endpunkt der geplanten Linie, halten die Maustaste gedrückt und führen dann den Zeiger zum anderen Ende. In der Grundeinstellung können Sie so Linien in jedem gewünschten Winkel zeichnen. Durch gleichzeitiges Drücken der ⇧-Taste schränken Sie den Winkel der Linie auf Schritte von jeweils 45° ein. Damit wird auch das Zeichnen von senkrechten oder waagerechten Linien vereinfacht. Wenn Sie gleichzeitig die Strg-Taste drücken, können Sie die Linie aus ihrem Mittelpunkt heraus aufziehen.

- Zum Zeichnen eines Rechtecks setzen Sie den Mauszeiger nach Klicken auf die Schaltfläche *Rechteck* auf einen der vier Eckpunkte des geplanten Rechtecks, halten die Maustaste gedrückt und führen dann den Zeiger auf die Position des diagonal gegenüberliegenden Eckpunkts. Damit können Sie Rechtecke mit beliebigen Proportionen zeichnen. Durch gleichzeitiges Drücken der ⇧-Taste lässt sich bewirken, dass nur Quadrate – also Rechtecke mit gleicher Höhe und Breite – gezeichnet werden. Wenn Sie während des Zeichnens die Strg-Taste drücken, können Sie die Form von ihrem Mittelpunkt aus aufziehen.

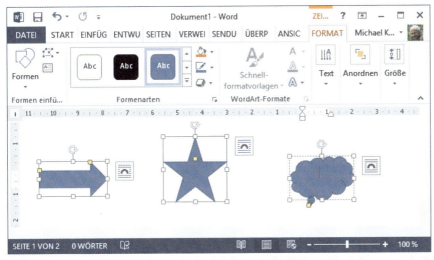

Abbildung 14.10: Zeichnungsobjekte wurden in ein Dokument eingefügt; zum Bearbeiten verwenden Sie die Befehle auf der Register-karte *Zeichentools/Format*.

- Entsprechend funktioniert die Schaltfläche *Ellipse*. Durch gleichzeitiges Drücken der ⬆-Taste kön-nen Sie bewirken, dass ein Kreis gezeichnet wird.
- Wenn Sie einen Pfeil zeichnen möchten, benutzen Sie die Schaltfläche *Pfeil* und zeichnen diesen in der Grundeinstellung vom Ende zur Spitze.

In der Grundeinstellung zeichnen Sie einfache Formen mit einer durchgezogenen Linie in der Stärke von 0,75 Punkt. Die Stärke und Art der Linie können Sie anschließend ändern. Linien können nachträglich mit Pfeilspitzen versehen werden. Nachdem Sie ein solches Zeichenelement in das Dokument eingefügt oder später markiert haben, meldet sich eine neue kontextbezogene Registerkarte mit dem Namen *Zeichentools/Format*, über deren Befehle Sie diese und andere Arbeiten durchführen können.

AutoFormen aufziehen

Neben einfachen Formen – wie Rechtecken, Ovalen und Linien – haben Sie die Auswahl zwischen vielen verschiedenen komplexeren Elementen, die früher als *AutoFormen* bezeichnet wurden. Dabei handelt es sich um grafische Objekte – beispielsweise Pfeilsymbole, Sterne, Sprechblasen und Ähnliches. Sie finden diese Objekte in der Palette unterhalb von *Standardformen*, *Blockpfeile* usw.

- Klicken Sie in der Palette auf das Symbol der gewünschten Form und ziehen Sie die Form in der gewünschten Größe auf. Dazu setzen Sie den Mauszeiger auf einen Eckpunkt der geplanten Form, halten die Maustaste gedrückt und bewegen den Mauszeiger auf die gegenüberliegende Ecke. Wenn Sie stattdessen nur einfach auf eine Stelle im Dokument klicken, wird die Form in der Standardgröße erstellt – Sie können die Größe dann nachträglich anpassen.
- Nachdem Sie das Zeichnungsobjekt erstellt haben, können Sie die Form mit der Maus an eine andere Position verschieben. Über die Größenziehpunkte können Sie die Größe der Form verändern – siehe hierzu gleich mehr.

TIPP Die Mehrzahl dieser Formen hat zusätzlich die Eigenschaften von Textfeldern. Sie können also Text darin eingeben und bearbeiten. Sie erkennen diese AutoFormen an dem zusätzlichen gestri-chelten Rahmen, der sie umgibt, solange sie markiert sind.

14.5.2 Bilddateien

Um persönliche Bilder – beispielsweise Fotos – in einem Dokument anzuzeigen, können Sie auf Ihrem lokalen System gespeicherte Bilddateien hinzufügen.

Bild einfügen

Nach einem Klick auf den Befehl *Bild* in der Gruppe *Illustrationen* auf der Registerkarte *Einfügen* wird das Dialogfeld *Grafik einfügen* angezeigt, das bei Windows 7 und Windows 8 als Betriebssystem den Inhalt der Bibliothek *Bilder* anzeigt (Abbildung 14.11).

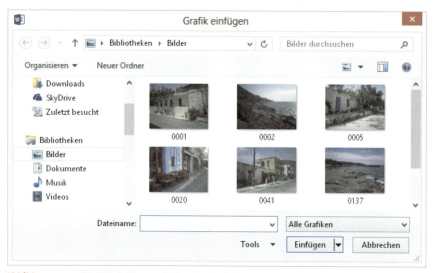

Abbildung 14.11: Ein Bild einfügen – der Standardspeicherort ist die Bibliothek *Bilder*.

Navigieren Sie zum entsprechenden Speicherort, markieren Sie die gewünschte Grafik und bestätigen Sie Ihre Wahl mit *Einfügen*. Die sonstige Vorgehensweise in diesem Dialogfeld ist identisch mit der beim Öffnen oder Suchen von Dateien im Dialogfeld *Öffnen* (Kapitel 2). Nach dem Einfügen können Sie die Größe und Position der Grafik wie üblich bei eingefügten Objekten ändern. Außerdem meldet sich die Registerkarte *Bildtools/Format* im Menüband. Sie können diese auch anzeigen lassen, nachdem Sie später das Bild erneut markieren.

Die Optionen zum Einfügen

Wenn Sie im Dialogfeld *Grafik einfügen* die Liste zur Schaltfläche *Einfügen* öffnen, finden Sie darin drei Optionen: Wenn eine Grafik oder ein anderes Objekt verknüpft wird, werden die Informationen nur aktualisiert, wenn die Quelldatei geändert wird. Verknüpfte Daten werden in der Quelldatei gespeichert. Die Zieldatei speichert nur den Speicherort der Quelldatei und zeigt eine Darstellung der verknüpften Daten an. Wenn Sie ein Objekt einbetten, werden die Informationen in der Zieldatei bei einer Änderung der Quelldatei nicht aktualisiert. Eingebettete Objekte werden nach dem Einfügen zum Bestandteil der Zieldatei und sind nach dem Einbetten nicht mehr Bestandteil der Quelldatei.

14.5.3 Schematische Darstellungen mit SmartArt

Eine *SmartArt*-Grafik ist eine visuelle Darstellung Ihrer Informationen und Ideen. Sie können damit Ideen und Fakten anschaulicher präsentieren und Dokumente lebendiger gestalten. Welche Vielfalt hinter diesem Werkzeug steht, merkt man erst, nachdem man einmal etwas intensiver damit gearbeitet hat.

Denn das Erstellen von Illustrationen in professioneller Qualität kann eine Herausforderung sein. Dies gilt insbesondere dann, wenn Sie kein professioneller Grafiker sind oder keinen beschäftigen können.

Einfügen

Klicken Sie in der Gruppe *Illustrationen* der Registerkarte *Einfügen* auf die Schaltfläche *SmartArt*. Wählen Sie dann im Dialogfeld *SmartArt-Grafik auswählen* den gewünschten Diagrammtyp aus (Abbildung 14.12). Dazu wählen Sie zunächst den Typ – beispielsweise *Prozess*, *Hierarchie*, *Zyklus* oder *Beziehung*. Ein Typ fasst jeweils mehrere unterschiedliche Layouts zusammen.

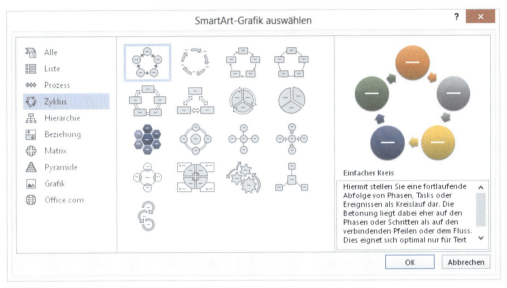

Abbildung 14.12: Die Sammlung stellt acht Diagrammtypen zur Verfügung.

- Sie sollten sich bei dieser Auswahl darüber im Klaren sein, was Sie mitteilen möchten und ob Ihre Informationen auf eine bestimmte Weise dargestellt werden sollen. Aber da Sie später das Layout wechseln können, probieren Sie verschiedene Layouts aus, bis Sie das Layout gefunden haben, das Ihre Botschaft am besten veranschaulicht. Experimentieren Sie mit unterschiedlichen Typen und Layouts, indem Sie die folgende Tabelle als Ausgangspunkt verwenden.
- Berücksichtigen Sie außerdem die Textmenge, die Sie in die einzelnen Elemente einfügen wollen, da die Textmenge und die Anzahl der erforderlichen Formen oftmals das Layout bestimmen, das am besten aussehen wird. Im Allgemeinen sind die Grafiken am effektivsten, wenn sich die Anzahl der Formen und die Textmenge auf Kernpunkte beschränken.
- Bestätigen Sie die Wahl von Form und Unterform durch einen Klick auf die Schaltfläche *OK*. Die Grafik wird in das Dokument eingefügt (Abbildung 14.13). Beim Erstellen oder Ändern wird das Diagramm mit einem nicht druckbaren Rahmen versehen, dessen Ziehpunkte Sie zum Ändern der Größe des Gesamtobjekts verwenden können.

Text hinzufügen

Innerhalb der einzelnen Elemente der Grafik wird zunächst Platzhaltertext – wie *[Text]* – angezeigt. Wenn Sie diese Platzhalter so belassen, werden sie nicht mit ausgedruckt. Der Sinn einer SmartArt-Grafik besteht natürlich darin, den Text durch Ihre eigenen Inhalte zu ersetzen. Ihre nächste Aufgabe besteht dann darin, die im Diagramm verwendeten Platzhalter mit den richtigen Texten zu versehen.

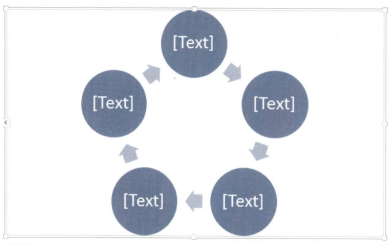

Abbildung 14.13: Eine *SmartArt*-Grafik wurde eingefügt. Um sie zu bearbeiten, verwenden Sie die Registerkarten *SmartArt-Tools/Entwurf* und *SmartArt-Tools/Format*.

Verfeinern und formatieren

Anschließend können Sie die Grafik verfeinern und formatieren. Dazu stehen Ihnen zwei kontextbezogene Registerkarten zur Verfügung: *SmartArt/Entwurf* und *SmartArt/Format*. Klicken Sie außerhalb der SmartArt-Grafik, wenn Sie den Bearbeitungsvorgang beendet haben.

14.5.4 Weitere Illustrationen

In der Gruppe *Illustrationen* der Registerkarte *Einfügen* finden Sie bei allen Office-Programmen noch weitere Optionen. Sie können darüber beispielsweise WordArt-Objekte, Onlinegrafiken, Textfelder oder Screenshots in das aktuelle Dokument einfügen.

WordArt

Wenn Sie einen Schriftzug besonders hervorheben wollen, gestalten Sie ihn am besten mit *WordArt*. Sie können damit dem Text unterschiedliche Formen zuweisen, die mit den Werkzeugen der Textformatierung nicht verfügbar sind. Sie geben hierbei zwar Textelemente – wie Buchstaben oder Zahlen – ein, bearbeiten diese aber als Grafik. Dementsprechend können die Hilfsmittel der Textverarbeitung – wie Rechtschreibprüfung oder das Suchen und Ersetzen – innerhalb eines WordArt-Objekts nicht angewendet werden.

Um ein WordArt-Objekt einem Dokument hinzuzufügen, positionieren Sie die Einfügemarke an der Stelle im Dokument, an der das Objekt angezeigt werden soll. Klicken Sie dann auf die Schaltfläche *WordArt* in der Gruppe *Text* auf der Registerkarte *Einfügen* des Menübands. Dadurch wird eine Liste mit vorgefertigten Designs angezeigt (Abbildung 14.14).

Abbildung 14.14: Wählen Sie ein WordArt-Design aus.

Klicken Sie auf ein Feld in diesem Katalog, um das entsprechende Design für den Schriftzug auszuwählen. Das WordArt-Objekt wird mit dem Platzhaltertext *Hier steht Ihr Text* in das Dokument eingefügt.

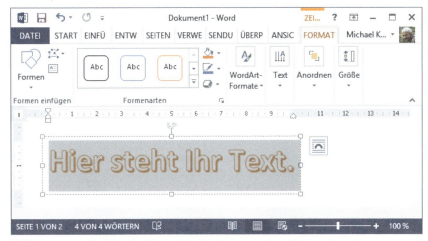

Abbildung 14.15: Ein Platzhalter für den WordArt-Text wurde eingefügt. Zum Bearbeiten verwenden Sie die Befehle auf der Registerkarte *Zeichentool/Format*.

Da der Platzhaltertext bereits markiert ist, können Sie ihn jetzt gleich direkt durch Eintippen des von Ihnen gewünschten Textes ersetzen. Bei längeren Texten können Sie – wie in einem normalen Textfeld – mit der Tastenkombination ⎵↑⎵ + ⎵↵⎵ einen Zeilenumbruch und mit der ⎵↵⎵-Taste eine Absatzschaltung durchführen.

Der Schriftzug weist einen Markierungsrahmen mit acht Ziehpunkten auf, über die Sie mit der Maus Veränderungen bezüglich Größe, Form und Positionierung vornehmen können. Die Methoden dafür sind dieselben wie oben für andere grafische Objekte beschrieben. Außerdem meldet sich nach dem Einfügen die Registerkarte *Zeichentools/Format* im Menüband (Abbildung 14.15).

Onlinegrafiken

Der Befehl *Onlinegrafiken* ersetzt den früher sehr beliebten Befehl *ClipArt*. Sie können über diesen – unter anderem – vorgefertigte Grafiken in ein Dokument einsetzen.

- Um eine solche Grafik einem Dokument hinzuzufügen, klicken Sie auf die Schaltfläche *Onlinegrafiken* in der Gruppe *Illustrationen* auf der Registerkarte *Einfügen*.
- Ein Fenster mit der Überschrift *Bilder einfügen* wird angezeigt. Geben Sie in eines der *Suchen*-Felder einen Begriff ein, der den Inhalt der gesuchten Grafik beschreibt, und starten Sie die Suche.
- Die gefundenen Grafiken werden anschließend aufgelistet. Doppelklicken Sie auf die gewünschte, um sie einzufügen.
- Um das Fenster wieder auszublenden, klicken Sie auf das *Schließen*-Feld.

Nach dem Einfügen ist das Objekt mit Ziehpunkten versehen. Außerdem meldet sich nach dem Einfügen die Registerkarte *Bildtools/Format* im Menüband (siehe Abschnitt 14.8).

Textfelder

Textfelder sind Rahmen, die Sie nach dem Einfügen in ein Dokument frei innerhalb des Dokuments bewegen können. Um ein Textfeld einzufügen, benutzen Sie den Katalog zur Schaltfläche *Textfeld* in der Gruppe *Text* auf der Registerkarte *Einfügen*. Sie finden darin eine größere Menge von Grundformen. Nach der Wahl einer dieser Formen wird das Textfeld im Dokument erstellt.

Screenshot erstellen und einfügen

Mit der *Screenshot*-Funktion erstellen Sie schnell eine Bildschirmabbildung und fügen diese Ihrer Datei hinzu. Dieses Werkzeug eignet sich besonders für Dokumentationen. Durch einen Klick auf die Befehlsschaltfläche *Screenshot* öffnen Sie einen Katalog, in dem im oberen Teil Miniaturansichten aller Programmfenster angezeigt werden, die nicht minimiert sind. Das Programmfenster, von dem aus Sie den Befehl aufgerufen haben, ist darin nicht mit aufgelistet.

Wenn Sie auf eine dieser Miniaturansichten klicken, wird ein Bildschirmabbild dieses Fensters in das Dokument eingefügt. Alternativ können Sie auch gleich einen Ausschnitt eines Bildschirms einfügen. Nachdem Sie im Menü zur Schaltfläche *Screenshot* auf den Befehl *Bildschirmausschnitt* geklickt haben, wird der Bildschirm leicht abgeblendet, und der Mauszeiger erscheint in Form eines Kreuzes. Setzen Sie den Zeiger an eine Ecke des abzubildenden Bereichs, halten Sie die Maustaste gedrückt und bewegen Sie den Zeiger dann auf die gegenüberliegende Ecke. Sobald Sie die Maustaste loslassen, wird ein Bild des so ausgewählten Ausschnitts im Dokument abgelegt.

14.6 Gemeinsam nutzbare Werkzeuge zur Bearbeitung

Alle grafischen Elemente verfügen nach dem Einfügen in ein Dokument über mehrere Werkzeuge, mit denen Sie ihr Erscheinungsbild auf (fast) dieselbe Weise ändern können. Mit diesen wollen wir uns jetzt beschäftigen.

14.6.1 Einfache Einstellungen über die Maus

Nachdem Sie ein Zeichnungsobjekt erstellt haben, können Sie sein Erscheinungsbild, generell also die Position und Größe, direkt mit der Maus ändern. Bei einigen AutoFormen können Sie auch seinen Drehwinkel und manchmal auch Proportionen der Form variieren. In allen Fällen müssen Sie das zu ändernde Objekt zuerst durch einen Klick darauf markieren. Welche Parameter so veränderbar sind, erkennen Sie dann an den angezeigten Punkten.

Position

Im Allgemeinen können Sie die Position eines grafischen Objekts im Dokument verändern, indem Sie es mit der Maus an eine neue Stelle verschieben. Setzen Sie dafür den Mauszeiger auf das Element, sodass er sich in einen Vierfachpfeil verwandelt. Ziehen Sie dann das Zeichnungsobjekt an die gewünschte Position.

Größe

Die Höhe und Breite eines markierten Objekts können Sie über die Größenziehpunkte ändern. Setzen Sie dazu den Mauszeiger auf einen der kleinen Kreise und verschieben Sie dann den Zeiger in die gewünschte Richtung. Benutzen Sie die Punkte an den Ecken, wenn Sie gleichzeitig Höhe und Breite ändern wollen. Diese können Sie auch diagonal verschieben. Wenn Sie gleichzeitig die `Strg`-Taste gedrückt halten, bleiben die eingestellten Proportionen – also das Verhältnis von Höhe zu Breite – erhalten. Die Punkte in der Mitte lassen nur ein waagerechtes oder senkrechtes Vergrößern bzw. Verkleinern zu.

Drehwinkel

Komplexere Zeichnungsobjekte verfügen zusätzlich über einen grünen Punkt, über den Sie den Drehwinkel des Objekts verändern können. Setzen Sie den Mauszeiger auf diesen Punkt und halten Sie die Maustaste gedrückt. Der Zeiger wechselt daraufhin sein Aussehen in einen kreisförmigen Pfeil. Durch Verschieben dieses Symbols drehen Sie das Objekt in die entsprechende Richtung. Bei gleichzeitigem Drücken der `↑`-Taste ist nur noch ein Drehen in Schritten von 15° möglich.

Proportionen

Einige Objekte zeigen im markierten Zustand zusätzlich eine gelb eingefärbte Raute. Diese dient dazu, die Proportionen der Form zu ändern. Setzen Sie – wie üblich – den Mauszeiger auf dieses Symbol, sodass er sein Aussehen in eine kleine Pfeilspitze ändert. Durch Verschieben können Sie dann die Proportionen der Form ändern. Welche Änderungen sich ergeben, hängt auch von der konkret benutzten AutoForm ab.

14.6.2 Detaileinstellungen

Zum Einstellen der Feinheiten benutzen Sie die Befehle in den beiden Gruppen *Anordnen* und *Größe* auf der jeweiligen Format-Registerkarte – also beispielsweise *Zeichentools/Format*.

Größe eines Objekts

Zum Einstellen der Größe können Sie nach dem Markieren der Grafik auch die Drehfelder der Gruppe *Größe* auf der jeweiligen Format-Registerkarte benutzen. Dort können Sie Höhe und Breite separat einstellen. Durch einen Klick auf die kleine Schaltfläche neben der Gruppenbezeichnung *Größe* öffnen Sie ein Dialogfeld, über das Sie die für das ausgewählte Objekt einstellbaren Änderungen vornehmen können. Das dann angezeigte Dialogfeld *Layout* können Sie auch über das Kontextmenü zum Objekt anzeigen lassen.

Ein Arbeiten über dieses Dialogfeld ist beispielsweise dann sinnvoll, wenn Sie mehrere Objekte mit denselben Maßen abbilden oder exakte Werte angeben wollen. Stellen Sie in den Feldern *Höhe* und *Breite* die Maße (in cm) des markierten Objekts ein. Über das Feld *Drehen* können Sie einen Winkel definieren, um den das markierte Objekt gedreht werden soll. Im Bereich *Skalierung* lässt sich die Größe proportional um einen Prozentsatz verändern. Ist *Seitenverhältnis sperren* aktiviert, bleibt das Verhältnis von Höhe zu Breite konstant.

Position eines Objekts

Wichtig ist auch die Schaltfläche *Position* in der Gruppe *Anordnen* der Registerkarte *Format*. Damit bestimmen Sie, wo das Zeichenelement auf der Seite erscheinen soll (Abbildung 14.16 links).

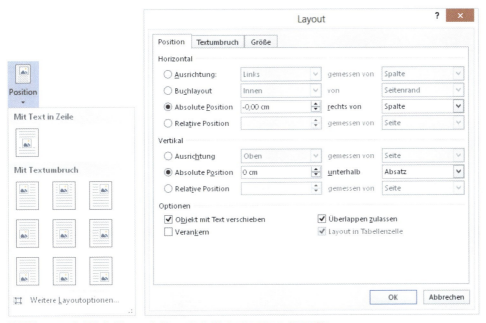

Abbildung 14.16: Mit *Position* regeln Sie auch den Textumbruch um die Grafik.

- Die Option unter *Mit Zeile in Text* setzt das Zeichenelement direkt in die Zeile, in die es eingefügt wurde. Sie können es aber wie gewohnt an andere Stellen verschieben.
- Mit den neun Optionen unter *Mit Textumbruch* können Sie das Zeichenelement an die horizontalen oder vertikalen Ränder setzen bzw. zentrieren.

Noch mehr Details zur Positionierung finden Sie im Dialogfeld *Layout*, das Sie durch die Wahl von *Weitere Layoutoptionen* auf den Bildschirm bringen (Abbildung 14.16 rechts). Damit die Parameter darin ansprechbar sind, müssen Sie vorher eine der neun Optionen unter *Mit Textumbruch* für das Zeichenelement gewählt haben. Dann können Sie – getrennt für *Horizontal* und *Vertikal* – die Lage des Zeichenelements bestimmen.

- Zum Festlegen der horizontalen Position bestehen drei Möglichkeiten: Sie können entweder mit *Absolute Position* eine genaue Lage bezüglich des *Seitenrands*, der *Seite*, der *Spalte* oder des *Zeichens* angeben. Bei *Buchlayout* wählen Sie zwischen *Innen* und *Außen* bezogen auf den *Seitenrand* oder die *Seite* – beispielsweise am linken Seitenrand bei ungeraden und am rechten bei geraden Seitenzahlen. *Ausrichtung* ermöglicht die Wahl zwischen *Links*, *Zentriert* und *Rechts* bezogen auf *Seitenrand*, *Seite*, *Spalte* oder *Zeichen*.
- Das Festlegen der vertikalen Position funktioniert ähnlich, allerdings haben Sie hier nur zwei Möglichkeiten der Gestaltung: Sie können entweder wieder die *Absolute Position* bezogen auf *Seitenrand*, *Seite*, *Absatz* oder *Linie* festlegen oder die Ausrichtung mit *Oben*, *Zentriert*, *Unten*, *Innen* oder *Außen* bestimmen.
- Wenn die geraden und ungeraden Seiten des Dokuments über ein verschiedenes Layout verfügen sollen, finden Sie in der Zeile *Buchlayout* die Positionsangaben *Innen* und *Außen*.
- Die Zeile *Absolute Position* ermöglicht das Festlegen einer Maßangabe für die Entfernung des Elements von *Seitenrand*, *Seite*, *Spalte* usw.

Die zusätzlichen Optionen im unteren Bereich der Registerkarte sind interessant im Zusammenhang mit dem Bearbeiten des Fließtextes:

- Wenn Sie die Option *Objekt mit Text verschieben* aktivieren, wird die Grafik immer zusammen mit dem Absatz verschoben, zu dem sie gehört, wenn Sie beispielsweise im Bereich davor zusätzlichen Text einfügen oder Text löschen.
- Durch Verschieben der Grafik mit der Maus können Sie den zu ihr gehörenden Absatz wechseln. Ist aber das Kontrollkästchen *Verankern* eingeschaltet, bleibt sie stets mit demselben Absatz verbunden.
- Durch Aktivieren des entsprechenden Kontrollkästchens können Sie ein Überlappen von Objekten mit derselben Umbruchart ermöglichen.

Zeilenumbruch um ein Objekt

Sehr wichtig ist auch der Textumbruch. Nach einem Klick auf die Schaltfläche *Zeilenumbruch* in der Gruppe *Anordnen* können Sie diesen regeln. Über die Optionen dazu legen Sie fest, wie der im Dokument vorhandene Text um eine eingefügte Grafik herumfließt. Die Symbole in der Liste zu diesem Befehl liefern einen Hinweis zur Bedeutung der einzelnen Optionen (Abbildung 14.17 links).

Wiederum finden Sie im Dialogfeld *Layout*, das Sie durch die Wahl von *Weitere Layoutoptionen* auf den Bildschirm bringen, mehr Details und auch größere Symbole für die Grundoptionen (Abbildung 14.17 rechts). Benutzen Sie hierfür die Registerkarte *Textumbruch*.

Legen Sie durch Aktivieren einer der unter *Umbruchart* aufgeführten Optionen den Textfluss fest (Tabelle 14.1).

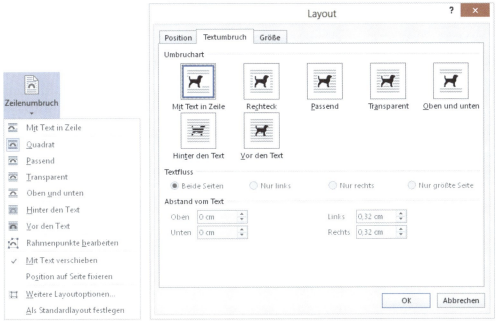

Abbildung 14.17: Die Optionen zum Textumbruch. Die Registerkarte *Textumbruch* zeigt die Details zur Form des Textflusses.

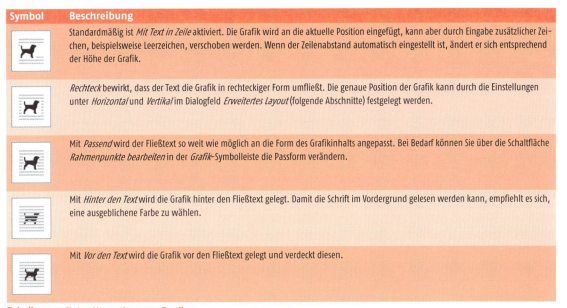

Symbol	Beschreibung
	Standardmäßig ist *Mit Text in Zeile* aktiviert. Die Grafik wird an die aktuelle Position eingefügt, kann aber durch Eingabe zusätzlicher Zeichen, beispielsweise Leerzeichen, verschoben werden. Wenn der Zeilenabstand automatisch eingestellt ist, ändert er sich entsprechend der Höhe der Grafik.
	Rechteck bewirkt, dass der Text die Grafik in rechteckiger Form umfließt. Die genaue Position der Grafik kann durch die Einstellungen unter *Horizontal* und *Vertikal* im Dialogfeld *Erweitertes Layout* (folgende Abschnitte) festgelegt werden.
	Mit *Passend* wird der Fließtext so weit wie möglich an die Form des Grafikinhalts angepasst. Bei Bedarf können Sie über die Schaltfläche *Rahmenpunkte bearbeiten* in der *Grafik*-Symbolleiste die Passform verändern.
	Mit *Hinter den Text* wird die Grafik hinter den Fließtext gelegt. Damit die Schrift im Vordergrund gelesen werden kann, empfiehlt es sich, eine ausgeblichene Farbe zu wählen.
	Mit *Vor den Text* wird die Grafik vor den Fließtext gelegt und verdeckt diesen.

Tabelle 14.1: Einige Alternativen zum Textfluss

Auf der Registerkarte *Textumbruch* im Dialogfeld *Layout* finden Sie unter *Umbruchart* noch zwei zusätzliche Optionen: *Transparent* und *Oben und unten*. Die Optionen darunter sind – je nach gewählter Umbruchart – nur zum Teil verfügbar. Über *Textfluss* legen Sie fest, wo der Zeilenumbruch des Fließtextes stattfinden soll. Ganz unten auf der Registerkarte können Sie den Abstand zwischen eingefügtem Objekt und Text festlegen.

14.7   Die Zeichentools

Wir wollen uns nun mit den unterschiedlichen Tools beschäftigen, die Ihnen nach dem Einfügen bestimmter Grafikelemente zur Verfügung stehen. Beginnen wir mit der Registerkarte *Zeichentools/Format*, die angezeigt wird, wenn Sie eine Form oder ein WordArt-Objekt in das Dokument eingefügt oder später markiert haben (Abbildung 14.18).

Abbildung 14.18: Die Registerkarte *Zeichentools/Format*

14.7.1   Formen ändern und zusätzliche Elemente

Über die Elemente der Gruppe *Formen einfügen* auf der Registerkarte *Zeichentools/Format* können Sie schnell neue Formen erstellen oder bereits vorhandene ändern.

Neue Formen und Formen ändern

Über den Katalog zu *Formen* in der Gruppe *Formen einfügen* können Sie über diese Registerkarte schnell eine weitere Form erstellen. Gehen Sie dazu genau so vor wie bei der Registerkarte *Einfügen*. Nach Wahl eines Formsymbols wird der Mauszeiger in Form eines Kreuzes angezeigt. Sie können damit auf eine Stelle im Dokument klicken, um eine Form in Standardgröße zu erstellen oder eine Form in der gewünschten Größe aufzuziehen.

Wenn Sie eine bereits eingefügte Form in eine andere umwandeln und dabei die schon eingestellten sonstigen Formate beibehalten wollen, benutzen Sie die Optionen zur Schaltfläche *Form ändern*. Markieren Sie aber die Form vorher. Der Katalog liefert Ihnen dieselben Alternativen wie der Katalog zu *Formen einfügen*.

Mit *Punkte bearbeiten* im Menü der Schaltfläche *Form bearbeiten* fügen Sie der Form einen weiteren Satz von Ziehpunkten an den Ecken der Form hinzu, die Sie verwenden können, um ihr Aussehen zu ändern.

14.7.2   Farben, Linien, Schatten und 3D-Effekte

Jedes von Ihnen erstellte Zeichnungsobjekt können Sie nachträglich noch verändern. Dafür benutzen Sie die Befehle in der Gruppe *Formenarten*. Dabei lassen sich beispielsweise Füll- und Linienfarben neu bestimmen und Schatten mit unterschiedlichen Einfallswinkeln oder 3D-Effekte zuweisen.

Akzente setzen

Zuerst sollten Sie prüfen, ob im Katalog in der Gruppe *Formenarten* nicht bereits eine Variante der Form vorhanden ist, die Ihren Vorstellungen entspricht (Abbildung 14.19).

Wenn Sie hier kein Element finden, können Sie sich auch den nachfolgend beschriebenen Möglichkeiten zur individuellen Einstellung bedienen.

Abbildung 14.19: Der Katalog zu den Formenarten

Formkontur und Fülleffekt

Sie können Farben eines Objekts – getrennt für Linien, Flächen und den gegebenenfalls darin vorhandenen Text – ändern. Markieren Sie dazu das Zeichnungsobjekt und benutzen Sie die Befehle *Formkontur* und *Fülleffekt* (Abbildung 14.20). Wählen Sie anschließend in der angezeigten Palette die gewünschte Einstellung aus.

- Weiterhin können Sie über die Schaltfläche *Formkontur* eine geeignete Linie aus einer Liste mit unterschiedlichen unterbrochenen Linien auswählen. Die Linienstärke stellen Sie über die Palette zur entsprechenden Schaltfläche ein.
- Die Schaltfläche im Bereich *Pfeile* zum Aufklappen der Palette mit verschiedenen Pfeiloptionen ist nur dann aktivierbar, wenn Sie als Zeichnungsobjekt eine Linie oder einen Pfeil markiert haben. Wählen Sie dort unter verschiedenen Pfeilarten die gewünschte aus.

3D-Effekte und Schatten

Eine große Zahl zusätzlicher Effekte steht Ihnen über den Katalog zu *Formeffekte* in der Gruppe *Formenarten* zur Verfügung (Abbildung 14.21).

- Klicken Sie auf die Schaltfläche *Schatten*, um die Palette mit den verschiedenen Schattenwürfen anzuzeigen. Wählen Sie hier einen Schattenwurf aus. Die Option unter *Kein Schatten* entfernt einen bereits zugewiesenen Schatten (Abbildung 14.21, links).
- Bei *3D-Drehung* können Sie Tiefe, Farbe und Drehung sowie den Winkel und die Richtung des Lichteinfalls ändern (Abbildung 14.21, rechts).

Weitere Akzente

Den Zugriff auf eine Vielzahl von sonstigen Einstellungen haben Sie, nachdem Sie auf die kleine Schaltfläche mit dem nach unten rechts weisenden Pfeil neben der Gruppenbezeichnung *Formenarten* klicken. Das dann angezeigte Dialogfeld *Form formatieren* verfügt links über mehrere Bereiche, über die Sie die einzelnen Elemente einer Form auf unterschiedliche Weise beeinflussen können. Darüber können Sie beispielsweise auch dreidimensionale Varianten einstellen.

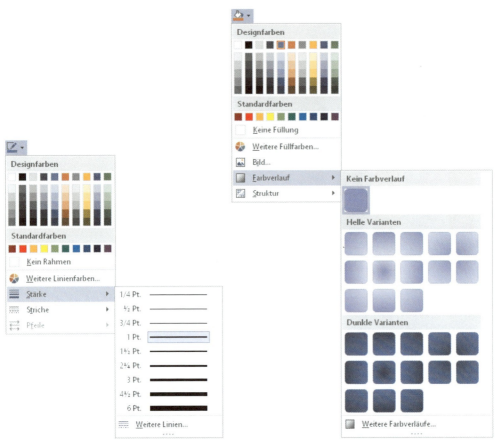

Abbildung 14.20: *Formkontur* für die Linien und *Fülleffekt* für die Flächen

14.7.3 WordArt

Auch nach dem Einfügen eines *WordArt*-Objekts meldet sich die Registerkarte *Zeichentools/Format* im Menüband. Über die Befehle in der Gruppe *WordArt-Formate* können Sie den markierten WordArt-Text bearbeiten.

Die Schnellformatvorlagen

Über den Katalog der Schnellformatvorlagen in dieser Gruppe können Sie aus einer Liste eines der vorge-fertigten Designs wählen (Abbildung 14.22 links). Die Optionen darin kennen Sie schon vom Erstellen eines WordArt-Schriftzugs her.

Textfüllung

Die Farben können Sie auch separat ändern. Benutzen Sie dazu den Befehl *Textfüllung*. Besonders inte-ressant darin ist vielleicht die Option *Farbverlauf* (Abbildung 14.22 rechts).

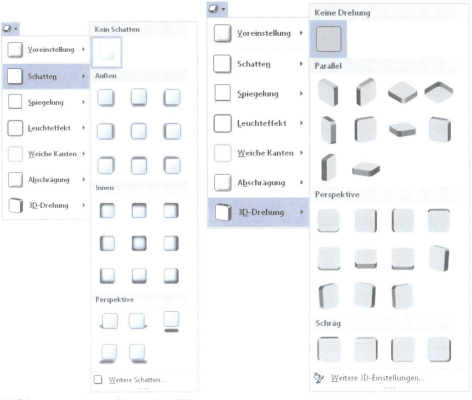

Abbildung 14.21: Schatteneffekte und 3D-Effekte

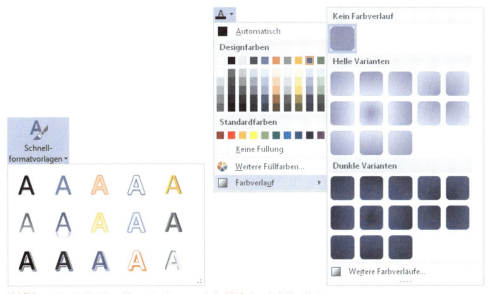

Abbildung 14.22: Die Schnellformatvorlagen und die Füllfarben bei *WordArt*

14.7.4 Anordnen und Gruppieren

In den Befehlen der Gruppe *Anordnen* auf der Registerkarte *Zeichentools/Format* finden Sie Möglichkeiten zum Anordnen und Gruppieren von Objekten. Wenn Sie mit mehreren Zeichnungselementen auf einer Seite arbeiten, können Sie noch weitere Werkzeuge einsetzen:

- Objekte werden in der Reihenfolge, in der Sie sie erstellen, übereinander auf der Arbeitsfläche abgelegt. Daraus ergeben sich unter Umständen unerwünschte Effekte; beispielsweise kann in einer Auto-Form eingegebener Text durch eine andere AutoForm verdeckt werden. Wenn Sie ein Objekt in einem solchen Stapel auf eine andere Ebene setzen wollen, markieren Sie es zuerst. Klicken Sie dann auf eine der Schaltflächen *Eine Ebene nach vorne* oder *Eine Ebene nach hinten*. Über die Befehle in den Listen zu diesen Schaltflächen können Sie bei sich überlappenden Objekten das jeweils markierte *In den Vordergrund* oder *In den Hintergrund* schieben. Auch ein Platzieren vor oder hinter den Text ist möglich.
- Sie können mehrere Objekte zu einer Gruppe zusammenfassen und diese Objektgruppe anschließend als zusammenhängendes, einzelnes Objekt bearbeiten. Das empfiehlt sich besonders dann, wenn Sie eine komplexe Zeichnung aus mehreren Freihandobjekten erstellt haben und deren Zusammenhang sichern wollen. Markieren Sie dazu alle nebeneinanderliegenden Objekte, die Sie zu einer Gruppe zusammenfassen wollen, indem Sie mit der Maus einen Rahmen um die betreffenden Objekte ziehen. Nicht benachbarte Objekte können Sie gemeinsam markieren, indem Sie die ⌨Strg-Taste gedrückt halten und die Objekte nacheinander anklicken. Wählen Sie dann den Befehl *Gruppieren* und darin *Gruppieren*, um die markierten Objekte zu einer Objektgruppe zusammenzufassen. Die Objekte, die zu einer Objektgruppe zusammengefasst wurden, sind mit einem gemeinsamen Markierungsrahmen versehen, der auch einen gemeinsamen Satz von Ziehpunkten aufweist. Sie können nun die Größe und Position der Gruppe gemeinsam ändern. Jede Änderung, die Sie an diesem Objekt hinsichtlich Größe, Farbe, Position usw. vornehmen, wirkt sich auf die gesamte Gruppe aus.
- Wenn Sie eine markierte Objektgruppe wieder auflösen wollen – um beispielsweise ein einzelnes Objekt darin zu bearbeiten –, verwenden Sie den Befehl *Gruppierung aufheben* in der Befehlsliste zu *Gruppieren*.
- Über den Befehl *Drehen* können Sie Objekte in einem festgelegten Winkel horizontal, vertikal, nach links oder nach rechts kippen oder in einem bestimmten Winkel drehen.
- Über den Befehl *Ausrichten* legen Sie fest, wie mehrere markierte Objekte aneinander ausgerichtet werden sollen.

14.7.5 Zeichnungsbereich

Wenn Sie eine Zeichnung in ein Dokument einfügen wollen, können Sie das auf verschiedene Weise tun: Sie können zum einen die gewünschte Form auswählen und sie direkt im Dokument aufziehen, positionieren und formatieren. Das empfiehlt sich aber nur bei Grafiken, die lediglich aus einem Element – etwa einem Kreis oder einem Rechteck – bestehen. Wenn Sie eine komplexere Zeichnung einfügen wollen – beispielsweise ein eigenes Firmenlogo, das sich aus mehreren Zeichnungsobjekten und Bildern zusammensetzt –, empfiehlt es sich, diese Objekte innerhalb eines speziell dafür vorgesehenen *Zeichnungsbereichs* zu erstellen. Der Vorteil dabei besteht darin, dass Sie alle in diesem Zeichnungsbereich abgelegten Elemente gemeinsam behandeln können; Sie können sie beispielsweise innerhalb des Dokuments verschieben oder kopieren, ohne dass sich die Zusammenstellung ändert.

Einen Zeichnungsbereich definieren Sie, indem Sie aus der Liste zur Schaltfläche *Formen* in der Gruppe *Illustrationen* der Registerkarte *Einfügen* den Befehl *Neuer Zeichenbereich* wählen. Daraufhin wird der Zeichnungsbereich in Form eines rechteckigen Rahmens angezeigt. In diesem Bereich können Sie Zeichnungsobjekte erstellen oder vorhandene Grafiken einfügen. Der Rahmen wird nicht gedruckt und nur angezeigt, solange der Zeichnungsbereich aktiviert ist.

TIPP Der Zeichnungsbereich kann wie ein normaler Absatz behandelt werden. Sie können ihn zusammen mit den in ihm angesiedelten Objekten – die Sie natürlich auch einzeln bearbeiten können – als eine Einheit verschieben, ausschneiden, kopieren und an eine andere Stelle wieder einfügen.

14.7.6 Textfelder

Für eingefügte Textfelder gelten fast dieselben Befehle zur Bearbeitung, die wir eben beschrieben haben. Die Gruppe *Text* auf der Registerkarte *Zeichentools/Format* ist aber speziell für Textfelder gedacht: Sie können hierüber neue Textfelder erstellen, die Ausrichtung ändern oder auch Verknüpfungen zwischen Textfeldern erstellen oder diese auflösen.

Abbildung 14.23: Die Ausrichtung eines Textes kann frei gewählt werden.

Textrichtung ändern

Sie können den Inhalt eines Textfelds vertikal ausrichten. Dazu markieren Sie das Textfeld und klicken auf die Schaltfläche *Textrichtung*. Standardmäßig fließt der Text von links nach rechts. Es empfiehlt sich, für die Eingabe zur normalen Darstellung umzuschalten und die gewünschte Richtung erst danach zu wählen. Es ist allerdings nicht möglich, Text auf den Kopf zu stellen. Hierfür könnten Sie aber Word-Art benutzen.

Textfelder verknüpfen

Wenn Sie mehrere Textfelder in einem Dokument erstellen, können Sie Text in einem Textfeld beginnen lassen und in einem anderen Textfeld fortsetzen.

- Zum Verknüpfen von Textfeldern markieren Sie zunächst das erste Textfeld. Dazu bewegen Sie den Mauszeiger über den Rahmen des Textfelds, bis dieser die Form eines Vierfachpfeils annimmt, und klicken dann auf den Rahmen. Klicken Sie anschließend auf die Schaltfläche *Verknüpfung erstellen* in der Gruppe *Text* der Registerkarte *Zeichentools/Format*. Der Mauszeiger ändert daraufhin seine Form zu einem kleinen Krug.
- Klicken Sie dann auf das Textfeld, in dem der Text fortgesetzt werden soll. Wenn der Krug über einem Textfeld positioniert wird, für das eine Verknüpfung erstellt werden kann, nimmt er die Form eines Krugs an, aus dem Buchstaben herausfallen. Um Verknüpfungen mit weiteren Textfeldern zu erstellen, klicken Sie auf das Textfeld, für das Sie soeben eine Verknüpfung erstellt haben, und wiederholen den beschriebenen Vorgang.
- Geben Sie in das erste Textfeld den gewünschten Text ein oder fügen Sie ihn aus der Zwischenablage ein. Nimmt das Textfeld keinen weiteren Text mehr auf, wird der Text in den anderen verknüpften Textfeldern fortgesetzt.

TIPP Wenn Sie auf die Schaltfläche *Verknüpfung erstellen* geklickt haben und sich dann entscheiden, doch keine Verknüpfung mit einem anderen Textfeld erstellen zu wollen, drücken Sie die Esc-Taste, um den Verknüpfungsvorgang abzubrechen.

Form des Textfelds ändern

Sie können für ein Textfeld auch eine andere Form als die eines Rechtecks wählen. Erstellen Sie hierfür zuerst das Textfeld und markieren Sie es. Öffnen Sie dann die Liste zur Schaltfläche *Form bearbeiten*, klicken Sie auf *Form ändern* und wählen Sie dort die gewünschte Form.

Weitere Formatierungsoptionen

Zur Formatierung innerhalb von Textfeldern stehen Ihnen etwa dieselben Optionen zur Verfügung wie zum Formatieren von Formen oder Grafiken. Eine zusammenfassende Darstellung der für die Formatierung eines Textfelds zur Verfügung gestellten Parameter können Sie einblenden lassen, indem Sie auf die kleine Schaltfläche mit dem nach unten rechts weisenden Pfeil neben der Gruppenbezeichnung *Formenarten* klicken. Mithilfe der Optionen im daraufhin angezeigten Dialogfeld *Form formatieren* können Sie im Bereich *Textfeld* viele Änderungen am vorher markierten Textfeld zentral vornehmen.

- Über die Felder unter *Innerer Seitenrand* bestimmen Sie den Abstand zwischen dem Rahmen des Textfelds und dem darin enthaltenen Text.
- Die beiden Optionen unterhalb der Randeinstellungen beziehen sich auf den Fall, in dem Sie das Textfeld in eine AutoForm umgewandelt haben: Ist das Kontrollkästchen *Text in Form umbrechen* aktiviert, wird der Text in mehrere Zeilen umbrochen, wenn die Breite der AutoForm nicht ausreicht, um ihn in einer Zeile darzustellen. Außerdem können Sie über *Größe der Form dem Text anpassen* dafür sorgen, dass sich die Größe der AutoForm automatisch ändert, damit der gesamte Inhalt sichtbar wird.

Sie können natürlich auch die Befehle der anderen Registerkarten des Dialogfelds *Form formatieren* auf Textfelder anwenden und so beispielsweise dreidimensionale Einstellungen erzeugen.

14.8 Bildtools

Bei eingefügten Bildern und ClipArts wird die Registerkarte *Bildtools/Format* angezeigt, solange das betreffende Element markiert ist (Abbildung 14.24).

Abbildung 14.24: Die Leiste *Bildtools/Format*

14.8.1 Das Bild anpassen

In der Gruppe *Anpassen* finden Sie einige Befehle, die es Ihnen erlauben, das eingefügte Bild selbst zu bearbeiten. Sie können darüber beispielsweise den Kontrast und die Helligkeit regeln, aber auch bestimmte Bereiche im Bild ausblenden.

Korrekturen für Helligkeit und Kontrast

Über den Katalog zu *Korrekturen* finden Sie die Möglichkeit, die Helligkeit und den Kontrast des vorher markierten Bilds zu verändern (Abbildung 14.25 links). Zusätzlich können Sie auch die Schärfe regeln.

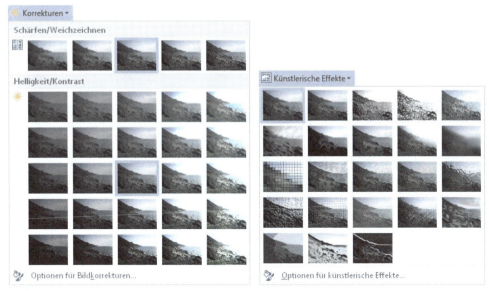

Abbildung 14.25: Helligkeit und Kontrast des Bilds können geändert werden; Sie können einem Bild auch Effekte zuweisen.

Künstlerische Effekte

Die Befehlsschaltfläche *Künstlerische Effekte* erlaubt es, verschiedene künstlerische auf ein Bild anzuwenden, damit es eher wie eine Skizze, eine Zeichnung oder ein Gemälde aussieht (Abbildung 14.25 rechts). Die neuen künstlerischen Effekte umfassen Bleistiftskizze, Strichzeichnung, Wasserfarbenschwamm, Mosaiktupfen, Glas, Pastellfarben-Weichzeichner, Klarsichtfolie, Fotokopie, Farbstriche und mehr.

Einfärben

Über den Katalog zur Befehlsschaltfläche *Farbe* können Sie dem markierten Bild einen Farbton zuweisen (Abbildung 14.26).

- Unter *Farbsättigung* bestimmen Sie, wie stark die bereits vorhandenen Farben erscheinen sollen. Mit der Option ganz links in dieser Zeile können Sie auch die Farben ganz verschwinden lassen und eine schwarz-weiße Darstellung erzeugen.
- Im Bereich *Farbton* können Sie eine Art von Farbstich für das Bild wählen. Auch dabei wird von den bereits vorhandenen Farben ausgegangen.
- Über *Neu einfärben* können Sie eine zusätzliche Farbe einstellen. Im Prinzip arbeiten diese Optionen mit einem Schwarz-Weiß-Bild als Grundlage und einer überlagerten Farbe.

14.8.2 Bildbereiche freistellen

Wenn Sie bestimmte Teile eines Bilds nicht anzeigen wollen, klicken Sie nach dem Markieren des Bilds in der Gruppe *Anpassen* auf den Befehl *Freistellen*. Daraufhin wird im Menüband die zusätzliche Registerkarte *Freistellen* angezeigt (Abbildung 14.27).

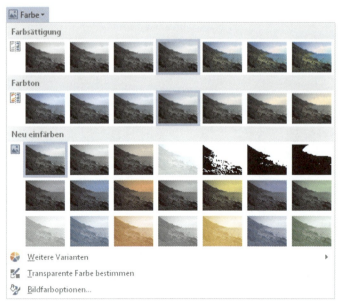

Abbildung 14.26: Bildern können Sie Farbeffekte zuweisen.

Abbildung 14.27: Die zusätzliche Registerkarte *Freistellen* beinhaltet Werkzeuge, mit deren Hilfe Sie einzelne Bereiche ausblenden können.

Rechteckigen Bereich festlegen

Zunächst einmal wird das Bild mit einem zusätzlichen Rahmen versehen. Nur der Bereich des Bilds, der sich innerhalb dieses Rahmens befindet, wird nach Abschluss dieses Bearbeitungsvorgangs beibehalten.

- Sie können diesen Rahmen verschieben, um seine Lage auf dem Bild zu ändern. Setzen Sie dazu den Mauszeiger auf seinen Rand und verschieben Sie ihn mit gedrückt gehaltener Maustaste.
- Verwenden Sie die Ziehpunkte im Rahmen, um seine Größe zu ändern. Setzen Sie den Mauszeiger auf einen Ziehpunkt und verschieben Sie ihn mit gedrückt gehaltener Maustaste.

Bildbereiche ausblenden

Außerdem können Sie einzelne Bereiche im Bild ausblenden. Das Arbeiten mit diesen Werkzeugen ist etwas gewöhnungsbedürftig, nach einiger Zeit stellt sich aber ein intuitives Verständnis ein.

- Wählen Sie das Werkzeug *Zu entfernende Bereiche markieren* und klicken Sie dann auf den Bildbereich, der später nicht mehr angezeigt werden soll. Der Bereich wird mit einem Kreissymbol mit einem Minuszeichen versehen.
- Sie können auch umgekehrt vorgehen und das Werkzeug *Zu behaltende Bereiche markieren* benutzen. Klicken Sie dann auf einen Bereich im Bild, der später angezeigt bleiben soll. Der Bereich wird mit einem Kreissymbol mit einem Pluszeichen versehen.
- Haben Sie sich bei der Wahl eines Bildbereichs geirrt, können Sie die Markierung wieder rückgängig machen, indem Sie zuerst auf *Markierung löschen* und dann auf das entsprechende Kreissymbol im Bild klicken.
- Durch Anwenden dieser Werkzeuge können Sie die Bereiche festlegen, die beibehalten werden sollen. Wenn Sie das Endergebnis kontrollieren wollen, klicken Sie auf *Änderungen beibehalten*. Das Ergebnis wird im Dokument angezeigt (Abbildung 14.28).
- Sie können aber auch alle durchgeführten Markierungen wieder rückgängig machen, indem Sie auf *Alle Änderungen verwerfen* klicken.

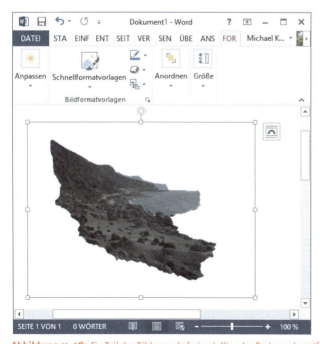

Abbildung 14.28: Ein Teil des Bilds wurde freigestellt – der Rest wurde entfernt.

Einstellungen zurücksetzen

Wenn Sie nach einer Änderung in Farbe, Kontrast oder Helligkeit oder aber auch nach dem Zuweisen einer Formatvorlage wieder zum Ausgangszustand nach dem Einfügen zurückkehren wollen, klicken Sie auf *Bild zurücksetzen* in der Gruppe *Anpassen*.

Bild austauschen

Wenn Sie ein eingefügtes Bild gegen ein anderes austauschen wollen, markieren Sie es und wählen Sie *Bild ändern* in der Gruppe *Anpassen*. Wie beim ursprünglichen Einfügen wird das Dialogfeld *Grafik einfügen* angezeigt, über das Sie ein anderes Bild wählen können. Die schon vorgenommenen Einstellungen für die Bildformatvorlagen werden übrigens für das neu gewählte Bild übernommen.

Bild komprimieren

Besonders bei sehr großen Bilddateien und/oder beim Erstellen von Webseiten sollten Sie sich überlegen, ob Sie den Umfang der Datei nicht reduzieren sollten. Damit können Sie Speicherplatz auf der Festplatte sparen und die zum Download erforderliche Zeit verringern. Klicken Sie dazu auf die Schaltfläche *Bilder komprimieren* in der Gruppe *Anpassen*. Wenn Sie eine bestimmte Einstellung für die Kompressionsrate wünschen, können Sie diese im unteren Bereich unter *Zielausgabe* des Dialogfelds *Bild komprimieren* einstellen. Die weiteren Komprimierungsoptionen erlauben es, dass die Aktion beim Speichern automatisch ausgeführt wird oder dass abgeschnittene Teile eines Bilds gelöscht werden.

14.8.3 Formatvorlagen für Bilder

Für weitere Formatierungsaufgaben benutzen Sie die Befehle der Gruppe *Formatvorlagen* auf der Registerkarte *Bildtools/Format*. Sie können damit einen Rahmen um das Bild setzen und diesen auf unterschiedliche Weise gestalten.

Rahmen

Über den Katalog in der Gruppe *Rahmen* haben Sie Zugriff auf unterschiedliche Formen von Rahmen (Abbildung 14.29 links). Beachten Sie, dass Sie darüber zunächst nur die Form des Rahmens wählen.

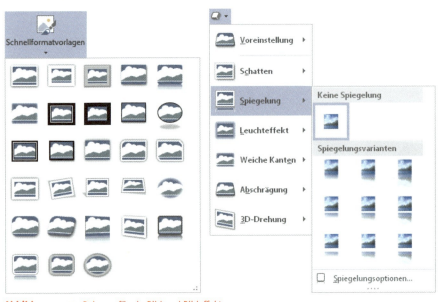

Abbildung 14.29: Rahmen für ein Bild und Bildeffekte

- Die Farbe des Rahmens können Sie über die Liste zur Schaltfläche *Grafikrahmen* einstellen.
- Weitere – aber wiederum nur den Rahmen betreffende – Effekte können Sie über den Katalog zum Befehl *Bildeffekte* wählen (Abbildung 14.29 rechts).

Bildform

Statt einen Rahmen um ein Bild zu setzen, können Sie es auch in eine AutoForm zwängen. Dazu markieren Sie das Bild, klicken auf die Schaltfläche *Bildlayout* und wählen die gewünschte Form aus (Abbildung 14.30).

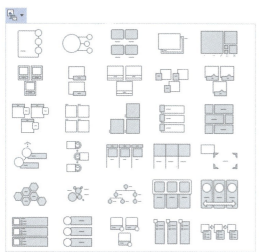

Abbildung 14.30: Ein Bild in eine Form zwängen

14.8.4 Zuschneiden

Sie können eine Grafik direkt mithilfe der Maus zuschneiden. So können Sie Randbereiche des Bilds abschneiden oder auch zusätzliche Funktionen benutzen.

Ränder abschneiden

Klicken Sie dazu zunächst in der Gruppe *Größe* auf die Schaltfläche *Zuschneiden*. Die Ecken und die Seitenränder des vorher markierten Bilds werden dann mit Beschnittkanten versehen (Abbildung 14.31). Zeigen Sie mit dem Mauszeiger auf eine dieser Kanten, halten Sie die Maustaste gedrückt und verschieben Sie die Kante. Zum Zuschneiden einer bestimmten Seite verwenden Sie die Kante an der betreffenden Seite. Mit der Kante in einer Ecke können Sie zwei benachbarte Seiten gleichzeitig zuschneiden.

Weitere Werkzeuge zum Zuschneiden

Der Befehl *Zuschneiden* hält aber noch weitere Werkzeuge bereit, auf die Sie zugreifen können, wenn Sie nach dem Markieren des Bilds die Liste der Befehle zur Schaltfläche öffnen:

- Über den Befehl *Seitenverhältnis* lassen Sie einen Beschnittrahmen mit einem bestimmten Verhältnis von Breite zu Höhe einblenden. Sie können diesen Rahmen auf der Grafik verschieben und so den gewünschten Ausschnitt festlegen.
- Mit *Auf Form zuschneiden* können Sie eine Form wählen, in die das Bild dann eingepasst wird.

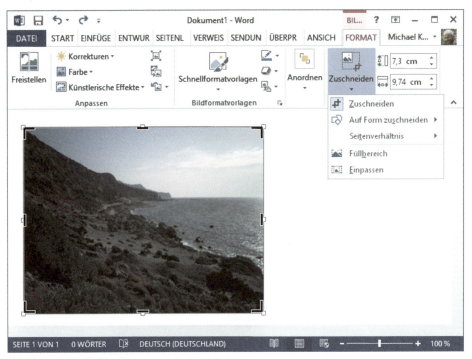

Abbildung 14.31: Grafiken können zugeschnitten werden.

14.9 SmartArt-Tools

Nach dem Einfügen einer SmartArt stehen Ihnen zwei kontextbezogene Registerkarten für die weitere Bearbeitung und Formatierung zur Verfügung: *SmartArt-Tools/Entwurf* und *SmartArt-Tools/Format*. Klicken Sie außerhalb der SmartArt-Grafik, wenn Sie den Bearbeitungsvorgang beendet haben.

14.9.1 Entwurf

Über die Registerkarte *SmartArt-Tools/Entwurf* können Sie am bereits eingefügten Objekt weitere Änderungen und Verfeinerungen durchführen (Abbildung 14.32).

Abbildung 14.32: Die Leiste *SmartArt-Tools/Entwurf*

Elemente hinzufügen

Um der SmartArt weitere Elemente hinzuzufügen, benutzen Sie die Befehle in der Gruppe *Grafik erstellen* der Registerkarte *SmartArt-Tools/Entwurf*.

■ *Form hinzufügen* erlaubt es, der Grafik ein zusätzliches Element hinzuzufügen. Besteht eine Smart-Art-Grafik beispielsweise aus mehreren Rechtecken, können Sie darüber ein zusätzliches Rechteck einfügen. In der Liste zur Schaltfläche finden Sie meist Befehle wie *Form danach hinzufügen* oder *Form davor hinzufügen*. Markieren Sie also immer zuerst das Element in der Grafik, auf das sich der Befehl beziehen soll.

■ Die Option *Von rechts nach links* bezieht sich auf Formen, deren Elemente eine Flussrichtung andeuten – beispielsweise Formen, die Pfeilsymbole oder Ähnliches beinhalten. Mit dieser Schaltfläche können Sie wählen, ob diese Elemente von links nach rechts oder in die umgekehrte Richtung zeigen sollen.

■ Einige der SmartArt-Elemente unterstützen die Möglichkeit, eine Liste von Aufzählungszeichen zuzulassen. In diesen Fall können Sie nach dem Markieren eines Elements auf die Schaltfläche *Aufzählungszeichen hinzufügen* klicken. Dieses wird dann zunächst als Punkt unter den bereits vorhandenen Text eingefügt.

■ Wenn Sie mit solchen Aufzählungszeichen arbeiten wollen, sollten Sie die beiden Schaltflächen *Höher stufen* und *Tiefer stufen* kennen. Hatten Sie die Ebene eines Aufzählungszeichens markiert, können Sie damit hierarchische Strukturen aufbauen.

Oft ist es aber einfacher, in solchen Fällen über den *Textbereich* zu arbeiten. Ein Klick auf die gleichnamige Schaltfläche zeigt diesen an (Abbildung 14.34). Dieser Textbereich funktioniert wie eine Gliederung oder Aufzählung, in der die Informationen direkt der SmartArt-Grafik zugeordnet werden. In jeder SmartArt-Grafik wird eine eigene Zuordnung zwischen den Aufzählungszeichen im Textbereich und den Formen in der Grafik definiert. Unten im Textbereich können zusätzliche Informationen zur SmartArt-Grafik angezeigt werden.

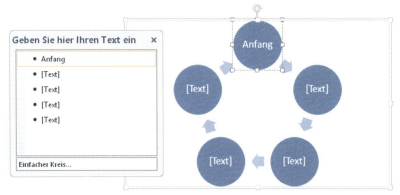

Abbildung 14.33: Der Textbereich erlaubt die Eingabe von Texten außerhalb der Grafik.

■ Oben im Textbereich können Sie den Text bearbeiten, der in Ihrer SmartArt-Grafik angezeigt wird. Die Verwendung der ⏎-Taste erstellt eine neue Zeile derselben Ebene. Abhängig vom ausgewählten Layout werden alle Aufzählungszeichen im Textbereich in der SmartArt-Grafik durch eine neue Form oder durch ein Aufzählungszeichen in einer Form dargestellt.

■ Benutzen Sie die Schaltflächen *Höher stufen* und *Tiefer stufen* in der Gruppe *Grafik erstellen*, um die Ebene zu wechseln. Sie können auch für einen Einzug die ⇥-Taste oder für einen negativen Einzug die Tastenkombination ⇧ + ⇥ im Textbereich drücken.

■ In SmartArt-Grafiken, die eine festgelegte Anzahl von Formen enthalten, wird nur ein Teil des Textes im Textbereich in Ihrer SmartArt-Grafik angezeigt. Text, Bilder oder sonstiger nicht angezeigter Inhalt werden im Textbereich mit einem roten *X* angegeben. Nicht angezeigter Inhalt steht nach wie vor zur Verfügung, wenn Sie zu einem anderen Layout wechseln. Behalten Sie jedoch dasselbe Layout bei und schließen Sie es, werden die Informationen nicht gespeichert.

■ Zwar können Zeichenformatierungen wie *Schriftart*, *Schriftgrad*, *Fett*, *Kursiv* und *Unterstrichen* im Textbereich auf Text angewendet werden, die Zeichenformatierung wird im Textbereich aber nicht angezeigt. Die Formatierungsänderungen werden jedoch in der SmartArt-Grafik wiedergegeben.

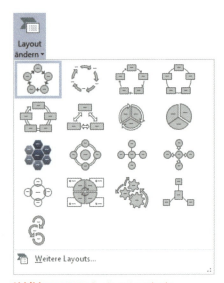

Layout wechseln

Benutzen Sie den Katalog in der Gruppe *Layouts*, um ein anderes Layout für die Grafik zu wählen (Abbildung 14.34). Das funktioniert auch, nachdem Sie bereits Textelemente hinzugefügt haben. Beachten Sie aber, dass immer nur zwischen Layouts einer Kategorie – wie Liste, Prozess, Zyklus usw. – gewechselt werden sollte. Bei einem Wechsel zu einer anderen Kategorie kann es zu Verlusten kommen. Sie können es trotzdem versuchen, indem Sie unten im Katalog auf den Befehl *Weitere Layouts* klicken und dann eine andere Kategorie wählen.

Abbildung 14.34: Das Layout wechseln

Formatvorlagen

Auf der Registerkarte *SmartArt-Tools/Entwurf* befinden sich zwei Kataloge, mit deren Hilfe Sie das Erscheinungsbild Ihrer SmartArt-Grafik rasch ändern können – *Schnellformatvorlagen* und *Farben ändern* (Abbildung 14.35). Wenn Sie den Mauszeiger auf eine Miniaturansicht in einem dieser Kataloge setzen, können Sie sehen, wie sich eine SmartArt-Formatvorlage oder Farbvariation auf Ihre SmartArt-Grafik auswirkt, ohne diese tatsächlich anzuwenden.

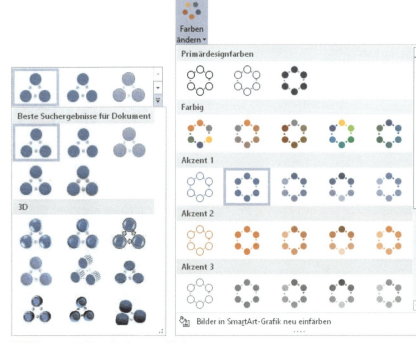

Abbildung 14.35: Formatvorlagen und Farben

- Über den Katalog in der Gruppe *Schnellformatvorlagen* können Sie zwischen unterschiedlichen Vorlagen wählen (Abbildung 14.35 links). Diese Formatvorlagen umfassen Fülleffekte, Kanten, Schatten, Linienarten, Farbverläufe und dreidimensionale Perspektiven und werden auf die gesamte SmartArt-Grafik angewendet.

- Außerdem haben Sie über die Liste zu *Farben ändern* die Möglichkeit, verschiedene Designfarben und Akzentsetzungen einzusetzen (Abbildung 14.35 rechts). Beispielsweise können Sie zum Hervorheben von unterschiedlichen Schritten in einer SmartArt-Grafik des Typs *Prozess* eine beliebige Kombination unter *Farbig* verwenden. Wenn Sie den Grafiktyp *Zyklus* ausgewählt haben, können Sie eine beliebige Option aus den Optionen unter *Farbverlaufbereich – Akzent n-Farben* verwenden, um die Kreisbewegung hervorzuheben. Diese Farben verlaufen entlang eines Farbverlaufs bis zur mittleren Form und kehren dann zur ersten Form zurück.

TIPP Bei der Auswahl von Farben sollten Sie auch bedenken, ob das Publikum Ihre SmartArt-Grafik ausdrucken oder online anzeigen soll. Die Primärdesignfarben sind übrigens auch auf den Schwarz-Weiß-Druck ausgerichtet.

Zurücksetzen

Durch einen Klick auf *Grafik zurücksetzen* kehren Sie zum Ausgangszustand nach dem Einfügen der SmartArt-Grafik zurück.

14.9.2 Formatieren

Über die Registerkarte *SmartArt-Tools/Format* können Sie die Linienstärke und -art ändern sowie Füllbereiche, Strukturen und Hintergründe hinzufügen (Abbildung 14.36). Die Optionen unterscheiden sich teilweise je nach dem eingefügten Objekt.

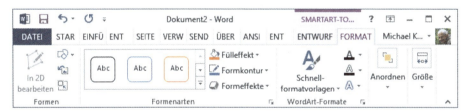

Abbildung 14.36: Die Registerkarte *SmartArt-Tools/Format*

Formen verändern

Die Gruppe *Formen* auf der Registerkarte *SmartArt-Tools/Format* erlaubt ein Ändern einzelner Elemente einer SmartArt-Grafik. Markieren Sie dieses Element zuerst.

- *In 2D bearbeiten* ist nur wählbar, wenn Sie vorher über die *Schnellformatvorlagen* der Registerkarte *SmartArt-Tools/Entwurf* eine dreidimensionale Darstellungsweise gewählt haben. Da das Bearbeiten der Grafik – beispielsweise die Eingabe von neuem Text – in einer 3D-Form etwas schwierig ist, können Sie mit diesem Befehl kurzfristig zur zweidimensionalen Darstellung umschalten. Nach der Bearbeitung kehren Sie durch einen erneuten Klick auf diese Schaltfläche zur 3D-Darstellung zurück.

- Über den Katalog zum Befehl *Form ändern* können Sie einem vorher markierten Element einer SmartArt-Grafik die Optik einer der schon angesprochenen AutoFormen geben.

- Mit den beiden Schaltflächen *Größer* und *Kleiner* können Sie ein vorher markiertes Element einer SmartArt-Grafik schrittweise vergrößern oder verkleinern. Die Größe der anderen Elemente wird davon nicht beeinflusst.

Formatvorlagen

Zwei Kataloge von Formatvorlagen stehen Ihnen in den Gruppen *Formenarten* und *WordArt-Formate* auf der Registerkarte *SmartArt-Tools/Format* zur Verfügung. Markieren Sie vor der Anwendung immer zuerst das Element der Grafik, das Sie formatieren wollen.

- Mit *Formenarten* können Sie einzelne Elemente durch unterschiedliche Farbgebung für Flächen und Ränder verschieden akzentuieren. Der Katalog zeigt immer nur abgerundete Rechtecke an, unabhängig von der bereits eingestellten Form, die damit auch nicht geändert wird.
- Über *WordArt-Formate* können Sie Text in einer WordArt-ähnlichen Form darstellen lassen. Die Optionen im oberen Bereich gelten für einen vorher markierten Textbereich, die im unteren für das vorher markierte Element.

14.10 Videos einfügen und Videotools

Bei einigen Office-Programmen können Sie auch Videoelemente in das Dokument einfügen und wiedergeben.

14.10.1 Videos einfügen

Bei der Vorversion des Programmpakets hatten Sie nur in PowerPoint die Möglichkeit, auf bequeme Weise Videos einzufügen und diese auch in gewissen Grenzen zu bearbeiten. Jetzt steht Ihnen diese Möglichkeit – zumindest für Onlinevideos – auch in Word zur Verfügung.

Bei PowerPoint

Markieren Sie die gewünschte Folie, wählen Sie im Menüband die Registerkarte *Einfügen* und klicken Sie auf *Video* in der Gruppe *Medien*. Sie haben in der Liste die Wahl zwischen *Onlinevideo* und *Video auf meinem Computer*.

- Bei *Video auf meinem Computer* navigieren Sie im Dialogfeld *Video einfügen* zum gewünschten Speicherort, markieren die Videodatei und klicken auf *Einfügen*.
- Wenn Sie *Onlinevideo* wählen, erscheint ein Fenster mit der Bezeichnung *Video einfügen*, über das Sie zunächst den Speicherort wählen können (Abbildung 14.37). Ihr(e) SkyDrive-Ordner in der Cloud stehen Ihnen als Auswahlmöglichkeit zur Verfügung. Sie können aber auch mithilfe von *Bing* nach Videos mit bestimmten Inhalten suchen lassen oder einen Einbettungscode für ein Video auf einer Webseite benutzen.

Nach der Bestätigung wird ein Bereich für die Wiedergabe auf der Folie eingerichtet, und die Registerkarten *Videotools/Format* und *Videotools/Wiedergabe* werden im Menüband angezeigt.

Bei Word

Ähnlich funktioniert das bei Word, allerdings können Sie hier nur Onlinevideos einfügen. Klicken Sie auf der Registerkarte *Einfügen* in der Gruppe *Medien* auf *Onlinevideo*. Im Fenster *Video einfügen* haben Sie allerdings nur die Möglichkeit, über *Bing* zu suchen oder einen Einbettungscode einzugeben.

14.10.2 Wiedergabe

Ein bei PowerPoint eingefügtes Video können Sie jederzeit kontrollieren und abspielen (Abbildung 14.39). Sie können zur Steuerung die Elemente der Registerkarte *Wiedergabe* oder die unter dem Videobereich angezeigte Steuerleiste benutzen.

Abbildung 14.37: Für Onlinevideos stehen Ihnen mehrere Möglichkeiten zur Verfügung.

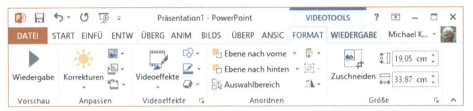

Abbildung 14.38: Die Registerkarte *Videotools/Format* stellt Werkzeuge zum Bearbeiten zur Verfügung.

Abbildung 14.39: Die Position können Sie über die Maus regeln.

- Zur Wiedergabe klicken Sie auf der Registerkarte *Wiedergabe* in der Gruppe *Vorschau* auf *Wiedergabe*. Wird die Registerkarte *Videotools* momentan nicht angezeigt, können Sie auch die gleichbedeutende Schaltfläche in der Steuerleiste benutzen.
- Wollen Sie die Wiedergabe stoppen, klicken Sie in der Gruppe *Vorschau* auf *Anhalten*. Auch hier können Sie die Schaltfläche links in der Steuerleiste benutzen.
- Die Zahlen rechts in dieser Leiste zeigen die aktuelle Position im Video an. Klicks auf die beiden kleinen Schaltflächen im rechten Bereich der Steuerleiste bewegen das Video um einige Bilder in die gewünschte Richtung. Ein Verschieben der Bildposition können Sie auch durch Verschieben des Bildlaufbereichs in der Steuerleiste erreichen.

14.10.3 Das Videoformat

Über die Registerkarte *Videotools/Format* legen Sie fest, mit welchen optischen Effekten das Video präsentiert werden soll.

Effekte für die Wiedergabe

Videos können Sie ähnlich korrigieren oder verfremden wie eingefügte unbewegte Bilder. Dazu benutzen Sie die Werkzeuge in der Gruppe *Anpassen* der Registerkarte *Videotools*.

- Über den Katalog zur Befehlsschaltfläche *Korrekturen* können Sie Helligkeit und Kontrast der Wiedergabe regeln (Abbildung 14.40 links).

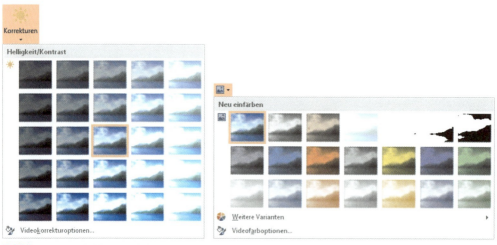

Abbildung 14.40: Sie können Helligkeit und Kontrast eines Videos regeln.

- Eine weitere Möglichkeit besteht darin, das Video mit einer Farbe zu tönen. Dazu benutzen Sie den Katalog zur Schaltfläche *Farbe* (Abbildung 14.40 rechts).
- Mit *Posterrahmen* können Sie bewirken, dass statt des rechteckigen Rahmens um das Video ein Grafikrahmen gelegt wird.
- Die *Videoeffekte* in der gleichnamigen Gruppe erlauben es, dass das Video innerhalb eines Grafikrahmens – beispielsweise in Form einer Ellipse – abgespielt wird. Diese Rahmen können auch leicht gedreht werden.
- Stattdessen können Sie mithilfe der Schaltfläche *Videoform* auch einen Rahmen aus den bekannten Standardformen wählen.
- Die Farbe dieses Rahmens können Sie über den Katalog zur Schaltfläche *Videorahmen* einfärben. Das wirkt sich sowohl auf Rahmen aus *Videoeffekte* als auch auf solche aus *Videoform* aus.

■ Ein Klick auf *Entwurf zurücksetzen* entfernt die eingefügten Effekte wieder und zeigt das Video im normalen rechteckigen Abspielbereich an.

Das Video zuschneiden

Nachdem Sie in der Gruppe *Größe* auf *Zuschneiden* geklickt haben, wird der Abspielbereich mit Ziehpunkten versehen. Setzen Sie den Mauszeiger auf einen davon und verschieben Sie ihn mit gedrückt gehaltener Maustaste, um nur einen Teilbereich des Videos wiederzugeben. Die Größe wird auch in den beiden Feldern rechts von der Schaltfläche angezeigt.

14.10.4 Wiedergabeoptionen

Die Registerkarte *Videotools/Wiedergabe* ermöglicht auch einige Änderungen am Video selbst. Sie können beispielsweise Sprungmarken setzen oder auch Anfang oder Ende des Videos abschneiden.

Das Video beschneiden

Beim Schneiden des Videos wird die Originaldatei nicht beeinflusst, nur die Wiedergabe. Wählen Sie nach dem Einfügen des Videos die Registerkarte *Videotools/Wiedergabe* und klicken Sie in der Gruppe *Bearbeiten* auf *Video kürzen*. Im Dialogfeld *Video kürzen* können Sie die beiden Marken für den Start und das Ende des Videos mit der Maus nach links bzw. rechts verschieben und so den Anfang und/oder das Ende der Sequenz abschneiden (Abbildung 14.41).

Abbildung 14.41: Der Videoschnitt – beachten Sie die Marken in der waagerechten Leiste.

Die Videooptionen

Über die Befehle zur Gruppe *Videooptionen* können Sie diverse zusätzliche Einstellungen treffen: Sie können beispielsweise die Lautstärke festlegen oder bestimmen, dass die Wiedergabe im Vollbildmodus erfolgt oder dass die Sequenz in einer Endlosschleife wiedergegeben wird.

Kapitel 15

Office 2013: Teamarbeit und Freigabe

Unter dem Begriff *Freigabe* wird – jedenfalls bei Microsoft Office – alles verstanden, was irgendwie mit der Verteilung von Dokumenten in elektronischer Form zusammenhängt. Wenn Sie ein Dokument nicht in gedruckter Form verbreiten, sondern als Datei anderen Personen zukommen lassen möchten, kommen zusätzliche Aspekte ins Spiel. Diese betreffen beispielsweise sowohl die Sicherheit als auch andere Dinge. In diesem Kapitel wollen wir diese Dinge zusammenfassend ansprechen.

- Dazu gehören zunächst einmal die Möglichkeiten zum Kommentieren von Daten und das Nachverfolgen von durchgeführten Änderungen (Abschnitt Abbildung 15.1). Kommentare erlauben es, Bemerkungen direkt an die betreffenden Zellen (Excel) bzw. markierten Textstellen (Word und PowerPoint) zu ketten. Das Änderungsprotokoll zeichnet die von einzelnen Personen durchgeführten Korrekturen auf und erlaubt es, diese wieder rückgängig zu machen.
- Anschließend wollen wir auf einige wichtige Punkte eingehen, die Sie durchführen sollten oder zumindest könnten, bevor Sie eine elektronische Kopie eines Office-Dokuments anderen Personen zukommen lassen (Abschnitt 15.2). Dazu gehören beispielsweise das Prüfen des Dokuments auf unerwünschte Daten oder das Festlegen der Bereiche, die der Empfänger daran bearbeiten darf.
- Schließlich wollen wir auf die einzelnen Methoden zur Freigabe eingehen (Abschnitt 15.3). Viele davon können bei allen Office 2013-Programmen auf dieselbe Weise eingesetzt werden, andere nicht.

15.1 Kommentieren und Nachverfolgen

Bei den Office-Programmen Word, Excel und – teilweise auch – PowerPoint finden Sie eine Reihe von Werkzeugen, die Sie zur Überarbeitung Ihrer Dokumente verwenden können. Änderungen am Dokument können damit besonders gekennzeichnet werden. Unabhängig davon können Sie bestimmte Stellen im Dokument mit Kommentaren versehen. Später können Sie dann die Änderungen überprüfen (lassen) und jede Änderung individuell annehmen oder ablehnen; Kommentare können Sie gegebenenfalls beantworten und auch wieder aus dem Dokument entfernen.

15.1.1 Kommentare bei Word

Kommentare sind von einem Autor oder Bearbeiter hinzugefügte Notizen beziehungsweise Anmerkungen zum Dokument. Word zeigt diese auf dem Bildschirm – und auch im Ausdruck – in Sprechblasen am Rand des Dokuments oder im einblendbaren Überarbeitungsfenster an. Hiermit können Sie die Anmerkungen eines Bearbeiters leicht erkennen und darauf reagieren. Zum Arbeiten mit diesem Werkzeug dienen die Befehle der Gruppe *Kommentare* auf der Registerkarte *Überprüfen*.

Kommentare eingeben

Markieren Sie bei Word – oder auch PowerPoint – den Text oder das Element, zu dem Sie einen Kommentar hinzufügen möchten, oder setzen Sie die Einfügemarke an das Ende des zu kommentierenden Textes. Klicken Sie dann auf der Registerkarte *Überprüfen* in der Gruppe *Kommentare* auf *Neuer Kommentar* (Abbildung 15.1). Geben Sie den Kommentartext im Überarbeitungsfenster ein. Dieses Überarbeitungsfenster wird angezeigt, wenn in der Gruppe *Kommentare* die Option *Kommentare anzeigen* eingeschaltet ist. Andernfalls erscheint nur eine Sprechblase im Dokument. Wenn Sie auf diese Sprechblase klicken, erscheint der Kommentar in einem separaten kleinen Fenster.

Sehr geehrte Damen und Herren,

wir suchen eine Altbauwohnung in der Größe von 80 bis 120
qm zur Miete und wären Ihnen dankbar, wenn Sie uns bei
dieser Suche unterstützen könnten:

Die Aufteilung der Wohnung ist weniger wichtig: Ideal wären
ein großer und zwei kleinere Räume von jeweils ca. 12-15 qm
(natürlich mit Küche und Bad separat). Ein Balkon oder eine
Terrasse wären optimal. Preislich stellen wir uns eine
Kaltmiete bis 700 € vor.

Michael Kolberg Vor 2 Minuten
Ist das nicht zu wenig?

Abbildung 15.1: Ein Kommentar zu einem Text – hier bei Word

Kommentare durchsehen

Zwischen eingefügten Kommentaren können Sie bei Word mithilfe der sonstigen Befehlsschaltflächen in der Gruppe *Kommentare* navigieren und diese auch löschen: *Vorheriges Element* markiert den vorherigen Kommentar, *Nächstes Element* markiert den nächsten Kommentar und *Löschen* verwirft den aktuell markierten Kommentar. Über das Dropdown-Menü zur Schaltfläche *Löschen* können Sie auch alle Kommentare im Dokument in einem Arbeitsgang löschen.

Kommentare bei Word beantworten

Bei Word können Sie Kommentare auch beantworten. Klicken Sie in den betreffenden Kommentar in der Sprechblasenleiste beziehungsweise im Überarbeitungsfenster und wählen Sie in der Gruppe *Kommentare* den Befehl *Neuer Kommentar*. Sie können auch auf die kleine Schaltfläche am Rand des Überarbeitungsfensters klicken. Geben Sie anschließend Ihre Antwort in die neue Kommentarsprechblase beziehungsweise in den neuen Eintrag im Überarbeitungsfenster ein.

15.1.2   Kommentare bei Excel

Auch bei Excel dient die Kommentarfunktion zum Hinzufügen von Notizen beziehungsweise Anmerkungen zum Dokument. Kommentiert werden hier Zellinhalte, und das Vorhandensein von Kommentaren wird durch ein kleines rotes Dreieck in der Zelle angezeigt.

Kommentare eingeben

Bei Excel markieren Sie eine Zelle oder einen Zellbereich, den Sie kommentieren wollen. Wählen Sie dann die Registerkarte *Überprüfen* und klicken Sie in der Gruppe *Kommentare* auf *Neuer Kommentar*. Geben Sie den Kommentartext in das Überarbeitungsfenster ein (Abbildung 15.2). Dass ein Kommentar an einer Stelle vorhanden ist, wird im Dokument angezeigt.

Abbildung 15.2: Eine Tabelle wurde mit einem Kommentar versehen.

Kommentare bei Excel anzeigen

Dass bei Excel in einer Zelle ein Kommentar vorhanden ist, erkennen Sie an dem Indikator – einem kleinen roten Dreieck – in der oberen rechten Ecke der Zelle. Wenn Sie einen bestimmten Kommentar anzeigen lassen wollen, brauchen Sie nur den Mauszeiger auf die Zelle zu bewegen. Ein Markieren ist nicht notwendig.

TIPP Wenn Sie einen Kommentar andauernd anzeigen wollen, markieren Sie die Zelle und klicken Sie in der Gruppe *Kommentare* auf *Kommentar einblenden/ausblenden*. Sie können auch *Alle Kommentare anzeigen* benutzen.

Kommentare bei Excel bearbeiten

Wenn Sie alle Kommentare in der Mappe der Reihe nach überprüfen wollen, markieren Sie am besten zunächst die Zelle *A1* der ersten Tabelle. Um den ersten Kommentar anzuzeigen, klicken Sie in der Gruppe *Kommentare* auf *Weiter*. Fahren Sie auf diese Weise fort, um den nächsten Kommentar anzuzeigen. Um zum vorher angezeigten Kommentar zurückzuwechseln, klicken Sie auf *Vorheriger*.

Um den Text zu einem Kommentar abzuändern, markieren Sie die entsprechende Zelle. Klicken Sie dann in der Gruppe *Kommentare* auf *Kommentar bearbeiten*. Führen Sie die Korrekturen im Kommentarfeld durch.

Um einen Kommentar aus einer Zelle zu löschen, markieren Sie die Zelle, zu der der Kommentar gehört, und klicken Sie in der Gruppe *Kommentare* auf *Kommentar löschen*.

15.1.3 Nachverfolgen bei Word

Gerade wenn mehrere Personen an ein und demselben Dokument arbeiten, ist es oft nützlich, Einfüge- und Löschvorgänge sowie Änderungen in der Formatierung nachvollziehen zu können, die Sie oder eine andere Person am Dokument vorgenommen haben.

Einschalten der Änderungskontrolle

Zum Ein- und Ausschalten der Überarbeitungsfunktion bei Word klicken Sie auf der Registerkarte *Überprüfen* in der Gruppe *Nachverfolgung* auf *Änderungen nachverfolgen* und wählen in der Liste den gleichnamigen Befehl aus. Es empfiehlt sich, auch die Option *Überarbeitungsbereich* einzuschalten. Änderungen werden anschließend in diesem separaten Arbeitsbereich vermerkt (Abbildung 15.3).

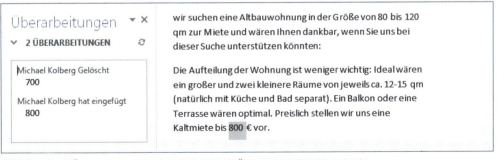

Abbildung 15.3: Änderungen werden in einem separaten Überarbeitungsbereich vermerkt.

TIPP Für den Fall, dass mehrere Personen unter demselben Benutzerkonto auf dem Rechner arbeiten, können Sie über den Bereich *Allgemein* unter den Programmoptionen den aktuellen Namen des Benutzers einstellen (*Kapitel 1*).

Die Anzeige der Änderungen

Nachdem Sie bei Word die Überarbeitungsfunktion eingeschaltet haben, werden Änderungen im Dokument standardmäßig besonders markiert. Wie diese Änderungen angezeigt werden, können Sie über die Liste zu *Für Überarbeitung anzeigen* in der Gruppe *Nachverfolgung* regeln. Die Standardeinstellung ist hier *Einfaches Markup*. Dabei zeigen nur rote senkrechte Striche am Seitenrand die Stellen an, an denen Änderungen durchgeführt wurden. Mit der alternativen Option *Markup: alle* werden die Änderungen direkt im Text angezeigt (Abbildung 15.4).

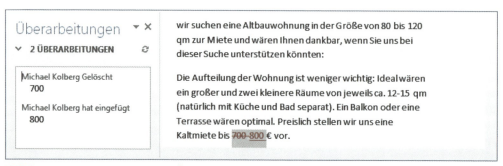

Abbildung 15.4: Die Form der Anzeige der Änderungen können Sie einstellen.

Änderungen annehmen oder ablehnen

Vorgenommene Änderungen können Sie mithilfe der Schaltflächen in der Gruppe *Änderungen* abarbeiten (Tabelle 15.1). Zwei der Schaltflächen in dieser Gruppe verfügen über Listen, über deren Optionen Sie bei der Annahme und Ablehnung von Änderungen noch schneller arbeiten können.

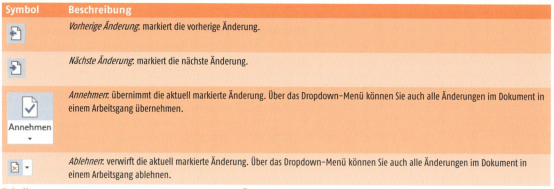

Symbol	Beschreibung
	Vorherige Änderung: markiert die vorherige Änderung.
	Nächste Änderung: markiert die nächste Änderung.
Annehmen	*Annehmen*: übernimmt die aktuell markierte Änderung. Über das Dropdown-Menü können Sie auch alle Änderungen im Dokument in einem Arbeitsgang übernehmen.
	Ablehnen: verwirft die aktuell markierte Änderung. Über das Dropdown-Menü können Sie auch alle Änderungen im Dokument in einem Arbeitsgang ablehnen.

Tabelle 15.1: Die Funktionen der Schaltflächen der Gruppe *Änderungen*

15.1.4   Änderungen nachverfolgen bei Excel

Über eine ähnliche Funktion verfügt auch Excel. Hier ist sie vielleicht noch wichtiger, da eine Änderung in einem Zahlenwert weniger auffällt als eine Textänderung.

Einschalten der Änderungskontrolle

Bei Excel gehen Sie zum Einschalten der Änderungskontrolle etwas anders vor: Wählen Sie die Registerkarte *Überprüfen* im Menüband und klicken Sie in der Gruppe *Änderungen* auf *Änderungen nachverfolgen*. Wählen Sie *Änderungen hervorheben*. Das zeigt das gleichnamige Dialogfeld an (Abbildung 15.5).

Abbildung 15.5: Bei Excel müssen Sie zusätzliche Angaben zur Änderungskontrolle vornehmen.

- Stellen Sie sicher, dass im dann angezeigten Dialogfeld das Kontrollkästchen *Änderungen während der Eingabe protokollieren* aktiviert ist.
- Legen Sie über die darunter liegenden Listenfelder die Details zum Protokoll fest: Über das Feld *Wann* geben Sie an, über welchen Zeitraum die Liste der Änderungen gepflegt werden soll. *Wer* bestimmt, wessen Änderungen protokolliert werden sollen. Über *Wo* regeln Sie, für welchen Bereich der Arbeitsmappe Änderungen protokolliert werden sollen. Wenn Sie im Feld *Wo* keinen Eintrag vornehmen, werden alle Änderungen in der Arbeitsmappe protokolliert.
- Bestätigen Sie über *OK*. Bestätigen Sie auch die Nachfrage zum Speichern. Anschließend durchgeführte Änderungen werden protokolliert.

Hinweis Am Inhalt von Zellen vorgenommene Änderungen werden verfolgt, andere Änderungen – beispielsweise Änderungen am Format – hingegen nicht. Das Änderungsprotokoll wird nur für eine begrenzte Zeit geführt. Standardmäßig sind das 30 Tage. Sie können jedoch im Dialogfeld *Änderungen hervorheben* einen Zeitraum einstellen. Der Teil des Änderungsprotokolls, der älter ist als der von Ihnen angegebene Zeitraum, wird beim Speichern oder Schließen der Mappe regelmäßig gelöscht. Wenn Sie die *Änderungsnachverfolgung deaktivieren* oder die Freigabe der Arbeitsmappe beenden, wird der gesamte Änderungsverlauf endgültig gelöscht!

Änderungen anzeigen

Die Zelle, in der eine Änderung durchgeführt wurde, wird mit einem kleinen blauen Dreieck in der linken oberen Ecke gekennzeichnet. Wenn Sie den Mauszeiger auf die Zelle bewegen, wird der Name des Bearbeiters zusammen mit dem Zeitpunkt und dem Inhalt der Änderung angezeigt (Abbildung 15.6).

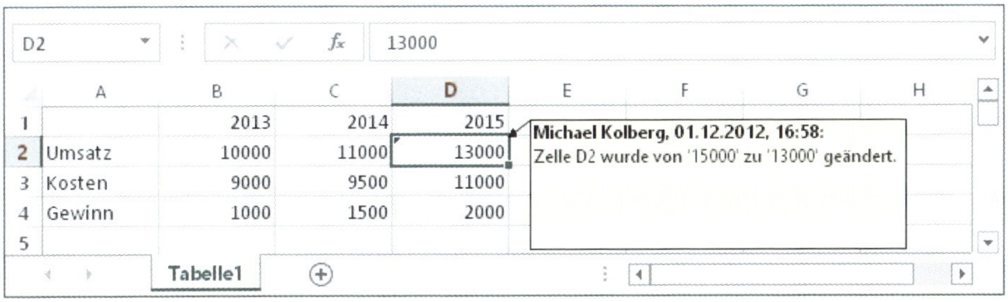

Abbildung 15.6: Änderungen werden bei Excel standardmäßig in einem kleinen Fenster zur Zelle angezeigt.

Änderungen annehmen oder ablehnen

Solange das Änderungsprotokoll vorhanden ist, können Sie die darin vermerkten Änderungen kontrollieren und dann annehmen oder ablehnen.

- Wählen Sie die Registerkarte *Überprüfen* im Menüband und öffnen Sie in der Gruppe *Änderungen* die Liste zu *Änderungen nachverfolgen*. Wählen Sie darin den Befehl *Änderungen annehmen/ablehnen*.
- Bestätigen Sie gegebenenfalls die Nachfrage nach einer Speicherung durch einen Klick auf *OK*. Im dann angezeigten Dialogfeld können Sie auswählen, welche Änderungen überprüft werden sollen.
- Nach der Bestätigung über *OK* werden die vorhandenen Änderungen automatisch abgearbeitet. Die Zellen mit Änderungen werden markiert. Über ein Dialogfeld können Sie entscheiden, ob Sie die Änderung annehmen oder ablehnen möchten (Abbildung 15.7).

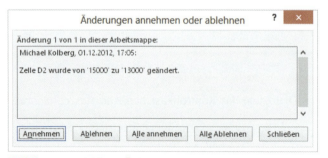

Abbildung 15.7: Sie können Änderungen annehmen oder ablehnen.

- Nachdem alle Änderungen durchlaufen sind, wird das Dialogfeld automatisch geschlossen. Das Änderungsprotokoll ist jetzt wieder leer, aber weitere Änderungen werden noch aufgezeichnet. Wenn Sie es abschalten wollen, wählen Sie *Änderungen hervorheben* in der Liste zu *Änderungen nachverfolgen*, deaktivieren Sie *Änderungen während der Eingabe protokollieren* und bestätigen Sie.

TIPP Alternativ können Sie bei Excel auch ein separates Arbeitsblatt einrichten lassen, in dem alle Änderungen in der Mappe zusammengefasst werden. Das ist aber erst möglich, nachdem Sie Änderungen haben aufzeichnen lassen. Nachdem Sie das Änderungsprotokoll aktiviert und zumindest eine Änderung durchgeführt haben, klicken Sie erneut in der Gruppe *Änderungen* auf *Änderungen nachverfolgen*. Wählen Sie wieder *Änderungen hervorheben*. Schalten Sie das Kontrollkästchen *Änderungen auf einem neuen Blatt protokollieren* ein und bestätigen Sie über *OK*. Ein neues Blatt wird erstellt, in dem die Änderungen aufgelistet werden.

15.2 Die Freigabe vorbereiten

Bevor Sie ein Dokument freigeben, können bzw. sollten Sie einige Vorbereitungen treffen. Einen guten Einstieg in die Themenkreise zu dieser Vorbereitung finden Sie in den Optionen im Bereich *Informationen* der Registerkarte *Datei* (Abbildung 15.8). Wichtig sind darin die Befehle zu den Schaltflächen *Dokument schützen* (bzw. bei Excel *Arbeitsmappe schützen* und bei PowerPoint *Präsentation schützen*) sowie *Auf Probleme überprüfen*. Diese Optionen finden Sie bei mehreren Office 2013-Programmen.

15.2.1 Die Problemprüfung

Beginnen wir mit dem Abschnitt *Auf Probleme überprüfen*. Unter den Befehlen zu dieser Schaltfläche finden Sie drei unterschiedliche Werkzeuge: Sie können mit *Dokument prüfen* die Eigenschaften des Dokuments auf unerwünschte persönliche Informationen prüfen, das Dokument nach Inhalten durchsuchen, über *Barrierefreiheit überprüfen*, ob das Dokument von behinderten Personen schwer zu lesen ist, und außerdem mit *Kompatibilität prüfen* die Kompatibilität des Dokuments hinsichtlich der Möglichkeit der Weiterverarbeitung mit älteren Versionen des jeweiligen Programms ermitteln.

Abbildung 15.8: Der Bereich *Informationen* der Registerkarte *Datei* – hier bei Word

Dokument prüfen

Ein Dokument kann ausgeblendete Daten oder persönliche Informationen enthalten, die im Dokument selbst oder in den Dokumenteigenschaften gespeichert sein könnten. Da diese Informationen Details über Sie oder Ihr Unternehmen preisgeben können, die Sie nicht öffentlich bekannt machen möchten, sollten Sie diese unter Umständen entfernen, bevor Sie das Dokument für andere Personen freigeben.

Mit dem früher als *Dokumentinspektor* bezeichneten Werkzeug können Sie solche Daten in Dokumenten suchen und entfernen lassen. Durchsucht wird beispielsweise nach Kommentaren, Überarbeitungsmarkierungen aus nachverfolgten Änderungen, Freihandanmerkungen, Dokumenteigenschaften und persönliche Informationen, Kopfzeilen, Fußzeilen und Wasserzeichen sowie nach ausgeblendetem Text. Nicht erkannt werden – natürlich – Dinge wie weißer Text auf weißem Grund.

Gehen Sie zur Prüfung und zum Entfernen in den folgenden Schritten vor:

- Öffnen Sie das gewünschte Dokument und speichern Sie eine Kopie davon unter einem anderen Namen oder einem anderen Speicherort. Sie sollten die Prüfung auf eine Kopie des Dokuments anwenden, da es nicht immer möglich ist, die vom Dokumentinspektor entfernten Daten wiederherzustellen.
- Öffnen Sie die Registerkarte *Datei* und wählen Sie darin den Bereich *Informationen*. Klicken Sie auf *Auf Probleme überprüfen* und wählen Sie *Dokument prüfen*. Das Dialogfeld *Dokumentprüfung* wird angezeigt (Abbildung 15.9).
- Aktivieren Sie die betreffenden Kontrollkästchen, um festzulegen, welche Inhalte geprüft werden sollen, und klicken Sie dann auf *Prüfen*.
- Überprüfen Sie die Ergebnisse im angezeigten zweiten Schritt des Dialogfelds *Dokumentprüfung* (Abbildung 15.10). Klicken Sie neben den Prüfungsergebnissen für die Arten des ausgeblendeten Inhalts, den Sie aus Ihrem Dokument entfernen möchten, auf *Alle entfernen*.

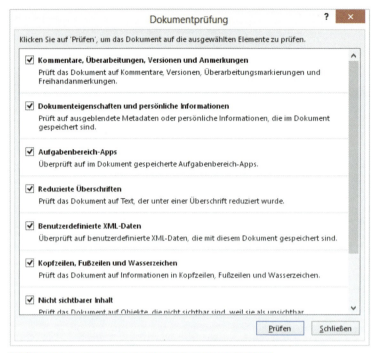

Abbildung 15.9: Die Dokumentprüfung liefert mehrere Optionen.

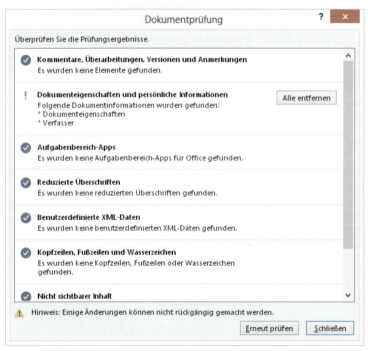

Abbildung 15.10: Ein Beispiel für das Ergebnis der Prüfung. Sie können jetzt nicht gewünschte Elemente entfernen.

Hinweis Wenn Sie ausgeblendeten Inhalt aus Ihrem Dokument entfernen, können Sie diesen eventuell nicht mehr durch Klicken auf *Rückgängig* wiederherstellen. Deswegen haben wir Ihnen oben empfohlen, diese Arbeit mit einer Kopie des Dokuments durchzuführen.

Barrierefreiheit

Mit Barrierefreiheit ist die Tatsache gemeint, dass behinderte Personen mit dem Dokument ohne Schwierigkeiten arbeiten können. Gefundene Problemstellen werden als Fehler, Warnung oder Tipp klassifiziert.

- *Fehler* werden für Inhalte gemeldet, die eine Datei für Menschen mit Behinderungen sehr schwer verständlich oder sogar unverständlich machen.
- *Warnungen* werden meistens für Inhalte gemeldet, die eine Datei für Menschen mit Behinderungen schwer verständlich machen.
- *Tipps* werden zu Inhalten gegeben, die für Menschen mit Behinderungen zwar verständlich sind, aber durch eine geänderte Struktur oder Darstellung noch barrierefreier gemacht werden könnten.

Nach einer Prüfung wird rechts auf dem Bildschirm ein Aufgabenbereich eingeblendet, der Sie darüber informiert, warum der Inhalt möglicherweise nicht barrierefrei ist. Wenn Sie ein Problem auswählen, werden Anleitungen zur Problembehebung angezeigt.

Kompatibilität mit Vorgängerversionen

Falls die Personen, denen Sie eine elektronische Kopie des Dokuments zukommen lassen wollen, mit einer früheren Version des jeweiligen Office-Programms arbeiten, sollten Sie für die Freigabe ein Format verwenden, das von den Programmen dieser Personen gelesen werden kann. Bei einem solchen Wechsel des Dateiformats kann es passieren, dass einige Elemente aus dem Dokument entfernt werden. Es empfiehlt sich darum, das Dokument vorher zu prüfen.

Öffnen Sie die Registerkarte *Datei* und wählen Sie darin den Bereich *Informationen*. Klicken Sie auf die Schaltfläche *Auf Probleme überprüfen* und wählen Sie *Kompatibilität prüfen*. Im Dialogfeld werden gegebenenfalls die Kompatibilitätsprobleme angezeigt (Abbildung 15.11).

Sie können dann davon ausgehen, dass die angezeigten Elemente beim Wechsel des Dateiformats nicht umgewandelt werden können. Prüfen Sie Ihr Dokument bezüglich der Frage, ob ein Entfernen dieser Elemente die Aussage beeinflusst.

TIPP Sie können die Notwendigkeit zu dieser Prüfung vermeiden, indem Sie eine neue Datei erstellen und diese gleich in einem geeigneten Format –beispielsweise im Format *Word 97-2003* – speichern. Ihre Programmversion verfügt dann nur noch über Befehle bzw. Elemente, die mit diesem Format kompatibel sind. Beispielsweise können alle Elemente, die mit dem *Design* zusammenhängen, nicht mehr genutzt werden.

Abbildung 15.11: Ein Beispiel für Kompatibilitätsprobleme bei Word

15.2.2 Schutzfunktionen

Der zweite interessante Abschnitt im Bereich *Informationen* der Registerkarte *Datei* betrifft die Schutz-funktionen für das Dokument (Abbildung 15.12). Sie können darüber beispielsweise das Dokument ver-schlüsseln und die Berechtigungen zur Bearbeitung einschränken.

Abbildung 15.12: Die Befehle zum Schützen bei Word und bei Excel

Dokument verschlüsseln

Durch Verschlüsseln können Sie sicherstellen, dass kein Unbefugter das Dokument öffnen kann. Dazu müssen Sie mit einem Kennwort arbeiten, das Sie den Personen zukommen lassen müssen, die zum Öff-nen berechtigt sind. Öffnen Sie die Liste der Befehle zur Schaltfläche ... *schützen* und wählen Sie *Mit Kennwort verschlüsseln*. Das Dialogfeld *Dokument verschlüsseln* wird angezeigt (Abbildung 15.13 links). Darin müssen Sie ein Kennwort eingeben. Nach einem Klick auf *OK* müssen Sie das Kennwort wiederho-len. Zum Öffnen muss das Kenwort erneut eingegeben werden (Abbildung 15.13 rechts).

Abbildung 15.13: Ein Dokument verschlüsseln und danach öffnen

Hinweis Lesen Sie auch die Hinweise im Dialogfeld *Dokument verschlüsseln*! Denken Sie daran, dass auch Sie das Kennwort wieder eingeben müssen, um an dem Dokument weiterarbeiten zu können.

Um einen Kennwortschutz später wieder zu entfernen, öffnen Sie das Dokument – dazu müssen Sie wieder das Kennwort benutzen – und wählen Sie nochmals den Befehl *Mit Kennwort verschlüsseln*. Entfernen Sie dann in den beiden Dialogfeldern das Kennwort und speichern Sie das Dokument.

Digitale Signatur hinzufügen

Ein Dokument kann aus denselben Gründen digital signiert werden, aus denen Sie auch ein Papierdokument signieren. Eine digitale Signatur wird zum Authentifizieren verwendet. Sie können damit sicherstellen, dass die signierende Person die ist, die sie vorgibt zu sein, und dass der Inhalt des Dokuments seit dem digitalen Signieren nicht geändert oder manipuliert wurde. Empfänger des Dokuments können über eine Anzeige in der Statuszeile am unteren Bildschirmrand feststellen, dass das Dokument digital signiert wurde.

- Wenn Sie damit arbeiten wollen, öffnen Sie die Liste der Befehle zur Schaltfläche *Dokument schützen* – bzw. *Arbeitsmappe schützen* oder ähnlich – und wählen Sie *Digitale Signatur hinzufügen*. Wenn noch keine digitale ID vorhanden ist, können Sie sich mit einem entsprechenden Dienst verbinden lassen.
- Wenn Sie stattdessen auf *OK* klicken und noch über keinen entsprechenden Vertrag verfügen, können Sie zumindest die Funktion des Signierens ausprobieren. In diesem Fall ist die Signatur aber nicht rechtlich verbindlich. Das Dialogfeld *Signieren* wird angezeigt (Abbildung 15.14). Optional können Sie darin in das Textfeld den *Zweck der Signierung* eingeben.

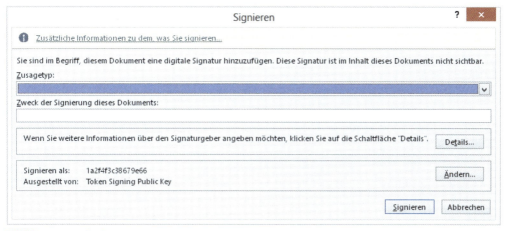

Abbildung 15.14: Signieren

- Wenn Sie über mehrere Zertifikate auf dem Rechner verfügen, können Sie nach einem Klick auf *Ändern* das zu verwendende auswählen. Haben Sie nur ein Zertifikat auf dem Rechner installiert, wird nur eine Bestätigung dafür angezeigt.
- Klicken Sie dann im Dialogfeld *Signieren* auf *Signieren*. Sie erhalten eine Bestätigung. Außerdem wird rechts im Fenster der Arbeitsbereich *Signaturen* angezeigt. Nachdem ein Dokument digital signiert wurde, ist es schreibgeschützt, um Änderungen am Inhalt des Dokuments zu verhindern.

Unten in der Statusleiste wird ein Signatursymbol angezeigt. Daran kann ein Empfänger erkennen, dass das Dokument signiert wurde. Der Empfänger kann auch den Arbeitsbereich *Signaturen* anzeigen lassen.

Als abgeschlossen kennzeichnen

Bevor Sie eine endgültige Version eines Dokuments für andere Personen freigeben, können Sie den Befehl *Als abgeschlossen kennzeichnen* verwenden, um den Schreibschutz für das Dokument zu aktivieren und anderen mitzuteilen, dass Sie eine endgültige Version des Dokuments freigeben. Wenn ein

Dokument als abgeschlossen gekennzeichnet ist, sind Eingaben, Bearbeitungsbefehle und Überarbeitungsmarkierungen deaktiviert, und Leser können das Dokument nicht unbeabsichtigt ändern. Der Befehl *Als abgeschlossen kennzeichnen* ist aber keine Sicherheitsfunktion. Dokumente, die als abgeschlossen gekennzeichnet sind, können von jedem bearbeitet werden, indem *Als abgeschlossen kennzeichnen* deaktiviert wird.

Bearbeitungseinschränkungen

Über die Option *Bearbeitung einschränken* in der Liste der Befehle zur Schaltfläche *Dokument schützen* können Sie festlegen, ob und welche Einschränkungen für die Bearbeitung gelten sollen. Die Wahl dieses Befehls zeigt rechts im Programmfenster den Aufgabenbereich *Bearbeitung einschränken* an (Abbildung 15.15 links).

Abbildung 15.15: Das Bearbeiten des Dokuments kann eingeschränkt werden.

- Wenn Sie Einschränkungen wünschen, aktivieren Sie zunächst das Kontrollkästchen unterhalb von *Bearbeitungseinschränkungen* und legen Sie dann im zugehörigen Listenfeld fest, was ein Bearbeiter am Dokument tun darf. Bei Word können Sie beispielsweise alternativ Überarbeitungen, Kommentare oder das Ausfüllen von Formularen zulassen oder alle Änderungen verbieten.
- Zu den so festgelegten generellen Einschränkungen können Sie auch Ausnahmen definieren, die es allen oder bestimmten Bearbeitern erlauben, bestimmte Bereiche im Dokument uneingeschränkt bearbeiten zu können. Aktivieren Sie im Aufgabenbereich entweder das Kontrollkästchen *Jeder* oder legen Sie über den Link *Weitere Benutzer* die Personen fest, die diese Bereiche bearbeiten dürfen (Abbildung 15.15 rechts), und aktivieren Sie die betreffenden Kontrollkästchen.
- Wenn Sie die Möglichkeiten zum Formatieren beschränken wollen, aktivieren Sie das Kontrollkästchen unterhalb von *Formatierungseinschränkungen* und klicken Sie anschließend auf *Einstellungen*. Im daraufhin angezeigten Dialogfeld werden die Formatvorlagen zum Dokument aufgelistet (Abbildung 15.16). Standardmäßig sind zunächst alle Formatvorlagen zugelassen; das erkennen Sie an den aktivierten Kontrollkästchen vor den Vorlagenbezeichnungen. Direkte Formatierungen im Text sind dann generell nicht möglich, es können nur diese Vorlagen durch einen Bearbeiter eingesetzt werden, die aber auch nicht verändert werden können. Durch einen Klick auf die Schaltfläche *Empfohlenes Minimum* schalten Sie die Markierung für die Vorlagen ab, die nicht durch den zusätzlichen Hinweis *(empfohlen)* gekennzeichnet sind.

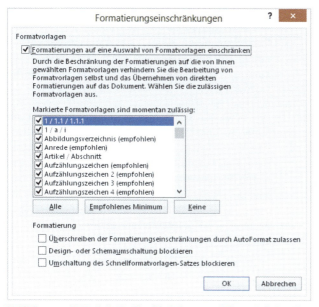

Abbildung 15.16: Im Aufgabenbereich *Dokument schützen* schränken Sie auch die Formatierungsmöglichkeiten ein.

Durch einen Klick auf die Schaltfläche *Ja, Schutz jetzt anwenden* schalten Sie den Schutz ein. Sie können den Schutz aber jederzeit wieder über die entsprechende Schaltfläche im Aufgabenbereich *Dokument schützen* abschalten.

15.3 Allgemeine Funktionen zum Freigeben

Nachdem die Vorarbeiten erledigt sind, können wir uns jetzt mit den unterschiedlichen Möglichkeiten beschäftigen, ein Office-Dokument freizugeben. Sie finden diese in der Kategorie *Freigeben* der Register-karte *Datei* (Abbildung 15.17). Bei den Office-Programmen Word, Excel und PowerPoint finden Sie hier im Prinzip die gleichen Alternativen, einige kleinere Unterschiede gibt es aber doch. Am einfachsten ist es vielleicht, anderen Personen eine Kopie des Dokuments als Anhang zu einer E-Mail-Nachricht zukommen zu lassen. Eine elegantere und vielseitigere Möglichkeit besteht darin, das Dokument an einem allgemein zugänglichen Ort zu speichern und anderen Personen eine Zugangsberechtigung zu verschaffen.

15.3.1 Dokumente per E-Mail versenden

Die vielleicht einfachste Form der Freigabe besteht darin, das Dokument per E-Mail an andere Personen zu versenden. Dafür stehen Ihnen mehrere Optionen zur Verfügung (Abbildung 15.17): Sie können das Dokument selbst als Anhang zu einer Nachricht versenden, nur einen Hyperlink verschicken, eine PDF-Kopie als Anhang versenden oder einen Internetfaxdienst benutzen.

Zunächst müssen Sie das Dokument speichern. Öffnen Sie dann die Registerkarte *Datei*, wählen Sie den Bereich *Freigeben* und darin den Abschnitt *E-Mail*. Entscheiden Sie dann, in welcher Form der Empfänger das Dokument erhalten soll.

- Wenn Sie dem oder den Empfängern eine Kopie des Originaldokuments – also eine Word-, Excel- oder eine PowerPoint-Datei – zukommen lassen möchten, klicken Sie rechts auf *Als Anlage senden*.
- Wenn Sie dem Empfänger keine Kopie des Originaldokuments zukommen lassen, sondern ihm nur die Möglichkeit geben möchten, den Inhalt zu lesen, wählen Sie *Als PDF senden* oder *Als XPS senden*. Das erstellt zunächst eine PDF- bzw. XPS-Datei des Dokuments.

Hinweis Bei der Wahl zwischen PDF und XPS benutzen Sie die Option, die der Empfänger anzeigen kann. Was der Empfänger an einem solchen Dokument noch ändern kann, ist abhängig von der Softwareausstattung seines Rechners.

Bei beiden Alternativen wird anschließend Ihr Standardprogramm für den Nachrichtenaustausch – beispielsweise Microsoft Outlook – geöffnet und darin das Formular für eine neue Nachricht. Der Name des aktiven Dokuments wird dabei automatisch in der *Betreff*-Zeile angezeigt. Sie können diesen Eintrag bei Bedarf editieren. Außerdem wird das vorher gespeicherte Dokument als Anlage eingefügt.

- Im Feld *An* geben Sie den oder die Empfänger an, an den/die die Nachricht geschickt werden soll.
- Klicken Sie abschließend auf die Schaltfläche *Senden*, um die E-Mail auf den Weg zu bringen.

Abbildung 15.17: Der Bereich *Speichern und Senden* bei Word

15.3.2 Zusammenarbeit in der Cloud

Eleganter als eine Übermittlung der Daten per E-Mail ist es, das Dokument an einen für mehrere Personen zugänglichen Speicherort – also in der Cloud – abzulegen und Berechtigungen zur Bearbeitung zu verteilen. Wie man in der Cloud speichert, haben wir bereits angesprochen (*Kapitel 2*). Wir zeigen Ihnen nun noch, wie man anderen Personen die Zusammenarbeit ermöglicht.

Personen einladen

Die Option *Personen einladen* der Kategorie *Freigeben* benutzen Sie dann, wenn Sie andere Personen darauf hinweisen wollen, dass Sie ein Dokument an einem freigegebenen Speicherort abgelegt haben. Sie erstellen damit eine E-Mail-Nachricht, die einen Link enthält, mit dessen Hilfe der Empfänger Zugang zu Ihrem Dokument enthält.

- Speichern Sie Ihr Dokument in der Cloud – beispielsweise auf *SkyDrive* (*Kapitel 2*). Das Dokument, auf das sich die Einladung beziehen soll, kann auch von einem freigegebenen Speicherort aus geöffnet werden.
- Wählen Sie auf der Registerkarte *Datei* die Kategorie *Freigeben* und klicken Sie auf *Personen einladen*. Die für die weitere Arbeit an diesem Schritt notwendigen Elemente sind nur ansprechbar, wenn Sie das entsprechende Dokument in der Cloud gespeichert haben.
- Geben Sie die E-Mail-Adresse der Person ein, die Sie zur Zusammenarbeit einladen wollen.
- Legen Sie auch fest, ob diese Person den Inhalt des Dokuments nur anzeigen oder auch bearbeiten darf.
- Sie können außerdem eine persönliche Nachricht in diese Einladung aufnehmen. Diese wird dem Empfänger dann als Text der E-Mail-Nachricht angezeigt.
- Klicken Sie auf *Freigeben*. Daraufhin wird automatisch eine E-Mail-Nachricht mit der Einladung erstellt und versendet.

Einen Freigabelink abrufen

Statt der Option *Personen einladen* können Sie auch einen *Freigabelink* abrufen und diesen Link anderen Personen zukommen lassen. Der Vorteil der Arbeit über diese Variante liegt darin, dass Sie die E-Mail-Adressen der zugangsberechtigten Personen nicht kennen müssen.

- Speichern Sie Ihr Dokument in der Cloud – beispielsweise auf *SkyDrive* (*Kapitel 2*). Das Dokument, auf das sich der Link beziehen soll, kann auch von einem freigegebenen Speicherort aus geöffnet werden.
- Wählen Sie auf der Registerkarte *Datei* die Kategorie *Freigeben* und klicken Sie auf *Freigabelink abrufen*. Die für die weitere Arbeit an diesem Schritt notwendigen Elemente sind nur ansprechbar, wenn Sie das entsprechende Dokument in der Cloud gespeichert haben.
- Klicken Sie neben der Überschrift *Link anzeigen* auf die Schaltfläche *Link erstellen*. Daraufhin zeigt ein Textfeld den generierten Link zum Dokument an. Wenn Sie darauf mit der rechten Maustaste klicken, können Sie ihn kopieren und anschließend an eine andere Stelle einfügen. Lassen Sie diesen Link den Personen zukommen, die Sie zur Zusammenarbeit einladen möchten.
- Nachdem Sie einen Link abgerufen haben, erscheint die Schaltfläche *Link deaktivieren*. Durch einen Klick darauf können Sie den zuvor abgerufenen Link ungültig machen.

Beenden der Freigabe eines Dokuments

Wenn Sie die Freigabe eines Dokuments beenden wollen, öffnen Sie zunächst das Dokument, das Sie nicht mehr freigeben möchten. Wählen Sie die Registerkarte *Datei* und darin die Kategorie *Freigeben*. Klicken Sie unter *Personen einladen* mit der rechten Maustaste auf die Person, die Sie entfernen möchten, und wählen Sie dann *Benutzer entfernen*.

In sozialen Netzwerken bereitstellen

Sie können Ihre Dokumente auch in einem sozialen Netzwerk bereitstellen. Damit das möglich ist, müssen Sie über ein Konto bei diesem Netzwerk verfügen und eine Möglichkeit der Verbindung zwischen einem Office-Programm und dem sozialen Netzwerk geschaffen haben (*Kapitel 1*).

- Speichern Sie Ihr Dokument in der Cloud – beispielsweise auf *SkyDrive* (*Kapitel 2*). Das Dokument, das Sie im Netzwerk bereitstellen wollen, kann auch von einem freigegebenen Speicherort aus geöffnet werden.
- Öffnen Sie die Registerkarte *Datei* und wählen Sie darin *Freigeben*. Klicken Sie anschließend auf *In sozialen Netzwerken bereitstellen*.
- Legen Sie fest, in welchem sozialen Netzwerk das Dokument bereitgestellt werden soll.
- Legen Sie fest, ob andere Personen den Inhalt der Mappe nur anzeigen oder ob sie ihn auch bearbeiten dürfen.
- Sie können dem Dokument auch eine persönliche Nachricht hinzufügen.
- Klicken Sie auf *Bereitstellen*. Die Verbindung wird dann hergestellt und das Dokument bereitgestellt.

TIPP Dass Sie ein Dokument bereitgestellt haben, wird später im Fenster der Kategorie *Freigeben* zusätzlich angezeigt. Über das Kontextmenü zu dieser Anzeige können Sie das Dokument auch wieder aus dem Netzwerk entfernen oder die Berechtigung ändern.

15.3.3 Dokumente im Web bearbeiten

Wenn Sie die Einladung zur Arbeit an einem Dokument erhalten und diese Einladung durch einen Klick auf den Freigabelink annehmen, wird der Webbrowser geöffnet, und Sie können das Dokument in der Web App einsehen und auch bearbeiten. Sie können auch ohne einen Freigabelink auf Ihre in der Cloud gespeicherten Daten zugreifen, wenn Sie über die Anmeldedaten dazu verfügen.

Auf SkyDrive zugreifen

Wenn Sie über keinen Freigabelink verfügen, können Sie auf Ihre in der Cloud gespeicherten Daten zugreifen, wenn Sie über die notwendigen Anmeldedaten verfügen. Ein solcher Zugriff ist beispielsweise notwendig, wenn Sie auf ein Dokument von einem Fremdrechner aus zugreifen wollen.

- Öffnen Sie Ihren Browser und melden Sie sich bei *SkyDrive* an – beispielpielsweise über `https://skydrive.live.com/`.
- Wenn Sie den Zugang von einem fremden Rechner vornehmen, müssen Sie Ihre Zugangsdaten eingeben.
- Nach der Anmeldung werden die auf Ihrem Speicherplatz eingerichteten Ordner in Form von Kacheln angezeigt (Abbildung 15.18). Mindestens finden Sie hier die Ordner *Dokumente* und *Öffentlich*.

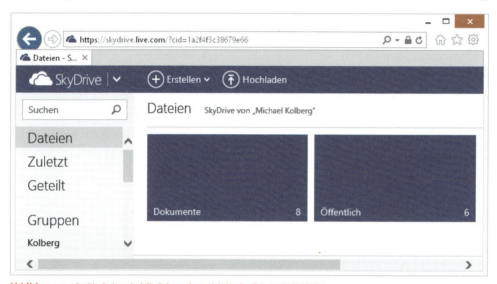

Abbildung 15.18: Die Ordner bei SkyDrive zeigen sich in der Form von Kacheln.

- Klicken oder tippen Sie auf den Ordner, dessen Inhalte Sie anzeigen wollen. Die Inhalte des gewählten Ordners werden wiederum als kachelförmige Symbole angezeigt.
- Wählen Sie das Symbol für das Dokument, das Sie in der Web App anzeigen lassen wollen.

Freigeben von Ordnern bei SkyDrive

Wichtig ist, dass ein auf SkyDrive abgelegtes Dokument durch mehrere Anwender gemeinsam bearbeitet werden kann. Wenn Sie den Ordner nicht bereits für andere Benutzer freigegeben haben, müssen Sie dazu aber erst einige Einstellungen vornehmen:

- Melden Sie sich bei SkyDrive an und markieren Sie in SkyDrive den Ordner, den Sie für bestimmte Personen freigeben wollen.
- Klicken Sie in der Symbolleiste von SkyDrive auf *Teilen*.
- Geben Sie in das Feld *An* die entsprechenden E-Mail-Adressen ein. Unten im Fenster können Sie wählen, ob die Empfänger der Nachricht die einzelnen Dokumente im Ordner bearbeiten dürfen. Außerdem können Sie eine vorherige Anmeldung verlangen.
- Klicken Sie auf *Teilen*. Die Empfänger erhalten dann in der E-Mail-Nachricht einen Link zum Ordner.

Die Empfänger der Nachricht können auf den von Ihnen gesendeten Link klicken und die Arbeitsmappe zum gleichen Zeitpunkt wie Sie bearbeiten. Die jeweils vorgenommenen Änderungen werden sofort angezeigt.

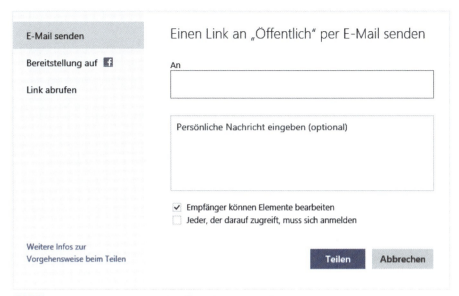

Abbildung 15.19: Geben Sie einen Ordner für andere Personen frei.

Anzeigen, Lesen und Drucken von Dokumenten

Nach dem Zugriff – entweder über den Link oder durch direkte Anwahl über den Browser – wird das Dokument zunächst im Ansichtsmodus geöffnet (Abbildung 15.20).

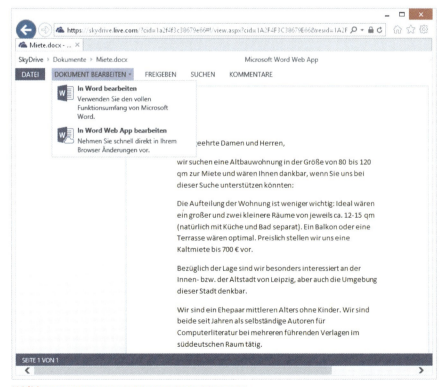

Abbildung 15.20: Das Word-Dokument im Ansichtsmodus

Das Layout und die Formatierung entsprechen der Drucklayoutansicht des geöffneten Dokuments. Beachten Sie die Registerkarten in dieser Ansicht:

- In der Liste zu *Dokument bearbeiten* finden Sie zwei Befehle: Über den ersten – beispielsweise *In Word bearbeiten* – können Sie das Dokument herunterladen und dann mit dem vollen Leistungsumfang des jeweiligen Programms lokal bearbeiten. Mit dem zweiten belassen Sie das Dokument in der Cloud, schalten aber um zum Bearbeitungsmodus.
- Über *Freigeben* können Sie eine E-Mail-Nachricht mit einem Link erstellen, der anderen Personen den Zugang zu diesem Dokument erlaubt.
- *Suchen* öffnet einen zusätzlichen Arbeitsbereich im Fenster, mit dessen Hilfe Sie im Dokument suchen können. Die Suchergebnisse werden in dem Dokument und im Suchbereich hervorgehoben.
- Auch *Kommentare* zeigt ein Arbeitsbereich an. Klicken Sie darin auf *Neuer Kommentar*, um einen solchen zu erstellen.

TIPP Wie bei einer Webseite können Sie Text in dem Dokument markieren und kopieren und anschließend in eine andere Anwendung einfügen.

Interessant ist auch die Registerkarte *Datei*. Sie finden hier mehrere Kategorien: Über *Informationen* können Sie – falls vorhanden – frühere Versionen des Dokuments anzeigen lassen oder – bei Word – das Dokument übersetzen lassen. Über *Drucken* können Sie das Dokument so ausdrucken lassen, wie es im Lesemodus angezeigt wird.

Das Dokument im Web bearbeiten

Wenn Sie Änderungen an dem Dokument vornehmen möchten, klicken Sie auf *Bearbeiten*. Dann wird Ihnen eine etwas eingeschränkte Funktionalität zum Bearbeiten des Dokuments zur Verfügung gestellt (Abbildung 15.21). Sie finden auf dem Bildschirm ein vereinfachtes Menüband mit einer – gegenüber dem Originalprogramm – geringeren Anzahl von Registerkarten. Bei Excel finden Sie die Registerkarten *Datei, Start* und *Einfügen*, bei Word zusätzlich *Seitenlayout*, bei PowerPoint *Entwurf, Übergänge* und *Animation*.

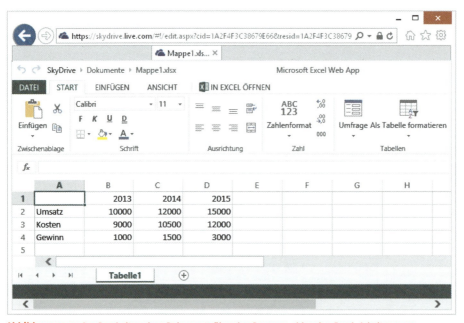

Abbildung 15.21: Das Bearbeiten eines Dokuments über den Browser – hier eine Excel-Arbeitsmappe

Im Bearbeitungsmodus können Sie Inhalte hinzufügen und löschen sowie Text formatieren. Die Bearbeitung eines Dokuments im Browser eignet sich gut für schnelle Änderungen – beispielsweise die Durchführung von Korrekturen im Text oder das Einfügen eines Bilds. Beachten Sie aber, dass dieser Modus zum Bearbeiten von Inhalten dient, nicht zum Anzeigen von Dokumenten. Das hat einige Auswirkungen:

- Das Layout ist darin vereinfacht dargestellt, und Elemente, die dort nicht angezeigt werden können, werden als Platzhalter dargestellt. Die Platzhalter verhindern, dass Sie unabsichtlich Inhalte löschen, die in der Webanwendung zwar angezeigt, aber nicht bearbeitet werden können.
- Sie können wie gewohnt schreiben und auch die Befehle zum *Kopieren* und *Einfügen* sowie zum *Rückgängigmachen* und *Wiederherstellen* verwenden. Sie können Text formatieren, indem Sie Formatvorlagen zuweisen und alle auf der Registerkarte *Start* enthaltenen Formatierungsoptionen nutzen.
- Darüber hinaus können Sie über die Registerkarte *Einfügen* Bilder oder ClipArt sowie Tabellen und Hyperlinks hinzufügen.
- Wenn Sie anzeigen möchten, wie sich die Änderungen in dem Dokument auswirken, wechseln Sie wieder in den Lesemodus. Klicken Sie auf der Registerkarte *Ansicht* auf *Leseansicht*.

Hinweis An ein Speichern brauchen Sie bei der Arbeit in der Excel Web App nicht zu denken. Gespeichert wird automatisch. Sie können aber den Befehl *Speichern unter* in der gleichnamigen Kategorie auf der Registerkarte *Datei* benutzen – beispielsweise wenn Sie eine Kopie der Mappe im selben Ordner erstellen wollen.

Gleichzeitige Bearbeitung durch mehrere Personen

Mehrere Teammitglieder können ein Dokument in der Leseansicht gleichzeitig anzeigen lassen. Eine gleichzeitige Bearbeitung ist jedoch nicht möglich. Wenn ein Dokument bereits von einem Benutzer zur Bearbeitung im Browser geöffnet wurde, erhält der nächste Benutzer eine entsprechende Meldung. Eine Bearbeitung nacheinander ist aber möglich.

Abbildung 15.22: Dass andere Personen ein Dokument bearbeiten, wird angezeigt.

Eine Ausnahme macht hier die Excel Web App, bei der eine gemeinsame Bearbeitung möglich ist. Die von einer Person vorgenommenen Änderungen werden den anderen (fast) sofort angezeigt. Welche Personen das sind, erfahren Sie in einem kleinen Teilfenster, das Sie durch einen Klick auf die kleine Pfeilspitze neben *Bearbeitung durch xx Personen* unten rechts im Programmfenster der Excel Web App anzeigen lassen können.

Weitere Bearbeitung auf dem lokalen Rechner

Wenn Sie eine umfangreichere Bearbeitung des Dokuments wünschen, können Sie es herunterladen und dann in Ihrer lokalen Office 2013-Installation öffnen. Wählen Sie die Registerkarte *Datei* und anschließend *Speichern unter*. Klicken Sie dann auf *Herunterladen* und legen Sie fest, wo Sie die Datei speichern wollen. Oder verwenden Sie in der Kategorie *Informationen* der Registerkarte *Datei* den Befehl *In … öffnen*. Das öffnet das Dokument direkt in der Desktopanwendung.

Hinweis Achten Sie auf den jeweiligen Speicherort. Wenn Sie das Dokument nach Wahl von *In … öffnen* in einem lokalen Office-Programm bearbeitet haben und dann auf *Speichern* klicken, wird das Dokument wieder auf dem Webserver gespeichert, nicht lokal. Anders ist das, wenn Sie das Dokument heruntergeladen haben.

Gemeinsame Bearbeitung

Wenn jemand anderes das Dokument öffnet, werden Sie durch eine entsprechende Benachrichtigung in der Statusleiste darauf aufmerksam gemacht. Wenn Sie auf diese Benachrichtigung klicken, können

Sie sehen, wer mit Ihnen zusammenarbeitet. Sie können auch sehen, von wo aus andere Personen am Dokument arbeiten.

Immer wenn Sie das Dokument speichern, werden Ihre Bearbeitungen für die anderen verfügbar, die mit am Dokument arbeiten. Und die anderen wiederum können Ihre Bearbeitungen sehen, sobald sie ihre Arbeit speichern. Die von den anderen vorgenommenen Änderungen werden auf Ihrem Bildschirm mit einem grünen Hintergrund angezeigt. Der Hintergrund verschwindet bei Ihrem nächsten Speichern und wird beim Drucken des Dokuments ausgeblendet.

Für die Bearbeitung trifft das alte Sprichwort „Wer zuerst kommt, mahlt zuerst" zu. Sobald Sie damit beginnen, den Text zu ändern, wird dieser Bereich gesperrt, und niemand kann Ihre Änderungen überschreiben. Beginnt aber eine andere Person genau zur gleichen Zeit mit der Bearbeitung oder arbeitet jemand am Dokument, während Sie offline sind, zeigt Ihnen Word eventuelle Konflikte, wenn Sie das Dokument das nächste Mal speichern. Wählen Sie dann aus, welche Änderungen Sie beibehalten möchten.

15.3.4 Exportieren

Die Kategorie *Exportieren* auf der Registerkarte *Datei* beinhaltet auch einige Werkzeuge zum Ändern des Dateiformats.

Dateityp ändern

Wenn Sie feststellen, dass die Personen, denen Sie Ihr Dokument zukommen lassen wollen, nicht über die aktuelle Programmversion des jeweiligen Office-Programms verfügen, können Sie dafür ein anderes Dateiformat wählen. Öffnen Sie das Dokument, lassen Sie die Registerkarte *Datei* anzeigen und wählen Sie *Exportieren*. Nach der Wahl von *Dateityp ändern* werden Ihnen rechts im Fenster die Dateiformate angezeigt, in die Sie das Dokument konvertieren können (Abbildung 15.23). Welche Typen Ihnen hier angeboten werden, hängt vom jeweiligen Programm ab.

Ein Klick auf eines dieser Dateiformate öffnet das Dialogfeld *Speichern unter*, in dem dann das Format im Feld *Dateityp* bereits eingestellt ist. Geben Sie einen Namen ein und bestätigen Sie über *Speichern*. Sie können denselben Namen wie im Originaldokument verwenden – die automatisch vergebene Namenserweiterung sorgt für die Unterscheidung.

> **Hinweis** Denken Sie daran, dass im anderen Dateiformat bestimmte Einstellungen am Office 2013-Dokument verloren gehen. Überprüfen Sie also das Ergebnis, bevor Sie die Datei anderen Personen zukommen lassen.

Abbildung 15.23: Den Dateityp ändern – hier bei Word

PDF/XPS-Dokument erstellen

Als besondere Dateitypen stehen Ihnen die Formate *PDF* und *XPS* zur Verfügung. Sie erzeugen damit ein Dokument, das im Prinzip über dieselben Inhalte verfügt, aber nur noch mit Spezialprogrammen inhaltlich geändert werden kann.

Nach der Wahl von *PDF/XPS-Dokument erstellen* und einem Klick auf die gleichnamige Schaltfläche rechts im Fenster wird das Dialogfeld *Als PDF und XPS veröffentlichen* angezeigt. Im Feld *Dateityp* können Sie zwischen den beiden Alternativen *PDF* und *XPS* wählen. Beachten Sie auch die beiden Optionen unter der Überschrift *Optimieren für*. Hier können Sie eine Entscheidung hinsichtlich der Qualität auswählen. Benutzen Sie die Einstellung *Standard* für die höchste Qualitätsstufe. Weisen Sie anschließend dem Dokument einen Namen zu und bestätigen Sie über *Speichern*. Sie können wieder denselben Namen wie im Originaldokument verwenden – die automatisch vergebene Namenserweiterung sorgt für die Unterscheidung.

15.4   Gemeinsame Bearbeitung einer Excel-Arbeitsmappe

Wenn Sie eine Excel-Arbeitsmappe freigeben, ist es nicht möglich, dass mehrere Benutzer gleichzeitig an diesem Dokument arbeiten. Die Benutzer müssen stattdessen an mehreren Kopien dieser Arbeitsmappe arbeiten und diese Kopien später wieder zu einer einzigen Arbeitsmappe zusammenführen.

Freigeben der Arbeitsmappe

Vor der eigentlichen Freigabe müssen Sie einige Einstellungen hinsichtlich der gemeinsamen Bearbeitung vornehmen. Verwenden Sie die folgenden Schritte:

- Erstellen oder öffnen Sie die gewünschte Arbeitsmappe und klicken Sie auf der Registerkarte *Überprüfen* in der Gruppe *Änderungen* auf *Arbeitsmappe freigeben*. Das zeigt das gleichnamige Dialogfeld an.
- Aktivieren Sie in diesem Dialogfeld auf der Registerkarte *Status* das Kontrollkästchen *Bearbeitung von mehreren Benutzern zur selben Zeit zulassen* (Abbildung 15.24 links). Dies ermöglicht außerdem das Zusammenführen von Arbeitsmappen.

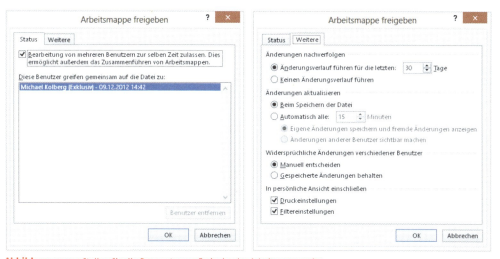

Abbildung 15.24: Stellen Sie die Parameter zur Freigabe der Arbeitsmappe ein.

- Wechseln Sie im Dialogfeld zur Registerkarte *Weitere* und aktivieren Sie die Optionen, die Sie zum Verfolgen und Aktualisieren von Änderungen verwenden möchten (Abbildung 15.24 rechts). Bestätigen Sie mit *OK*.

Freigeben und Bearbeitung an einer Kopie durchführen

Das Dialogfeld *Speichern unter* wird automatisch geöffnet. Geben Sie in die Adressleiste einen Netzwerkspeicherort ein und speichern Sie die Datei darin. Informieren Sie dann die Personen über den Speicherort. Bitten Sie sie, für die Bearbeitung eine Kopie der Mappe zu erstellen, die Bearbeitung durchzuführen und das Ergebnis im selben Ordner zu speichern wie die ursprüngliche Mappe. Dazu muss beim Öffnen die Option *Als Kopie öffnen* benutzt werden (*Kapitel 2*). Die Kopie wird automatisch erstellt.

Kopien zusammenführen

Nachdem Ihre Kollegen ihre Daten in die Kopien der Arbeitsmappe eingegeben haben, müssen Sie die Versionen der Mappe zusammenführen.

Hinweis Zum Zusammenführen benötigen Sie einen Befehl, der standardmäßig auf der Excel-Oberfläche nicht angezeigt wird. Am einfachsten fügen Sie diesen Befehl der Symbolleiste für den Schnellzugriff hinzu. Wechseln Sie dazu zur Registerkarte *Datei* und wählen Sie die Kategorie *Optionen*. Klicken Sie auf *Symbolleiste für den Schnellzugriff anpassen*. Öffnen Sie die Liste unter *Befehle auswählen* und wählen Sie *Alle Befehle* aus. Wählen Sie den Eintrag *Arbeitsmappen vergleichen und zusammenführen* aus und klicken Sie dann auf *Hinzufügen*. Bestätigen Sie mit *OK*, um die Excel-Optionen zu schließen.

Nachdem der Befehl *Arbeitsmappen vergleichen und zusammenführen* in der *Symbolleiste für den Schnellzugriff* verfügbar ist, können Sie die einzelnen Kopien der Mappe zusammenführen.

- Öffnen Sie zuerst die Arbeitsmappe, in der alle Änderungen zusammengeführt werden sollen.
- Klicken Sie dann in der *Symbolleiste für den Schnellzugriff* auf *Arbeitsmappen vergleichen und zusammenführen*. Speichern Sie die Arbeitsmappe, wenn Sie dazu aufgefordert werden. Klicken Sie im Dialogfeld *Wählen Sie die Dokumente, die mit dem aktiven Dokument zusammengeführt werden sollen* auf die Kopie der Arbeitsmappe, die die zusammenzuführenden Änderungen enthält, und klicken Sie dann auf *OK*.

Kapitel 16

Office 2013: Druck und Seriendruck

Das Ziel der Arbeit mit einem Programm wie Microsoft Word besteht meist darin, einen Ausdruck auf Papier zu erzeugen. Deswegen werden Sie die wichtigsten Parameter für den Ausdruck – wie beispielsweise das Papierformat, die Ausrichtung oder die Seitenränder – im Allgemeinen relativ früh erledigen und nicht erst dann, wenn Sie den Ausdruck beginnen wollen (*Kapitel 4*). Anders ist das bei Programmen, bei denen man sich im Allgemeinen mit der Darstellung der Ergebnisse auf dem Bildschirm begnügt. Das trifft zu für Microsoft Excel, Microsoft Outlook und meist auch für Microsoft PowerPoint. Natürlich können Sie auch hier die Resultate zu Papier bringen, Sie müssen aber dabei die Parameter für den Ausdruck noch festlegen. Dabei gibt es zwischen diesen Programmen einige Unterschiede, die Sie kennen sollten.

- Praktisch alle zum Drucken notwendigen Befehle sind bei den Office 2013-Programmen im Bereich *Drucken* innerhalb der Registerkarte *Datei* des jeweiligen Office-Programms zusammengefasst. Viele Befehle darin sind bei den meisten dieser Programme identisch. Diese wollen wir zuerst ansprechen (Abschnitt 16.1).
- Natürlich gibt es wieder einmal auch Besonderheiten. Auf diese wollen wir in den anschließenden Abschnitten eingehen. Wir liefern Ihnen darin Hinweise zum Drucken unter Word (Abschnitt 16.2), Excel (Abschnitt 16.3) und den weiteren Office 2013-Programmen (Abschnitt 16.4).
- Mit Office 2013 können Sie ohne großen Aufwand eine Vielzahl von Seriendokumenten – Serienbriefe, bedruckte Briefumschläge, Adressetiketten etc. – erstellen. Davon handelt der letzte Abschnitt dieses Kapitels (Abschnitt 16.5). Sie benötigen dazu eine Datenquelle und ein Hauptdokument, in dem diejenigen Elemente vorhanden sind, die in allen Exemplaren des Seriendokuments erscheinen sollen.

16.1 Drucken bei allen Office-Programmen

Die Registerkarte *Datei* hält bei allen Programmen des Pakets die Kategorie *Drucken* bereit, in der die wesentlichsten Einstellungen für den Ausdruck vorgenommen werden können. Alle zum Drucken wichtigen Befehle sind darin zusammengefasst (Abbildung 16.1).

16.1.1 Die Einstellungen

Im Abschnitt *Einstellungen* finden Sie in der Kategorie *Drucken* der Registerkarte *Datei* eine größere Anzahl von Optionen für den Ausdruck. Diese unterscheiden sich teilweise je nach dem aktuellen Office-Programm, zum Teil sind sie aber bei manchen Programmen identisch. Wir werden in den anschließenden Abschnitten darauf eingehen. Vor dem Ausdruck gibt es aber noch einige Einstellungen zu beachten.

Die Vorschau

Auf der rechten Seite sehen Sie eine Vorschau auf das zu erwartende Ergebnis. Bei mehrseitigen Dokumenten können Sie hier zwischen den einzelnen Seiten wechseln. Der Schieberegler *Zoom* unterhalb der Vorschau ermöglicht das Einstellen eines Vergrößerungsfaktors für diese Druckvorschau.

Abbildung 16.1: Der Bereich *Drucken* auf der Registerkarte *Datei* fasst alle wichtigen Befehle zusammen – hier bei Microsoft Word.

Den Drucker wählen

Wenn Sie mehrere Drucker installiert haben, können Sie über die Liste *Drucker* den gewünschten Drucker auswählen. Neben den eigentlichen Druckergeräten finden Sie in dieser Liste auch die Optionen *Microsoft Office Document Image Writer* und *Microsoft XPS Document Writer*. Darüber können Sie eine Datei erstellen, die Sie auf elektronischem Weg verteilen können. Wenn Ihr Rechner über ein Faxmodem verfügt, können Sie darüber das Dokument auch als Fax versenden. Haben Sie Microsoft OneNote 2013 installiert, können Sie veranlassen, dass das Dokument auf einer Notizseite dieses Programms abgelegt wird.

Die Druckereigenschaften

Durch einen Klick auf den Link *Druckereigenschaften* öffnen Sie ein Dialogfeld, über das Sie die Parameter des aktuell gewählten Druckers festlegen können. Was in diesem Dialogfeld angezeigt wird, hängt vom jeweiligen Drucker ab. Bei (fast) allen Druckern finden Sie hier beispielsweise die Möglichkeit, die Standardeinstellungen für das *Seitenformat* und die *Orientierung* – also *Hochformat* oder *Querformat* – oder die Druckqualität festzulegen. Mehrere dieser Parameter entscheiden auch über die Qualität des Ausdrucks.

Die Anzahl der Exemplare

Zur Auswahl der zu druckenden Exemplare benutzen Sie das Feld *Exemplare*. Tippen Sie die Anzahl direkt ein oder klicken Sie auf die Pfeilspitzen, um die Zahl zu erhöhen oder zu verringern.

16.1.2 Der Ausdruck

Wenn Sie den Ausdruck starten wollen, klicken Sie auf *Drucken*. Wenn Sie beispielsweise einen Drucker wie *Microsoft Office Document Image Writer* oder *Microsoft XPS Document Writer* eingestellt haben, wird das Dialogfeld *Druckausgabe speichern unter* geöffnet, in dem Sie der Druckdatei einen Namen geben müssen. Nach einer Bestätigung über *Speichern* wird die Datei erstellt.

16.2 Drucken unter Microsoft Word

Wir sagten es oben schon: Bei einigen Druckeinstellungen zwischen den einzelnen Office-Programmen sind einige Unterschiede vorhanden. Bei Word werden Sie die wichtigsten Parameter für den Ausdruck – wie beispielsweise das Papierformat, die Ausrichtung oder die Seitenränder – im Allgemeinen relativ früh erledigen und nicht erst dann, wenn Sie den Ausdruck beginnen wollen. Wir sind bereits im Zusammenhang mit dem Formatieren von Textdokumenten darauf eingegangen (*Kapitel 4*).

16.2.1 Die Einstellungen für Textseiten

Einige der bei Word im Bereich *Drucken* vorhandenen Einstellungen betreffen auch wiederum das Seitenlayout – die Ausrichtung, die Randeinstellungen und das Papierformat. Sie können also in diesem Bereich die jeweils voreingestellten Parameter für diesen Ausdruck schnell ändern. Wenn Sie das Dokument vor dem Schließen speichern, werden die hier festgelegten Einstellungen für das Dokument übernommen und bleiben beim erneuten Laden des Dokuments weiterhin gültig.

Die zu druckenden Seiten bestimmen

Über das erste Feld unter den *Einstellungen* in der Kategorie *Drucken* können Sie festlegen, was gedruckt werden soll (Abbildung 16.2).

Bei mehrseitigen Dokumenten müssen Sie zunächst festlegen, welche Seiten zu Papier gebracht werden sollen.

- Die Grundeinstellung liefert *Alle Seiten drucken*.
- Wenn Sie vor dem Aufruf der Registerkarte *Datei* einen Bereich im Dokument markiert haben, können Sie diesen über *Auswahl drucken* ausdrucken lassen. Beachten Sie dabei, dass der Seitenumbruch in diesem Fall automatisch neu geregelt wird, wenn Sie keine Seitenumbruchmarken manuell eingefügt haben.
- *Aktuelle Seite drucken* druckt nur die Seite, auf der sich die Schreibmarke befindet.
- Wenn Sie *Benutzerdefinierter Druck* wählen, können Sie anschließend über das darunter angezeigte Feld *Seiten* die zu druckenden Seiten oder Seitenbereiche angeben; verwenden Sie einen Bindestrich zur Angabe von Seitenbereichen und trennen Sie einzelne Seiten oder Seitenbereiche durch ein Semikolon voneinander ab, beispielsweise in der Form *2-7;9;11-12*. In diesem Fall würden die Seiten 2 bis 7, die Seite 9 und die Seiten 11 und 12 gedruckt.

Abbildung 16.2: Legen Sie fest, was gedruckt werden soll.

Über den Bereich *Dokumenteigenschaften* im zweiten Teil der Liste können Sie zusätzliche Dinge zu Papier bringen, die mit dem Dokument verbunden sind – beispielsweise die Dokumenteigenschaften oder eine Liste der verwendeten Formatvorlagen.

Hinweis Beachten Sie auch die standardmäßig eingeschaltete Option *Markup drucken*. Diese bewirkt, dass eingefügte Kommentare oder nachverfolgte Änderungen mit gedruckt werden. Durch Abschalten dieser Option können Sie das vermeiden.

Mehrseitiger Druck

Wenn Sie beide Seiten des Papiers bedrucken wollen, wählen Sie *Beidseitiger manueller Druck* und legen das Papier nach dem Bedrucken der Vorderseite nochmals umgekehrt in den Drucker (Abbildung 16.3 links).

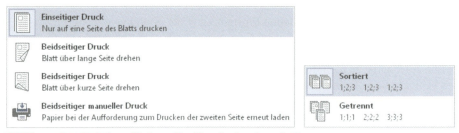

Abbildung 16.3: Die Optionen für den mehrseitigen Druck und zum Sortieren

Sortieren der Seiten

Wenn Sie mehrere Exemplare eines mehrseitigen Dokuments drucken wollen, können Sie festlegen, wie die Kopien ausgegeben werden sollen (Abbildung 16.3 rechts). Durch Wahl von *Sortiert* werden zuerst alle Seiten des ersten Exemplars vollständig gedruckt, bevor das nächste ausgegeben wird. Bei Wahl von *Getrennt* werden erst alle Exemplare der ersten Seite gedruckt, dann die der zweiten usw.

Das Seitenlayout beim Ausdruck ändern

Darunter finden Sie im Bereich *Drucken* drei Optionen, die das Seitenlayout für den Ausdruck betreffen – die Ausrichtung, die Randeinstellungen und das Papierformat. Bei Word werden Sie diese Parameter wahrscheinlich schon über die Registerkarte *Seitenlayout* bestimmt haben (*Kapitel 4*). Sie können hier aber noch eine schnelle Änderung durchführen, wenn Sie beispielsweise ein anderes Papierformat testen wollen (Abbildung 16.4).

Mit den Seitenrändern legen Sie den Abstand zwischen dem Rand des Papiers und dem bedruckten Bereich fest (Abbildung 16.5). Dafür liefert Ihnen Word zunächst einmal mit den Einstellungen *Normal*, *Schmal*, *Mittel*, *Breit* und *Gespiegelt* fünf Alternativen.

Skalierung

Das letzte Optionsfeld im Bereich *Drucken* ermöglicht es, mehr als eine Seite pro Blatt zu drucken (Abbildung 16.6). Sie können bis zu 16 Seiten auf einem Blatt Papier drucken. Mit der Option *An Papiergröße anpassen* können Sie bewirken, dass die Formateinstellungen so geändert werden, dass das Dokument auf ein anderes Papierformat passt. Bei Wahl einer anderen Einstellung als *Keine Skalierung* wird die Größe der Schrift und der grafischen Elemente entsprechend geändert.

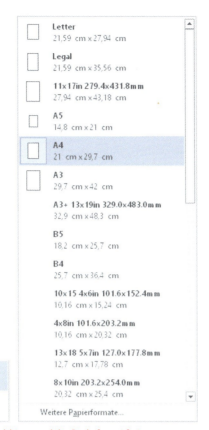

Abbildung 16.4: Legen Sie die Ausrichtung und das Papierformat fest.

Letzte benutzerdefinierte Einstellung			
Oben:	2,5 cm	Unten:	2 cm
Links:	2,5 cm	Rechts:	2,5 cm

Normal			
Oben:	2,5 cm	Unten:	2 cm
Links:	2,5 cm	Rechts:	2,5 cm

Schmal			
Oben:	1,27 cm	Unten:	1,27 cm
Links:	1,27 cm	Rechts:	1,27 cm

Mittel			
Oben:	2,54 cm	Unten:	2,54 cm
Links:	1,91 cm	Rechts:	1,91 cm

Breit			
Oben:	2,54 cm	Unten:	2,54 cm
Links:	5,08 cm	Rechts:	5,08 cm

Gespiegelt			
Oben:	2,54 cm	Unten:	2,54 cm
Innen:	3,18 cm	Außen:	2,54 cm

Benutzerdefinierte Seitenränder...

Abbildung 16.5: Die Einstellungen für die Seitenränder

527

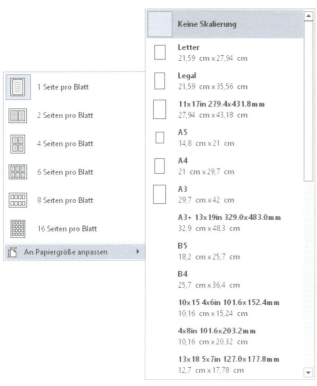

Abbildung 16.6: Die Optionen zum Skalieren

16.2.2 Briefumschläge und Etiketten

Zusätzlich zu Textseiten können Sie bei Word auch Briefumschläge oder Etiketten für Ihre Briefe ausdrucken lassen. Die Befehle dazu finden Sie bei Word 2013 in der Gruppe *Erstellen* auf der Registerkarte *Sendungen* des Menübands.

Umschläge

Wenn Sie nicht bereits ein vorhandenes Umschlagdokument geöffnet haben, müssen Sie es zuerst anlegen. Nach der Wahl von *Umschläge* in der Liste zu *Erstellen* wird das Dialogfeld *Umschläge und Etiketten* geöffnet (Abbildung 16.7). Geben Sie darin in die Felder *Empfänger(adresse)* und *Absenderadresse* die erforderlichen Daten ein.

Beachten Sie darin auch die Anzeigen in den Feldern *Vorschau* und *Einzug*. In Letzterem wird die Richtung angezeigt, in der Sie die Umschläge in den Drucker einführen müssen.

Standardmäßig wird für den Umschlag ein Format von *110 x 220 mm* (DIN Lang, also normaler Briefumschlag) angenommen. Ein anderes Format müssen Sie erst einstellen, indem Sie auf *Optionen* klicken:

- Im Dialogfeld *Umschlagoptionen* können Sie auf der Registerkarte *Umschlagoptionen* ein anderes Format für den Umschlag auswählen (Abbildung 16.8 links). Im mittleren Bereich können Sie die Position der *Empfängeradresse* und der *Absenderadresse* eingeben. Die zu verwendende Schriftart können Sie getrennt für *Empfängeradresse* und *Absenderadresse* einstellen, nachdem Sie auf die Schaltfläche *Schriftart* geklickt haben.

- Über die Registerkarte *Druckoptionen* in diesem Dialogfeld können Sie die Zufuhrmethode für die Umschläge im Drucker festlegen (Abbildung 16.8 rechts).

Abbildung 16.7: Das Dialogfeld für den Umschlag

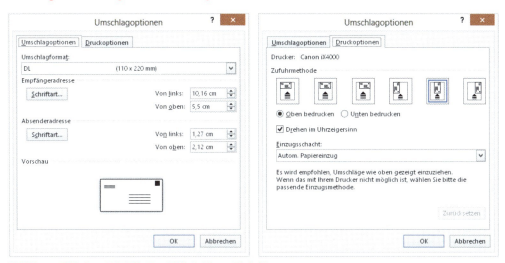

Abbildung 16.8: Format, Schriftart und Zufuhr können Sie festlegen.

Etiketten

Wenn Sie statt Umschlägen lieber Etiketten verwenden wollen, wählen Sie in der Liste zu *Erstellen* die Option *Beschriftungen*. Auch dabei wird das Dialogfeld *Umschläge und Etiketten* geöffnet, diesmal ist die Registerkarte *Etiketten* aktiviert. Geben Sie auch darin in das Feld *Adresse* die erforderlichen Daten ein.

■ Hier empfiehlt es sich, auf die Schaltfläche *Optionen* zu klicken und damit das Dialogfeld *Etiketten einrichten* anzuzeigen. Darin müssen Sie das zu verwendende Etikettenformat festlegen. Sie sollten zunächst im oberen Bereich den zu verwendenden Druckertyp wählen, da sich daraus unterschiedliche Optionen ergeben. Anschließend werden die marktgängigen Etiketten für den Typ angezeigt.

Wählen Sie im Listenfeld *Etikettenhersteller* den Hersteller bzw. die Marke der Etiketten aus. Unter *Etikettennummer* legen Sie dann den Typ der verwendeten Etiketten fest.

■ Wenn Sie unter diesen Einträgen das Format der gewünschten Etiketten nicht finden, können Sie es über die Schaltfläche *Neues Etikett* selbst einstellen. Weisen Sie dem Format einen Namen zu und legen Sie die Maße fest. Im oberen Bereich des Dialogfelds wird die Bedeutung der einzelnen Felder erklärt.

Das Ergebnis

Nachdem Sie die Formate für den Umschlag oder das Etikett festgelegt haben, kehren Sie mit der Bestätigung automatisch zum Dialogfeld *Umschläge und Etiketten* zurück. Darin haben Sie dann mehrere Optionen für das weitere Vorgehen:

■ Sowohl bei Umschlägen als auch bei Etiketten finden Sie die Schaltfläche *Drucken*. Den Ausdruck darüber nehmen Sie dann wie oben für das Dokument selbst beschrieben vor.

■ Bei Umschlägen finden Sie die Schaltfläche *Zum Dokument hinzufügen*. Wenn Sie darauf klicken, wird der Inhalt des Umschlagdokuments als separater Abschnitt vor das eigentliche Dokument – also den Brief – gesetzt und kann anschließend zusammen mit diesem gespeichert werden. Den Effekt können Sie auch über die Druckvorschau kontrollieren (Abbildung 16.1). Wenn Ihr Drucker nicht über separate Einzüge für den Umschlag und den Brief verfügt, müssen Sie sowohl den Umschlag als auch das normale Briefpapier im Drucker in der richtigen Reihenfolge bereitstellen. Sie können aber auch über das Dialogfeld *Drucken* zuerst die erste Seite mit den Daten für den Umschlag und dann die restlichen Daten für den Brief drucken (oben).

■ Bei Etiketten finden Sie stattdessen die Schaltfläche *Neues Dokument*. Ein Klick darauf bewirkt, dass die für das Etikett eingegebenen Daten in einem neu erstellten Dokument abgelegt werden. Sie können dieses speichern und bei Bedarf auch separat ausdrucken.

16.3   Drucken unter Microsoft Excel

Alle Elemente einer Arbeitsmappe – also Tabellen und Diagramme – können Sie natürlich ausdrucken. Oft werden Sie gleich zum Ausdruck schreiten können, ohne weitere Einstellungen vornehmen zu müssen. Das können Sie – wie bei Word – über den Bereich *Drucken* auf der Registerkarte *Datei* bewirken.

16.3.1   Besondere Einstellungen

Der Großteil der Möglichkeiten zur Einstellung bei Excel entspricht denen von Word. Zwei zusätzliche Optionen sind aber vorhanden: die Auswahl der zu druckenden Blätter und die Möglichkeit zur Skalierung.

Die Auswahl der Blätter und Seiten

Über die erste Option unter den *Einstellungen* können Sie schnell entscheiden, welche Inhalte der aktiven Arbeitsmappe gedruckt werden sollen (Abbildung 16.9).

Abbildung 16.9: Wählen Sie die zu druckenden Bereiche aus.

■ Die Grundeinstellung steht auf *Aktive Blätter drucken*. Dabei wird das vorher ausgewählte Blatt gedruckt. Wenn Sie mehrere Blätter in einem Arbeitsgang drucken wollen, markieren Sie diese, bevor Sie die Registerkarte *Datei* öffnen.

■ Alternativ dazu können Sie auch *Gesamte Arbeitsmappe drucken* wählen.

- Wenn Sie nur einen bestimmten Bereich eines Blatts drucken wollen, markieren Sie ihn vorher und wählen Sie *Auswahl drucken*.
- Wenn ein Ausdruck mehrere Seiten benötigt, erkennen Sie das an der Anzeige der Seitenzahl unterhalb der Vorschau. Sie können dann einzelne Seiten davon ausdrucken lassen, indem Sie im Bereich *Seiten* die Anfangs- und die Endseite oder eine bestimmte Seite festlegen.

Hinweis Wenn Sie bereits Druckbereiche auf den einzelnen Blättern der Mappe definiert haben, werden standardmäßig nur diese Bereiche davon gedruckt. Wollen Sie das gesamte Blatt drucken, aktivieren Sie die Option *Druckbereich ignorieren*.

Die Skalierung

Wenn Sie bei der Kontrolle der Vorschau feststellen, dass eine Tabelle beim Ausdruck nicht ganz auf das Papier passt, können Sie den Skalierungsfaktor ändern. Die Optionen dazu erklären sich eigentlich selbst.

Seitenränder und Spaltenbreiten

Ein Klick auf die Schaltfläche *Seitenränder anzeigen* bewirkt, dass in der Vorschau Marken für die Seitenränder und die einzelnen Spalten angezeigt werden. Sie können diese über die Maus verschieben.

16.3.2 Die Druckvorbereitung

Bei Word wird man meist ein Druckergebnis erhalten wollen, in dem alle Seiten eines Dokuments dieselben Einstellungen verwenden. Anders ist das bei Excel: Wenn eine Arbeitsmappe sowohl breite als auch hohe Tabellen beinhaltet, wird man beispielsweise oft die breiten im Querformat und die hohen Tabellen im Hochformat ausdrucken wollen. Das können Sie aber nicht über den Bereich *Drucken* der Registerkarte *Datei* steuern. Sie müssen stattdessen die Einstellungen auf der Ebene der einzelnen Blätter vornehmen und dafür verwenden Sie die Registerkarte *Seitenlayout* im Menüband (Abbildung 16.10). Sie finden darin alle Befehle, die die Darstellung auf dem Papier betreffen. Dazu gehören zunächst einmal das Papierformat, die Orientierung und die Seitenränder. Excel benutzt hierfür zunächst einmal bestimmte Standardeinstellungen – beispielsweise das Format DIN A4 für das Papier im Hochformat.

Abbildung 16.10: Die Registerkarte *Seitenlayout* bei Excel

Die zu druckenden Bereiche festlegen

Standardmäßig druckt Excel eine Tabelle immer vollständig aus – angefangen von der Zelle *A1* in der oberen linken Ecke bis zu der letzten Zelle unten rechts, die Eingaben enthält. Wenn Sie das nicht wünschen, müssen Sie die zu druckenden Bereiche vorher festlegen.

Wenn Sie mehrere Bereiche auf einem Blatt ausdrucken wollen, müssen Sie diese dazu nacheinander markieren. Möchten Sie mehrere Blätter einer Mappe ausdrucken, müssen Sie diese Auswahl für jedes Blatt der Arbeitsmappe einzeln vornehmen.

- Um den ersten zu druckenden Bereich festzulegen, markieren Sie in der Tabelle den Bereich, der gedruckt werden soll. Wählen Sie dann die Registerkarte *Seitenlayout* und klicken Sie in der Gruppe *Seite einrichten* auf *Druckbereich*. Wählen Sie *Druckbereich festlegen*. Der zu druckende Bereich wird mit einem Rahmen versehen (Abbildung 16.11).

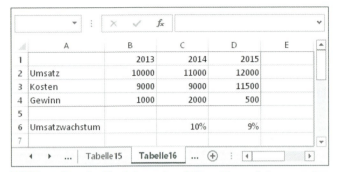

Abbildung 16.11: Druckbereiche werden mit einem dünnen Rahmen versehen.

- Wenn Sie einen weiteren Bereich für den Druck festlegen wollen, markieren Sie den nächsten Bereich, der gedruckt werden soll. Öffnen Sie die Liste zum Befehl *Druckbereich* auf der Registerkarte *Seitenlayout* und wählen Sie *Zum Druckbereich hinzufügen*.

Hinweis Über den Befehl *Druckbereich aufheben* in der Liste zum Befehl *Druckbereich* entfernen Sie alle auf dem Blatt festgelegten Druckbereiche! Es spielt keine Rolle, welche Zelle Sie vorher markiert haben.

Die Ausrichtung und das Papierformat

Tabellen können im Hoch- oder im Querformat ausgedruckt werden. Ist eine größere Tabelle breiter als hoch, sollte man das Querformat benutzen. Ist sie höher als breit, benutzen Sie das Hochformat. Standardmäßig geht Excel davon aus, dass Sie den Ausdruck auf Papier im Format DIN A4 vornehmen wollen. Wenn Sie ein anderes Format wünschen, müssen Sie das zuerst festlegen. Das Programm liefert Ihnen dazu eine Liste der gängigsten Alternativen.

- Um die Ausrichtung zu bestimmen, wählen Sie das Blatt, für das die Einstellungen gelten sollen. Wählen Sie die Registerkarte *Seitenlayout* und klicken Sie in der Gruppe *Seite einrichten* auf *Ausrichtung*. Wählen Sie *Hochformat* oder *Querformat*.
- Zur Wahl des Papierformats aktivieren Sie das Blatt, für das die Einstellungen gelten sollen. Öffnen Sie dann die Registerkarte *Seitenlayout*. Klicken Sie in der Gruppe *Seite einrichten* auf *Format* und wählen Sie das gewünschte Papierformat aus.

Die Seitenränder festlegen

Mit den Seitenrändern legen Sie den Abstand zwischen dem Rand des Papiers und dem bedruckten Bereich fest. Dafür liefert Ihnen Excel zunächst einmal mit den Einstellungen *Normal*, *Breit* und *Schmal* drei Alternativen. Sie können aber die vier Ränder einer Seite auch einzeln festlegen. Auf diese Weise können Sie beispielsweise auch für den oberen und den unteren Rand oder für den rechten und den linken Rand verschiedene Einstellungen bestimmen.

- Wenn Sie eine der Standardalternativen für den Seitenrand benutzen wollen, wählen Sie das Blatt oder die Blätter aus, für das bzw. die die Einstellungen gelten sollen. Öffnen Sie die Registerkarte *Seitenlayout* und klicken Sie dann in der Gruppe *Seite einrichten* auf *Seitenränder*. Wählen Sie die Einstellung für die Seitenränder aus dem Katalog aus.
- Wenn Sie die Seitenränder individuell festlegen möchten, klicken Sie auf *Benutzerdefinierte Seitenränder* unten in der Liste. Die Registerkarte *Seitenränder* im Dialogfeld *Seite einrichten* wird angezeigt. Legen Sie die vier Ränder der Seite einzeln fest und klicken Sie auf *OK*.

Im Dialogfeld *Seite einrichten* können Sie mit den beiden Kontrollkästchen *Horizontal* und *Vertikal* dafür sorgen, dass die Tabelle auf der Seite waagerecht und senkrecht zentriert gedruckt wird. Über die Felder *Kopfzeile* und *Fußzeile* bestimmen Sie den Abstand dieser Zeilen vom oberen bzw. unteren Seitenrand.

Die Überschriften wiederholen lassen

Wenn Tabellen so lang sind, dass sie nicht mehr auf eine Papierseite passen, erscheinen die von Ihnen eingegebenen Spaltenüberschriften beim Ausdruck nur auf der ersten Seite. Der Leser weiß auf den Folgeseiten nicht mehr, was die einzelnen Spalten bedeuten. Das können Sie vermeiden, indem Sie die Überschriften auf allen Seiten automatisch wiederholen lassen. Sie müssen dazu lediglich angeben, welche Zeile(n) oder Spalte(n) auf den entsprechenden Folgeseiten mit ausgedruckt werden sollen.

■ Wählen Sie das Blatt, für das die Einstellungen gelten sollen. Lassen Sie die Registerkarte *Seitenlayout* anzeigen und klicken Sie in der Gruppe *Seite einrichten* auf *Drucktitel*. Die Registerkarte *Blatt* im Dialogfeld *Seite einrichten* wird angezeigt (Abbildung 16.12).

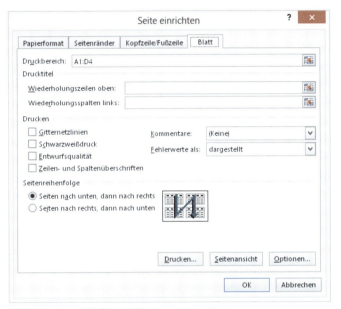

Abbildung 16.12: Die Überschriften wiederholen lassen

■ Klicken Sie in das Feld *Wiederholungszeilen oben* und dann in der Tabelle auf den Kopf der Zeile, die auf allen Druckseiten wiederholt gedruckt werden soll. Bestätigen Sie mit *OK*.

Auf dieselbe Weise können Sie auch dafür sorgen, dass bei sehr breiten Tabellen die erste(n) Spalte(n) der Tabelle auch auf den Folgeseiten mit ausgedruckt werden. Klicken Sie im Dialogfeld in das Feld *Wiederholungsspalten links* und dann in der Tabelle auf die Überschriften der gewünschten Spalten.

 Im Dialogfeld können Sie beispielsweise auch festlegen, ob eingefügte Kommentare mit ausgedruckt oder in welcher Reihenfolge die Seiten sortiert werden sollen.

Den Umbruch gestalten

Wenn ein Blatt für den Ausdruck mehrere Seiten benötigt, kommt es vor, dass eine neue Seite an einer von Ihnen nicht gewünschten Stelle beginnt. Diesen Seitenwechsel können Sie aber kontrollieren. Die *Umbruchvorschau* können Sie verwenden, um Seitenumbrüche schnell anzupassen. Sie können in dieser Ansicht die Position der Seitenumbrüche ändern, indem Sie sie mit der Maus verschieben.

■ Um die Stellen für den Umbruch festzulegen, wählen Sie zunächst das Blatt, für das Sie den Umbruch einstellen wollen. Markieren Sie dann die Zelle, mit der eine neue Seite beginnen soll, und klicken Sie in der Gruppe *Seite einrichten* auf *Umbrüche*. Wählen Sie *Seitenumbruch einfügen*. Die Stelle des Umbruchs wird markiert.

- Wenn Sie den Umbruch kontrollieren wollen, lassen Sie die Registerkarte *Ansicht* anzeigen und klicken Sie in der Gruppe *Arbeitsmappenansichten* auf *Umbruchvorschau*. Manuell eingefügte Seitenumbrüche werden als durchgehende Linien angezeigt. Mit gestrichelten Linien wird angegeben, wo automatisch ein Seitenumbruch erfolgt (Abbildung 16.13). Durch einen Klick auf *Normal* kehren Sie zur gewohnten Ansicht zurück.

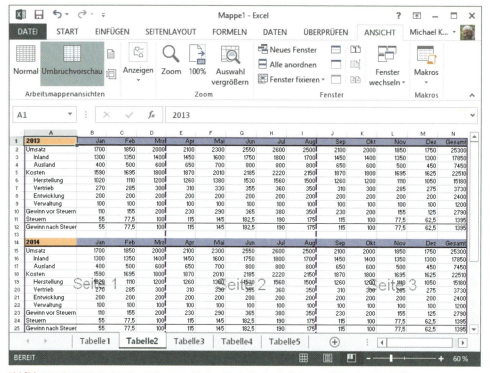

Abbildung 16.13: Die Umbruchvorschau erlaubt eine Kontrolle der Aufteilung auf die einzelnen Seiten.

Die Kontrolle des Seitenlayouts

Die Ansicht *Seitenlayout* von Excel ermöglicht es Ihnen, das Erscheinungsbild einer Seite zu kontrollieren. Diese Ansicht erlaubt es Ihnen auch, die Breite von Spalten und die Höhe von Zeilen zu ändern. Um die Ansicht *Seitenlayout* einzuschalten, wählen Sie die Registerkarte *Ansicht* und klicken Sie in der Gruppe *Arbeitsmappenansichten* auf *Seitenlayout* (Abbildung 16.14).

In dieser Ansicht können Sie auch die Spaltenbreiten, Zeilenhöhen und die Ränder ändern:

- Klicken Sie auf die Überschrift der Spalte, deren Breite Sie ändern wollen. Setzen Sie den Mauszeiger auf die Trennlinie zur nächsten Spalte. Der Zeiger wird als Doppelpfeil angezeigt. Halten Sie die Maustaste gedrückt und verschieben Sie die Maus in horizontaler Richtung.
- Klicken Sie auf die Überschrift der Zeile, deren Höhe Sie ändern wollen. Setzen Sie den Mauszeiger auf die Trennlinie zur nächsten Zeile. Der Zeiger wird als Doppelpfeil angezeigt. Halten Sie die Maustaste gedrückt und verschieben Sie die Maus in vertikaler Richtung.
- Setzen Sie den Mauszeiger im Lineal auf die Stelle, an der der obere oder untere Seitenrand beginnt. Der Zeiger wird als Doppelpfeil angezeigt. Halten Sie die Maustaste gedrückt und verschieben Sie die Maus in horizontaler Richtung.

Wenn Sie wieder zu der gewohnten Ansicht zurückwechseln wollen, klicken Sie in der Gruppe *Arbeitsmappenansichten* auf *Normal*.

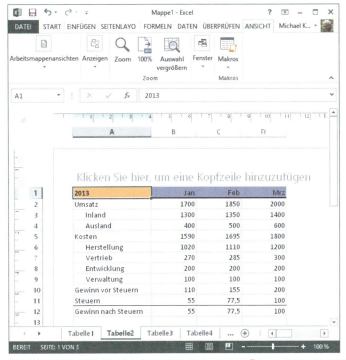

Abbildung 16.14: Die Seitenlayoutansicht erlaubt auch ein Ändern von Spaltenbreiten, Zeilenhöhen und Rändern.

Kopf- und Fußzeilen einrichten

Die Ansicht *Seitenlayout* erlaubt es Ihnen bei Excel ebenfalls, Kopf- und Fußzeilen einzufügen. Solche Zeilen beherbergen meist konstante Angaben wie den Namen des Dokuments oder automatisch wechselnde Angaben für die Seitenzahlen oder das Druckdatum. Die Kopf- und Fußzeilen von Excel-Tabellen verfügen immer über drei Abschnitte – einen linksbündigen, einen zentrierten und einen rechtsbündigen. In jedem dieser Abschnitte können Sie entweder einen Text eintippen oder einen Standardeintrag dafür auswählen.

- Um einen Texteintrag für eine Kopfzeile festzulegen, klicken Sie in der Ansicht *Seitenlayout* auf den Bereich der Kopfzeile, für den Sie einen Eintrag festlegen wollen. Geben Sie dort den gewünschten Text ein.
- Wenn Sie einen Standardeintrag verwenden wollen, klicken Sie in der Ansicht *Seitenlayout* auf den Bereich der Kopfzeile, für den Sie einen Eintrag festlegen wollen. Öffnen Sie dann in der Gruppe *Kopf- und Fußzeile* den Katalog zum Befehl *Kopfzeile* und wählen Sie einen Eintrag aus.
- Sie können auch komplexere Kopf- und Fußzeilenelemente selbst gestalten. Beispielsweise können Sie erreichen, dass bei einem vierseitigen Dokument auf der ersten Seite die Angabe *Seite 1 von 4* steht, auf der zweiten Seite die Angabe *Seite 2 von 4* usw. Klicken Sie in der Ansicht *Seitenlayout* auf den Bereich der Kopfzeile, für den Sie einen Eintrag festlegen wollen. Wenn Sie die Seitennummer eingeben wollen, klicken Sie in der Gruppe *Kopf- und Fußzeilenelemente* auf *Seitenzahl*. Der Platzhalter *&[Seite]* erscheint dann im Bereich der Kopfzeile. Fügen Sie ein Leerzeichen und dann den Text *von* ein. Fügen Sie noch ein Leerzeichen hinzu. Klicken Sie in der Gruppe *Kopf- und Fußzeilenelemente* auf *Anzahl der Seiten*.

TIPP Wenn Sie einen Eintrag in einer Kopf- oder Fußzeile formatieren wollen, markieren Sie den gewünschten Bereich in der Zeile und benutzen Sie die üblichen Methoden dazu. Hinweise zum Formatieren in Excel finden Sie in *Kapitel 8*.

Weitere Optionen

Standardmäßig werden die vom Bildschirm her gewohnten Spaltenüberschriften – also *A*, *B* usw. – und Zeilenüberschriften – also *1*, *2*, usw. – sowie die Gitternetzlinien nicht mit ausgedruckt. Wenn diese auf dem Papier erscheinen sollen, müssen Sie das extra festlegen. Um Gitternetzlinien und Überschriften mit drucken zu lassen, wählen Sie zunächst das Blatt oder die Blätter aus, für die die Einstellungen gelten sollen. Klicken Sie auf die Registerkarte *Seitenlayout* und schalten Sie in der Gruppe *Blattoptionen* unter *Überschriften* das Kontrollkästchen *Drucken* ein, um die Spalten- und Zeilenüberschriften mit auszudrucken. Schalten Sie in der Gruppe *Blattoptionen* unter *Gitternetzlinien* das Kontrollkästchen *Drucken* ein, um das Gitternetz mit auszudrucken.

Wenn Sie später feststellen, dass eine Tabelle beim Ausdruck nicht ganz auf das Papier passt, können Sie den Skalierungsfaktor ändern. Dazu benutzen Sie die Werkzeuge in der Gruppe *An Format anpassen* der Registerkarte *Seitenlayout*. Aktivieren Sie das gewünschte Blatt oder die entsprechenden Blätter. Im Feld *Skalierung* legen Sie fest, ob Sie das Tabellenblatt beim Drucken vergrößern oder verkleinern wollen. Sie können einen Wert zwischen *10 %* und *400 %* wählen. Dieser Parameter ist bei einigen Druckern nicht verfügbar. Alternativ zur direkten Eingabe der Skalierung können Sie über die Felder *Breite* und *Höhe* die Ausgabe so skalieren, dass die Tabelle auf eine angegebene Anzahl von Seiten passt.

16.4   Drucken bei anderen Office-Programmen

Auch die Office-Programme PowerPoint und Outlook ermöglichen natürlich den Ausdruck. Trotz des Versuchs von Microsoft, allen Programmen eine einheitliche Struktur der Bedienung zu verleihen, gibt es hier immer noch starke Unterschiede beim Festlegen der notwendigen Druckparameter.

16.4.1   Drucken bei Microsoft Outlook

Bei Microsoft Outlook sind mit jedem Ansichtstyp spezielle Standarddruckformate verbunden, in denen die Standardeinstellungen für Papier- und Seitengrößen und andere Parameter festgelegt sind. Sie müssen zunächst den Programmbereich – also E-Mail, Kontakte, Kalender usw. – wählen, dessen Elemente Sie ausdrucken wollen. Auch den Ordner, in dem sich die zu druckenden Elemente befinden, müssen Sie öffnen. Öffnen Sie dann die Registerkarte *Datei* und wählen Sie den Bereich *Drucken* (Abbildung 16.15).

Die Einstellungen

Welche Optionen Ihnen unter *Einstellungen* zur Verfügung stehen, hängt vom aktuellen Outlook-Ordner ab. Verwenden Sie beispielsweise das *Memoformat* zum Drucken von einzelnen Elementen und ein beliebiges anderes der Standarddruckformate zum Drucken von ganzen Ansichten.

Die Druckoptionen

Zum Einstellen weiterer Druckparameter klicken Sie im Bereich *Drucken* auf *Druckoptionen*. Legen Sie die verbleibenden Einstellungen im Dialogfeld *Drucken* fest (Abbildung 16.16).

■ Wenn Sie mehrere Drucker installiert haben, können Sie im Listenfeld *Name* den gewünschten auswählen.

■ Über die Schaltfläche *Eigenschaften* können Sie druckerspezifische Parameter einstellen. Die dabei verfügbaren Optionen unterscheiden sich je nach Druckermodell.

■ Um den Ausdruck des Dokuments in eine Datei umzuleiten, aktivieren Sie die gleichnamige Option.

■ Geben Sie im Feld *Exemplare* die Anzahl der vom aktuellen Dokument auszudruckenden Exemplare an. Wenn Sie mehrere Exemplare eines mehrseitigen Dokuments drucken wollen, können Sie über das Kontrollkästchen *Exemplare sortieren* festlegen, dass zuerst ein Exemplar vollständig gedruckt wird, bevor das nächste ausgegeben wird.

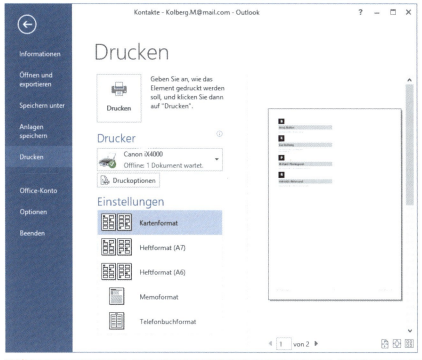

Abbildung 16.15: Der Bereich *Drucken* bei Microsoft Outlook. Legen Sie unter den *Einstellungen* das Format für den Ausdruck fest.

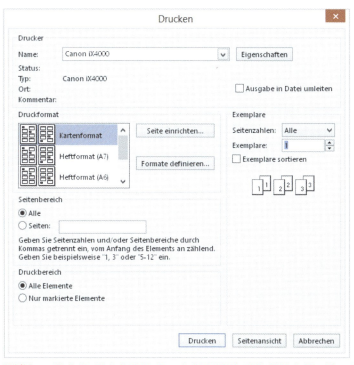

Abbildung 16.16: Das Dialogfeld *Drucken* erlaubt bei Outlook die Wahl des Druckformats.

- Legen Sie im Bereich *Seitenbereich* fest, was gedruckt werden soll: Wählen Sie die Option *Alle*, um den gesamten Inhalt zu drucken.
- Um Papierseiten beidseitig zu bedrucken, können Sie im Bereich *Seitenzahlen* nacheinander die Optionen *Ungerade* und *Gerade* verwenden.

Die Seite einrichten

Nach einem Klick auf die Schaltfläche *Seite einrichten* im Dialogfeld *Drucken* wird das Dialogfeld *Seite einrichten* angezeigt, in dem Sie die Parameter auf drei Registerkarten einstellen können. Die Standardeinstellungen für diese Parameter werden mit dem vorher gewählten Druckformat festgelegt.

- Auf der Registerkarte *Format* können Sie die für den Ausdruck gewünschte Schriftart und Schriftgröße einstellen. Für unterschiedliche Elemente – beispielsweise Titel und Felder – können verschiedene Einstellungen benutzt werden. Die sonstigen Optionen auf dieser Registerkarte unterscheiden sich stark je nach dem gewählten Standarddruckformat. Viele Variationsmöglichkeiten zeigt beispielsweise das *Kartenformat*: Mit den Optionen unter der Überschrift *Abschnitte* können Sie deren Aufteilung auf die einzelnen Seiten festlegen. Für den Ordner *Kontakte* sind diese Abschnitte beispielsweise die Gruppen von Elementen mit gleichem Anfangsbuchstaben. Standardmäßig werden die einzelnen Abschnitte nacheinander gedruckt. Mit der Option *beginnen auf einer neuen Seite* sorgen Sie für einen Seitenumbruch zwischen den Abschnitten.
- Auf der Registerkarte *Papier* können Sie die Abmessungen des zu verwendenden Papierformats, dessen Aufteilung und die Ränder für den Druck festlegen: Die Begriffe *Papier (Typ)* und *Seite (Größe)* haben in Microsoft Outlook eine besondere Bedeutung. *Papier* bezieht sich auf die eigentliche Papierseite, die Sie in den Drucker einlegen. Mit *Seite* wird der Bereich auf dem Papier definiert, in dem die Druckausgabe erfolgt. Durch Wahl geeigneter Einstellungen können Sie mehrere Seiten auf einem einzigen Blatt Papier drucken. Beispielsweise können Sie zwei Seiten eines Hefts auf einem einzigen Blatt drucken, indem Sie als Seitengröße *Heft (1/2-Blatt)* wählen.
- Über die Registerkarte *Kopfzeilen/Fußzeilen* können Sie den Ausdruck von Zeilen festlegen, die auf allen Seiten des Ausdrucks in derselben Form angezeigt werden sollen. Für jede Zeile stehen drei Felder für die Eingabe von linksbündigen, zentrierten und rechtsbündigen Elementen zur Verfügung. Markieren Sie zuerst das gewünschte Feld und nehmen Sie dann die Eingaben vor. Mithilfe der Schaltflächen der kleinen Symbolleiste im unteren Bereich des Dialogfelds können Sie die Anzeige von automatischen Informationen bewirken (Tabelle 16.1). Markieren Sie vor der Wahl einer Schaltfläche den gewünschten Teil der Kopf-/Fußzeile im Dialogfeld *Seite einrichten*, in dem die Information angezeigt werden soll.

Symbol	Wirkung
[#]	fügt die aktuelle Seitenzahl ein.
[⊞]	fügt die Gesamtzahl der Seiten des Dokuments ein.
[12]	fügt das aktuelle Datum zur Zeit des Ausdrucks ein.
[⊘]	fügt die aktuelle Uhrzeit zur Zeit des Ausdrucks ein.
[👤]	fügt den Namen des Benutzers ein.

Tabelle 16.1: Schaltflächen der Registerkarte *Kopfzeilen/Fußzeilen*

16.4.2 Drucken bei Microsoft PowerPoint

Bei Microsoft PowerPoint verfügt der Bereich *Drucken* der Registerkarte *Datei* über die Möglichkeit, die zu druckenden Elemente auszuwählen.

Alle Fragen, die mit der Verteilung einer Präsentation auf elektronischem Weg zusammenhängen – wie beispielsweise das Erstellen von Videos oder das Verpacken der Präsentation –, behandeln wir im Zusammenhang mit der Freigabe (*Kapitel 14*).

Das Layout bestimmen

Über das zweite Element unterhalb der *Einstellungen* können Sie festlegen, was von der aktuellen Präsentation gedruckt werden soll. Im Bereich *Drucklayout* des Katalogs haben Sie hier die Wahl zwischen *Ganzseitige Folien*, *Notizenseiten* und *Gliederung*. Darunter stehen verschiedene Formate für den Ausdruck von Handzetteln zur Verfügung (Abbildung 16.17 links).

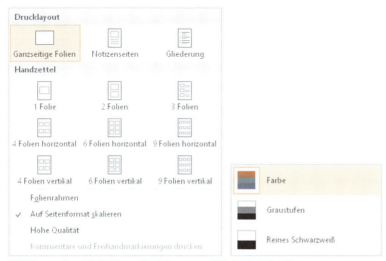

Abbildung 16.17: Die Optionen für das Layout und für die Farbeinstellungen

Farben

Für alle zu druckenden Elemente einer Präsentation können Sie zwischen verschiedenen Farbeinstellungen wählen (Abbildung 16.17 rechts).

Kopf- und Fußzeilen

Wenn Sie Ihre Ausdrucke mit Kopf- und/oder Fußzeilen versehen wollen, klicken Sie auf den Link *Kopf- und Fußzeile bearbeiten* unten im Bereich *Drucken*. Im dann angezeigten Dialogfeld können Sie diese Eingaben getrennt für die Folien einerseits und die Notizenseiten und Handzettel andererseits vornehmen (Abbildung 16.18). Die Vorgehensweise ist in beiden Fällen identisch.

Während Notizen und Handzettel sowohl mit Kopf- und Fußzeilen versehen werden können, lassen sich bei Folien nur Fußzeilen einfügen: Sie können ein linksbündiges Datum, eine zentrierte Foliennummer und einen frei wählbaren rechtsbündigen Text eingeben. Hinsichtlich des Datums können Sie wählen, ob das jeweils aktuelle Datum oder ein festes Datum erscheinen soll. Außerdem können Sie dafür sorgen, dass die Eingaben auf der Titelfolie nicht erscheinen.

Abbildung 16.18: Folien können nur mit Fußzeilen versehen werden.

Abbildung 16.19: Für Notizenseiten und Handzettel sind andere Kopf- und Fußzeilen möglich.

Bei Notizenseiten und Handzetteln erscheinen Datum und Uhrzeit rechts in der Kopfzeile (Abbildung 16.19). Links darin ist eine beliebige Eingabe möglich. Die Seitenzahl wird rechts in die Fußzeile gesetzt.

Hinweis Wenn Sie mehr Flexibilität hinsichtlich der Anordnung benötigen, können Sie die Kopf- und Fußzeilen auch über die Registerkarte *Einfügen* in die Folien und andere Elemente selbst einfügen.

16.5 Seriendokumente erstellen

Sie können ohne großen Aufwand eine Vielzahl von Seriendokumenten – Serienbriefe, bedruckte Briefumschläge, Adressetiketten etc. – erstellen. Sie benötigen dazu eine Datenquelle – beispielsweise eine Datenbank aus einer Microsoft Office-Anwendung oder ein Adressbuch – und ein Hauptdokument – das heißt ein Textgerüst, in dem die Elemente vorhanden sind, die in allen Exemplaren des Seriendokuments erscheinen sollen. Beim Drucken wird dann für jeden Datensatz aus der Datenquelle ein Exemplar des Dokuments mit den entsprechenden Feldinhalten erstellt.

■ Einige Vorbereitungen sind natürlich notwendig: Sie müssen dem Hauptdokument die zu verwendende Datenquelle bereitstellen, und dafür gibt es mehrere Möglichkeiten: Einerseits können Sie in Word selbst eine solche Quelle erstellen, andererseits können Sie dafür auch eine bestehende Datei aus Excel, Access, Outlook oder einem anderen Programm verwenden.

■ Im weiteren Vorgehen müssen Sie zunächst den Typ des Dokuments festlegen, dann die zu verwendende Datenquelle auswählen, den gewünschten Text verfassen und dann die Seriendruckfelder einfügen. Das Ergebnis sollten Sie zuerst noch einmal am Bildschirm kontrollieren; dann können Sie den Ausdruck vornehmen.

Zur Abwicklung des Großteils dieser Aufgaben verwenden Sie die Registerkarte *Sendungen* im Menüband von Word (Abbildung 16.20).

Abbildung 16.20: Die Registerkarte *Sendungen* im Menüband von Word

Hinweis Beachten Sie gleich noch den folgenden wichtigen Punkt: Wenn Sie für den Seriendruck eine Datenquelle festlegen, wird auf Ihrem Rechner im Standardordner ein Unterordner mit dem Namen *Meine Datenquellen* angelegt, in dem die Daten für die Datenverbindung gespeichert werden. Diese Dateien können Sie später auch für andere Seriendruckaufgaben verwenden. Wenn Sie ein Seriendruckdokument auf einen anderen Rechner übertragen, steht dort die Datei für die Datenverbindung nicht zur Verfügung.

Sie sollten in diesem Zusammenhang auch gleich beachten, dass Sie den Prozess der Serienbrieferstellung auch von anderen Office-Programmen her starten können. Je nachdem, von welchem Programm Sie ausgehen, sind jeweils einige unterschiedliche Vorarbeiten erforderlich.

16.5.1 Vorbereitungen aus Word heraus

Wir sagten es gerade: Sie müssen zunächst festlegen, woher Word die Daten erhalten soll, die in die einzelnen Seriendokumente eingefügt werden sollen. Dies wird als *Datenquelle* bezeichnet. Eine Datenquelle ist eine Datei mit Daten, die in jeder Kopie eines Seriendokuments unterschiedlich sind. Sie können sich eine Datenquelle als Tabelle vorstellen. Jede Spalte der Datenquelle entspricht einer Informationskategorie oder einem Datenfeld, beispielsweise Vorname, Nachname, Adresse und Postleitzahl. Der Name jedes Datenfelds ist in der ersten Tabellenzeile aufgeführt und wird als Steuersatz bezeichnet. Jede nachfolgende Zeile enthält einen Datensatz, der über einen vollständigen Satz zusammengehöriger Informationen verfügt. Bei der Verwendung der Seriendruckfunktion werden die Daten der einzelnen Empfänger in die Felder in Ihrem Hauptdokument eingefügt.

Datenquelle bereitstellen

Für die Datenquelle können Sie unterschiedliche Grundlagen benutzen. In vielen Fällen wird dabei eine Datenbankverbindungsdatei erzeugt, die die Kommunikation zwischen Word und dem Quellprogramm ermöglicht. Zur Auswahl verwenden Sie die Liste zur Schaltfläche *Empfänger auswählen* (Abbildung 16.21). Hier haben Sie die Wahl zwischen mehreren Alternativen.

Abbildung 16.21: Wählen Sie aus, woher die Daten bezogen werden sollen.

Neue Liste erstellen

Wenn Sie noch über keine Empfängerliste verfügen oder wenn das aktuelle Dokument an Empfänger gesendet werden soll, die bisher in keiner vorhandenen Liste enthalten sind, benutzen Sie darin den Befehl *Neue Liste eingeben*. Das Dialogfeld *Neue Adressliste* wird dann angezeigt (Abbildung 16.22). Geben Sie darin die erforderlichen Daten manuell ein.

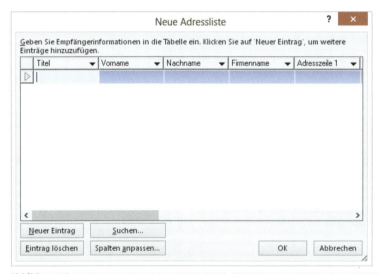

Abbildung 16.22: Eine neue leere Adressliste in Word. Die Feldnamen sind bereits vorhanden.

Markieren Sie nacheinander die einzelnen Feldspalten und geben Sie die Daten dafür ein. Nach Abschluss einer Zeile klicken Sie auf *Neuer Eintrag* und fahren mit der nächsten Zeile fort. Falls dann in einer dieser Zeilen ein Feldeintrag auftaucht, den Sie vorher schon einmal verwendet haben, können Sie diesen auch aus dem Listenfeld zur jeweiligen Überschrift auswählen. Mit den weiteren Optionen in dieser Liste können Sie die Einträge beispielsweise auch sortieren lassen.

Die verfügbaren Feldspalten reichen für die Mehrzahl der Seriendokumente aus. Wenn Sie weitere Felder wünschen, klicken Sie auf *Spalten anpassen*. Links im Dialogfeld *Adressliste anpassen* werden dann die bereits vorhandenen Feldnamen angezeigt (Abbildung 16.21 links). Für weitere Felder klicken Sie auf *Hinzufügen*, geben den Namen des Felds ein und bestätigen (Abbildung 16.21 rechts). Sie können die Reihenfolge der Felder auch über die Schaltflächen *Nach oben* und *Nach unten* anders gestalten.

Abbildung 16.23: Die Adressleiste anpassen. Sie können weitere Felder hinzufügen.

Nach einer abschließenden Bestätigung im Dialogfeld *Neue Adressliste* erscheint automatisch das Dialogfeld *Adressliste speichern*. Ein Speichern ist notwendig, wenn Sie mit der Liste weiterarbeiten wollen! Außerdem ist es natürlich auch für den Fall sinnvoll, dass Sie die Liste später in einem anderen Seriendokument erneut verwenden wollen.

Auf Outlook zugreifen

Einfach ist auch die Übernahme von Kontakten aus Microsoft Outlook. Dazu wählen Sie die Option *Aus Outlook-Kontakten auswählen* in der Liste zur Schaltfläche *Empfänger auswählen*. Anschließend müssen Sie gegebenenfalls ein Profil und – wenn Outlook bei Ihnen über mehrere Kontakte-Ordner verfügt – einen Ordner auswählen. Danach werden die Daten angezeigt (Abbildung 16.24).

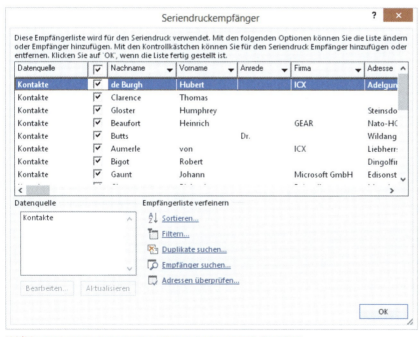

Abbildung 16.24: Die Seriendruckempfänger aus den Outlook-Kontakten

Daten aus Access oder Excel verwenden

Die oben beschriebene Eingabe der Daten im Dialogfeld *Neue Adressliste* kann mühselig werden. Wenn also bereits irgendeine andere Datei mit den erforderlichen Daten vorhanden ist, die Sie für Ihre Zwecke benötigen, sollten Sie diese auch nutzen. Dazu wählen Sie die Option *Vorhandene Liste verwenden* in der Liste zur Schaltfläche *Empfänger auswählen*. Daraufhin wird das Dialogfeld *Datenquelle auswählen* geöffnet.

- Anfangs finden Sie hierin oft noch keine Einträge, mit deren Hilfe Sie eine Datenbankverbindungsdatei erzeugen können. Nach einem Klick auf *Neue Quelle* wird der *Datenverbindungs-Assistent* gestartet, über den Sie zunächst den Typ der Datenquelle festlegen müssen (Abbildung 16.25).

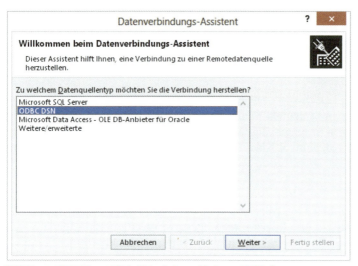

Abbildung 16.25: Der erste Schritt des Datenverbindungs-Assistenten

- Wenn Sie eine Access-Datenbank oder eine Excel-Tabelle als Datenquelle verwenden wollen, wählen Sie darin die Option *ODBC DSN* – *ODBC* steht für *Open Database Connectivity* und ist ein Standardprotokoll, das Anwendungen erlaubt, zu einer Vielzahl von externen Datenquellen wie Datenbanken oder Dateien eine Verbindung herzustellen, *DSN* hingegen steht für *Data Source Name* und enthält alle Informationen, um die Verbindung zu einer Datenbank herzustellen. Der nächste Schritt zeigt dann die weiteren Verbindungsmöglichkeiten zu einer ODBC-Datenquelle an.
- Nach dieser Wahl meldet sich nach einer Bestätigung über *Weiter* ein Dialogfeld, in dem Sie den Typ der gewünschten Datei auswählen müssen.
- Wenn Sie den Microsoft Access-Treiber verwenden, heißt das nächste Dialogfeld *Datenbank auswählen*. Bei Wahl des Excel-Treibers heißt es *Arbeitsmappe auswählen*. Navigieren Sie darin zum Speicherort und zur Datei, die die Adressdaten enthält.
- Wenn die gewählte Datei mehr als eine mögliche Datenquelle enthält, müssen Sie angeben, welche verwendet werden soll.
- Nach dem Bestätigen über *OK* kehren Sie zum *Datenverbindungs-Assistenten* zurück. Die Datenverbindungsdatei ist bereit zum Speichern. Legen Sie hier gegebenenfalls den Namen fest, unter dem die Datei im Dialogfeld *Datenquelle auswählen* angezeigt werden soll, und bestätigen Sie über *Fertig stellen*.

Die Datenverbindungsdatei wird dann im Dialogfeld *Datenquelle auswählen* mit aufgelistet.

Falsche Zuordnung der Felder

Microsoft Word benutzt für die Serienbrieferstellung Standardfeldnamen und ermittelt selbstständig, welche Felder aus der Datenquelle den einzelnen im Programm benutzten Standardfeldnamen zugeordnet werden sollen. Sollten später bei der Anzeige der Feldinhalte im Seriendokument falsche Angaben – beispielsweise die Angabe eines Landes statt eines Ortsnamens oder Ähnliches – auftreten, können Sie das in den meisten Fällen über das Dialogfeld *Übereinstimmende Felder festlegen* korrigieren, das Sie über die gleichnamige Schaltfläche in der Gruppe *Felder schreiben und einfügen* der Registerkarte *Sendungen* öffnen (Abbildung 16.26).

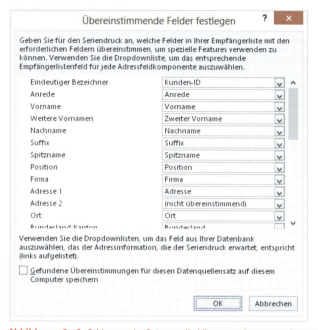

Abbildung 16.26: Felder aus der Datenquelle können anders zugeordnet werden. Meist ist das aber nicht notwendig.

Die Bezeichnungen auf der linken Seite kennzeichnen die von Microsoft Word verwendeten Feldnamen. Über die rechts daneben stehenden Listenfelder können Sie diesen Feldnamen die von der Datenquelle verwendeten Feldbezeichnungen zuordnen.

16.5.2 Vorbereitungen aus anderen Programmen heraus

Statt von Word aus zu starten, können Sie auch von demjenigen Programm ausgehen, das die Datenquelle enthält – also beispielsweise Outlook oder Access. Sie können beispielsweise die Eintragungen im Outlook-Bereich *Personen* als Datenquelle für eine Vielzahl von Seriendokumenten – wie Serienbriefen, Adressetiketten oder bedruckten Briefumschlägen –verwenden. Mithilfe der zahlreichen Sortier- und Filterfunktionen von Outlook können Sie Ihre Kontakte so organisieren, dass Ihr Seriendokument genau die richtigen Ansprechpartner erreicht. Überlegen Sie sich aber vorher, welche Strategie mit dem geringsten Aufwand das gewünschte Ergebnis erreicht:

- Wollen Sie nur ein einzelnes Seriendokument an eine geringe Zahl von Kontakten senden, können Sie diese Kontakte in einer beliebigen Ansicht durch Mehrfachauswahl markieren und auf dieser Basis die Seriendruckfunktion starten. Die Kontakte, die Sie für den Seriendruck ausgewählt haben, werden in eine temporäre Quelldatei für den Seriendruck übertragen. Diese Datei wird nach drei Tagen wieder gelöscht.

- Wollen Sie für die so definierte Gruppe – über längere Zeit hinweg – mehrere Seriendokumente erstellen, können Sie beim Erstellen des ersten Dokuments die Daten der Gruppe speichern und später wiederverwenden.

- Wenn Sie häufiger Seriendokumente an eine Gruppe senden wollen und sich die Zahl der Mitglieder der Gruppe durch Zu- oder Abgänge über die Zeit ändert, lohnt es sich, dafür eine eigene Ansicht oder gar einen Unterordner zu erstellen. Sie könnten eine solche Ansicht auf der Basis einer bestimmten Kategorie – beispielsweise *Kunden* – erstellen und die so gefilterten Kontakte als Datenbasis für das Seriendokument verwenden. Sie können auch benutzerdefinierte Felder verwenden, beispielsweise das Datum Ihres letzten Kontakts mit dem Kunden. Neue Kontakte mit der Kategorie *Kunden* werden dann automatisch in die Gruppe mit aufgenommen.

Öffnen Sie zunächst den Ordner, der die gewünschten Kontakte enthält. Sie können einen Seriendruck immer nur von einem einzigen *Kontakte*-Ordner ausführen. Wenn Sie das Seriendokument nur für einige der in dieser Ansicht vorhandenen Kontakte durchführen wollen, markieren Sie die durch Mehrfachauswahl.

Benutzen Sie dann die Befehle der Gruppe *Aktionen* auf der Registerkarte *Start*. Wählen Sie darin den Befehl *Serien-E-Mails*. Bestimmen Sie dann im Dialogfeld *Kontakte zusammenführen* die zu verwendenden Kontakte, die zu verwendenden Felder, das Dokument und den Typ des Dokuments (Abbildung 16.27). Sie können Ihre Einstellungen für eine spätere Verwendung speichern.

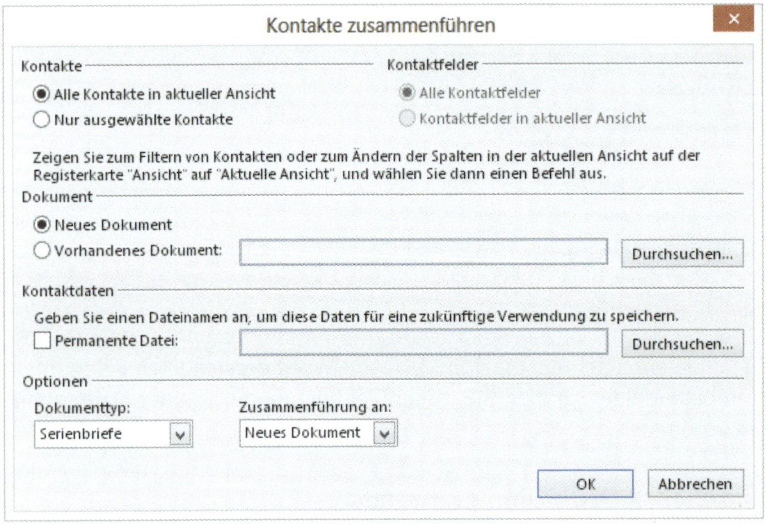

Abbildung 16.27: Das Dialogfeld *Kontakte zusammenführen*. Sie können alle oder nur vorher ausgewählte Kontakte verwenden.

- Wählen Sie unter der Überschrift *Kontakte* aus, welche Kontakte Sie für den Druck verwenden wollen. Möchten Sie alle Kontakte in der aktuellen Ansicht für den Seriendruck verwenden, wählen Sie *Alle Kontakte in aktueller Ansicht*. Über *Nur ausgewählte Kontakte* können Sie festlegen, dass nur die vorher markierten Elemente als Ziel für das Dokument benutzt werden.
- Legen Sie fest, welche Felder für den Seriendruck zur Verfügung stehen sollen. Mit der Option *Alle Kontaktfelder* stehen Ihnen später alle Felder des Ordners zur Verfügung – auch die in der aktuellen Ansicht nicht angezeigten. Über *Kontaktfelder in aktueller Ansicht* ist die Auswahl später auf diese beschränkt. Für Standardfälle ist diese Option aber meist ausreichend – es sei denn, Sie verwenden eine selbst erstellte Ansicht ohne die üblichen Adressfelder.
- Wählen Sie mit den Optionen unter der Überschrift *Dokument*, ob Sie für den Seriendruck ein neues Dokument – beispielsweise einen vollständig neuen Brief – erstellen oder ein bereits vorhandenes benutzen wollen. Im zweiten Fall geben Sie Pfad und Namen der bestehenden Datei ein oder verwenden die Schaltfläche *Durchsuchen*, um diese Parameter festzulegen.

- Wählen Sie im Listenfeld *Dokumenttyp* die Art der Aufgabe für den Seriendruck. Wenn Sie mehrere Aufgaben durchführen – beispielsweise einen Serienbrief und zusätzlich Umschläge dafür erstellen – wollen, wählen Sie zuerst eine Aufgabe und später – nach deren Abschluss – die nächste.
- Im Feld *Zusammenführung an* bestimmen Sie, welche Art von Übermittlung des Seriendokuments Sie wünschen.

TIPP Wenn Sie die Daten der gewählten Kontakte später für weitere Dokumente erneut verwenden wollen, können Sie sie im Dialogfeld *Kontakte zusammenführen* speichern, indem Sie das Kontrollkästchen *Permanente Datei* aktivieren und in das Feld daneben den Pfad und einen Namen für die Datei eingeben.

Nach der Bestätigung des Dialogfelds *Kontakte zusammenführen* kann es einen kleinen Moment dauern, bis Microsoft Word geöffnet ist und die gewählten Kontakte dorthin exportiert sind. In Microsoft Word wird entweder ein leeres Dokument oder – wenn Sie es im Dialogfeld *Kontakte zusammenführen* so festgelegt haben – automatisch ein bereits vorhandenes Dokument geöffnet.

16.5.3 Adressinformationen einfügen

Nachdem Sie über die eine oder andere Methode die Datenquelle festgelegt haben, können Sie in Word das Seriendokument erstellen. Dafür benutzen Sie die Schaltflächen in der Gruppe *Felder schreiben und einfügen* auf der Registerkarte *Sendungen*.

Typ des Dokuments festlegen

Klicken Sie auf die Schaltfläche *Seriendruck starten* in der gleichnamigen Gruppe der Registerkarte *Sendungen* des Menübands und wählen Sie in der Liste die gewünschte Option aus (Abbildung 16.28). Für einen Serienbrief wählen Sie hier natürlich die Option *Briefe*. Über die Befehle dieses Dialogfelds können Sie später auch weitere Aufgaben mit derselben Datenquelle – beispielsweise das Bedrucken von Umschlägen nach dem Erstellen der Briefe – erledigen.

Abbildung 16.28: Legen Sie den Typ des Seriendokuments fest.

Adressblock

Die Informationen zur Adresse des Empfängers – also Vorname, Nachname, Straße und Wohnort – können Sie als Block übernehmen. Setzen Sie dazu die Einfügemarke an die gewünschte Stelle im Dokument und klicken Sie auf die Schaltfläche *Adressblock* im Bereich *Felder schreiben und einfügen*. Sie müssen dann im Dialogfeld *Adressblock einfügen* die Form der Adresse festlegen (Abbildung 16.29).

Nach der Bestätigung erscheint im Dokument der Ausdruck „*Adresse*". Wenn Sie auf die Schaltfläche *Vorschau Ergebnisse* in der gleichnamigen Gruppe im Menüband klicken, können Sie zur Anzeige der endgültigen Daten umschalten (Abbildung 16.30).

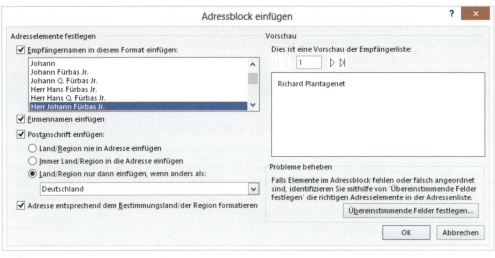

Abbildung 16.29: Den Adressblock einfügen. Rechts sehen Sie eine Vorschau auf den Datensatz.

Abbildung 16.30: Die Platzhalter und ein Beispiel für die Daten dazu im Dokument

Grußzeile einfügen

Über die entsprechende Schaltfläche in der Gruppe *Felder schreiben und einfügen* des Menübands definieren Sie die zu verwendende Anrede im Dialogfeld *Grußzeile* (Abbildung 16.31).

Abbildung 16.31: Im Dialogfeld geben Sie die Form der Anrede an.

Über die drei Listenfelder unter *Format für Grußzeile* lassen sich die Anrede, die Form des Namens und das abschließende Satzzeichen bestimmen. Im Listenfeld *Grußzeile für ungültige Empfängernamen* legen Sie den Text für die Fälle fest, in denen beispielsweise nur der Firmenname in der Datenbank angegeben ist. Über die Schaltfläche *Felder wählen* zeigen Sie das Dialogfeld *Übereinstimmende Felder festlegen* an, in dem Sie einzelne Komponenten für Adressfelder auswählen können. Nach dem Bestätigen wird die Grußzeile an die aktuelle Cursorposition in dem Dokument eingefügt.

Abbildung 16.32: Wählen Sie das Seriendruckfeld aus.

Weitere Felder

Falls nicht bereits erfolgt, sollten Sie nun noch den Standardtext, der in allen Briefen gleich ist, in das Dokument einfügen. Wenn Sie darin weitere Felder aus der Tabelle benötigen, setzen Sie die Einfügemarke an die gewünschte Stelle im Text und benutzen Sie die Schaltfläche *Seriendruckfeld einfügen* in der Gruppe *Felder schreiben und einfügen* des Menübands. Sie müssen anschließend das gewünschte Feld auswählen (Abbildung 16.33).

Vergessen Sie nicht, aufeinanderfolgende Platzhalter – wie in einem normalen Text – durch Leerzeichen zu trennen, da sie sonst ohne Zwischenraum gedruckt werden (Abbildung 16.33).

Abbildung 16.33: Ein zusätzliches Feld wurde in einen Text integriert.

Regeln bilden

Es gibt sehr oft Sonderfälle, in denen Sie die Felder der Datenquelle nicht nur in das Dokument einfach übernehmen, sondern beispielsweise bestimmte Abfragen an den Inhalt des Feldinhalts knüpfen wollen. Wenn Sie beispielsweise einen Serienbrief an Personen beiderlei Geschlechts senden wollen, bildet bereits die Konstruktion der Anrede – also *Sehr geehrter Herr …* und *Sehr geehrte Frau …* – ein kleines Problem. Für solche Fälle liefert Word eine Vielzahl von Möglichkeiten, die Sie durch einen Klick auf die Schaltfläche *Regeln* in der Gruppe *Felder einfügen und schreiben* anzeigen lassen können (Abbildung 16.34).

Abbildung 16.34: Die Liste der Alternativen zur Bildung von Regeln

Setzen Sie die Schreibmarke an die Stelle, an der sich das Feld mit der Regel im Hauptdokument befinden soll. Für das eben genannte Beispiel könnten Sie eine *Wenn…Dann…Sonst*-Regel verwenden. Ein Klick auf diese Option zeigt ein Dialogfeld an, in dem Sie die Bedingung und die Aktionen formulieren können (Abbildung 16.35). Sie benötigen dafür natürlich in der Empfängerliste ein Feld mit einem Inhalt, aufgrund dessen Word entscheiden kann, welche Aktion benutzt werden soll. Für unser Beispiel wäre dies das in den meisten Datenquellen vorhandene Feld *Titel*.

Abbildung 16.35: Eine Regel einsetzen

Oder Sie können eine Firmenadresse drucken, wenn die Spalte *Firma* in der Empfängerliste die entsprechende Information enthält. Ist die Spalte *Firma* für einen Empfänger aber leer, wird die Privatadresse gedruckt. Ein anderes Feld ist *Datensatz zusammenführen*, über das eine fortlaufende Nummer entsprechend den Empfängern in der Liste eingefügt wird.

16.5.4 Kontrolle und Ausdruck

Nachdem Sie die notwendigen und gewünschten Platzhalter eingefügt haben, können Sie das Seriendokument erstellen. Vor dem endgültigen Druck empfiehlt sich eine Kontrolle.

Kontrolle

Nach dem Einfügen werden die Felder im Dokument in Form eines Platzhalters angezeigt. Wenn Sie auf die Schaltfläche *Vorschau Ergebnisse* in der gleichnamigen Gruppe im Menüband klicken, können Sie zur Anzeige der endgültigen Daten umschalten. Die eingegebenen Feldnamen werden daraufhin durch die entsprechenden Informationen aus der Datenquelle ersetzt.

Fünf Schaltflächen in der Gruppe *Vorschau Ergebnisse* erlauben das Navigieren zwischen den angezeigten Datensätzen (Tabelle 16.2).

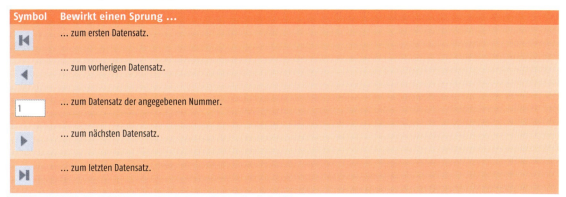

Symbol	Bewirkt einen Sprung ...
⏮	... zum ersten Datensatz.
◀	... zum vorherigen Datensatz.
1	... zum Datensatz der angegebenen Nummer.
▶	... zum nächsten Datensatz.
⏭	... zum letzten Datensatz.

Tabelle 16.2: Die Schaltflächen zum Wechseln zwischen den Datensätzen

Über die Schaltfläche *Empfänger suchen* in der Gruppe *Vorschau Ergebnisse* rufen Sie ein Dialogfeld auf, mit dessen Hilfe Sie nach bestimmten Datensätzen suchen lassen können.

Ausdruck

Die Ausgabe der Seriendruckergebnisse erfolgt auf verschiedene Weise: Der einfachste Weg dazu besteht in der Wahl von *Dokumente drucken* in der Liste zur Schaltfläche *Fertig stellen und zusammenführen* (Abbildung 16.36 links).

Abbildung 16.36: Die Optionen zur Ausgabe des Seriendrucks

Danach können Sie entscheiden, ob Sie den Seriendruck für alle Datensätze, nur für den aktuellen oder für eine bestimmte Anzahl aufeinanderfolgender Datensätze durchführen möchten (Abbildung 16.36 rechts). Ein Klick auf *OK* zeigt das Dialogfeld *Drucken* an, über das Sie weitere Parameter für den Druck einstellen können.

Dokumente erzeugen

Wenn Sie in der Liste zur Schaltfläche *Fertig stellen und zusammenführen* die Option *Einzelne Dokumente bearbeiten* wählen, wird ein mit *Serienbriefe ...* benanntes Word-Dokument erstellt, in dem alle Exemplare des Seriendrucks enthalten sind. Auch hier können Sie entscheiden, ob Sie den Seriendruck für alle Datensätze, nur für den aktuellen oder für eine bestimmte Anzahl aufeinanderfolgender Datensätze durchführen möchten. Die damit erzeugten Dokumente können Sie dann nochmals prüfen – und dabei beispielsweise nicht gewünschte Exemplare entfernen – und anschließend wie ein normales Word-Dokument ausdrucken (oben).

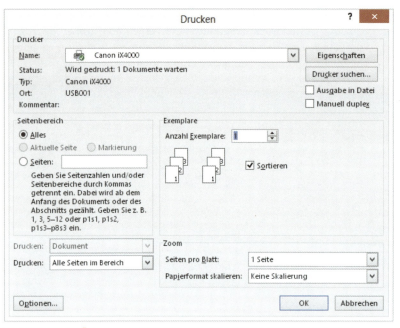

Abbildung 16.37: Über das Dialogfeld können Sie die weiteren Einstellungen festlegen.

E-Mail

Durch die Wahl von *E-Mail-Nachrichten senden* in der Liste zu *Fertig stellen und zusammenführen* (Abbildung 16.36 links) können Sie die Ergebnisse als einzelne E-Mail-Nachrichten versenden. Nach Wahl dieser Option werden die einzelnen Nachrichten an Ihr Standardprogramm für den Nachrichtenaustausch – beispielsweise Microsoft Outlook – gesendet und dort meist im Ordner *Postausgang* abgelegt. Sie haben dort noch die Möglichkeit, die einzelnen Nachrichten wieder zu öffnen und bei Bedarf zu editieren. Voraussetzung für das Funktionieren ist, dass Word ein Feld findet, das eine E-Mail-Adresse des Empfängers beinhaltet. Dies ist beispielsweise fast automatisch garantiert, wenn Sie eine Verbindungsdatei zu den Kontakten von Outlook verwenden. Auch hier können Sie bestimmen, welche Datensätze gesendet werden sollen (Abbildung 16.38). In dem automatisch angezeigten Dialogfeld *Seriendruck an E-Mail* können Sie ferner einen Text für die Zeile *Betreff* eingeben und das zu verwendende Format bestimmen.

Abbildung 16.38: Ein Serienbrief kann auch als E-Mail verschickt werden.

Fehlerbehandlung

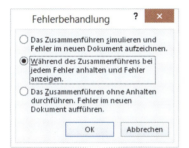

Fehler im Seriendruck haben meist die Vergeudung größerer Mengen von Papier oder aber die Notwendigkeit zum Nachdrucken einzelner Exemplare zur Folge. Durch einen Klick auf die Schaltfläche *Auf Fehler überprüfen* in der Gruppe *Vorschau Ergebnisse* können Sie zumindest einen Teil der möglichen Fehlerquellen vom Programm auffangen lassen. Legen Sie im Dialogfeld *Fehlerbehandlung* fest, welche Art von Prüfung durchgeführt werden soll (Abbildung 16.39).

TIPP Alternativ können Sie dieselben Aufgaben bei Word über den Seriendruck-Assistenten durchführen. Wählen Sie hierzu *Seriendruck-Assistent mit Schritt-für-Schritt-Anweisungen* in der Liste zur Schaltfläche *Seriendruck starten*. Daraufhin wird der Aufgabenbereich *Seriendruck* angezeigt, in dem Sie in sechs Schritten durch den gesamten Prozess des Seriendrucks geleitet werden. Wechseln Sie nach Abschluss der Arbeit an einem Schritt über den Link *Weiter* ganz unten im Aufgabenbereich zum nächsten Schritt.

Kapitel 17

Office 2013: die Programmoptionen

Wenn Ihnen Microsoft Office noch aus der Version 2003 her bekannt ist, kennen Sie sicherlich das Dialogfeld, das Sie über den Befehl *Optionen* im Menü *Extras* aufrufen konnten. Im Rahmen der Neugestaltung der Benutzeroberfläche bei der Generation 2007 finden Sie diesen Befehl jetzt unter *Optionen* innerhalb der Registerkarte *Datei*. Dieser Bereich zeigt ein Fenster mit mehreren Kategorien an, in dem Sie alle Optionen zum Programm finden.

- Einige dieser Kategorien finden Sie im Prinzip bei allen Office-Programmen – beispielsweise die Kategorien *Trust Center* oder *Sprache*. Wenn Sie hier Änderungen vornehmen, gelten diese gleichermaßen auch für die anderen Programme der Familie. Es gibt aber auch einige wenige Ausnahmen, in denen sich die Optionen bei den Programmen unterscheiden.
- Dann gibt es Optionskategorien, bei denen Sie zwei Gruppen von Einstellungen finden – für das spezielle Programm und für alle Office-Programme. Die *Dokumentprüfung* erlaubt beispielsweise das Festlegen diverser Optionen für die *Rechtschreibprüfung* und die automatische Fehlerkorrektur für das aktuelle Programm einerseits und Office allgemein andererseits.
- Natürlich gibt es auch eine Menge Optionen, die nur für das jeweilige Programm gelten.

In diesem Kapitel wollen wir auf die Mehrzahl der vorhandenen Programmoptionen für die in diesem Buch angesprochenen Office-Programme eingehen. Sie finden hier zunächst einen Abschnitt mit den allgemeinen Programmoptionen (Abschnitt 17.1). Anschließend liefern wir Ihnen die Optionen für Word (Abschnitt 17.2), Excel (Abschnitt 17.3), PowerPoint (Abschnitt 17.4) und Outlook (Abschnitt 17.5). Wir konnten nicht alle Optionen erwähnen, jedoch fast alle. Beachten Sie aber, dass dieses Kapitel eher zum Nachschlagen als zum Durchlesen gedacht ist.

Hinweis Auf die Kategorie *Allgemein* unter den Programmoptionen sind wir bereits eingegangen, als wir die Programmoptionen zum ersten Mal angesprochen haben (*Kapitel 1*). Die in dieser Kategorie vorhandenen Optionen sind – mit wenigen Ausnahmen – für alle Office-Programme identisch.

17.1 Die allgemeinen Programmoptionen

Wir wollen uns zunächst mit den Optionen beschäftigen, die im Prinzip für alle Office-Programme gelten. Wenn Sie hier bei einem Programm Änderungen vornehmen, gelten diese meist auch für die anderen Programme der Familie. Außerdem finden Sie hier Optionen mit zwei Gruppen von Einstellungen – für das spezielle Programm und für alle Office-Programme. Die *Dokumentprüfung* erlaubt beispielsweise das Festlegen diverser Optionen für die *Rechtschreibprüfung* und die automatische Fehlerkorrektur für das aktuelle Programm einerseits und Office allgemein andererseits.

17.1.1 Die Spracheinstellungen

Nach Auswahl der Kategorie *Sprache* in den Optionen können Sie die Standardbearbeitungssprache für Microsoft Office 2013 festlegen. Die bereits aktivierten Bearbeitungssprachen werden im Dialogfeld in der Liste rechts angezeigt. Standardmäßig sind nur die Sprachen *Deutsch (Deutschland)* und *Englisch (USA)* installiert.

Zu einer Bearbeitungssprache gehören das Tastaturlayout und die Korrekturhilfen für die jeweilige Sprache. Die Korrekturhilfen umfassen sprachspezifische Werkzeuge wie Wörterbücher für die Rechtschreib- und Grammatikprüfung oder Schaltflächen für die Absatzrichtung.

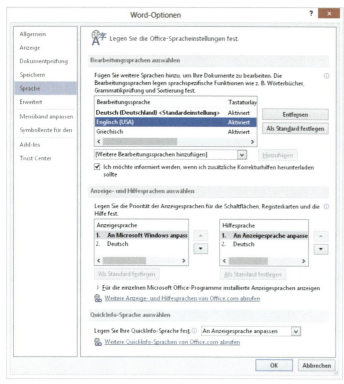

Abbildung 17.1: Sie können in Microsoft Office mit mehreren Benutzersprachen arbeiten – hier wurde Griechisch als zusätzliche Sprache installiert.

Hinweis Wenn Sie mit einer weiteren Bearbeitungssprache arbeiten wollen, müssen Sie zunächst dafür sorgen, dass diese im Betriebssystem aktiviert ist. Dann können Sie diese Sprache auch in einem Office-Programm benutzen.

Einstellen einer Sprache zu einem Office-Programm

Nachdem Sie die zu verwendende Bearbeitungssprache über das Betriebssystem installiert haben, können Sie diese in einem Office-Programm nutzen. Klicken Sie im Bereich *Sprachen* der *Optionen* auf den Pfeil mit dem Feld, das standardmäßig mit *Weitere Bearbeitungssprachen hinzufügen* beschriftet ist, und wählen Sie die hinzuzufügende Sprache aus. Klicken Sie dann auf *Hinzufügen*. Die Sprache erscheint anschließend in der Liste. Bestätigen Sie die Einstellungen über *OK*. Nachdem Sie die Standardsprache geändert haben, müssen Sie alle Office 2013-Programme schließen und danach erneut öffnen, damit die vorgenommene Änderung wirksam wird.

Hinweis Wenn der Computer nicht ordnungsgemäß für die hinzugefügte Bearbeitungssprache konfiguriert ist, wird in der Spalte *Tastaturlayout* oder *Dokumentprüfung* möglicherweise *Nicht aktiviert* bzw. *Nicht installiert* angezeigt.

Die Reihenfolge der Anzeige- und Hilfesprachen

Die Reihenfolge der Sprachen im Abschnitt *Anzeige- und Hilfesprachen auswählen* entspricht der Reihenfolge, in der die Sprachen in Microsoft Office verwendet werden. Ein Eintrag mit dem Namen *An Microsoft Windows anpassen* darin bedeutet, dass die Sprache benutzt wird, die auch das Betriebssystem verwendet. Wenn Sie die Reihenfolge ändern wollen, klicken Sie auf die Sprache, die Sie als Standardsprache festlegen möchten, und klicken Sie dann auf den Pfeil, bis die Sprache oben in der Liste mit dem Zusatz < *Standardeinstellung* > hinter dem Namen angezeigt wird.

 Nachdem Sie die Standardsprache geändert haben, müssen Sie alle Office 2013-Programme schließen und anschließend erneut öffnen, damit die vorgenommene Änderung wirksam wird.

Die QuickInfo-Sprache

QuickInfos sind kleine Popupfenster, in denen eine kurze kontextbezogene Hilfe eingeblendet wird, wenn Sie mit dem Mauszeiger auf ein Anzeigeelement wie eine Schaltfläche, eine Registerkarte, ein Steuerelement in einem Dialogfeld oder ein Menü zeigen. Sie können die dafür zu verwendende Sprache ändern. Wenn die gewünschte Sprache nicht in der Liste vorhanden ist, müssen Sie gegebenenfalls weitere Sprachdienste hinzufügen. Klicken Sie auf den Link *Weitere Anzeige- und Hilfesprachen von Office.com abrufen* und folgen Sie dann den Download- und Installationsanweisungen. Wenn Sie die QuickInfo-Sprache in einem Microsoft Office-Programm festlegen, wird sie für alle Microsoft Office-Programme festgelegt.

17.1.2 Das Menüband anpassen

Die Programme der Office-Version 2013 liefern – wie die direkten Vorgänger – die Möglichkeit, die Registerkarten des Menübands und deren Inhalte an Ihre Wünsche anzupassen. Sie können neue Registerkarten mit eigenen Namen erstellen, diese mit Gruppen versehen und in diesen Gruppen Befehle ansiedeln. Die Werkzeuge dazu finden Sie in der Kategorie *Menüband anpassen* unter den *Optionen* (Abbildung 17.2).

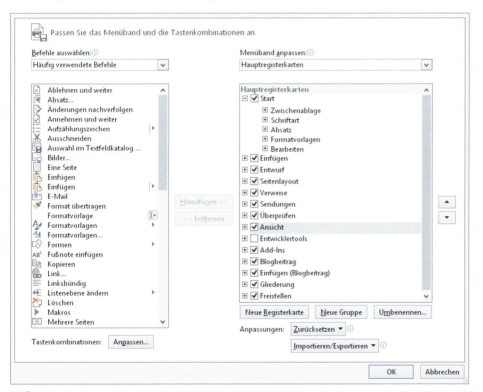

Abbildung 17.2: Das Menüband eines Programms kann beliebige Befehle aufnehmen – auch solche, die man selten verwendet.

- Im rechten Listenfeld finden Sie die bereits vorhandenen Registerkarten des jeweiligen Office-Programms. Welche Typen von Registerkarten in der Liste angezeigt werden, können Sie über das darüber befindliche Listenfeld regeln. In der Grundeinstellung werden hier die *Hauptregisterkarten* angezeigt. Sie können aber auch durch Auswahl von *Registerkarten für Tools* im Listenfeld die kontextbezogenen Registerkarten anzeigen lassen oder die Einstellung *Alle Registerkarten* wählen. Beachten Sie auch, dass Sie durch einen Klick auf die kleine Schaltfläche mit dem Pluszeichen die Namen der einzelnen Gruppen in den jeweiligen Registerkarten anzeigen lassen können.

- Das Listenfeld auf der linken Seite zeigt die im Programm verfügbaren Befehle. Beachten Sie hier, dass beim Aufruf des Bereichs *Menüband anpassen* in der Liste zunächst nur *Häufig verwendete Befehle* aufgelistet werden. Weitere Befehle finden Sie, wenn Sie über das Listenfeld zu *Befehle auswählen* eine andere Option einstellen. Beispielsweise können Sie hier die Einstellung *Alle Befehle* benutzen und haben dann Zugriff auf sämtliche im Programm vorhandene Befehle. Darunter befinden Sie auch solche, die Sie vielleicht noch nie kennengelernt haben (und vielleicht auch nie benutzen werden).

Wir wollen Ihnen in den folgenden Abschnitten zeigen, über welche Möglichkeiten dieser Bereich verfügt.

Vorhandene Registerkarten ein- und ausblenden

Die bereits in einem Programm standardmäßig vorhandenen Registerkarten können Sie ausblenden. Dazu müssen Sie lediglich das Kontrollkästchen vor dem Namen der Registerkarte deaktivieren. Wenn Sie die Registerkarte später wieder anzeigen lassen wollen, aktivieren Sie das Kontrollkästchen wieder. Die Registerkarte *Datei* ist übrigens die einzige Registerkarte, die nicht ausgeblendet werden kann.

Die Registerkarte Entwicklertools

Fast alle Office-Programme verfügen über eine mit *Entwicklertools* bezeichnete Registerkarte, die Werkzeuge zum Automatisieren des Programms beinhaltet (Abbildung 17.3). Diese Registerkarte ist standardmäßig abgeschaltet. Um damit arbeiten zu können, müssen Sie diese erst auf den Bildschirm bringen, indem Sie das Kontrollkästchen vor dem Namen aktivieren.

Abbildung 17.3: Die Registerkarte *Entwicklertools* liefert zusätzliche Werkzeuge.

Die Inhalte dieser Registerkarte unterscheiden sich teilweise je nach Programm. In den meisten Fällen finden Sie darin – unter anderem – die drei Gruppen *Code*, *Steuerelemente* und *XML* (nur bei Excel). Die Gruppe *Code* liefert den Zugang zu allen Werkzeugen, die Sie zum Erstellen von Makros und zum Arbeiten mit VBA benötigen. Mit den Schaltflächen der Gruppe *Steuerelemente* können Sie beispielsweise Schaltflächen in einer Tabelle erstellen, bei der ein Klick darauf eine bestimmte Aktion bewirkt. Die Gruppe *XML* ist etwas für Experten auf diesem Gebiet.

Eine neue Registerkarte erstellen

Um eine neue Registerkarte zu erstellen, markieren Sie im rechten Listenfeld zunächst die bereits vorhandene Registerkarte, nach der die neu zu erstellende angezeigt werden soll. Klicken Sie dann auf *Neue Registerkarte*. Eine neue Karte wird mit einer ersten Gruppe erstellt. Sie trägt zunächst den Namen *Neue Registerkarte (Benutzerdefiniert)* und beinhaltet auch schon eine Gruppe mit dem Namen *Neue Gruppe (Benutzerdefiniert)*.

Eine weitere Gruppe hinzufügen

Sie können sowohl den bereits vorhandenen als auch den von Ihnen selbst erstellten Registerkarten neue Gruppen hinzufügen. Überladen Sie die Registerkarte aber nicht, sonst wird die Arbeit damit unübersichtlich. Wenn Sie einer Registerkarte eine weitere Gruppe hinzufügen wollen, markieren Sie die Gruppe, nach der die neue erstellt werden soll, und klicken Sie auf *Neue Gruppe*. Eine neue Gruppe wird erstellt, die wiederum den Namen *Neue Gruppe (Benutzerdefiniert)* trägt.

Registerkarten und Gruppen benennen

Sie können sowohl den standardmäßig vorhandenen Elementen – also Registerkarten und Gruppen – als auch den von Ihnen hinzugefügten einen anderen Namen geben. Markieren Sie das Element in der Liste, klicken Sie dann auf die Schaltfläche *Umbenennen*, geben Sie dem Element den gewünschten Namen und bestätigen Sie durch einen Klick auf *OK*.

Befehle zu einer Gruppe hinzufügen

Der eigentliche Sinn beim Hinzufügen neuer Registerkarten und Gruppen besteht natürlich darin, einen Raum im Menüband zu schaffen, in dem Sie Befehlsschaltflächen ansiedeln können. Um einen Befehl hinzuzufügen, markieren Sie zunächst die Gruppe, der den Befehl beinhalten soll. Markieren Sie dann im linken Listenfeld den Befehl, den Sie hinzufügen wollen. Klicken Sie auf die Schaltfläche *Hinzufügen* zwischen den beiden Listen. Der Befehl erscheint als Unterpunkt zur Gruppe.

Die Reihenfolge der Elemente festlegen

Wenn Sie die Reihenfolge der Elemente im Menüband ändern wollen, markieren Sie das zu verschiebende Element – also die Registerkarte, die Gruppe oder den Befehl – und benutzen Sie die beiden Schaltflächen mit den Pfeilspitzen rechts im Fenster.

Die Anpassungen exportieren

Wenn Sie sich die Mühe gemacht haben, ein eigenes Menüband mit neuen Registerkarten, Gruppen und Befehlen darin zu erstellen, möchten Sie dieses vielleicht auch auf anderen Rechnern benutzen. Dazu klicken Sie auf die Schaltfläche *Importieren/Exportieren* rechts unten im Bereich *Menüband anpassen* und wählen den Befehl *Alle Anpassungen exportieren*. Dieser Befehl heißt so, weil damit nicht nur die Anpassungen des Menübands exportiert werden, sondern auch die der Symbolleiste für den Schnellzugriff. Geben Sie im Dialogfeld *Datei speichern* der Exportdatei einen Namen und bestätigen Sie über *Speichern*. Um dann die Datei auf einem anderen Rechner einzulesen, öffnen Sie die Kategorie *Menüband anpassen* unter den Optionen, klicken Sie auf *Importieren/Exportieren* und wählen Sie *Anpassungsdatei importieren*. Navigieren Sie im Dialogfeld *Datei öffnen* zu dem Ordner, in dem die Anpassungsdatei abgelegt ist, und öffnen Sie sie.

Die Anpassungen zurücksetzen

Wenn Sie benutzerdefinierte Anpassungen wieder entfernen möchten, klicken Sie auf *Zurücksetzen*. Wählen Sie *Alle Anpassungen zurücksetzen* und bestätigen Sie das daraufhin angezeigte Meldungsfeld mit *Ja*.

Die Tastenkombinationen anpassen

Manchmal benötigen Sie einen Befehl nur so selten, dass es sich nicht lohnt, dafür eine Schaltfläche im Menüband abzulegen. Sie können sich den Aufwand sparen, wenn Sie für diesen Befehl eine Tastenkombination vereinbaren. Bei Word – und nur da – können Sie beispielsweise nach einem Klick auf *Anpassen* neben der Bezeichnung *Tastenkombinationen* das Dialogfeld *Tastatur anpassen* auf den Bildschirm bringen, das Sie für diesen Zweck verwenden können (Abbildung 17.4).

Abbildung 17.4: Für alle Befehle können bei Word individuelle Tastenkombinationen eingerichtet werden. Diese gelten aber nur für dieses Programm.

- Wählen Sie zunächst über das Listenfeld *Kategorien* auf der linken Seite die Kategorie aus, zu der der Befehl gehört, für den Sie eine Tastenkombination vereinbaren wollen.

- Die zu der ausgewählten Kategorie gehörenden Befehle werden dann im Listenfeld *Befehle* auf der rechten Seite angezeigt. Markieren Sie hier den Befehl, zu dem Sie eine Tastenkombination festlegen wollen.

- Der nächste Punkt ist wichtig: Sie müssen auch festlegen, für welche Fälle die Tastenkombination verfügbar sein soll. Bei Word haben Sie beispielsweise die Wahl zwischen dem aktuell geöffneten Dokument und der Vorlage, auf der dieses basiert.

- Setzen Sie dann die Einfügemarke in das Feld *Neue Tastenkombination* und drücken Sie die gewünschte Kombination auf der Tastatur. Falls Sie eine Tastenkombination gewählt haben, die bereits einem Befehl zugewiesen wurde – standardmäßig oder benutzerdefiniert –, wird das links im Dialogfeld neben der Bezeichnung *Derzeit zugewiesen an:* angezeigt. Wenn Sie es bei Ihrer Wahl belassen, wird die derzeit benutzte Zuordnung nach der Bestätigung durch die von Ihnen angegebene Tastenkombination überschrieben.

- Durch einen Klick auf *Zuordnen* wird die Tastenkombination festgelegt. Das Dialogfeld bleibt zum Festlegen weiterer Kombinationen geöffnet. Sie können es durch einen Klick auf *Schließen* wieder ausblenden.

Beachten Sie außerdem die folgenden wichtigen Punkte:

- Die von Ihnen festgelegten Zuordnungen müssen gespeichert werden, bevor Sie das Dokument schließen. Hatten Sie gefordert, dass die Tastenkombination in der Vorlage gespeichert werden soll, meldet sich ein Dialogfeld mit einer entsprechenden Nachfrage.

- Wenn Sie zu den werksmäßigen Zuordnungen zurückkehren wollen, klicken Sie auf *Alle zurücksetzen*.

17.1.3 Die Symbolleiste für den Schnellzugriff anpassen

Die Kategorie *Symbolleiste für den Schnellzugriff* funktioniert ähnlich:

- In dem großen Feld auf der linken Seite finden Sie eine Liste der Befehle, die Sie der Symbolleiste hinzufügen können. Wenn Sie das tun wollen, markieren Sie den Befehl und klicken Sie auf die Schaltfläche *Hinzufügen* in der Mitte zwischen den beiden Listen.
- Beachten Sie wieder, dass beim Aufruf dieses Bereichs in der Liste zunächst nur *Häufig verwendete Befehle* aufgelistet werden. Weitere Befehle finden Sie, wenn Sie eine andere Option über das Listenfeld *Befehle auswählen* auswählen. Beispielsweise können Sie hier die Einstellung *Alle Befehle* benutzen und haben dann Zugriff auf alle im Programm vorhandenen Befehle. Darunter befinden sich auch solche, die Sie vielleicht noch nie kennengelernt haben.
- Ähnlich gehen Sie vor, wenn Sie einen in der Symbolleiste angezeigten Befehl aus dieser entfernen möchten. Markieren Sie ihn in der Liste auf der rechten Seite und klicken Sie auf *Entfernen*.
- Über die beiden Schaltflächen am rechten Rand des Fensters können Sie die Reihenfolge der Anzeige der Befehle in der Leiste ändern. Markieren Sie vorher den Befehl, den Sie in der Liste verschieben wollen, und klicken Sie – gegebenenfalls mehrfach – auf eine der beiden Schaltflächen mit den Pfeilspitzen, um ihn nach oben oder unten zu verschieben.

Klicken Sie auf *OK*, nachdem Sie alle gewünschten Befehle hinzugefügt haben.

TIPP Sie können der *Symbolleiste für den Schnellzugriff* einen Befehl auch direkt über die im Menüband angezeigten Befehle hinzufügen. Dazu klicken Sie im Menüband auf die entsprechende Registerkarte oder Gruppe, um die Befehle anzuzeigen, die Sie der Symbolleiste für den Schnellzugriff hinzufügen möchten. Klicken Sie dann mit der rechten Maustaste auf den Befehl und klicken Sie im Kontextmenü auf *Zu Symbolleiste für den Schnellzugriff hinzufügen*. Die Inhalte der meisten Kataloge, wie die Werte für den Einzug und den Abstand sowie einzelne Formatvorlagen, die ebenfalls im Menüband angezeigt werden, können der Symbolleiste für den Schnellzugriff aber nicht hinzugefügt werden.

17.1.4 Das Trust Center

Wenden wir uns an dieser Stelle einem wichtigen Element unter den Kategorien zu, die für Office-Programme allgemein gelten: Die Kategorie *Trust Center* dient zum Festlegen der Einstellungen für die Sicherheit und den Datenschutz für alle Programme von Office 2013. Bei der Version 2007 wurde dafür noch der etwas seltsame Name *Vertrauensstellungscenter* verwendet, bei der Version 2010 hieß dieser Bereich *Sicherheitscenter*.

Die Wirkung des Trust Centers

Beginnen wir mit einem Beispiel zur Wirkung dieses Werkzeugs: Wenn Sie eine Datei öffnen, die Elemente enthält, die nicht diesen Anforderungen entsprechen, wird in Office 2013 eine Meldungsleiste angezeigt, die bereits einige Angaben zur Natur der Bedrohung enthält. Beinhaltet die Datei beispielsweise Makros, wird das gemeldet (Abbildung 17.5). Wenn diese Meldung auftaucht, sind zunächst die möglicherweise gefährlichen Elemente – wie Makros oder anderer VBA-Code – zunächst deaktiviert. Dann können Sie entscheiden, ob diese Elemente trotzdem ausführbar sein sollen. Klicken Sie dazu auf *Inhalt aktivieren*. Sie sollten das aber nur tun, wenn Sie sicher sind, dass das Element aus einer vertrauenswürdigen Quelle stammt.

Abbildung 17.5: Eine Sicherheitswarnung taucht beim Öffnen auf, wenn das Dokument Bestandteile enthält, die gefährlich werden könnten.

Wenn Sie weitere Informationen zu dieser Meldung wünschen, klicken Sie in dieser Leiste auf die angezeigte Meldung – beispielsweise auf *Makros wurden deaktiviert*. Dadurch wird der Bereich *Informationen* auf der Registerkarte *Datei* angezeigt, in dem Sie unter *Sicherheitswarnung* weitere Hinweise zur Natur der Gefährdung erhalten (Abbildung 17.6).

Abbildung 17.6: Die Optionen zur Sicherheitswarnung finden Sie im Bereich *Informationen* der Registerkarte *Datei*.

Ein Klick auf die Schaltfläche *Inhalt aktivieren* liefert mindestens zwei Optionen:

- *Alle Inhalte aktivieren* bewirkt, dass die bisher gesperrten Inhalte wirksam werden. Beispielsweise können Makros und VBA-Code ausgeführt werden. Diese Option können Sie auch durch einen Klick auf die Schaltfläche *Inhalt aktivieren* in der Meldungsleiste mit der Warnung auswählen. Sie sollten das nur tun, wenn Sie sicher sind, dass das Element aus einer vertrauenswürdigen Quelle stammt.
- Wenn Sie stattdessen auf *Erweiterte Optionen* klicken, wird ein Dialogfeld angezeigt, in dem Sie auch entscheiden können, ob Sie den Inhalt für die momentane Sitzung aktivieren wollen.

Das Trust Center anzeigen

Die Kategorie *Trust Center* unter den *Optionen* dient zum Festlegen der Einstellungen für Sicherheit und Datenschutz für alle Programme von Office 2013. Die Anwahl dieser Kategorie zeigt zunächst ein Übersichtsfenster an. Details liefert ein Klick auf die darin befindliche Schaltfläche *Einstellungen für das Trust Center* (folgende Abschnitte). Sie öffnen damit ein separates Fenster, das auf seiner linken Seite über mehrere Befehle verfügt, über die Sie einzelne Kategorien anzeigen lassen können. Die Anzahl dieser Befehle variiert je nach Programm.

Kategorie Vertrauenswürdige Herausgeber

Unter einem *Herausgeber* versteht Microsoft einen Entwickler, der ein Makro, ein *Add-In* oder eine andere Erweiterung erstellt hat, die von Ihnen und von anderen Personen verwendet werden kann. *Vertrauenswürdige Herausgeber* sind Entwickler, die das Projekt mit einer digitalen Signatur signiert haben. Diese digitale Signatur muss gültig und aktuell sein – also nicht abgelaufen – und das Zertifikat, das der digitalen Signatur zugeordnet ist, muss von einer vertrauenswürdigen Zertifizierungsstelle ausgestellt sein.

Die Daten eines solchen Herausgebers werden im Bereich *Vertrauenswürdige Herausgeber* im Trust Center angezeigt.

- Sie können einen Eintrag auf der Registerkarte *Vertrauenswürdige Herausgeber* löschen, indem Sie die entsprechende Zeile markieren und dann auf *Entfernen* klicken.
- Klicken Sie in der Liste *Vertrauenswürdige Herausgeber* auf den Namen des Herausgebers, dessen Zertifikat Sie anzeigen möchten, und klicken Sie dann auf *Anzeigen*.

Kategorie Vertrauenswürdige Speicherorte

Ein vertrauenswürdiger Speicherort ist normalerweise ein Ordner auf der Festplatte oder auf einer Netzwerkfreigabe. Jede Datei, die Sie an einem vertrauenswürdigen Speicherort ablegen, kann ohne eine Überprüfung durch das Trust Center geöffnet werden. In der Kategorie *Vertrauenswürdige Speicherorte* innerhalb des Trust Centers können Sie diese Speicherorte einrichten und kontrollieren (Abbildung 17.7).

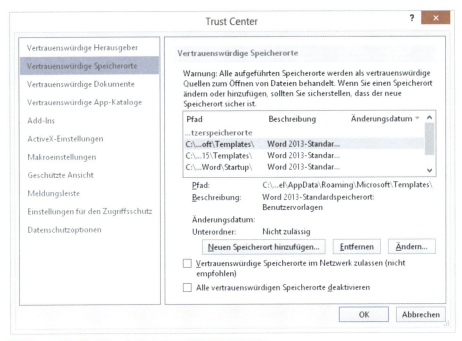

Ein vertrauenswürdiger Speicherort kann also ein Ordner auf der Festplatte oder auf einer Netzwerkfreigabe sein:

- Es ist immer sicherer, einen lokalen Ordner wie einen Unterordner im Ordner *Dokumente* unter Microsoft Windows zu verwenden, sofern Sie ein Anmeldekennwort für Microsoft Windows zum Schutz des Computers verwenden. Bei dem Kennwort sollte es sich um ein sicheres Kennwort handeln. Sie sollten aber nicht den gesamten Ordner *Dokumente* oder *Eigene Dateien* als vertrauenswürdigen Speicherort vorsehen. Erstellen Sie einen Unterordner in *Dokumente* oder *Eigene Dateien* und bestimmen Sie nur diesen Ordner als vertrauenswürdigen Speicherort.
- Speicherorte, die sich nicht auf Ihrem Computer befinden – beispielsweise Netzwerkordner – sind weniger sicher. Sie sollten keinen öffentlichen Ordner auf einer Netzwerkfreigabe zum vertrauenswürdigen Speicherort für Ihre Dateien bestimmen.

Um einen neuen vertrauenswürdigen Speicherort zu erstellen, klicken Sie in der Kategorie *Vertrauenswürdige Speicherorte* des Trust Centers auf *Neuen Speicherort hinzufügen*. Ein Dialogfeld wird angezeigt, in dem Sie den Ort definieren können.

- Geben Sie in das Feld *Pfad* den Namen des Ordners ein, den Sie als vertrauenswürdigen Speicherort verwenden möchten, oder klicken Sie auf *Durchsuchen*, um nach dem Ordner zu suchen.
- Wenn Sie einen vertrauenswürdigen Speicherort erstellen möchten, der sich nicht auf Ihrem Computer befindet, aktivieren Sie das Kontrollkästchen *Vertrauenswürdige Speicherorte im Netzwerk zulassen*. Das ist aber nicht zu empfehlen.

- Wenn Sie Unterordner als vertrauenswürdige Speicherorte einschließen möchten, aktivieren Sie das Kontrollkästchen *Unterordner dieses Speicherorts sind ebenfalls vertrauenswürdig.*
- In das Feld *Beschreibung* können Sie einen beliebigen Text als Beschreibung für den Zweck des vertrauenswürdigen Speicherorts eingeben.
- Klicken Sie auf *OK*.

Hinweis Wenn Sie einen solchen Speicherort als nicht mehr vertrauenswürdig zurückstufen möchten, markieren Sie ihn unter *Pfad* in der Kategorie *Vertrauenswürdige Speicherorte* des Trust Centers, klicken Sie auf *Entfernen* und dann auf *OK*. Sie können die vertrauenswürdigen Speicherorte auch durch Aktivieren des Kontrollkästchens *Alle vertrauenswürdigen Speicherorte deaktivieren* vorübergehend außer Kraft setzen. So muss bei Bedarf nicht alles erneut eingerichtet werden.

Kategorie Vertrauenswürdige Dokumente

Vertrauenswürdige Dokumente sind Dateien, die aktive Inhalte aufweisen und die ohne Anzeige der Warnungen in der Meldungsleiste geöffnet werden. Ein typischer Fall ist, dass Sie ein Dokument aus einem Netzwerkspeicherort öffnen. Sie werden dann über das Dialogfeld *Sicherheitswarnung* gefragt, ob Sie das Dokument zu einem vertrauenswürdigen Dokument machen wollen. Nachdem ein Dokument als vertrauenswürdig eingestuft wurde, wird es nicht mehr in der geschützten Ansicht geöffnet. Die Aufforderung in der Meldungsleiste erscheint jedoch wieder, wenn die Datei, nachdem sie zuletzt als vertrauenswürdig eingestuft wurde, verschoben wurde.

Die generellen Einstellungen zu diesem Sicherheitsbereich nehmen Sie unter *Vertrauenswürdige Dokumente* innerhalb des Trust Centers vor:

- Wenn *Vertrauenswürdigkeit von Dokumenten in einem Netzwerk zulassen* aktiviert ist, wird das oben erwähnte Dialogfeld *Sicherheitswarnung* nicht mehr für Dateien an Netzwerkspeicherorten angezeigt.
- Mit *Vertrauenswürdige Dokumente deaktivieren* wird das Dialogfeld *Sicherheitswarnung* bei jedem Öffnen von Dateien angezeigt.
- Durch einen Klick auf die Schaltfläche *Bereinigen* löschen Sie die Liste der Dokumente, die zuvor als vertrauenswürdig eingestuft wurden. Die Meldungsleiste wird dann wieder für diese Dokumente angezeigt.

Kategorie Add-Ins

Ähnlich wie Makros können Add-Ins von Hackern ausgenutzt werden, um umfangreiche Schäden anzurichten, wie beispielsweise das Verbreiten eines Virus. Da es viele verschiedene Add-Ins gibt, die nicht von Microsoft stammen, müssen spezifische Kriterien erfüllt werden, bevor ein Add-In als vertrauenswürdig eingestuft wird. In der Kategorie *Add-Ins* im Dialogfeld *Trust Center* können Sie die Einstellungen für Add-Ins allgemein regeln. Aktivieren Sie hier die gewünschten Optionen. Standardmäßig sind alle Kontrollkästchen abgeschaltet. Änderungen darin werden erst nach dem Beenden und erneuten Starten des Programms wirksam.

- Aktivieren Sie das Kontrollkästchen *Anwendungs-Add-Ins müssen von einem vertrauenswürdigen Herausgeber signiert sein*, wenn das Trust Center überprüfen soll, ob eine digitale Signaturdatei, die das Add-In enthält, vorhanden ist. Ist der Herausgeber nicht vertrauenswürdig, wird das Add-In vom Office-Programm nicht geladen. In der Meldungsleiste wird eine Benachrichtigung angezeigt, dass das Add-In deaktiviert wurde.
- Das Kontrollkästchen *Benachrichtigung für nicht signierte Add-Ins deaktivieren (Code bleibt deaktiviert)* ist nur verfügbar, wenn Sie das erste Kontrollkästchen aktiviert haben. In bestimmten Situationen ist die DLL-Datei, die das Add-In enthält, möglicherweise nicht signiert. In diesen Fällen werden von einem vertrauenswürdigen Herausgeber signierte Add-Ins aktiviert, während nicht signierte Add-Ins im Hintergrund deaktiviert werden.

- Benutzen Sie *Alle Anwendungs-Add-Ins deaktivieren (möglicherweise Funktionsbeeinträchtigung)*, wenn Sie Add-ins grundsätzlich nicht vertrauen. Alle Add-ins werden ohne Benachrichtigung deaktiviert, und alle anderen Kontrollkästchen für Add-Ins stehen nicht mehr zur Verfügung.

Einstellungen für Makros

Der Zweck eines Makros besteht darin, häufig auszuführende Aufgaben zu automatisieren. Dahinter verbergen sich oft leistungsfähigere *VBA*-Programme, die einen Code verwenden, mit dem viele Befehle auf einem Computer ausgeführt werden können. Aus diesem Grund stellen Makros ein potenzielles Sicherheitsrisiko dar. Hacker können ein bösartiges Makro durch ein Dokument einschleusen, das nach dem Öffnen des Dokuments ausgeführt wird und möglicherweise einen Virus auf dem Computer verbreitet. Die Gefahr geht dabei besonders von sogenannten *AutoMakros* aus, die automatisch in bestimmten Situationen – etwa beim Öffnen des Dokuments – ausgeführt werden. Deswegen kann ein Makro standardmäßig in einem Dokument erst aktiviert werden, nachdem das Trust Center die folgenden Punkte überprüft hat:

- Das Makro wurde vom Entwickler mit einer digitalen Signatur signiert, und die digitale Signatur ist gültig und aktuell – also nicht abgelaufen.
- Das der digitalen Signatur zugeordnete Zertifikat wurde von einer bekannten Zertifizierungsstelle ausgestellt.
- Der Entwickler, der das Makro signiert hat, ist ein vertrauenswürdiger Herausgeber.

Erkennt das Trust Center ein Problem bei einer dieser Voraussetzungen, wird das Makro standardmäßig deaktiviert und ein Dialogfeld angezeigt, um Sie auf ein potenziell unsicheres Makro hinzuweisen. Sie sollten das Makro nur aktivieren, wenn Sie sicher sind, dass es aus einer vertrauenswürdigen Quelle stammt. Je nach dem darin angezeigten Hinweis können unterschiedliche Verfahrensweisen notwendig sein.

Sie haben im Bereich *Makroeinstellungen* des Trust Centers die Möglichkeit, diese Standardverhaltensweise zu ändern. Vier Optionen stehen zur Verfügung:

- Aktivieren Sie *Alle Makros ohne Benachrichtigung deaktivieren*, wenn Sie Makros nicht vertrauen. Alle Makros sowie Sicherheitshinweise zu Makros werden deaktiviert. Dokumente mit nicht signierten Makros, die Sie für vertrauenswürdig halten, können Sie an einen vertrauenswürdigen Speicherort verschieben (vorherige Abschnitte). Diese werden dann ohne Überprüfung durch das Sicherheitssystem des Trust Centers ausgeführt.
- Die Option *Alle Makros mit Benachrichtigung deaktivieren* ist die Grundeinstellung. Wählen Sie diese, wenn Makros deaktiviert werden sollen, Sie jedoch benachrichtigt werden möchten, falls Makros vorhanden sind.
- Die Einstellung *Alle Makros außer digital signierten Makros deaktivieren* ist mit der Option *Alle Makros mit Benachrichtigung deaktivieren* identisch, außer dass das Makro ausgeführt werden kann, wenn es von einem vertrauenswürdigen Herausgeber signiert wurde, dem Sie bereits vertrauen. Wenn Sie den Herausgeber nicht als vertrauenswürdig eingestuft haben, werden Sie benachrichtigt. So können Sie auswählen, ob Sie die signierten Makros aktivieren oder dem Herausgeber vertrauen möchten. Alle nicht signierten Makros werden ohne Benachrichtigung deaktiviert.
- Wählen Sie die Option *Alle Makros aktivieren (nicht empfohlen, weil potenziell gefährlicher Code ausgeführt werden kann)*, um die Ausführung aller Makros zuzulassen. Bei dieser Einstellung ist der Computer für Angriffe durch potenziell bösartigen Code gefährdet, deshalb ist sie nicht zu empfehlen.

Hinweis Wenn Sie die Makroeinstellungen im Trust Center ändern, werden diese ausschließlich für das Office-Programm geändert, das Sie derzeit verwenden. Die Makroeinstellungen für andere Office-Programme werden nicht geändert.

Kategorie Geschützte Ansicht

Dateien aus dem Internet und von anderen potenziell unsicheren Speicherorten können Viren, Würmer oder andere Arten von Malware enthalten, die auf Ihrem Computer Schaden anrichten können. Zum

Schutz Ihres Computers werden Dateien, die von diesen potenziell unsicheren Speicherorten stammen, in der geschützten Ansicht geöffnet. Unter Verwendung der geschützten Ansicht können Dateien ohne allzu großes Risiko gelesen und ihre Inhalte untersucht werden.

Diese geschützte Ansicht ist ein schreibgeschützter Modus, in dem die meisten Bearbeitungsfunktionen deaktiviert sind. Sie erkennen sie nach dem Öffnen der Datei an der Angabe *Geschützte Ansicht* in der Titelleiste und in der gelb hinterlegten Meldungsleiste unterhalb des Menübands.

Wenn Sie die Datei lesen, aber nicht bearbeiten wollen, kann sie in der geschützten Ansicht geöffnet bleiben. Wenn Sie wissen, dass die Datei von einer vertrauenswürdigen Quelle stammt, und wenn Sie die Datei bearbeiten, speichern oder drucken möchten, können Sie die geschützte Ansicht verlassen. Nachdem Sie die geschützte Ansicht verlassen haben, wird die Datei zu einem vertrauenswürdigen Dokument.

- Zum Verlassen der geschützten Ansicht klicken Sie in der Meldungsleiste auf *Bearbeitung aktivieren*, wenn die Schaltfläche angezeigt wird. Folgen Sie andernfalls den Anweisungen zum Beenden der geschützten Ansicht.
- Wenn die Meldungsleiste in roter Farbe angezeigt wird, finden Sie in der Meldungsleiste die Schaltfläche *Bearbeitung aktivieren* nicht. Wenn Sie dann die Datei bearbeiten wollen, öffnen Sie die Registerkarte *Datei* und klicken Sie auf *Trotzdem bearbeiten*. Diese Schaltfläche *Trotzdem bearbeiten* wird angezeigt, um darauf aufmerksam zu machen, dass ein erhöhtes Risiko besteht, wenn Sie die Bearbeitung in diesem Modus aktivieren. Gehen Sie vorsichtig vor und achten Sie darauf, dass die Quelle der Datei zuverlässig und Ihnen bekannt ist.

Sie können die Einstellungen für die geschützte Ansicht im Trust Center anzeigen oder ändern. Wählen Sie die Kategorie *Geschützte Ansicht* und dann die gewünschte Option aus:

- Mit *Geschützte Ansicht für Dateien aus dem Internet aktivieren* wird das Internet als unsichere Quelle angesehen, weil es Benutzern mit böswilligen Absichten unzählige Möglichkeiten bietet.
- *Geschützte Ansicht für Dateien an potenziell unsicheren Speicherorten aktivieren* zielt auf Ordner auf dem Computer oder im Netzwerk, die als unsicher eingestuft werden, beispielsweise den Ordner *Temporäre Internetdateien*. Systemadministratoren können auch andere Ordner als potenziell unsichere Speicherorte festlegen.
- *Geschützte Ansicht für Outlook-Anlagen aktivieren* ist wirksam, wenn Anlagen in E-Mails von unzuverlässigen oder unbekannten Quellen stammen.

Kategorie Meldungsleiste

In der Meldungsleiste werden Sicherheitshinweise angezeigt, wenn potenziell unsichere aktive Inhalte in dem von Ihnen geöffneten Dokument enthalten sind. So kann das Dokument beispielsweise ein nicht signiertes Makro oder ein signiertes Makro mit einer ungültigen Signatur enthalten. Wenn Sie keine solchen Benachrichtigungen erhalten möchten, können Sie die Statusleiste deaktivieren. Dazu dient die Kategorie *Meldungsleiste* im Trust Center.

- Standardmäßig ist *Meldungsleiste in allen Anwendungen anzeigen, wenn aktiver Inhalt, wie z. B. ActiveX-Steuerelemente, gesperrt ist* aktiviert. Benachrichtigungen der Meldungsleiste werden also angezeigt, sobald potenziell unsicherer Inhalt deaktiviert wurde. Das Optionsfeld ist übrigens nicht aktiviert, wenn Sie im Trust Center unter *Einstellungen für Makros* das Optionsfeld *Alle Makros ohne Benachrichtigung deaktivieren* aktiviert haben. Sie erhalten dann keine Benachrichtigungen der Meldungsleiste, das ist dann aber auch nicht notwendig.
- Mithilfe von *Informationen zu gesperrtem Inhalt niemals anzeigen* wird die Meldungsleiste deaktiviert. Unabhängig von den Sicherheitseinstellungen im Trust Center erhalten Sie keine Benachrichtigungen bei möglichen Sicherheitsproblemen.

Kategorie Einstellungen für den Zugriffsschutz

Sie haben die Möglichkeit, im Trust Center im Bereich für den Zugriffsschutz Änderungen an den Einstellungen vorzunehmen, sodass Sie eine gesperrte Datei öffnen, bearbeiten und speichern können. Es empfiehlt sich aber, keine Änderungen an den Standardeinstellungen vorzunehmen, die eine Bearbeitung der gesperrten Dateitypen zulassen. Durch Aktivieren der einzelnen Kontrollkästchen in den Spalten *Öffnen* und *Speichern* können Sie festlegen, welche Dateitypen mit Word 2013 nicht geöffnet und nicht gespeichert werden können. Beachten Sie auch die Optionen im unteren Bereich des Fensters:

- Wenn *Ausgewählte Dateitypen nicht öffnen* gewählt ist, wird beim versuchten Dateizugriff eine Fehlermeldung angezeigt.
- Bei *Ausgewählte Dateitypen in geschützter Ansicht öffnen* werden die ausgewählten Dateitypen in der geschützten Ansicht geöffnet. Die Schaltfläche *Bearbeitung aktivieren* ist in der Meldungsleiste und der Backstage-Ansicht deaktiviert.
- Auch bei *Ausgewählte Dateitypen in der geschützten Ansicht öffnen und Bearbeitung erlauben* werden die ausgewählten Dateitypen in der geschützten Ansicht geöffnet. Hier ist aber die Schaltfläche *Bearbeitung aktivieren* in der Meldungsleiste und der Backstage-Ansicht aktiviert.

Kategorie Datenschutzoptionen

Über die Kategorie *Datenschutzoptionen* regeln Sie den für Sie im Allgemeinen unsichtbaren Kommunikationsfluss zwischen Ihrem Rechnersystem und Microsoft über das Internet. Extrem auf Sicherheit ausgerichtete Anwender sehen vielleicht auch hierin ein mögliches Risiko. Auf jeden Fall hat Microsoft damit eine zusammenfassende Stelle geschaffen, über die diese Kommunikation kontrolliert werden kann.

Im oberen Abschnitt dieses Bereichs finden Sie sieben Optionen, die für Sie interessant sein könnten. Die Einstellungen, die Sie hier vornehmen, sind gültig für alle bzw. die Mehrzahl der Office 2013-Programme.

- Wenn Sie das Kontrollkästchen *Office das Herstellen einer Internetverbindung gestatten* aktivieren, werden die aktuellsten Hilfeinhalte auf Ihren Computer heruntergeladen. Sie müssen mit dem Internet verbunden sein, um die Downloads empfangen zu können. Es wird nicht das gesamte Hilfesystem heruntergeladen, sondern nur der Artikel in der Hilfe, auf den Sie im Feld mit den Suchergebnissen klicken.
- Das Aktivieren von *Regelmäßig eine Datei herunterladen, mit deren Hilfe Systemprobleme bestimmt werden können* bewirkt, dass eine Datei auf den Rechner heruntergeladen wird, damit bei instabilem Verhalten oder einem Absturz des Computers automatisch das Tool Microsoft Office-Diagnose ausgeführt wird. Sie werden in einem solchen Fall von Microsoft gefragt, ob Fehlerberichte für bestimmte Arten von Fehlermeldungen gesendet werden sollen.
- Wenn Sie das Kontrollkästchen *Beim Programm zur Verbesserung der Benutzerfreundlichkeit anmelden* aktivieren, sammelt Microsoft automatisch Informationen von Ihrem Computer, einschließlich der Fehlermeldungen, die von der Software generiert werden, des Zeitpunkts, zu dem die Fehlermeldungen generiert werden, der Art der verwendeten Computerausstattung, etwaiger Schwierigkeiten Ihres Computers beim Ausführen von Microsoft-Software und der Information, ob die Hardware bzw. Software erwartungsgemäß und schnell reagiert. Alle an Microsoft gesendeten Informationen sind aber angeblich anonym.
- Ist *Office-Dokumente überprüfen, die von verdächtigen Websites stammen oder dorthin verlinken* aktiviert, ist die Erkennung gefälschter Websites zum Schutz vor Phishingschemas eingeschaltet. Falls eine Verknüpfung mit einer Website mit einem gefälschten Domänennamen erkannt wird, werden Sie in einem Sicherheitshinweis benachrichtigt.
- Mit *Dem Aufgabenbereich „Recherchieren" das Prüfen auf neue Dienste und deren Installation erlauben* ermöglichen Sie den Programmen, automatisch auf neue Recherchedienste zu prüfen und diese zu installieren.

Die Optionen im Abschnitt darunter sind spezifisch für das jeweilige Office-Programm. Bei Microsoft Word finden Sie hier beispielsweise die folgenden Optionen:

- Wenn Sie die Option *Vor dem Drucken, Speichern oder Senden einer Datei mit Überarbeitungen oder Kommentaren warnen* einschalten, erhalten Sie eine Warnmeldung, wenn Sie versuchen, ein Dokument mit Überarbeitungen zu drucken, zu speichern oder zu senden.
- Über *Zufallszahlen zur Verbesserung der Kombiniergenauigkeit speichern* verbessern Sie die Chancen, ein optimales Ergebnis beim Zusammenführen von Überarbeitungen mehrerer Bearbeiter zu erzielen.
- Beim Aktivieren von *Ausgeblendete Markups beim Öffnen oder Speichern anzeigen* wird sichergestellt, dass alle Überarbeitungen, die noch in einem Dokument enthalten sind, beim Öffnen oder Speichern des Dokuments angezeigt werden. Dadurch können Sie unerwünschte Änderungen vor dem Senden an Bearbeiter aus dem Dokument entfernen.
- Die Option *Beim Speichern persönliche Daten aus Dateieigenschaften entfernen* ist in Excel, PowerPoint und Word deaktiviert und in Publisher und SharePoint Designer aktiviert. In den Programmen mit deaktivierter Option ist die Option nur verfügbar, wenn Sie ein Dokument bearbeiten, das in einer früheren Office-Version erstellt wurde und Sie die Option in der jeweiligen Version zum Entfernen persönlicher Daten verwendet haben. Klicken Sie auf die Schaltfläche *Dokumentprüfung*, um persönliche Informationen aus diesem Dokument zu entfernen.
- Die Schaltfläche *Dokumentprüfung* existiert nur bei den Programmen Excel, PowerPoint und Word. Durch einen Klick darauf können Sie persönliche Informationen und andere ausgeblendete Daten aus Dokumenten entfernen, die mit den Programmen in der Version 2013 und früheren Versionen erstellt wurden.

Abbildung 17.8: Die Einstellungen zur Dokumentprüfung finden Sie unter den Programmoptionen.

17.1.5 Die Einstellungen zur Dokumentprüfung

Nach einem Klick auf *Optionen* im Dialogfeld *Rechtschreibung und Grammatik* bzw. *Rechtschreibung* werden die Optionen zur Dokumentprüfung angezeigt. Sie können dieses Fenster auch auf den Bildschirm bringen, indem Sie die Registerkarte *Datei* öffnen und dann in den *Optionen* den Bereich *Dokumentprüfung* wählen. Im Fenster werden die Optionen zur Einstellung für dieses Werkzeug in mehreren Abschnitten angezeigt (Abbildung 17.8).

Allgemeine Einstellungen

Die Rechtschreibprüfung ist seit der Office 2007-Generation durchweg einheitlicher geworden. Einige der Optionen für die Rechtschreibprüfung sind global für alle Office-Programme verfügbar. Wenn Sie eine dieser Optionen in einem Office-Programm ändern, wird diese Änderung auch für alle anderen Office-Programme übernommen. Im Bereich *Dokumentprüfung* unter den *Optionen* sind das diejenigen, die unter *Bei der Rechtschreibkorrektur in Microsoft Office-Programmen* zusammengefasst sind:

- Sind Optionen aktiviert, deren Bezeichnung mit *... ignorieren* endet, werden die entsprechenden Elemente bei der Rechtschreibprüfung nicht berücksichtigt – dies betrifft *Wörter in GROSSBUCHSTABEN, Wörter mit Zahlen* sowie *Internet- und Dateiadressen.*
- *Wiederholte Wörter kennzeichnen* macht genau das, was es sagt.
- Sie können ferner die neue deutsche Rechtschreibung ein- oder ausschalten.
- *Großbuchstaben behalten Akzent* weist Sie auf Großbuchstaben mit Akzent hin, denen der Akzent fehlt. Wenn Sie die französische Sprache verwenden, ist diese Option standardmäßig immer aktiviert, da das Wörterbuch für diese Sprache Großbuchstaben mit Akzent umfasst.
- Ist *Vorschläge nur aus Hauptwörterbuch* aktiviert, werden gegebenenfalls vorhandene Vorschläge aus geöffneten Benutzerwörterbüchern nicht mit angezeigt.
- Die Rechtschreibprüfung enthält seit Office 2007 das reformierte *Französisch*-Wörterbuch. In Office 2003 handelte es sich hierbei um ein Add-In, das separat installiert werden musste.

Benutzerwörterbücher

Auch die Eintragungen in die Benutzerwörterbücher werden für alle Office-Programme gemeinsam geregelt. Über die Schaltfläche *Benutzerwörterbücher* können Sie eine Liste mit allen geöffneten Benutzerwörterbüchern anzeigen lassen sowie neue Wörterbücher anlegen (Abbildung 17.9). Wenn Sie mehrere davon erstellt haben, wählen Sie hier das Wörterbuch aus, in das bestimmte Schreibweisen aufgenommen werden sollen.

Hinweis Die Daten des Benutzerwörterbuches werden über das Internet an alle Rechner übertragen, die dasselbe Konto benutzen.

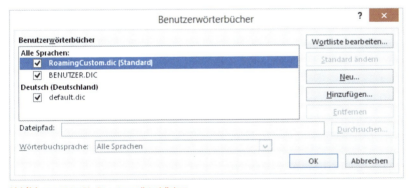

Abbildung 17.9: Die Benutzerwörterbücher

- Über *Wortliste bearbeiten* können Sie die vorhandenen Einträge in dem vorher markierten Wörterbuch kontrollieren, editieren, erweitern oder löschen (Abbildung 17.10). Sie finden hier beispielsweise alle Ergänzungen, die Sie über die Schaltfläche *Zum Wörterbuch hinzufügen* im Dialogfeld *Rechtschreibung und Grammatik* in das aktuelle Wörterbuch aufgenommen haben. Falls Sie versehentlich ein falsch geschriebenes Wort aufgenommen haben, können Sie es markieren und löschen. Über das Feld *Wort/Wörter* können Sie auch neue Wörter hinzufügen. Um ein Wort zu bearbeiten, löschen Sie es zuerst und fügen Sie es dann in der gewünschten Schreibweise hinzu.

Abbildung 17.10: Ein Beispiel für den Inhalt eines Benutzerwörterbuches

- Wenn Sie viel mit Fachausdrücken zu tun haben, können Sie dafür spezielle Wörterbücher anlegen. Um ein neues Wörterbuch anzulegen, klicken Sie im Dialogfeld *Benutzerwörterbücher* auf *Neu*. Geben Sie in das Feld *Dateiname* den Namen des neuen Benutzerwörterbuches ein und klicken Sie auf *Speichern*. Neue Wörterbücher müssen Sie aktivieren: Überprüfen Sie im Dialogfeld *Benutzerwörterbücher*, ob das Kontrollkästchen neben dem Namen des betreffenden Wörterbuches aktiviert ist. Außerdem deaktivieren Sie auf der Registerkarte *Rechtschreibung und Grammatik* das Kontrollkästchen *Vorschläge nur aus Hauptwörterbuch*.
- Im Dialogfeld *Benutzerwörterbücher* sind alle Wörterbücher aufgelistet, die für die Rechtschreibprüfung in Word zur Verfügung stehen. Wenn Sie ein Wörterbuch von einem Drittanbieter erworben und auf dem Computer installiert haben, müssen Sie es hier verfügbar machen. Wenn das gewünschte Wörterbuch im Dialogfeld *Benutzerwörterbücher* nicht angezeigt wird, klicken Sie auf *Hinzufügen*, öffnen Sie den Ordner, der das gewünschte Benutzerwörterbuch enthält, und doppelklicken Sie auf die Wörterbuchdatei.
- Wenn Sie ein Wörterbuch als Standardwörterbuch verwenden möchten, klicken Sie auf den Namen des Wörterbuches und dann auf *Standard ändern*.

17.1.6 Die AutoKorrektur

Über die *AutoKorrektur* können Sie beispielsweise typische Tippfehler, die Ihnen häufiger unterlaufen, automatisch bei der Eingabe korrigieren lassen. Aber auch andere Eingaben können umgewandelt werden: Wenn Sie beispielsweise die drei Zeichen *(r)* eingeben, wird das automatisch in das Symbol ® geändert. Das Programm führt diese Korrekturen unmittelbar durch oder nachdem Sie die ⬚-Taste gedrückt haben, um ein neues Wort zu beginnen.

Wie dieses Werkzeug arbeiten soll, können Sie im Fenster für die *Optionen* nach einem Klick auf die Schaltfläche *AutoKorrektur-Optionen* im Bereich *Dokumentprüfung* regeln. Das ruft ein Dialogfeld auf den Bildschirm, das – je nach Programm – über eine unterschiedliche Zahl von Registerkarten verfügt.

Die Registerkarte AutoKorrektur

Über die Registerkarte *AutoKorrektur* können Sie die generellen Einstellungen zum Ersetzen bestimmen (Abbildung 17.11).

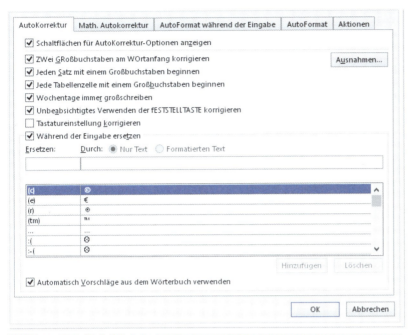

Abbildung 17.11: Die Registerkarte *AutoKorrektur* ermöglicht das Einstellen der Grundfunktionen.

■ Ist ganz oben auf der Registerkarte das Kontrollkästchen *Schaltflächen für AutoKorrektur-Optionen anzeigen* aktiviert, wird zunächst ein kleiner blauer Balken angezeigt, wenn Sie den Mauszeiger in der Nähe von Text positionieren, der automatisch korrigiert wurde. Dieser Balken wird zum Schaltflächensymbol *AutoKorrektur-Optionen*, wenn Sie darauf zeigen. Durch einen Klick auf dieses Symbol können Sie aus mehreren Optionen auswählen – beispielsweise die Korrektur rückgängig machen oder die *AutoKorrektur*-Funktion für dieses Wort deaktivieren.

■ Über die Optionen im Bereich darunter können Sie typische Fehler korrigieren lassen: Bei zwei Großbuchstaben am Anfang eines Worts wird der zweite automatisch in einen Kleinbuchstaben umgewandelt, der erste Buchstabe eines Satzes, einer Tabellenzelle und Wochentage wird großgeschrieben. *Unbeabsichtigtes Verwenden der Feststelltaste korrigieren* schaltet die ⟨ ↓ ⟩-Taste ab und korrigiert die Eingabe automatisch, wenn diese Taste eingeschaltet war und Sie ein Wort mit einem Kleinbuchstaben begonnen und anschließend Großbuchstaben eingegeben haben.

■ Im Listenfeld im unteren Bereich werden automatische Ersetzungsvorschriften angezeigt. Wenn Sie beispielsweise die drei Zeichen *(r)* eingeben, wird das automatisch in das Symbol ® umgewandelt. Weitere automatisch zu ersetzende Eingaben können Sie selbst definieren. Sie können diesen Bereich auch dazu benutzen, um für Sie typische Tippfehler – sogenannte Buchstabendreher – automatisch korrigieren zu lassen. Wenn Sie beispielsweise dazu neigen, statt des Worts *Dialogfeld* häufig das Wort *Dialogfled* zu tippen, geben Sie in die Felder *Ersetzen* und *Durch* die falsche und die korrekte Schreibweise hierfür ein und klicken Sie dann auf die Schaltfläche *Hinzufügen*. Sobald Ihnen nach dem Schließen des Dialogfelds bei der nächsten Eingabe dieser Fehler unterläuft, wird er automatisch korrigiert. Wollen Sie einen Eintrag aus der *AutoKorrektur*-Liste entfernen, markieren Sie ihn in der Liste und klicken Sie dann auf die Schaltfläche *Löschen*.

■ Wenn Sie generell verhindern wollen, dass während der Eingabe die in der *AutoKorrektur*-Liste aufgeführten Rechtschreibfehler automatisch korrigiert und Wörter ersetzt werden, deaktivieren Sie oberhalb der Felder *Ersetzen* und *Durch* das Kontrollkästchen *Während der Eingabe ersetzen*.

Ausnahmen definieren

Durch einen Klick auf die Schaltfläche *Ausnahmen* öffnen Sie ein Dialogfeld, über das sich Ausnahmen für die auf der Registerkarte *AutoKorrektur* festgelegten Ersetzungsregeln definieren lassen:

- Auf der Registerkarte *Erster Buchstabe* legen Sie die Ausnahmen für das Unterdrücken der Großschreibung nach Abkürzungen fest.
- Entsprechend legen Sie auf der Registerkarte *WOrtanfang GRoß* die Ausnahmen für bestimmte technische Bezeichnungen fest.
- Die Registerkarte *Andere* erlaubt die Angabe von Wörtern, die nicht automatisch korrigiert werden sollen.

Die Registerkarte AutoFormat während der Eingabe

Mittels der Registerkarte *AutoFormat während der Eingabe* im Dialogfeld zum Befehl *AutoKorrektur-Optionen* können Sie bei Word während der Eingabe von Text einige Formatierungen automatisch durchführen lassen (Abbildung 17.12).

Wenn Sie die Option *Schaltflächen für AutoKorrektur-Optionen anzeigen* auf der Registerkarte *AutoKorrektur* aktiviert haben, können Sie auch die automatischen Korrekturen durch *AutoFormat während der Eingabe* ablehnen, wenn Ihnen das Ergebnis nicht zusagt. Wie bei der Texteingabe-AutoKorrektur wird unterhalb der automatisch formatierten Stelle ein kleiner blauer Balken angezeigt, wenn Sie den Mauszeiger darauf zurückbewegen. Klicken Sie auf diesen Balken beziehungsweise die kleine Schaltfläche, um das Menü aufzuklappen, über dessen Befehle sich unter anderem die Formatierung rückgängig machen lässt.

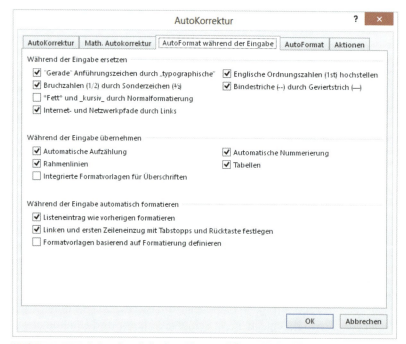

Im Bereich *Während der Eingabe ersetzen* können Sie durch Aktivierung der betreffenden Optionen dafür sorgen, dass die dort genannten Elemente entsprechend ersetzt werden. Standardmäßig werden beispielsweise "*gerade*" durch „*typografische*" Anführungszeichen oder Brüche – wie *1/2* – durch Sonderzeichen – wie ½ – ersetzt.

Abbildung 17.12: Auch automatische Formatierungen können durchgeführt werden.

Der Bereich *Während der Eingabe übernehmen* ist bei Word interessant. Sie können hier festlegen, welche der hier aufgelisteten Formatierungen automatisch vorgenommen werden sollen:

- *Automatische Aufzählung* erstellt aus einer Liste eine Aufzählung, wenn Sie am Absatzanfang ein Sternchen, einen Bindestrich oder Ähnliches, jeweils gefolgt von einem Leerzeichen oder Tabstopp, eingeben. Wenn Sie nach Eingabe des Textes die ⏎-Taste drücken, um das nächste Listenelement hinzuzufügen, wird automatisch das nächste Aufzählungszeichen eingesetzt. Wenn Sie die Aufzählung beenden wollen, drücken Sie zweimal die ⏎-Taste oder einmal die ← -Taste.

- Entsprechend erstellt *Automatische Nummerierung* eine nummerierte Liste, wenn Sie am Absatzanfang eine Zahl oder einen Buchstaben eingeben, auf die/den ein Punkt, ein Leerzeichen, eine schließende Klammer oder ein Tabstopp folgt.
- *Rahmenlinien* bewirkt, dass die Eingabe von drei Bindestrichen oberhalb des Absatzes in eine dünne Rahmenlinie umgesetzt wird. Verwenden Sie Unterstriche für dicke Linien und Gleichheitszeichen für Doppellinien.
- Mit *Tabellen* wird bei Word eine Tabelle eingefügt, wenn Sie eine Folge von Bindestrichen und Pluszeichen eingeben. Beispielsweise legt die Zeichenfolge + − − − + − − − + eine zweispaltige Tabelle an.
- Ist *Integrierte Formatvorlagen für Überschriften* aktiviert, wird einer Eingabe nach zweimaligem Drücken der ⏎-Taste die Überschrift-Formatvorlage zugewiesen.

Im Bereich *Während der Eingabe automatisch ersetzen* geben Sie für Listeneinträge, Einzüge und Formatvorlagen die gewünschten automatisch vorzunehmenden Korrekturen an.

17.1.7 Optionen der Kategorie Speichern

Über die Optionen der Kategorie *Speichern* in den Programmoptionen können Sie festlegen, in welcher Form Ihre Dokumente gespeichert und wie oft die Wiederherstellungsinformationen für Ihre Dokumente gesichert werden sollen (Abbildung 17.13). Diese Kategorie finden Sie bei allen Office-Programmen, die Einstellungen gelten aber jeweils nur für das gerade aktuelle Programm.

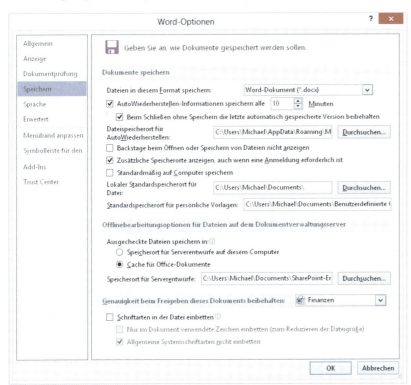

Abbildung 17.13: Über die Kategorie *Speichern* in den *Optionen* legen Sie die Standardeinstellungen für das Speichern fest.

Dokumente speichern

Der erste Abschnitt in dieser Kategorie trägt den Namen *Dokument speichern*, *Arbeitsmappe speichern* oder *Präsentation speichern*. Mit den Optionen darin legen Sie das Standarddateiformat und die Nutzung von automatischen Sicherungsdateien fest.

- Die Option *Dateien in diesem Format speichern* ermöglicht das Festlegen der Voreinstellung für das im Feld *Dateityp* angezeigte Format im Dialogfeld zum Speichern von Dateien (*Kapitel 2*).
- Mithilfe der Einstellungen zu den *AutoWiederherstellen-Informationen* können Sie in bestimmten Intervallen automatisch eine Datei mit Wiederherstellungsinformationen für das Dokument anlegen lassen. Falls der Computer nicht mehr reagiert oder es zu einem Stromausfall gekommen ist, öffnet das Office-Programm beim nächsten Programmstart diese Datei. Sie enthält dann möglicherweise ungespeicherte Daten, die andernfalls verloren wären. Standardmäßig ist diese Funktion aktiviert. Durch Abschalten des Kontrollkästchens können Sie das regelmäßige Speichern verhindern, was nicht empfehlenswert ist. Im Bereich daneben können Sie festlegen, wie häufig die Informationen gespeichert werden sollen. Geben Sie hier einen Wert zwischen 1 und 120 Minuten ein. Das Aktivieren von *AutoWiederherstellen* bietet einen weiteren Vorteil. Wenn die Option aktiviert ist, werden bei einem Neustart des Programms nach einer unvorhergesehenen Beendigung bestimmte Aspekte des Programmzustands wiederhergestellt.
- Neu seit der Version 2010 ist die Option *Beim Schließen ohne Speichern die letzte automatisch wiederhergestellte Datei beibehalten*. Diese ist standardmäßig aktiviert und interessant: Wenn Sie eine Datei beim Schließen oder Beenden des jeweiligen Programms nicht gespeichert haben, bleiben die darin eingegebenen Daten oder Änderungen trotzdem erhalten und können wieder angezeigt werden. Voraussetzung dafür ist allerdings, dass das Programm genügend Zeit hatte, die *AutoWiederherstellen-Informationen* abzulegen.
- *Dateispeicherort für AutoWiederherstellen* zeigt den Standardspeicherort für die *AutoWiederherstellen*-Datei an. Geben Sie in dieses Textfeld den Pfad ein, den Sie als Speicherort für diese Datei verwenden möchten. Oder benutzen Sie die Schaltfläche *Durchsuchen*, um zu dem gewünschten Speicherort zu navigieren.
- Unter *Standardspeicherort* können Sie einen Standardarbeitsordner mit dem vollständigen Pfad angeben. Dieser Ordner ist dann in den *Öffnen*- und *Speichern*-Dialogfeldern voreingestellt. Auch hier können Sie wieder den Pfad zu dem gewünschten Speicherort direkt in das Textfeld eingeben oder die Schaltfläche *Durchsuchen* verwenden.

Hinweis Die in der wiederhergestellten Datei enthaltene Menge neuer Daten ist abhängig von dem Speicherintervall, das in einem Microsoft Office-Programm zum Speichern der Wiederherstellungsdatei verwendet wird. Wird beispielsweise die Wiederherstellungsdatei lediglich alle 15 Minuten gespeichert, gehen die in den letzten 14 Minuten vor einem Stromausfall oder einem anderen Problem durchgeführten Änderungen verloren.

Offlinebearbeitungsoptionen auf einem Server

Im Abschnitt *Offlinebearbeitungsoptionen für Dateien auf dem Dokumentverwaltungsserver* können Sie über *Ausgecheckte Dateien speichern in* den Speicherort angeben, in dem Sie ausgecheckte Dokumente speichern möchten (Abbildung 17.13):

- *Speicherort für Serverentwürfe auf diesem Computer* verwendet den Speicherort für Serverentwürfe auf diesem Computer, um ausgecheckte Dateien zu speichern.
- *Cache für Office-Dokumente* verwendet den Webserver zum Speichern ausgecheckter Dateien.
- *Speicherort für Serverentwürfe* zeigt den Standardspeicherort für Serverentwürfe an. Geben Sie den Pfad in das Textfeld ein, den Sie als Speicherort für Serverentwürfe verwenden möchten, oder klicken Sie auf *Durchsuchen*, um einen Speicherort für Serverentwürfe zu suchen.

Genauigkeit beim Freigeben

Im Abschnitt *Genauigkeit beim Freigeben dieses Dokuments beibehalten* können Sie dafür sorgen, dass Leser beim Bearbeiten des Dokuments auf anderen Rechnern die Schriftarten im Dokument sehen und verwenden können, auch wenn sie auf deren Computern nicht installiert sind. Die Datei wird damit größer. Standardmäßig ist der Name des aktuellen Dokuments eingestellt. Wenn Sie diese Einstellung für ein anderes geöffnetes Dokument festlegen wollen, wählen Sie es aus.

- Durch Aktivieren von *Schriftarten in der Datei einbetten* können Sie die Schriftarten im Dokument speichern, die im Dokument verwendet werden, sofern das Einbetten der Schriftarten zulässig ist.
- Nach dem Aktivieren dieser Option werden die beiden weiteren Optionen unter *Genauigkeit beim Freigeben dieses Dokuments beibehalten* ansprechbar: Mit *Nur im Dokument verwendete Zeichen einbetten* werden nur die Schriftarten eingebettet, die in dem Dokument tatsächlich verwendet werden. Wenn Sie *32* oder weniger Zeichen einer Schriftart verwenden, werden lediglich diese Zeichen von PowerPoint eingebettet. Über *Allgemeine Systemschriftarten nicht einbetten* werden nur Schriftarten eingebettet, die nicht allgemein auf Computern installiert sind, auf denen Microsoft Windows und Office ausgeführt werden.

17.2 Spezielle Optionen für Word

Einige der wesentlichsten Möglichkeiten der Anpassung von Microsoft Word finden Sie in fast derselben Form auch bei den Programmen PowerPoint und Outlook. Die Einstellungen gelten aber immer nur für das Programm, in dem sie festgelegt wurden.

17.2.1 Der Bereich Anzeige

Mithilfe der Optionen in der Kategorie *Anzeige* können Sie die Darstellung des Dokuments in den verschiedenen Ansichten des Programms anpassen (Abbildung 17.14).

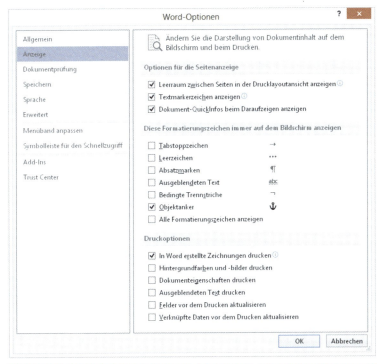

Abbildung 17.14: Die Optionen der Kategorie *Anzeige* regeln, was auf dem Bildschirm und beim Drucken angezeigt wird.

Optionen für die Seitenanzeige

- Mit *Leerraum zwischen Seiten in der Drucklayoutansicht anzeigen* können Sie bestimmen, ob die oberen und unteren Seitenränder mit dem Inhalt von Kopf- und Fußzeile angezeigt werden sollen.
- *Textmarkerzeichen anzeigen* bewirkt, dass markierter Text auf dem Bildschirm und in gedruckten Dokumenten dargestellt wird.
- Ist *Dokument-QuickInfos beim Daraufzeigen anzeigen* aktiviert, werden Informationen – wie beispielsweise URLs und Kommentare von Bearbeitern – in Popupfeldern angezeigt. Die QuickInfos werden angezeigt, wenn Sie mit dem Mauszeiger auf einen Hyperlink, ein Kommentarverweiszeichen oder ähnlichen Inhalt zeigen.

Formatierungszeichen

Die Optionen unter *Diese Formatierungszeichen immer auf dem Bildschirm anzeigen* liefern die Einstellungen dafür, welche Zeichen nach wie vor angezeigt werden, wenn Sie auf die Schaltfläche *Alle anzeigen* auf der Registerkarte *Start* in der Gruppe *Absatz* klicken, die Option also auf *Ausblenden* stellen. *Bedingte Trennstriche* geben an, an welcher Stelle ein Wort am Ende einer Zeile getrennt werden soll. Ein *Objektanker* ist der Ort, an dem ein Objekt in einem bestimmten Absatz verankert ist.

Wählen Sie die Option *Alle Formatierungszeichen anzeigen* aus, um sämtliche Formatierungszeichen anzuzeigen, unabhängig davon, ob das zu den jeweiligen Optionen gehörende Kontrollkästchen aktiviert ist. Wenn Sie diese Option deaktivieren, werden nur die Formatierungszeichen angezeigt, die im Bereich darüber aktiviert sind.

Druckoptionen

Über die *Druckoptionen* steuern Sie die Vorgänge beim Ausdrucken:

- Wählen Sie die Option *In Word erstellte Zeichnungen drucken* aus, um alle im Dokument erstellten Zeichnungsobjekte mit zu drucken. Wenn Sie diese Option deaktivieren, wird der Druckvorgang möglicherweise beschleunigt. Word druckt dann anstelle der einzelnen Zeichnungsobjekte ein leeres Feld.
- Auch wenn Sie *Hintergrundfarben und -bilder drucken* deaktivieren, wird der Druckvorgang möglicherweise beschleunigt.
- Ist *Dokumenteigenschaften drucken* aktiviert, werden die Dateiinformationen des Dokuments nach dem Dokument auf einer eigenen Seite gedruckt. Word speichert diese Dateiinformationen im Dokumentinformationsbereich.
- Mit *Ausgeblendeten Text drucken* können Sie dafür sorgen, dass als ausgeblendet formatierter Text mit gedruckt wird. Die gepunktete Unterstreichung, die auf dem Bildschirm unter dem ausgeblendeten Text angezeigt wird, wird nicht mit gedruckt.
- Über *Felder vor dem Drucken aktualisieren* erreichen Sie, dass alle Felder in einem Dokument – beispielsweise automatische Bild- und Absatznummerierungen – vor dem Drucken aktualisiert werden.
- Wählen Sie die Option *Verknüpfte Daten vor dem Drucken aktualisieren* aus, um alle verknüpften Informationen – beispielsweise verknüpfte Bilder – in einem Dokument vor dem Drucken zu aktualisieren.

17.2.2   Die Kategorie Erweitert

In der Kategorie *Erweitert* unter den *Word-Optionen* hat Microsoft die eigentlich wichtigen Einstellmöglichkeiten zum Programm zusammengefasst. Beispielsweise werden die Einstellungen für das Eingeben, Bearbeiten, Kopieren und Verschieben von Daten festgelegt. Wir können hier nur auf die wichtigsten davon eingehen.

Hinweis Einen großen Teil der Optionen in diesem Bereich finden Sie auch bei den Programmen PowerPoint und Outlook – teilweise tragen sie aber dort einen etwas anderen Namen: Beispielsweise *Drag und Drop für Text zulassen* bei Word und *Textbearbeitung durch Drag und Drop zulassen* bei PowerPoint.

Bearbeitungsoptionen

Mit den *Bearbeitungsoptionen* werden die Einstellungen für Eingabe- und Bearbeitungsvorgänge in Dokumenten festgelegt.

- Über *Eingabe ersetzt markierten Text* geben Sie an, ob ein vorher markierter Bereich durch eine Eingabe überschrieben wird. Wenn Sie dieses Kontrollkästchen deaktivieren, fügt Word den neuen Text vor den markierten Text ein, ohne ihn zu ersetzen.
- Wenn *Automatisch ganze Wörter markieren* aktiviert ist, wird das ganze Wort markiert, wenn Sie einen Teil eines Worts und dann einen Teil des nächsten Worts markieren. Außerdem markiert Word ein Wort und das Leerzeichen nach diesem Wort, wenn Sie auf ein Wort doppelklicken.
- Nach dem Einschalten von *Drag & Drop für Text zulassen* können Sie markierten Text durch Ziehen mit der Maus verschieben oder kopieren.
- Über *STRG + Klicken zum Öffnen von Links verwenden* können Sie das Bearbeiten des Textes von Hyperlinks erleichtern. Ist diese Option aktiviert, müssen Sie die `Strg`-Taste drücken und dabei auf die Verknüpfung klicken, um dieser zu folgen. Wenn diese Option deaktiviert ist, wechselt Word bereits beim Klicken auf die Verknüpfung zum Ziel der Verknüpfung, ohne dass Sie die `Strg`-Taste drücken müssen.
- Ist *Automatisch beim Einfügen von AutoFormen einen neuen Zeichenbereich erstellen* eingeschaltet, wird beim Einfügen eines Zeichnungsobjekts ein Zeichenbereich eingefügt. Ein solcher Zeichenbereich erleichtert das Anordnen von Zeichnungselementen und Bildern sowie deren Verschieben als Einheit.
- Mit *Intelligente Absatzmarkierung verwenden* wird beim Markieren des ganzen Absatzes die Absatzmarke mit markiert. Damit bleibt beispielsweise die Formatierung des Absatzes automatisch erhalten, wenn Sie den Absatz ausschneiden und einfügen.
- Ist *Einfügemarke mit Bildlauf verschieben* eingeschaltet, wird der Cursor beim Bildlauf nach oben oder nach unten verschoben. Wenn Sie nach dem Durchführen eines Bildlaufs eine der Pfeiltasten drücken, steht der Cursor auf der aktuell angezeigten Seite und nicht an seiner vorhergehenden Position.
- Wenn *EINFG-Taste zum Steuern des Überschreibmodus verwenden* aktiviert ist, können Sie die `Einfg`-Taste verwenden, um den Überschreibmodus zu aktivieren oder zu deaktivieren.
- Mit *Überschreibmodus verwenden* wird dieser Modus generell verwendet: Beim Eingeben von Text wird vorhandener Text zeichenweise ersetzt.
- Ist *Zur Vorlagenaktualisierung auffordern* eingeschaltet, werden Sie beim Ändern von Text, auf den eine Formatvorlage angewendet wurde, gefragt, ob Sie die Formatvorlage auf den geänderten Text erneut anwenden wollen. Sie können dann die Formatvorlage basierend auf der zuletzt vorgenommenen Änderung aktualisieren oder die Formatierung der Formatvorlage erneut anwenden.
- Mit *Standardformatvorlage für Aufzählungen oder nummerierte Listen verwenden* werden Listenformatvorlagen statt auf der Grundlage der Aufzählungsformatvorlage auf der Grundlage der Standard-Absatzformatvorlage erstellt.
- Wählen Sie die Option *Klicken und Eingeben aktivieren* aus, um Eingaben an einer leeren Stelle im Dokument durch Doppelklicken auf diesen leeren Bereich durchführen zu können. Dieses Werkzeug ist nur in der Seitenlayoutansicht und in der Weblayoutansicht verfügbar.
- Unter *Standard-Absatzformatvorlage* wählen Sie die Formatvorlage aus, die beim Klicken und Eingeben auf den Text angewendet werden soll.

Ausschneiden, Kopieren und Einfügen

Über den Abschnitt darunter können Sie das Ausschneiden, Kopieren und Einfügen von Elementen steuern. Die ersten vier Optionen bestimmen das Standardverhalten beim Einfügen von Elementen in das Dokument:

- Über *Einfügen innerhalb desselben Dokuments* wird das Verhalten beim Einfügen von Inhalt innerhalb desselben Dokuments angezeigt, aus dem Sie den Inhalt kopiert haben.
- Mit *Einfügen zwischen zwei Dokumenten* wird das Standardverhalten beim Einfügen von Inhalt angezeigt, der aus einem anderen Dokument in Word kopiert wurde.
- Die Optionen unter *Einfügen zwischen Dokumenten, wenn Formatvorlagendefinitionen nicht übereinstimmen* legen das Standardverhalten beim Einfügen von Inhalt fest, der aus einem anderen Dokument in Word kopiert wurde. Zudem wird die Formatvorlage angezeigt, die dem kopierten Text zugewiesen und in dem Dokument anders definiert ist, in das der Text eingefügt wird.
- Mit *Einfügen aus anderen Programmen* wird das Standardverhalten beim Einfügen von Inhalt angezeigt, der aus einem anderen Programm kopiert wurde.

Wählen Sie für diese Optionen im Listenfeld eine der folgenden Einstellungen (Tabelle 17.1):

Option	Wirkung
Ursprüngliche Formatierung beibehalten	Zeichenformate und direkte Formatierungen, die auf den kopierten Text angewendet wurden, werden beibehalten. Direktformatierungen umfassen Formate, die in der Absatzformatvorlage nicht enthalten sind.
Formatierung zusammenführen	Für den Text werden die Eigenschaften der Formatvorlage in dem Abschnitt übernommen, in den er eingefügt wird. Formatierungen zum Hervorheben wie Fett- oder Kursiv-Formatierungen, die nur auf einen Teil der Markierung angewendet sind, bleiben dagegen erhalten.
Nur den Text übernehmen	Alle Formatierungselemente werden verworfen. Für den Text werden die Eigenschaften der Formatvorlage in dem Abschnitt übernommen, in den er eingefügt wird.

Tabelle 17.1: Optionen zum Einfügen innerhalb desselben Dokuments

- Mit *Bilder einfügen als* wird angezeigt, wie Word am Text ausgerichtete Bilder in das Dokument einfügt. Sie können Bilder in eine Zeile mit dem Text einfügen, zulassen, dass Bilder mit dem Text verschoben werden können, oder Text um ein Bild vor oder hinter dem Bild anordnen.
- Ist *EINFG-Taste zum Einfügen verwenden* aktiviert, können Sie den Inhalt der Office-Zwischenablage mithilfe der ⏎-Taste in ein Dokument einfügen.
- Mit *Schaltfläche für Einfügeoptionen anzeigen, wenn Inhalt eingefügt wird* bewirken Sie, dass die Schaltfläche *Einfügeoptionen* beim Einfügen von Inhalt angezeigt wird. Mit den Optionen zu dieser Schaltfläche können Sie die Einstellungen außer Kraft setzen oder ändern, die Sie in diesem Abschnitt des Dialogfelds *Word-Optionen* vornehmen.
- Über *Intelligentes Ausschneiden und Einfügen* können Sie die Formatierung beim Einfügen von Text automatisch anpassen. Wenn Sie dieses Kontrollkästchen aktiviert haben, können Sie weitere Einfügeoptionen festlegen: Klicken Sie auf die Schaltfläche *Einstellungen*, um das gleichnamige Dialogfeld zu öffnen. Darin können Sie Abstände und Formatierungen beim Zusammenführen, Ausschneiden und Einfügen von Text steuern.

Dokumentinhalt anzeigen

Der Abschnitt *Dokumentinhalt anzeigen* steuert die Anzeigeparameter für den Dokumentinhalt. Die Optionen in diesem Abschnitt erklären sich teilweise selbst. Auf einige davon sollten wir aber noch eingehen:

- Wählen Sie *Textumbruch im Dokumentfenster anzeigen*, um Text am Dokumentfenster umzubrechen, sodass er sich auf dem Bildschirm leichter lesen lässt. Der Umbruch ändert sich dabei je nach Fensterbreite.
- Mit *Platzhalter für Grafiken anzeigen* können Sie anstelle der in den Dokumenten eingefügten Bilder ein leeres Feld anzeigen. Mit dieser Option wird die Durchführung eines Bildlaufs in Dokumenten beschleunigt, die eine große Anzahl von Bildern enthalten.
- Mit *Zeichnungen und Textfelder auf dem Bildschirm anzeigen* werden Objekte angezeigt, die in der Seitenlayoutansicht oder in der Weblayoutansicht mit den Word-Zeichentools erstellt wurden. Deak-

tivieren Sie das Kontrollkästchen, um Objekte auszublenden und gegebenenfalls die Anzeige von Dokumenten mit mehreren Zeichnungen zu beschleunigen. Zeichnungen werden auch dann gedruckt, wenn Sie das Kontrollkästchen deaktivieren.

■ *Textmarken anzeigen* bewirkt, dass Textmarken auf dem Bildschirm angezeigt werden. Bei einem Element, dem Sie eine Textmarke zuweisen, wird das in Klammern angezeigt. Wenn Sie einer Stelle eine Textmarke zuweisen, wird die Textmarke als Strich dargestellt. Die Klammern und Striche werden in gedruckten Dokumenten nicht dargestellt.

■ *Textbegrenzungen anzeigen* zeigt für Textränder, Spalten und Absätze gepunktete Linien an. Die Begrenzungen dienen Layoutzwecken und werden in gedruckten Dokumenten nicht dargestellt.

■ Über *Zuschnittsmarken anzeigen* können Sie die Ecken von Rändern anzeigen lassen.

■ Ist *Feldfunktionen anstelle von Werten anzeigen* aktiviert, werden anstelle von Feldwerten in den Dokumenten die entsprechenden Feldfunktionen angezeigt. So kann beispielsweise { *TIME @\„MMMM, d, YYYY"* } anstelle des aktuellen Datums angezeigt werden. Unabhängig von dieser Einstellung können Sie immer zwischen der Anzeige von Feldfunktionen und Feldergebnissen wechseln, indem Sie `Alt` + `F9` drücken.

■ Mit *Feldschattierung* wird angezeigt, ob und wann Felder schattiert dargestellt werden. Durch eine Schattierung können Felder besser erkannt werden. Wählen Sie in der Liste die Option *Immer* oder *Wenn ausgewählt* aus, um die Felder zu schattieren. Die Schattierung wird auf dem Bildschirm, nicht jedoch im gedruckten Dokument dargestellt.

■ Wenn Sie mit einem Rechner mit sehr begrenzten Ressourcen arbeiten, sollten Sie *Konzeptschriftart in Entwurfs- und Gliederungsansichten verwenden* benutzen, um die Bildschirmanzeige von Dokumenten zu beschleunigen. Über *Name* wählen Sie dann die Schriftart für die Dokumententwürfe aus, mit *Größe* bestimmen Sie den Schriftgrad der Entwurfsschriftart.

■ Ein Klick auf die Schaltfläche *Schriftarten ersetzen* öffnet das gleichnamige Dialogfeld. Mit dieser Option können Sie ermitteln, ob das aktive Dokument Schriftarten enthält, die auf dem Computer nicht verfügbar sind. Wenn im Dokument Schriftarten enthalten sind, die auf dem Computer nicht verfügbar sind, können Sie mithilfe dieses Dialogfelds eine Ersatzschriftart festlegen.

Anzeigen

Über den Abschnitt *Anzeigen* regeln Sie die standardmäßige Anzeige diverser Elemente auf der Oberfläche.

■ In das Feld *Diese Anzahl zuletzt verwendeter Dokumente anzeigen* geben Sie die Anzahl von Elementen zwischen *1* und *50* ein, die in der Liste *Zuletzt verwendete Dokumente* angezeigt werden sollen. Den ersten neun Dateien in der Liste wird eine Tastenkombination zugewiesen. Sie können diese Dokumente öffnen, indem Sie die Tastenkombination `Alt` + `D`, dann die Taste `V` und anschließend eine Taste zwischen `1` und `9` drücken.

■ Über *Maße in folgenden Einheiten anzeigen* können Sie die Maßeinheit auswählen, die für das horizontale Lineal sowie für Maße verwendet werden soll, die Sie in Dialogfeldern eingeben.

■ Über *Breite des Formatvorlagenbereichs in Entwurfs- und Gliederungsansichten* geben Sie eine positive Dezimalzahl – wie beispielsweise *3 cm* – in das Feld ein, um den Formatvorlagenbereich zu öffnen, in dem die Namen der auf den Text angewendeten Formatvorlagen angezeigt werden. Geben Sie den Wert *0* ein, um die Anzeige zu schließen.

■ Mit *Pixel für HTML-Features anzeigen* können Sie Pixel als Standardeinheit für Maße in Dialogfeldern verwenden, die sich auf *HTML*-Elemente beziehen.

■ *Tastenkombinationen in QuickInfos*, die *Horizontale Bildlaufleiste* und die *Vertikale Bildlaufleiste* können angezeigt und ausgeblendet werden.

■ Mit *Vertikales Lineal im Seitenlayout anzeigen* können Sie seitlich am Dokumentfenster ein vertikales Lineal anzeigen. Achten Sie darauf, dass Sie auch das Kontrollkästchen *Lineal* in der Gruppe *Anzeigen* auf der Registerkarte *Ansicht* im Menüband aktiviert haben.

■ Wenn Sie *Zeichenpositionierung für Layout anstatt für Lesbarkeit optimieren* einschalten, wird die Zeichenposition bei der Darstellung im gedruckten Dokument im Hinblick auf Textblöcke exakter angezeigt. Abstände zwischen Zeichen können aber verzerrt dargestellt werden, wenn diese Option aktiviert ist. Eine bessere Lesbarkeit am Bildschirm erzielen Sie, wenn Sie diese Option deaktivieren.

Drucken

Im Abschnitt *Drucken* sind die allgemeinen Druckoptionen zusammengefasst. Beachten Sie, dass die verfügbaren Optionen vom verwendeten Drucker abhängig sind. Einige der Einstellmöglichkeiten unter diesen Druckoptionen seien kurz erwähnt:

■ *Entwurfsqualität verwenden* druckt das Dokument mit einer minimalen Formatierung, wodurch der Druckvorgang beschleunigt wird. Nicht alle Drucker unterstützen diese Funktion.
■ *Drucken im Hintergrund* bewirkt, dass Sie während des Druckens weiterarbeiten können. Diese Option erfordert aber einen größeren verfügbaren Arbeitsspeicher. Wenn die Arbeit mit dem Dokument beim Drucken sehr langsam wird, deaktivieren Sie diese Option.
■ Wenn Sie *Seiten in umgekehrter Reihenfolge drucken* aktivieren, werden mehrseitige Dokumente in umgekehrter Reihenfolge ausgedruckt, die letzte Seite also zuerst. Sollen Briefumschläge im Dokument mit gedruckt werden, aktivieren Sie dieses Kontrollkästchen nicht.
■ Wählen Sie die Option *XML-Tags drucken* aus, um die XML-Tags für die in einem XML-Dokument verwendeten XML-Elemente zu drucken. An das Dokument muss ein Schema angefügt sein, und die durch das angefügte Schema bereitgestellten Elemente müssen angewendet werden. Die Tags werden im gedruckten Dokument angezeigt.
■ Mit *Feldfunktionen anstelle von Werten drucken* werden anstelle von Feldergebnissen die dazugehörenden Feldfunktionen gedruckt.
■ Über *Blattvorderseite für Duplexdruck drucken* und *Blattrückseite für Duplexdruck drucken* können Sie einen zweiseitigen Druck auch auf Druckern durchführen, die über keine Duplexfunktion verfügen. Damit wird jeweils die Blattvorderseite oder die Blattrückseite – also nur die ungeraden oder die geraden Seiten eines Dokuments – in einem Durchlauf bedruckt. Die Seiten werden in umgekehrter Reihenfolge gedruckt, sodass die Seiten in der richtigen Reihenfolge gedruckt werden, wenn Sie den Stapel zum Bedrucken der Blattrückseite umgedreht haben.
■ Mit *Inhalt an das Papierformat A4 oder 8,5 x 11 Zoll anpassen* können Sie Dokumente automatisch anpassen, die so konzipiert sind, dass das Papierformat *8,5 x 11 Zoll* auf ein *A4*-Papier passt, oder so, dass ein *A4*-Format auf ein Papier mit dem Format *8,5 x 11 Zoll* passt. Diese Option ist nur wirksam, wenn das Papier im Format *A4* oder *8,5 x 11 Zoll* im Drucker nicht mit der Papiergröße übereinstimmt, die in Word auf der Registerkarte *Seitenlayout* festgelegt ist. Diese Option wirkt sich nur auf den Druck aus, nicht auf die Formatierung.
■ Über den *Standardschacht* wird der Druckerschacht festgelegt, der standardmäßig verwendet wird. Um die Vorgaben des Druckers zu verwenden, wählen Sie die Option *Druckereinstellungen verwenden* aus. Um einen bestimmten Schacht auszuwählen, wählen Sie ihn in der Liste aus. Die Optionen in der Liste hängen von der Konfiguration des Druckers ab.

Beim Drucken dieses Dokuments

Die Einstellungen unterhalb der Überschrift *Beim Drucken dieses Dokuments* gelten standardmäßig für das aktuelle Dokument. Wählen Sie das Dokument aus, auf das diese Druckeinstellungen angewendet werden. Wählen Sie in der Liste den Namen eines Dokuments aus, das bereits geöffnet ist, oder wählen Sie den Eintrag *Alle neuen Dokumente* aus, sodass die Einstellung auf alle Dokumente angewendet wird, die Sie erstellen. *Nur Formulardaten drucken* bewirkt, dass die in ein Onlineformular eingegebenen Daten gedruckt werden, das Formular selbst aber nicht.

Speichern

Der Bereich unter der Überschrift *Speichern* bestimmt, wie Word beim Speichern eines Dokuments vorgeht.

- Mit *Bestätigung vor dem Speichern von „Normal.dot"* sorgen Sie dafür, dass Sie beim Schließen von Word gefragt werden, ob Änderungen gespeichert werden sollen, die an der Standarddokumentvorlage vorgenommen wurden. Wenn Sie dieses Kontrollkästchen deaktivieren, werden Änderungen automatisch gespeichert, ohne Sie darüber zu informieren.
- *Immer Sicherungskopie erstellen* bewirkt das automatische Erstellen einer Sicherungskopie im Arbeitsordner bei jedem Speichervorgang. Word ergänzt den Dateinamen mit *Sicherungskopie von* und fügt an alle Sicherungskopien die Dateierweiterung *.wbk* an. Jede Sicherungskopie ersetzt die vorherige Version. Die Sicherungskopien werden im selben Ordner wie die Originaldokumente gespeichert.
- Wenn Sie *Remote gespeicherte Dateien auf Computer kopieren und beim Speichern aktualisieren* einschalten, wird die Kopie einer in einem Netzlaufwerk oder in einem Wechsellaufwerk gespeicherten Datei temporär gespeichert. Beim Speichern der lokalen Kopie speichert Word die vorgenommenen Änderungen in der Originalversion. Wenn die Originaldatei nicht verfügbar ist, fordert Word Sie auf, die Datei an einem anderen Ort zu speichern, um Datenverluste zu vermeiden.
- Wählen Sie die Option *Speicherung im Hintergrund zulassen* aus, um das Dokument während der Arbeit zu speichern. Während Word eine automatische Speicherung im Hintergrund vornimmt, wird in der Statusleiste darauf hingewiesen.

Genauigkeit beim Freigeben dieses Dokuments beibehalten

Für die Optionen unter *Genauigkeit beim Freigeben dieses Dokuments beibehalten* müssen Sie wieder das Dokument auswählen, auf das diese Einstellungen angewendet werden. Wählen Sie in der Liste den Namen eines bereits geöffneten Dokuments oder den Eintrag *Alle neuen Dokumente* aus, sodass die Einstellung auf alle Dokumente angewendet wird, die Sie erstellen.

- Nach Aktivieren von *Formulardaten als durch Trennzeichen getrennte Textdatei speichern* können Sie die in ein Onlineformular eingegebenen Daten als eine einzelne, durch Tabstopptrennzeichen getrennte Textdatei im *Nur-Text*-Format speichern. Anschließend können Sie den Inhalt der Datei in eine Datenbank importieren.
- Die Option *Sprachspezifische Daten einbetten* bezieht sich auf die Spracherkennungsfunktion für Office. Wenn Sie sie einschalten, werden diverse zusätzliche Daten im Dokument gespeichert. Die Datei kann dann sehr groß werden!

Allgemein

Unter *Allgemein* sind Einstellmöglichkeiten für visuelle und akustische Effekte bei bestimmten Programmereignissen zu finden.

- Über *Feedback mit Sound bereitstellen* werden bestimmten Aktionen oder Ereignissen in Word oder anderen Office-Programmen Klangdateien hinzugefügt. So kann Word beispielsweise beim Abschließen eines Prozesses einen Sound abspielen. Um den mit einem Ereignis verknüpften Sound zu ändern, öffnen Sie den Ordner für Sounds und Audiogeräte in der Systemsteuerung. Zum Abspielen der meisten Sounds muss auf dem Computer eine Soundkarte installiert sein.
- *Feedback mit Animation* animiert die Bewegung des Mauszeigers in Word und anderen Office-Programmen. Mit dieser Option können Sie außerdem einen bewegten Cursor für Aktionen wie Drucken, Speichern, automatische Formatierung und Operationen zum Suchen und Ersetzen auswählen.
- *Dateiformatkonvertierung beim Öffnen bestätigen* bewirkt, dass beim Öffnen von Dateien, die in einem anderen Programm erstellt wurden, ein Dialogfeld zur Auswahl des Dateikonverters angezeigt wird. Deaktivieren Sie dieses Kontrollkästchen, wenn Word automatisch einen Dateikonverter auswählen soll.

- Ist *Automatische Verknüpfungen beim Öffnen aktualisieren* eingeschaltet, werden Inhalte, die mit anderen Dateien verknüpft sind, bei jedem Öffnen eines Dokuments aktualisiert.
- Mit *Öffnen eines Dokuments in der Entwurfsansicht zulassen* können Sie ein Dokument in der Entwurfsansicht öffnen. Damit ein Dokument standardmäßig in der Entwurfsansicht geöffnet wird, müssen Sie diese Option aktivieren und dann auf der Registerkarte *Ansicht* in der Gruppe *Dokumentansichten* auf *Entwurf* klicken. Nehmen Sie dann einige Änderungen am Dokument vor und speichern Sie das Dokument.
- Mit *Seitenumbruch im Hintergrund* werden die Seiten des Dokuments während der Bearbeitung automatisch neu nummeriert. Diese Option ist nur in der Entwurfs- und in der Gliederungsansicht verfügbar. Wenn Sie dieses Kontrollkästchen deaktivieren, werden Seitenzahlen erst aktualisiert, wenn Sie in die Seitenlayoutansicht wechseln.
- Unter *Postanschrift* geben Sie die Adresse ein, die Word als Standardabsenderadresse für Umschläge und Briefe verwenden soll.

Dateispeicherorte

Nach einem Klick auf die Schaltfläche *Dateispeicherorte* werden die Standardspeicherorte sowie Suchpfade für Dokumente, Vorlagen und andere Elemente aufgelistet, die in Word erstellt oder verwendet werden (Abbildung 17.15). Um hier Änderungen vorzunehmen, klicken Sie im Listenfeld auf den betreffenden Eintrag und dann auf die Schaltfläche *Ändern*. Legen Sie anschließend den neuen Standardspeicherort fest. Die Standardspeicherorte für Vorlagen und der *AutoStart*-Ordner werden als vertrauenswürdige Speicherorte behandelt. Wenn Sie den Speicherort ändern, stellen Sie sicher, dass es sich bei dem neuen Ordner um einen sicheren Speicherort handelt.

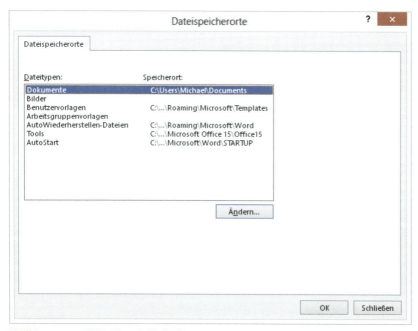

Abbildung 17.15: Die Speicherorte für Dateien

Kompatibilitätsoptionen

Auch im Bereich *Kompatibilitätsoptionen* definieren Sie Kompatibilitätsaspekte für Dokumente, die mit einer älteren Word-Version beziehungsweise einem anderen Textverarbeitungsprogramm erstellt wurden, um sie so ähnlich wie möglich in der aktuellen Version von Word darzustellen. Wählen Sie das

Dokument aus, auf das diese Einstellungen angewendet werden. Wählen Sie in der Liste den Namen eines bereits geöffneten Dokuments oder den Eintrag *Alle neuen Dokumente* aus, sodass die Einstellung auf alle Dokumente angewendet wird, die Sie erstellen.

Unter *Dokument so gestalten, als ob es erstellt wurde in* wählen Sie das Textverarbeitungsprogramm aus, das zum Öffnen des Dokuments verwendet werden soll. Die Einstellungen in der Liste von Layoutoptionen ändern sich entsprechend dem ausgewählten Textverarbeitungsprogramm. Um eine eigene Konfiguration von Einstellungen anzugeben, wählen Sie die Option *Benutzerdefiniert* aus. Aktivieren Sie die Kontrollkästchen für die gewünschten Optionen.

17.3 Spezielle Optionen für Excel

Den Zugang zu den speziellen Möglichkeiten der Anpassung von Microsoft Excel finden Sie in den Bereichen *Formeln* und *Erweitert* unter den Programmoptionen.

17.3.1 Formeln

Mit den Optionen der Kategorie *Formeln* legen Sie fest, wann und wie Formeln in geöffneten Arbeitsmappen berechnet werden.

Berechnungsoptionen

Unter der Überschrift *Berechnungsoptionen* können Sie bestimmen, wie die Berechnung durchgeführt werden soll:

- Standardmäßig wird eine Neuberechnung nach jeder Eingabe durchgeführt. Alle abhängigen Formeln werden also berechnet, sobald ein Wert, eine Formel oder ein Name geändert wird. Da jede Berechnung Zeit erfordert, empfiehlt es sich besonders bei Tabellen mit vielen Formeln, den Berechnungsmodus auf *Manuell* umzuschalten. Geöffnete Arbeitsmappen werden in diesem Fall nur dann neu berechnet, wenn Sie in diesem Abschnitt das Kontrollkästchen *Vor dem Speichern die Arbeitsmappe neu berechnen* aktivieren oder die $\boxed{\text{F9}}$-Taste drücken. Wenn Sie *Automatisch außer bei Datentabellen* wählen, werden alle abhängigen Formeln – außer bei Mehrfachoperationen – berechnet. Mehrfachoperationen können durch Aktivieren des Kontrollkästchens *Vor dem Speichern die Arbeitsmappe neu berechnen* in diesem Abschnitt oder durch Drücken der $\boxed{\text{F9}}$-Taste berechnet werden.
- Auf der rechten Seite können Sie nach Aktivieren von *Iterative Berechnung aktivieren* festlegen, wie oft oder wie genau Berechnungen in Zirkelbezügen durchgeführt werden sollen. Von einer Iteration spricht man, wenn das Ergebnis einer Berechnung wiederum als Ausgangswert derselben Berechnung verwendet wird. Diese manchmal etwas eigenartig anmutenden Berechnungsvorschriften dienen meist dazu, sich schrittweise an einen Lösungswert anzunähern. Standardmäßig wird ein Iterationsvorgang nach 100 Operationen abgebrochen oder wenn sich die Berechnungsergebnisse um weniger als 0,001 ändern. Sie können die Anzahl der Iterationen begrenzen, indem Sie die eingegebenen Werte ändern.

Arbeiten mit Formeln

Der Bereich unter der Überschrift *Arbeiten mit Formeln* regelt einige Einstellungen für die Eingabe und Bearbeitung von Berechnungsformeln.

- Durch Aktivieren von *Z1S1-Bezugsart* erreichen Sie, dass sowohl Spalten als auch Zeilen numerisch bezeichnet werden. In diesem Fall müssten Sie beispielsweise für die Adressierung der Zelle *D2* als Bezug *Z2S4* angeben. Standardmäßig erhalten Spalten alphabetische und Zeilen numerische Bezeichnungen.

- Das Kontrollkästchen *AutoVervollständigen-Formel* ist standardmäßig aktiviert. Damit wird bewirkt, dass nach der Eingabe eines Gleichheitszeichens und eines anschließenden Anfangsbuchstabens eine Liste mit gültigen Funktionen, Namen und Textzeichenfolgen bereitgestellt wird, aus der Sie einfach einen Eintrag übernehmen können. Damit reduzieren Sie die Wahrscheinlichkeit von Fehlern bei der Eingabe.
- Auch das Kontrollkästchen *Tabellennamen in Formeln verwenden* ist standardmäßig aktiviert und erleichtert die Arbeit mit Tabellendaten bzw. gestaltet diese intuitiver, wenn Sie Formeln verwenden, die auf eine Tabelle verweisen.
- *GetPivotData-Funktionen für PivotTable-Bezüge verwenden* gibt den Typ des Zellbezugs an, der für eine Zelle einer PivotTable erstellt wird, wenn Sie in einer Formel außerhalb der PivotTable ein Semikolon verwenden.

Fehlerüberprüfung

Unter der Überschrift *Fehlerüberprüfung* können Sie die Einstellungen zur Überprüfung auf logische Fehler in der Tabelle vornehmen.

- Standardmäßig ist die Prüfung im Hintergrund aktiviert. Wird in einer Zelle ein Fehler entdeckt, wird diese Zelle durch einen grünen Indikator in der oberen linken Ecke gekennzeichnet. Über das Listenfeld der Schaltfläche neben *Fehler mit der folgenden Farbe kennzeichnen* können Sie die Farbe für den Indikator auswählen.
- Klicken Sie auf die Schaltfläche *Ignorierte Fehler zurücksetzen*, um die Fehlerprüfung für die aktuelle Arbeitsmappe erneut durchzuführen.

Regeln für die Fehlerüberprüfung

Unter der Überschrift *Regeln für die Fehlerüberprüfung* können Sie festlegen, welche Fälle Excel als Ursache für eine Fehlermeldung ansehen soll (Tabelle 17.2).

Option	Beschreibung
Zellen mit Formeln, die zu einem Fehler führen	Formeln, die zu fehlerhaften Ergebnissen führen, werden als Fehler angezeigt.
Inkonsistente, berechnete Spaltenformel in Tabellen	Formeln in einem Bereich des Arbeitsblatts, die von anderen Formeln im gleichen Bereich abweichen, werden als Fehler behandelt.
Zellen mit zweistelligen Jahreszahlen	Formeln, die Zellen im Textformat mit zweistelligen Jahreszahlen enthalten, werden als Fehler betrachtet.
Zahlen, die als Text formatiert sind …	Als Text formatierte Zahlen oder solche, denen ein Apostroph vorangestellt ist, werden als Fehler angezeigt.
Formeln, die sich nicht auf alle Zellen im Bereich beziehen	Formeln, die bestimmte Zellen in einem Bereich auslassen, werden als Fehler gemeldet.
Nicht gesperrte Zellen, die Formeln enthalten	Ungesperrte Zellen, die eine Formel enthalten, werden als Fehler angezeigt.
Formeln, die sich auf leere Zellen beziehen	Formeln, die auf leere Zellen verweisen, werden als Fehler behandelt.

Tabelle 17.2: Einige Bedingungen für Fehlermeldungen

17.3.2 Erweitert

In der Kategorie *Erweitert* der *Excel-Optionen* hat Microsoft eine Vielzahl von Optionen zusammengefasst. Beispielsweise werden die Einstellungen für das Eingeben, Bearbeiten, Kopieren und Verschieben von Daten festgelegt. Außerdem enthält dieser Bereich Einstellmöglichkeiten, die den Wechsel von einem anderen Tabellenkalkulationsprogramm beziehungsweise einer anderen Excel-Version erleichtern.

Bearbeitungsoptionen

Mit zwei Ausnahmen sind die Einstellmöglichkeiten im Abschnitt *Bearbeitungsoptionen* alle aktiviert (Tabelle 17.3).

Option	Beschreibung
Markierung nach dem Drücken der Eingabetaste verschieben	Die Markierung einer Zelle wird automatisch verschoben, nachdem Sie zum Bestätigen einer Eingabe die ⏎-Taste gedrückt haben. Beim Bestätigen mit ↑ + ⏎ wird die Markierung in die entgegengesetzte Richtung verschoben. Legen Sie über das Listenfeld *Richtung* fest, in welche Richtung verschoben werden soll.
Dezimalkomma automatisch einfügen	Hiermit können Sie eine automatische Eingabe eines Dezimalzeichens bewirken. Ist das Kontrollkästchen nicht aktiviert, muss das Dezimalzeichen manuell eingegeben werden. Bei einer positiven Angabe für *Stellenanzahl* wird das Dezimalzeichen um die entsprechenden Zeichen nach links gesetzt, bei einem negativen Wert nach rechts.
Ausfüllkästchen und Drag & Drop von Zellen aktivieren	Das Verschieben und Kopieren von Zellinhalten durch Ziehen wird ermöglicht.
Direkte Zellbearbeitung zulassen	Das direkte Bearbeiten innerhalb einer Zelle selbst wird durch Doppelklicken auf die Zelle ermöglicht.
Vor dem Überschreiben von Zellen warnen	Bevor bei der Anwendung von Drag&Drop der Inhalt von Zellen in anderen Zellen abgelegt wird, die bereits Daten beinhalten, wird eine Meldung eingeblendet.
Datenbereichsformate und -formeln erweitern	Bei Eingaben in eine neue Zeile einer Liste werden Formate und Formeln automatisch übernommen, wenn diese mindestens dreimal in den vorhergehenden fünf Zeilen verwendet wurden.
Automatische Prozenteingabe aktivieren	Eingaben in Zellen, die auf das Prozentformat gesetzt sind, werden automatisch durch 100 dividiert. Beispielsweise erscheint die Eingabe *2* als *2,00%*.
AutoVervollständigen für Zellwerte aktivieren	Hierdurch wird das automatische Eintragen von Text ermöglicht.

Tabelle 17.3: Einige wichtige Optionen zum Bearbeiten von Zellinhalten

Ausschneiden, Kopieren und Einfügen

Unterhalb von *Ausschneiden, Kopieren und Einfügen* finden Sie drei Optionen, die spezielle Verhaltensweisen bei diesen Operationen steuern:

- Durch Auswählen von *Schaltfläche für Einfügeoptionen anzeigen, wenn Inhalt eingefügt wird* wird in Excel automatisch ein Dialogfeld mit speziellen Optionen beim Einfügen angezeigt, wie etwa *Nur Formatierung* und *Zellen verknüpfen*.
- Mit dem zweiten Eintrag *Schaltflächen für Einfügeoptionen anzeigen* wird in Excel automatisch ein Dialogfeld mit speziellen Optionen beim Einfügen von Zellen, Zeilen oder Spalten angezeigt, wie etwa *Gleiches Format wie Zelle oben* und *Formatierung löschen*.
- Wenn *Eingefügte Objekte mit übergeordneten Zellen ausschneiden, kopieren und sortieren* aktiviert ist, werden Grafikobjekte, Schaltflächen, Textfelder, Zeichnungsobjekte und Bilder und ihre zugeordneten Zellen beim Ausschneiden, Kopieren, Filtern und Sortieren in einem Arbeitsblatt beibehalten.

Anzeige

Unter der Überschrift *Anzeige* finden Sie in der Kategorie *Erweitert* mehrere Einstellmöglichkeiten für die Anzeige von Elementen:

- Die Option *Diese Anzahl zuletzt verwendeter Arbeitsmappen anzeigen* bewirkt, dass auf der Registerkarte *Datei* unter *Zuletzt verwendete Arbeitsmappen* eine Liste der zuletzt verwendeten Arbeitsmappen angezeigt wird. Sie können diese Arbeitsmappe damit schnell aufrufen. Geben Sie die Anzahl der Arbeitsmappen an, die angezeigt werden sollen. Erlaubt sind Werte zwischen *0* und *50*.
- Mit *Linealeinheiten* können Sie die Einheiten auswählen, die für das Lineal in der Layoutansicht angezeigt werden sollen.
- Über *Bearbeitungsleiste anzeigen* lässt sich die Bearbeitungsleiste oben im Arbeitsblatt ein- oder ausblenden.

■ Unterhalb von *Für Zellen mit Kommentaren Folgendes anzeigen* wählen Sie aus, wie Kommentare im Arbeitsblatt angezeigt werden: *Keine Kommentare und Indikatoren* blendet Kommentare und Kommentarindikatoren in Zellen aus, an die Kommentare angefügt sind. *Nur Indikatoren, und Kommentare nur beim Daraufzeigen* zeigt zunächst ein kleines Dreieck in der oberen rechten Ecke einer Zelle an, wenn der Zelle ein Kommentar zugewiesen ist. Kommentare werden angezeigt, wenn Sie den Zeiger auf einer Zelle mit einem Kommentar positionieren. *Kommentare und Indikatoren* zeigt generell den Kommentar und den Kommentarindikator an.

Optionen für diese Arbeitsmappe anzeigen

Wie die Überschrift *Optionen für diese Arbeitsmappe anzeigen* schon andeutet, gelten die Optionen in diesem Abschnitt zunächst nur für die aktuell gewählte Mappe (Tabelle 17.4). Haben Sie mehrere Arbeitsmappen geöffnet, können Sie über das Listenfeld neben der Abschnittsüberschrift die Arbeitsmappe auswählen, für die die folgenden Optionen gelten sollen:

Option	Wirkung
Horizontale Bildlaufleiste anzeigen	zeigt die horizontale Bildlaufleiste unten auf dem Arbeitsblatt an.
Vertikale Bildlaufleiste anzeigen	zeigt die vertikale Bildlaufleiste rechts auf dem Arbeitsblatt an.
Blattregisterkarten anzeigen	zeigt die Registerkarten der Arbeitsblätter an, damit Sie zwischen den einzelnen Arbeitsblättern wechseln und diese auswählen können. Die Registerkarten für die Arbeitsblätter werden unten im Fenster des Arbeitsblatts angezeigt.
Datumswerte im Menü 'AutoFilter' gruppieren	ändert die hierarchische Gruppierung von Datumswerten in der Liste der Datumswerte unten im Menü *AutoFilter* für einen Datumsfilter in nicht hierarchische Datumswertlisten. Beispielsweise können Sie nach zweistelligen Jahreszahlen filtern, indem Sie in einer nicht hierarchischen Liste manuell eine entsprechende Auswahl treffen.
Objekte anzeigen als	Wählen Sie eine der folgenden Optionen aus, um Grafikobjekte in der Arbeitsmappe anzuzeigen oder auszublenden: *Alle* zeigt alle Grafikobjekte, Schaltflächen, Textfelder, Zeichnungsobjekte und Bilder an, *Nichts (Objekte ausblenden)* blendet alle Grafikobjekte, Schaltflächen, Textfelder, Zeichnungsobjekte und Bilder aus.

Tabelle 17.4: Optionen für die Arbeitsmappe

Optionen für dieses Arbeitsblatt anzeigen

Auch hier weist die Überschrift *Optionen für dieses Arbeitsblatt anzeigen* bereits darauf hin, dass die Optionen in diesem Abschnitt nur für das gewählte Arbeitsblatt gelten. Wenn die Mappe mehrere Blätter enthält, können Sie das gewünschte über das Listenfeld neben der Abschnittsüberschrift auswählen. Für dieses gelten dann die folgenden Optionen (Tabelle 17.5).

Option	Wirkung
Zeilen- und Spaltenüberschriften einblenden	zeigt Zeilennummern links auf dem Arbeitsblatt und Spaltenbuchstaben oben auf dem Arbeitsblatt an.
Anstelle der berechneten Werte Formeln in Zellen anzeigen	zeigt die Formeln in Zellen an, nicht die Werte, die durch diese Formeln berechnet werden.
Seitenumbrüche einblenden	zeigt Seitenumbrüche an, die automatisch von Excel festgelegt wurden.
In Zellen mit Nullwert eine Null anzeigen	zeigt in Zellen mit Nullwert eine *0* an.
Gliederungssymbole anzeigen, wenn eine Gliederung angewendet wurde	zeigt Gliederungssymbole an. Gliederungssymbole werden nur angezeigt, wenn auf dem Arbeitsblatt eine Gliederung enthalten ist.
Gitternetzlinien einblenden	zeigt Gitternetzlinien für Zellen an. Stellen Sie sicher, dass das Kontrollkästchen *Drucken* unter *Gitternetzlinien* in der Gruppe *Tabellenblattoptionen* auf der Registerkarte *Seitenlayout* aktiviert ist, damit Sie Gitternetzlinien drucken können.
Gitternetzlinienfarbe	legt die Gitternetzlinienfarbe fest. Wenn Sie auf *Automatisch* klicken, wird die in der Systemsteuerung vordefinierte Gitternetzlinienfarbe verwendet.

Tabelle 17.5: Optionen für das Arbeitsblatt

Formeln

Die Optionen des Abschnitts *Formeln* beziehen sich auf den Einsatz der Hardware zur Berechnung. Sie sind eigentlich nur interessant, wenn Sie mit extrem formelintensiven Arbeitsblättern arbeiten und parallel dazu andere Arbeiten am Rechner durchführen möchten.

- Die Option *Multithreadberechnung aktivieren* ist standardmäßig aktiviert. Sie ermöglicht eine schnelle Berechnung durch die Verwendung sämtlicher im Computer verfügbarer Prozessoren bzw. die Verwendung der manuell angegebenen Anzahl von Prozessoren.
- *Anzahl von Berechnungsthreads* ermöglicht das Angeben einer spezifischen Anzahl von Prozessoren, die für die Berechnung verwendet wird.
- Auch die Option *Alle Prozessoren auf dem Computer verwenden* ist standardmäßig aktiviert. Sie ermöglicht die Verwendung sämtlicher auf dem Computer verfügbaren Prozessoren. Alternativ können Sie über *Manuell* eine spezifische Anzahl von Prozessoren angeben, die Sie verwenden möchten. Erlaubt sind hier Werte zwischen *1* und *1024*.

Beim Berechnen dieser Arbeitsmappe

Die Optionen unter der Überschrift *Beim Berechnen dieser Arbeitsmappe* beziehen sich – wieder einmal – zunächst nur auf die aktuell gewählte Mappe (Tabelle 17.7). Haben Sie mehrere Arbeitsmappen geöffnet, können Sie über das Listenfeld neben der Abschnittsüberschrift die Arbeitsmappe auswählen, für die die folgenden Optionen gelten sollen:

Option	Wirkung
Verknüpfungen mit anderen Dokumenten aktualisieren	berechnet und aktualisiert Formeln, die Verweise auf andere Anwendungen einschließen.
Genauigkeit wie angezeigt festlegen	ändert gespeicherte Werte in Zellen dauerhaft von vollständiger Genauigkeit (15 Stellen) auf das angezeigte Format, einschließlich Dezimalstellen.
1904-Datumswerte verwenden	ändert das Anfangsdatum, von dem alle Daten berechnet werden, von *01.01.1900* in *02.01.1904*. Dieses alternative System hat seinen Ursprung in der Excel-Version für den Macintosh und hat unter Windows nur für spezielle Fälle Vorteile. Vermeiden Sie auf jeden Fall eine Änderung in der Einstellung, wenn Sie in einer Mappe schon Datumswerte eingegeben haben. Andernfalls erhalten Sie eine falsche Anzeige.
Externe Verknüpfungswerte speichern	speichert Kopien der Werte, die in externen Dokumenten, die mit einem Excel-Arbeitsblatt verknüpft sind, enthalten sind. Nimmt ein Arbeitsblatt mit Verknüpfungen zu umfangreichen Bereichen in einem externen Dokument ungewöhnlich viel Speicherplatz in Anspruch oder dauert es sehr lange, bis es geöffnet wird, kann durch Deaktivieren des Kontrollkästchens *Externe Verknüpfungswerte speichern* der belegte Speicherplatz sowie die Zeit bis zum Öffnen des Arbeitsblatts reduziert werden.

Tabelle 17.6: Optionen für *Beim Berechnen dieser Arbeitsmappe*

Allgemein

Unter der Überschrift *Allgemein* finden Sie eine Reihe von Optionen, die nirgendwo anders zugeordnet werden konnten (Tabelle 17.7).

Option	Wirkung
Feedback mit Sound	gibt verfügbare Sounds wieder, die Microsoft Office-Programmereignissen wie dem Öffnen, Speichern, Drucken von Dateien und dem Anzeigen von Fehlermeldungen zugeordnet sind. Die den verschiedenen Ereignissen zugeordneten Sounds können Sie in der Systemsteuerung von Windows im Dialogfeld *Audioeigenschaften* ändern. Wenn Sie das Kontrollkästchen *Feedback mit Sound* in einem Office-Programm aktivieren bzw. deaktivieren, gilt dies auch für alle anderen Office-Programme. Wenn Sie den Sound, der einem Ereignis zugeordnet ist, ändern möchten, öffnen Sie den Ordner *Sounds* in der Systemsteuerung von Windows. Zur Wiedergabe der meisten Sounds benötigt ein Computer eine Soundkarte.
Andere Anwendungen ignorieren, die Dynamischen Datenaustausch (Dynamic Data Exchange, DDE) verwenden	verhindert den Austausch von Daten mit anderen Anwendungen, die einen dynamischen Datenaustausch (Dynamic Data Exchange, DDE) verwenden.

Tabelle 17.7: Allgemeine Optionen

Option	Wirkung
Aktualisieren von automatischen Verknüpfungen anfordern	zeigt eine Meldung an, über die Sie die Aktualisierung verknüpfter Elemente bestätigen können.
Fehler des Benutzeroberflächen-Add-Ins anzeigen	zeigt Fehler in der Benutzeroberfläche von Add-Ins an, die Sie installieren und verwenden.
Inhalt für die Papierformate A4 oder 8,5 x 11 Zoll skalieren	Für einige Länder oder Regionen ist das Standardpapierformat Letter, für andere A4. Aktivieren Sie dieses Kontrollkästchen, wenn Dokumente, die dem Standardpapierformat eines anderen Gebietsschemas (z. B. Letter) entsprechen, in Excel automatisch angepasst werden sollen, sodass diese Dokumente korrekt im Standardpapierformat für Ihr Land bzw. Ihre Region gedruckt werden. Diese Option wirkt sich nur auf den Ausdruck aus, hat jedoch keine Auswirkungen auf die Formatierung in Ihrem Dokument.
Beim Start alle Dateien öffnen in	Beim Starten werden in Excel automatisch Dateien aus dem hier angegebenen Ordner geöffnet. Geben Sie den vollständigen Pfad zu dem Ordner in das Textfeld ein, um den Speicherort der Dateien anzugeben.

Tabelle 17.7: Allgemeine Optionen

Benutzerdefinierte Listen bearbeiten

Mit den Optionen, die Sie nach einem Klick auf die Schaltfläche *Benutzerdefinierte Listen bearbeiten* auf den Bildschirm bringen, werden aus Datenreihen Listen erstellt, die zum *AutoAusfüllen* verwendet werden können (Abbildung 17.16). Eine benutzerdefinierte Liste kann auch als benutzerdefinierte Sortierreihenfolge zum Sortieren einer Liste oder einer PivotTable eingesetzt werden.

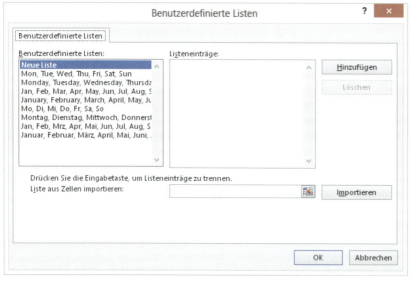

Abbildung 17.16: Weitere benutzerdefinierte Listen können erstellt werden.

- Im Listenfeld *Benutzerdefinierte Listen* werden die vorhandenen integrierten und benutzerdefinierten Listen angezeigt. Um eine neue Zeile hinzuzufügen, markieren Sie zuerst den Eintrag *Neue Liste* und geben Sie dann die einzelnen Bestandteile in das Feld *Listeneinträge* Zeile für Zeile ein. Klicken Sie abschließend auf *Hinzufügen*, um die neue Liste aufzunehmen.

- Alternativ können Sie einen Bezug auf einen Bereich in einer Tabelle angeben, aus dem Sie eine Liste definieren möchten. Ein Klick auf *Importieren* erzeugt die Liste anschließend aus dem im Feld *Liste aus Zellen importieren* angezeigten Bereich.

- Um eine selbst definierte Liste zu editieren, markieren Sie sie im Feld *Benutzerdefinierte Listen*. Die Bestandteile werden dann im Feld *Listeneinträge* angezeigt und können dort geändert werden.

17.4   Spezielle Optionen für PowerPoint

Wie auch bei Excel finden Sie bei PowerPoint nur wenige Optionen, die die Arbeitsweise des Programms selbst betreffen. Die restlichen haben wir bereits oben angesprochen.

17.4.1   Die Kategorie Erweitert

In der Kategorie *Erweitert* der *PowerPoint-Optionen* hat Microsoft die eigentlich wichtigen Einstellmöglichkeiten zusammengefasst. Beispielsweise werden hier die Einstellungen für das Eingeben, Bearbeiten, Kopieren und Verschieben von Daten festgelegt.

Bearbeitungsoptionen, Ausschneiden, Kopieren und Einfügen

Mit den *Bearbeitungsoptionen* werden die Einstellungen für Eingabe- und Bearbeitungsvorgänge in Dokumenten festgelegt. Das sind im Wesentlichen die Optionen, die Sie schon von Word her kennen. Über den Abschnitt darunter können Sie das Ausschneiden, Kopieren und Einfügen von Elementen steuern. Die Optionen bestimmen das Standardverhalten beim Einfügen von Elementen in das Dokument und sind im Prinzip identisch mit denen bei Word.

Bildgröße und –qualität

Wenn Sie der Datei ein Bild hinzufügen, wird es automatisch unter Verwendung des Werts komprimiert, den Sie hier unter *Bildgröße und -qualität* angegeben haben. Hier ist standardmäßig die Auflösung *Drucken (220 ppi)* angegeben, aber Sie können diese Option ändern. Diese Einstellung bezieht sich nur auf Bilder in der aktuellen Datei oder der in der Liste neben *Bildgröße und -qualität* ausgewählten Datei. Wenn Sie ein Bild komprimieren, um die Dateigröße zu verringern, werden weniger Details im Bild angezeigt, sodass das Bild nach der Komprimierung anders aussehen kann als davor. Daher sollten Sie das Bild komprimieren und die Datei speichern, bevor Sie einen künstlerischen Effekt anwenden oder die Freistellung durchführen (*Kapitel 13*).

Anzeigen

Über den Abschnitt *Anzeigen* in der Kategorie *Erweitert* regeln Sie die standardmäßige Anzeige diverser Elemente auf der Oberfläche.

- In das Feld *Diese Anzahl zuletzt verwendeter Präsentationen anzeigen* geben Sie die Anzahl von Elementen zwischen *0* und *50* ein, die in der Liste *Zuletzt verwendet* angezeigt werden sollen.
- *Tastenkombinationen in QuickInfos* und das *Vertikale Lineal* können angezeigt und ausgeblendet werden.
- Wählen Sie eine Option aus der Liste *Alle Dokumente in dieser Ansicht öffnen* aus, um festzulegen, dass alle Präsentationen bei jedem Starten von PowerPoint in einer bestimmten Ansicht geöffnet werden (Abbildung 17.17).

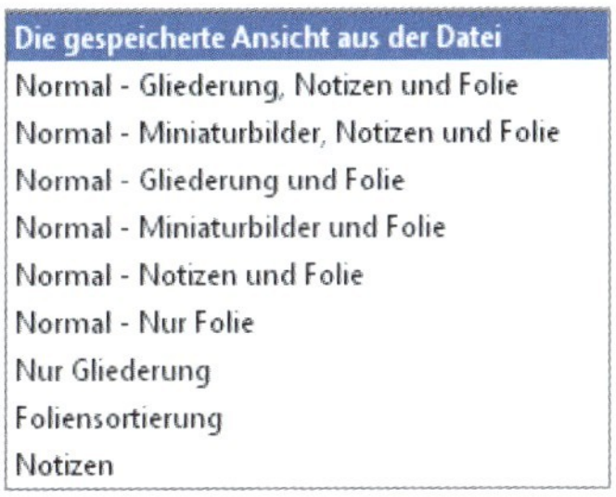

Die gespeicherte Ansicht aus der Datei
Normal - Gliederung, Notizen und Folie
Normal - Miniaturbilder, Notizen und Folie
Normal - Gliederung und Folie
Normal - Miniaturbilder und Folie
Normal - Notizen und Folie
Normal - Nur Folie
Nur Gliederung
Foliensortierung
Notizen

Abbildung 17.17: Wählen Sie die Standardansicht nach dem Öffnen.

Bildschirmpräsentation

Im Bereich darunter können Sie festlegen, welche Elemente bei der eigentlichen Präsentation am Bildschirm zur Verfügung stehen sollen:

- Aktivieren Sie das Kontrollkästchen *Menü beim Klicken mit der rechten Maustaste anzeigen*, um ein Kontextmenü anzuzeigen, wenn Sie mit der rechten Maustaste auf eine Folie in der Ansicht *Bildschirmpräsentation* klicken.
- *Popupsymbolleiste anzeigen* bewirkt, in einer Vollbildpräsentation unten eine Symbolleiste anzuzeigen, mit der Sie zwischen Folien navigieren und Ihrer Präsentation Anmerkungen hinzufügen können.
- Ein Einschalten von *Beim Beenden Aufforderung zum Beibehalten der Freihandanmerkungen anzeigen* hat zur Folge, dass Sie aufgefordert werden, Ihre Änderungen beim Beschreiben von Folien während einer Vorführung zu speichern.
- *Mit schwarzer Folie beenden* fügt eine schwarze Folie am Ende Ihrer Präsentation ein. Wenn Sie dieses Kontrollkästchen deaktivieren, sieht das Publikum die letzte Folie Ihrer Präsentation und nicht eine schwarze Folie als letzte Folie.

Drucken, Drucken des Dokuments und Allgemein

Im Abschnitt *Drucken* der Kategorie *Erweitert* sind die Optionen wiederum recht identisch mit denen bei Word. Beachten Sie, dass die verfügbaren Optionen auch vom verwendeten Drucker abhängig sind. Dasselbe gilt für die Optionen unter der Überschrift *Beim Drucken des Dokuments*. Die Einstellungen gelten standardmäßig für die aktuelle Präsentation. Wählen Sie in der Liste den Namen eines Dokuments aus, das bereits geöffnet ist. Im Abschnitt *Allgemein* der Kategorie *Erweitert* können Sie noch einige zusätzliche Optionen einstellen.

17.5 Spezielle Optionen für Outlook

Auch Outlook verfügt über eine Vielzahl von Möglichkeiten zur Einstellung, mit denen Sie das Programm an Ihre persönlichen Wünsche anpassen können. Die Kategorie *E-Mail* erlaubt das Festlegen von Einstellungen für von Ihnen erstellte und empfangene Nachrichten. Sie können darin beispielsweise festlegen, welches Nachrichtenformat standardmäßig benutzt werden soll. In diesem Bereich finden Sie auch weitergehende Optionen für den für die Erstellung von Nachrichten verwendeten Editor – wie beispielsweise Standardeinstellungen für die Rechtschreibprüfung. Die Bereiche *Kalender*, *Kontakte* und *Aufgaben* liefern spezielle Möglichkeiten zur Einstellung für diese drei Outlook-Bereiche. Über die Optionen zum *Durchsuchen* können Sie die Art ändern, in der Elemente bei Verwendung der Sofortsuche gesucht werden. Die Kategorie *Erweitert* liefert viele Möglichkeiten zur Anpassung des Verhaltens von Outlook an Ihre persönlichen Vorlieben. Beispielsweise können Sie hier festlegen, mit welchem Bereich Outlook nach dem Starten angezeigt wird.

17.5.1 Die Kategorie E-Mail

Die Kategorie *E-Mail* erlaubt das Festlegen von Einstellungen für von Ihnen erstellte und empfangene Nachrichten. Sie können darin beispielsweise festlegen, welches Nachrichtenformat standardmäßig benutzt werden soll. In diesem Bereich finden Sie auch weitergehende Optionen für den für die Erstellung von Nachrichten verwendeten Editor – wie beispielsweise Standardeinstellungen für die Rechtschreibprüfung.

> **Hinweis** Ein Klick auf eine der Schaltflächen *Editoroptionen* oder *Rechtschreibung und AutoKorrektur* zeigt eine weitere Ebene der Optionen mit den Bereichen *Dokumentprüfung* und *Erweitert* an. Die Optionen zur *Rechtschreibung* gelten für alle Office-Programme. Im Bereich *Erweitert* finden Sie die Überschriften *Bearbeitungsoptionen*, *Ausschneiden, Kopieren und Einfügen* sowie *Anzeigen*. Die Optionen darin entsprechen denen beim Programm Word.

Nachrichten verfassen

Unter der Überschrift *Nachrichten verfassen* können Sie über das Listenfeld *Nachricht in diesem Format verfassen* das Standardformat für Nachrichten festlegen. Sie können hier auch fordern, dass vor dem Senden immer eine Rechtschreibprüfung vorgenommen wird. Ein Klick auf eine der Schaltflächen *Signaturen* oder *Briefpapier und Schriftarten* öffnet das Dialogfeld *Signaturen und Briefpapier*.

Aktionen beim Nachrichteneingang festlegen

Wenn eine neue Nachricht eintrifft, können Sie eine Klangdatei abspielen, den Mauszeiger kurzzeitig ändern und das Symbol eines Briefumschlags im rechten Bereich der Taskleiste anzeigen lassen. Mit der Option *Desktopbenachrichtigung anzeigen* blendet Outlook auf dem Desktop eine Benachrichtigung ein und langsam wieder aus, selbst wenn Sie gerade ein anderes Programm verwenden.

Unterhaltungen aufräumen

Standardmäßig werden beim Aufräumen die Elemente in den Ordner *Gelöschte Objekte* verschoben. Sie können aber nach einem Klick auf *Durchsuchen* einen anderen Ordner festlegen. Darunter finden Sie eine Reihe zusätzlicher Optionen, deren jeweilige Funktion sich eigentlich selbst erklärt und nicht näher erläutert werden muss.

Antworten und Weiterleiten

Sie können bestimmen, ob zum Weiterleiten oder beim Antworten das Fenster mit der ursprünglichen Nachricht verwendet werden soll. Das *Präfix* wird angezeigt, wenn Sie eine Nachricht mit einem Kommentar versehen. Über die Listenfelder können Sie festlegen, wie Ihre Kommentare erscheinen. Sie haben beispielsweise bei einer Nachricht mit vielen Fragen darin die Möglichkeit, Ihre Antworten direkt hinter die Fragen zu setzen.

Nachrichten speichern

Sie können festlegen, wo, wann und welche Nachrichten automatisch gespeichert werden sollen: Beispielsweise werden standardmäßig nicht gesendete Nachrichten während der Bearbeitung im Ordner *Entwürfe* in einem 3-Minuten-Rhythmus gespeichert. Sie können über das Listenfeld *In diesem Ordner speichern* einen anderen Speicherplatz wählen. Den Rhythmus ändern Sie im Feld darüber. Im Bereich darunter können Sie festlegen, wo und wie Nachrichten und Antworten darauf gespeichert werden, was beim Eintreffen neuer Nachrichten passieren soll und welche Standardeinstellungen beim Senden benutzt werden sollen.

Nachrichten senden

Unter *Nachrichten senden* können Sie über die beiden Listenfelder *Standardstufe für Wichtigkeit* und *Standardstufe für Vertraulichkeit* die Standardeinstellung für diese beiden Größen einstellen. Abweichungen von der hier getroffenen Einstellung können Sie für jede Nachricht individuell vornehmen. Darunter finden Sie mehrere Optionen, die die Standardeinstellungen für das Senden von Nachrichten regeln. Die Bedeutung wird im Dialogfeld hinreichend erklärt.

Verlauf

Unter *Für alle gesendeten Nachrichten Folgendes anfordern* können Sie zwei Optionen aktivieren, die bewirken, dass Ihnen nach dem Lesen der Nachricht durch den Empfänger oder der Übermittlung eine Bestätigungsmeldung zugesendet wird. Die drei Kontrollkästchen im Bereich direkt darunter regeln, was passieren soll, wenn eine von Ihnen empfangene Nachricht eine Lesebestätigung fordert.

17.5.2 Die Kategorie Suchen

Mithilfe der Einstellungen in der Kategorie *Suchen* unter den *Outlook-Optionen* bestimmen Sie das Verhalten der Sofortsuche-Funktion in allen Bereichen des Programms. In allen Outlook-Bereichen finden Sie die Möglichkeit, den Suchprozess zu individualisieren, ohne die Optionen ändern zu müssen. Beispielsweise können Sie immer festlegen, wo gesucht werden soll.

- Im Bereich *Nur Ergebnisse anzeigen aus* regeln Sie, welche Orte standardmäßig durchsucht werden sollen, wenn Sie die Suche starten. Beachten Sie, dass Sie hier sowohl den Ordner als auch das Konto wählen können.
- Sie können auch den Inhalt des Ordners *Gelöschte Elemente* bei der Suche mit berücksichtigen. Das kann Vor- und Nachteile haben.
- Wenn die Option *Ergebnisse während der Eingabe … anzeigen …* aktiviert ist, werden die Suchergebnisse bereits angezeigt, während Sie das Suchkriterium noch eintippen.
- Nur wenn die Option *Gesuchte Begriffe … hervorheben* eingeschaltet ist, werden die Fundstellen farblich gekennzeichnet. Ist sie abgeschaltet, werden die Suchergebnisse nur aufgelistet.
- Über das Listenfeld können Sie die Farbe für die Hervorhebung einstellen. Der Befehl *Weitere Farben* in der Liste erlaubt es Ihnen, Farben selbst zu mischen.

TIPP Ein Klick auf die Schaltfläche *Indizierungsoptionen* öffnet das gleichnamige Dialogfeld. Sie können darüber festlegen, welche Dateien indiziert werden sollen. Standardmäßig werden dabei die gängigsten mit eingeschlossen. Das Einbeziehen größerer Datenmengen reduziert im Allgemeinen die Geschwindigkeit bei Routinesuchen.

17.5.3 Signaturen und Briefpapier

Ausgehenden Nachrichten können Sie automatisch eine Signatur oder eine elektronische Visitenkarte hinzufügen. Eine Signatur müssen Sie zuerst erstellen. Klicken Sie im Bereich *E-Mail* unter den *Outlook-Optionen* auf die Schaltfläche *Signaturen* oder *Briefpapier und Schriftarten*.

Eine Signatur erstellen

Über die Registerkarte *E-Mail-Signatur* im Dialogfeld *Signaturen und Briefpapier* können Sie neue Signaturen erstellen und vorhandene bearbeiten.

- Zum Erstellen einer Signatur klicken Sie auf *Neu*.
- Geben Sie einen Namen für die Signatur ein und klicken Sie auf *OK*.
- Geben Sie in das Feld *Signatur bearbeiten* den Text ein, der in die Signatur eingeschlossen werden soll.
- Wählen Sie zum Formatieren den gewünschten Bereich aus und benutzen Sie die Schaltflächen für Formatierung und Stil.
- Bestätigen Sie die Änderungen durch einen Klick auf *OK*.

Oben rechts auf der Registerkarte *E-Mail-Signatur* können Sie außerdem festlegen, für welches Konto und für welchen Zweck die Signatur verwendet werden soll.

Persönliches Briefpapier

Um ein Briefpapier auszuwählen, benutzen Sie im Dialogfeld *Signaturen und Briefpapier* die Registerkarte *Persönliches Briefpapier*.

- Klicken Sie auf die Schaltfläche *Design*.
- Wählen Sie entweder ein Layout für die Schrift ohne Hintergrund oder ein Hintergrundbild für Ihre Nachrichten. Die Optionen für letzteren Zweck sind mit dem Zusatz *(Briefpapier)* gekennzeichnet.
- Bestätigen Sie über *OK*.

Weiter unten auf der Registerkarte *Persönliches Briefpapier* im Dialogfeld *Signaturen und Briefpapier* können Sie die Schriftarten wählen, die Sie standardmäßig in Ihren Nachrichten verwenden wollen. Hier wird zwischen mehreren Zwecken unterschieden: Sie können – getrennt für *Zum Verfassen einer Nachricht*, *Zum Antworten oder Weiterleiten …* und *Erstellen und Lesen unformatierter Textnachrichten* – die Schriftparameter durch einen Klick auf die Schaltfläche *Schriftart* einstellen. In allen Fällen können Sie im Dialogfeld *Schriftart* die *Schriftart*, den *Schriftschnitt*, den *Grad*, diverse Darstellungsoptionen sowie die *Farbe* wählen.

17.5.4 Optionen in der Kategorie Erweitert

In der Kategorie *Erweitert* unter den *Outlook-Optionen* finden Sie eine Vielzahl zusätzlicher Optionen, die ebenfalls im Wesentlichen die Einstellungen zu E-Mail und anderen Formen des Nachrichtenaustauschs betreffen.

Outlook-Bereiche

Im Abschnitt *Outlook-Bereiche* finden Sie zwei Schaltflächen – *Navigation* und *Lesebereich*:

- Nach einem Klick auf *Navigationsbereich* wird das Dialogfeld *Navigationsoptionen* angezeigt (*Kapitel 11*). Sie können darin festlegen, für welche Programmbereiche im unteren Teil des Bildschirms Schaltflächen angezeigt werden. Sie können hier auch die Reihenfolge der Option ändern.
- Über die Schaltfläche *Lesebereich* können Sie das Verhalten und die Anzeige dieses Anzeigefensters abändern. Beispielsweise können Sie durch Aktivieren von *Im Lesebereich angezeigte Nachrichten als gelesen markieren* dafür sorgen, dass die hierin angezeigten Nachrichten nach einer bestimmten – von Ihnen festzulegenden – Zeit automatisch als gelesen markiert werden.

Starten und Beenden von Outlook

Standardmäßig wird beim Starten von Outlook zunächst der Posteingang eines Kontos angezeigt. Nach einem Klick auf *Durchsuchen* können Sie auch einen anderen Ordner dafür wählen – beispielsweise den Posteingang eines anderen Kontos. Zusätzlich können Sie hier dafür sorgen, dass beim Beenden des Programms der Ordner *Gelöschte Objekte* automatisch geleert wird.

AutoArchivierung

Sie können die *Archivierungs*-Funktion von Outlook dazu nutzen, um den Umfang eines Ordners zu reduzieren. Mit der Archivierung können Sie alte Elemente in regelmäßigen Abständen entweder löschen oder in eine Archivierungsdatei verschieben. Die Archivierung ist ein aus zwei Schritten bestehendes Verfahren. Zuerst müssen Sie die AutoArchivierung aktivieren und festlegen, mit welchen Regeln archiviert werden soll. Damit bestimmen Sie das Archivierungsverfahren für alle Ordner der Datendatei. Abschließend können Sie Ausnahmeregelungen für einzelne Ordner festlegen.

Um die AutoArchivierung einzuschalten, klicken Sie in der Kategorie *Erweitert* der *Outlook-Optionen* auf *Einstellungen für AutoArchivierung*. Stellen Sie dann die zu verwendenden Parameter ein (Abbildung 17.18).

Wenn Sie eine AutoArchivierung wünschen, müssen Sie zunächst die Option *AutoArchivierung alle …* *Tage* aktivieren. Geben Sie dann an, wie oft die AutoArchivierung durchgeführt werden soll, und legen Sie die sonstigen Optionen für das AutoArchivieren fest:

- Mit *Abgelaufene Elemente löschen (nur E-Mail-Ordner)* bestimmen Sie, dass E-Mails gelöscht werden, die älter sind als die oben unter *AutoArchivierung alle … Tage* eingegebene Zeitspanne.
- Durch Aktivieren von *Alte Elemente archivieren oder löschen* legen Sie zunächst nur fest, dass auch die sonstigen Outlook-Elemente zum für die AutoArchivierung festgelegten Zeitpunkt archiviert oder gelöscht werden sollen. Ob nun archiviert oder gelöscht wird, bestimmen Sie über die darunter liegenden Optionen für die Standardordnereinstellungen für Archivierung.

Abbildung 17.18: Stellen Sie die Parameter für die AutoArchivierung ein.

- Legen Sie unter *Elemente löschen, wenn älter als …* fest, ab welchem Alter einzelne Elemente gelöscht oder an eine andere Stelle verschoben werden sollen.
- Aktivieren Sie *Alte Elemente verschieben nach …*, wenn Sie diese Elemente nicht löschen, sondern archivieren wollen. Geben Sie an, unter welchem Pfad und unter welchem Dateinamen archiviert werden soll.
- Wollen Sie die Elemente nicht archivieren, sondern löschen, wählen Sie *Alte Elemente endgültig löschen*.
- Haben Sie *Archivordner in Ordnerliste anzeigen* aktiviert, können Sie später schnell auf diesen zugreifen und archivierte Elemente öffnen.

Senden und Empfangen

Im Bereich *Senden und Empfangen* finden Sie zwei Optionen, die die Übermittlung regeln.

- Ist *Bei bestehender Verbindung sofort senden* aktiviert, werden Ihre Nachrichten bei einer bestehenden Verbindung sofort an den Mailserver im Netz weitergeleitet. Besteht die Verbindung nicht, wird versucht, sie aufzubauen. Wenn Sie die Option deaktivieren, werden die Nachrichten generell zuerst im Ordner *Postausgang* gespeichert, von wo aus sie erst weitergeleitet werden.
- Durch einen Klick auf die Schaltfläche *Senden/Empfangen* öffnen Sie das Dialogfeld *Senden-Empfangen-Gruppen*. In Übermittlungsgruppen wird festgelegt, welche Aufgaben während einer Nachrichtenübermittlung in welcher Reihenfolge ausgeführt werden. Im Listenfeld im oberen Bereich des Dialogfelds werden die definierten Gruppen aufgelistet. In der Grundeinstellung ist nur eine Übermittlungsgruppe definiert, in der alle eingerichteten Konten zusammengefasst sind.

17.5.5 Weitere Bereiche im Trust Center

Bei Outlook finden Sie im Trust Center mit *Automatischer Download*, *Anlagenbehandlung* und *E-Mail-Sicherheit* drei zusätzliche – und teilweise recht wichtige – Kategorien.

Automatischer Download

Outlook ist standardmäßig so konfiguriert, dass das automatische Herunterladen von Bildern aus dem Internet blockiert wird. Sie können diese Automatik hierüber kontrollieren und ändern.

- Standardmäßig ist die übergeordnete Option *Bilder in HTML-Nachrichten oder RSS-Elementen nicht automatisch herunterladen* aktiviert. Wenn Sie sie abschalten, bedeutet das einen automatischen Download für alle Nachrichten.
- Sie können diese Option aber auch aktiviert lassen und dann mehrere Unteroptionen ein- oder ausschalten. Sie können beispielsweise dafür sorgen, dass E-Mail-Nachrichten von Adressen, die sich in den Listen *Sichere Absender* befinden, als Ausnahmen behandelt werden.

Anlagenbehandlung

Anlagen wurden auch zur Verbreitung von Viren verwendet. Über den Bereich *Anlagenbehandlung* können Sie einige Einstellungen dazu vornehmen.

- Aktivieren Sie die Option unter *Mit Änderungen antworten*, wenn Sie vermeiden wollen, dass Ihre persönlichen Informationen den Eigenschaften von Anlagen hinzugefügt werden.
- Die vorhandenen Programme zur Anlagenvorschau sind standardmäßig aktiviert. Sollen keine Programme zur Anlagenvorschau verwendet werden, klicken Sie zum Deaktivieren aller Programme auf *Anlagenvorschau deaktivieren*.
- Wenn Sie bestimmte Programme zur Anlagen- und Dokumentvorschau deaktivieren möchten, lassen Sie *Anlagenvorschau deaktivieren* abgeschaltet und klicken Sie auf die Schaltfläche *Anlagen- und Dokumentvorschau*. Das Dialogfeld *Dateivorschauoptionen* öffnet sich. Deaktivieren Sie darin das Kontrollkästchen der nicht zu verwendenden Anwendung und klicken Sie anschließend auf *OK*.

E-Mail-Sicherheit

In dem Bereich *E-Mail-Sicherheit* im Trust Center zu Outlook geht es darum, wie Sie dem Empfänger garantieren können, dass eine empfangene Nachricht wirklich von Ihnen stammt, und wie Sie den Inhalt einer Nachricht so sichern, dass dritte Personen oder Institutionen diesen nicht allzu einfach lesen können (Abbildung 17.19). Für beide Zwecke verwenden Sie ein digitales Zertifikat, oft abgekürzt mit *digitale ID*. Ein solches können Sie bei einer entsprechenden Zertifizierungsstelle erwerben.

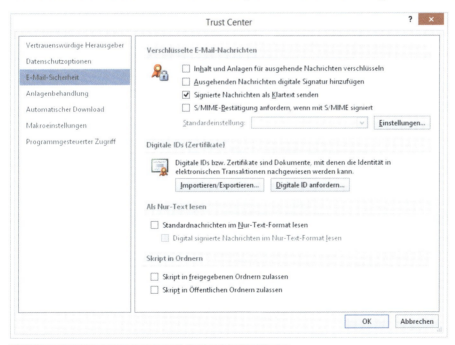

Abbildung 17.19: Die Optionen zur E-Mail-Sicherheit im Trust Center

Eine digitale ID anfordern

Wählen Sie im Trust Center die Kategorie *E-Mail-Sicherheit* und klicken Sie auf *Digitale ID anfordern*. Sie werden mit einer Webseite verbunden, die Ihnen Links zu mehreren Zertifizierungsstellen liefert. Erwerben Sie dort ein Zertifikat.

Hinweis Diese Zertifizierungsstellen verfügen über unterschiedliche Verfahren, mit denen Sie eine ID erwerben können. Achten Sie auf die exakte Einhaltung der gegebenen Hinweise. Wo das erworbene Zertifikat auf Ihrem Rechner gespeichert wird, bestimmt die Zertifizierungsstelle. Oft wird es zunächst in einem separaten Ordner abgelegt.

Ein vorhandenes Zertifikat importieren

Wenn Sie das Zertifikat in Outlook verwenden wollen, müssen Sie es meist erst von dem Speicherort her importieren, an dem es beim Erwerb abgelegt wurde.

- Klicken Sie in der Kategorie *E-Mail-Sicherheit* im Trust Center zu Outlook auf die Schaltfläche *Importieren/Exportieren*. Stellen Sie dann im Dialogfeld sicher, dass die Option *Bestehende digitale ID aus einer Datei importieren* aktiviert ist.
- Geben Sie in das Feld *Importdatei* Pfad und Namen der zu importierenden Zertifikatsdatei ein. Oder verwenden Sie die Schaltfläche *Durchsuchen*.
- Wenn beim Speichern der Zertifikatsdatei ein Kennwort gesetzt wurde, geben Sie dieses hier ein.
- Klicken Sie auf *OK*, um das Zertifikat nach Outlook zu importieren.

TIPP Im unteren Bereich des Dialogfelds finden Sie die Möglichkeit, ein Zertifikat aus Outlook in eine Datei zu exportieren. Sie können es dann auch auf einem anderen Rechner nutzen.

Die Optionen für verschlüsselte E-Mail-Nachrichten

Über *Verschlüsselte E-Mail-Nachrichten* in der Kategorie *E-Mail-Sicherheit* des Trust Centers zu Outlook regeln Sie die Einstellungen für die Verschlüsselung von Nachrichten. Damit wird der Text der Nachricht verschlüsselt. Nur der Empfänger, der über den privaten Schlüssel verfügt, der mit dem zum Verschlüsseln der Nachricht verwendeten öffentlichen Schlüssel übereinstimmt, kann die Nachricht entschlüsseln und lesen.

- Mit *Inhalt und Anlagen für ausgehende Nachrichten verschlüsseln* sichern Sie alle ausgehenden Nachrichten mit den darunter gewählten *Standardeinstellungen*.
- Über *Ausgehenden Nachrichten digitale Signatur hinzufügen* wird allen ausgehenden Nachrichten eine digitale Signatur hinzugefügt, sodass die Empfänger überprüfen können, ob die Nachrichten von Ihnen stammen und nicht geändert wurden.
- *Signierte Nachrichten als Klartext senden* bedeutet, dass Empfänger, deren Programme für den Empfang der Nachrichten solche Signaturen nicht unterstützen, die Nachricht dann ohne Überprüfung der digitalen Signatur lesen dürfen.
- *S/MIME-Bestätigung anfordern, wenn mit S/MIME signiert* gewährleistet, dass nur signierte S/MIME-Nachrichten empfangen werden, die sicher sind.

Hinweis Zum Ändern von zusätzlichen Einstellungen, z.B. Auswählen eines bestimmten Zertifikats, das verwendet werden soll, klicken Sie auf *Einstellungen*.

Als Nur-Text lesen

Unabhängig von den Einstellungen zur Verschlüsselung können Sie festlegen, dass Outlook alle Nachrichten, die Sie öffnen, automatisch im Format *Nur-Text* anzeigt. Wählen Sie dazu die Kategorie *E-Mail-Sicherheit* im Trust Center und aktivieren Sie das Kontrollkästchen *Standardnachrichten im Nur-Text-Format lesen*.

Sie können auch das Kontrollkästchen *Digital signierte Nachrichten im Nur-Text-Format lesen* aktivieren, um zusätzlich die mit einer digitalen Signatur versehenen Nachrichten einzuschließen. Damit schalten Sie aber die Funktion der digitalen Signatur aus. Sie können die Nachricht zwar lesen, aber die Überprüfung der Signatur kann nicht ausgeführt werden und Sie wissen nicht sicher, wer der Absender ist und ob die Nachricht geändert wurde.

17.5.6 Optionen für Personen

Auch die Kategorie *Personen* – vormals *Kontakte* – verfügt über diverse Optionen, mit denen Sie sie an Ihre persönlichen Arbeitsgewohnheiten anpassen können. Wichtig sind hier beispielsweise die Möglichkeiten für die Reihenfolge der Ablage.

Name und Ablage

Nehmen Sie unter *Name und Ablage* die Einstellungen für die Ablage vor:

- Über das Feld *Namensreihenfolge* können Sie die Voreinstellung für die Reihenfolge der Bestandteile des Namens eines neu eingegebenen Kontakts auswählen.
- Das Feld *Ablagereihenfolge* erlaubt Ihnen, zwischen unterschiedlichen Sortierfolgen in der Anzeige zu wählen.
- Ist im Dialogfeld *Kontaktoptionen* das Kontrollkästchen *Beim Speichern neuer Kontakte auf Duplikate überprüfen* aktiviert, wird bei erneuter Eingabe eines schon existierenden Namens ein Dialogfeld angezeigt, in dem Sie entweder den neuen Kontakt nochmals hinzufügen oder den vorhandenen Kontakt mit den neuen Informationen aktualisieren können.

Sonstige Optionen für die Kontakte

Über das Kontrollkästchen *Zusätzliches Register anzeigen* können Sie ein zusätzliches Register in einer anderen Sprache anzeigen lassen. Die Optionen im Abschnitt *Onlinestatus und Fotos* erlauben die Einstellung der Anzeige von Zusatzinformationen zu Kontakten. Sie können hiermit die Anzeige von Fotos abschalten.

17.5.7 Optionen zu den Aufgaben

Auch den Bereich der *Aufgaben* können Sie an Ihre persönlichen Arbeitsgewohnheiten anpassen. Der Abschnitt *Aufgabenoptionen* fasst diverse Einstellungen zusammen. Sie können damit beispielsweise einstellen, dass für alle Aufgaben zum Fälligkeitsdatum eine Erinnerung angezeigt wird.

- Sie können dafür sorgen, dass zu *Aufgaben mit Fälligkeitsdatum* automatisch die Erinnerungsfunktion eingeschaltet wird. Stellen Sie die Uhrzeit ein, zu der die Erinnerung angezeigt werden soll. Wenn Sie Outlook später starten, erscheint die Erinnerung nach dem Start.
- Über *Meine Aufgabenliste ... aktualisieren* wird bewirkt, dass in der Aufgabenliste eine Kopie aller delegierten Aufgaben gespeichert wird. Die Aufgaben werden automatisch aktualisiert, wenn sich der Status der Aufgaben ändert.
- Die Option *Statusbericht senden ...* bewirkt, dass ein Statusbericht gesendet wird, wenn eine übertragene Aufgabe als erledigt markiert wird.
- Über die beiden Listenfelder im mittleren Bereich können Sie wählen, in welchen Farben überfällige und erledigte Aufgaben angezeigt werden sollen.
- Über die *Schnellklick-Kennzeichnung* können Sie den Zeitrahmen für die Nachverfolgung wählen, der beim Klicken auf die Spalte *Kennzeichnung* benutzt wird.

17.5.8 Optionen für den Kalender

Auch in der Kategorie *Kalender* befinden sich diverse Optionen, mit denen Sie die Funktionen dieses Bereichs an Ihre persönlichen Arbeitsgewohnheiten anpassen können.

Die Optionen zur Arbeitszeit einstellen

Sie können darüber beispielsweise den Standard für Ihre persönliche Arbeitszeit einstellen.

- Mit den beiden Feldern *Beginnt* und *Endet* legen Sie Ihre persönlichen Geschäftszeiten fest.
- Aktivieren Sie unter *Arbeitswoche* die Wochentage, die Sie als Arbeitstage definieren wollen. Sie können hier jeden Tag einzeln aktivieren oder deaktivieren. Nur diese Wochentage werden in der Ansicht *Arbeitswoche* angezeigt.
- Unter *Erster Wochentag* können Sie wählen, welcher Wochentag als erster Tag im Kalender in der *Wochenansicht* oder der Ansicht *Arbeitswoche* angezeigt werden soll.
- Über die Option *Erste Kalenderwoche* können Sie wählen, welche Woche als erste Woche im Jahr gelten soll. Ihre Wahl hat Auswirkungen auf die Anzeige der Wochennummern im Datumsnavigator.

Die Kalenderoptionen

Beachten Sie auch die Möglichkeiten zur Einstellung im Abschnitt *Kalenderoptionen*:

- Wenn Sie eine Erinnerung an Ihre Termine wünschen, aktivieren Sie das Kontrollkästchen *Standarderinnerung*. Über das daneben liegende Listenfeld können Sie die Standardzeit für die Erinnerung einstellen.
- Aktivieren Sie *Teilnehmer dürfen andere Besprechungszeiten vorschlagen*, wenn Sie zulassen wollen, dass Teilnehmer an einer Besprechung einen anderen Termin vorschlagen können.
- Über die Schaltfläche *Feiertage hinzufügen* können Sie eine Feiertagsdatei importieren, in der Sie die betreffenden Feiertage auswählen können. Diese Einstellungen haben in einigen Ansichten einen Einfluss auf die Farbgebung im Kalender.
- Über die Schaltfläche *Frei/Gebucht-Optionen* öffnen Sie ein Dialogfeld, über das Sie festlegen können, wie Ihre Termindaten anderen zur Verfügung gestellt werden sollen.
- Über *Einen Zusatzkalender aktivieren* können Sie die Datumsangaben eines weiteren Kalenders anzeigen lassen. Unter welchen Kalendern hier gewählt werden kann, ist installationsbedingt.
- Mit der Option *Beim Senden von Besprechungsanfragen außerhalb Ihrer Organisation das iCalendar-Format verwenden* bewirken Sie, dass für Besprechungsanfragen generell das *iCalendar*-Format verwendet wird.
- Sie können auch wählen, ob für Termine mit Erinnerungen im Kalender ein Glockensymbol mit angezeigt werden soll.

Anzeigeoptionen

Unter *Anzeigeoptionen* finden Sie mehrere Möglichkeiten zur Änderung der Optik des Kalenders:

- Mit *Standardkalenderfarbe* bestimmen Sie die Farbe für den Kalenderhintergrund.
- *Diese Farbe für alle Kalender verwenden* bewirkt, was es sagt. Standardmäßig wählt das Programm für jeden Kalender eine eigene Farbe.
- Die Anzeige der Wochennummer in der Monatsansicht und im Datumsnavigator kann einige Vorteile bringen.
- Mit *Wochennummern in der Monatsansicht und im Datumsnavigator anzeigen* bewirken Sie eine entsprechende Anzeige der Nummern der Wochen des Jahres im Datumsnavigator.

Zeitzonen

Der Abschnitt *Zeitzonen* ist besonders für transportable Geräte interessant:

- Über das Listenfeld *Zeitzone* können Sie die gewünschte Zeitzone auswählen. Gehen Sie dabei genauso vor wie in der Windows-Systemsteuerung.
- Über das Feld *Beschriftung* können Sie der aktuell gewählten Zeitzone zur schnelleren Identifikation einen Namen geben. Dieser Name wird oberhalb der Zeitleiste angezeigt.
- Sie können eine zweite Zeitzone hinzufügen und diese im Kalender anzeigen lassen. Dies ist dann nützlich, wenn Termine zwischen Personen in unterschiedlichen Zeitzonen abgestimmt werden müssen.
- Durch einen Klick auf die Schaltfläche *Zeitzonenwechsel* können Sie schnell zwischen der aktuellen und der zweiten Zeitzone umschalten. Auch dieses ist gleichbedeutend mit dem Ändern der Zeitzone in der Windows-Systemsteuerung. Wenn Sie beispielsweise regelmäßig zwischen München und London pendeln, setzen Sie die aktuelle Zeitzone auf Münchner Zeit und die zweite Zeitzone auf Londoner Zeit. Wenn Sie sich nach London begeben, vertauschen Sie einfach die Zeitzonen.

Stichwortverzeichnis

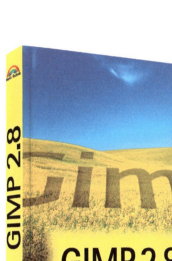

- 11 leichte Lektionen zum kostenlosen Programm
- Schritt für Schritt von der Installation zu brillanten Bildern
- Rundum-Beratung und Profi tipps zu allen Funktionen

Der leichte Einstieg in die Bildbearbeitung mit vielen guten Praxisbeispielen. Lernen Sie zuerst die wichtigsten Werkzeuge und Funktionen von Gimp kennen. Danach zeigt Ihnen der Autor anhand von ausgewählten Praxisaufgaben die besten Gimp-Arbeitstechniken, wie zum Beispiel komplexe Korrekturen, die Arbeit mit Ebenen, den Einsatz von Effekten und Filtern, schöne Rahmen, den Aufbau einer guten Diashow und vieles mehr.

Michael Gradias
ISBN 978-3-8272-4778-0
19.95 EUR [D], 20.60 EUR [A], 26.90 sFr*
352 Seiten
http://www.mut.de/24778

Mehr Bücher & Video-Trainings auf **www.mut.de**

*unverbindliche Preisempfehlung

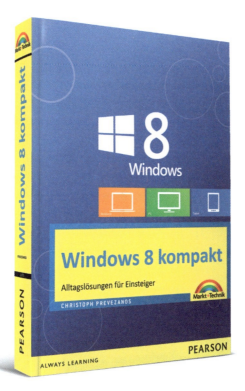

Das sehr verständliche Alltagsbuch für alle Windows 8-Einsteiger! Schnelle Lösungen für jede Windowsfrage und für jedes Gerät, ob PC, Notebook oder Tablet, ob neue Windows 8-Oberfläche oder Touchbedienung. In vielen in sich abgeschlossenen Themen-Workshops bekommen Sie ausführliche Schrittanleitungen zum gewünschten Ziel. Ein umfangreicher Extrateil mit Fragen-und Antworten zu den häufigsten Problemen bietet Ihnen jederzeit die passende Unterstützung.

Christoph Prevezanos
ISBN 978-3-8272-4790-2
19.95 EUR [D], 20.60 EUR [A], 26.90 sFr*
560 Seiten
http://www.mut.de/24790

Mehr Bücher & Video-Trainings auf **www.mut.de**

*unverbindliche Preisempfehlung

ALWAYS LEARNING

PEARSON

Sie haben sich gerade ein neues Smartphone mit Windows Phone 8 zugelegt? Hier ist Ihr schnelles, leichtes Handbuch dazu. Visuell und farbig zeigt es Ihnen im Handumdrehen alle Möglichkeiten, die Ihr Phone bietet. Egal, ob es von Nokia, HTC, Samsung oder einem andern Hersteller ist, Sie können sofort loslegen. Mit SMS, Mails, Surfen, mit dem Terminkalender, Facebook, Fotografieren, den richtigen Apps u.v.m.

Christian Immler
ISBN 978-3-8272-4827-5
19.95 EUR [D], 20.60 EUR [A], 26.90 sFr*
304 Seiten
http://www.mut.de/24827

Mehr Bücher & Video-Trainings auf **www.mut.de**

*unverbindliche Preisempfehlung

ALWAYS LEARNING

PEARSON

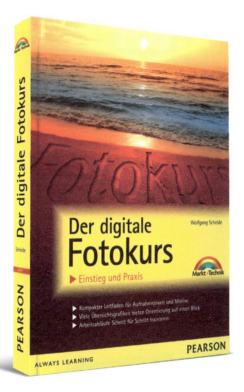

- Kompakter Leitfaden für Aufnahmepraxis und Motive
- Viele Übersichtsgrafiken bieten Orientierung auf einen Blick
- Arbeitsabläufe Schritt für Schritt trainieren

Alles rund um die digitale Fotografie. Ausführliche Anleitungen zu den technischen Grundlagen, zu "Kamera und PC", zur Bildbearbeitung, Archivierung und zum Druck. Intensiv geht der Autor auf die Aufnahmepraxis ein. Er zeigt alle wichtigen Foto-Genres vom Portrait bis zur Landschaft. Beleuchtung, Perspektive und Blitz kommen ebenfalls nicht zu kurz. Er gibt ausgezeichnete Profitipps, die aus Hobby-Knipsern bessere Fotografen machen. Gute Aufnahmen eignen sich auch besser für raffinierte Bearbeitungen.

Wolfgang Scheide
ISBN 978-3-8272-4781-0
19.95 EUR [D], 20.60 EUR [A], 26.90 sFr*
352 Seiten
http://www.mut.de/24781

Mehr Bücher & Video-Trainings auf **www.mut.de**

*unverbindliche Preisempfehlung